JOE VOGEL'S

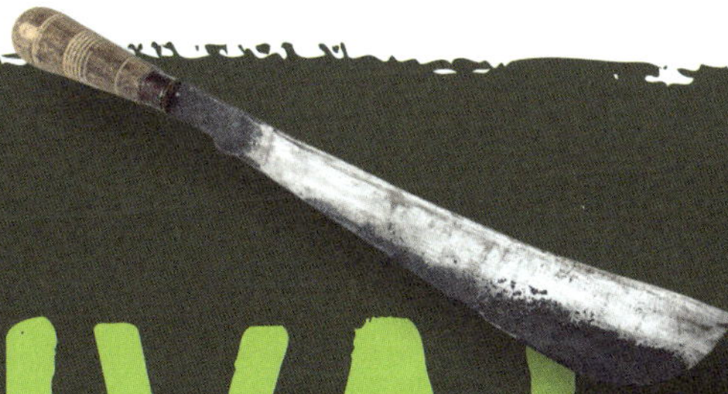

SURVIVAL GUIDE

DAS ULTIMATIVE OUTDOOR-HANDBUCH

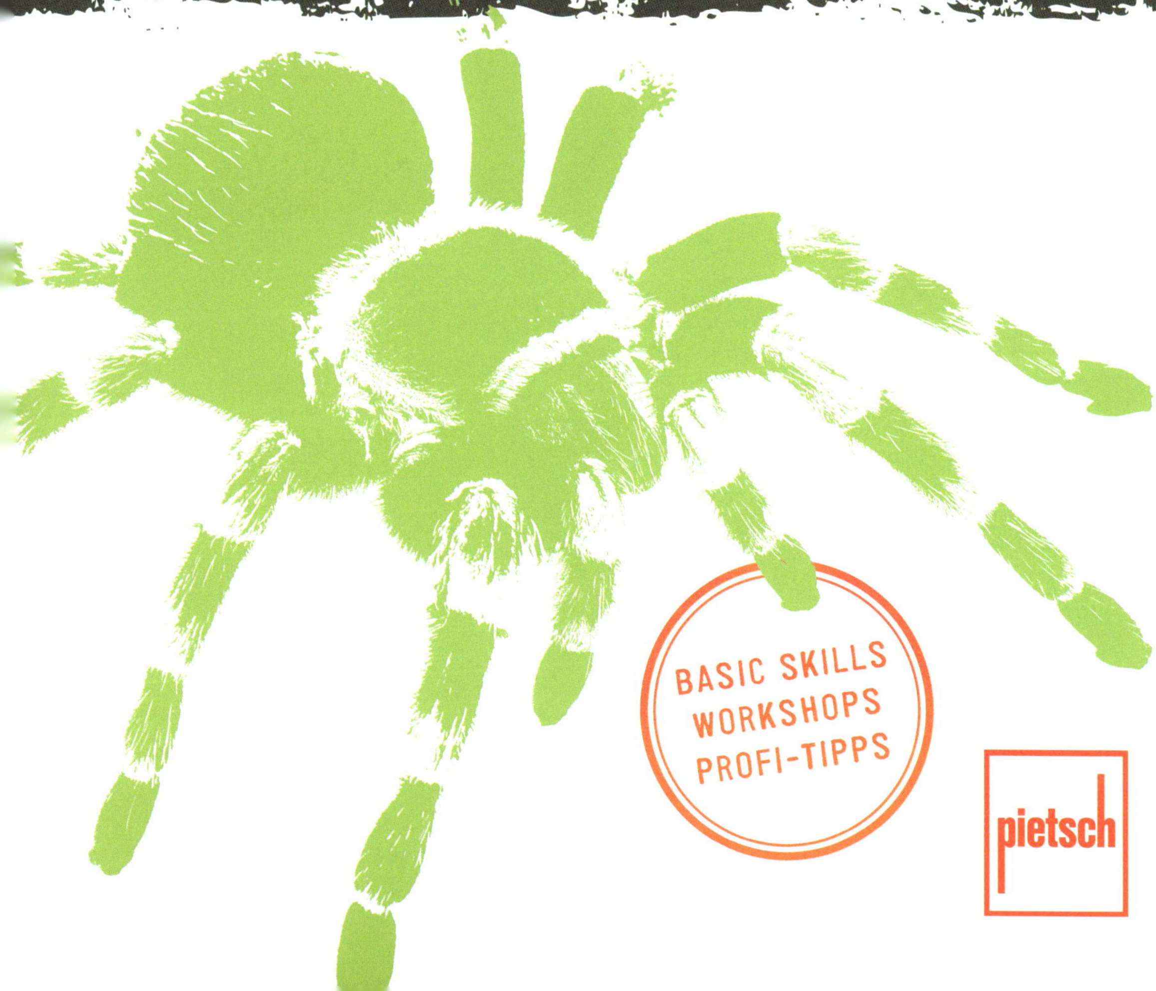

BASIC SKILLS
WORKSHOPS
PROFI-TIPPS

pietsch

IMPRESSUM

Einbandgestaltung: Patricia Braun

Bildnachweis: Alle Bilder und Illustrationen in diesem Buch stammen – wenn nicht anders vermerkt – vom Verfasser bzw. von Patricia Braun.

Titelmotiv Vogelspinne unter Verwendung von: Okea/iStock, Vorsatzpapier unter Verwendung eines Fotos von Komkrit Preechachanwate/shutterstock.

ISBN 978-3-613-50791-3

1. Auflage 2020

Diese Auflage basiert auf »Survival Guide für echte Kerle«, ISBN 978-3-613-50791-3.

Sie finden uns im Internet unter www.pietsch-verlag.de

Lektorat: Susanne Fischer, Ulrike Ruh

Innengestaltung: Patricia Braun

Druck: Graspo, Zlín

Printed in Czech Republic

HINWEIS: *Das Töten wildlebender Tiere ist vom Gesetzgeber her streng reglementiert. Die Anleitungen zum Fang und Fallenbau können ohne Tier geübt, dürfen an Tieren jedoch nur im rechtfertigenden Notstand angewandt werden.*

Schone und schütze alle Lebewesen, die Du nicht zum Leben oder für das Training benötigst. Sei Dir immer Deiner Verantwortung bewusst, die Dir mit dem hier beschriebenen Wissen anvertraut wird.

LEGENDE

AUF EINEN BLICK

Für jede wichtige Survivalsituation findest Du in diesem Buch das notwendige Wissen und die grundlegenden Techniken – mit Kürzel und Nummerierung versehen. So meisterst Du garantiert jede Herausforderung.

F EUER

W ASSER

S HELTER

N OTNAHRUNG

M EDIZIN

A USRÜSTUNG

K NOW-HOW/SKILLS

KAPITELÜBERGREIFENDE THEMEN

KNOTEN

NAVIGATION

INHALTSVERZEICHNIS

WARUM SURVIVAL?

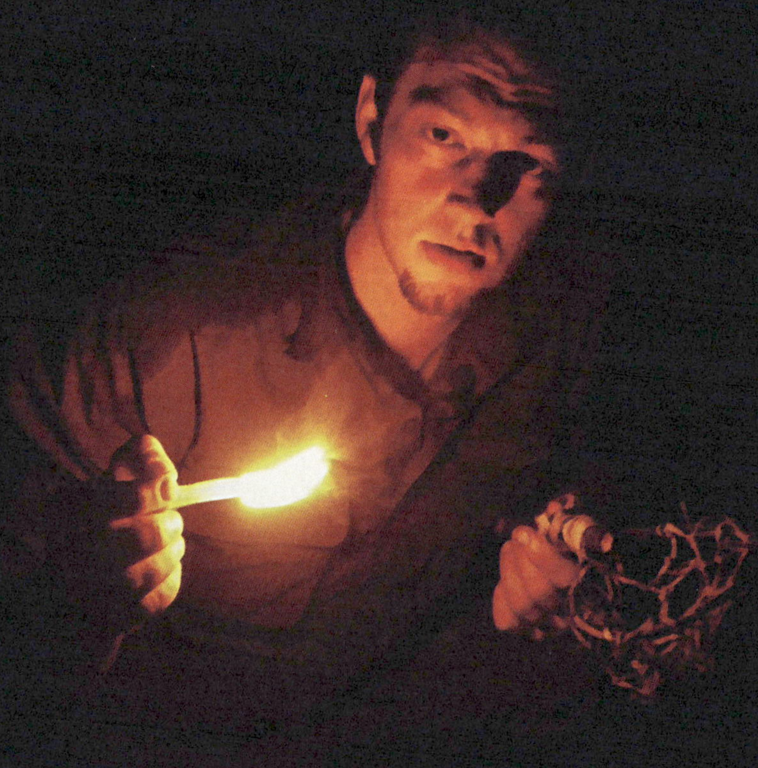

Es mag Menschen geben, die Survival, die Kunst draußen autark zu leben und zu überleben, als Anachronismus ansehen. Wasser kommt doch aus der städtischen Leitung, Strom aus der Steckdose und die Supermarktregale sind immer gefüllt. Selbst bei einem Großereignis – Überflutung, Stromausfall, Schneesturm – sind wir in Mitteleuropa gut aufgestellt. THW, Feuerwehr und nicht zuletzt riesige Lebensmittelspeicher sichern die Bevölkerung gut ab.

Anders sieht es aber aus, wenn wir die heimischen Gefilde zum Trekking nach Sibirien, für eine Safari nach Afrika oder eine Angeltour an die abgelegenen Flüsse Australiens verlassen. An solchen Orten – »in der Wildnis« – kann der Verlust der Ausrüstung, eine Autopanne oder das Kentern mit einem Mietboot schnell zur Folge haben, dass man sich in einer Survivalsituation wiederfindet.

Genau hier setzt dieses Buch an.

Das Survivaltraining im heimischen Wald ist eine spannende, erfüllende und anspruchsvolle Aufgabe: während Du am Feierabend den Tag beim sportlichen Feuerbohren, Grillen, Schnitzen oder dem Sammeln von essbaren Wildpflanzen ausklingen lässt, bereitest Du Dich für den Notfall vor, bei dem benötigte Hilfsmittel und Ressourcen nicht zur Verfügung stehen.

Das Wissen um Nahrung, Köder, Knoten und Pflanzen wird Dir **immer** einen Vorteil bringen, ob Du nun Trekker, Geocacher, Bergwanderer, Angler, Individual- oder »normaler« Urlaubsreisender bist. Vieles mit bloßen Händen, minimaler Ausrüstung und Deiner Erfahrung durchführen zu können gibt Selbstsicherheit und eröffnet Dir bei der Wahl Deiner Reiseziele neue Wege.

Wenn Du Dich dann das erste Mal im Dschungel oder im Wald nach einem selbst gesammelten Abendessen in Deine Notunterkunft zurückziehst, den Tieren im Wald zuhörst und in den Sternenhimmel blickst, wirst Du verstehen, dass dies nur **mit der Natur** und nicht *»vs. Wild«* funktionieren kann.

Es wäre ein ungleicher Kampf.

Bei der **Arbeit mit der Natur**, einer für Dich vielleicht neuen Aufgabe, wünsche ich Dir viel Erfolg.

Dein Joe Vogel

Du wirst in Büchern und im Internet eine unüberschaubare Anzahl von Survivaltechniken und Anleitungen für die unterschiedlichsten Situationen finden. Ich möchte es hier etwas übersichtlicher halten. Die Einübung realistischer Techniken mit möglichst geringer Ausrüstung ermöglicht es Dir, im Notfall vieles ohne Anleitung zu improvisieren. Die wichtigsten Basics für den Anfang findest Du im folgenden Kapitel.

SURVIVAL BASICS

BASICS: AUSRÜSTUNG

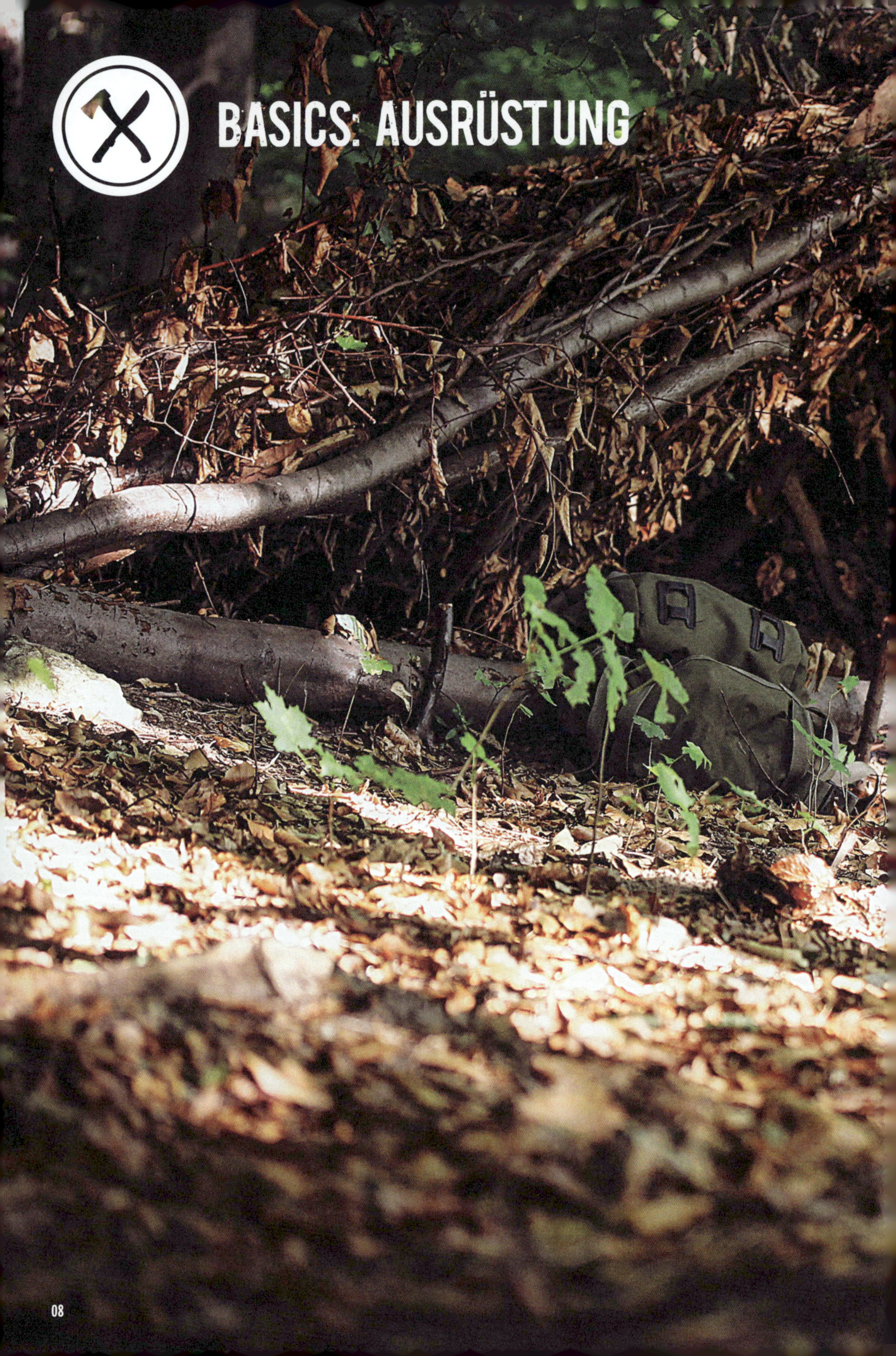

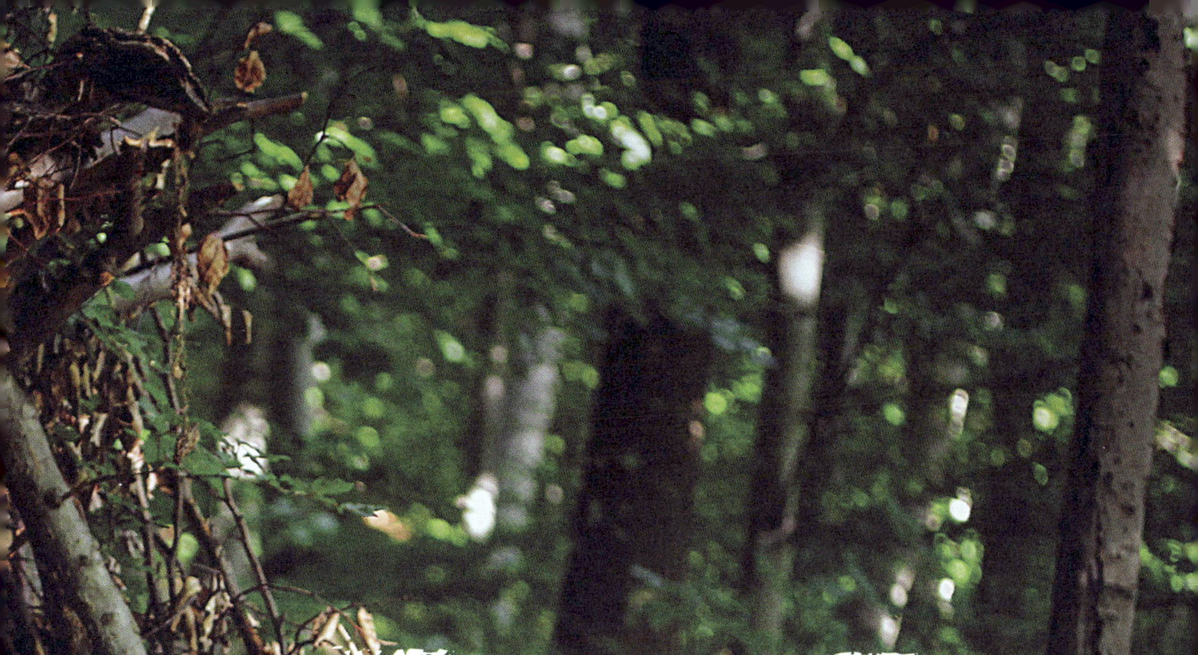

Die Frage nach geeigneter Survivalausrüstung ist ein klassisches Paradoxon. »Survival« ist das Bestreben (im Notfall der Zwang), mit möglichst wenig Ausrüstung zu überleben. In einer Situation, in der man unerwartet in den Überlebenskampf geraten oder das Reisegepäck verloren gegangen ist.

Dennoch wäre es vermessen anzunehmen, dass es für den Einsteiger möglich ist, »ohne alles« draußen zu überleben. Deshalb werden in diesem Abschnitt die wichtigsten Ausrüstungsgegenstände vorgestellt – verbunden mit der Absichtserklärung, im Laufe des Trainings nach und nach auf diese zu verzichten und sie nur noch als Backup mitzuführen. Statt Zelt und Schlafsack zu verwenden, wird bald ein Shelter gebaut. Auf Feuerzeug und Messer kann man verzichten, wenn man gelernt hat, mit Steinen zu schneiden und Feuer zu bohren; der Proviant wird mit jedem Training verringert, um selbst essbare Wildpflanzen und -tiere zu erbeuten.

Eine Ausrüstung für das Survivaltraining unterscheidet sich von gewöhnlicher Camping- oder Trekkingausrüstung, da sie beispielsweise robuster sein muss oder Funkenschlag überstehen soll.

Hier stelle ich Survivalpakete und Ausrüstung vor, die im Training verwendet werden können.

A1 DAS RICHTIGE MESSER

Wenn Du 10 Personen nach dem richtigen Messer fragst, wirst Du 10 unterschiedliche Antworten bekommen.

Das richtige Messer, gibt es dies überhaupt?

Meiner Meinung nach: ja, aber nicht in der Weise, in der das »richtige Messer« in manchen Outdoorforen und in Artikeln beschrieben wird. Das beste Messer ist genau jenes, das Du im Notfall und beim Training zur Hand hast; egal ob abgebrochenes Küchenmesser, Klappmesser oder Feuersteinklinge.

Es ist nicht das polierte Stück in der Glasvitrine, das zu wertvoll für den Einsatz ist, sondern jenes, mit dem Du geübt bist und das zu Deiner Handgröße und Erfahrung passt. Survivalmesser werden in aller Regel viel zu groß gewählt.

Natürlich lässt sich mit einer guten Machete all jenes herstellen und bauen, was man mit einem kleinen Messer auch kann. Ein kleines Messer ist jedoch im Notfall eher am Mann, und vor allem benötigst Du bei der Arbeit mit einer großen Klinge viel mehr Übung als mit einem kleinen Messer. Es hilft beispielsweise wenig, wenn Du mit einem wuchtigen Kampfmesser Holz spaltest, jedoch keinen Feuerbohrer bauen kannst, da letzteres sehr präzises Schnitzen erfordert.

Du solltest Dir also ein »tragbares« Messer besorgen und mit diesem regelmäßig üben.

Klingenform, Schliff und dergleichen sind letztendlich Geschmackssache. Dennoch gibt es einige »Neuerungen« der letzten Jahre, die wenig nützlich sind. Serrations, also eine Sägezahnung, haben keinen praktischen Vorteil, sondern stören oft beim Arbeiten, und fast zentimeterdicke »Wilderness-Survival-Knives« eignen sich weder anständig zum Hacken noch zum Schneiden.

Klassische Messer mit abgerundetem Griff und nicht zu langer, aber sehr scharfer Klinge sind für die meisten Techniken noch immer die beste Wahl. Sie werden seit Jahrhunderten von Praktikern weltweit eingesetzt.

Auf folgende Eigenschaften lege ich persönlich Wert:

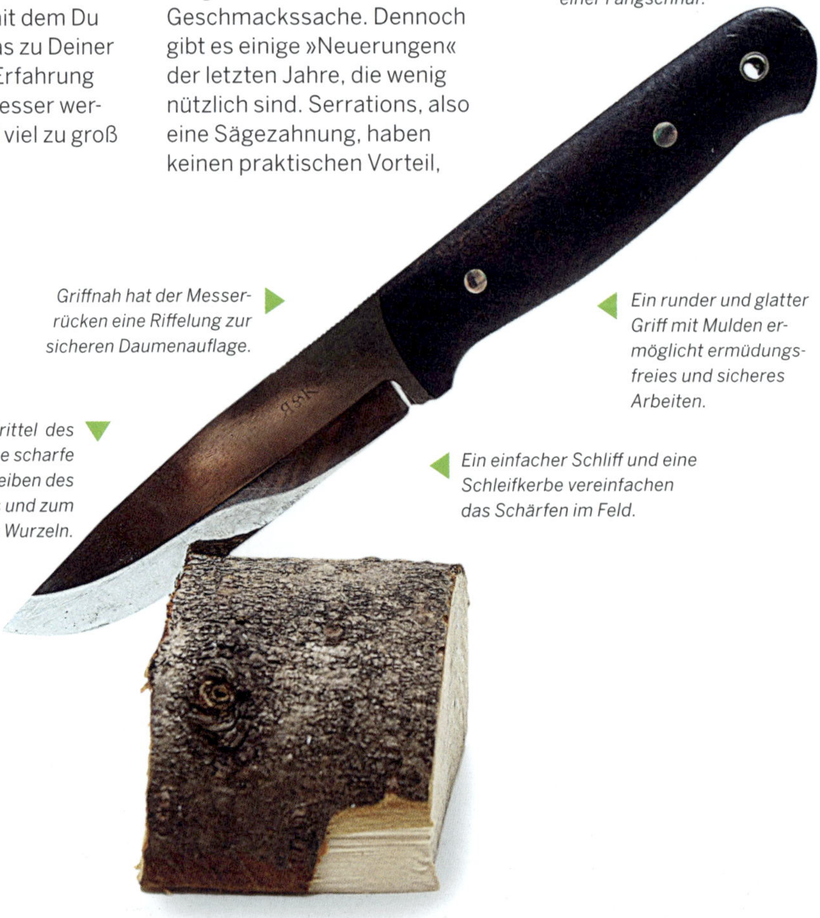

Öse zum Befestigen einer Fangschnur.

Griffnah hat der Messerrücken eine Riffelung zur sicheren Daumenauflage.

Ein runder und glatter Griff mit Mulden ermöglicht ermüdungsfreies und sicheres Arbeiten.

Das vordere Drittel des Messers besitzt eine scharfe Kante zum Reiben des Feuerstahls und zum Schälen von Wurzeln.

Ein einfacher Schliff und eine Schleifkerbe vereinfachen das Schärfen im Feld.

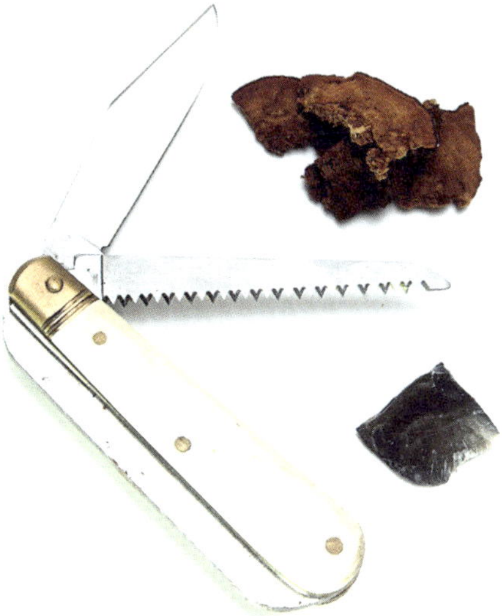

Edel: *Ein altes Feuerschlagmesser mit Säge, Schlagkante und brauchbarer Klinge.*

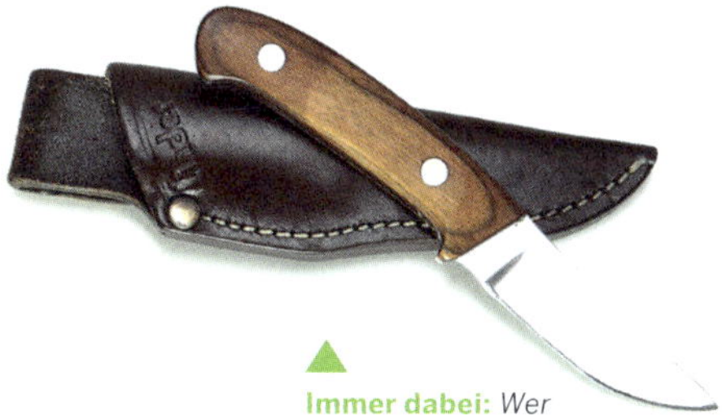

Immer dabei: *Wer mit kleinen Messern geübt ist, kann solche immer mit sich führen. Sie sind leicht und stören kaum.*

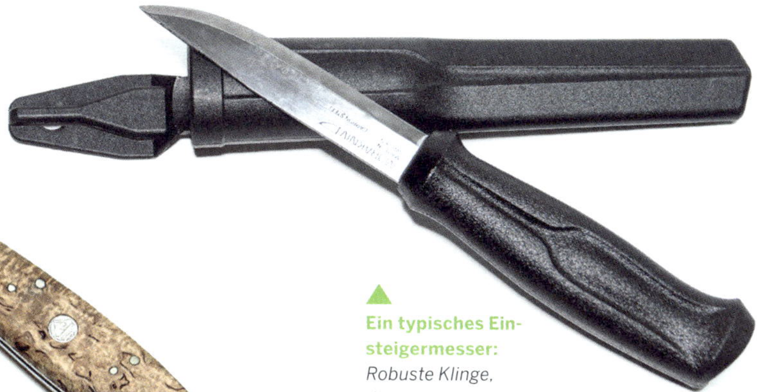

Ein typisches Einsteigermesser: *Robuste Klinge, die gut geschärft werden kann. Griff und Scheide sind aus leicht zu reinigendem Kunststoff.*

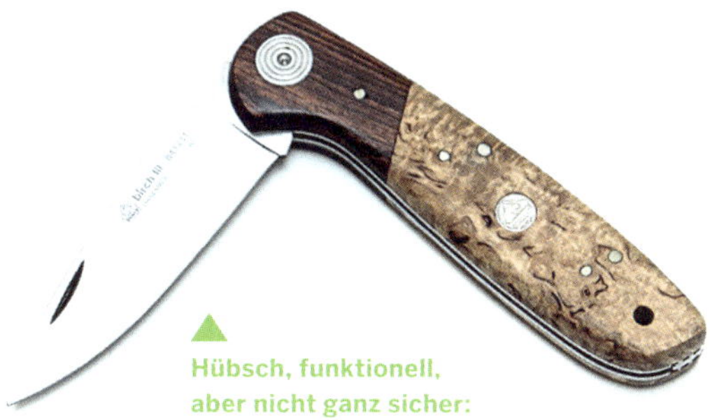

Hübsch, funktionell, aber nicht ganz sicher: *Klingen sollten im aufgeklappten Zustand gesichert werden können.*

Einfaches Winzermesser: *Mit Kohlenstoffklinge, die gesichert werden kann.*

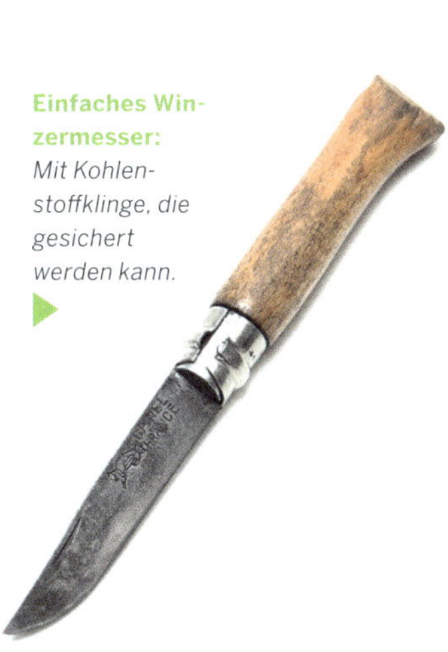

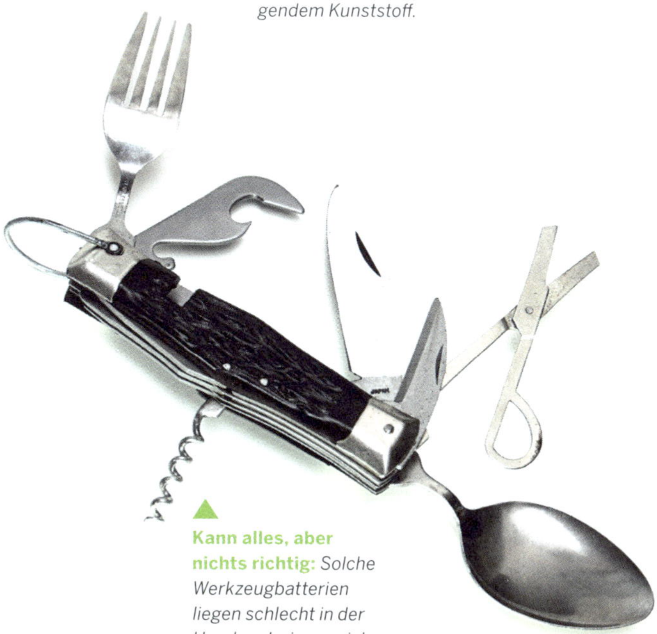

Kann alles, aber nichts richtig: *Solche Werkzeugbatterien liegen schlecht in der Hand und wiegen viel.*

A2 DAS OPTIMAL ZUSAMMENGESTELLTE SURVIVALKIT

Das Survivalkit ist die Ausrüstung, die immer am Körper bleiben muss, wenn Du auf einer Reise bist. Verlierst Du die Ausrüstung, hast Du immer noch das Survivalkit.

Generell gilt: Je geübter Du bist, desto kleiner kann das Survivalkit sein – und je kleiner das Survivalkit ist, desto wahrscheinlicher hast Du es auch im Notfall dabei.

Wenn Du einen ganzen Rucksack zum Entzünden eines Feuers, zum Bau der Notunterkunft und zum Aufbereiten von Wasser sowie Notproviant zum Essen mitnehmen musst, ist es wahrscheinlicher, diesen zu verlieren, als Mikrosurvivalkits am Schlüsselbund oder ein kleines Messer. **Je mehr Survival Du also im Kopf hast, desto weniger Kit brauchst Du am Körper.**

Kommerzielle Survivalkits sollten auf jeden Fall auf das eigene Wissen und die Erfahrung angepasst und erweitert oder verkleinert werden. Wichtig ist generell: Das Survivalkit ist auch Dein Übungsgerät. Wer die Survivaldose erst im Notfall zum ersten Mal öffnet, hat schlechte Karten!

CHECKLISTE
WAS GEHÖRT INS SURVIVALKIT?

- ☐ Zum Feuermachen: Feuerstahl oder Feuerzeug oder Streichhölzer
- ☐ Ein scharfes Messer
- ☐ Angelleine mit Haken
- ☐ Rettungsdecke
- ☐ Signalpfeife
- ☐ Signalspiegel
- ☐ Kompass
- ☐ Kondom (immer lebensrettend)
- ☐ Draht
- ☐ Stabile Leine
- ☐ Nadeln
- ☐ Skalpell oder Rasierklinge
- ☐ Rauchpatronen
- ☐ Wasserentkeimungstabletten
- ☐ Geld
- ☐ Verbandmaterial
- ☐ Taschen- oder Stirnlampe

SURVIVALDOSE Wer es einfach mag, kann auch auf fertige Survivaldosen bzw. Survivalkits zurückgreifen. Aufgrund ihres Gewichts sind solche Behältnisse nur im Rucksack sinnvoll zu transportieren – oder sie können für Unfälle, Pannen etc. im Fahrzeug gelagert werden. Insbesondere für längere Exkursionen solltest Du Dein Survivalkit individuell mit Profitools ausstatten und ergänzen. Achte darauf, dass das Material qualitativ hochwertig ist, und tausche es nach dem Üben aus, wenn es verschlissen ist.

SURVIVAL-POUCH In eine robuste und kleine Tasche werden die wichtigsten Werkzeuge und etwas Geld wasserdicht gepackt. Das können sein: Paracord, Pfeife, Knopfkompass, Kondom, Flintstein, Messer, eine kleine Lampe und so weiter. Die Tasche sollte jedoch nur so schwer sein, dass sie am Gürtel nicht stört oder in der Hosentasche transportiert werden kann. Außerdem ist aus Platzgründen darauf zu achten, dass mehrfach verwendbare Werkzeuge nur einmal eingepackt werden: jeweils nur ein Feuerzeug, ein Messer usw.

MINI-SURVIVALKIT Kleine wasserdichte Kapseln, die am Schlüsselbund befestigt werden können, sind ideal als Survivalkit geeignet. Vor allem für Fernreisen, bei denen die gesamte Ausrüstung verloren gehen oder geklaut werden kann, ist es die Absicherung, um gesund wieder nach Hause zu kommen. Darin enthalten: Eine seitlich kleingefeilte Micro-SD-Karte mit allen Reisedokumenten, Geburtsurkunde etc. Mindestens 100 $ bzw. der entsprechende Betrag in Landeswährung. Ein Alleszünder zum Feuermachen. Angelhaken zum Fang von kleinen Fischen, Vögeln etc. Ein Skalpell als Werkzeug zum Zerschneiden von Leinen, zum Bau von Werkzeugen und Fallen. Wasserentkeimungstabletten.

MIKRO-SURVIVALKIT Das allerkleinste Survivalkit besteht nur aus Deinem Wissen und Deinen Händen. **Manche sagen sogar: mehr als ein Messer ist Camping.** Da ein Messer draußen sowieso oft dabei ist, kannst Du das als »Standardkit« ansehen. Brauchst Du noch ein Feuerzeug zum Feuermachen, musst Du mehr üben.

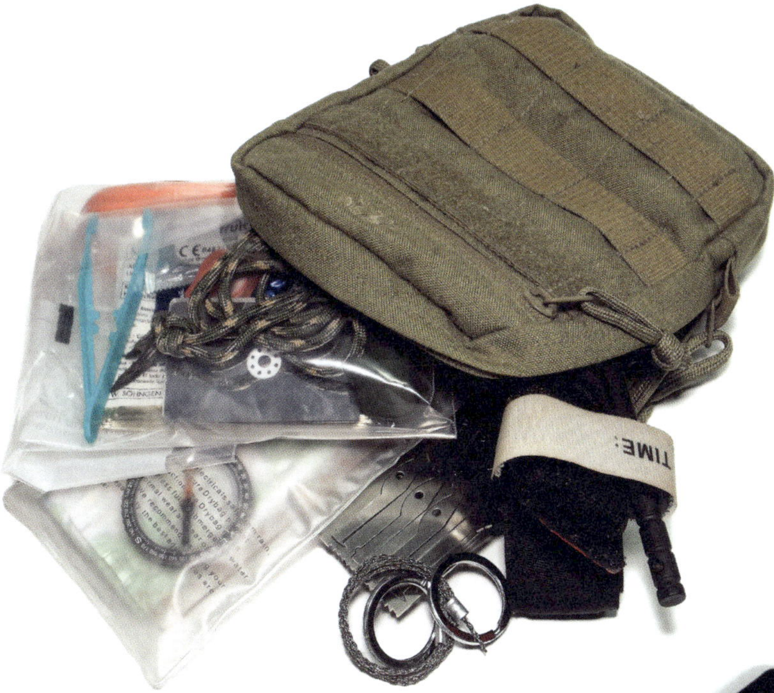

Survival-Pouch: *Klein genug und alles drin, was benötigt wird.*

◀

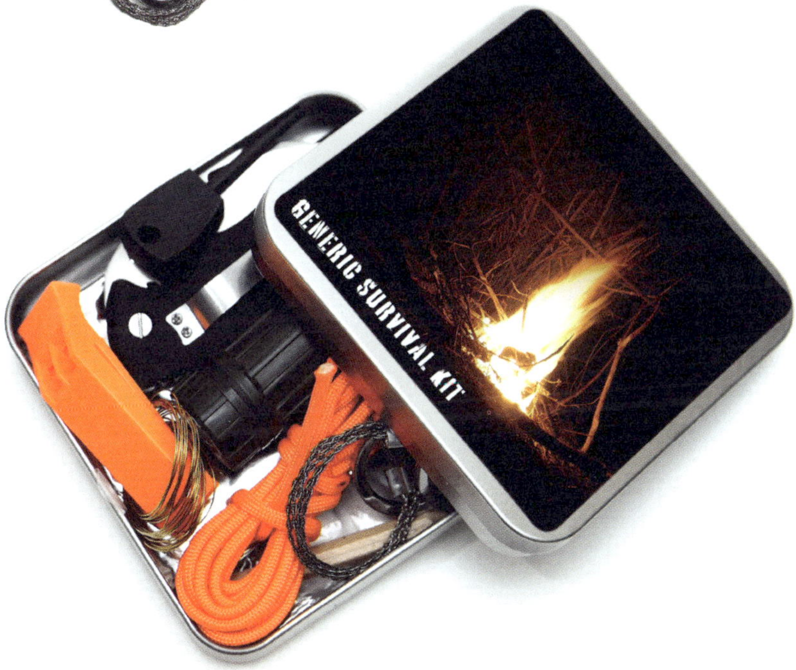

Survivaldose: *Mit dem Inhalt von kommerziell gepackten Survivalkits solltest Du vor dem Notfall üben und den Inhalt auf Deine Bedürfnisse anpassen.*

▶

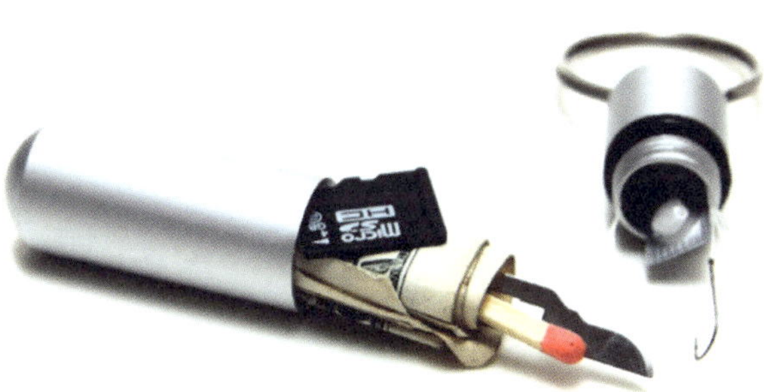

Mini-Survivalkit: *Nur für Profis: Mit diesem Kit kannst Du alles machen, wenn Du genügend geübt hast.*

◀

A3 GADGETS IM DETAIL

Eine kleine Auswahl von Gegenständen, die Dir das Leben draußen erleichtern und beim Training eine große Hilfe sind:

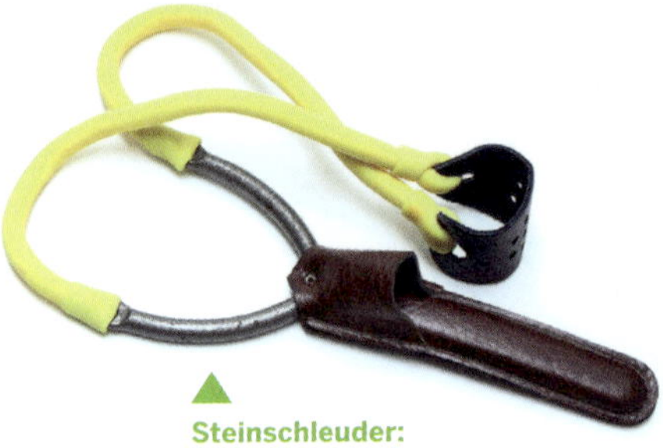

Steinschleuder: *Zur Jagd auf Kleintiere.*

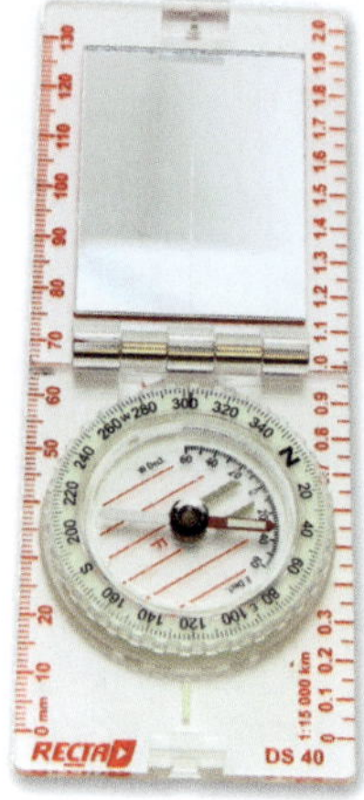

Kompass: *Zeigt Dir immer den Weg. Unbedingt in Verbindung mit einer guten Trekkingkarte!*

Lampe: *Hilft Dir nach Eintritt der Dunkelheit beim Lagerbau und Tierfang.*

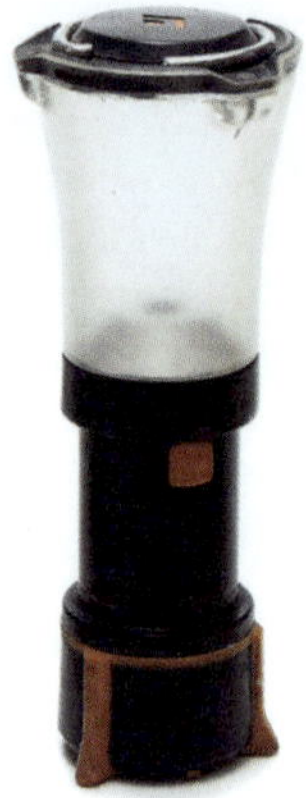

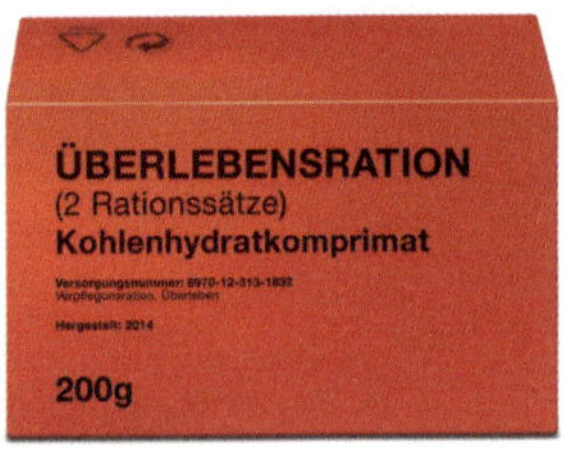

Überlebensration: *Hält Dich fit, bis Du genügend Nahrung gesammelt hast.*

Signalraketen: *Damit kannst Du Dich im Notfall bemerkbar machen.*

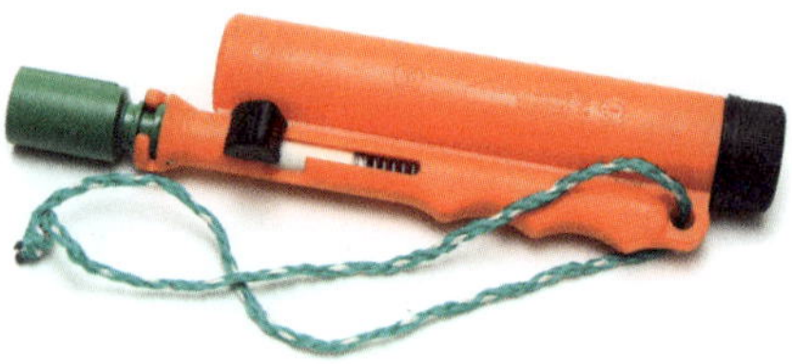

Kondome und Skalpell: *Ausrüstung für den Geldbeutel.*

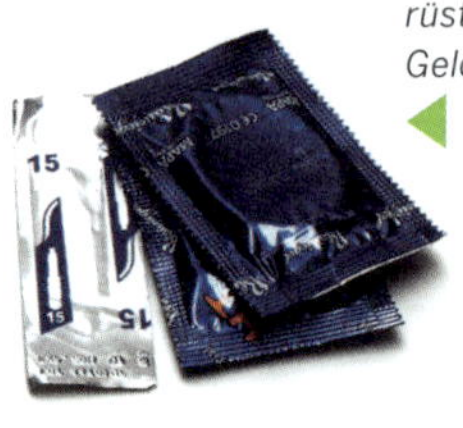

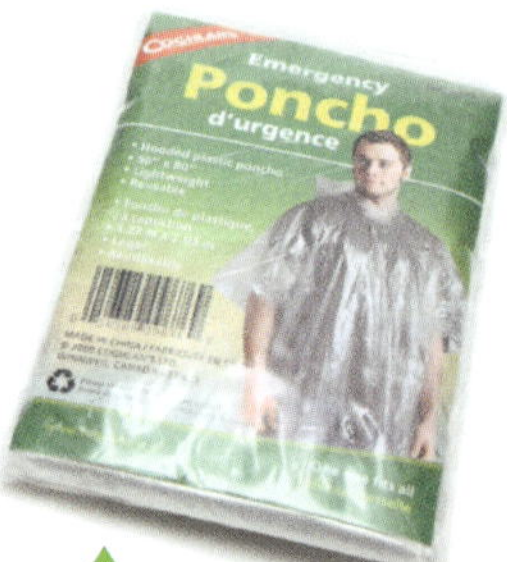

Poncho: *Ein leichtes Regencape wird auch bei gutem Wetter immer eingepackt.*

Rettungsdecke: *Die reflektierende dünne Folie schützt Dich vor dem Auskühlen.*

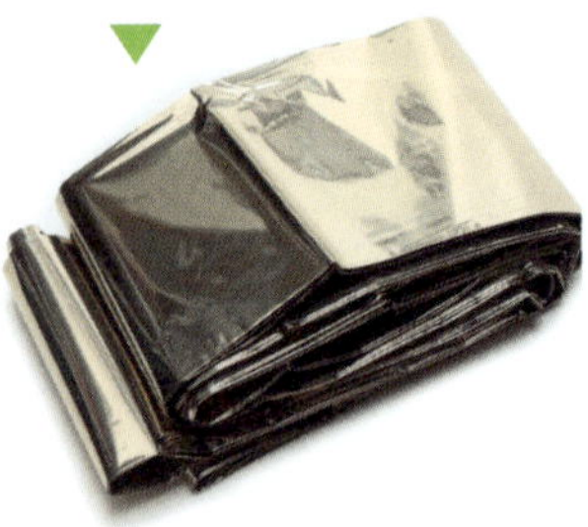

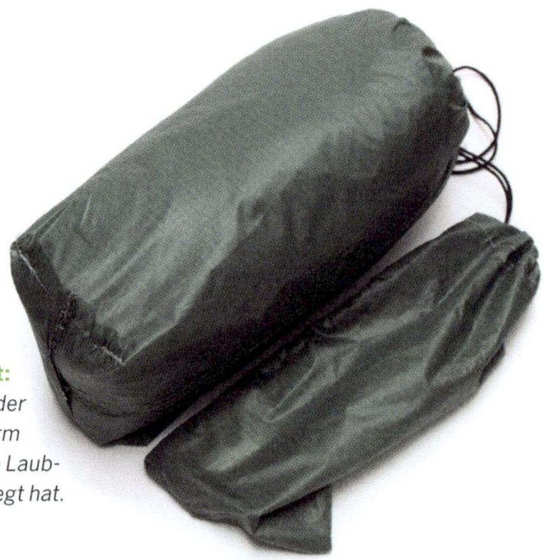

Biwakzelt: *Wenn Dir der Regensturm nachts die Laubhütte zerlegt hat.*

A4 UNTERKUNFT TO GO

Besonders zeitaufwändig ist beim Survivaltraining und auf Touren der Bau einer Notunterkunft. Diese Arbeit kann mehrere Stunden in Anspruch nehmen. Verantwortlich hierfür ist das Sammeln von Baumaterial – Holz, Laub, Reisig und so weiter.

Wenn Du im Training oder bei einer anspruchsvollen Trekkingtour die eigene Unterkunft jeden Abend neu bauen möchtest, geht viel Zeit für andere wichtige Dinge verloren. Natürlich solltest Du dennoch wissen, wie eine Notunterkunft improvisiert wird (→**Debris Hut**), und das auch regelmäßig üben. Gleichwohl sollte vor allem zu Beginn immer eine leichte und der Umgebung angepasste Unterkunft in Form eines Zelts, Tarps oder Biwakzelts nebst geeignetem Schlafsack mitgeführt werden.

TARP Wie sinnvoll das Mitführen eines Tarps ist, ist von der Umgebung und den zu erwartenden Witterungsverhältnissen abhängig. In Wüste und Outback können Tarps als Schattengeber, im Wald, im Regenwald und beim Grillen können sie als Regendach eingesetzt werden. Du kannst sie auch aus einer Rettungsdecke oder einem Poncho improvisieren. In den Bergen und bei sehr niedrigen Temperaturen und Sturm sind sie jedoch weniger geeignet.

SCHLAFSACK Schlafsäcke gibt es in verschiedenen Größen und Wärmegraden. Hier gilt: Daune ist zwar deutlich wärmer als eine vergleichbare Menge Kunstfaser (Hollowfiber und ähnliche), klumpt dafür aber bei Feuchtigkeit zusammen. Deshalb ist in den Tropen und bei Übungen, die im Matsch stattfinden, Kunstfaser die bessere Wahl. In Wüste, Schnee und Eis sowie in den Bergen wird dagegen meist auf Daunenschlafsäcke zurückgegriffen.

ISOMATTE Beim Schlafen auf dem Boden geht viel Wärme verloren, wenn die Liegefläche nicht isoliert ist. Hier macht es unbedingt Sinn, sich eine →**Feldmatratze** zu bauen oder eine Isomatte mitzuführen.

Selbstaufblasbare Matten oder Luftmatratzen: *Bequem, aber schwer und empfindlich.*

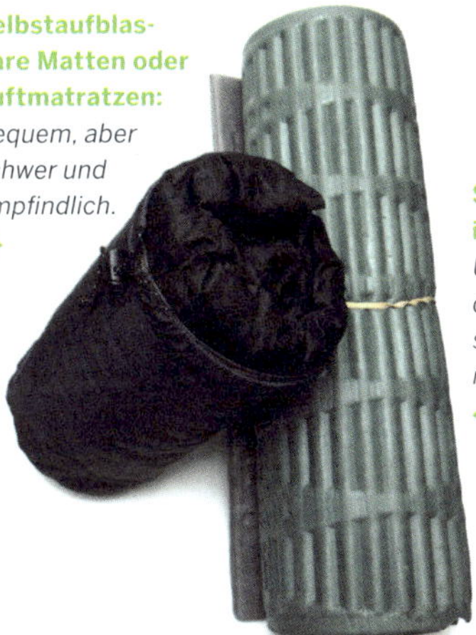

Schaumstoffisomatten: *Unkaputtbar, dafür bieten sie etwas weniger Komfort.*

Schlafsack: *Eine wärmende Isolationsschicht, die weit genug geschnitten sein sollte.*

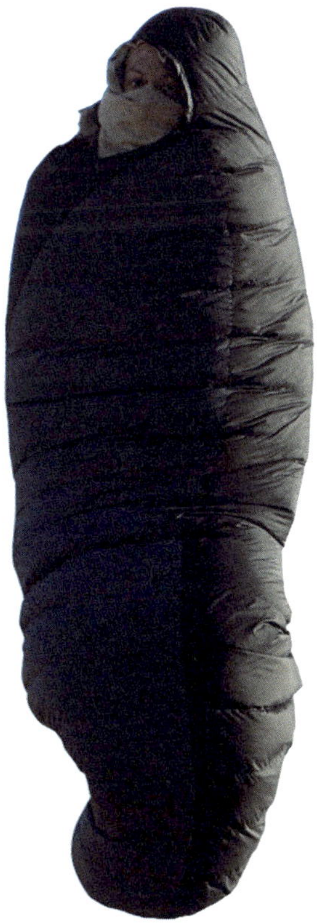

Tarp: *ist Regenschutz und Sonnendach in einem.*

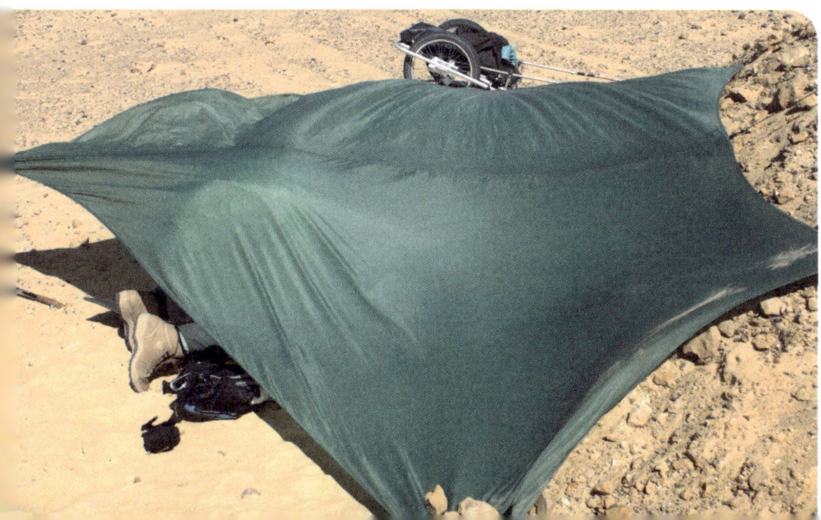

A5 MY TENT IS MY CASTLE

Für die gesamte Zeit, in der Du beim Trekken unterwegs bist, wird Dein Zelt die sicherste Unterkunft sein. Deshalb macht es keinen Sinn, an diesem wichtigen Ausrüstungsgegenstand zu sparen. Ein Zelt besteht meist aus Außen- und Innenzelt, nur besonders leichte Zelte und →**Biwaksäcke** haben bloß eine Schicht. Da Zelte wasserfest sind, sollten sie immer gut gelüftet werden, da es sonst von den Wänden tropft.

Welches Zelt Du wählst, ist davon abhängig, wohin Du reist. Im Gebirge sind leichte, aber sturmfeste geodätische Zelte mit dicht verschließbarem Innenzelt, vielen Abspannleinen und zuklappbaren Lüftungsöffnungen im Einsatz, bei Reisen durch Wüsten und Steppen verwendet man oft ein Moskitoinnenzelt mit regenfestem Überwurf und in schneereichen Regionen sind geräumige Tunnelzelte mit Vorzelt groß genug, um darin Schneeschuhe, Pulka und Rucksäcke zu verstauen. Das Außenzelt besteht oft aus PU-beschichtetem Gewebe, bei hochwertigen Zelten auch aus silikonisiertem Nylon. Gestänge sind heute meist aus Aluminium und nur noch selten aus Fiberglas.

Billige Kuppelzelte sind gerade noch gut genug für ein verregnetes Wochenende bei einem Rock-Festival. Nimmst Du dennoch ein solches Zelt mit in die Wildnis, solltest Du das Bauen eines Shelters gut geübt haben.

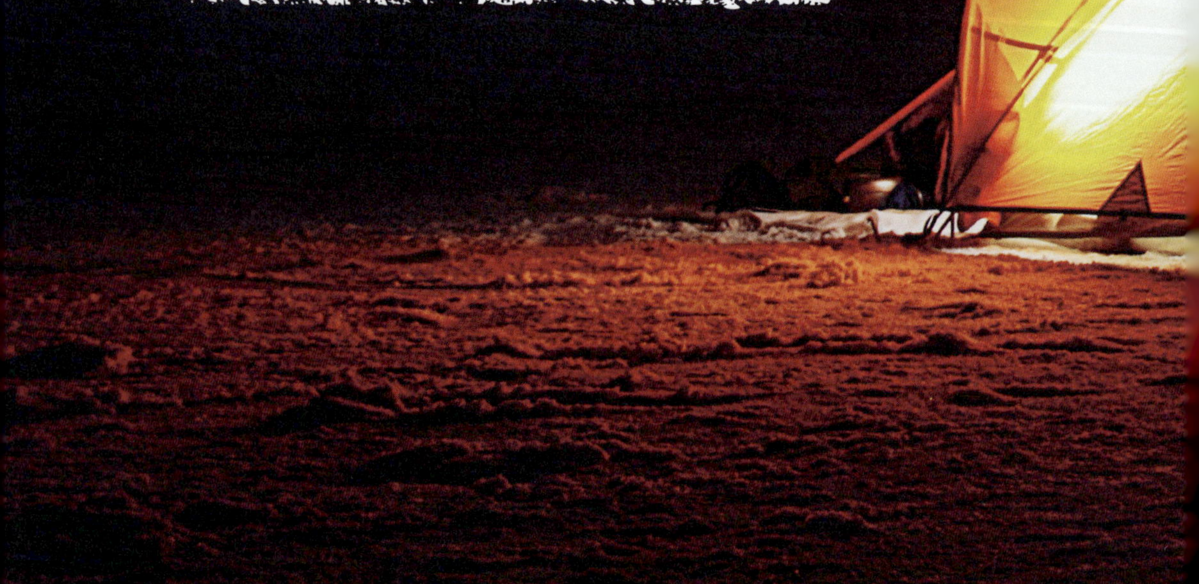

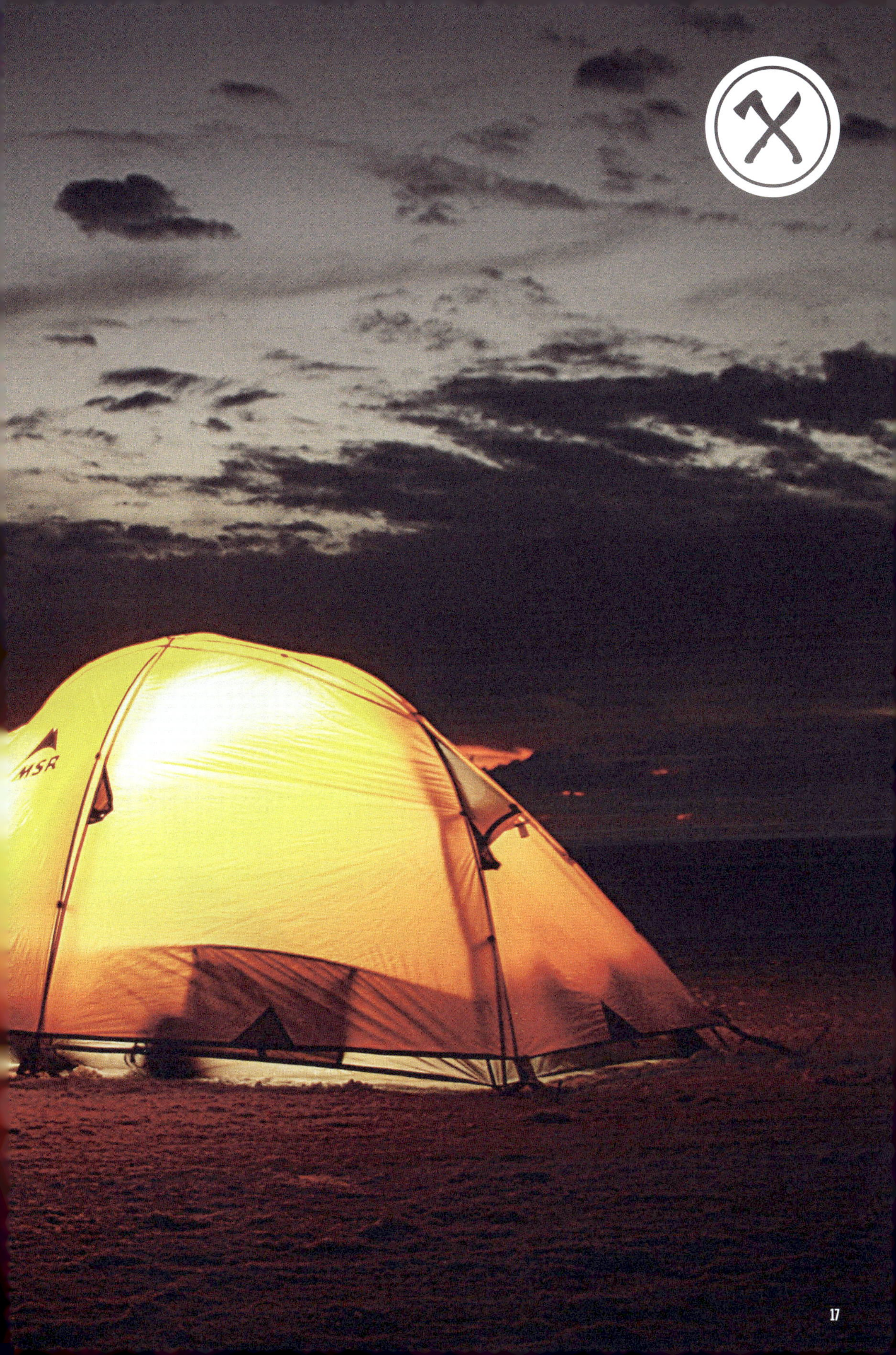

A6 RUCKSÄCKE UND TASCHEN

Wenn Du draußen unterwegs bist, hast Du je nach Trainingsstand und Reiseort einiges dabei. Von der Unterkunft als Backup bis zum Schlafsack für Minusgrade. Es muss aber nicht immer ein großer Rucksack sein. Oft reicht eine einfache gute Gürteltasche oder ein kleines Tragesystem. Ideal ist es natürlich, wenn alles, was Du benötigst, in der Kleidung verstaut werden kann.

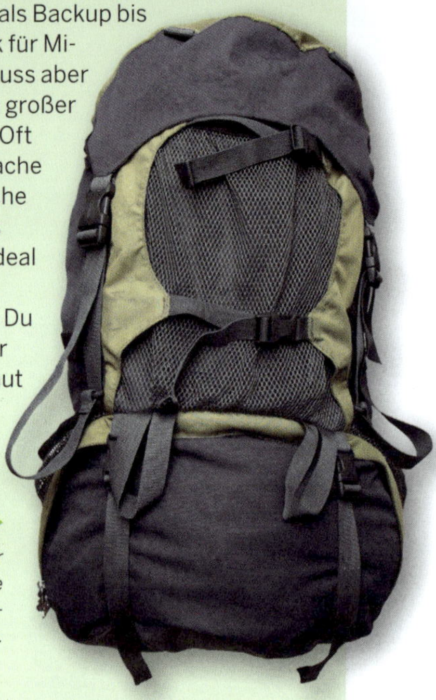

Rucksack: *Für eine gesamte Trekkingausrüstung.*

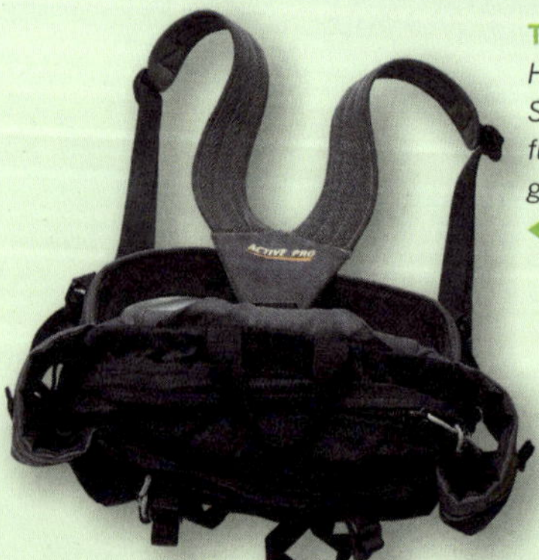

Tragesystem: *Hier findet Dein Survivalmaterial fürs Training genügend Platz.*

Schlitten: *Eine Pulka ist vor allem bei Schnee und Eis von Vorteil.*

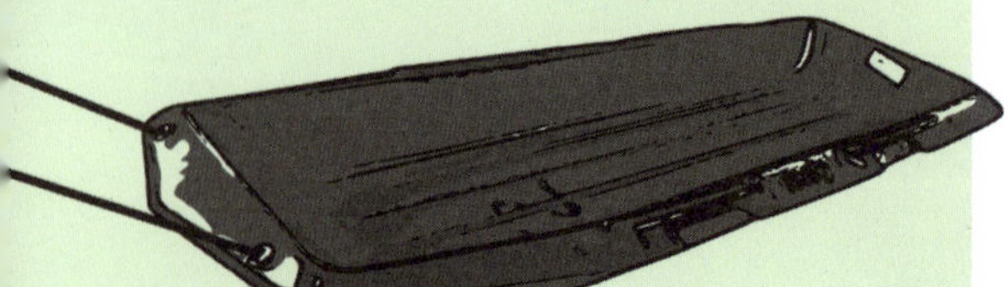

A7 SCHUHE, STIEFEL, SOCKEN

Einer der Ausrüstungsgegenstände, die Du in aller Regel dabei hast – egal ob bei Survivaltouren oder während einer Trekkingreise – sind Stiefel bzw. Trekkingschuhe.

Hier gibt es verschiedene Ausführungen, die von Dutzenden Herstellern produziert und vertrieben werden. Die wichtigsten Grundformen seien hier kurz umrissen.

Fast ebenso wichtig wie das richtige Schuhwerk ist natürlich ein Extrapaar gute Socken.

Moderne Trekkingsocken: *Sind leicht, trocknen schnell und schmiegen sich gut an den Fuß an. Sie sind vor allem für moderate Temperaturen geeignet.*

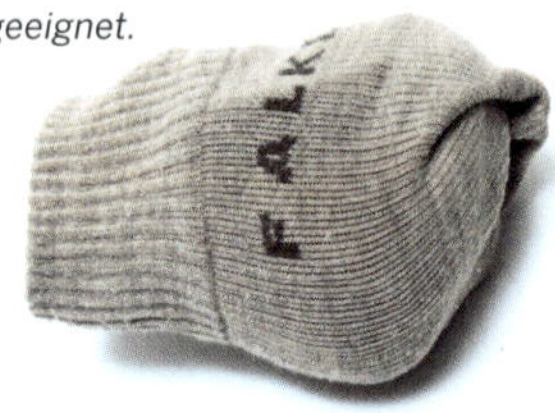

Neoprensocken: *Wenn Du nicht abschätzen kannst, ob die Reise im feuchten Morast enden wird, packst Du ein Paar wasserdichte Socken ein. Diese gibt es auch mit atmungsaktiver »Biomembran«. Damit wird aus einem Straßenschuh ein Gummistiefel.*

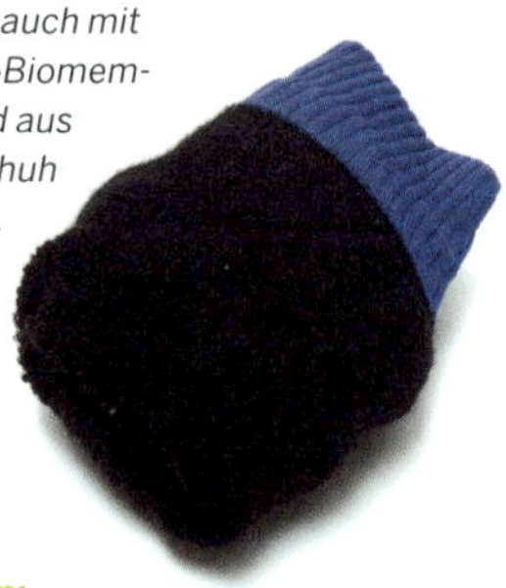

Schafwollsocken: *Werden nie alt – gute gestrickte Schafwollsocken können in puncto Wärme, Komfort und Fußklima kaum geschlagen werden. Sie sind die richtige Wahl, wenn es kälter wird.*

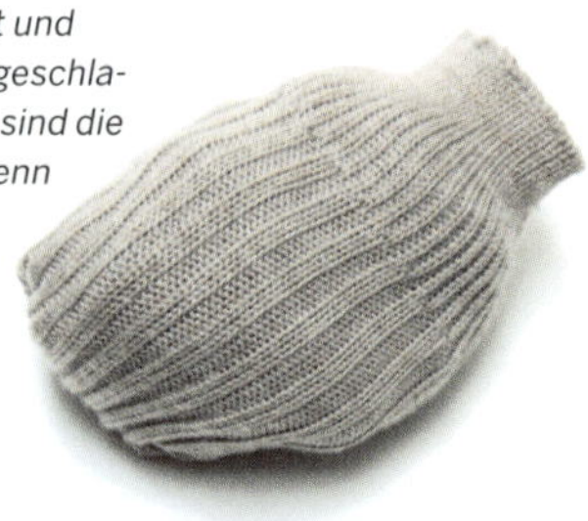

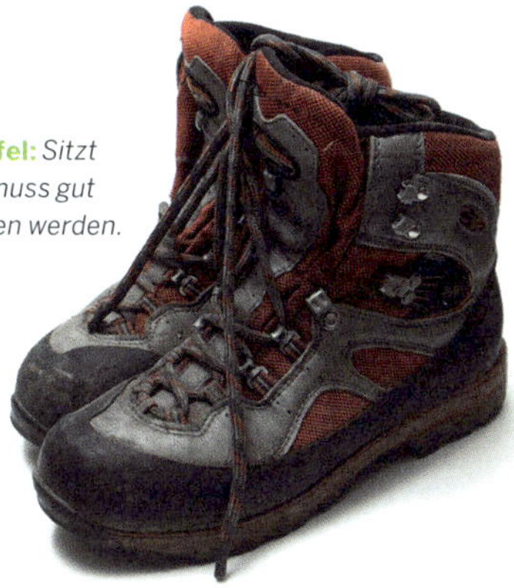

Bergstiefel: *Sitzt fest und muss gut eingelaufen werden.*

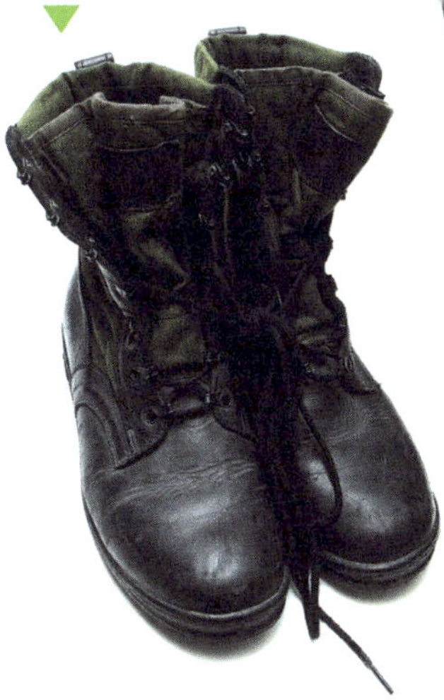

Tropenstiefel: *Speziell konstruiert, um Staunässe zu vermeiden.*

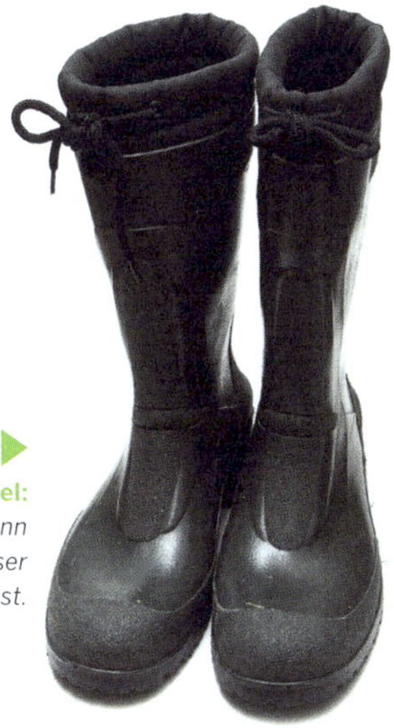

Gummistiefel: *Notwendig , wenn Du durch Wasser waten musst.*

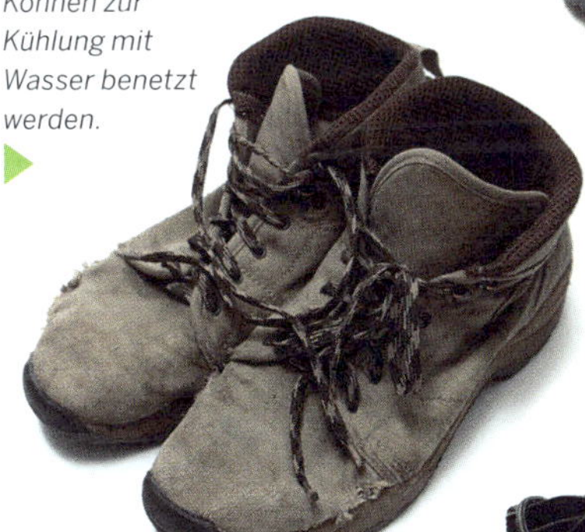

Wüstenstiefel: *Können zur Kühlung mit Wasser benetzt werden.*

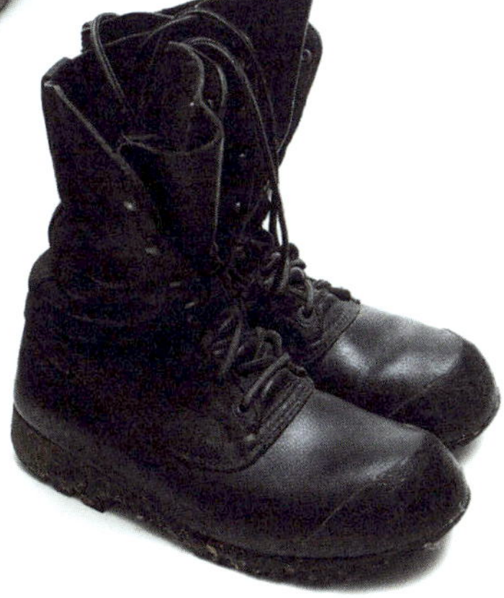

Lederstiefel: *Schuhe aus dickem Naturleder sind viel robuster als die Kunststoffvariante.*

BERGSTIEFEL lassen sich fest binden und müssen gut am Fuß sitzen. Neben einem Geröllschutz und der Möglichkeit, Steigeisen zu befestigen, ist die starre Sohle ein typisches Merkmal. Alpinschuhe sind in den Bergen unschlagbar, in der Ebene gibt es oft bequemere Alternativen.

TROPENSTIEFEL In Regionen, in denen es giftige und beißende Tiere gibt, sind über den Knöchel gehende Stiefel immer praktisch. Tropenstiefel haben außerdem eine angenähte Zunge (gegen Blutegel), sehr rutschfeste Sohlen und sind wasserabweisend – haben aber oft eine »Abflussöffnung«, aus der eingedrungenes Wasser ablaufen kann.

GUMMISTIEFEL In feuchten Regionen und beim Wandern am Wasser werden oft Gummistiefel getragen. Sie sind absolut wasserdicht und können in Verbindung mit Socken auch bei kälteren Temperaturen eingesetzt werden. Langes Laufen ist mit ihnen übrigens kein Problem. Abends sollten sie gelüftet und getrocknet werden.

WÜSTENSTIEFEL In der Wüste kommt es oft vor, dass man beim Laufen im weichen Sand versinkt. Dringt dabei Sand in den Schuh ein, kommt es zu Blasen und Scheuerstellen. Im Gegensatz zu Tropenstiefeln sind Wüstentiefel meist aus einem leichten Baumwollgewebe, das Feuchtigkeit aufnimmt und durch Verdunstung die Füße kühlt.

STIEFEL FÜR DEN WALD Hohe und sehr robuste Stiefel aus Leder sind Klassiker und können in waldigen Regionen das Umknicken und Abrutschen und damit Verletzungen verhindern. Vor allem, wenn mit Beil oder Axt gearbeitet wird, bieten solche Stiefel eine (gewisse) Zusatzsicherheit, sollte man doch mal abrutschen.

A8 WASSERFILTER UND WASSERREINIGUNGSTABLETTEN

Unterwegs musst Du Dich auf jeden Fall mit Wasser versorgen. Wenn es schlecht läuft, kann es sein, dass Du nur einen schmutzigen Tümpel findest. Zwar gibt es sichere improvisierte Aufbereitungsmethoden, aber wenn Du am Tag einige Kilometer vorankommen möchtest, sind Wasserentkeimungswerkzeuge von großem Vorteil.

Einfache Wasserfilter: *Machen aus jeder Pfütze trinkbares Wasser.*

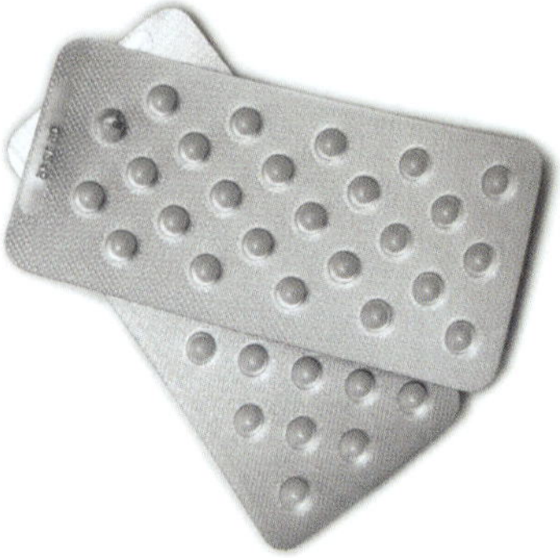

Wasserentkeimungstabletten (z.B. Micropur forte): *Sollten in keinem Survivalkit fehlen. Mit ihnen können kleine Mengen Trinkwasser sicher entkeimt werden.*

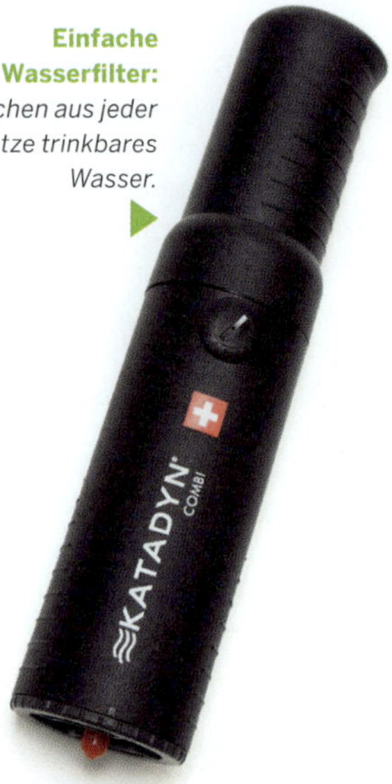

A9 FEUERSTARTER – LET IT BURN!

Als Backup sind einfache Feuerzeuge immer hilfreich. Hier gilt: Bei allem, was mit Gas oder Benzin funktioniert, besteht die Gefahr von Funktionsfehlern. Gas aus Gasfeuerzeugen kann austreten, wenn der Hebel gedrückt wird, der Zündstein kann sich abnutzen, Piezozünder funktionieren in Feuchtigkeit nicht mehr. Benzin ist oft innerhalb weniger Tage aus dem normalen Sturmfeuerzeug verdunstet. Die folgenden sind dagegen brauchbare Survivalfeuerzeuge:

Funkenstahl : *Funktioniert immer – auch wenn Du ins Wasser gefallen bist und alles durchnässt ist. Du musst aber üben, feinsten Zunder aus Holz zu schnitzen, um damit eine Flamme zu entzünden – oder ein Wattepad mit Wachs mitführen.*

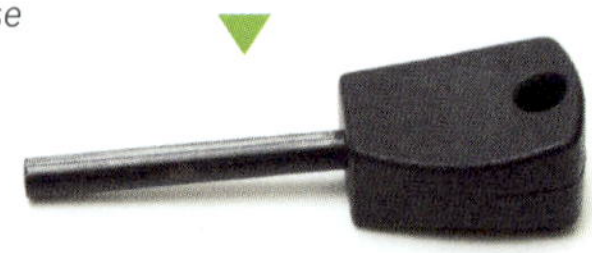

Wasserdicht verpackte Streichhölzer: *Zündhölzer sind immer noch Klassiker zum Entzünden. Du solltest ein paar Sturmstreichhölzer und ein paar Exemplare mit normalem Zündkopf in einer wasserfesten Dose transportieren.*

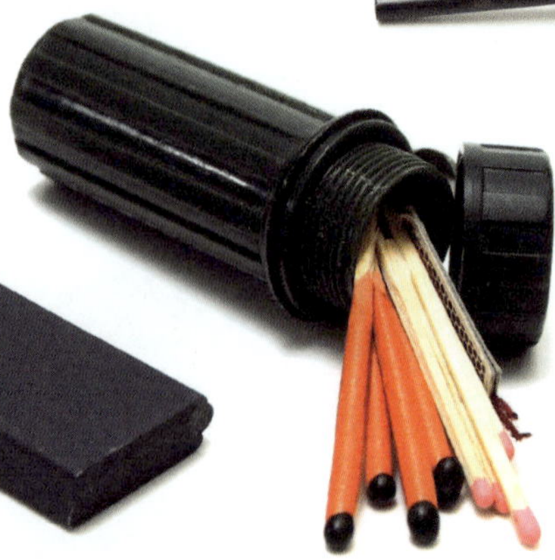

Magnesiumstarter: *Hat immer Zunder dabei. Das Magnesium vom Block wird als Zunder abgeschabt und mit dem eingelassenen Funkenstab entzündet. Brennt extrem heiß und entzündet feines Holz zuverlässig.*

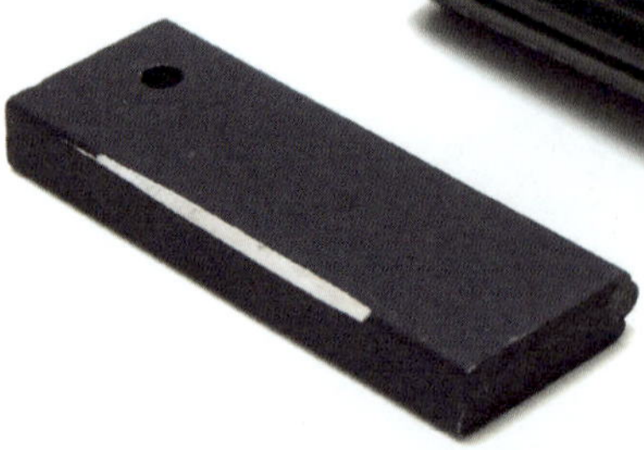

A10 KOCHER AUF REISEN

Um in Extremsituationen und in Gegenden mit wenig oder keinem natürlichen Brennstoff Wasser erhitzen und Nahrung zubereiten zu können, sind Kocher sehr hilfreiche Geräte. Auch wenn es das Ziel ist, auf dem Feuer zu kochen, ist ein kleines »Backup-Gerät« im Rucksack eine wertvolle Hilfe, wenn man noch nicht in der Lage ist, bei strömendem Regen ein Kochfeuer zu entzünden.

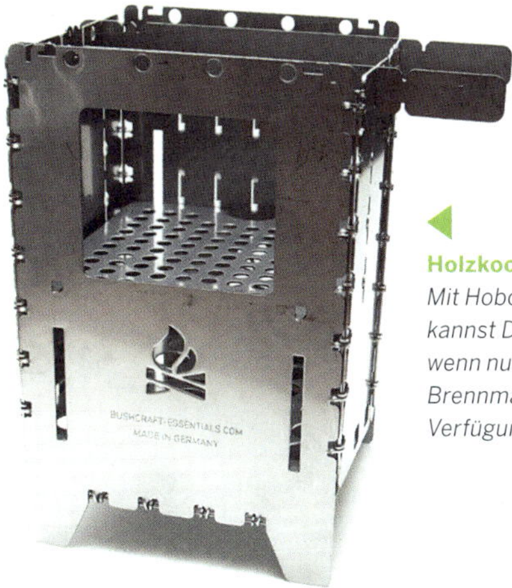

Holzkocher: *Mit Hobokochern kannst Du kochen, wenn nur wenig Brennmaterial zur Verfügung steht.*

Wir unterteilen grob in Gas-, Benzin- sowie Holzkocher.

HOLZKOCHER (HOBO STOVE)

werden mit natürlichen Brennstoffen betrieben. Diese Metallboxen sind praktisch mobile Feuerstellen. Durch die Bauweise wird ein Kamineffekt erzeugt – die Hitze wird punktuell abgegeben. Deshalb ist die Verbrennung darin sehr viel effizienter als in einem Lagerfeuer. Geeignet vor allem für Regionen, in denen es wenig Brennholz gibt oder ein offenes Feuer am Boden zu →**Buschbränden** führen kann.

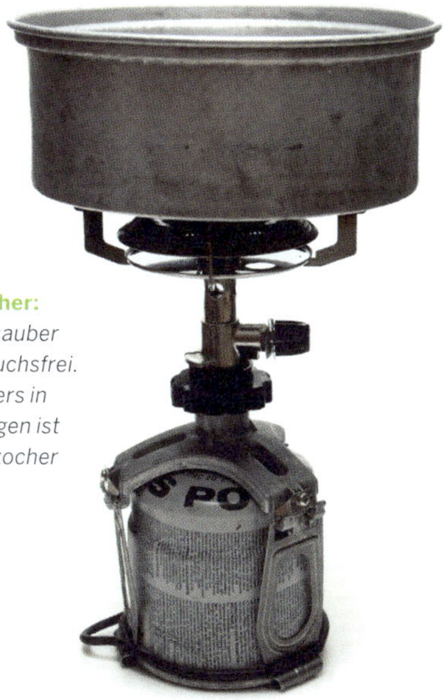

Gaskocher: *Brennt sauber und geruchsfrei. Besonders in den Bergen ist ein Gaskocher sinnvoll.*

GASKOCHER

werden mit einer Gasmischung betrieben, die es in Schraub- oder Drehkartuschen zu kaufen gibt. Die Verbrennung läuft leise, effizient und sauber. Je nach Regionen kann es aber zu Engpässen bei geeigneten Kartuschen kommen. Deshalb ist ein Stechkartuschenadapter sinnvoll. Gaskocher werden vor allem im Gebirge verwendet.

MEHRSTOFFKOCHER

brennen mit allen erdölbasierten Brennstoffen wie Diesel, Kerosin, Benzin oder Lampenöl. Besonders bei Reisen in schneereichen Regionen und in Wüsten sind diese Kocher eine große Hilfe, da der benötigte Brennstoff sehr sparsam verbrennt und günstig überall zu erhalten ist bzw. oft sowieso im Fahrzeug mitgeführt wird.

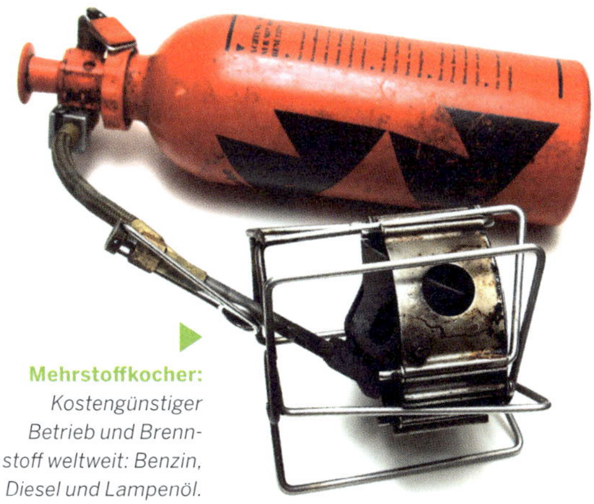

Mehrstoffkocher: *Kostengünstiger Betrieb und Brennstoff weltweit: Benzin, Diesel und Lampenöl.*

BASICS: KNOW-HOW/SKILLS

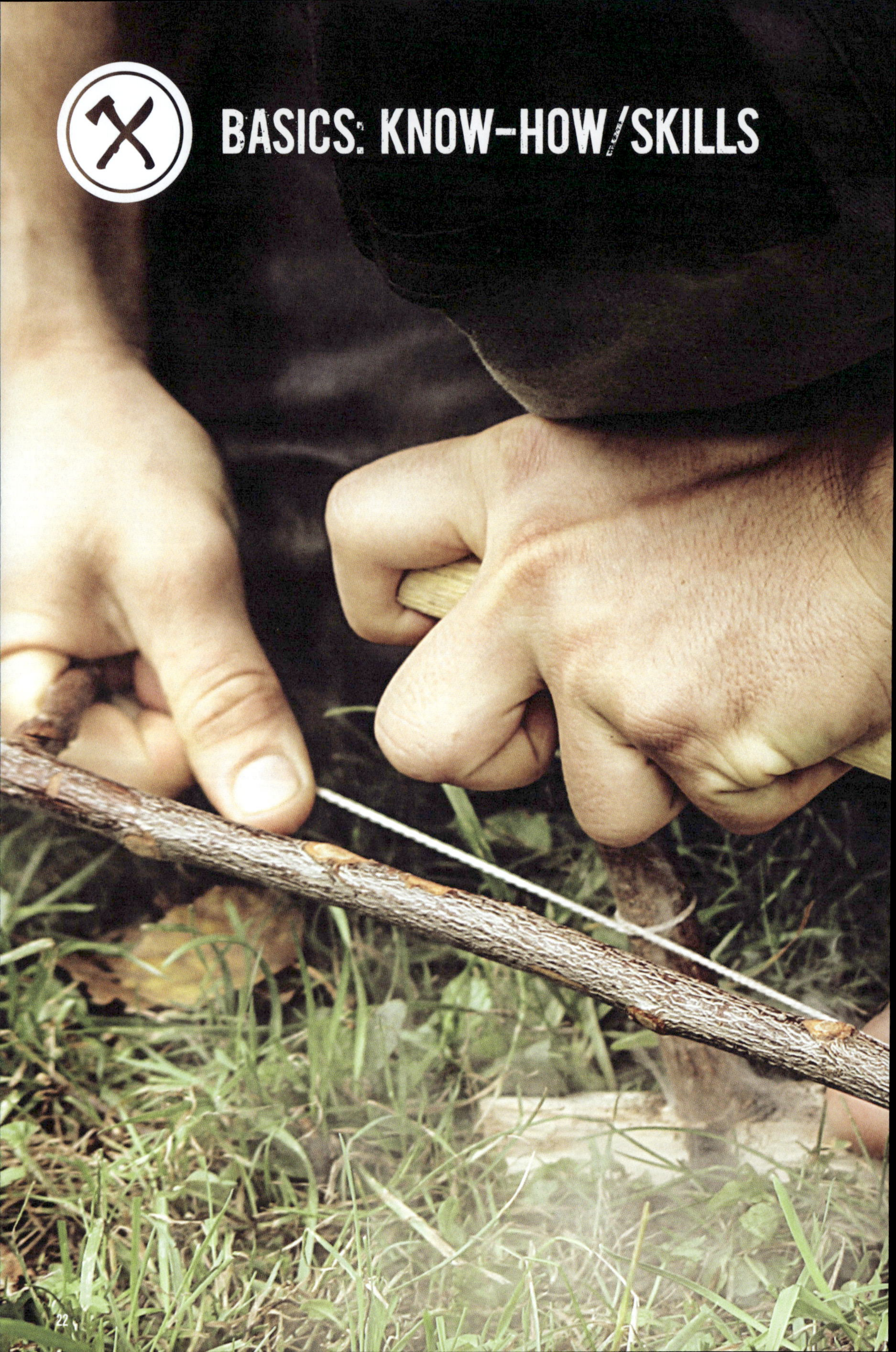

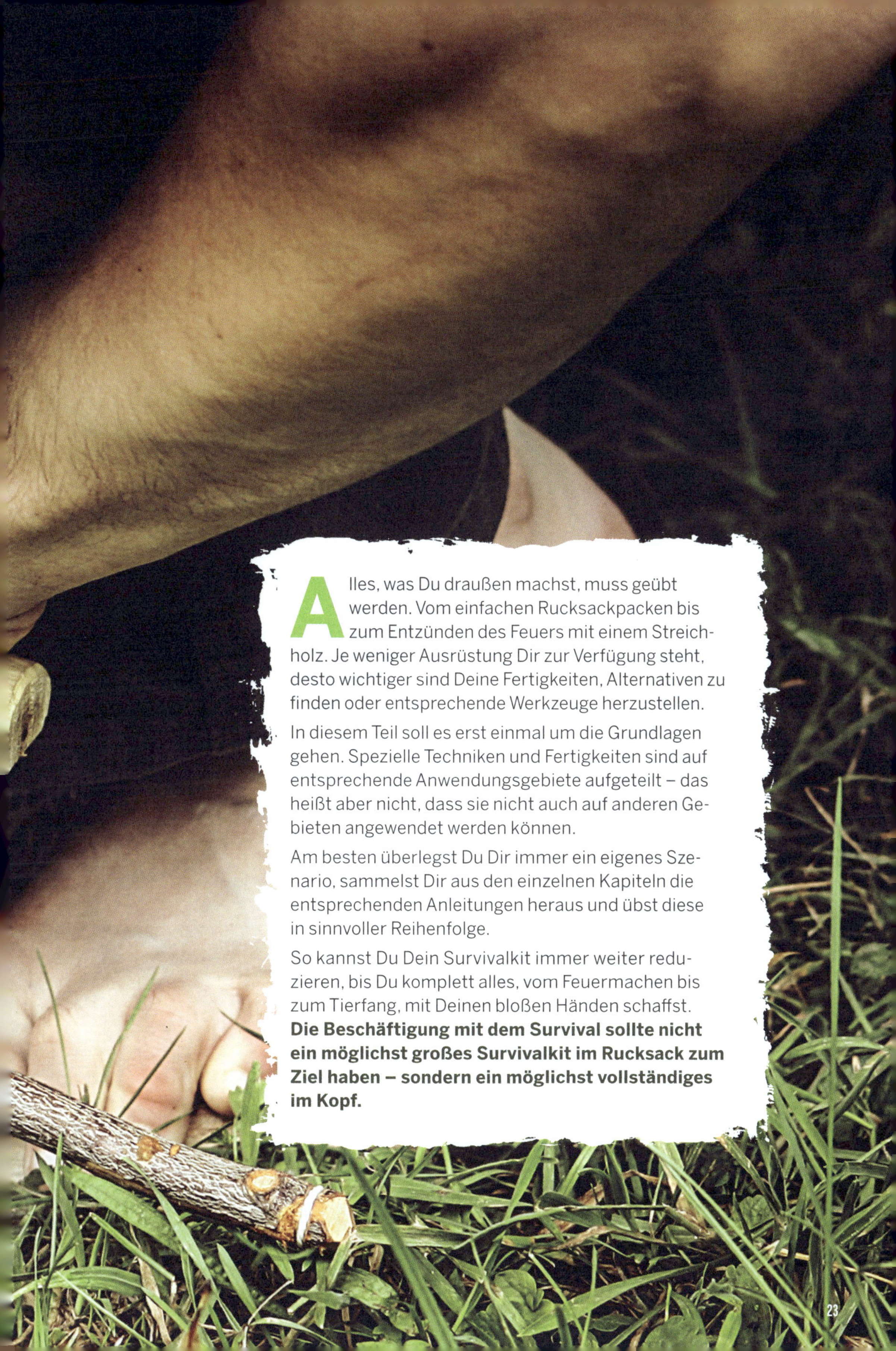

Alles, was Du draußen machst, muss geübt werden. Vom einfachen Rucksackpacken bis zum Entzünden des Feuers mit einem Streichholz. Je weniger Ausrüstung Dir zur Verfügung steht, desto wichtiger sind Deine Fertigkeiten, Alternativen zu finden oder entsprechende Werkzeuge herzustellen.

In diesem Teil soll es erst einmal um die Grundlagen gehen. Spezielle Techniken und Fertigkeiten sind auf entsprechende Anwendungsgebiete aufgeteilt – das heißt aber nicht, dass sie nicht auch auf anderen Gebieten angewendet werden können.

Am besten überlegst Du Dir immer ein eigenes Szenario, sammelst Dir aus den einzelnen Kapiteln die entsprechenden Anleitungen heraus und übst diese in sinnvoller Reihenfolge.

So kannst Du Dein Survivalkit immer weiter reduzieren, bis Du komplett alles, vom Feuermachen bis zum Tierfang, mit Deinen bloßen Händen schaffst. **Die Beschäftigung mit dem Survival sollte nicht ein möglichst großes Survivalkit im Rucksack zum Ziel haben – sondern ein möglichst vollständiges im Kopf.**

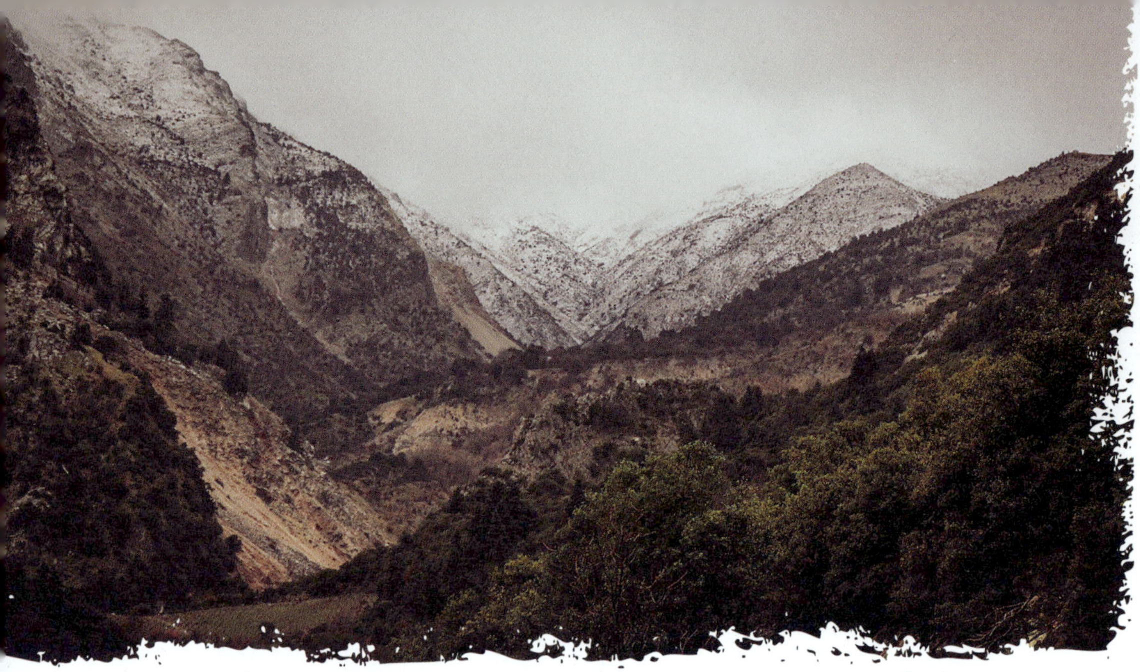

▲ *Tief eingeschnittene Täler weisen darauf hin, dass nach Unwettern darin oft reißende Flüsse fließen. Wenn Du im Flussbett gräbst, kannst Du hier auch lange nach dem Regen noch Wasser finden.*

W1 WASSERZEIGER SUCHEN – TRINKWASSER FINDEN

In hügeligem Gelände ist es selten schwer, Wasser zu finden. Du musst praktisch nur so lange bergab wandern, bis Du **an der tiefsten Stelle**, spätestens im Tal, einen Fluss oder zumindest feuchte Erde findest.

Auf der Anhöhe sind **Bergsattel** typische Fundstellen für Wasser. Diese Hochebenen bilden oft ein Becken. Klare und kleine Quellbäche lassen sich oft in besonderen Hügelstrukturen finden.

Manchmal haben Berge eine Form, als ob zwei Hänge ineinandergeschoben wurden. Meist von einem Sattel ausgehend bricht der Hang zuerst steil nach unten ab und läuft bis zum Tal aus. An einem solchen **Einschnitt in der Bergflanke** findest Du meistens Wasser, da diese Struktur der schnellste Weg aus den Hängen ist.

Hier ist also jeweils die tiefste Stelle *am* Berg Fundort für Wasser.

Solche offenen Wasserstellen kündigen sich in wärmeren Gegenden durch **Vogelgeschrei** an. Außerdem führen viele **Wildwechsel** zu Wasserlöchern.

Pflanzliche Wasserzeiger sind Röhricht, Pandanus, Farne und Moose, Binsen und Auenbäume wie Weide oder Pappel.

Typische Wasserzeiger in unseren Breiten: Farn, Moos und Schachtelhalm wachsen nur auf richtig feuchtem Boden gut. ▼

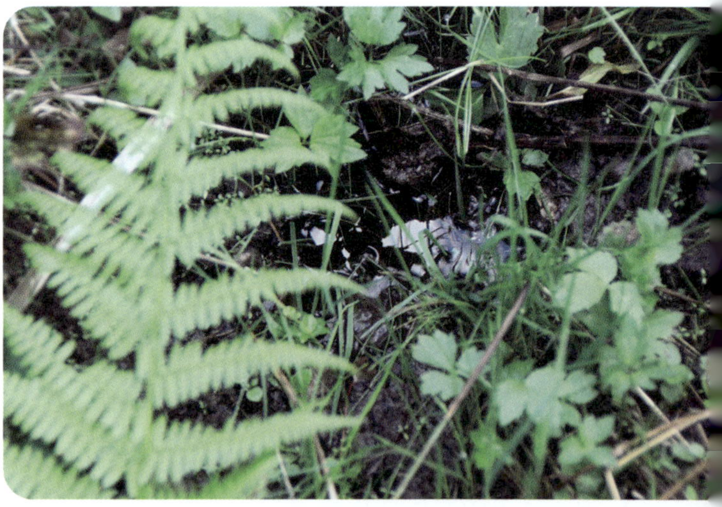

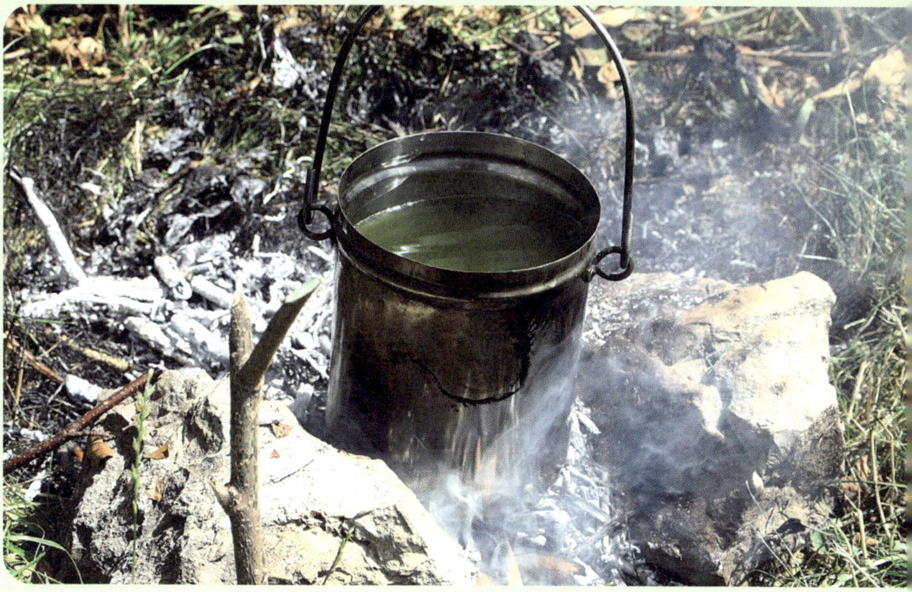

Wasser kurz abkochen reicht auch bei schmutzigen Quellen meist völlig aus.

W2 TRINKWASSER ABKOCHEN

Eine der sichersten Wasseraufbereitungsmethoden, die weltweit funktioniert, ist das Abkochen von Wasser. Es wird oft diskutiert, ob ein kurzes Aufkochen von Trinkwasser ausreicht, oder ob es mindestens 10 oder 30 Minuten sieden muss – und wie sicher das Abkochen in größeren Höhen ist.

Dazu merke ich folgendes an:

- Normales Trinkwasser ist *nie* steril und muss auch nicht steril sein. Trinkwasser wird »desinfiziert«, also von Krankheitserregern befreit.

- Es gibt viele Keime bzw. Überdauerungsstadien von diesen, die sowohl das kurze Abkochen als auch das halbstündige Sieden überstehen. Oft verursachen diese jedoch keine Krankheiten.

- Es werden weltweit potentiell hochinfektiöse Lebensmittel (Milch, Schweinefleisch, Naturdarm, kopfgedüngtes Gemüse etc.) nach kurzem Erhitzen verzehrt.

- Verkeimte Lebensmittel enthalten in aller Regel das Vielfache der möglichen Erregerkonzentration von Rohwasser.

- Die meisten Erreger von Krankheiten beim Menschen gedeihen am besten bei einer Temperatur von etwa 37 °C.

- Ziel ist bei der sicheren Zubereitung von Lebensmitteln eine Kerntemperatur von ca. 75 – 85 ° C, Milch (Kryptosporidien, EHEC etc.) wird ca. 30 Sekunden bei 75 °C pasteurisiert.

- Die Kerntemperatur von 85 °C in mikroskopisch großen Keimen wird nach dem Erhitzen in Sekundenbruchteilen erreicht.

- Je 300 Höhenmeter nimmt der Siedepunkt von Wasser um etwa 1 °C ab.

- 85 °C Siedetemperatur werden noch in ca. 4500 Metern über dem Meeresspiegel erreicht – ab dieser Höhe lässt sich praktisch weltweit sauberer Schnee bzw. Schmelzwasser sammeln.

FAZIT: Das kurze Abkochen von Wasser – auch wenn es verkeimt ist – kann immer als sichere Zubereitungsmethode angesehen werden. Schon durch das Erhitzen auf 85 °C werden praktisch alle lebenden Zellen zerstört. Besonders die ansonsten robusten einzelligen Parasiten sind sehr empfindlich gegenüber Hitze. Die gewöhnliche technische Desinfektion (nicht Sterilisation) in Abfüllanlagen erfolgt bei 70 °C. **Hitzeresistente Bakterien und Sporen überleben allerdings auch ein einstündiges Abkochen.**

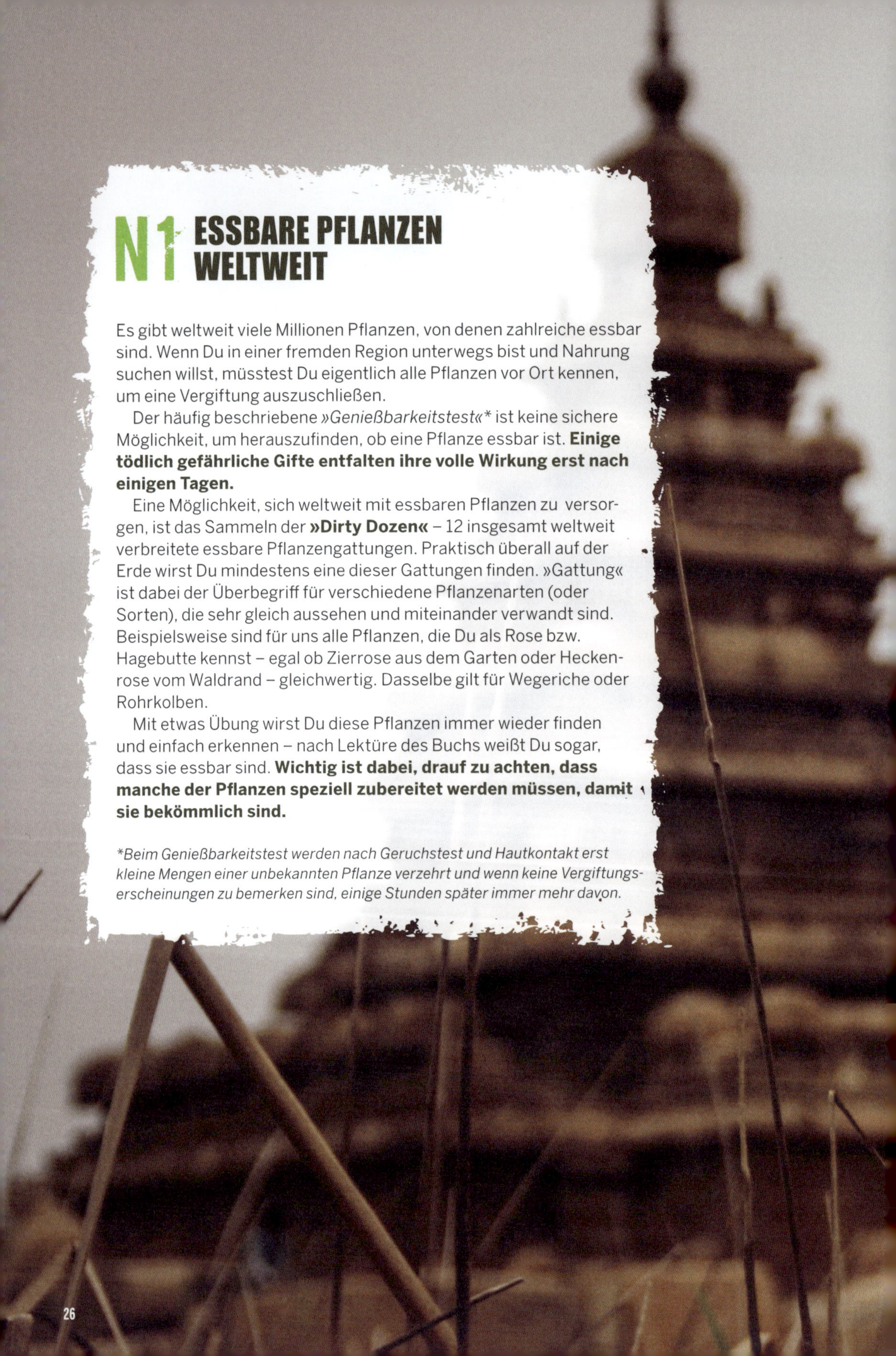

N1 ESSBARE PFLANZEN WELTWEIT

Es gibt weltweit viele Millionen Pflanzen, von denen zahlreiche essbar sind. Wenn Du in einer fremden Region unterwegs bist und Nahrung suchen willst, müsstest Du eigentlich alle Pflanzen vor Ort kennen, um eine Vergiftung auszuschließen.

Der häufig beschriebene *»Genießbarkeitstest«** ist keine sichere Möglichkeit, um herauszufinden, ob eine Pflanze essbar ist. **Einige tödlich gefährliche Gifte entfalten ihre volle Wirkung erst nach einigen Tagen.**

Eine Möglichkeit, sich weltweit mit essbaren Pflanzen zu versorgen, ist das Sammeln der **»Dirty Dozen«** – 12 insgesamt weltweit verbreitete essbare Pflanzengattungen. Praktisch überall auf der Erde wirst Du mindestens eine dieser Gattungen finden. »Gattung« ist dabei der Überbegriff für verschiedene Pflanzenarten (oder Sorten), die sehr gleich aussehen und miteinander verwandt sind. Beispielsweise sind für uns alle Pflanzen, die Du als Rose bzw. Hagebutte kennst – egal ob Zierrose aus dem Garten oder Heckenrose vom Waldrand – gleichwertig. Dasselbe gilt für Wegeriche oder Rohrkolben.

Mit etwas Übung wirst Du diese Pflanzen immer wieder finden und einfach erkennen – nach Lektüre des Buchs weißt Du sogar, dass sie essbar sind. **Wichtig ist dabei, drauf zu achten, dass manche der Pflanzen speziell zubereitet werden müssen, damit sie bekömmlich sind.**

**Beim Genießbarkeitstest werden nach Geruchstest und Hautkontakt erst kleine Mengen einer unbekannten Pflanze verzehrt und wenn keine Vergiftungserscheinungen zu bemerken sind, einige Stunden später immer mehr davon.*

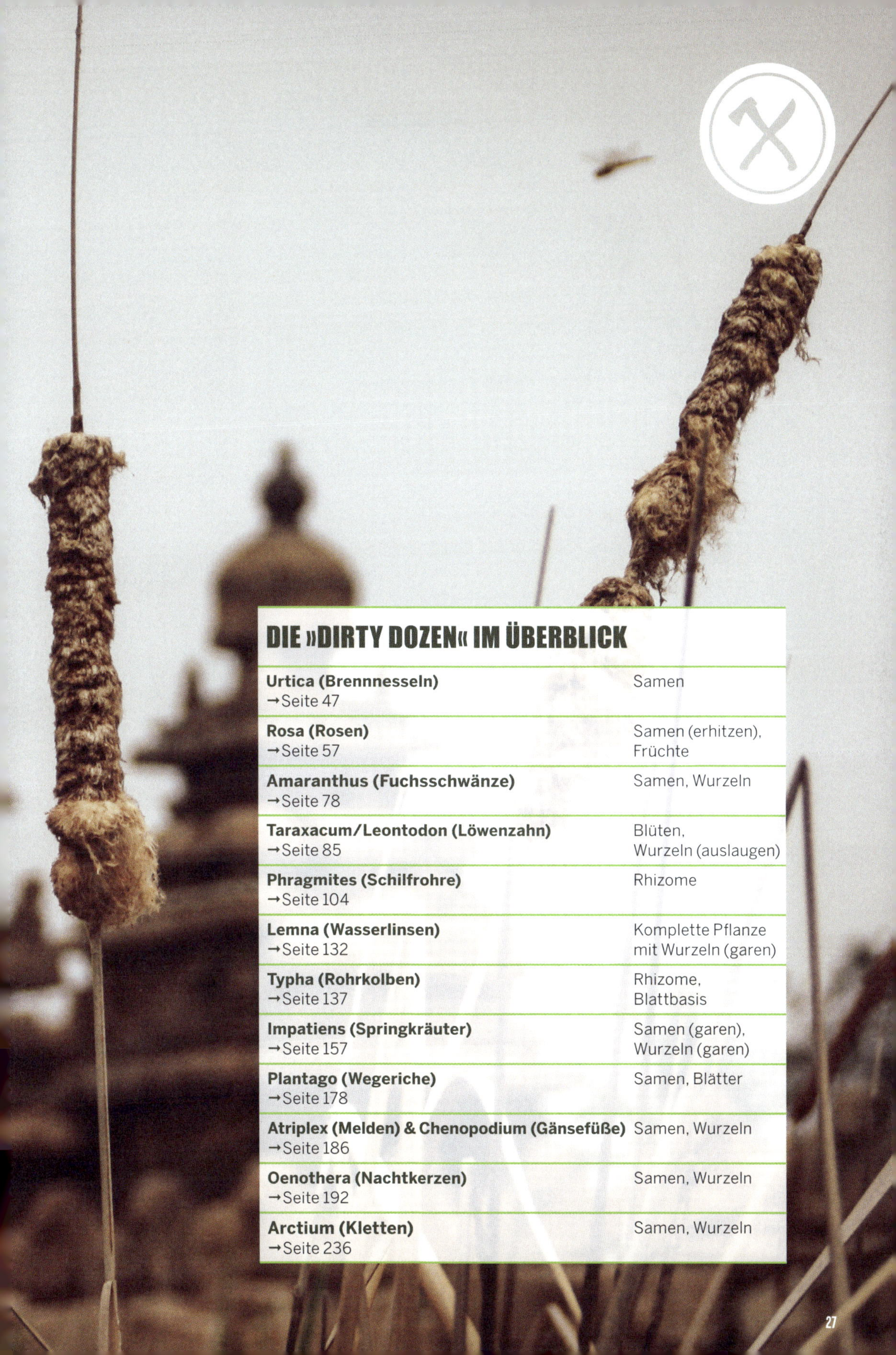

DIE »DIRTY DOZEN« IM ÜBERBLICK

Urtica (Brennnesseln) →Seite 47	Samen
Rosa (Rosen) →Seite 57	Samen (erhitzen), Früchte
Amaranthus (Fuchsschwänze) →Seite 78	Samen, Wurzeln
Taraxacum/Leontodon (Löwenzahn) →Seite 85	Blüten, Wurzeln (auslaugen)
Phragmites (Schilfrohre) →Seite 104	Rhizome
Lemna (Wasserlinsen) →Seite 132	Komplette Pflanze mit Wurzeln (garen)
Typha (Rohrkolben) →Seite 137	Rhizome, Blattbasis
Impatiens (Springkräuter) →Seite 157	Samen (garen), Wurzeln (garen)
Plantago (Wegeriche) →Seite 178	Samen, Blätter
Atriplex (Melden) & Chenopodium (Gänsefüße) →Seite 186	Samen, Wurzeln
Oenothera (Nachtkerzen) →Seite 192	Samen, Wurzeln
Arctium (Kletten) →Seite 236	Samen, Wurzeln

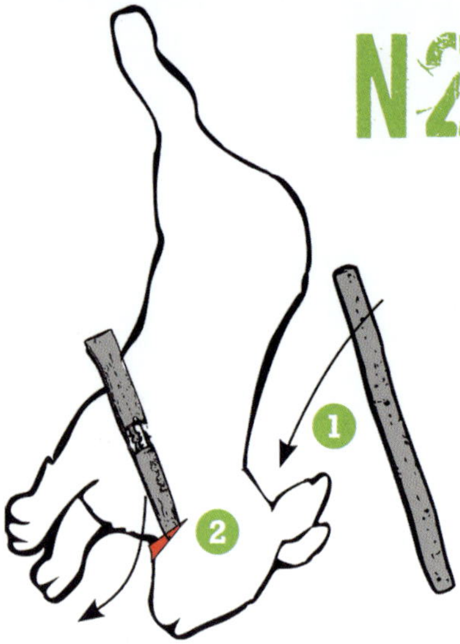

N2 WAIDGERECHTES SCHLACHTEN

Zum Schlachten aller Wirbeltiere ist dieselbe Vorgehensweise vorgesehen: **Nach dem Betäuben werden die Blutgefäße am Hals geöffnet.**

BETÄUBEN Säugetiere werden an den Hinterläufen oder am Schwanz angehoben, Vögel an den Beinen, Fische werden in der Hand gehalten. Dann gibt man mit einem Holzprügel einige gezielte und kräftige Schläge auf den Hinterkopf des Tieres **(1)**. Es sollte nun bewusstlos sein.

TÖTEN Bei Säugetieren und Vögeln wird der Hals bis zu den Wirbeln aufgetrennt **(2)**, bei Fischen wird die Stelle zerschnitten, an der die Kiemen auf der Kehlseite ineinander übergehen. Nach dem Töten lässt man das Tier für einige Minuten ausbluten.

N3 SÄUGETIERE AUSNEHMEN

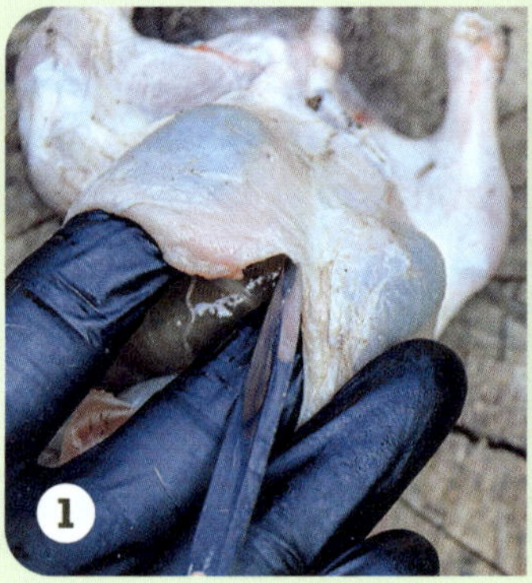

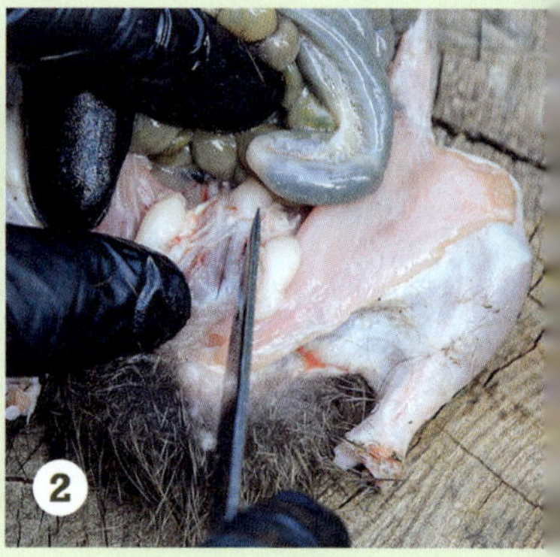

Wenn Du ein Tier erlegt hast, solltest Du es möglichst schnell ausnehmen, weil sich die inneren Organe nach kurzer Zeit »selbst verdauen« und Darminhalt an das Fleisch gerät. Kleine Tiere **→häutet** man am besten unmittelbar vor dem Aufbrechen und bereitet sie gleich danach zu. Bei größeren Tieren kannst Du Dir etwas mehr Zeit lassen – hier bleibt das Fell meist erstmal noch am Tier.

Wichtig beim Ausnehmen ist, dass kein Darminhalt in die Bauchhöhle gerät. Passiert das, ist das Tier sehr viel kürzer haltbar und muss zügig abgewaschen und zubereitet werden. Große Tiere hängt man am besten kopfüber auf. Du kannst ein Tier zum Ausnehmen aber auch vor Dich hinlegen.

SCHRITT 1 Du schneidest den **Bauchraum** vom Brustkorb bis zur Hüfte auf. Achte darauf, dass Du dabei den Darm nicht zerschneidest. Am besten hebst Du dabei die Haut mit zwei Fingern an, damit die Messerspitze nichts beschädigt.

SCHRITT 2 Schneide das Gewebe über dem **Hüftknochen** weg. Es erscheint eine erhöhte Leiste auf dem Hüftknochen. Dort sind die Hüftknochen locker miteinander verwachsen. Diese Stelle nennt sich »Schloss«.

SCHRITT 3 Im Hüftknochen unter dem Schloss liegen Darm und Harnleiter. Du trennst die **Wachstumsnaht** von oben nach unten auf, ohne in die darunter liegenden Gewebeschichten zu schneiden. Der Hüftknochen wird etwas auseinander geklappt.

SCHRITT 4 Jetzt kannst Du den **Darm** aus der Hüfte nehmen. Dem Darm folgen die meisten anderen Organe, die Du zusammen neben das Tier legst, ohne dass Darmausgang oder Darminhalt das Fleisch berühren.

SCHRITT 5 Wenn die **Organe** noch angewachsen sind, schneidest Du vorsichtig nach. Nimm die Nieren heraus, durchtrenne das **Zwerchfell**

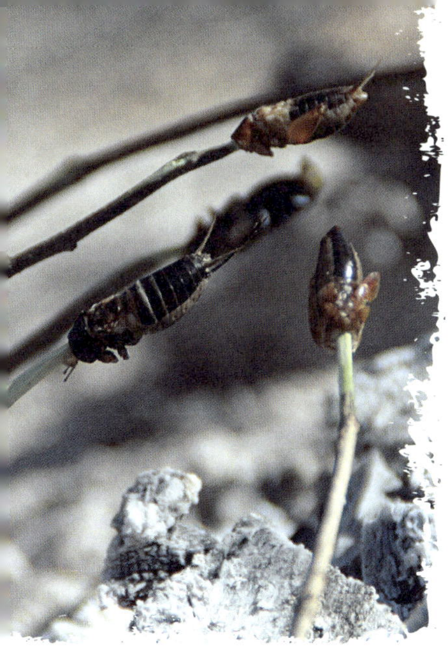

N°4 INSEKTEN ESSEN

Wenn Du Insekten zubereitest, solltest Du darauf achten, dass immer alle Flügel, dünnen Beinchen und Haken entfernt werden. Diese bestehen aus Chitin und liefern keine Energie.

Zum Töten von Insekten drückst Du mit Daumen und Zeigefingern ihren Kopf ein, drehst ihn um 180° und ziehst ihn vorsichtig vom Körper. Dadurch wird auch der Magen mit aus dem Körper gezogen.

Es ist übrigens völlig normal, wenn sich Insekten und andere Kleintiere nach dem Töten bis zur Zubereitung noch bewegen.

ACHTUNG: Alle tierischen Lebensmittel sollten zur Sicherheit vor dem Verzehr erhitzt werden, um etwaige Parasiten abzutöten.

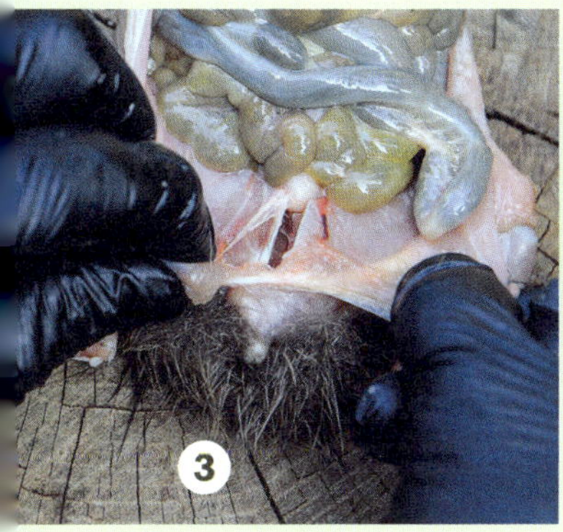

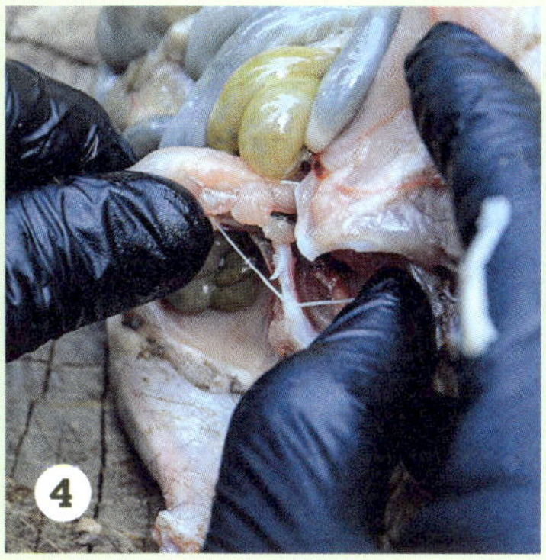

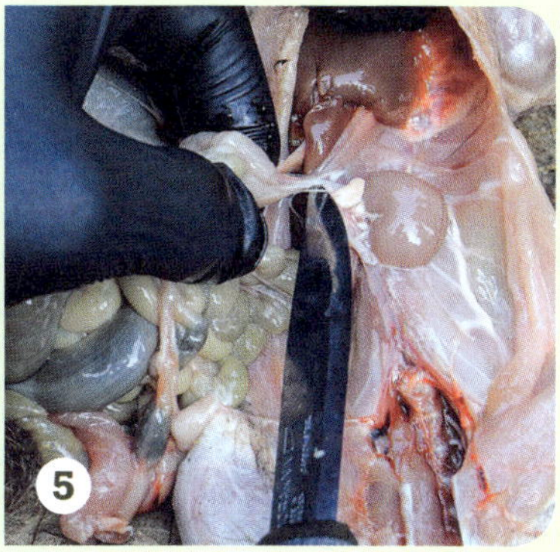

im Brustkorb und entferne **Lunge und Magen**. Zu guter Letzt entfernst Du alle kleineren Organe in der Hüfte und **kontrollierst die Organe**.

SCHRITT 6 Nun können **alle anderen Organe** (Vorsicht bei der Blase, wenn sie gefüllt ist) aus dem Tier geholt werden.

Bevor Du das Tier verwertest, betrachtest Du Leber **(A)**, Nieren (die längs aufgeschnitten und aus einem Häutchen »geschält« werden müssen) und die Milz **(B)**. Die Organe sollten eine durchgehende Farbe haben, glatt und glänzend und nicht geschwollen sein. Letzteres erkennst Du am Rand. Ist er scharfkantig und nicht gewölbt oder aufgebläht, ist das ein gutes Zeichen.

Verzehrt werden können alle Organe mit Ausnahme von Magen, Darm sowie Hoden und Drüsen aus dem Hüftraum, die zuweilen recht streng schmecken. Bei vielen Tieren sitzen außerdem Drüsen um den Darmausgang, die sehr vorsichtig weggeschnitten werden sollten – sonst schmeckt alles nach Tigerstall.

Nach dem Aufbrechen wird bei größeren Tieren die Bauchhöhle gespreizt. Alles wird fliegendicht verpackt und für eine Stunde zum Auskühlen aufgehängt. Ungekühlt sollte das Tier im Laufe von ein bis zwei Tagen verarbeitet oder konserviert worden sein.

Eine marmorierte Milz (B): Dieses Tier ist krank und darf nicht verzehrt werden.

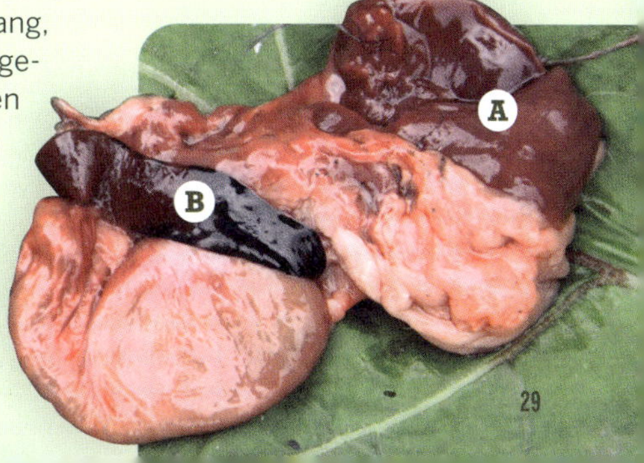

Von Leben und Tod.

Als das Tier vor mir liegt, ist es warm. Ich hebe es auf und fühle das leichte Vibrieren in den Muskeln, das vom eingetretenen Tod zeugt.

Als Jäger, der neben Kleinsäugern und Reptilien auch größeres Wild erlegt, spüre ich keine euphorische Freude oder Genugtuung über den Jagderfolg. Auch wenn er mich viel Zeit und Mühe gekostet hat und wenn er mir das Überleben sichert.

Es ist ein Leben, das ich genommen habe, um mich zu ernähren. Mit entsprechendem Respekt kümmere ich mich um das Erlegte. Es wird nun seine Zeit dauern, bis das Tier gerupft oder gehäutet und ausgenommen ist, bis sichergestellt ist, dass es gesund war und auf der Glut zubereitet werden kann.

Das Töten eines Lebewesens scheint heute ein Tabu zu sein. Dennoch werden ständig Tiere getötet - so beiläufig, dass es möglich ist, dies zu ignorieren. Jede abgepackte Wurst gehörte einmal zu einer Pute oder einem Schwein. Ein halbiertes Tierleben mit Pommes Frites und Ketchup kannst Du für weniger als 3 Euro am Hendlstand kaufen. Auch in Rechtecke geschnittene und panierte Fische haben bestenfalls einmal ein Leben in Freiheit gehabt.

Während viele Menschen Fleisch essen möchten, will kaum nochjemand die Verantwortung auf sich nehmen, ein Tier mit eigenen Händen zu töten, das warme Blut über die Hände fließen zu spüren und den Geruch der Organe beim Aufbrechen wahrzunehmen.

So viel Kritik mir die Jagd, also das bewusste Töten und Verwerten eines Tieres eingebracht hat, bin ich mir sicher, dass diese Form der Nahrungsgewinnung auf Reisen und im Notfall ihre Berechtigung neben dem Pflanzensammeln darin hat, dass wir Menschen in einer solchen Situation oft nur überleben können, wenn wir uns auf eine Ebene begeben mit Tieren, die das Leben anderer Tiere beenden, um fressen zu können.

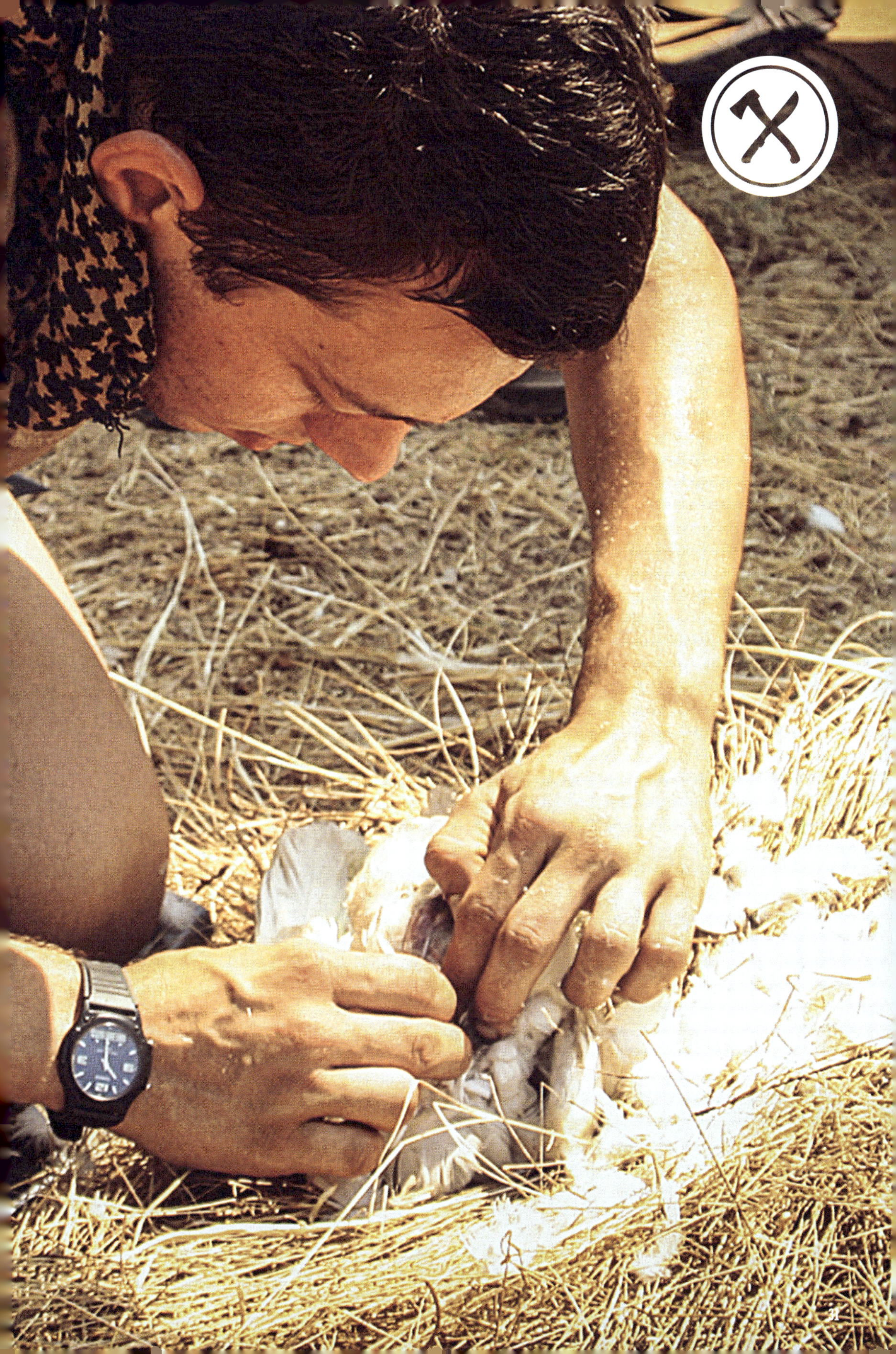

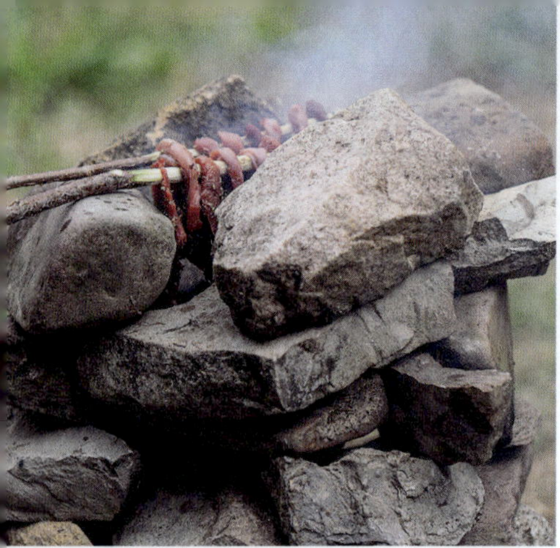

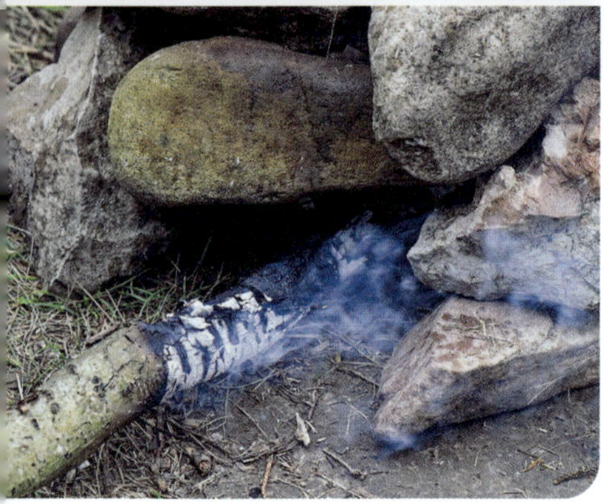

K1 KALTRÄUCHERN VON FLEISCH UND FISCH

Ganz ähnlich wie beim →**Räuchergerben** kannst Du auch Deine eigenen Schinken oder Fisch haltbar machen. Ein Kalträucherofen wird aus einem Stapel von Steinen oder Holzscheiten aufgebaut, der luftig genug ist, dass Wind den Innenraum des Ofens kühlen kann. Der obere Teil wird allerdings verengt oder Du legst Blätter und Rinde auf, damit der Rauch sich etwas anstaut. Zum Räuchern werden stark qualmende Scheite in den Ofen geschoben und regelmäßig ausgetauscht.

Das Kalträuchern als Konservierungsmethode funktioniert am besten mit Stücken, die zu Streifen geschnitten wurden. Das Kalträuchern von Fleisch dauert je nach Dicke des Räucherguts einige Stunden bis mehrere Tage. Bei dünnen Streifen, die gleichzeitig trocknen, reichen 3 – 4 Stunden.

Nach dem Räuchern das Rauchgut nachtrocknen und ziehen lassen. **Geräuchertes und Getrocknetes hält viele Wochen.**

Die in feine Streifen geschnittenen Fleischstückchen von oben in den Rauch hängen. Unten in den Räucherofen glühende und rauchende Äste legen.

M1 BEHELFSPFLASTER FÜR DEN NOTFALL

Draußen schneidet, schürft oder reißt man sich oft die Haut auf. Du solltest also immer ein paar kleine Pflaster dabei haben, um Wunden sauber zu halten. Du kannst Dir auch selbst Pflaster herstellen. Das ist aber nicht so einfach, da die Kontaktfläche zur Wunde steril, zumindest nicht mit Keimen kontaminiert sein sollte. **Einfaches Abkochen reicht nicht aus, um Materialien steril zu machen.** Du kannst aber Stofffetzen aus der Kleidung in eine konzentrierte Lösung aus Wasserentkeimungstabletten legen (1 Tablette auf etwa ein Schnapsglas Wasser) oder über einem im Feuer erhitzten Stein »bügeln«. Auf diese Weise kannst Du auch natürliche Fasern wie Baumpilze sterilisieren. Feuchte Materialien können durch trockene Hitze allerdings nicht sterilisiert werden, da sie durch das enthaltene Wasser auf maximal 100 °C erhitzt werden – zu niedrig, um alle für offene Wunden gefährlichen Keime abzutöten.

Was Du nicht machen solltest: Taschentuch um die Wunde wickeln und Panzertape drauf: Dadurch können auf Dauer gefährliche Bakterien besonders gut wachsen.

Egal welche natürlichen Fasern Du verwendest, sie müssen geröstet werden.

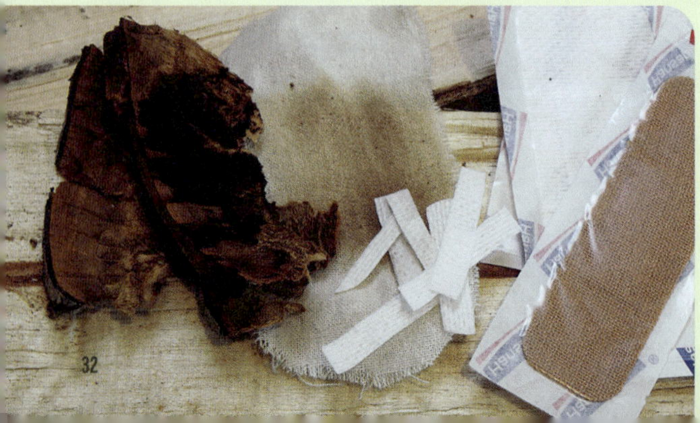

K2 ANLEITUNG ZUM SCHNITZEN – TEIL 1

Wer mit dem wichtigsten Survivalgegenstand – dem Messer – richtig umgeht, kann damit sehr viele weitere Werkzeuge, Waffen, Unterkünfte etc. herstellen. Voraussetzung hierfür sind **der richtige Schnitt und die richtige Schnitztechnik.** Beherrschst Du diese gut, ist das Messer fast egal – es kann sich auch um Steinsplitter oder gebogenes und geschliffenes Dosenblech handeln.

Zum Üben der Schnitttechniken verwendest Du am besten ein etwa daumendickes Stück stabilen Hasel oder Hartriegel; wenn Du sehr ungeübt bist, ist Linde ein geeignetes Weichholz.

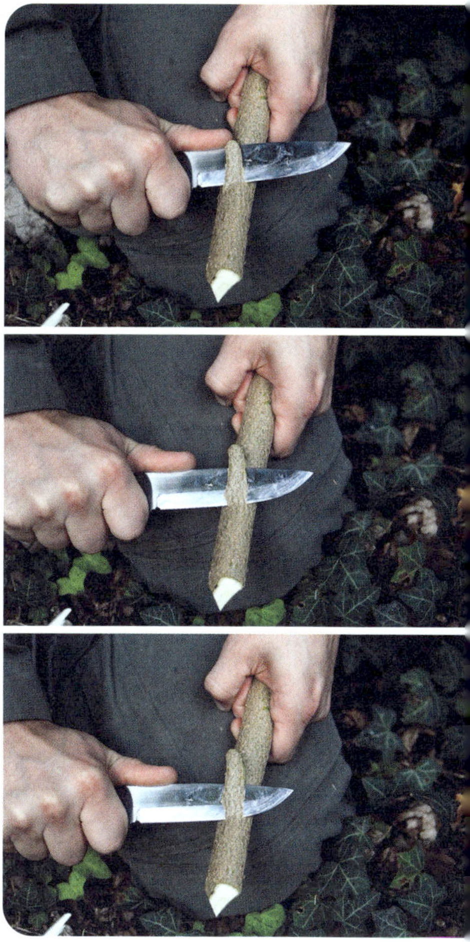

GRUNDSCHNITT ▶

Bei allen Schnitten verwendest Du das Messer auf ähnliche Weise: Du schneidest oder »säbelst« damit. Die Klinge wird nicht wie ein Hobel über das Holz gezogen, sondern wird auch in ihrer Längsrichtung bewegt. Sonst kann es sein, dass die Klinge festklemmt und Du nicht weiterkommst.

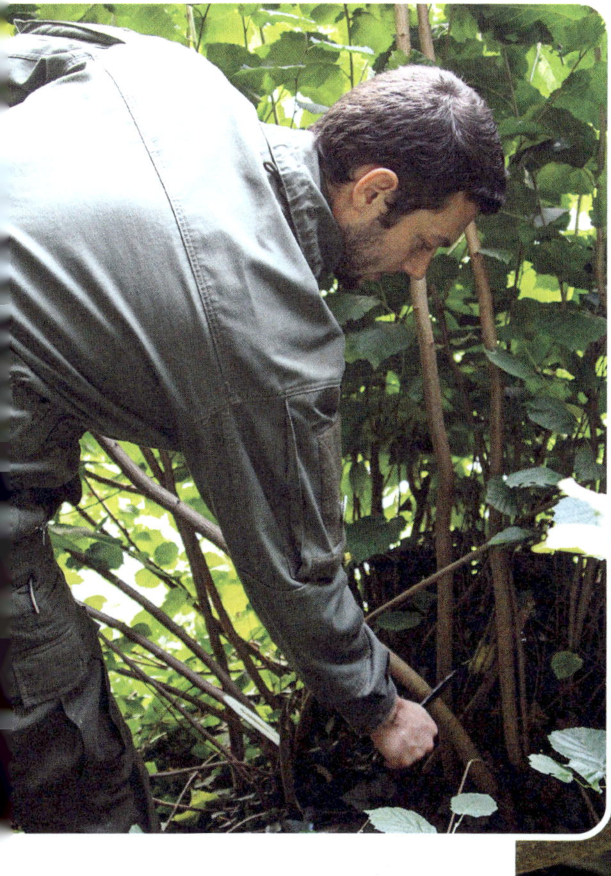

◀ ABSCHNEIDEN VON HOLZ

Um Äste und kleine Baumstämme zu fällen, kannst Du ein Messer verwenden. Dabei hackst Du jedoch nicht – dafür ist ein Messer nicht geeignet – sondern schneidest durch das Holz, indem es durch Biegung unter Spannung gebracht wird. An der Stelle mit der stärksten Biegung drückst Du die Klinge in die Fasern. Sie trennen sich wie von selbst – die Klinge rutscht hindurch wie durch warme Butter.

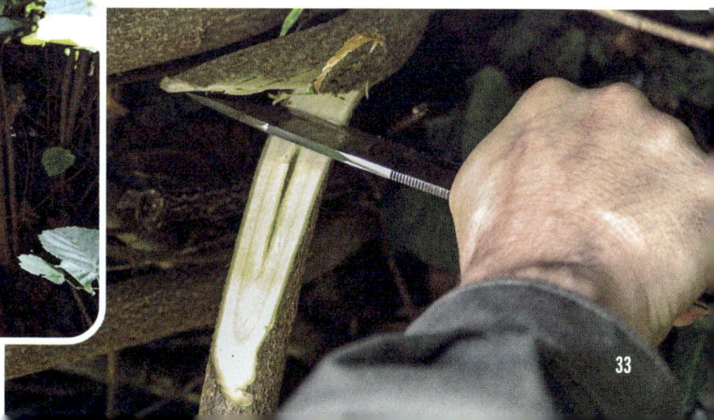

K3 ANLEITUNG ZUM SCHNITZEN – TEIL 2

POWER CUT – ZUM ABLÄNGEN ▶

Um grobe Schnitte mit viel Kraft durchzuführen, nimmst Du die Klinge so, dass sie in Richtung Daumenwurzel zeigt, und legst den Messergriff senkrecht zum Brustbein **(A)**. Das Holz wird von unten an die Klinge gelegt. Durch das Strecken der Rückenmuskulatur kannst Du sehr viel Kraft ausüben. Außerdem hast Du den genauen Überblick, wo Du gerade schneidest. Es können auch in sehr hartem Holz präzise Schnitte ausgeführt werden.

Eine Variation eines Ablängschnittes **(B)** wird durchgeführt, indem Du das Messer im Knien am Schienbein abstützt und das Schnittgut mit der anderen Hand über die Klinge reißt. Auch hier kann viel Kraft erzeugt werden – der Schnitt ist aber nicht ganz so präzise.

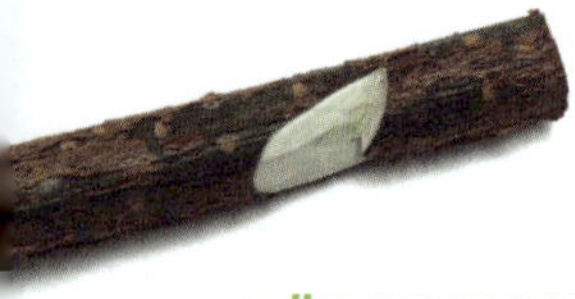

Wie man einen Hering schnitzt, erfährst Du auf Seite 59. ◀

▼ PRÄZISIONSSCHNITT – FÜR FEINES

Nimmst Du Dein Messer in die Hand und legst den Daumen auf den Klingenrücken, kannst Du das Schnittgut mit der anderen Hand darunterbringen und so halten, dass auch der Daumen der anderen Hand auf der Klinge Platz findet.

Auf diese Weise können extrem feine Spänchen von etwa einem halben Millimeter Stärke abgeschnitten werden – das ist wichtig beim Bau von Fallen und für das Erzeugen von Zunder mit dem Feuerstahl.

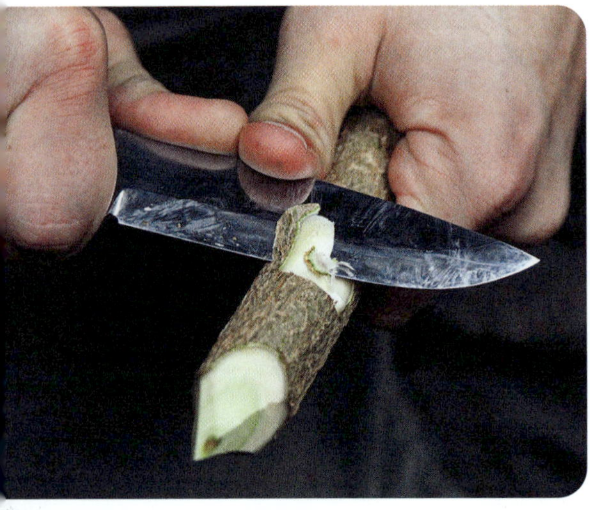

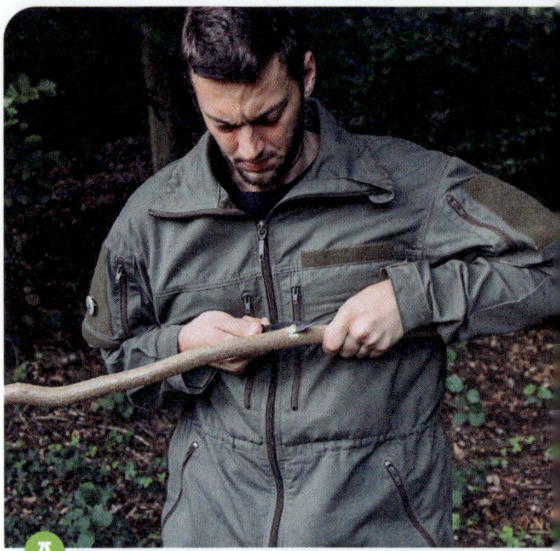

A

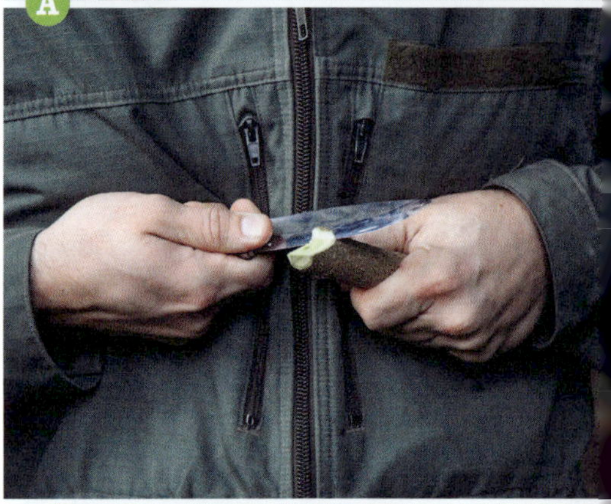

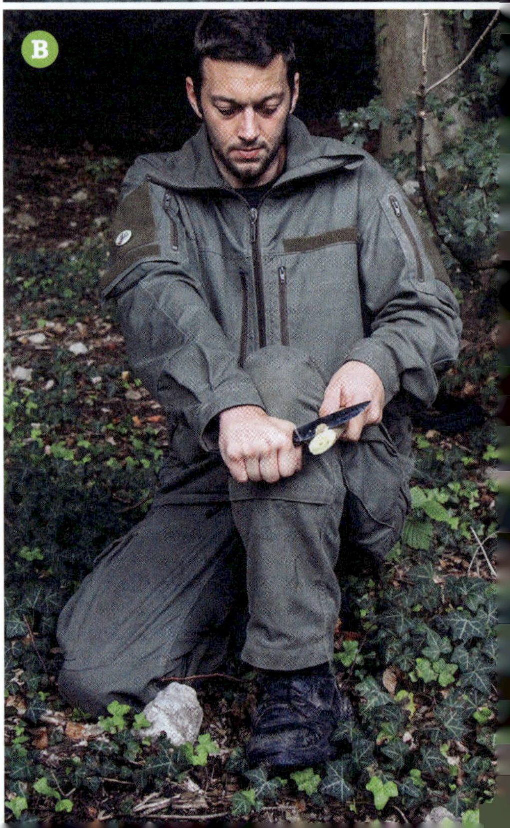

B

QUERSCHNITT – KERBEN UND KANTEN ▶

Besonders beim Bau von Fallen oder beim Schnitzen von Widerhaken muss ein Schnitt quer zur Faser erfolgen. Das kannst Du machen, indem die Klinge aufgelegt wird und Du mit leichtem Wippen das Holz zertrennst. Da Du damit nicht sonderlich tief eindringen wirst, kombinierst Du diese Technik mit dem Präzisionsschnitt.

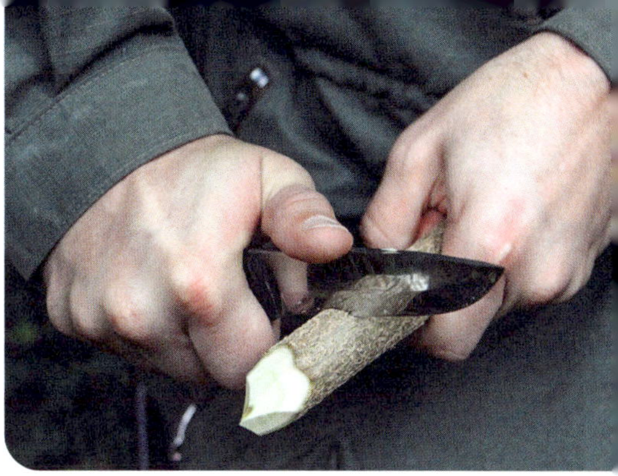

LOCHSCHNITT ▶

Wenn Du ein Loch oder eine Kerbe zum Verzapfen schnitzen willst, greifst Du das Messer ganz vorne an der Klinge **(A)**. Rutschst Du beim Schnitzen ab, ist die Verletzung weit weniger schlimm, als wenn Du das Messer am Griff hältst. Jetzt kannst Du die Klingenspitze quer zur Faser in das Holz stecken **(B)**. In einem Zentimeter Entfernung machst Du das nochmal. Die dazwischen liegenden Fasern können nun herausgezogen werden. Wenn ein Holz mit einer Öse versehen werden soll, machst Du dasselbe auf der anderen Seite, bis sich beide Lochschnitte in der Mitte treffen.

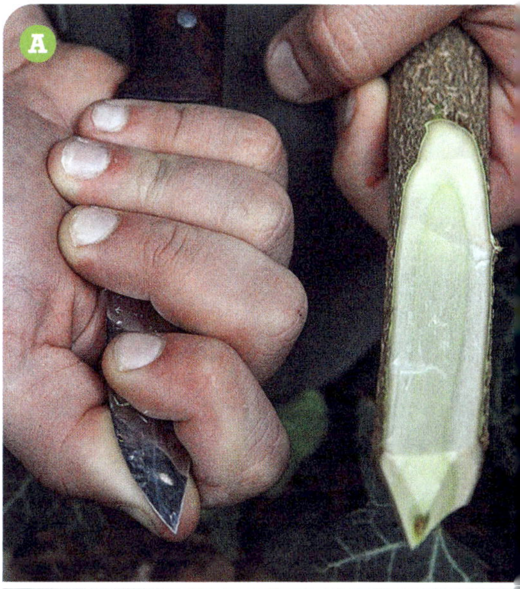

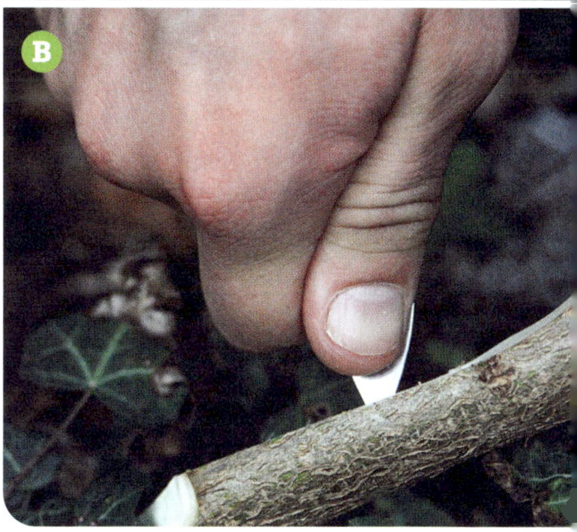

▼ KAPPSCHNITT FÜR EIN SAUBERES ENDE

Wenn eine Seite eines Astes sauber abgeschlossen werden soll oder ein Ring von der Salami geschnitten werden muss, kannst Du den Kappschnitt verwenden. Dabei hältst Du das Messer recht weit vorne an der Klinge und drückst mit dem Daumen derselben Hand das Schnittgut an der Klinge vorbei. Du musst unbedingt darauf achten, dass der Daumen gestreckt bleibt und weit genug von der Schneide entfernt aufliegt – sonst schneidest Du Dich!

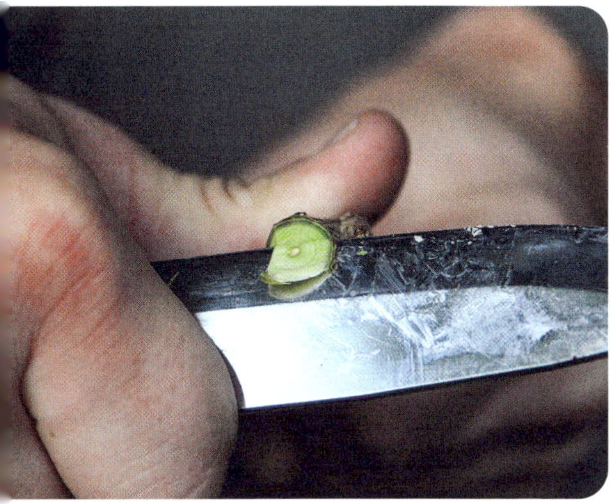

Schnitz Dir Dein Essbesteck!
Wie's geht, steht auf Seite 240. ▼

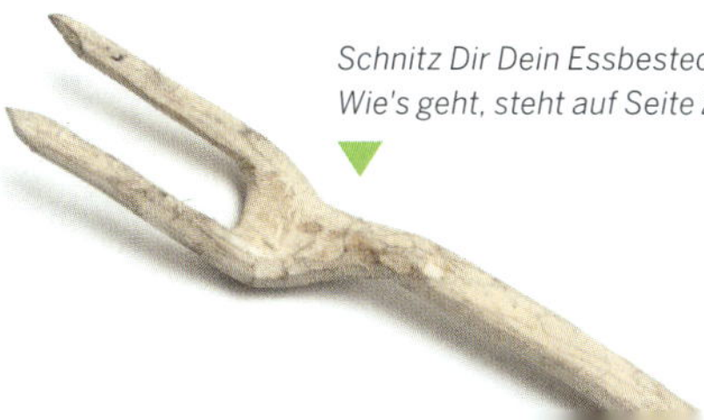

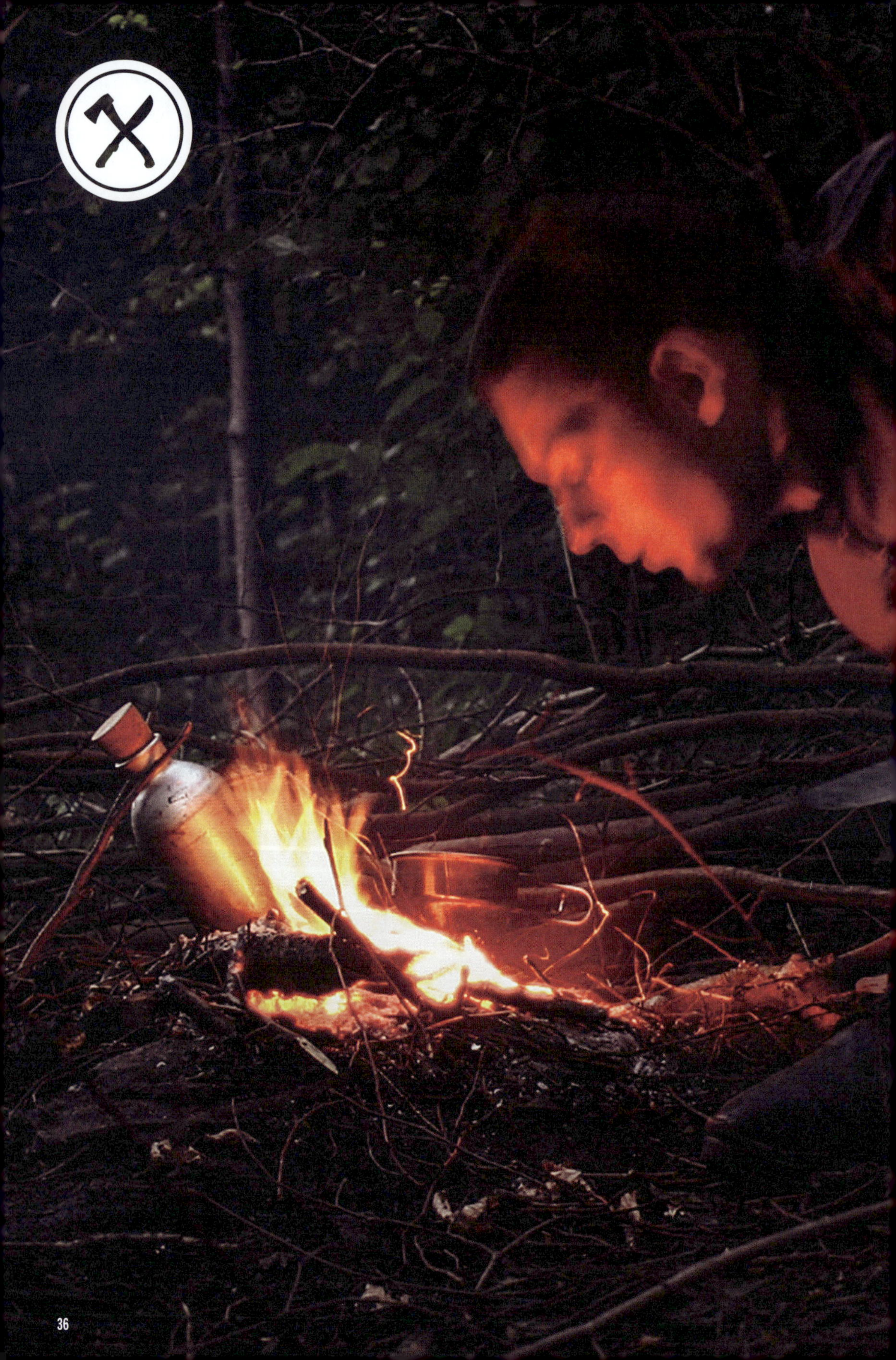

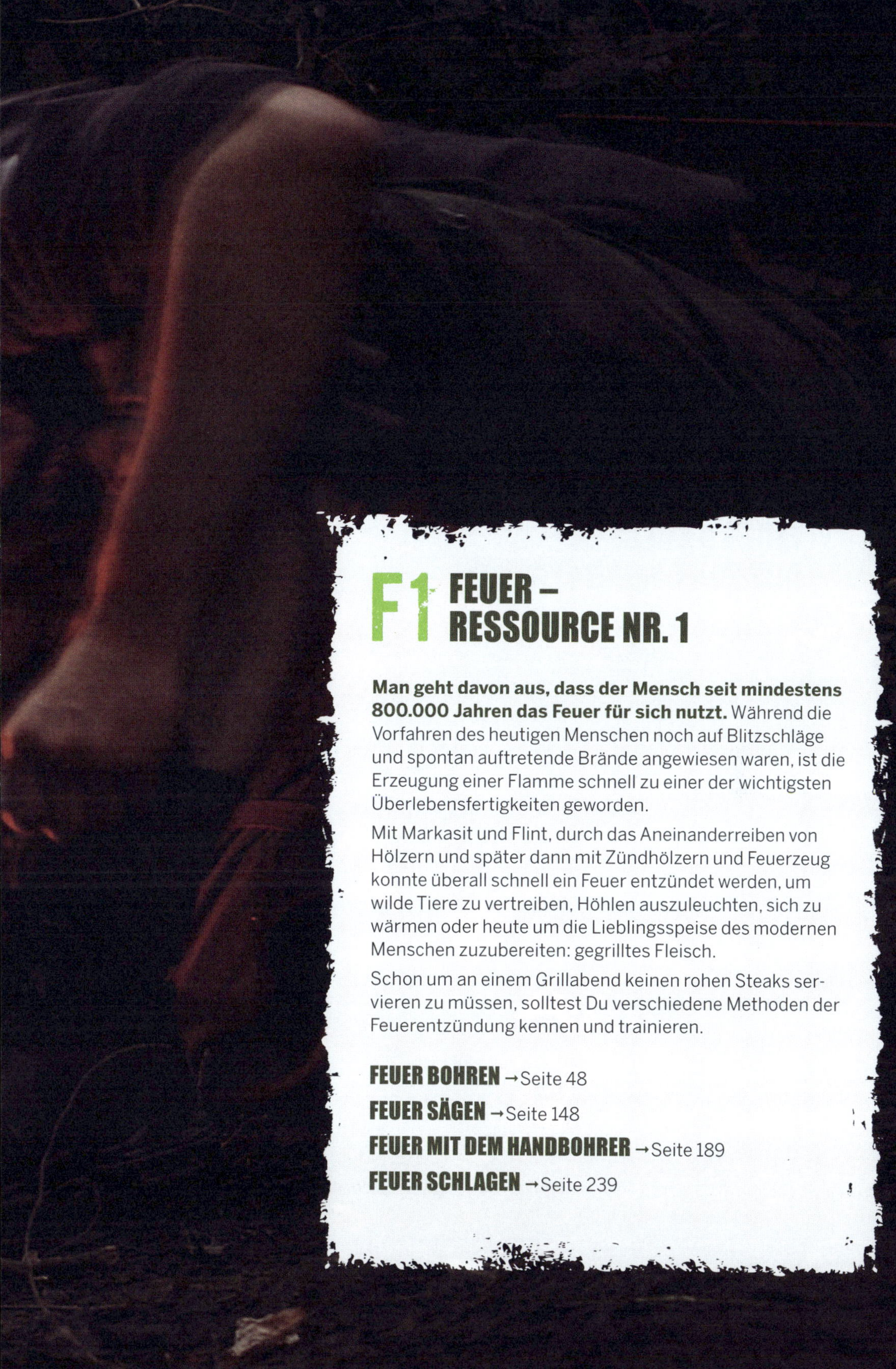

F1 FEUER – RESSOURCE NR. 1

Man geht davon aus, dass der Mensch seit mindestens 800.000 Jahren das Feuer für sich nutzt. Während die Vorfahren des heutigen Menschen noch auf Blitzschläge und spontan auftretende Brände angewiesen waren, ist die Erzeugung einer Flamme schnell zu einer der wichtigsten Überlebensfertigkeiten geworden.

Mit Markasit und Flint, durch das Aneinanderreiben von Hölzern und später dann mit Zündhölzern und Feuerzeug konnte überall schnell ein Feuer entzündet werden, um wilde Tiere zu vertreiben, Höhlen auszuleuchten, sich zu wärmen oder heute um die Lieblingsspeise des modernen Menschen zuzubereiten: gegrilltes Fleisch.

Schon um an einem Grillabend keinen rohen Steaks servieren zu müssen, solltest Du verschiedene Methoden der Feuerentzündung kennen und trainieren.

FEUER BOHREN → Seite 48

FEUER SÄGEN → Seite 148

FEUER MIT DEM HANDBOHRER → Seite 189

FEUER SCHLAGEN → Seite 239

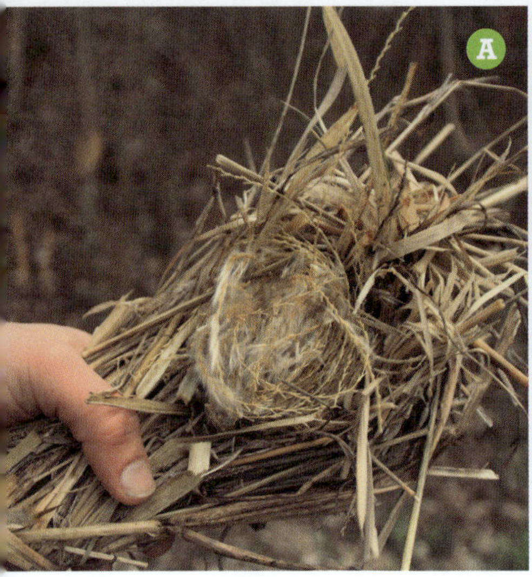

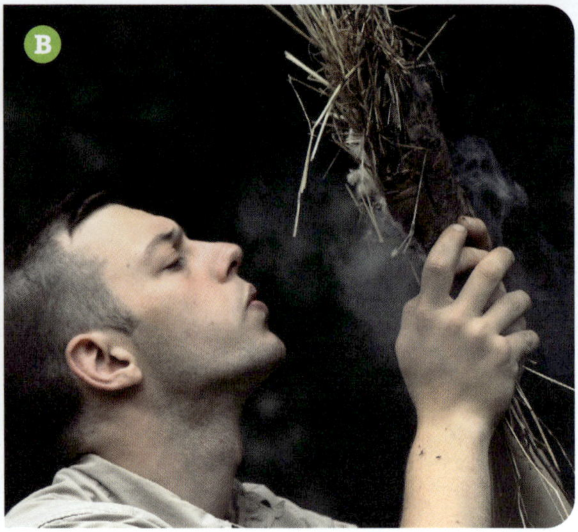

▲ *Auch wenn man es anders gewohnt sein sollte: blasen, nicht ziehen.*

F2 FEUER ANBLASEN – AUS GLUT WIRD FLAMME

Egal ob Du Feuer bohrst, schlägst oder sägst – in aller Regel ist das Ergebnis ein kleines Häufchen glühenden Staubs. Dieses in eine Flamme überführen zu können, ist die Voraussetzung, um ein Lagerfeuer zu entzünden. Verwendet wird dazu ein Feuernest aus trockenen Fasern.

Um das Feuernest vorzubereiten, nimmst Du eine hasel- bis walnussgroße Menge Zunder, beispielsweise Rohrkolbensamen oder Löwenzahnschirmchen, und komprimierst sie ein wenig.

Die kleine Menge Zunder wird in eine etwas größere Masse von sehr feinem Heu, Bastfasern oder etwas Vergleichbarem gelegt und zusammengepresst.

Jetzt suchst Du möglichst feines und trockenes Gras, legst es in einem Zopf aus, verdrehst es etwas und legst eine Schlaufe. In die entstandene Bucht wird das vorher gerichtete Zundermaterial gelegt. Den Zopf kannst Du nun wie eine Fackel halten.

Wenn das Feuernest **(A)** vorbereitet ist, legt man es beiseite und widmet sich dem Entzünden der Glut.

Ist es so weit, wird die gewonnene Glut vorsichtig in das Zentrum des Bündels gegeben. Bevor das Feuernest aufgenommen wird, bläst man von oben in die Glut, um sie in den vorgelegten Zunder zu treiben.

Wenn der Zunder im Feuernest zu glimmen begonnen hat, wird dieses aufgenommen, schräg über den Kopf gehalten **(B)** und mit hartem Strahl möglichst direkt auf die Glut gepustet, bis das Feuernest mit einer kleinen Verpuffung in Flammen steht.

Diese winzige Glut kann zum großen Wärmefeuer werden. ▼

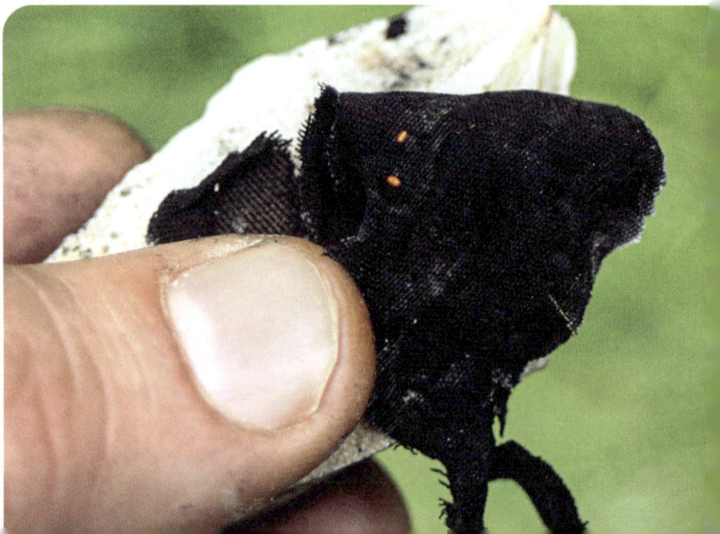

F3 DIE FEUERHÜTTE – FEUER SICHER ENTZÜNDEN

Gleich ob Du beim Grillen im Garten, zum Wärmen im kalten Wald oder im Dschungel Feuer machst, der Beginn eines Lagerfeuers ist immer derselbe: ein kleines Grundfeuer. Wichtig ist, dass eine kleine Feuerstelle aufgebaut wird, die es ermöglicht, zuerst feines Material, danach immer dickeres zu entzünden. Vor allem bei miesem Wetter ist die kleine Feuerhütte eine ideale Möglichkeit, ein Lagerfeuer auch mit nur einem Streichholz sicher zum Flammen zu bringen.

Zweck der Konstruktion ist es, einen Kamineffekt zu erzeugen, der die vorhandene Flamme schnell auf weiteres Brennmaterial übergreifen lässt. Außerdem soll das Brennmaterial, das teilweise aufwändig vorbereitet werden muss, vor dem nächsten Regenguss geschützt werden. Hierzu wird die Grundkonstruktion der →**Debris Hut** in Miniatur nachgebaut.

SCHRITT 1 Der vielleicht 30 Zentimeter kleine Rahmen wird mit etwas feinen Pflanzenfasern wie Heu befüllt. Diese müssen nur kurz auflodern können, um die Energie an darüber angestelltes Reisig weiterzugeben.

SCHRITT 2 Die Reisigschicht sollte etwa fünf bis zehn Zentimeter dick sein. Obenauf wird eine Anzahl von maximal daumendicken Hölzern aufgelegt. Am besten zerbrichst Du die Stöckchen so, dass sie an einigen Stellen aufplatzen oder auffächern, um die Oberfläche zu vergrößern.

SCHRITT 3 Um die Feuerhütte vor Regen zu schützen, kann sie mit Borke oder Laub abgedeckt werden. Nach dem Entzünden (auch bei strömendem Regen) verbrennt die Abdeckung

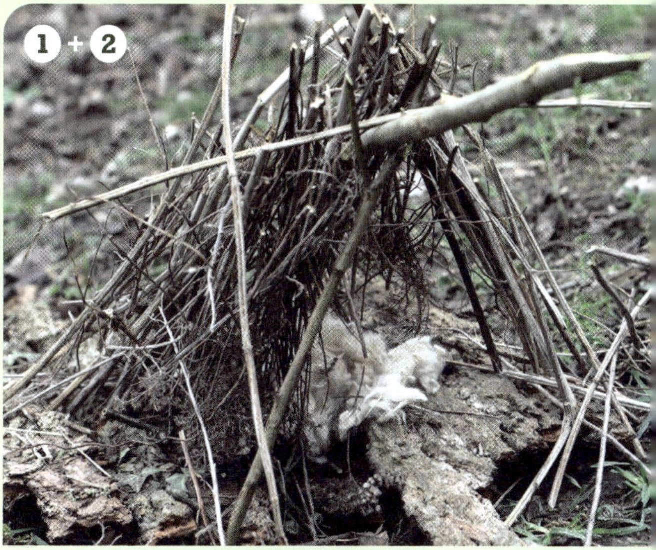

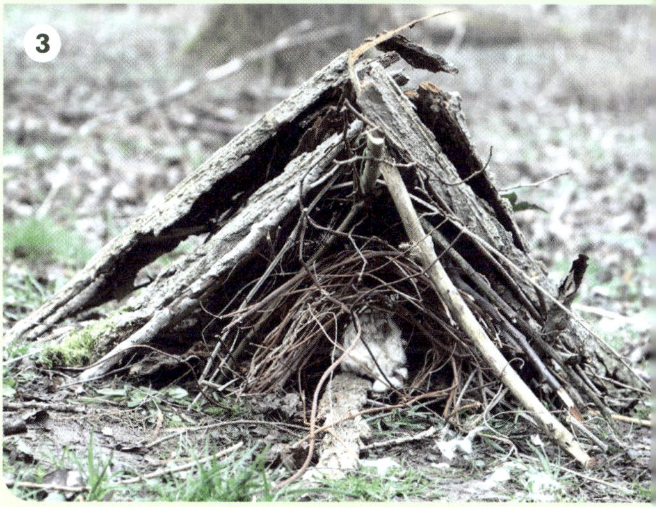

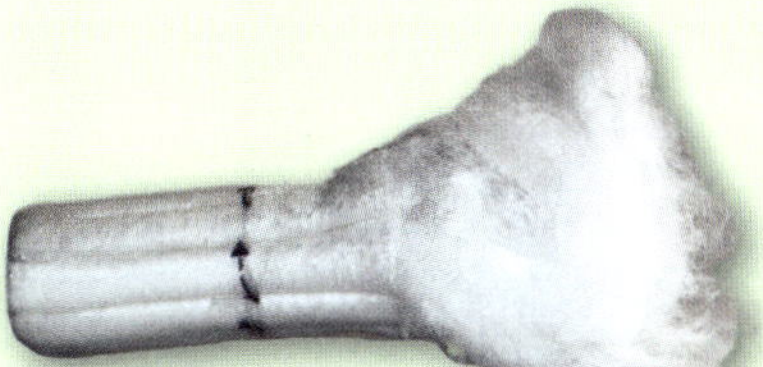

▲ *Falls keine feinen Pflanzenfasern zur Hand sind, lässt sich auch sehr gut ein Tampon zweckentfremden.*

K4 LEINENKUNDE – DER RICHTIGE BINDER

Du wirst beim Survival immer wieder Leinen, Schnüre und Seile benötigen. Es gibt einige, die Du improvisieren kannst, mache dagegen musst Du mitnehmen, da es dafür unterwegs kaum adäquaten Ersatz gibt.

LEINEN UND SEILE

Generell gilt: Es gibt **statische Leinen** wie Schnürsenkel, Paracord **(A)**, Kordeln **(B)**, Reepschnur bzw. Speleoseile **(C)** und **dynamische Seile (D)**, die beim Bergsport verwendet werden. Beide haben völlig unterschiedliche Einsatzzwecke. Statische Seile werden für **→Seilbrücken,** zum Autoabschleppen und zum Befestigen einer Last oder zum Festzurren verwendet, Bergseile zum Sichern und Abseilen.

Wenn Du beim Bergsteigen oder Abseilen ein statisches Seil oder gar Paracord verwendest, bremst es Dich im Gegensatz zu einem dynamischen Seil mit einem Ruck. Dieser erzeugt einen unglaublichen Impuls mit teilweise mehreren Tonnen Kraft auf dem Seil. Das kann Dir alle Knochen im Körper brechen oder das Seil zum Reißen bringen.

Wenn Du in die Berge gehst oder das Abseilen üben möchtest, solltest Du also unbedingt einige Meter Bergseil mitnehmen.

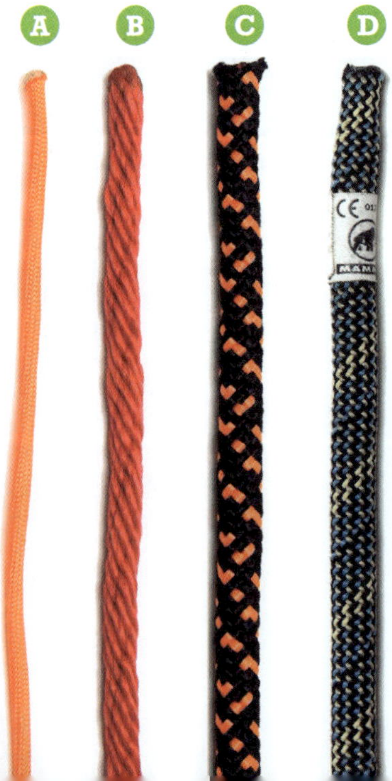

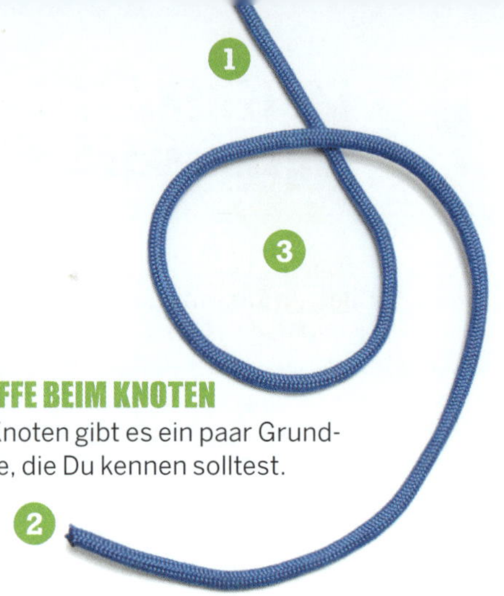

BEGRIFFE BEIM KNOTEN

Beim Knoten gibt es ein paar Grundbegriffe, die Du kennen solltest.

LANGES (1) UND KURZES (2) ENDE Knoten haben in der Regel ein **langes** sowie ein **kurzes Ende**. Das lange Ende ist die Seite, an der die Last hängt, das kurze wird meist zum Knoten verwendet. Diese Unterscheidung ist notwendig, weil manche Knoten nur in eine Richtung korrekt belastet werden können.

BUCHT UND AUGE (3) Wird ein Seil beim Knoten zu einer Haarnadelkurve zurückgelegt, nennt man das eine »Bucht«. Wenn Du mit dem Seil beim Knoten einen sich überschneidenden Ring legst, entsteht ein »Auge«. Kommt das Seil beim Knoten »aus dem Auge«, wird es von hinten durch nach vorne durch das Auge gelegt.

HALBSCHLAG (4) Ein Knoten wird zur Sicherheit immer so gelegt, dass genügend Überstand hinter dem Knoten übrig ist, so dass er sich nicht löst, sollten einige Zentimeter beim Festziehen durch den Knoten rutschen. Da das übriggebliebene Ende manchmal stört oder sich festklemmen kann, sichert man dieses kurze Ende meist mit einem Halbschlag, was nichts anderes ist, als das Seil einmal mit sich selbst zu verknoten.

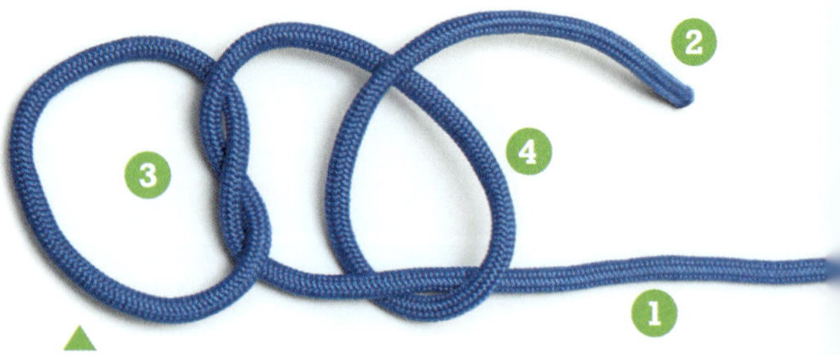

▲ **Beispiel einfacher Überhandknoten:**
Das Seil wird zu einem Ring gelegt, wobei das kurze Ende (2) über dem langen Ende (1) liegt. Dann wird das kurze Ende von hinten nach vorne durch das Auge (3) gezogen. Das kurze Ende wird mit dem Halbschlag gesichert.

S1 WAHL DES LAGERPLATZES

Da das Leben in einer Notunterkunft große Mengen von natürlichen Ressourcen benötigt und Du in jedem Fall den Wetterbedingungen ausgesetzt sein wirst, eignen sich grundsätzlich bewaldete oder bewachsene Bereiche besonders gut. Bedenke aber, dass Du im Notfall von Suchmannschaften aus dem Flugzeug im Wald kaum wahrgenommen werden kannst. Du solltest also im Wald am Rand einer Lichtung lagern, um schnell eine Freifläche zu erreichen.

Im Wald findest Du große Mengen an Feuerholz, Nahrung, Wasser sowie Schutz vor Wind. Bäume stellen jedoch auch eine potenzielle Gefahr dar. Bei Gewittern bist Du im Wald vor dem peitschenden Regen sicher, aber durch umfallende Bäume, abbrechende Äste oder einschlagende Blitze gefährdet. Vielleicht findest Du eine natürliche Windbarriere, wie die Ballen umgestürzter Stämme oder eine Gruppe junger Bäume.

Nicht geeignet sind exponierte Kuppen in der Nähe von besonders hohen oder morschen Bäumen sowie Senken. Letztere können bei Regen mit Wasser volllaufen, Täler können überflutet werden und Flüsse über das Ufer treten. In der unmittelbaren Nähe eines Gewässers wird es morgens außerdem durch Nebel unangenehm klamm. Also solltest Du etwas Abstand zum Wasser einhalten, andererseits nicht so weit weg sein, dass Du Stunden brauchst, um an Trinkwasser zu kommen. Der Untergrund ist idealerweise eben und trocken.

Den »perfekten« Lagerplatz gibt es nicht. Es lohnt sich trotzdem, die einzelnen Argumente für und wider einen bestimmten Ort abzuwägen, da Du möglicherweise einige Zeit dort verbringen wirst.

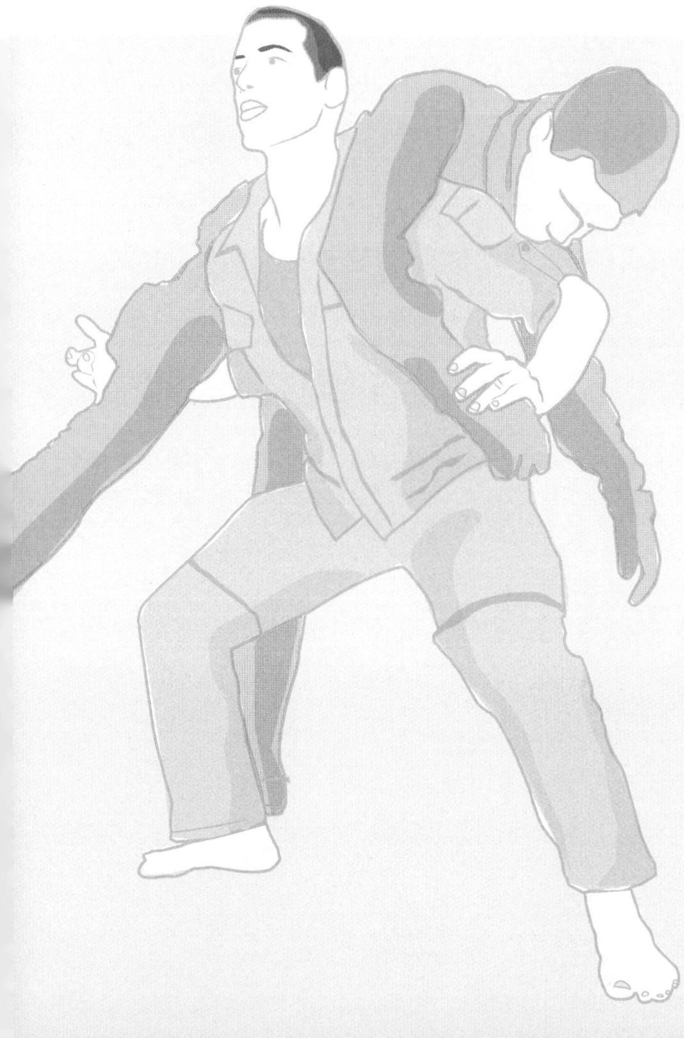

M2 TRANSPORT VON VERLETZTEN

Musst Du einen Reisepartner in schwierigem Gelände über eine längere Strecke transportieren, kannst Du das am besten mit dem »Gamstragegriff« machen. Dabei wird der Patient erst so weit wie möglich aufgestellt, dann über die Schulter aufgeladen und wie ein Fuchspelz um den Hals gelegt.

Ist die Lage richtig austariert, kannst Du, ohne den Transportieren sonderlich fest halten zu müssen, diesen auch aus abschüssigem Gelände oder durch Flüsse hindurch bergen. Wenn Dein Reisepartner noch bei Bewusstsein ist, kann er sich selbst an den Knien fassen und festhalten.

Mit dem Gamstragegriff kannst Du im Notfall auch einen Verunfallten mit Fußbruch oder ähnlichem über weite Strecken transportieren. **Wichtig ist beim Anheben der gerade Rücken, um Eigenverletzungen zu vermeiden.**

Der boreale Wald, aber auch unsere heimischen Forste eignen sich großartig für das Survivaltraining. Hier findet sich eine extreme Vielfalt potentieller Werkstoffe, essbarer Pflanzen und Tiere sowie die Möglichkeit, im Verborgenen (und in Ruhe) seinem Hobby nachzugehen. So vertraut uns diese Umgebung scheint, gibt es dennoch einige Gefahren und Besonderheiten auf die Du Dich vorbereiten solltest.

ÜBERLEBEN IM WALD

Waldläufer.

Wenige Meter vom nächsten Wanderweg entfernt, abgetrennt durch ein undurchdringliches Brombeergestrüpp, eröffnet sich der Wald. Selbst in unmittelbarer Umgebung von vielen Städten haben sich dichte grüne Inseln erhalten, die uns den Stress des Alltags für kurze Zeit vergessen lassen.

Erst nach einiger Zeit wirst Du lernen, den Wald wirklich zu begreifen. Zu versteckt und heimlich passiert hier alles. Der weiche Waldboden schluckt nicht nur jedes Geräusch, sondern ist Wohnort von zahlreichen Pilzen, Pflanzen und Tieren.

Aber nicht nur dort, sondern praktisch in jedem Gebüsch kannst Du das Leben finden. Ob die Rotte Wildschweine, die sich nur wenige Meter entfernt in die Brombeerhecken drückt, oder das Reh, das immer genau außerhalb deiner Sichtweite vor Dir bleibt. Nur wenn Du lernst, dich dem Wald anzupassen oder Nachts, wenn es stockdunkel und still im Wald ist, kommen aber alle Tiere aus ihren Verstecken. Kein Wunder, dass der Wald von unseren Vorfahren verehrt, aber auch gefürchtet war. Heute musst Du zumindest keine Angst mehr vor tollwütigen Wölfen und Bären haben, wohl aber vor Zecken.

In Deutschland ist jeder berechtigt, den Wald zur Erholung und zum Sport zu betreten. Ehrensache, dass nach dem Survivaltraining nicht die kleinste Spur des Waldläufers zurückbleibt.

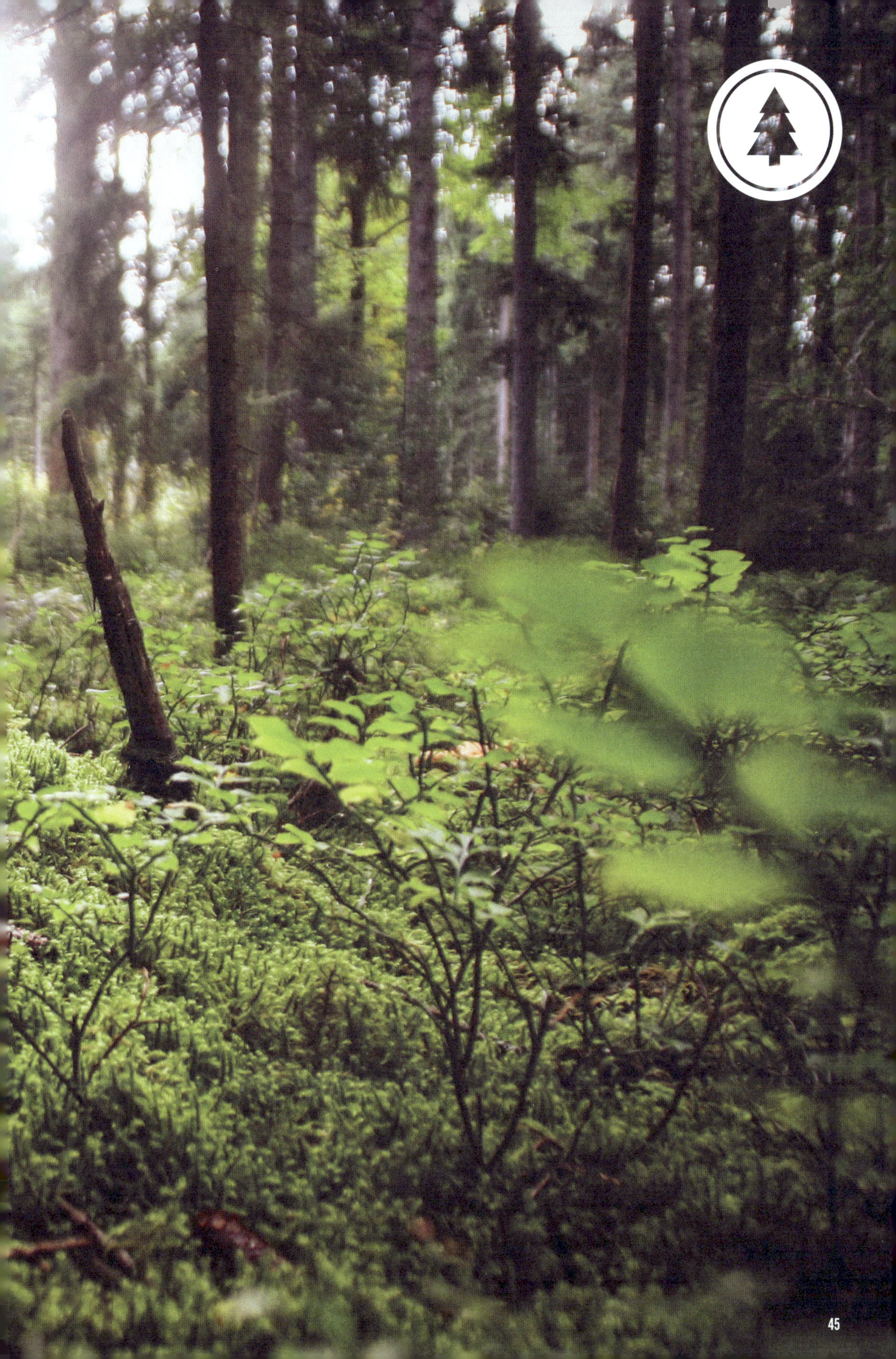

A11 WALDLÄUFER-AUSRÜSTUNG

Im heimischen Wald findest Du alles, was Du zum Überleben brauchst. Die Ausrüstung für diese Gegend sollte vor allem leicht und robust genug sein, um im Rucksack transportiert werden zu können und im Brombeergestrüpp nicht zu zerreißen. Es ist der Ort für Baumwollhosen, schmiedeeiserne Beile und gewachste Regenjacken.

Beim Leben und Überleben im Wald dreht sich vieles um das Verarbeiten natürlicher Materialien und das Zerkleinern von Holz. Die Kombination eines leichten Messers mit einem kleinen Beil ist übrigens im Einsatz besser zu gebrauchen als ein zu großes Messer; außerdem ist sie häufig leichter.

Gedeckte Farben der Kleidung ermöglichen nicht nur das ungestörte Training, sondern sind Grundlage für die Tierbeobachtung.

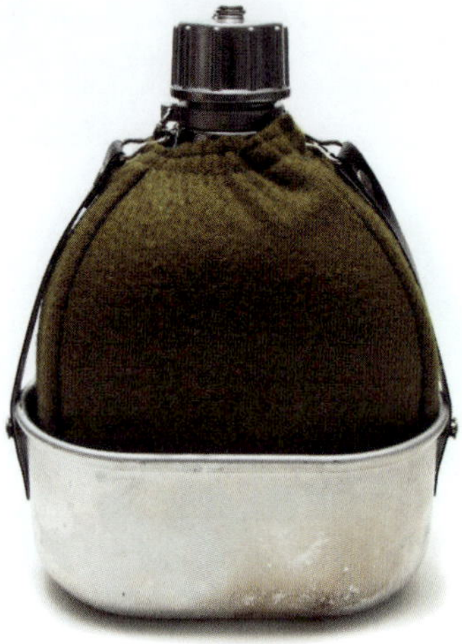

Waldläuferflasche: *Zum Trinkwassertransport und für die Nahrungszubereitung ist eine stabile Feldflaschen-Kochgeschirr-Kombi die richtige Wahl.*

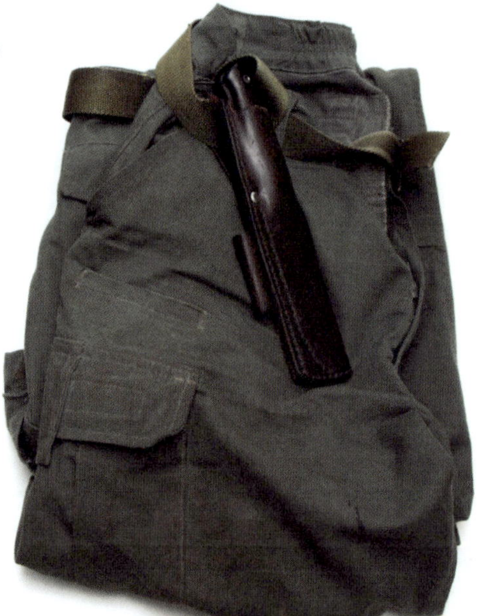

Armeehose: *Schweres Baumwollgewebe schützt nicht nur vor Dornen, sondern bietet auch gewissen Schutz gegen Schnitte.*

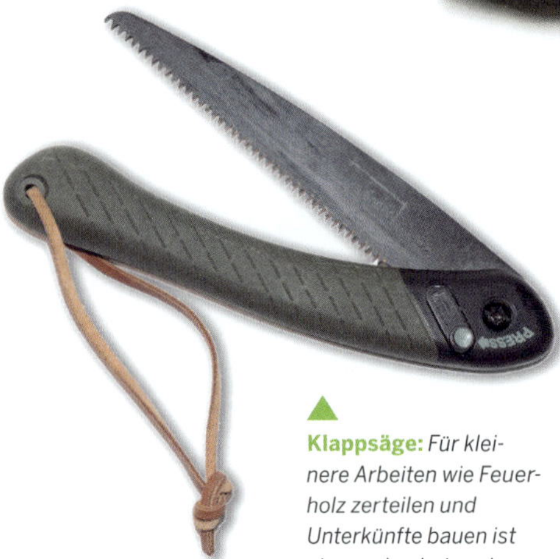

Klappsäge: *Für kleinere Arbeiten wie Feuerholz zerteilen und Unterkünfte bauen ist eine grobzahnige aber leichte Klappsäge ideal.*

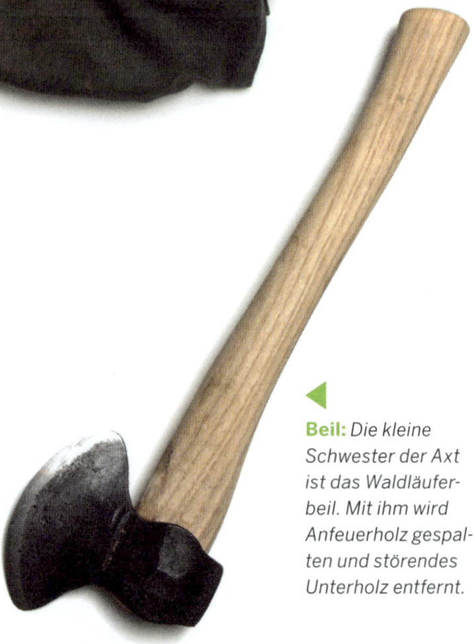

Beil: *Die kleine Schwester der Axt ist das Waldläuferbeil. Mit ihm wird Anfeuerholz gespalten und störendes Unterholz entfernt.*

N5 BRENNNESSEL: ÖLREICHE NÜSSE

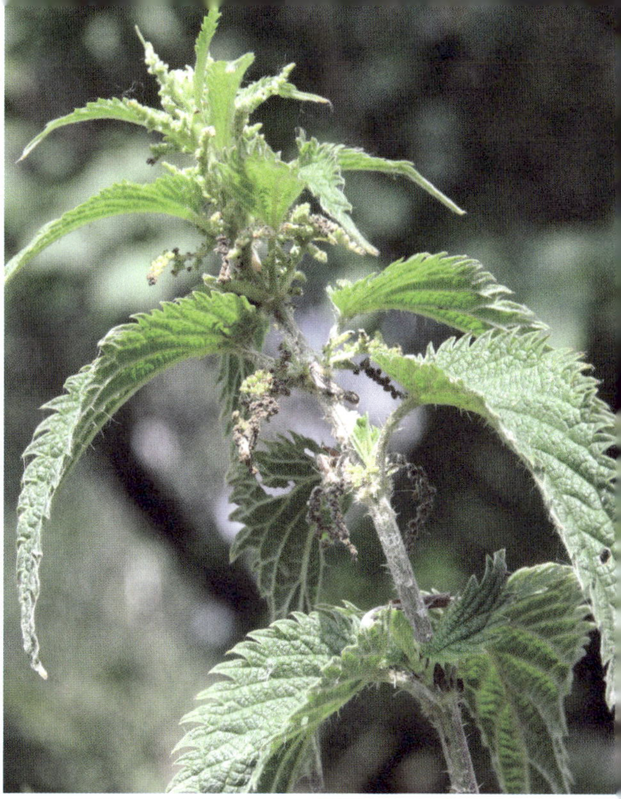

Die Brennnessel ist eine zwischen 70 und 150 Zentimeter große Pflanze mit kreuzgegenständigen, gesägten Laubblättern. Zwischen Blatt und Stängel entspringen die Blüten. Einfach zu erkennen sind Brennnesseln an den unangenehm stechenden Brennhaaren.

Knickt man eine Brennnessel ab, so bleiben die holzigen inneren Bereiche an einem stabilen, oft rötlichen Bast hängen, der zum Herstellen von →**Kordeln** verwendet werden kann.

Brennnesseln stehen oft in großen Feldern. Die Pflanze ist zweihäusig, das heißt, dass es Pflanzen weiblichen und männlichen Geschlechts gibt. **Während die weiblichen Blütenstände ab dem frühen Sommer ölreiche Nüsschen enthalten, liefern die männlichen Blüten nur wenig Energie.**

Blätter können durch einfaches Abstreifen »mit dem Strich« der Brennhaare zum rohen Verzehr vorbereitet werden. Die mit Gift geladenen hohlen Stachelröhren brechen bei diesem Vorgang ab. In tropischen Regionen wachsen einige Pflanzen aus der Familie der Brennnesselgewächse, die eine überaus starke Reizwirkung besitzen.

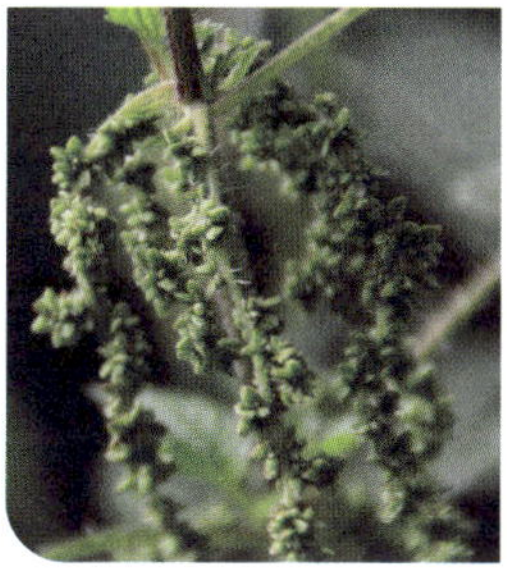

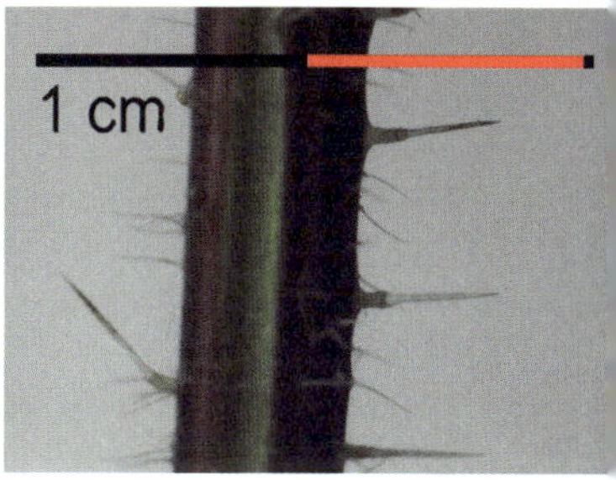

S2 EINFACHE FELDMATRATZE BAUEN

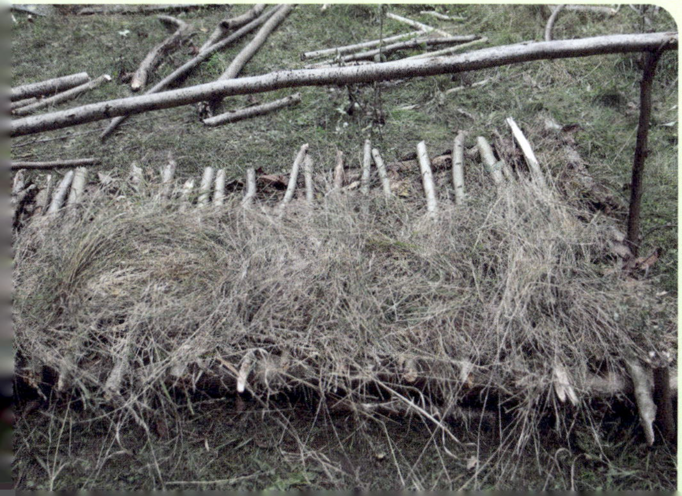

Weil Dich sonst nachts Krabbeltiere besuchen kommen, macht der Bau eines **Trapperbetts** Sinn. Darauf liegst Du etwas vom Boden entfernt.

Zum Bau werden zwei oder drei Holzstämme längs gelegt und entprechend Deiner Körperlänge ausgelegt. Die Hohlräume werden mit Laub, Gestrüpp und Gras gefüllt. Jetzt fängst Du an, lange Stangen quer darauf zu verteilen. Je dichter, desto bequemer wird die Matratze. Hierauf kommt Polstermaterial, das Unregelmäßigkeiten ausgleicht. Achte darauf, dass das obere Polstermaterial absolut trocken ist, sonst wird die Nacht sehr klamm.

Ein solches Bett kann auch bei sehr niedrigen Temperaturen eine bequeme Schlafstelle sein.

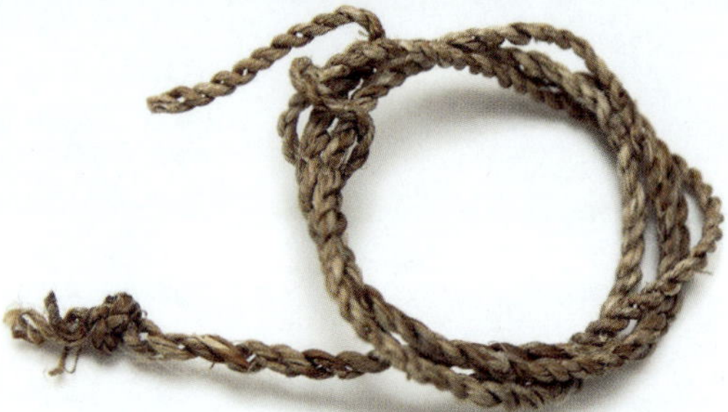

K5 WIE MAN SCHNÜRE KORDELT

Zum Fallenbau, bei gerissenen Schnürsenkeln, zum Feuerbohren und zur Reparatur von Ausrüstung können improvisierte Schnüre sehr hilfreich sein.

Zuerst suchst Du Dir geeignete Fasern. Die kannst Du aus Bast von Linde, Robinie, Weide und vielen anderen Bäumen gewinnen oder aus der fasrigen Schicht krautiger Pflanzen wie Brennnesseln oder Kletten. Die Fasern sollten möglichst lange, zwischen 1 und 5 mm breite Bänder sein.

Um eine lange und durchgehend stabile Schnur zu kordeln, wird das erste Faserstück dezentral geknickt und zu einer Haarnadel zurückgelegt. Die beiden nebeneinandergelegten Teilstränge werden nun jeweils in die gleiche Richtung gedreht, ohne dass sie übereinandergelegt werden **(1)**. Hierdurch entsteht Drall auf der Leine, die sich zu einer Kordel vereinigt. Bist Du am Ende einer Faser angelangt, kannst Du die nächste Faser anfügen und mit einkordeln **(2)**. Das Ende wird mit einem einfachen Knoten gesichert.

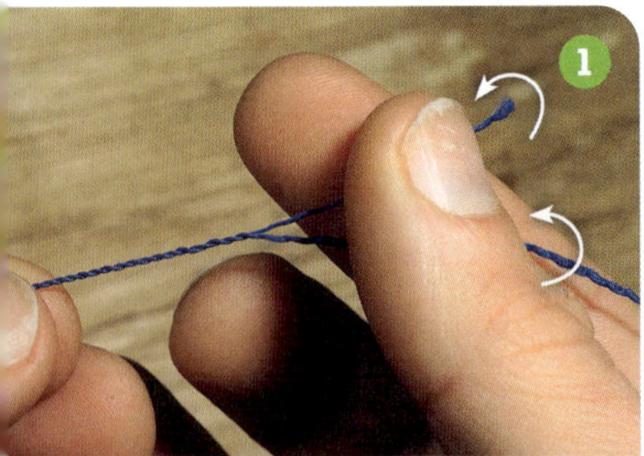

Nur beide Enden auf der rechten Seite werden einzeln in die gleiche Richtung gedreht. Die Kordel links bildet sich selbst.

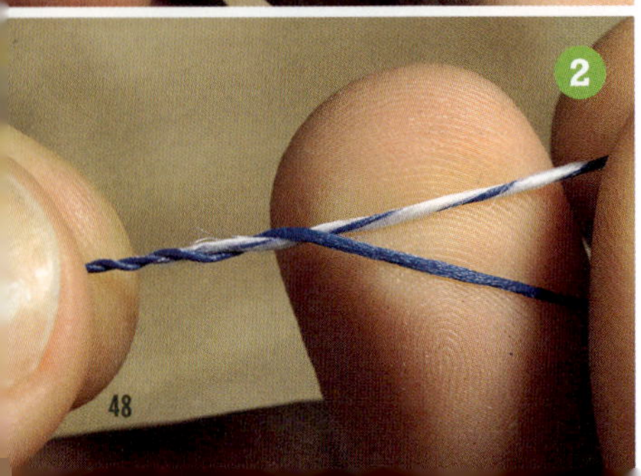

Zum Verlängern wird die neue Faser parallel zur auslaufenden gelegt und einfach mitverkordelt.

F4 FEUER BOHREN WIE EIN PROFI

FEUERBOHRER-BAUSATZ Zum Feuerbohren brauchst Du eine stabile Schnur, einen Bogen, eine Spindel aus Hartholz (Hasel), ein Brett aus Weichholz (Fichte, Pappel, Linde) und ein Druckstück aus Stein oder hartem Holz.

Bogen: *Die einfachste Form für den Anfänger ist eine Astgabel.*

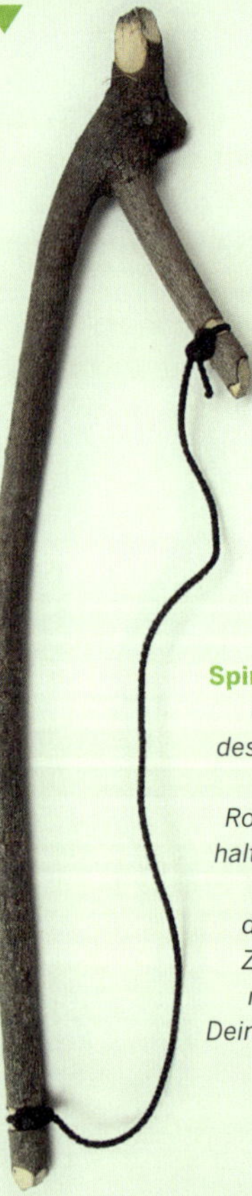

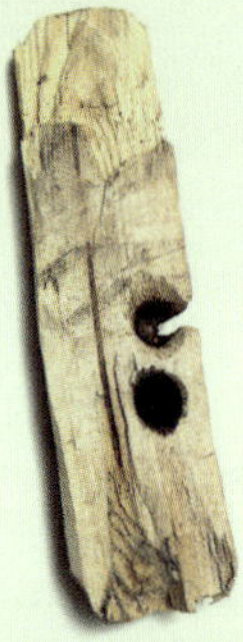

Bohrbrett: *Das vorgebohrte Loch wird mit einer Kerbe bis zum Zentrum versehen.*

Spindel: *Je länger die Spindel ist, desto schwieriger ist sie bei der Rotation ruhig zu halten. Außerdem sollte sie nicht dünner als Dein Zeigefinger und nicht dicker als Dein Daumen sein.*

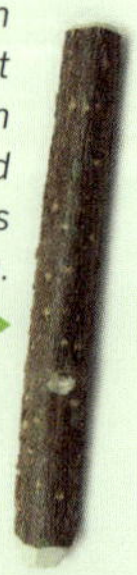

Druckholz: *Auf eine Seite wird eine Vertiefung für die Bohrspindel geschnitten.*

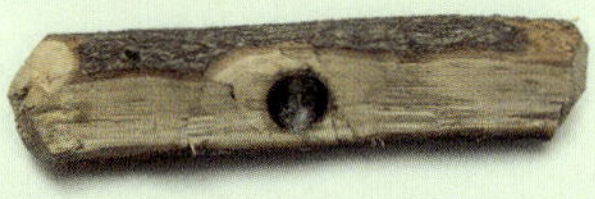

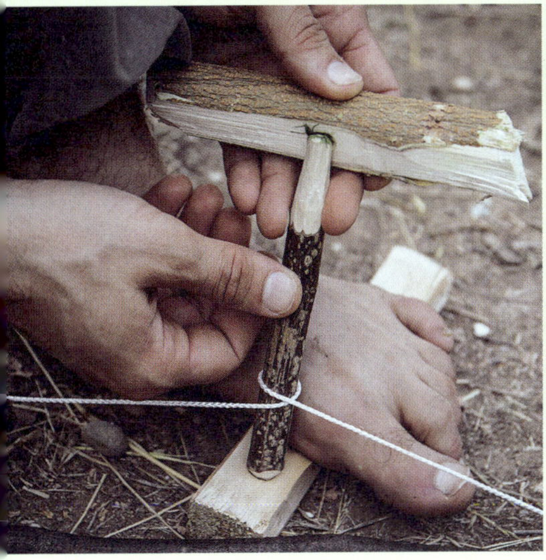

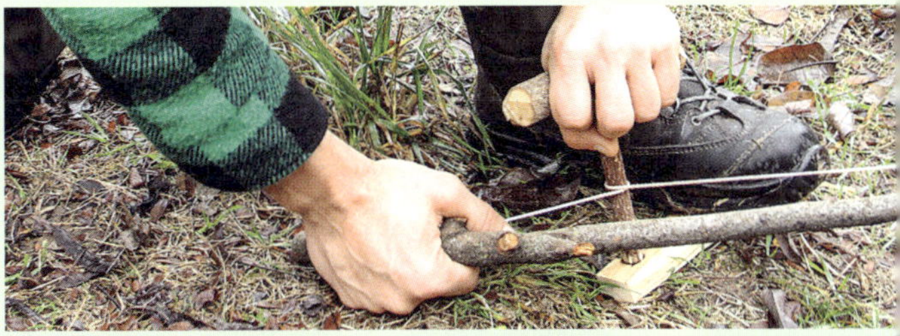

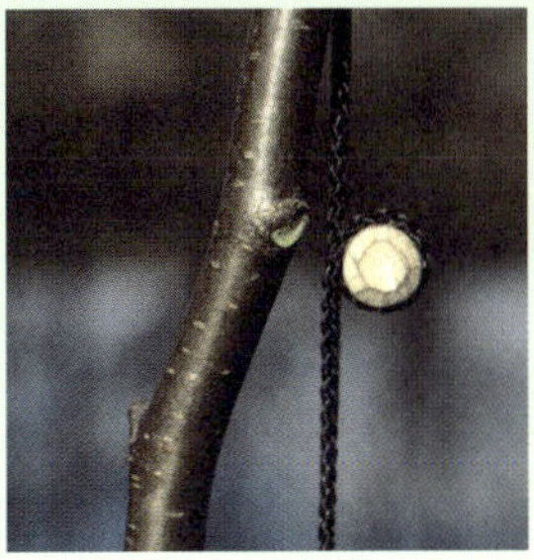

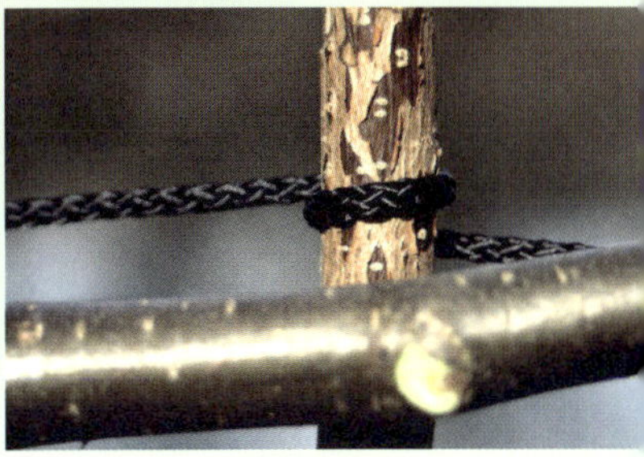

FEUERBOHRER ZUSAMMENSETZEN Die Schnur wird locker in den Bogen eingeknotet. Die Spindel wird mit einer Drehung in diese Leine eingewickelt. Das Druckholz wird mit etwas Gras »geschmiert« und auf die Spindel gesetzt. Bewegt man die Spindel über die Leine, rotiert sie von selbst.

GLUT ERZEUGEN Beim Feuerbohren ist das Ergebnis immer nur Kohlestaub, der zu glühen beginnt. Siehst Du im Fernsehen, dass beim Bohren eine Flamme entsteht, weißt Du, dass geschummelt wurde. So machst Du's richtig:

SCHRITT 1 In das Bohrbrett mit dem Messer eine runde Vertiefung schneiden, in der sich die Spindel drehen lässt.

SCHRITT 2 Mit dem Feuerbohrer wird diese Vertiefung zu einem kleinen Loch gebohrt; das Loch erhält eine Kerbe. Durch diese »fließt« das heiße Holzpulver.

SCHRITT 3 Unter die Kerbe werden trockene Pflanzenfasern oder Watte gelegt. Dort sammelt sich der heiße Holzstaub.

SCHRITT 4 Nun wird so lange mit großer Kraft und hoher Geschwindigkeit gebohrt, bis ein schwarzes Staubhäufchen von der Größe einer Haselnuss enstanden ist.

SCHRITT 5 Das Staubhäufchen wird durch Fächeln oder Blasen zum Glühen gebracht und in ein Zundernest gegeben. Weiter mit →**Feuer anblasen**.

Beim Bohren muss das Weichholzbrett absolut stabil liegen. Das schwarze Holzpulver sammelt sich dann in der Kerbe zu einem Haufen.

▼

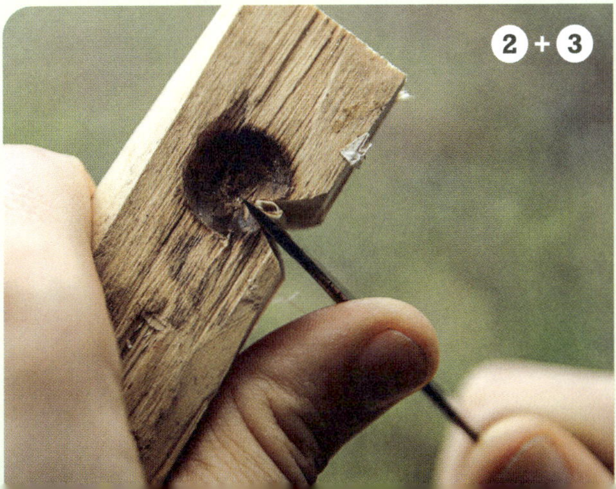

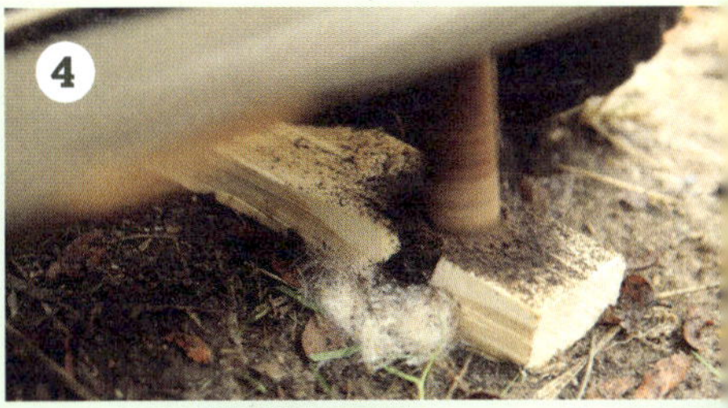

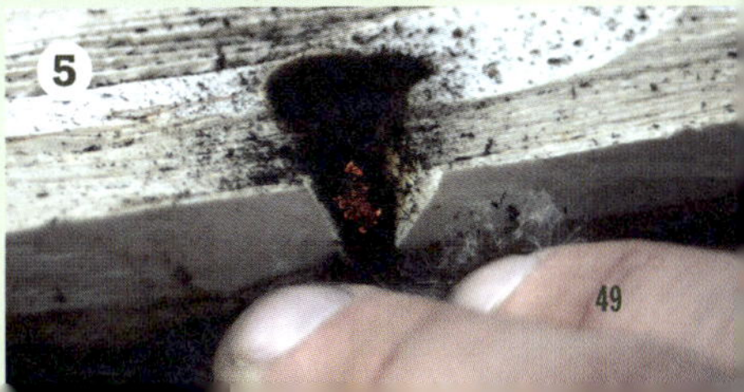

N6 ESSBARE BÄUME ERKENNEN

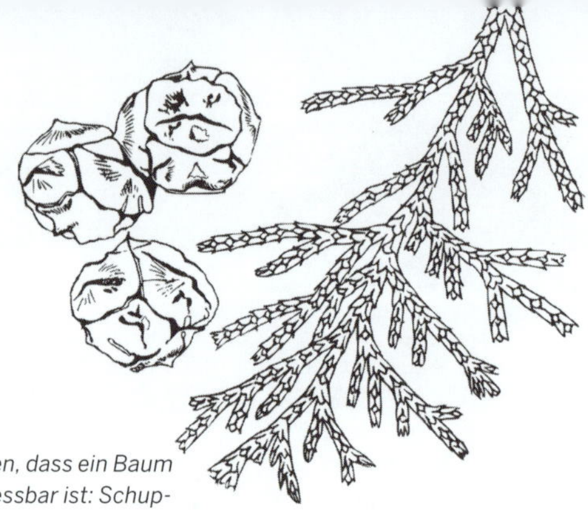

Wenn Du die wichtigsten essbaren Bäume erkennen und unterscheiden kannst, findest Du im Wald der gemäßigten Zonen weltweit immer etwas Essbares.

Zeichen, dass ein Baum nicht essbar ist: Schuppenartige Blätter oder beerenartige Zapfen.

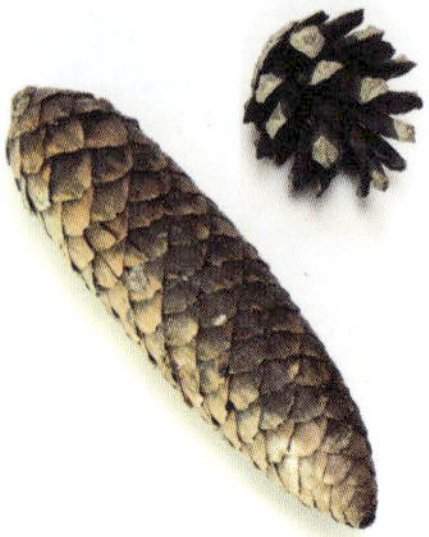

NADELBÄUME

Man unterscheidet drei große Gruppen von Nadelbäumen: die **kiefernartigen**, die **eibenartigen** und die **zypressenartigen**. Während die kiefernartigen Bäume wie beispielsweise Zeder, Fichte, Pinie essbar sind, kann man sich an eiben- und zypressenartigen Nadelbäumen tödlich vergiften.

Um diese drei Gruppen zu unterscheiden, solltest Du auf die Nadeln und Zapfen achten. Hat der Baum Nadeln *und* Zapfen wie eine typische Tanne, gehört er fast sicher zu den Kiefernartigen. Von diesen kannst Du die Samen aus den Zapfen geröstet oder roh verzehren. Hat der Baum jedoch normale Zapfen, *aber* schuppenartige Blätter (Thuja, Scheinzypresse) oder echte Nadeln, *aber* beerenartige Zapfen oder Kugeln (Sadebaum, Eiben), solltest Du diesen zur Sicherheit nicht verwenden. **Erkennst Du Eiben sicher, kann das rote, saftige Fruchtfleisch verzehrt werden – die Kerne sind dennoch hochgiftig.**

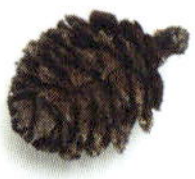

In einem typischen Nadelwald ❶ findest Du fast immer etwas zu essen. Sogar die saftigen »Beeren« der Eiben ❷ sind essbar, der Samen ist jedoch hochgiftig. Bei Pinienzapfen ❸ kannst Du kaum etwas falsch machen.

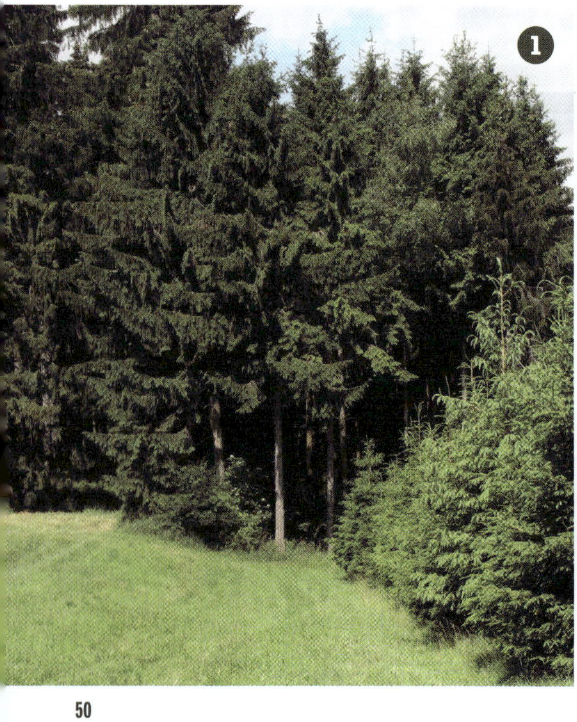

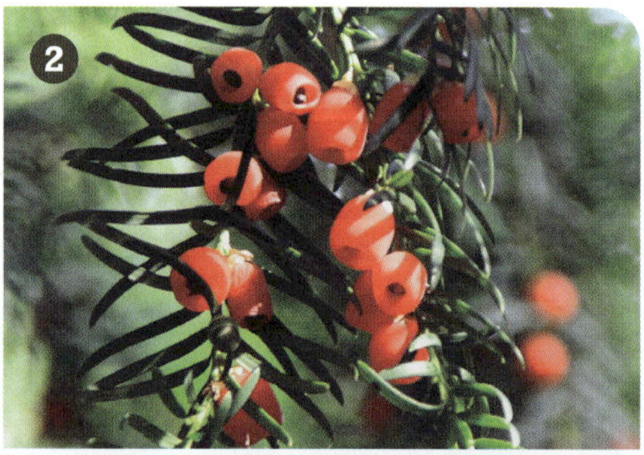

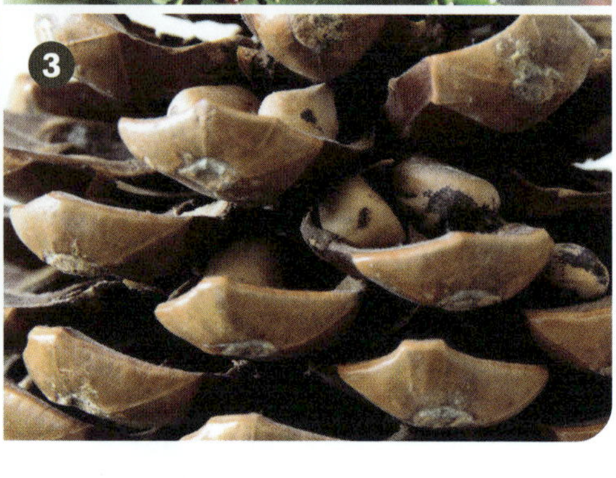

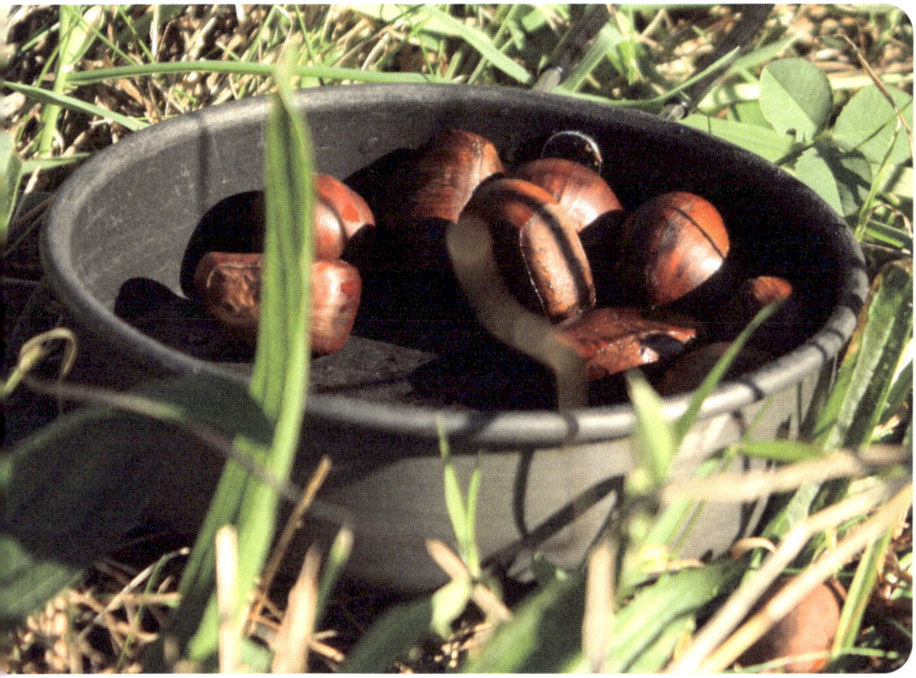

Vor dem Garen werden Esskastanien mit dem Messer kreuzweise leicht eingeritzt. Sie können in Öl gebraten oder direkt in der Glut geröstet wreden. Roh in großen Mengen verzehrt können sie jedoch Erbrechen auslösen.

LAUBBÄUME

Findest Du Laubbäume, die ungeteilte und »einfache« Blätter besitzen (nicht etwa handförmig zusammengesetzt) sowie dunkelbraune runde oder dreikantige Früchte in einer stacheligen Hülle ausbilden, kannst Du davon ausgehen, dass es sich hierbei um Eichen-, Buchen- oder Esskastanienarten handelt.

In den gemäßigten und kälteren Regionen gibt es weltweit viele unterschiedliche Arten dieser essbaren Pflanzen. Um Verwechslungen zu vermeiden, solltest Du beachten, dass Rosskastanien mit ähnlicher Frucht, aber handförmigem Laub nicht zu dieser Gruppe gehören.

Wenn Du große Mengen dieser ölreichen Eicheln, Bucheckern oder Maronen verzehren möchtest, sollten diese geröstet werden.

Sind sie danach noch bitter, werden sie kleingeschnitten und eine Zeit lang in einem Netz ins Wasser gehängt. Dadurch werden die Bitterstoffe herausgelöst.

Essbare Kastanien (Edelkastanien) haben niemals handförmiges Laub. Die Schale ist unangenehm stachelig.

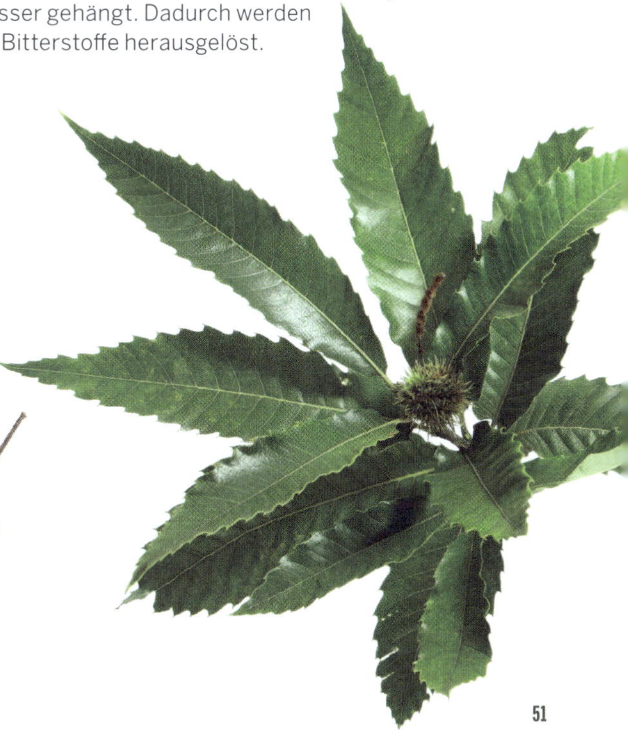

Bis in den Frühsommer essbar: Bucheln (links) und Eicheln (rechts) des letzten Herbstes.

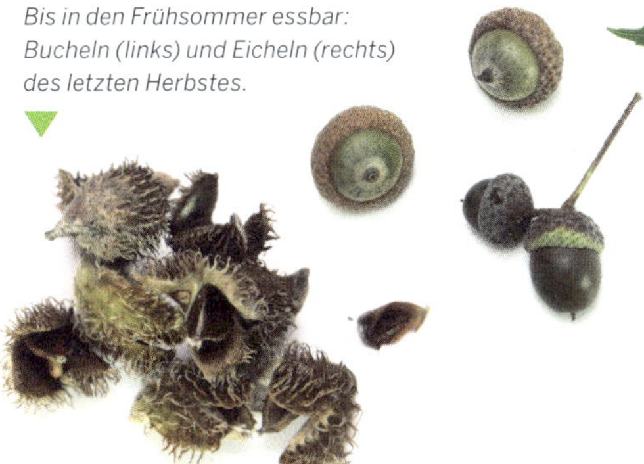

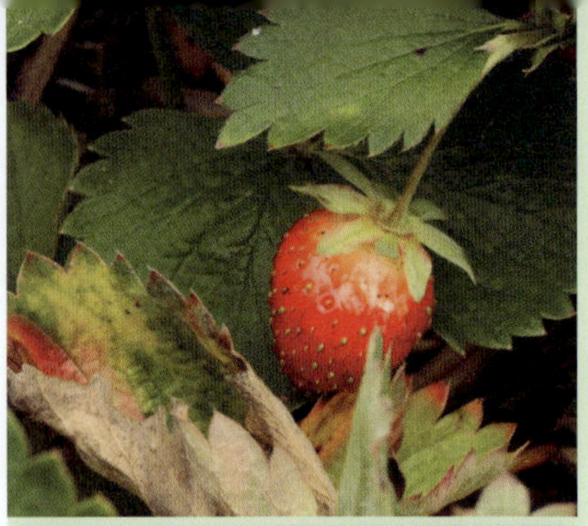

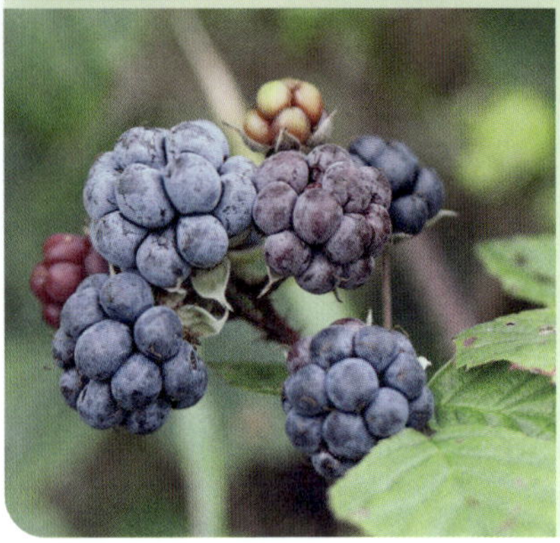

N7 BEEREN-SCHMAUS

An Waldrändern und auf Lichtungen findest Du eine Menge von essbaren Beeren. In Mitteleuropa gibt es dazu einige Regeln, die Du beachten solltest. Beeren, die aus kleinen Fruchtblasen wie Himbeeren oder Brombeeren zusammengesetzt sind und solche, die an Erdbeeren erinnern sind immer essbar. Dazu zählen zahlreiche eher unbekannte Früchte wie Kratzbeere, und Scheinerdbeere. Bei Heidelbeeren muss man schon genauer hinschauen. Sind sie innen blau, kannst Du sie essen. Ist das Fruchtfleisch allerdings hell, könnte es sich um giftige Rauschbeeren handeln. **Beeren von Büschen oder Bäumen solltest Du nur sammeln, wenn Du die Pflanze sicher erkennst.**

◀

Früchte, die an Erdbeeren oder Brombeeren erinnern, sind im heimischen Wald immer essbar.

M3 WER HAT ANGST VORM FUCHSBANDWURM?

Beim Sammeln von essbaren Wildpflanzen im Wald besteht die Gefahr einer Kontamination mit Parasiteneiern. Wenn etwa ein Hund sein Bein am Brennnesselfeld gehoben hat, kurz bevor Du dort Deinen Spinat erntest.

Beim Einschätzen der Gefahr darfst Du nicht vergessen, dass selbst im Laden gekauftes Gemüse von Feldern kommt, die nicht eingezäunt sind. Theoretisch kann deshalb jede Pflanze vom Gemüsestand mit Parasiten belastet sein – es passiert aber denkbar selten etwas.

Der Fuchsbandwurm verunsichert dagegen schon seit Jahrzehnten Wildpflanzensammler in Mitteleuropas Wäldern. Man weiß nach aktueller Datenlage, dass die Infektion des Menschen mit dem Fuchsbandwurm **nicht** durch den Verzehr von kontaminierten Beeren oder Kräutern erfolgt, sondern durch aufgestäubte und eingeatmete Eier, beispielsweise beim Häuten eines Fuchses.

Die Wahrscheinlichkeit, dass wenige Stunden vor Deinem Erscheinen ein Fuchs genau auf der Wildpflanze seine Notdurft verrichtet hat, die Du pflücken möchtest, ist außerdem sehr gering. Ich persönlich würde dennoch meinen »Wildsalat« nicht in einem Park pflücken, der besonders beliebt als Hundeauslauffläche ist.

GRUNDSÄTZLICH GILT: Alle pflanzlichen Nahrungsmittel, die einmal gebrüht worden sind, können bedenkenlos verzehrt werden.

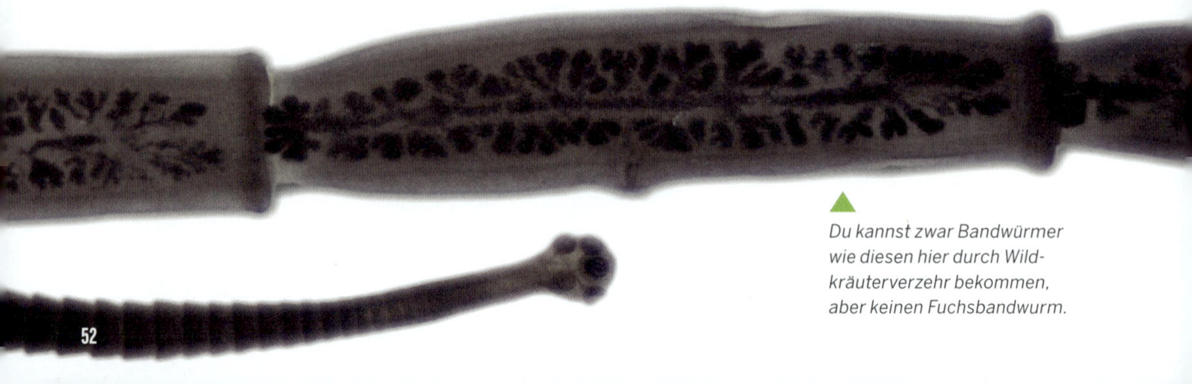

▲

Du kannst zwar Bandwürmer wie diesen hier durch Wildkräuterverzehr bekommen, aber keinen Fuchsbandwurm.

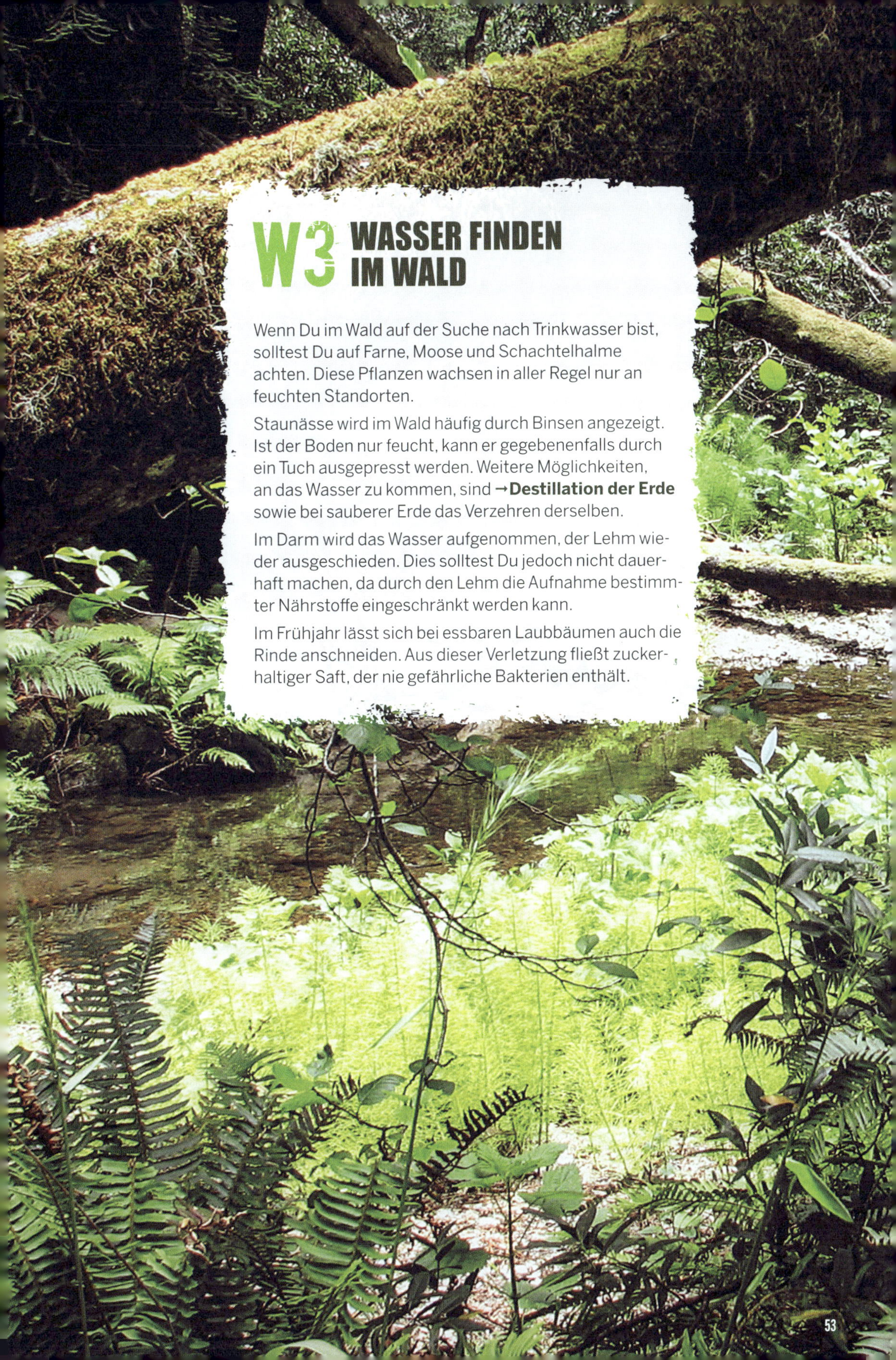

W3 WASSER FINDEN IM WALD

Wenn Du im Wald auf der Suche nach Trinkwasser bist, solltest Du auf Farne, Moose und Schachtelhalme achten. Diese Pflanzen wachsen in aller Regel nur an feuchten Standorten.

Staunässe wird im Wald häufig durch Binsen angezeigt. Ist der Boden nur feucht, kann er gegebenenfalls durch ein Tuch ausgepresst werden. Weitere Möglichkeiten, an das Wasser zu kommen, sind →**Destillation der Erde** sowie bei sauberer Erde das Verzehren derselben.

Im Darm wird das Wasser aufgenommen, der Lehm wieder ausgeschieden. Dies solltest Du jedoch nicht dauerhaft machen, da durch den Lehm die Aufnahme bestimmter Nährstoffe eingeschränkt werden kann.

Im Frühjahr lässt sich bei essbaren Laubbäumen auch die Rinde anschneiden. Aus dieser Verletzung fließt zuckerhaltiger Saft, der nie gefährliche Bakterien enthält.

DIE ORIENTIERUNG BEHALTEN #01

EINNORDEN UND MARSCHRICHTUNG FESTSTELLEN

Topografische Karten werden oft zur Navigation mit dem Kompass verwendet. Da diese Art der Orientierung und Marschroutenbestimmung keine Batterien benötigt, ist sie in vielen Bereichen einem GPS-Gerät vorzuziehen bzw. sollte als Backup mitgeführt werden.

Da die Karten nur eine zweidimensionale Annäherung an die Umgebung darstellen, muss besonders darauf geachtet werden, präzises Kartenmaterial zu verwenden und bei der Navigation große Sorgfalt walten zu lassen.

EINNORDEN Während die Gitterlinien auf einer Karte zum geographischen Nordpol führen, zeigt die Spitze der Kompassnadel zum magnetischen Nordpol. Dadurch kann je nach Reiseregion eine mehr oder weniger starke Missweisung entstehen. Diese muss beim Einnorden der Karte beachtet werden. Sie ist entweder als Pfeilkombination (True-North/Map-North) oder als Deklination in Grad auf der Karte eingetragen. Hierzu wird die Dose oder Libelle so gedreht, dass der aufgedruckte Norden oben steht. Der Kompass wird an die Gitterlinie gelegt und alles wird so lange gedreht, bis die Kompassnadel den Wert der Missweisung anzeigt bzw. bei negativer Missweisung den Wert 360 minus westliche Missweisung. Nun bildet die Karte die Umgebung ab.

MARSCHRICHTUNG BESTIMMEN Um die Peilung von einem bekannten Standpunkt auf ein Ziel zu erhalten, legst Du den Kompass auf die eingenordete Karte auf eine Verbindungslinie zwischen Standpunkt **(A)** und Zielpunkt **(B)**. Dreh die Libelle so, dass der aufgedruckte Norden **(C)** mit der Kompassnadel übereinstimmt. Die Richtung, die der Kompass anzeigt, wird eingeschlagen, wenn die Kompassnadel den Libellenpfeil abdeckt.

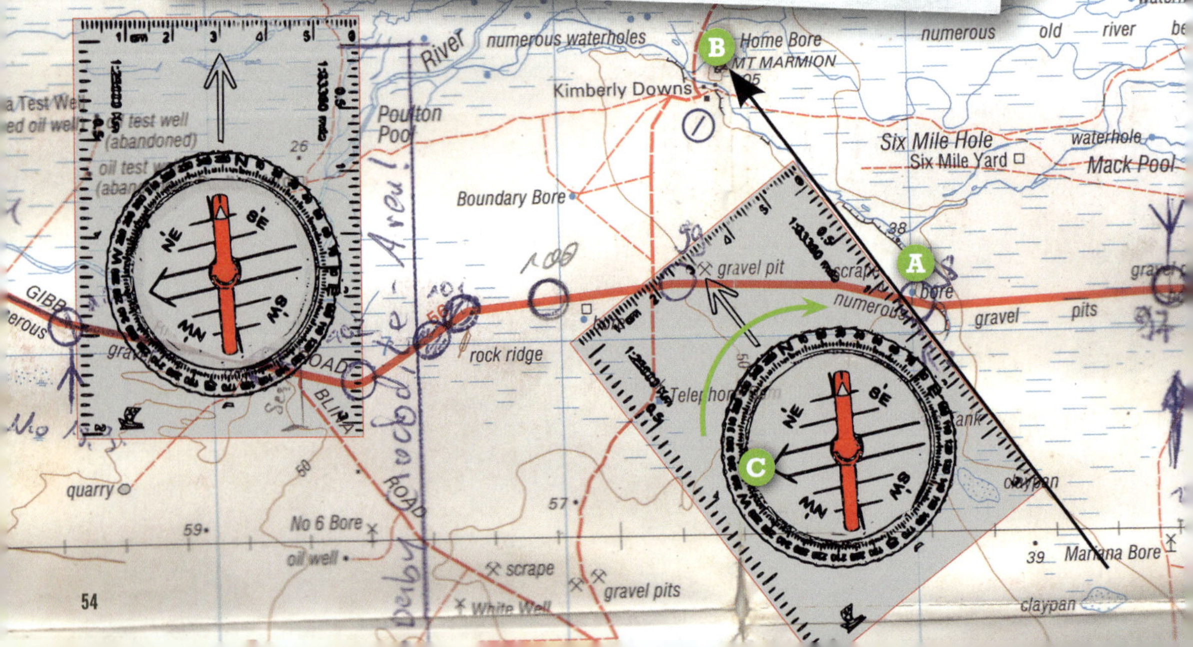

K6 SIGNAL-FEUER

Während in den Bergen Boden-Luft-Signale und in der Wüste und auf dem Wasser oft Lichtreflexionen ausreichen, um auf sich aufmerksam zu machen, verhindert der strukturreiche Wald, dass Fahrzeuge, geschweige denn einzelne Personen, gesehen werden. Sofern möglich, **solltest Du zum Aufstellen einer Signalpyramide eine Lichtung oder ein Seeufer aufsuchen**.

Da Laub und Nadeln eher dunkel sind, empfiehlt es sich, im Wald mit weißem Qualm die Aufmerksamkeit auf sich zu lenken. Bis eine Signalpyramide fertiggestellt worden ist, kann Stroh oder Moos am Feuer gelagert werden, um es sofort auf das Feuer zu werfen, wenn ein Fahrzeug in Sichtweite kommt.

SCHRITT 1 Es wird ein Gestell aus Holz aufgebaut, das einer gleichseitigen Pyramide entspricht. Auf halber Höhe wird ein Podest zum Auflegen von Räuchermittel eingezogen.

SCHRITT 2 Unter dem Podest wird sehr trockenes Brennmaterial locker aufgeschichtet. Es muss so beschaffen sein, dass es innerhalb kürzester Zeit abbrennt.

SCHRITT 3 Obenauf werden grüne und feuchte Pflanzen locker aufgelegt. Alles wird noch mit einer regenfesten Schicht aus Blättern oder Folie bedeckt.

SCHRITT 4 Wird nun eine Flamme in die Signalpyramide eingelegt und durch Einblasen von Luft etwas vergrößert, lodert das als Treibsatz wirkende Brennmaterial in wenigen Sekunden auf und drückt Feuchtigkeit und Ruß aus den darüber geschichteten Pflanzen. In wenigen Momenten entwickelt sich eine dichte und über Kilometer sichtbare weiße Rauchsäule.

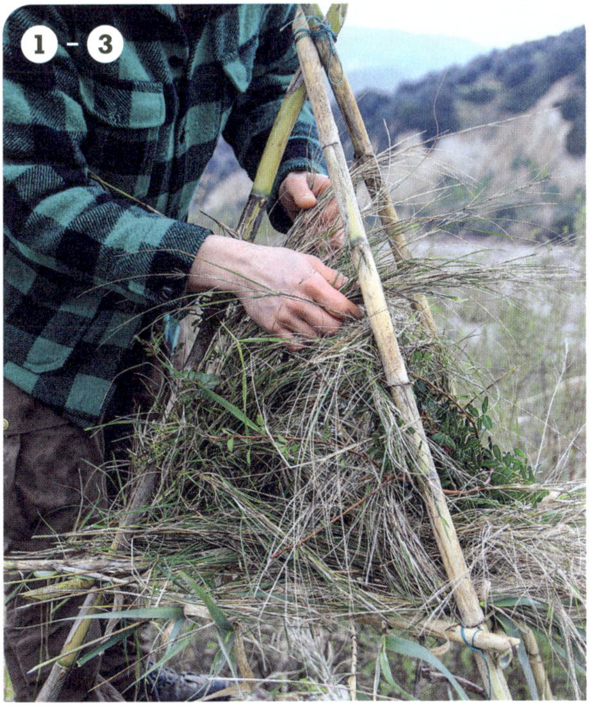

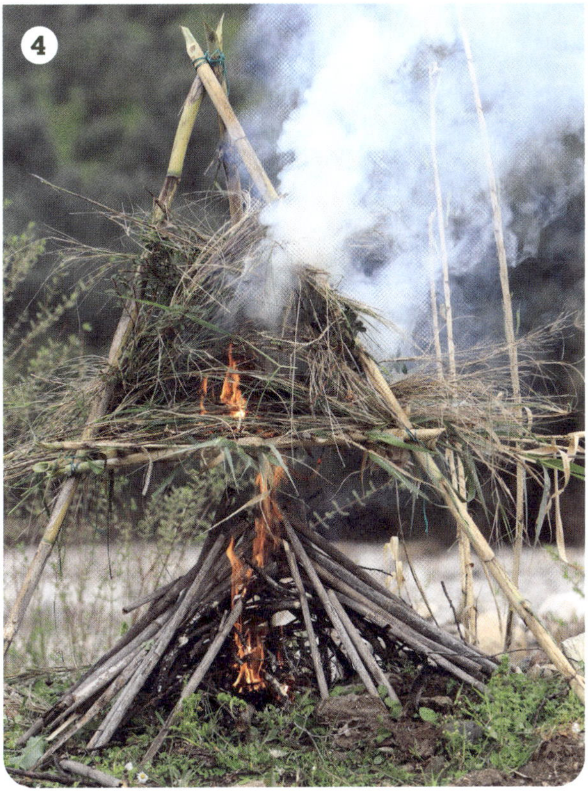

Eine kleine Feuerpyramide ist schnell gebaut und kann sehr effizient und in kurzer Zeit dichten, weißen Qualm erzeugen.

K7 STEINSCHLEUDER BAUEN

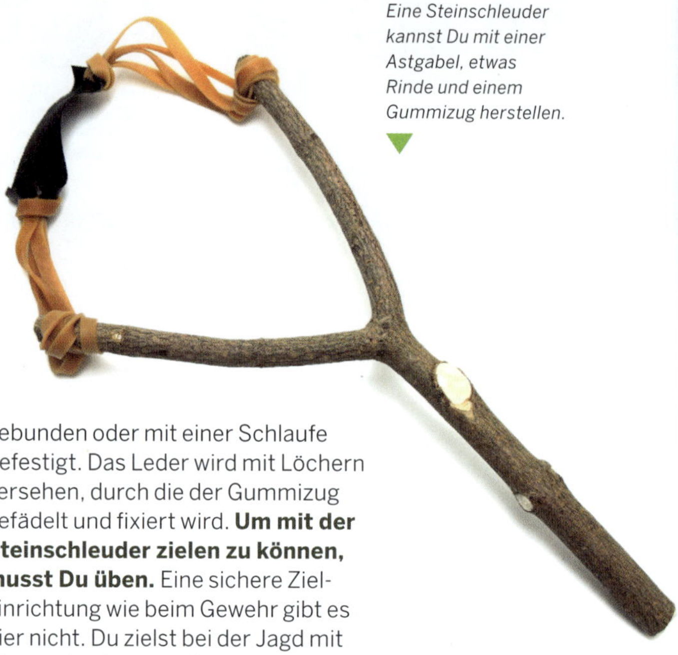

Eine Steinschleuder kannst Du mit einer Astgabel, etwas Rinde und einem Gummizug herstellen.

Die Steinschleuder ist eine der effektivsten Jagdwaffen für kurze Entfernungen. Mit ihr können Steine auf eine hohe Geschwindigkeit beschleunigt werden, um im Notfall zielgenau Kleintiere wie Vögel oder Eichhörnchen zu erlegen. Oft sind die Tiere nur für kurze Zeit bewusstlos bzw. flugunfähig, weshalb Du Dir bei der Jagd mit der Steinschleuder einen langen Stock als Keule zurechtlegen solltest. Als Baumaterial benötigst Du Gummis, beispielsweise einige Kondome oder einen Hosenbund, eine Astgabel und etwas Leder oder Rinde für die Tasche.

Das Gummi wird mit einer festen Wicklung mit Leine (beispielsweise per →**Hakenknoten**) an die Astgabel gebunden oder mit einer Schlaufe befestigt. Das Leder wird mit Löchern versehen, durch die der Gummizug gefädelt und fixiert wird. **Um mit der Steinschleuder zielen zu können, musst Du üben.** Eine sichere Zieleinrichtung wie beim Gewehr gibt es hier nicht. Du zielst bei der Jagd mit Übung durch reines Abschätzen.

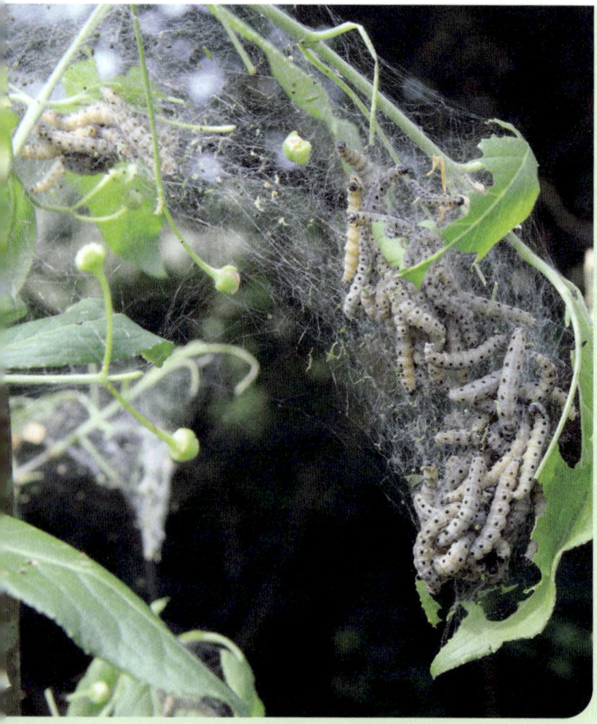

Die Pfaffenhütchen-Gespinnstmotte findet man in großer Zahl – Du solltest sie aber nicht essen.

N8 GIFTGEWÜRM

Während Du praktisch alle Larven aus →**Totholz** essen kannst, sieht es mit Gewürm von Sträuchern und Bäumen anders aus. Sobald eine Larve spitze Haare hat oder sonstwie stachelig ist, berührst Du Sie nicht.

Zusätzlich gibt es ein ganz anderes Problem: **Larven, die vor hauptsächlich an giftigen Pflanzen fressen, können selbst giftig werden.** Das ist häufig dann der Fall, wenn die Tiere in einer großen Menge an einer Stelle auftreten, ohne dass sie einfach so von anderen Tieren abgepflückt werden.

Hierzulande ist das beispielsweise die **Pfaffenhütchen-Gespinstmotte**, die Du nicht essen solltest. Südlich der Alpen gibt es zudem Schmetterlinge wie der **Monarchfalter**, die an hochgiftigen Nachtschatten- und Hundsgiftgewächsen saugen.

Wenn Du die Pflanze nicht sicher bestimmen kannst gilt deshalb: **Ungewöhnlich große Anzahl von Raupen – Finger weg!**

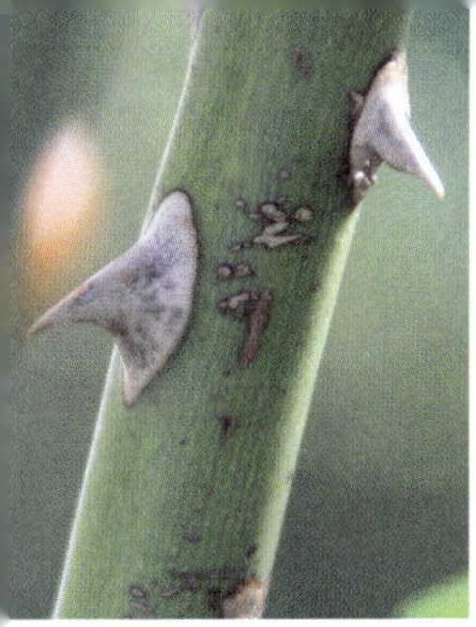

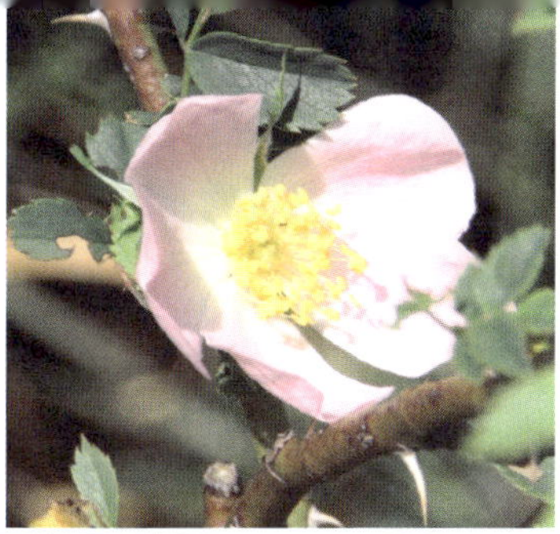

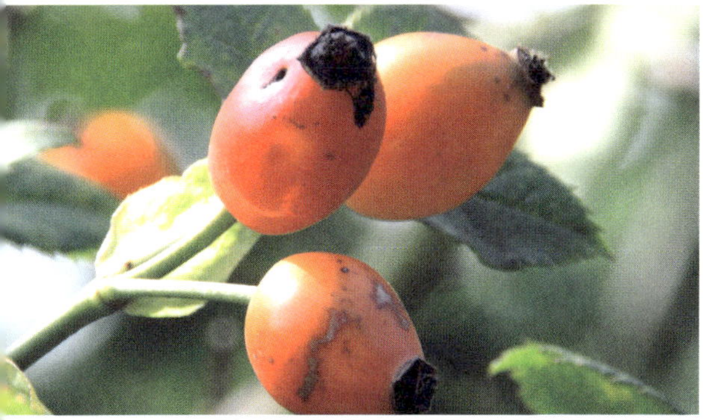

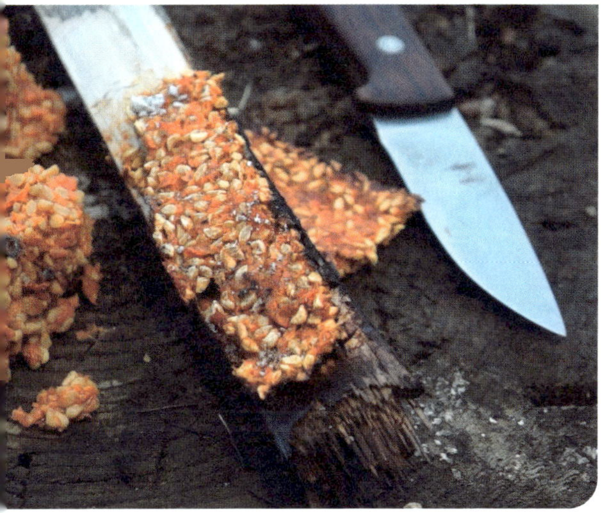

N 9 ROSEN ESSEN

Rosen sind als Hecken wachsende oder rankende Gewächse, die sich an Waldrändern mit außerordentlicher Geschwindigkeit ausbreiten. Die Blüte ist meist radiärsymmetrisch, hat fünf oder zehn Blätter und besitzt einen aufgeblähten grünen Kelch. Alle verholzten Pflanzenteile sind mit teils aggressiven Stacheln besetzt. Die Blätter sind unpaarig gefiedert und besitzen einen gesägten Blattrand. Früchte der Rosen sind die Hagebutten, welche ein wenig an kleine Äpfel erinnern. Die Farbe der mit zahlreichen Samen gefüllten Früchte variiert von rot-orange bis rosa.

Wenn die Samen in größerer Zahl verzehrt werden sollen, solltest Du sie rösten, weil sie **hitzeempfindliche Blausäureverbindungen** enthalten. Die als »Juckpulver« bekannten Härchen auf den Samen können während des Röstvorgangs abgeflammt werden, indem ein größeres Stück Glut einmal über die Samen gerollt wird.

Tee aus Hagebutten soll Erkältungen lindern. Gebrühte Blätter finden Einsatz bei Rachenentzündungen.

Rosen sind allesamt essbar. Am sichersten erkennst Du sie an den Hagebutten und Stacheln. Wenn Du die Hagebutten röstest, werden die giftigen Blausäureverbindungen zerstört.

W 4 TRINKWASSER AUF PFLANZEN UND IN BAUMSTÜMPFEN

Oft kannst Du an Pflanzen mit ausladendem Laub noch Tage nach dem letzten Niederschlag Wasser absammeln. Auch in Baumstümpfen und Astlöchern lässt sich einige Tage nach dem letzten Regen beobachten, dass solches Wasser durch Vogelkot oder hineingefallene Insekten verunreinigt sein kann. Das Wasser deshalb nach Möglichkeit kochen.

Offene Wasserstellen werden oft von Tieren als Tränke benutzt.

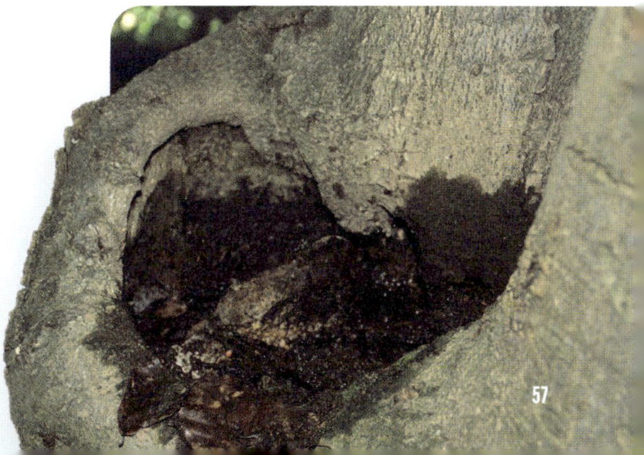

N10 REICH GEDECKTER TISCH – TOTHOLZ ALS NAHRUNGSQUELLE

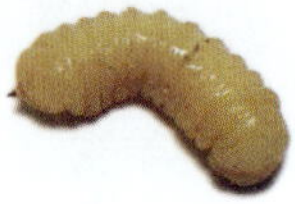

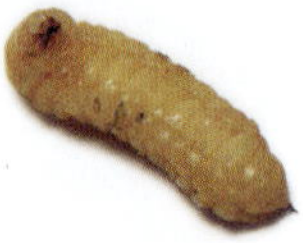

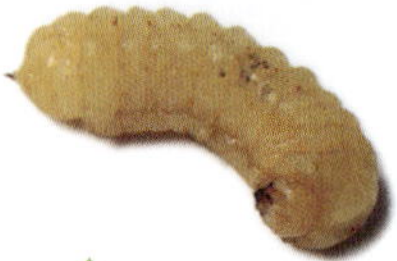

Die fetten Larven von Holzkäfern schmecken geröstet lecker.

Obwohl es oft behauptet wird, lässt sich – sieht man mal von Pflanzensaft ab – aus Holz keine Energie gewinnen. Auch das Kambium (eine weiche Zellschicht in der Rinde) ist praktisch energielos. **Der Mensch und die meisten Tiere sind nicht in der Lage, Zellulose zu verdauen.** Insekten dagegen sind daran angepasst, sich Gänge durch das Holz zu bohren und den geraspelten Holzbrei von Bakterien zersetzen zu lassen.

Wenn Du im Wald Nahrung suchst, wirst Du Deine Mahlzeit praktisch immer in oder unter Totholz finden. Dazu schälst Du zuerst die Rinde vom Stamm – darunter findest Du oft schon etwas Leckeres wie Asseln und fette weiße Larven von Holzkäfern. Ist dort nichts zu finden, hebelst Du mit einem Holzstückchen Schicht für Schicht vom morschen, nicht zu nassen Holzkern ab. Mit einem spitzen Gegenstand wie einem Dorn kannst Du in Gängen verklemmte Holzwürmer herausholen. Spätestens wenn der Stamm »abgeerntet« ist und Du ihn von seiner Stelle bewegst, wirst Du unmittelbar darunter Nahrung finden: Larven, die sich von Pilzen unter dem Stamm ernähren, ganze Ameisen- und Mäusenester, die die schwere Auflage als Unterstand benutzen.

Häufig genug kannst Du Dir auch beim Holzmachen das Abendessen sammeln. Achte mal beim Spalten von waldfrischem Brennholz mit der Axt darauf, was danach an Gewürm auf dem Boden unter dem Hackklotz liegt.

Wo es totes Holz gibt, gibt es auch etwas zum Essen.

Nur ein unaufgeräumter Wald ist der Garant für einen Würmerschmaus.

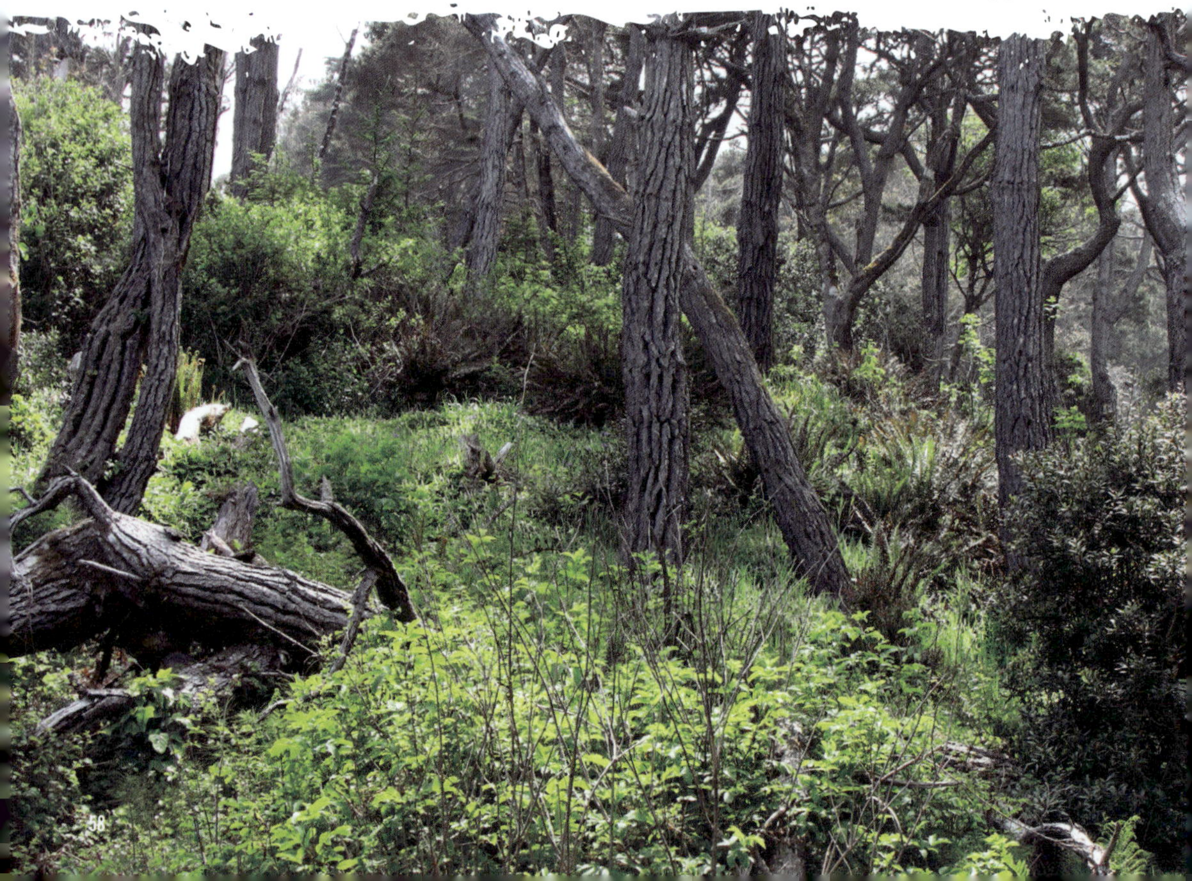

K8 WILDE SCHWEINE

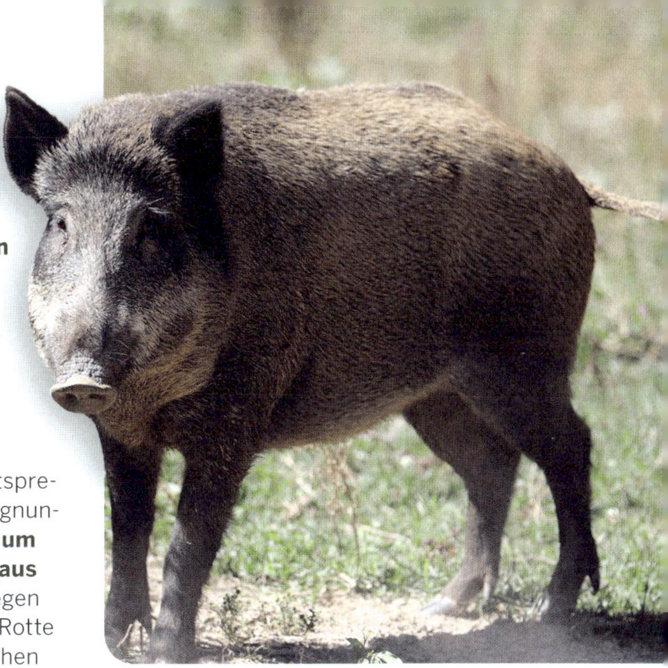

In Ermangelung von Bären und Wölfen haben die meisten im heimischen Wald vor allem vor einem Tier Angst: dem Wildschwein. Die kompakten Tierchen sind so hoch wie breit und werden deutlich über 100 Kilogramm schwer. Sind sie einmal in Bewegung, lassen sie sich durch nichts aufhalten.

Es gibt extrem viele Wildschweine. Entsprechend häufig sind auch ungewollte Begegnungen. **Schweine sind intelligent genug, um unnötigem Streit mit dem Menschen aus dem Weg zu gehen.** Falls Du im Wald gegen den Wind läufst und unerwartet in einer Rotte stehen solltest, lass sie einfach durchziehen und bewege dich nicht ruckartig. Dir wird nichts passieren. Anders sieht es aus, wenn Du in einen »Wurfkessel« stolperst – dem Kinderzimmer der Wildschweine oder im Winter einem liebestollen Keiler begegnest. **Hier ziehst Du dich langsam rückwärts zurück, klatschst in die Hände und rufst laut, wenn dir ein Tier zu nahe kommt.** Weglaufen ist keine Option. Schweine sind viel zu schnell. Im Notfall kletter auf einen Baum – im Gegensatz zu Bären bleiben Schweine nämlich immer am Boden. Versuch aber nie, die Sau mit einem Prügel, Messern und dergleichen zu stellen. Damit richtest Du nichts aus und machst die Tiere nur aggressiv.

▲ *Bei unerwartetem Kontakt erschrecken Sauen mindestens genauso sehr wie Du.*

S3 WIE MAN EINEN HERING SCHNITZT

Zeltnägel und Heringe sind Gegenstände, die gerne mal auf dem Waldboden verloren gehen oder daheim vergessen werden. Aus einem Aststück kannst Du in weniger als einer Minute einen vollwertigen Hering selbst schnitzen.

Dazu wendest Du den →**Power-Cut** an, um das Holz abzulängen und an einer Seite eine vierkantige Spitze zu schnitzen (1). Du schneidest die Kanten, indem Du den Hering jeweils um 90° verdrehst. Auf der anderen Seite wird mit dem →**Kapp-Schnitt** (2) eine glatte Fläche zum Einschlagen geschnitten. Jetzt kommt der Haken dran: Du schneidest den Ast an der stumpfen Seite mit dem →**Querschnitt** (3) kreuzförmig ein. Danach schnitzt Du drei der vier entstehenden Quadranten mit dem →**Präzisions-Schnitt** (4) weg. Fertig ist der Zeltnagel.

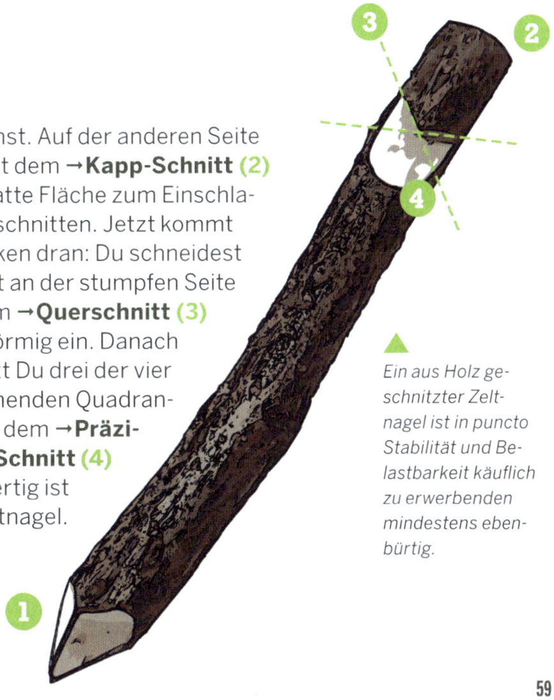

▲ *Ein aus Holz geschnitzter Zeltnagel ist in puncto Stabilität und Belastbarkeit käuflich zu erwerbenden mindestens ebenbürtig.*

▲ *Die Schnitztechniken findest Du im Kapitel »Survival Basics« ab Seite 33.*

W5 ERDE DESTILLIEREN

Um Wasser aus feuchtem Schlamm zu gewinnen, und um Harn, Salz- oder Schmutzwasser auf jeden Fall trinkbar zu machen, kannst Du die Flüssigkeit destillieren. Dabei vedampft das Wasser auf einer Seite und wird auf der anderen Seite der Destillationsanlage wieder kondensiert – als sauberes und klares Trinkwasser.

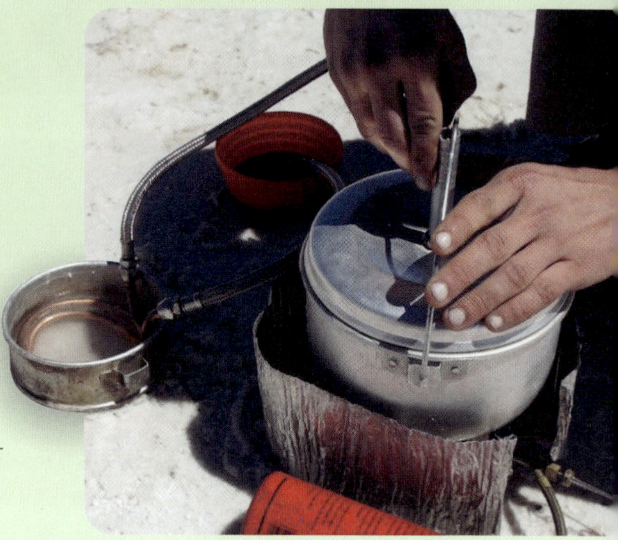

Um größere Mengen Schlammm oder Schmutz- bzw. Salzwasser zu destillieren, eignet sich am besten ein dichter Topf mit einer Kühlschlange im kalten Wasser.

Du kannst eine Destillationsanlage improvisieren, indem Du eine Flasche mit hitzefestem Schlauch verbindest und Wasser darin erhitzt. Wichtig ist bei länglichen Flaschen, dass Du etwas Sand oder ein paar Steine dazugibst. Sonst kann es zum »Siedeverzug« kommen und Du kannst Dir eine →**Verbrennung** zuziehen. Improvisieren kannst Du eine Destillationsanlage außerdem mit Topf und Deckel, indem Du den Topfdeckel leicht schräg aufsetzt. Dabei wird aber viel Wasserdampf verloren gehen. Am besten verwendest Du einen Schlauch, der durch kaltes Wasser geleitet wird. Mit einer solchen Destillationsanlage sollte aber kein Schnaps gebrannt werden – die Hitze lässt sich ohne Thermometer nicht sauber einstellen und damit hat das Destillat durch den aufgefangenen Vor- und Nachlauf Kopfschmerzpotential.

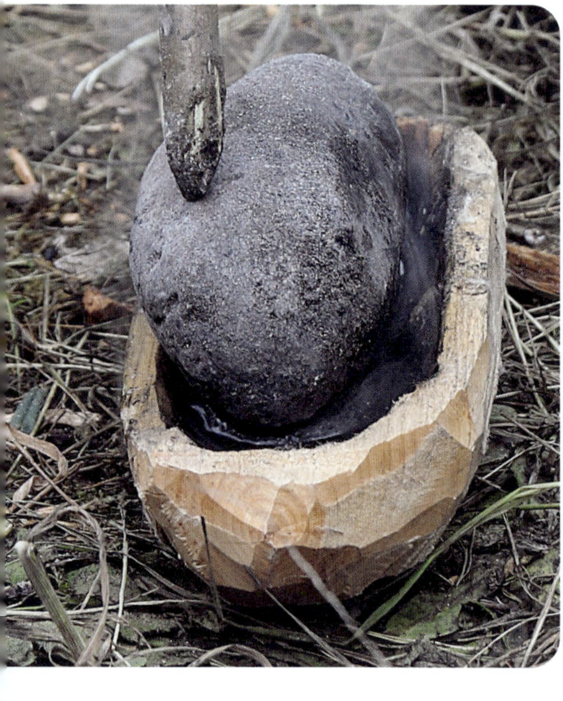

K9 KOCHEN OHNE KOCHTOPF

Bist Du draußen ohne Kochtopf unterwegs und musst Wasser abkochen oder willst Dir einen Spinat zubereiten, kannst Du das durch **inverses Kochen** machen. Dazu gräbst Du dir eine kleine Grube in den Lehm und kleidest sie mit etwas wasserdichter Folie oder großen Laubblättern aus. Alternativ kannst Du dir auch eine Schüssel brennen. Dort hinein wird die Suppe oder das Wasser geschüttet. Auf einem Feuer erhitzt Du mehrere Steine. Jetzt rollst Du sie oder trägst sie mit Hilfe einer →**Grillzange** nacheinander in das Wasser. Zu Beginn werden die Steine mit einem Zischen abgeschreckt. Nach kurzer Zeit beginnt das Wasser sprudelnd zu kochen. Wenn Nahrung länger gekocht werden soll, deckst Du die Grube ab, nachdem es zu sieden begonnen hat und lässt jeden Stein mindestens 5 Minuten im Wasser liegen.

STANDORT-BESTIMMUNG

Hast Du Karte und Kompass, weißt aber nicht sicher, wo Du bist, kannst Du recht einfach deinen Standort durch Peilung bestimmen.

SCHRITT 1 Dazu wird die Karte auf den Boden gelegt und →**eingenordet**. Jetzt suchst Du dir einen markanten Berg, Turm oder Hügel und peilst ihn mit dem Kompass an. Dabei liest Du die Gradanzahl ab bzw. markierst die Nordrichtung durch Drehung der Dose und legst den Kompass auf die Karte.

SCHRITT 2 Mit einer Kante wird er nun an das angepeilte Ziel gelegt und so gedreht, dass er wieder exakt so steht, wie eben beim Peilen. Es wird eine Linie gezogen.

SCHRITT 3 Das Ganze machst Du mit einem zweiten, idealerweise rechtwinklig zum ersten Ziel stehenden markanten Punkt. Die Schnittpunkte dieser beiden Linien sind dein aktueller Standort. Wenn Du sicher gehen möchtest, kannst Du das mit einer dritten Peilung überprüfen.

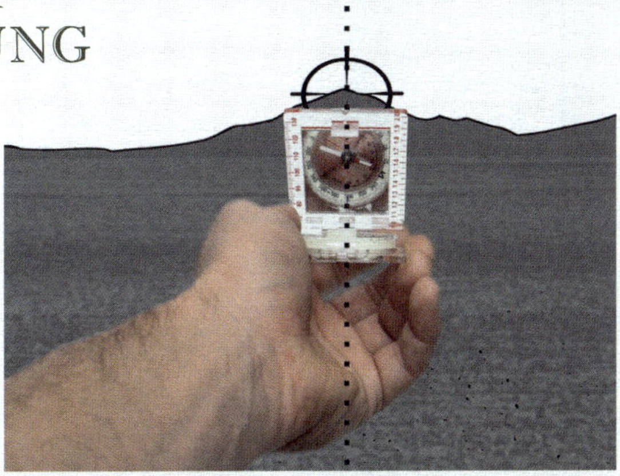

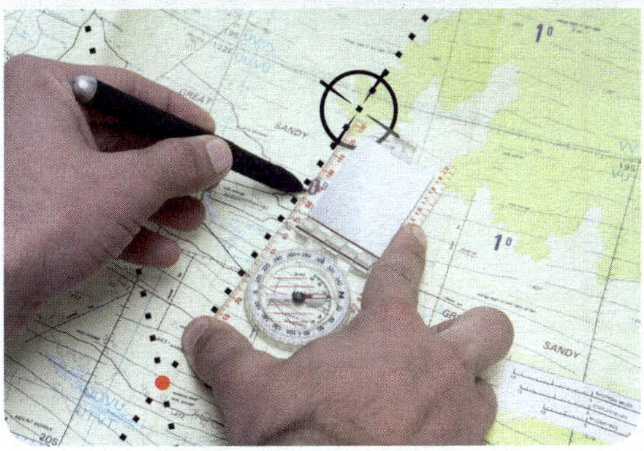

Zum Peilen kannst Du einen normalen Kartenkompass verwenden. Mindestens zwei Peilungen werden zum Feststellen des eigenen Standpunktes (roter Punkt) in die Karte aufgetragen.

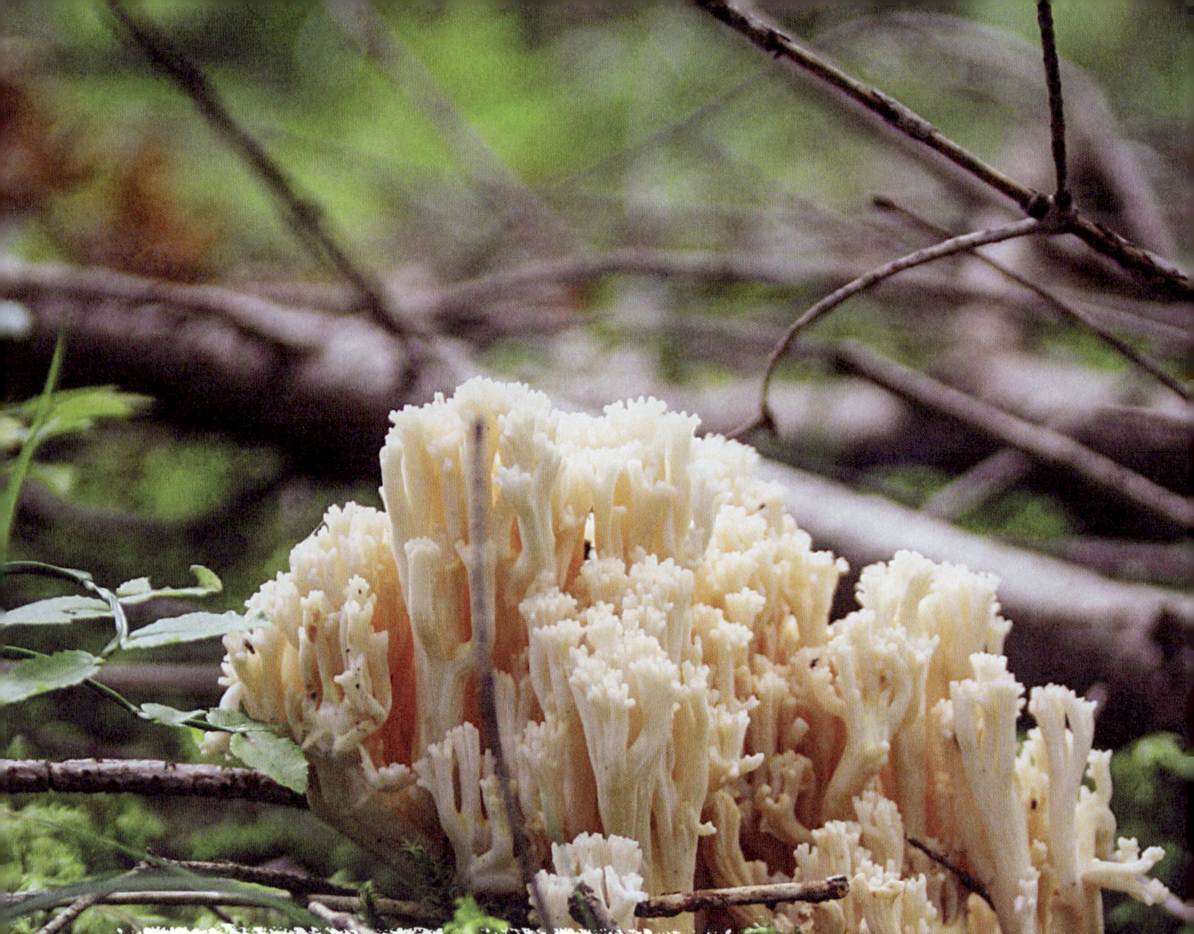

N11 PILZE ALS NOTNAHRUNG?

Auch wenn Du gerne im heimischen Wald Pilze sammelst, eignen sich diese vor allem in unbekannten Gegenden nicht als Notnahrung. Selbst wenn Du einen Pilz richtig bestimmt oder erkannt zu haben meinst, bedeutet es noch nicht, dass dieser auch dort, wo Du Dich befindest, genießbar ist. Lokale Variationen einzelner Arten machen es fast unmöglich, Pilze überall sicher zu bestimmen, zumal sie sehr häufig giftige Doppelgänger haben. Bei vielen Pilzen ist sich die Fachwelt noch heute nicht einig, ob sie essbar sind oder nicht.

Auf Pilze sollte also nicht als Notnahrung zurückgegriffen werden. Das ist kein großer Verlust, wenn man vom Geschmack einmal absieht. **Pilze haben praktisch keinerlei Nährwert.** Sie bestehen größtenteils aus unverdaulichen Chitinverbindungen und Wasser. Pilze haben damit sogar deutlich weniger Nährwert als Blätter von Grünpflanzen.

K10 MESSER UND BEILE SCHÄRFEN

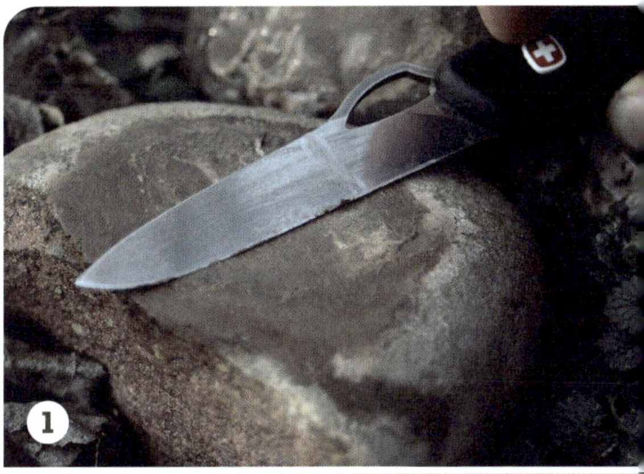

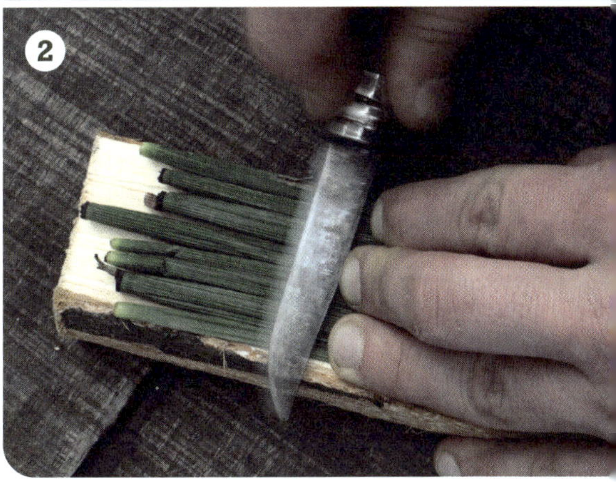

Wenn Du Dein Messer oder Beil draußen häufig über längere Zeit benutzt, solltest Du es regelmäßig nachschärfen. Dazu suchst Du Dir einen möglichst ebenen und glatten Stein, den Du mit Speichel befeuchtest und mit einem zweiten Stein glattreibst, bis er auf der gesamten Arbeitsfläche mit einer zähen, grauen und metallisch riechenden Masse bedeckt ist.

Der **erste Schliff (1)** wird auf diesem Stein durchgeführt, indem die Klinge mit flach aufgelegtem Grat wechselseitig 30 bis 40-mal mit geringem Druck in Richtung der Schneide **und mit etwas mehr Druck in Richtung Messerrücken geschliffen** wird Danach wird etwas von der Paste auf einem flachen Holzscheit verteilt, worauf weitere 30-mal abgezogen wird.

Für den **Feinschliff (2)** suchst Du Dir einen Schachtelhalm, der in möglichst lange Abschnitte zerteilt wird, die parallel nebeneinander angeordnet werden. Die Oberseite wird etwas flachgedrückt und wie oben beschrieben zum Schleifen verwendet.

F5 FEATHER STICKS – DIE FEUERSTARTER

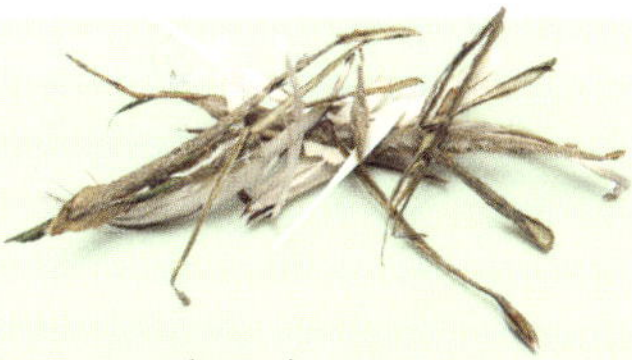

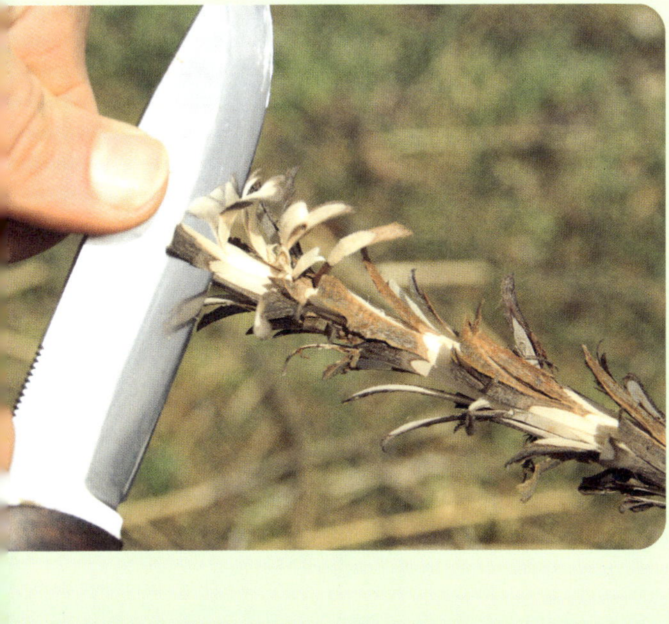

Im Wald kann es nach mehreren Tagen Dauerregen schwierig sein, trockenes Holz zum Entzünden zu finden. Vor allem, wenn Reisig über mehrere Wochen am Boden oder im Wasser lag, brennt es nur schwer an. In diesem Fall kannst Du Dir sogenannte Feathersticks herstellen. Dazu suchst Du dir Holz, das noch nicht morsch ist, und schneidest es rundherum mit dem →**Präzisionsschnitt** so ein, dass viele hundert feine Locken entstehen. Hast Du etwa 10 dieser Feathersticks gefertigt, werden sie in die →**Feuerhütte** gelegt. Wenn die Locken fein genug sind, kannst Du damit sogar noch grünes Holz zum Brennen bringen. Ideal ist diese Technik auch im Regenwald.

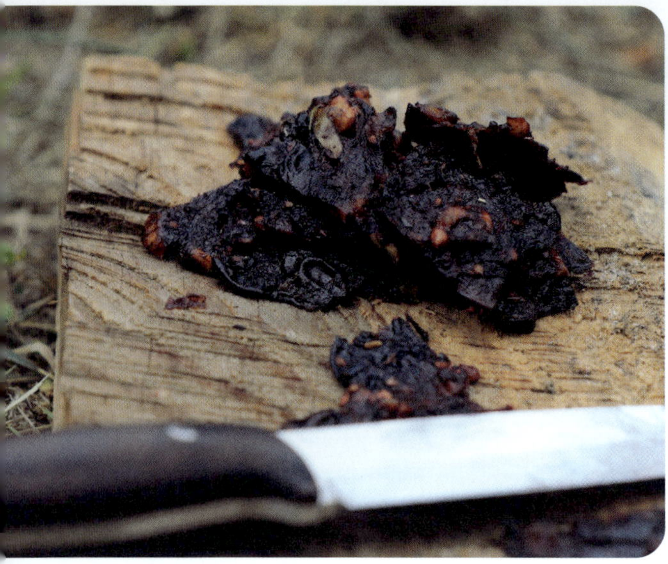

Gut getrocknet ist Fruchtleder ein haltbarer Snack.

N12 FRUCHT-KONSERVEN

Wenn Du im Spätsommer viele Früchte findest, solltest Du sie nicht auf einmal essen. Zuviel Fruchtzucker auf einmal ist nicht gesund und du kannst heftige Bauchschmerzen bekommen.

Allerdings gammeln reife Früchte innerhalb kurzer Zeit. Die Lösung ist **konserviertes Fruchtleder**.

Dazu entfernst Du Samen und Stiele und zerstößt das Fruchtfleisch. Den Saft abgießen (z.B. zu Sirup einkochen). Das Mus durch Gewebe pressen, auf flachen Steinen ausstreichen und am Feuer zu einem zähen Film austrocknen lassen. **Dieses Fruchtleder hält Monate.**

M4 ZECKEN SICHER ENTFERNEN

Zecken sind häufige Parasiten des Menschen. Bist Du im Wald unterwegs, wirst Du fast jeden Tag welche auf Deinem Körper finden.

Zecken übertragen weltweit viele unterschiedliche Krankheiten. Meist werden Krankheitserreger von Zecken erst nach einigen Stunden des Saugens auf den Wirt abgegeben. Deshalb ist es wichtig, dass sie bald gefunden und entfernt werden. Dabei solltest Du nicht mit irgendwelchen selbst gebastelten »Holzpinzetten« an den Tieren herummanipulieren. Das erhöht nur die Gefahr, dass die Tiere ihren infektiösen Mitteldarminhalt in die Wunde abgeben. Gleiches gilt für Harz, das oft auf die Zecke aufgetragen wird, um sie zu ersticken.

Zecken lassen sich mit einem Messer leicht entfernen. Dazu fährst Du von hinten mit dem Messer unter die Zecke, als ob Du sie wegrasieren wolltest. Dann wird der Hinterkörper der Zecke mit dem Daumen vorsichtig fixiert und die Zecke mit einer Drehbewegung über den Messerrücken aus dem Körper gezogen. Bleibt mal ein Stück des Rüssels stecken, wird es nach wenigen Tagen von der obersten Hautschicht abgestoßen.

Hast Du eine gute Pinzette ***(A)****, fasst Du die Zecke direkt vor dem Kopf an und ziehst langsam nach hinten.*

Beim Entfernen mit dem Messer achte darauf, dass die Schneide direkt an der Haut liegt ***(B)****. An schlecht erreichbaren Stellen zur Not die Zecke einfach »abrasieren«.*

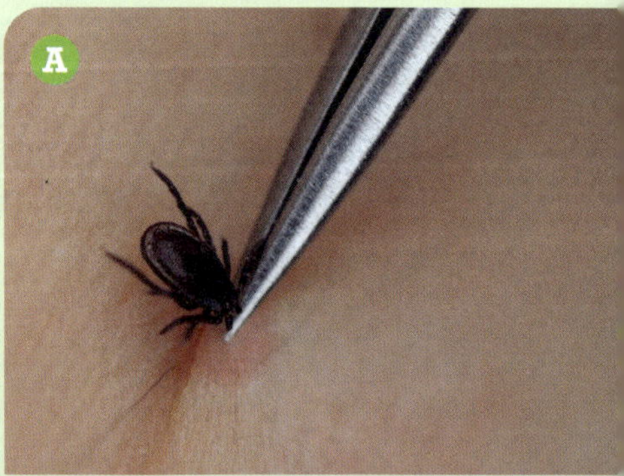

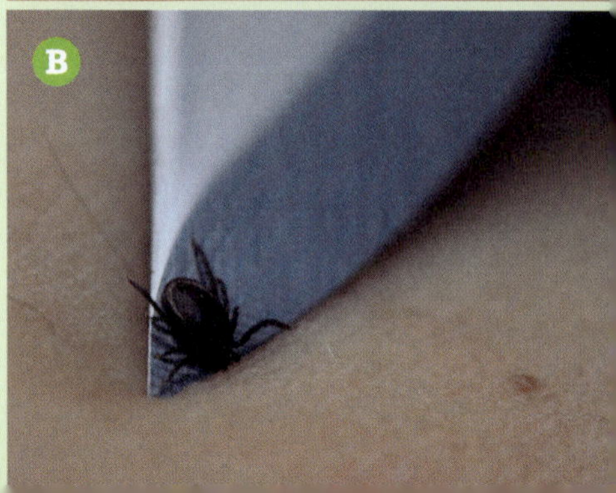

S4 NOTUNTERKUNFT AUS ÄSTEN UND LAUB

Die klassische Waldläuferhütte ist die Debris Hut. Zum Bau benötigst Du eine Menge trockenes Laub, Bauholz und einiges an Zeit. Die Debris Hut kann man sich vorstellen wie ein kleines Firstzelt, das auf der Fußseite in den Boden übergeht. Da es sich um eine geschlossene Konstruktion handelt, muss der Innenraum ein so kleines Volumen besitzen, dass Du gerade noch Platz darin findest. Je größer die Hütte, desto kälter wird die Nacht darin werden.

BAUMATERIAL Wird die Nacht sehr kalt oder ist der Boden feucht, baust Du zuerst eine →**Feldmatratze** und errichtest darüber die Debris Hut. Außerdem brauchst Du Astgabeln für einen Dachfirst von etwas über Körpergröße, viele Äste, Abdeckmaterial wie Laub, Reisig, Moos etc.

SCHRITT 1 Zuerst wird mit der Astgabel und dem langen Balken die Grundkonstruktion aufgebaut: Die Astgabel wird in den Boden gesteckt, der lange Balken so schräg darüber, dass Du Dich noch darunterlegen kannst, ohne mit den Füßen oder dem Kopf anzustoßen.

SCHRITT 2 Jetzt werden von beiden Seiten viele Stöcke und Reisig parallel nebeneinander an den First gelegt. Dadurch werden die beiden Dachflächen schon einmal zugebaut. Je steiler alles wird, desto besser fließt Wasser ab. Ist die Dachschräge zu steil, kann aber das Dachdeckmaterial abrutschen.

SCHRITT 3 Zum Abschluss wird die Bodenfläche mit Massen von trockenem Laub – im Notfall auch mit feuchten Blättern, gemischt mit Halmen, Reisig und Moos – abgedeckt. Je mehr, desto besser. Eine dicke Schicht wärmt auch besser. Am besten wird zuerst hinten abgedeckt, dann arbeitest Du Dich nach vorne.

Nach Fertigstellen der Debris Hut kannst Du mit den Füßen zuerst hineinkriechen und die Türe mit Rettungsfolie oder Reisig verschließen.

WICHTIG: In der Debris Hut darf kein Feuer gemacht werden, auch nicht mit Holzkohle – Erstickungsgefahr!

Die Debris Hut besteht aus einem Grundgestell, das mit Reisig, Laub und Moos abgedeckt und isoliert wird. ▼

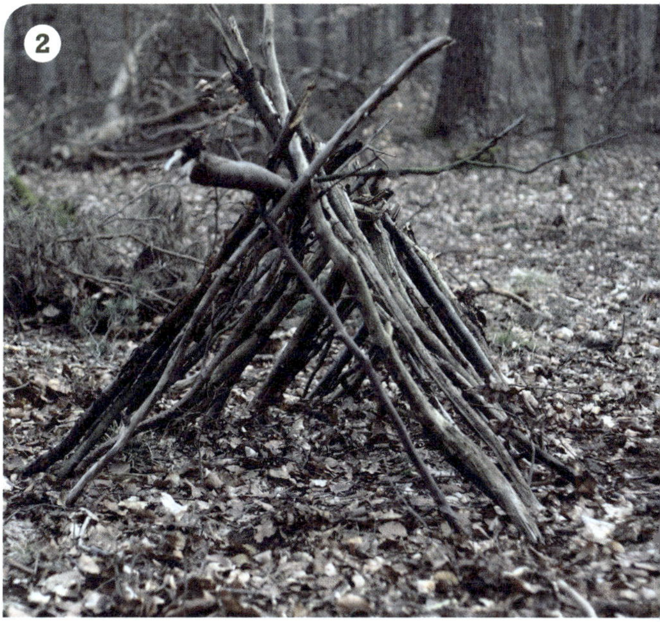

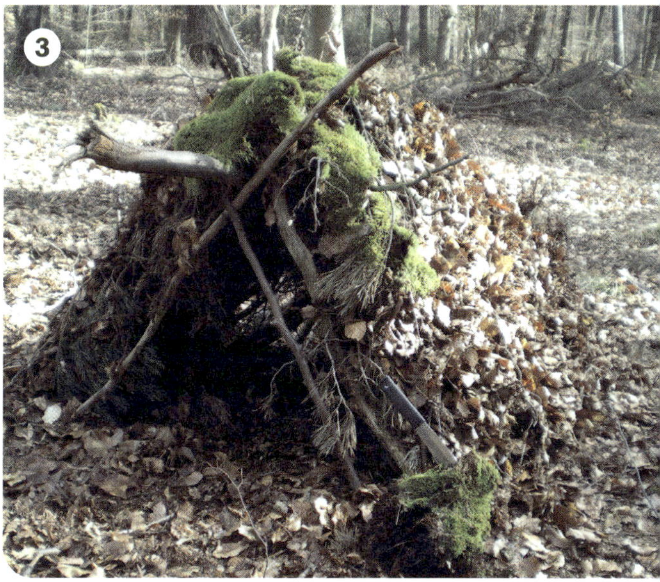

WEBELEIN-STEK

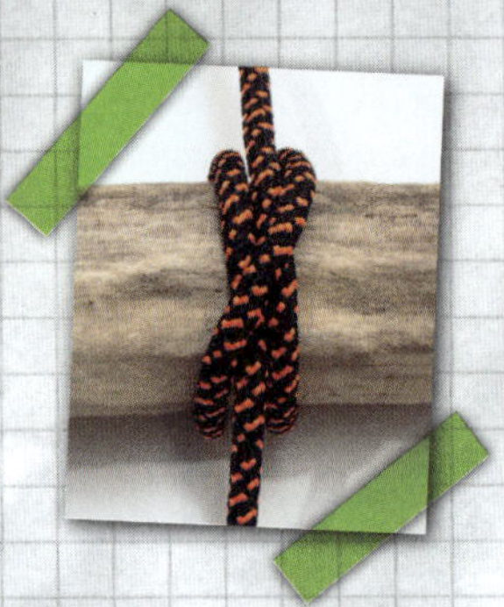

Wenn ein Seil um einen Pfahl oder Mast befestigt werden soll, ist der Mastwurf die richtige Wahl. Mit ihm kann Holz durch den Wald geschleppt werden und Stämme beim Bau von Notunterkünften gesichert werden.

SCHRITT 1 Das Seil wird mit einigem Überstand um den Pfahl gelegt. Dabei sollte das lange Ende schräg geführt werden.

SCHRITT 2 Das kurze Ende wird nach oben gelegt, so dass das lange Ende überkreuzt wird. Das kurze Ende wird ein weiteres Mal um den Befestigungspunkt geschlungen.

SCHRITT 3 An der Überkreuzungsstelle des Seils entsteht eine kleine Öffnung. Durch diese wird das Seil gefädelt. Der Knoten wird festgezogen.

SCHRITT 4 Soll der Knoten fester sein, können Schritt 2 und 3 beliebig oft wiederholt werden.

WICHTIG: Kann sich der Befestigungspunkt, beispielsweise ein Mast, drehen, wickelt sich der Webeleinstek auf und löst so den Sicherungspunkt. Dieser Knoten ist nicht zur Personensicherung geeignet!

1

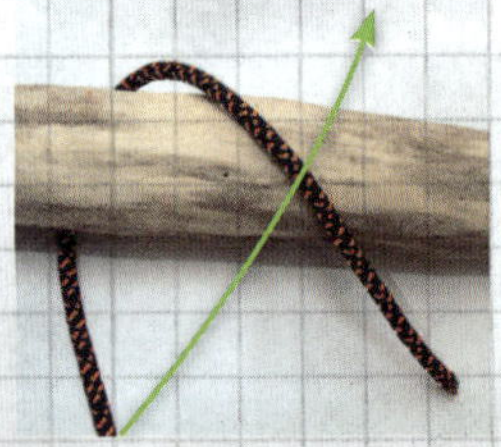

2

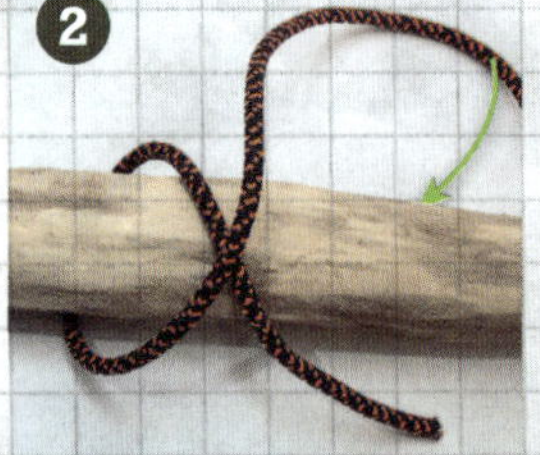

3

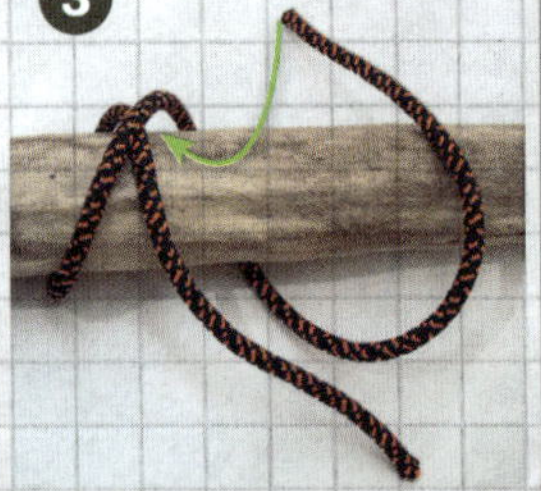

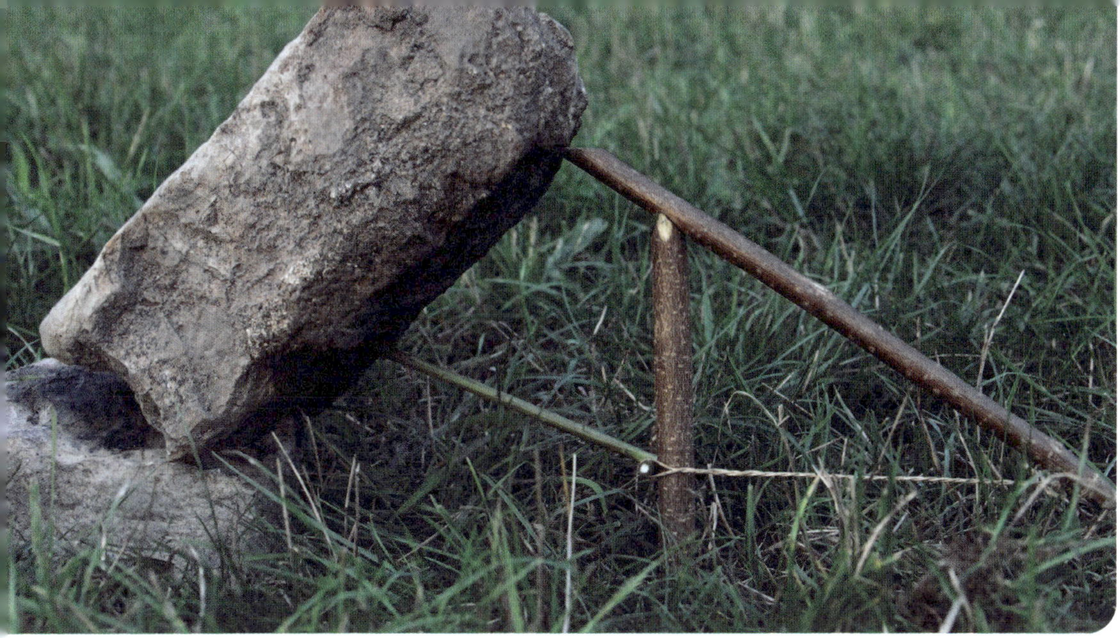

N 13 PAJUTE DEATH TRAP

Die Pajute Death Trap ist eine ideale Falle, um Kleintiere wie Ratten und Eichhörnchen zu fangen. Der Bau kann mit etwas Übung in wenigen Minuten erfolgen. Dazu werden zwei etwa 30 Zentimeter lange Stöcke geschnitten. Einer davon erhält mit dem Präzisionsschnitt eine flache Spitze **(A)**, der andere im oberen Viertel eine Kerbe **(B)**, die Du abwechselnd mit Präzisions- und Querschnitt einarbeitest.

Ein Stück Paracord oder →**improvisierte Leine** **(C)** wird an dessen Ende gebunden. Auf Höhe der Kerbe wird in die Leine ein kleines Holzstückchen **(D)** eingeknotet.

Das Stück mit der flachen Spitze wird in den Boden gerammt. Darauf kommt das Holz mit der Kerbe, die auf die Spitze gesetzt wird. Das Schlaggewicht (mindestens 4-mal das Körpergewicht des Tieres, besser mehr) wird auf die Spitze **(E)** aufgelegt. Das Hölzchen an der Leine wird nun einmal um den senkrecht stehenden Stock gewunden und mit einem dünnen Auslöseholz **(F)** befestigt, an das der Köder kommt. Leichteste Berührung daran löst die Falle aus, und das Schlaggewicht saust nach unten und tötet das Tier.

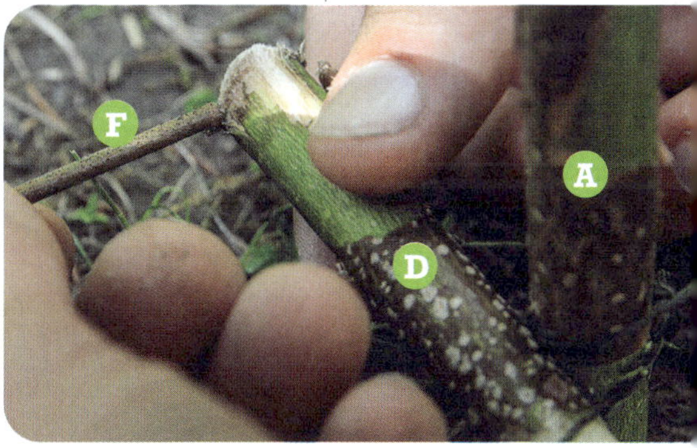

▲ *Das Auslösehölzchen* **(F)** *wird ganz an den Rand des Holzstücks* **(D)** *gesetzt.*

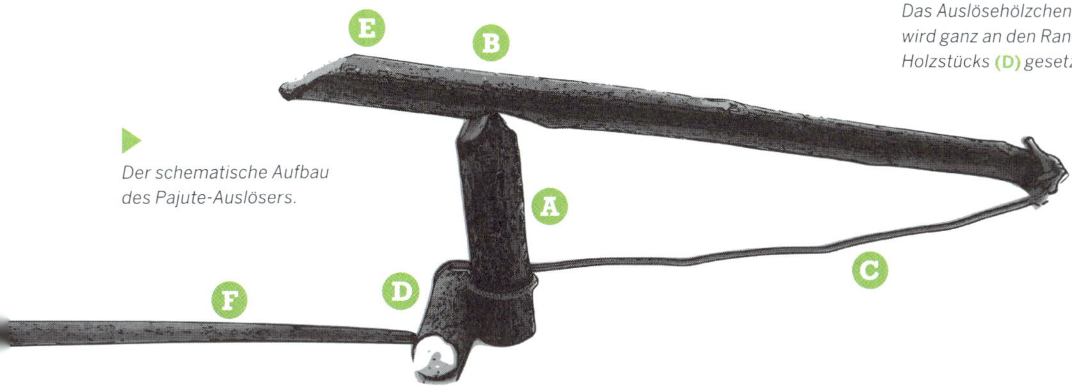

▶ *Der schematische Aufbau des Pajute-Auslösers.*

Viele Menschen suchen Entspannung beim Wandern und Alpinklettern in den Bergen. Die karge Umgebung oberhalb der Baumgrenze bietet nicht nur Abwechslung zur Enge der Stadt, sondern ist aufgrund von Höhenluft, Sonneneinstrahlung und Exponiertheit besonders gefährlich. Steinschlag, Lawinen und Gewitter sind nur einige Beispiele für die Probleme, auf die man sich vorbereiten sollte.

ÜBERLEBEN IM GEBIRGE

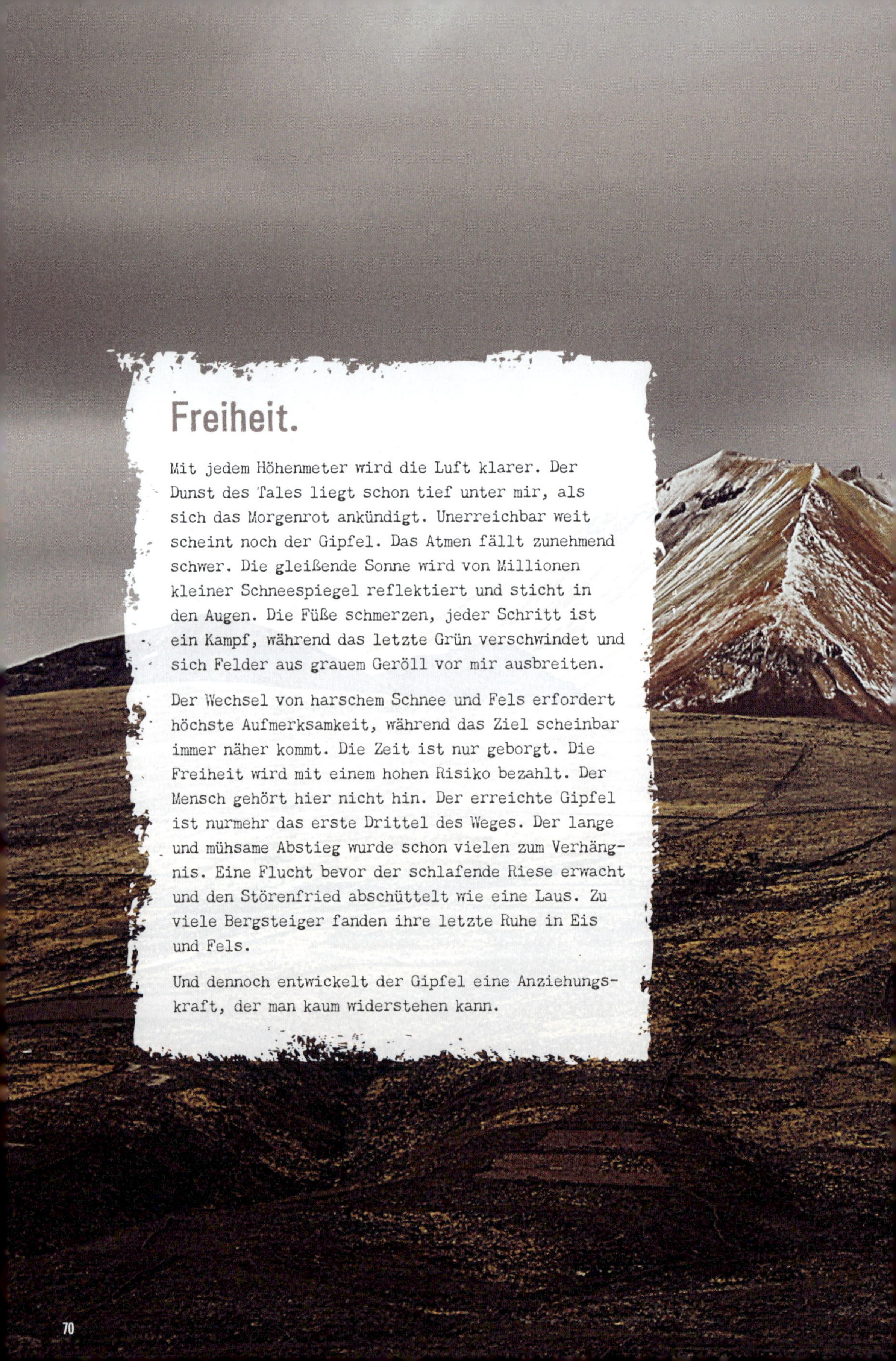

Freiheit.

Mit jedem Höhenmeter wird die Luft klarer. Der Dunst des Tales liegt schon tief unter mir, als sich das Morgenrot ankündigt. Unerreichbar weit scheint noch der Gipfel. Das Atmen fällt zunehmend schwer. Die gleißende Sonne wird von Millionen kleiner Schneespiegel reflektiert und sticht in den Augen. Die Füße schmerzen, jeder Schritt ist ein Kampf, während das letzte Grün verschwindet und sich Felder aus grauem Geröll vor mir ausbreiten.

Der Wechsel von harschem Schnee und Fels erfordert höchste Aufmerksamkeit, während das Ziel scheinbar immer näher kommt. Die Zeit ist nur geborgt. Die Freiheit wird mit einem hohen Risiko bezahlt. Der Mensch gehört hier nicht hin. Der erreichte Gipfel ist nurmehr das erste Drittel des Weges. Der lange und mühsame Abstieg wurde schon vielen zum Verhängnis. Eine Flucht bevor der schlafende Riese erwacht und den Störenfried abschüttelt wie eine Laus. Zu viele Bergsteiger fanden ihre letzte Ruhe in Eis und Fels.

Und dennoch entwickelt der Gipfel eine Anziehungskraft, der man kaum widerstehen kann.

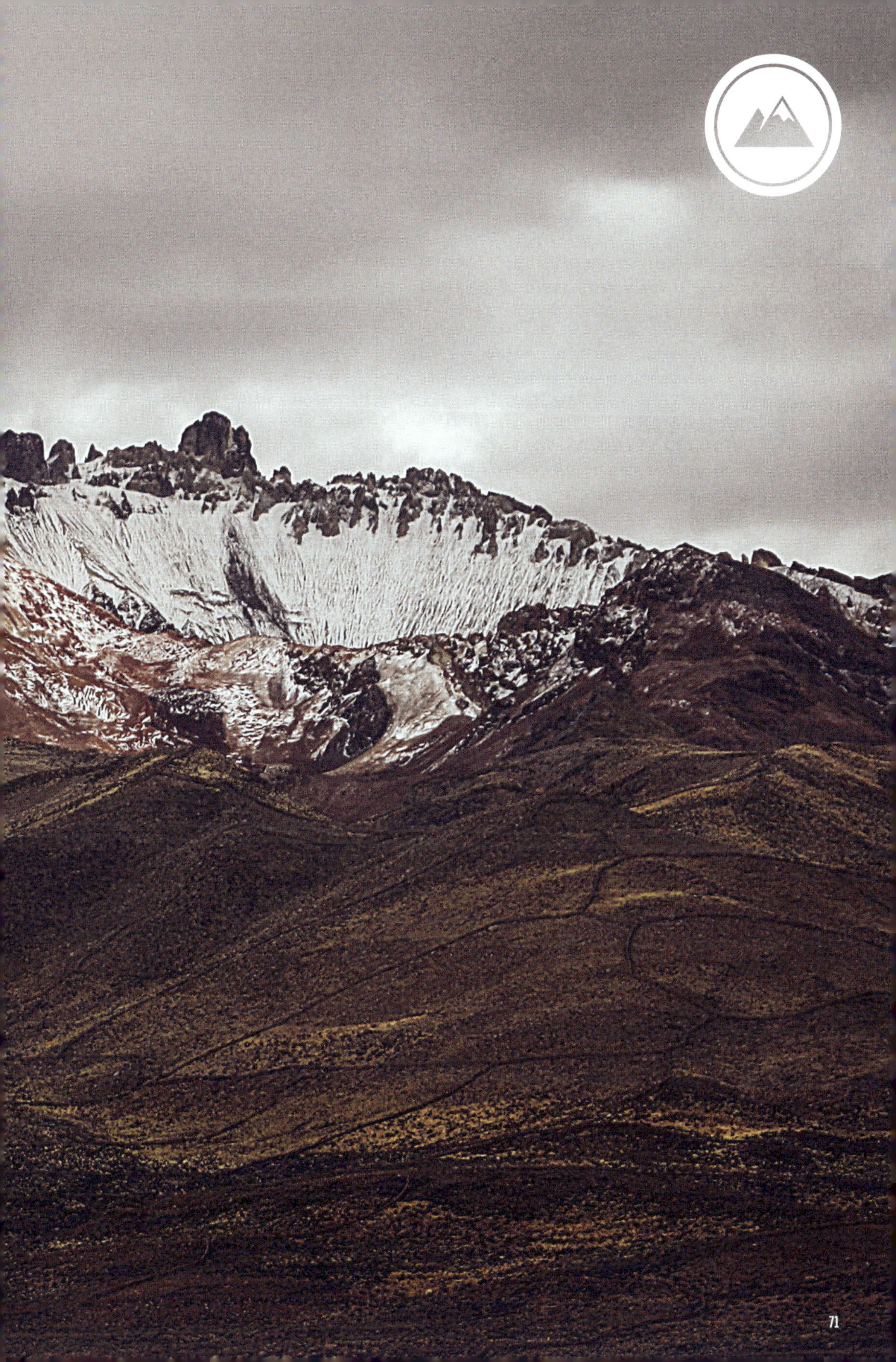

A12 AUSRÜSTUNG IM GEBIRGE

In einer Überlebenssituation ist es wichtig, möglichst bald aus großen Höhen bis mindestens unter die Baumgrenze abzusteigen. Die dünne Luft und schnell wechselnde Wetterverhältnisse gepaart mit tiefen Abgründen, gleißendem Licht (→**Höhensonne**) und unüberwindbaren Steilflächen machen das Gebirge zu einer gefährlichen Region. Um zeitnah aus der Gefahrenzone zu kommen und im Notfall auch im Berg zu übernachten, ist vor allem Sicherungsmaterial und sehr leichtes Gepäck wichtig.

Oft wird beim »Gipfelsturm« zu wenig Ausrüstung mitgenommen, woraus sich schnell lebensgefährliche Situationen entwickeln können.

Die wichtigsten Ausrüstungsgegenstände, um sich aus der Höhe retten zu können, passen in einen kleinen Tagesrucksack. Dazu gehört **neben angepasster Kleidung und Sonnenschutz** die folgende Ausrüstung:

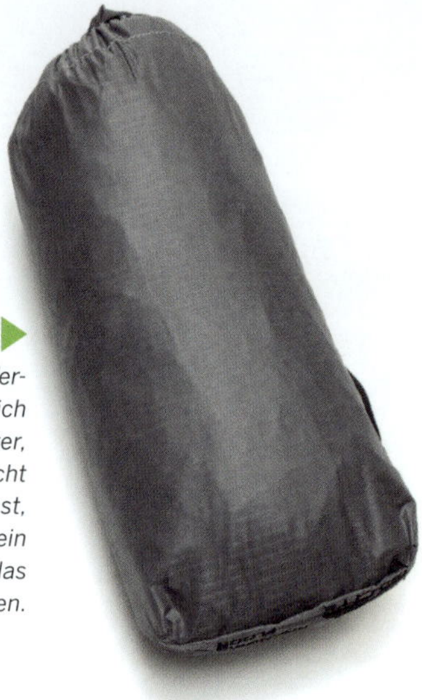

Biwaksack: *Verschlechtert sich plötzlich das Wetter, so dass Du nicht mehr vorankommst, kann Dir ein Biwaksack das Leben retten.*

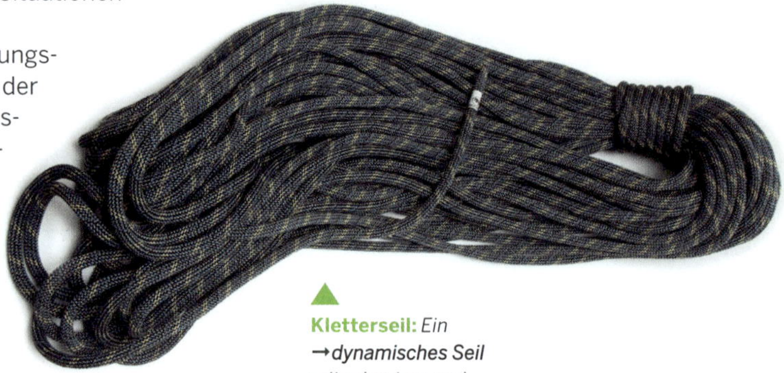

Kletterseil: *Ein →**dynamisches Seil** mit robustem und abriebfestem Mantel hilft Dir beim Überwinden tiefer Abgründe.*

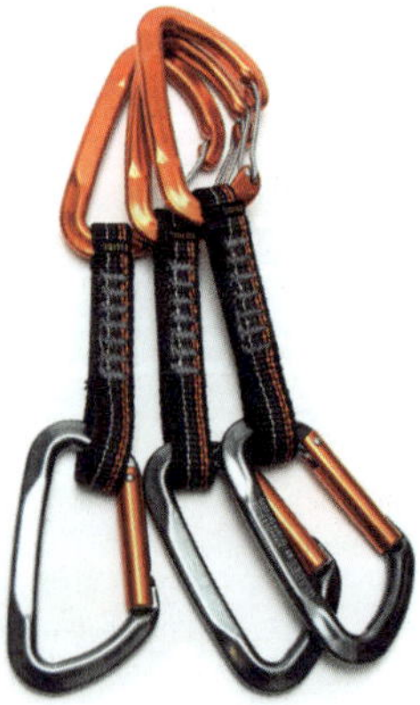

Express-Schlingen: *Zwei Karabiner, die mit einer Bandschlaufe verbunden sind, eignen sich zum Sichern beim Vorstieg und als Fixpunkt zum Abseilen.*

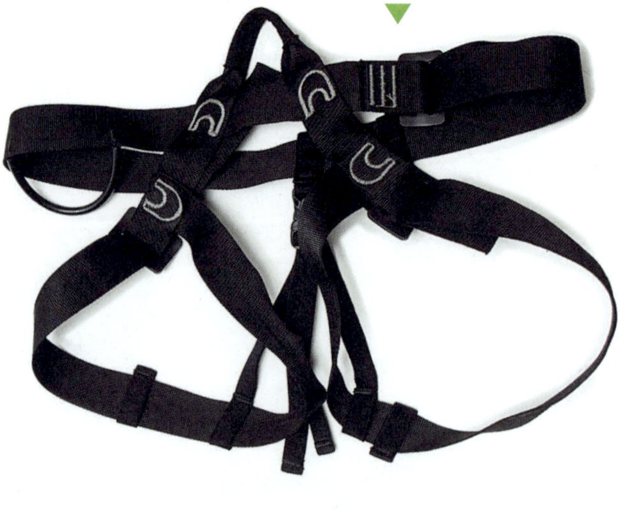

Sitzgurt: *Zum Einbinden ins Seil zur Sicherung beim Traversieren oder Absteigen ist ein leichter Sitzgurt die optimale Lösung.*

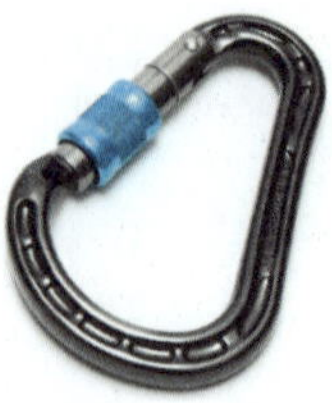

HMS-Karabiner: *Beim Abseilen an Steilwänden benötigst Du einen verschließbaren Haken.*

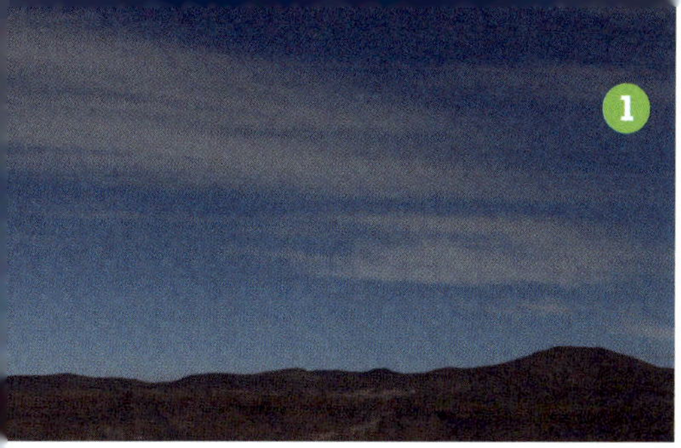

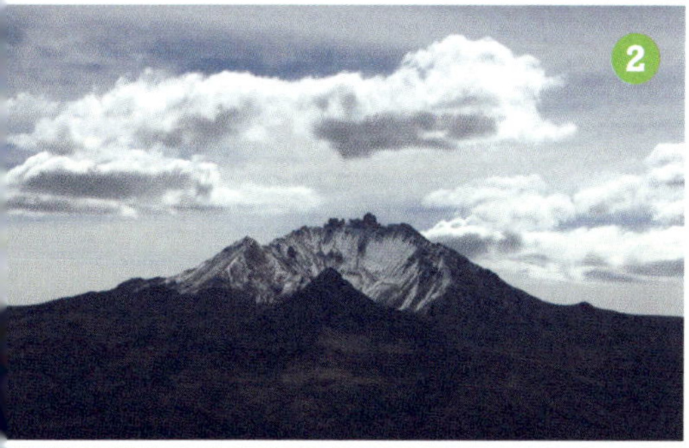

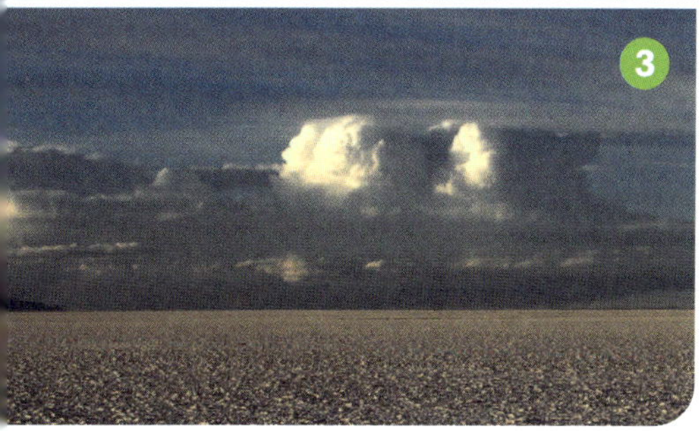

K11 WETTERUMSCHWUNG IM GEBIRGE

Wenn Du in den Bergen unterwegs bist, musst Du ständig auf das Wetter achten. Innerhalb kürzester Zeit kann aus einem Sonnenschein ein Gewittersturm werden. Hängst Du zu diesem Zeitpunkt gerade in der Wand, kann es sehr ungemütlich werden. Grundsätzlich sind drei Wolkenformationen wichtig für die Einschätzung:

CIRRUS – FEDERWOLKEN (1) Sie bestehen aus feinsten Eispartikeln in sehr hohen Luftschichten. Sind sie als einzige Wolken am Himmel zu erkennen, deutet das darauf hin, dass die Wetterlage einigermaßen stabil ist.

CUMULUS HUMILIS – SCHÖNWETTERWOLKE (2) An Gipfeln wird der Wind nach oben abgeleitet. Leicht feuchte Luft steigt dadurch auf und wird in den kalten Lagen kondensiert. Deshalb stehen die Schönwetterwolken oft direkt über einem Gipfel. Wichtig ist, dass sie oben und unten scharfrandig abgegrenzt sind.

CUMULONIMBUS – GEWITTERWOLKE (3) Bei Gewitterwolken, die sich auch schnell aus nach oben ausfransenden Schönwetterwolken entwickeln können, türmt sich die feuchte Luft bis in große Höhen an. Deshalb scheinen die Wolken auf ihrer Unterseite meist sehr dunkel. Hier herrscht höchste Alarmstufe: Gleich geht's los.

K12 DER GRÖSSTE FEHLER BEIM BERGWANDERN

Man sagt gerne: »Der Berg verzeiht keinen Fehler«. Wenn das Gebirge aber tatsächlich so grimmig wäre, würden sehr viel mehr Bergwanderer ihr Grab in luftiger Höhe finden. Dennoch ist das Besteigen eines Berges, egal ob er 500 oder 5000 Meter über dem Meeresspiegel liegt, immer gefährlich. Dabei machen nicht Steinschlag und Höhenluft die größte Gefahr aus, sondern **Selbstüberschätzung und mangelnde Erfahrung.**

Wer als Bergneuling ohne jede Schnee- und Alpinerfahrung mit unzureichendem oder zu schwerem Gepäck eine Alpenüberquerung im Winter plant, ist ebenso zum Scheitern verurteilt wie der Urlauber, der mit Sandalen und Wanderstock, aber ohne Sicherungsmaterial einen Klettersteig begehen möchte. Wer die eigene Kondition nicht einschätzen kann, seine Leistungsfähigkeit und sein Wissen falsch beurteilt, ist in jeder Situation am Berg in Gefahr.

Deshalb solltest Du, wenn es Dich in die Berge zieht, mit den Hügeln vor der Haustüre beginnen. Die Techniken, die Du im Gebirge brauchst, sind dieselben, die auch bei leichter Steigung geübt werden können. Sichern, Abseilen und Höhenrettung kannst Du außerdem bei Bergvereinen oder Ausrüstungsherstellern lernen.

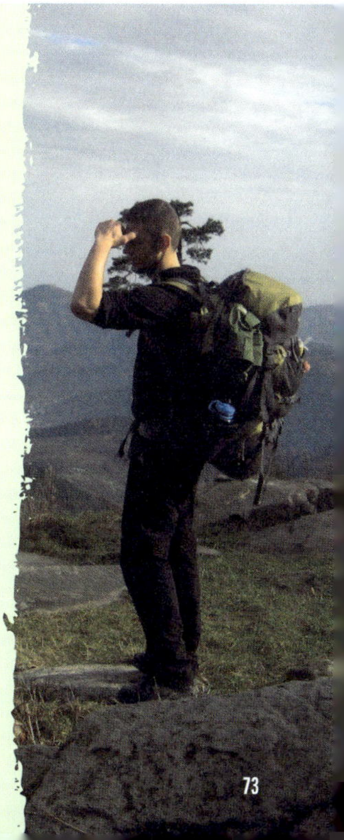

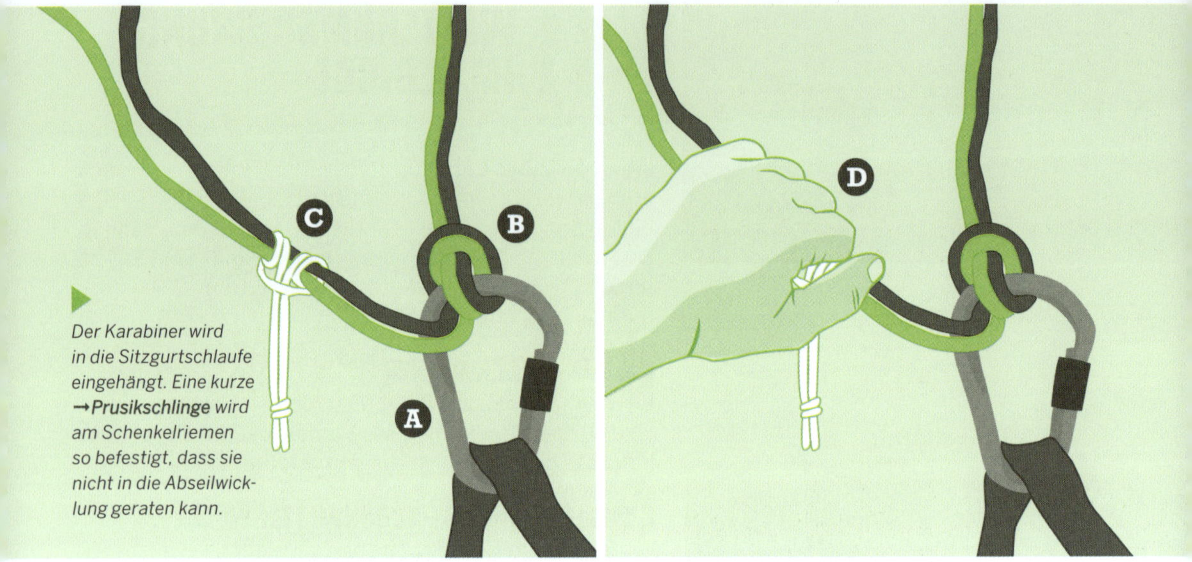

Der Karabiner wird in die Sitzgurtschlaufe eingehängt. Eine kurze →**Prusikschlinge** wird am Schenkelriemen so befestigt, dass sie nicht in die Abseilwicklung geraten kann.

Der Prusikknoten wird beim Abseilen von der Bremshand mitgeführt. Lässt du versehentlich das Seil los, sperrt er und verhindert den Absturz.

K 13 ABSEILMETHODEN UND WAS MAN BEACHTEN MUSS

Wenn Du mit Deiner gesamten Ausrüstung an einem Abgrund stehst, der das Weitermarschieren verhindert, musst Du wohl oder übel hinunter.

Die benötigte Technik hier ist das Abseilen. Zu beachten ist, dass dies **niemals** mit der statischen, also nicht dehnbaren Paracord erfolgen darf. Diese hält zwar ohne Schwierigkeiten das Körpergewicht aus, es reicht aber ein kleines Rucken durch ein Abrutschen, und die Leine reißt, da der Impuls mehrere hundert Kilogramm Zug erzeugen kann. Am sichersten ist das Abseilen mit einem dynamischen, also dehnbaren →**Bergseil**. Generell wird das Seil um einen Baumstamm oder an bzw. in eine feste Verankerung im Fels gelegt (beispielsweise ein Haken oder eine →**Affenfaust**) und doppelt gelegt hinuntergeführt. Auf keinen Fall darf das Seil unter Belastung durch eine scharfkantige Öse oder eine Seilschlaufe gezogen werden. Abgeseilt wird an beiden Strängen – wenn Du unten bist, kannst Du das Seil hinunterziehen und wieder einpacken.

ÜBER DIE KANTE ABSEILEN

Zum Abseilen straffst Du das Seil und gehst etwas in die Knie. Rückwärts zur Kante stehend lässt Du Dich nun langsam über den Abgrund kippen und gibst sehr langsam Seil. Noch bevor Du im rechten Winkel stehst, machst Du einen Schritt nach hinten und stehst nun in der Wand. Nun wird am besten mit kleinen Schritten abgeseilt. Sprünge bei gleichzeitigem Ablassen sehen zwar besser aus, sind aber immer mit der Gefahr verbunden, dass Du Dich drehst und mit dem Kopf an die Wand schlägst.

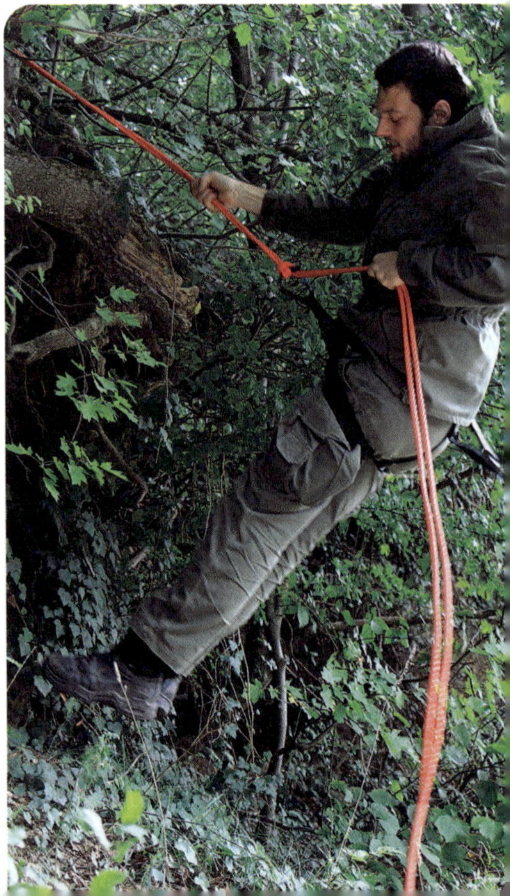

Es gibt beim Abseilen zwei Methoden: die **sichere** und die **improvisierte unsichere** Methode.

SICHER: ABSEILEN MIT KARABINER UND KLETTERGURT ▶

In den Klettergurt wird ein fixierbarer Karabiner **(A)** eingehängt. Mit dem doppelt gelegten Seil wird eine Halbmastwurfsicherung **(B)** gelegt. Dabei ist zu beachten, dass die »Sicherungsseite« der Öffnung des Karabiners abgewandt eingelegt wird, da sie sonst die Verschraubung lösen kann.

Nun wird ein Stück Paracord zum →**Prusik** gelegt, über beide Seile gezogen **(C)** und mit einem Karabiner am Sitzgut fixiert. Beim Abseilen wird die »Sicherungsseite« des Seils unter Zug gehalten und so das Abrutschen gebremst. Gleichzeitig wird der Prusikknoten mitgezogen **(D)**. Lässt Du beim Abrutschen die »Sicherungsseite« vollständig los, sperrt der Prusik und verhindert den Absturz.

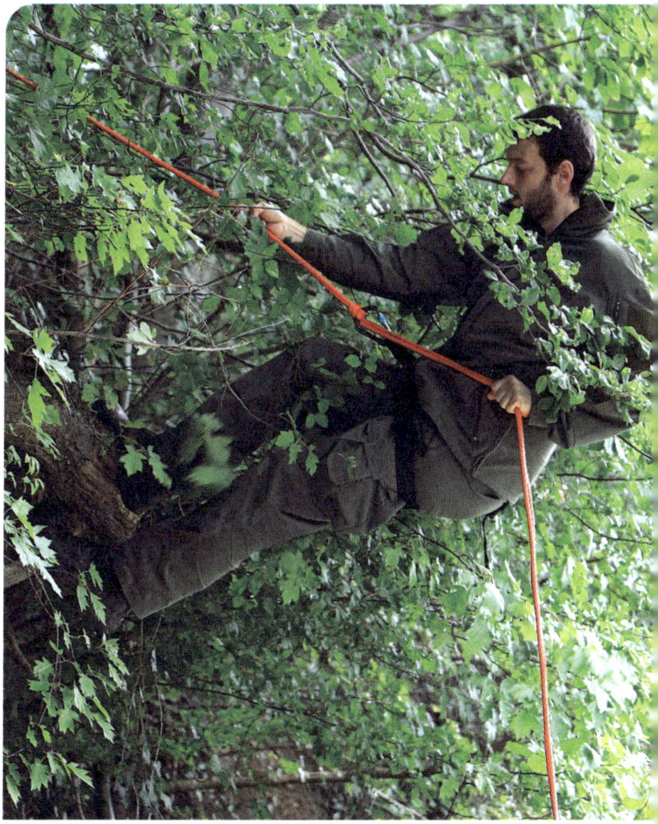

UNSICHER: DÜLFERN ▶

Das Abseilen mit dem Dülfersitz wird in aller Regel nur an Hängen, nicht aber an einer Steilwand durchgeführt. Hier wird das doppelt gelegte Seil zuerst von vorne zwischen den Beinen unter einen Oberschenkel gelegt. Nun quert das Seil einmal die Brust und wird über die Schulter wieder auf die Seite zurückgeführt und dort mit der Hand gesichert. Langsam lässt man die Leine durch die Hand rutschen – sie bremst über die Wicklung um den Körper. Das ist übrigens genau so schmerzhaft, wie es sich anhört. Beim Dülferabseilen darfst Du keinesfalls mit den Füßen vom Fels abrutschen, sonst kann es sein, dass Du Dich vom Seil wickelst und abstürzt.

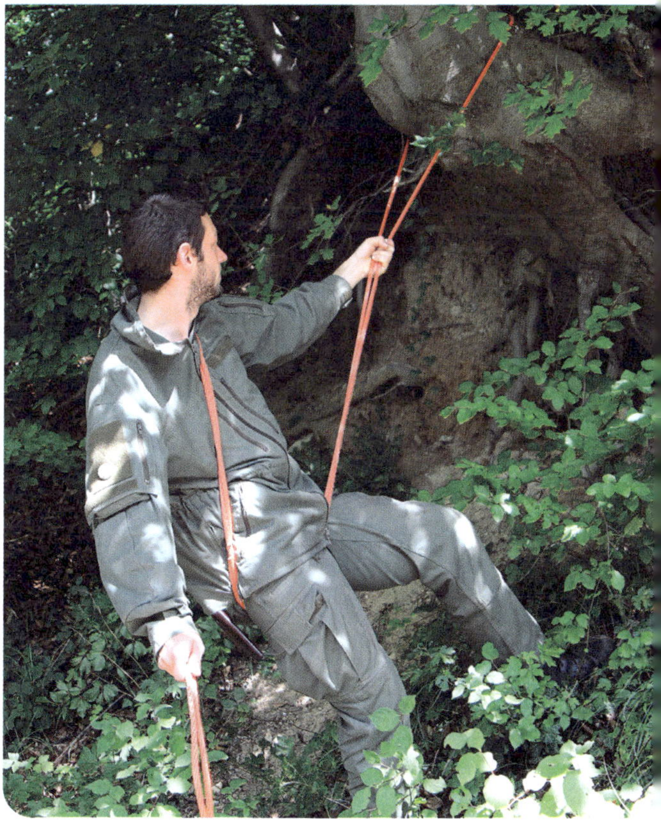

◀ *Beim Abseilen über die Kante sollten große Sprünge möglichst vermieden werden.*

HÖHENLINIEN INTERPRETIEREN

Wenn Du einen sicheren Weg durchs Gebirge suchst, ist es wichtig, dass Du Höhenlinien richtig interpretieren kannst.

Auf Karten ist die Landschaft in einer zweidimensionalen Form abgebildet. Aus diesem Grund können Höhen nicht als Erhebung angezeigt werden, sondern die sogenannten Höhenlinien geben an, wie steil ein Hang und wie hoch ein Berg ist. Dabei gibt es typische Höhenlinien, die Du erkennen solltest.

Eine Höhenlinie auf der Karte zeigt immer die gleiche Höhe an. Folgst Du einer Linie, bewegst Du Dich also auf einer Ebene.

STRICHDICKE Die Höhenlinien auf Karten findest Du in zwei Strichdicken. Die dickeren Linien **(A)** geben meist einen runden Wert an, beispielsweise 3000, 3500 und 4000 Höhenmeter. Dazwischen liegen gleichmäßig verteilt dünnere Linien **(B)**, die beispielsweise in 100er- oder 200er-Schritten die Steigung anzeigen.

SEHR ENG LIEGENDE LINIEN deuten darauf hin, dass es sich hier um einen sehr steilen Hang **(C)** handelt. Nach Möglichkeit Ausweichweg suchen.

WEIT AUSEINANDERLIEGENDE LINIEN Die Steigung ist gering ausgeprägt **(D)**; je weiter die Linien voneinander entfernt sind, desto weniger Steigung hat das Gelände.

ZURÜCKGESCHLAGENE HAARNADELKURVEN deuten auf eine Schlucht **(E)** hin, wenn die inneren Höhenlinien niedriger sind. Sind die inneren Höhenlinien dagegen höher, zeigt diese Struktur einen steilen Bergrücken **(F)** an.

LINIEN, DIE SICH UM MEHRERE GIPFEL WINDEN Hier ist ein Hochplateau mit darauf liegenden Gipfeln oder Tälern **(G)**. Es ist möglich, einen Weg durch das Gelände zu suchen, ohne auf- oder absteigen zu müssen (Traversieren).

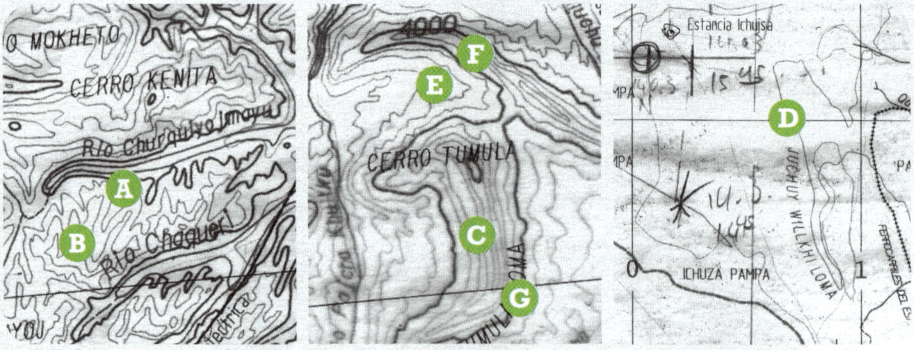

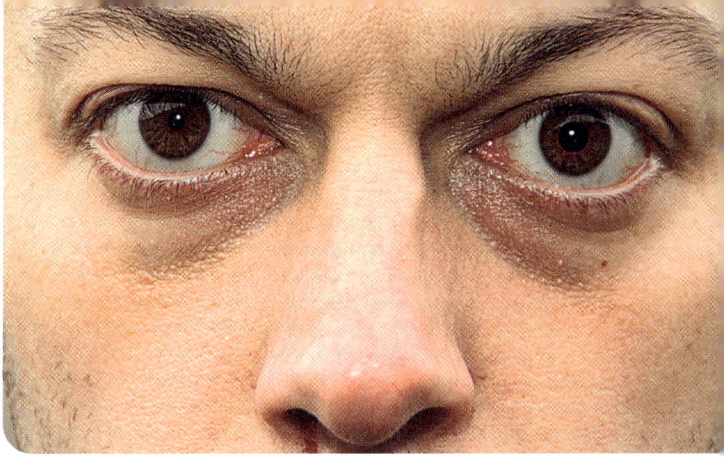

Ein wichtiges Anzeichen für eine Blutung oder Wasseransammlung im Schädel sind unterschiedlich große Pupillen. Bei Brüchen des Schädels kommen Blutungen aus Nase, Mund und Ohren dazu.

M5 GEHIRNERSCHÜTTERUNG

Wer beim Klettern in das Seil fällt, kann mit dem Kopf an die Wand schlagen. Selbst mit einem Helm kann dies passieren. Das Ergebnis ist ein Schädel-Hirn-Trauma – die Gehirnerschütterung.

Bei einem starken Schädel-Hirn-Trauma kann es zu einer Einblutung im Schädel kommen. Dadurch entsteht Druck auf das Nervengewebe. Dabei können Atmung und Blutdruck aus dem Gleichgewicht kommen – **in schweren Fällen auch bis zum Atemstillstand oder Tod durch Kreislaufzusammenbruch**.

Es kann aber auch vorkommen, dass – ähnlich wie sich ein »ausgeknockter« Boxer wieder erholt – diese lebenswichtigen Funktionen wenige Minuten später wieder vorhanden sind. Aber Blutungen können den Druck im Schädel auch langsam verstärken, bis die Ausfälle zeitverzögert eintreten.

Der Patient mit Schädel-Hirn-Trauma muss ständig beobachtet werden. Ist er bei Bewusstsein, soll er die Augen geöffnet halten. Dann sieht man auch durch unterschiedliche Pupillendurchmesser der Augen schnell, ob sich Druck im Kopf aufbaut. Weitere Signale sind Übelkeit, Erbrechen, Bewusstseinseintrübung bis zur Bewusstlosigkeit sowie Kreislaufveränderungen. Ein recht sicheres Merkmal ist die unterschiedliche Lichtreaktion der Pupillen sowie unregelmäßiges Atmen.

Der Verletzte wird mit erhöhtem Kopf gelagert, um den Blutdruck im Schädel zu reduzieren. Fallen Atmung oder Herzschlag aus, wird sofort mit der Herz-Lungen-Wiederbelebung begonnen.

ACHTUNG: Bei Kopfschmerzen keinesfalls Aspirin oder andere blutverdünnende Mittel geben!

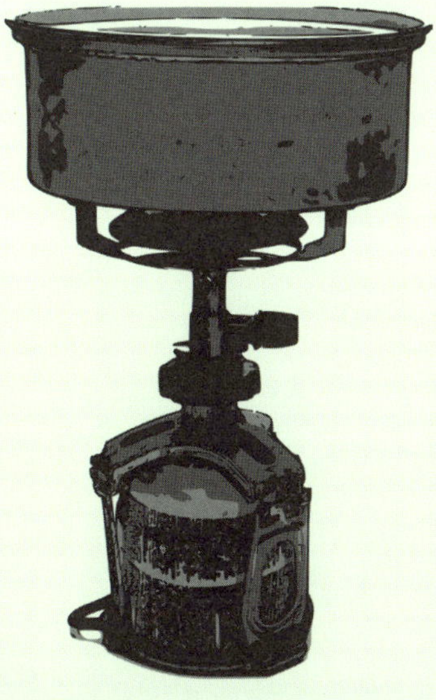

K14 KOCHEN IN HÖHENLAGEN

Wenn Du über der Baumgrenze unterwegs bist, findet sich meist nicht genügend Brennmaterial zum Feuermachen. Manchmal findet man Flechten und Moos, selten aber so viel, dass in einem Hobo Oven effizient gekocht werden kann.

Wenn Du vor Reisebeginn weißt, dass Du durch wenig bewaldete Regionen kommst, solltest Du Dir also entweder schon auf dem Weg dorthin genügend Brennmaterial mitnehmen, oder Du nimmst einen leichten Gaskocher mit, der zum Schneeschmelzen und zur Zubereitung von Nahrung verwendet werden kann.

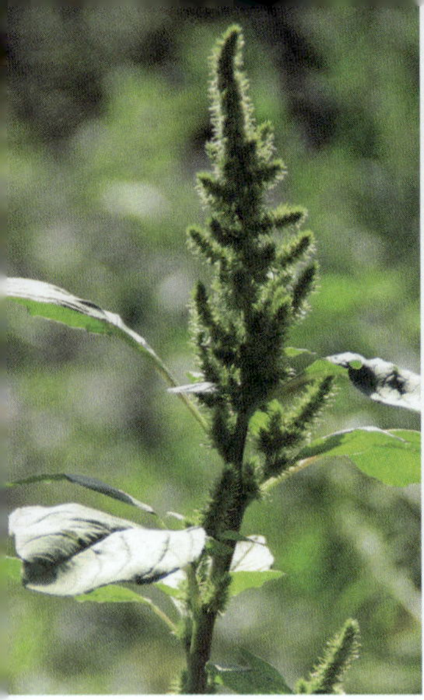

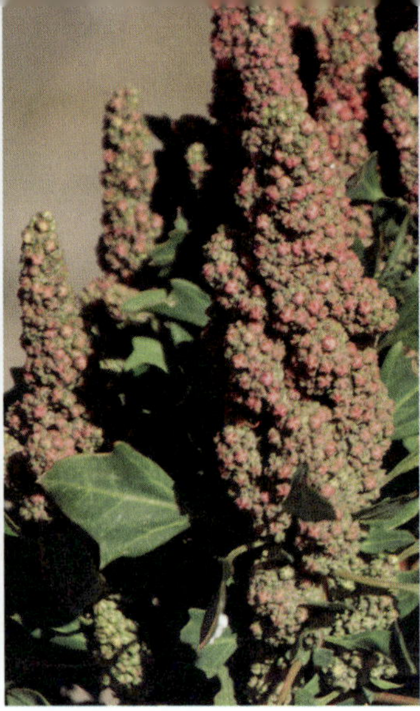

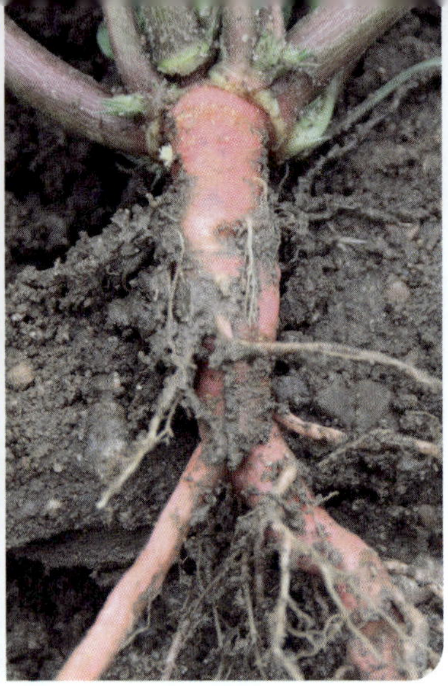

N 14 FUCHS-SCHWÄNZE

Die Amaranthe, bzw. »Fuchsschwänze«, gehören zu den robustesten »Unkräutern«. Die meist krautigen Pflanzen besitzen ein oft wechsel- oder gegenständiges Laub. Die Blätter sind in der Regel nebenblattlos und meist eiförmig, manchmal eiförmig-zugespitzt. Die oft grünen, manchmal violetten Blüten stehen als schuppige und dichte »Fuchsschwänze« in den oberen Blattachseln. Der untere Stängelbereich ist oft rötlich gefärbt und als Rübe verdickt. Amaranthe riechen an grünen Blattteilen leicht nach Spinat, an der Basis nach Zuckerrübe.

Einige Fuchsschwanzarten waren in Südamerika Grundnahrungsmittel ganzer Zivilisationen – heute haben die Samen als »Kiwicha« den Weg in unsere Bioläden gefunden. Sie lassen sich sprichwörtlich überall, auch über der Baumgrenze, finden. Hauptverbreitungsgebiet sind die Tropen, jedoch kannst Du auch vor Deiner Haustüre viele Pflanzen dieser Gattung finden.

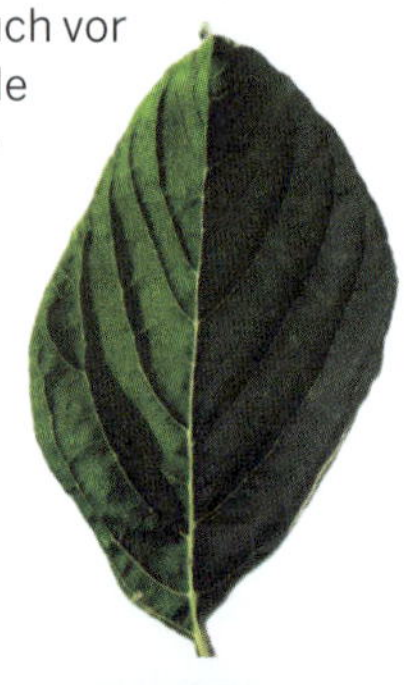

Die Blätter von Fuchsschwänzen ähneln denen von Spinat – sie sind sehr nah miteinander verwandt.

K 15 AM SEIL EMPORKLIMMEN

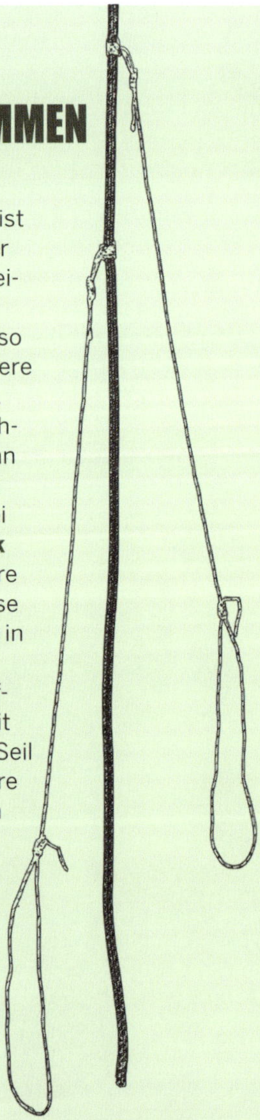

Wenn Du in eine Spalte gefallen bist oder nach dem →**Abseilen** wieder nach oben willst, musst Du am freihängenden Seil emporklettern. Bei Steilwänden ist das gar nicht so einfach, vor allem wenn der schwere Rucksack auf dem Rücken hängt. In diesem Fall wird die Prusik-Technik verwendet. Dazu knotest Du an zwei etwa ein Meter lange Stücke Paracord oder Schnürsenkel zwei Schlaufen für die Füße (→**Palstek** oder →**Achter**) sowie zwei kleinere Schlaufen am anderen Ende. Diese werden mit dem →**Prusikknoten** in die Leine gebunden.

Am besten funktioniert der Aufstieg, wenn Du Dich zusätzlich mit einem Karabiner am Sitzgurt ins Seil einbindest und die beiden Schnüre hindurchfädelst. Du kannst einen Fuß belasten und dabei den anderen entlasten. Dadurch öffnet sich der Prusik an dieser Seite und kann weiter nach oben geschoben werden. Nun wird er belastet und der andere geöffnet – und so weiter, bis Du oben angekommen bist.

DIE WICHTIGSTEN KNOTEN #02

PRUSIK-SCHLINGE

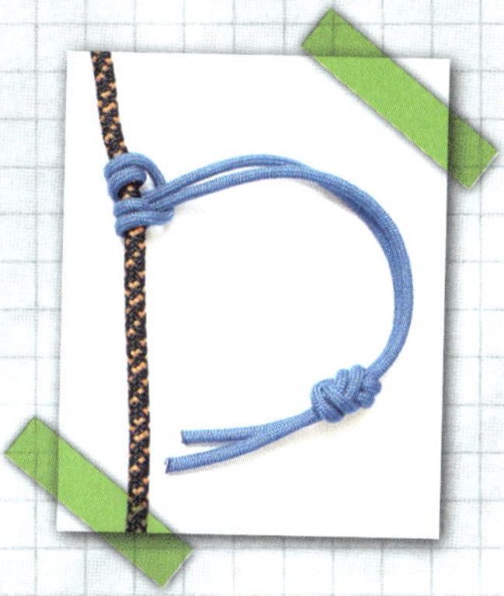

Als Funktionsknoten kann die Prusikschlinge auf ein dickeres Seil gelegt werden. Ihre Besonderheit liegt darin, dass sie sich unter Belastung festklemmt und sich verschieben lässt, sobald der Zug an ihr reduziert wird.

SCHRITT 1 Aus Reepschnur oder Schnürsenkeln wird mit Hilfe des →**Achterknotens** eine Schlinge gebunden. Diese wird hinter einem Seil hindurchgeführt.

SCHRITT 2 Das Ende der Schlinge wird in sich selbst gelegt. Der Knoten darf noch nicht zugezogen werden.

SCHRITT 3 Ein weiteres Mal muss das Ende durch die noch offene Schlinge gelegt werden. Der Knoten wird vorsichtig festgezogen, so dass die Windungen sauber nebeneinander liegen.

HINWEIS: Die Prusikschlinge findet Anwendung beim Emporsteigen an einem freihängenden Seil (→**Prusiken**) und als Durchrutschsicherung beim →**Abseilen**.

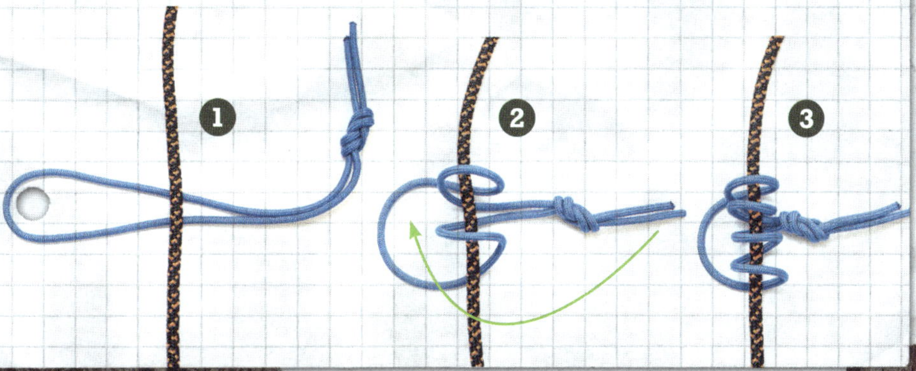

K16 SICHERUNGS-NO-GOS

Wenn Du Dich oder andere am Hang absicherst, kannst Du einige Fehler machen. Klar – ungesichert zu stürzen ist immer gefährlicher als wenn Du an einem Seil hängst. Allerdings kann diese Sicherheit trügen und Dich zu riskantem Verhalten verleiten. Einige Fehler beim Arbeiten mit Seilen, Gurten und Haken können dazu führen, dass die komplette Absicherung wertlos wird.

FEHLER 1: PARACORD

Auch wenn Du es immer wieder in Filmen oder Bücher siehst, solltest Du dich niemals mit Paracord abseilen oder gar sichern. Die Rechnung scheint auf deiner Seite zu sein: Paracord hält rund 250 Kilogramm – So schwer bist Du bestimmt nicht. Wenn Du beim Abseilen eine Stufe verpasst einen kleinen Rucker machst oder ins Seil fällst, kann die Leine mit vielen hundert Kilogramm belastet werden und sofort reißen. Paracord wird also nie als Kletterseil genutzt!

FEHLER 2: STATISCHE LEINEN

Für den Aufstieg, als Fix- oder Abschleppseil werden statische Leinen genutzt. Im Gegensatz zu Kletterseilen, die sich wie ein Gummiseil dehnen, können statische Leinen keinen Fangstoß abfedern. Sicherst Du dich an einem statischen Seil oder einer dicken Reepschnur, und fällst in die Leine, können alle Haken aus der Wand gerissen werden oder das Seil kann reißen. Selbst wenn beides nicht passiert, ist die Wahrscheinlichkeit groß, dass Du dir durch den Fangstoß alle Knochen brichst.

FEHLER 3: SEIL AUF SEIL

Mit das schlimmste, das Du einem Kletterseil antun kannst ist, es gegen ein anderes Seil zu führen. Wenn Seil über Seil scheuert entsteht eine enorme Hitze, die in der Lage ist auch dicke Kletterseile in kürzester Zeit durchzuschmelzen. Ebengleiches gilt für Gurte. Auch das Schleifen an einer scharfen Felskante vorbei ist beim Klettern absolutes Tabu. Dabei entsteht zwar nicht so viel Hitze, das Seil kann aber regelrecht durchgesägt werden. Muss Seil durch eine Fixstelle rutschen, ist ein Ring oder ein Karabiner Pflicht! Alleine beim sichern von Gegenständen, die keine Gefahr darstellen oder Abspannen von Zelten darf Leine gegen Leine rutschen.

FEHLER 4: ÖFFNUNGSAUTOMATIK

Zum Sichern beispielsweise beim →**Abseilen** oder für Umlenkungen nutzt du immer verschließbare Karabiner wie HMS-Karabiner. Allerdings sind auch verschlossene Karabiner nicht sicher, wenn man sie falsch handhabt. Beim Abseilen mit dem HMS-Karabiner muss beispielsweise darauf geachtet werden, dass das Bremsseil nicht den Schraubverschluss aufdreht. Passiert dies, hast Du dich hoffentlich noch mit einem →**Prusik** gesichert. Deshalb achtet man darauf, dass seitlich am Karabiner laufende Seile immer an der dem Verschluss abgewandten Seite entlanggleiten.

FEHLER 5: OFFENE HAKEN

Wird ein moderner Karabiner aus Alu belastet, biegt er sich ziemlich stark. Dafür ist er erheblich leichter als Stahlkarabiner. Verhindert wird das durch den Schnapper, der in eine Nase oder einen Haken im Karabinerbogen fasst und ihn zusammenhält. Ist der Haken allerdings offen, reduziert das die Bruchlast auf etwa ein Drittel. Ganz davon abgesehen, dass Dir das Seil aus dem Haken rutschen kann. Achte deshalb immer darauf, dass die Haken so hängen, dass der Schnapper komplett geschlossen ist.

FEHLER 6: QUERBELASTUNG

Sicherungskarabiner sind stabil genug sind, um einen Sturz in ein dynamisches Seil auszuhalten. Die volle Stabilität haben sie aber nur, wenn der Zug in Richtung der langen Kanten erfolgt – und der Schnapper eingehängt ist. Wird der Karabiner schräg belastet oder hängt er gar über eine Kante und es kommt zu einer Querbelastung, kann sich der Karabiner verbiegen und im schlimmsten Fall komplett durchbrechen.

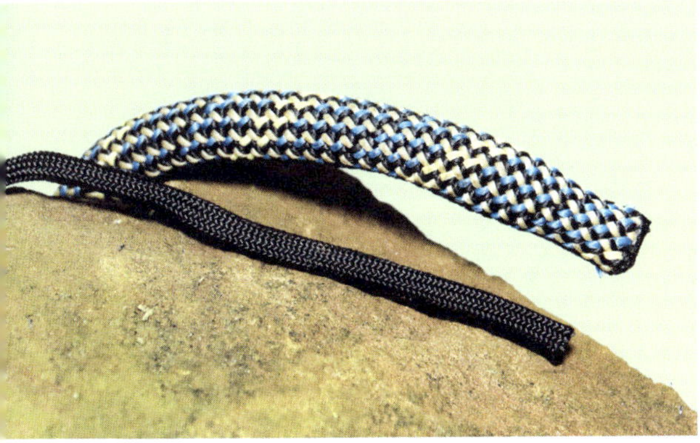

Paracord: *Oben ein normales Doppelseil, unten die im Vergleich schwächliche Paracord.*

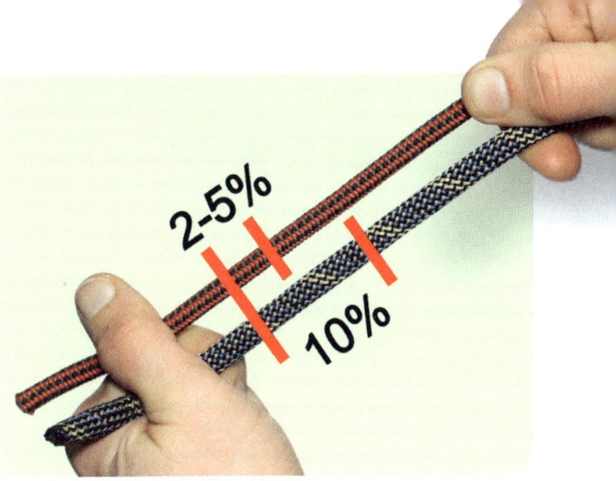

Statische Leinen: *Während sich statische Seile (oben) nur gering dehnen, federn dynamische Seile (unten) den Fall wie ein Gummiband ab.*

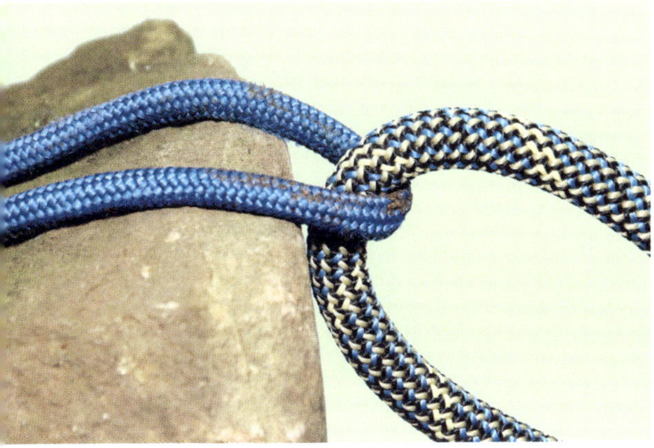

Wenn Du dich mit einer solchen Konstruktion abseilst, hängt dein Leben buchstäblich am seidenen Faden.

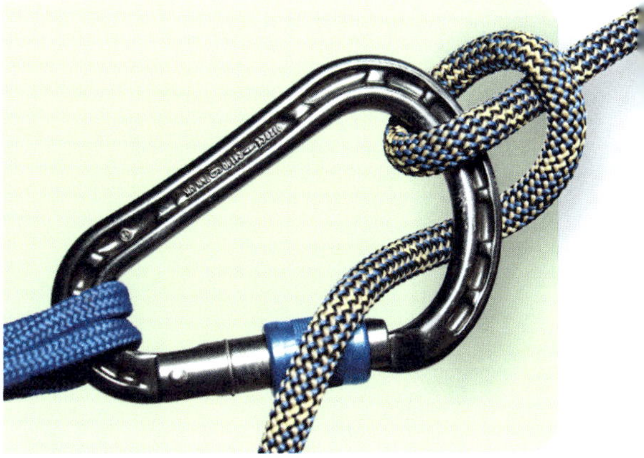

Öffungsautomatik: *Genau falsch herum. Wenn Du Dich so abseilst oder sicherst, schraubst Du ggf. den Verschluss auf.*

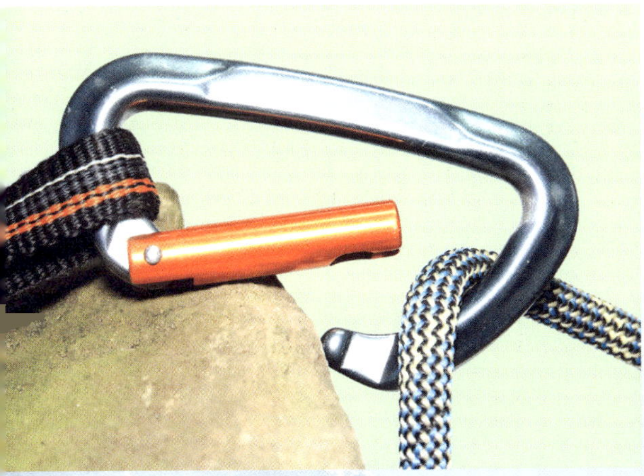

Offener Haken: *Wird der Schnapper aufgedrückt, bricht er erheblich schneller und das Seil kann raus-rutschen.*

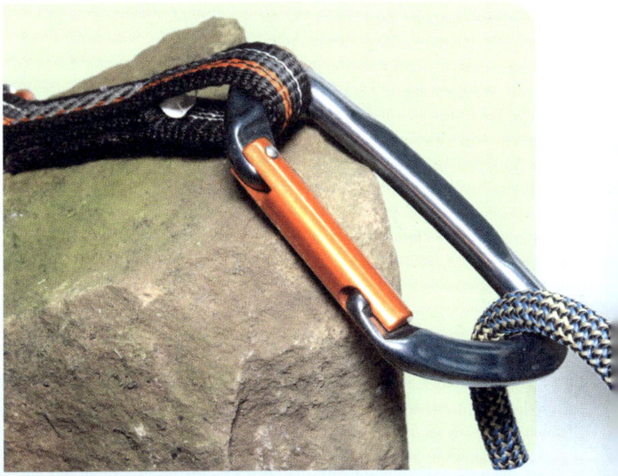

Querbelastung: *Bei starker Belastung eines so über die Steinkante gehebelten Karabiners ist Materialbruch und Absturz fast schon vorprogrammiert.*

K 17 BLITZEINSCHLÄGE ÜBERLEBEN

Neben Erdbeben und Vulkanen gehören schwere Unwetter zu den Urgewalten, die kaum zu kontrollieren sind. Während man seismischen Gefahren eher selten bzw. in der Stadt begegnet, kann der Blitzschlag jeden Outdoorsman treffen.

Durch Regenfall werden Boden und Wolken elektrisch aufgeladen. Der Ausgleich erfolgt in einem Blitz, der für kurze Zeit die Luft leitfähig für elektrische Leitung macht. Wo der Blitz einschlägt, ist selten vorherzusagen, es gibt jedoch einige Schutzzonen und Verhaltensregeln, auf die man achten sollte.

Eine große Gefahr stellen neben dem Direkteinschlag die sogenannten Bodenströme dar, wenn der elektrische Strom den Weg in die Erde sucht und sich dabei über den Boden »verteilt«. Einen Direkteinschlag kann ein Mensch praktisch nicht überleben. In einer solchen Situation befand ich mich gemeinsam mit einem Reisefreund in den Anden. Auf einer Ebene zog ein Unwetter über uns auf – ohne dass wir die Möglichkeit der Flucht hatten. Um ein solches intensives Unwetter zu überleben, kann das richtige Verhalten helfen; auf freier Fläche ist es jedoch oft einfach nur Glück.

REGELN

1. Blitze schlagen in aller Regel auf der höchsten Erhebung ein. Deshalb sind bei Gewitter das Schwimmen und das Bergsteigen besonders gefährlich.

2. Der Schall des Donners bewegt sich mit etwa 330 Metern pro Sekunde. In 3 Sekunden also knapp einen Kilometer. Zähle die Sekunden zwischen Blitz und Donner und teile diese Zahl durch drei: So erhältst Du die Entfernung des Einschlags in km.

3. Auf dem Meer oder einem See solltest Du Dich im Boot möglichst flach ducken, sofern Du es nicht mehr an das Ufer schaffst. Hat das Boot eine geschlossene Kabine, ist dies der sicherste Ort – auch wenn dieser erhöht sein sollte. Ähnlich wie ein Auto fungiert die Kabine als Faradayscher Käfig – der Blitz wird abgeleitet.

4. Auf freiem Feld solltest Du auf einen Stein, eine Isomatte oder etwas Vergleichbares steigen und in die Hocke gehen, ohne die Hände aufzustützen. Wichtig ist hierbei, dass Du die Beine eng geschlossen hältst. Bodenströme können sonst durch Deinen Körper geleitet werden. **Keinesfalls solltest Du Dich bei Gewitter hinlegen!** Je geringer die Kontaktpunkte zur Erde voneinander entfernt sind, desto niedriger ist die sogenannte Schrittspannung.

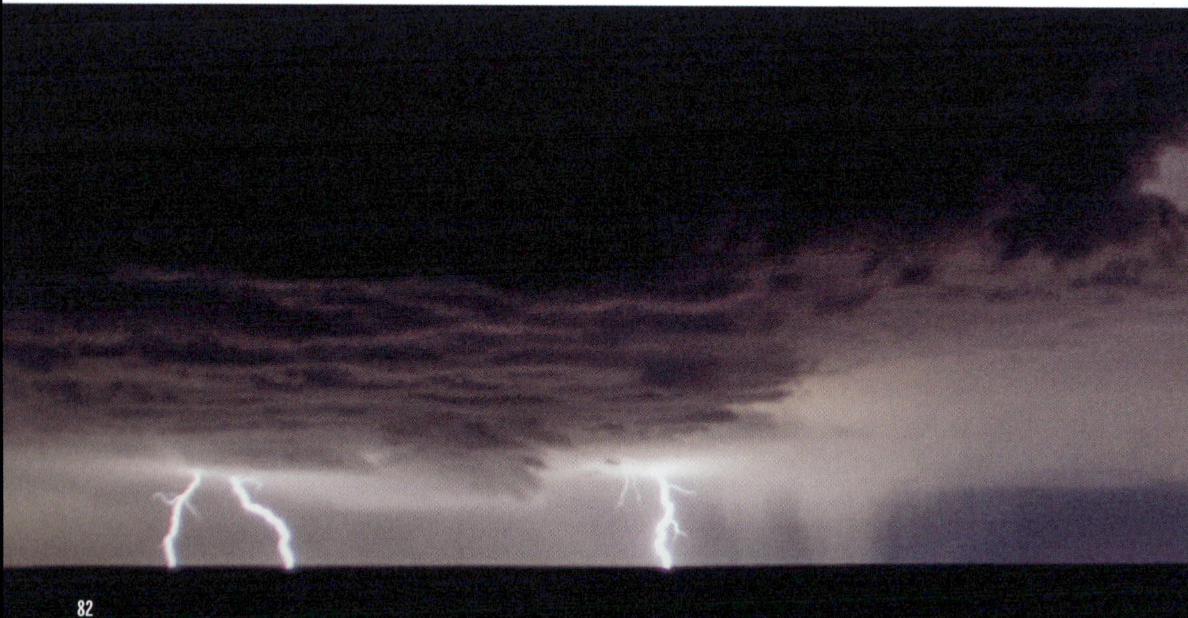

5. Halte Dich von einzeln stehenden oder besonders hohen Bäumen fern. Hier ist weniger (aber auch) der elektrische Schlag die Gefahr, sondern herunterstürzende Trümmer, wenn der Baum gesprengt wird.

6. Felsen, Masten und dergleichen, die mindestens 4 – 5 Meter hoch sind, bilden im Winkel von etwa 45 ° einen Schutzkegel. In der unmittelbaren Umgebung davon sollte man sich jedoch nicht aufhalten, da die Gefahr eines Übersprungs besteht.

7. Auch wenn es ein Sprichwort anders sagt, sind Todesfälle durch Blitzschläge sehr viel häufiger als ein Lotto-Millionengewinn.

Eine Gewitterfront auf absolut topfebener Fläche kommt auf den eigenen Standort zu. Lebensgefahr in 3 ... 2 ... 1.

DOs UND DON'Ts BEI GEWITTER

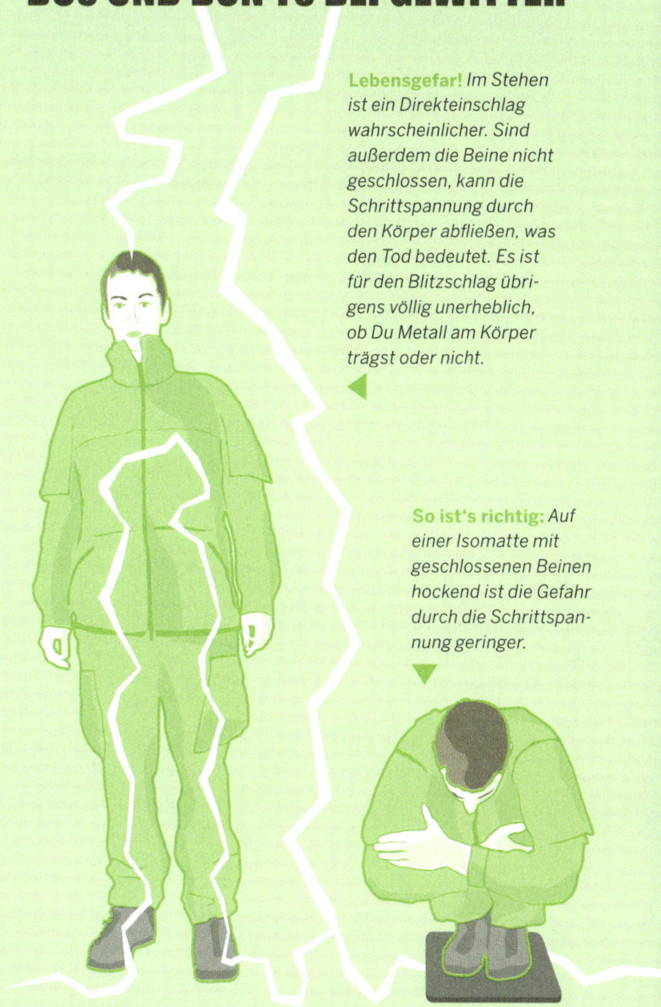

Lebensgefar! *Im Stehen ist ein Direkteinschlag wahrscheinlicher. Sind außerdem die Beine nicht geschlossen, kann die Schrittspannung durch den Körper abfließen, was den Tod bedeutet. Es ist für den Blitzschlag übrigens völlig unerheblich, ob Du Metall am Körper trägst oder nicht.*

So ist's richtig: *Auf einer Isomatte mit geschlossenen Beinen hockend ist die Gefahr durch die Schrittspannung geringer.*

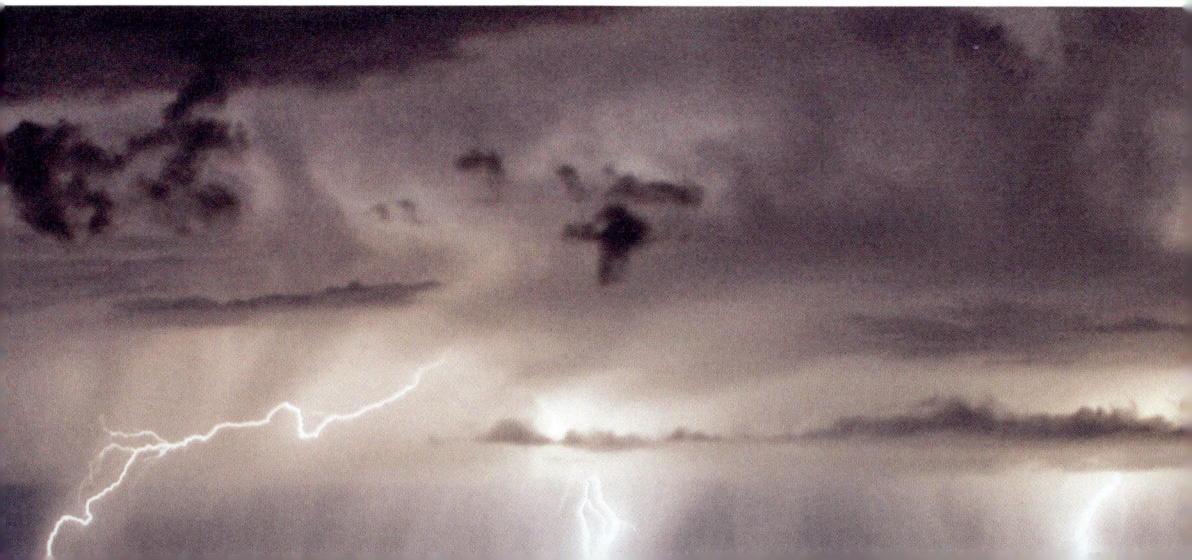

AFFEN-FAUST

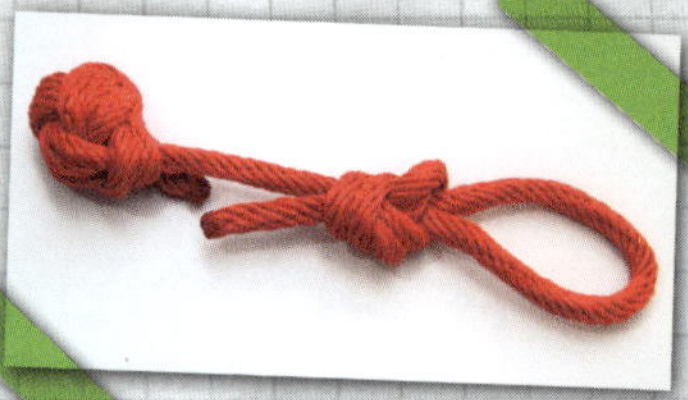

Mit dem kugelförmigen Affenfaustknoten kannst Du bei fehlendem Haken im Felsen einen Sicherungspunkt improvisieren. Hierzu wird die Affenfaust in Felsspalten geklemmt und zum Abseilen verwendet.

SCHRITT 1 Ein dünnes Seil oder eine Reepschnur wird etwa dreimal um die Finger gewickelt. Die Lagen der Leine müssen dabei ordentlich nebeneinander liegen.

SCHRITT 2 Die Wicklungen werden nun ihrerseits dreimal mit dem überstehenden Seilende umschlungen. Der Knoten darf jedoch noch nicht zu eng gewickelt werden.

SCHRITT 3 Alles wird vorsichtig von der Hand genommen. Der Knoten besteht nun aus zwei Dreifachösen von Schritt 1 und einer Achse von Schritt 2. Das Seilende muss nun noch dreimal auf der Achse durch diese Ösen gefädelt werden.

SCHRITT 4 Die Wicklungen werden nun vom Anfang beginnend bis zum überstehenden Ende festgezogen. Auf dieses wird mit einem →**Achterknoten** die Schlaufe für den Sicherungskarabiner (!) geknotet.

ACHTUNG: Beim Abseilen darf niemals Seil an Seil reiben!

1

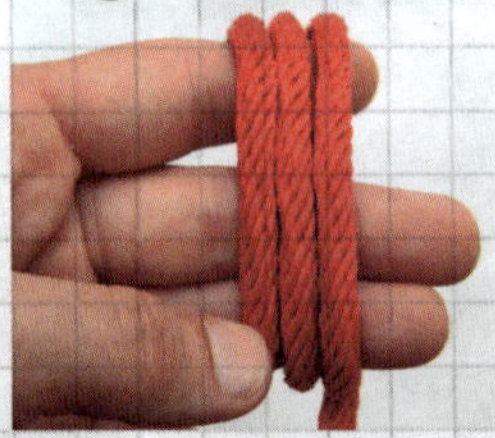

2

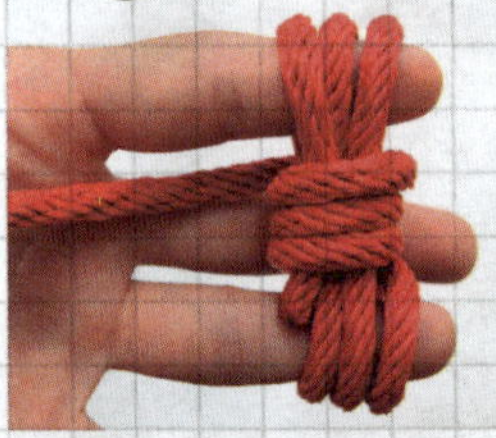

3

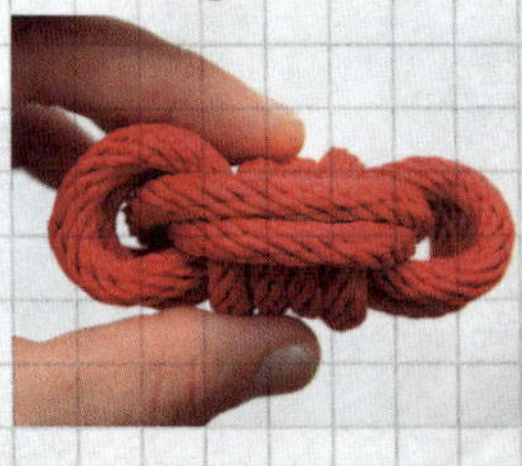

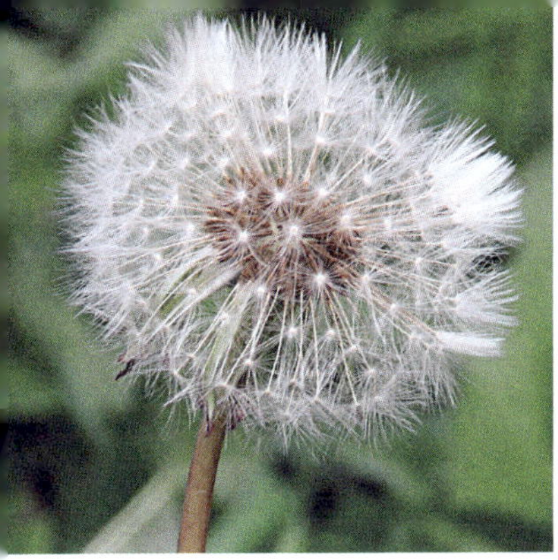
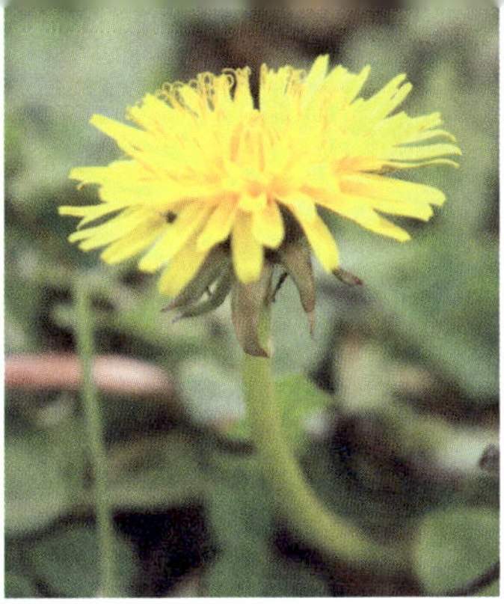
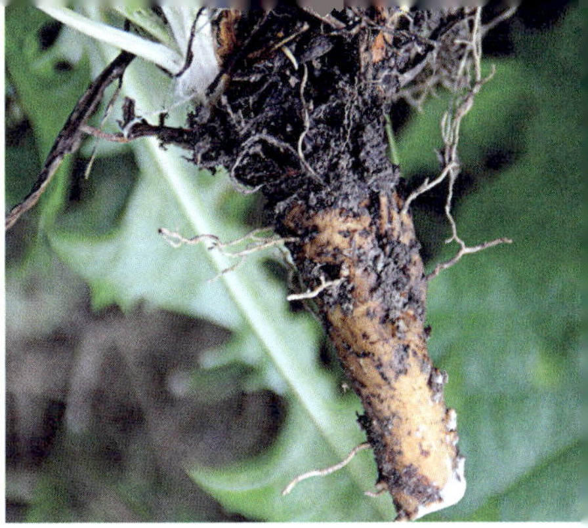

Löwenzahn erkennst Du sicherlich schnell an den buttergelben Blüten und der typischen Pusteblume. Die Wurzel ist weich, aber oft sehr bitter.

N 15 LÖWENZAHN: ESSBARE PUSTEBLUMEN

Beim Löwenzahn, oder was man darunter versteht, handelt es sich tatsächlich um eine ganze Reihe unterschiedlicher Pflanzen. Sicheres und gemeinsames Erkennungsmerkmal sind die auffälligen weißen oder buttergelben bis orangenen Korbblüten. Die Blüte steht in der Regel mit einem hohlen Stängel einzeln aus der bodenständigen Blattrosette. Das Laub ist meist tief gezähnt. Nach dem Verblühen stehen die weißen Flugschirmchen der winzigen Nussfrüchte in dem als »Pusteblume« bekannten Köpfchen zusammen.

Löwenzahnarten haben einen weißen Milchsaft. Die Samen des Löwenzahns sind so winzig, dass sich das Sammeln nur lohnt, wenn einige hundert dieser Köpfchen vorhanden sind. Um sie von den Flugschirmchen zu trennen, werden sie zuerst angefeuchtet und dann auf einen heißen Stein gelegt. Hier trocknen die Härchen, verkleben und verglühen. Wenn Du das Abflammen ohne das Anfeuchten versuchst, werden Dir große Mengen der Samen durch die Thermik abhandenkommen.

Die möhrenartige weiße Wurzel kann sehr einfach in großen Mengen geerntet werden. Teilweise schmeckt sie jedoch sehr bitter, so dass sie vor dem Verzehr wie →**Eicheln** im Wasser ausgelaugt werden muss.

K 18 RICHTIGES VERHALTEN BEIM ABRUTSCHEN AM HANG

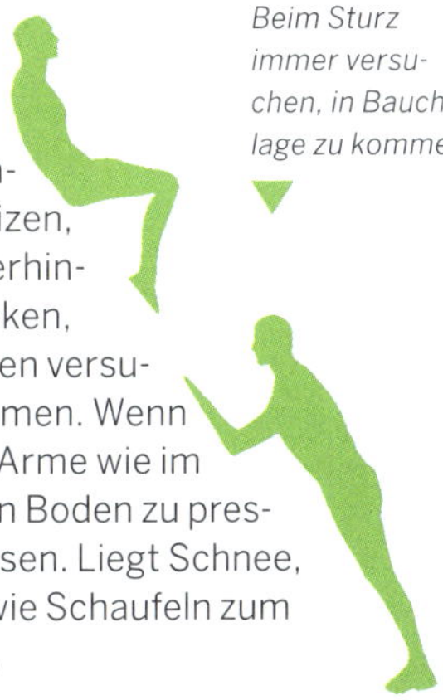

Beim Sturz immer versuchen, in Bauchlage zu kommen.

Idealerweise versuchst Du, bergige Regionen so zu durchqueren, dass Du große Auf- oder Abstiege meidest. Du kannst Dir über die →**Höhenlininen** oft eine geeignete Strecke durch das schwierige Gelände suchen. Dennoch kann es sein, dass Gegenden mit steilen Hängen bewältigt werden müssen. Generell gilt, dass Du Dich hier nach Möglichkeit immer sichern solltest. Rutschst Du dennoch ab, solltest Du sofort mit aller Körperspannung Arme und Beine spreizen, um ein Überschlagen zu verhindern. Fällst Du auf den Rücken, solltest Du noch im Rutschen versuchen, in Bauchlage zu kommen. Wenn möglich, versuchst Du die Arme wie im Liegestütz etwas gegen den Boden zu pressen, um im Schutt zu bremsen. Liegt Schnee, dann versuche die Hände wie Schaufeln zum Abbremsen zu verwenden.

M6 MIT HÖHENKRANKHEIT UMGEHEN

Die Zusammensetzung der Luft in höheren Lagen ist nicht anders als auf Meereshöhe, aber die Anzahl der in einem bestimmten Volumen Luft vorhandenen Teilchen ist geringer. Um die gleiche Menge Sauerstoffteilchen in die Lungen aufzunehmen, musst Du beispielsweise bei halbiertem Druck (auf etwa 5500 Metern) doppelt so häufig atmen. Die geringere Konzentration der Sauerstoffteilchen führt jedoch auch zu einem gesenkten »Austauschdruck« während der Diffusion. Der geringer vorhandene Sauerstoff wird also auch noch schlechter beim Atmen in das Blut aufgenommen, die Gefäße verengen sich und der Blutdruck steigt. Das im Blut gespeicherte Kohlendioxid dagegen wird besonders gut nach außen abtransportiert, wodurch die Atmungsregulation des Hirns ausgehebelt wird.

Auch in relativ »niedrigen« Höhen, ab etwa 2000 Metern, kann es bei nicht »höhenfesten« Menschen zu Ausfällen kommen. Allgemeine Anzeichen der Höhenkrankheit sind Hyperventilation, hoher Puls, Appetitlosigkeit, Durchblutungsstörungen und teils sehr starke Kopfschmerzen sowie Schlaflosigkeit. **Je höher Du unterwegs bist (aber schon ab etwa 3000 Metern), desto größer wird die Gefahr von lebensgefährlichen Ödemen,** also einer Flüssigkeitsansammlung in Hirn und Lunge, die durch einen sehr hohen Druck in den Gefäßen verursacht wird. Außerdem erhöht sich die Gefahr von →**Erfrierungen** und allgemeiner Unterkühlung durch die Minderdurchblutung der Extremitäten.
Wichtig ist bei Höhentouren die Akklimatisation oder Höhenanpassung. Hier gilt als Regel: »climb high – sleep low«. Die Ruhephasen der Nacht sollten also in geringeren Höhen stattfinden als die Tagesaktivitäten.

Besonders heftig kann sich die Höhenkrankheit nach schnellem Aufstieg bemerkbar machen. In Südamerika hilft man sich gegen die Folgen der großen Höhe mit Mate de Coca oder durch das »Kauen« von Kokablättern. Durch die Inhaltsstoffe wird die Sauerstoffversorgung des Körpers verbessert. In dieser Form ist der Genuss der Pflanze übrigens ungefährlich und auch nicht abhängigmachend. Außerhalb des südamerikanischen Kontinents ist das Mitführen von Koka natürlich nicht empfehlenswert. Hier kann man sich durch die →**Pressatmung** helfen.

Durch die erhöhte Atemfrequenz und die meist sehr trockene Höhenluft verliert der Körper viel Flüssigkeit. Auf bewusst vermehrte Wasseraufnahme muss besonderer Wert gelegt werden.

Sind sehr starke Kopfschmerzen oder Bewusstseinseintrübungen feststellbar, hilft nur der Abstieg in niedrigere Höhen.

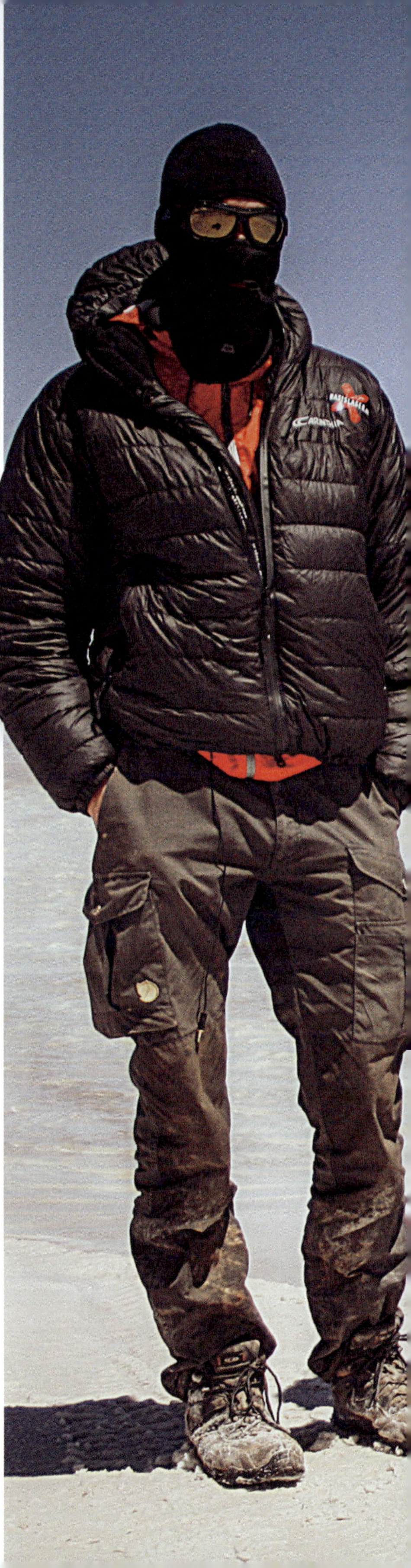

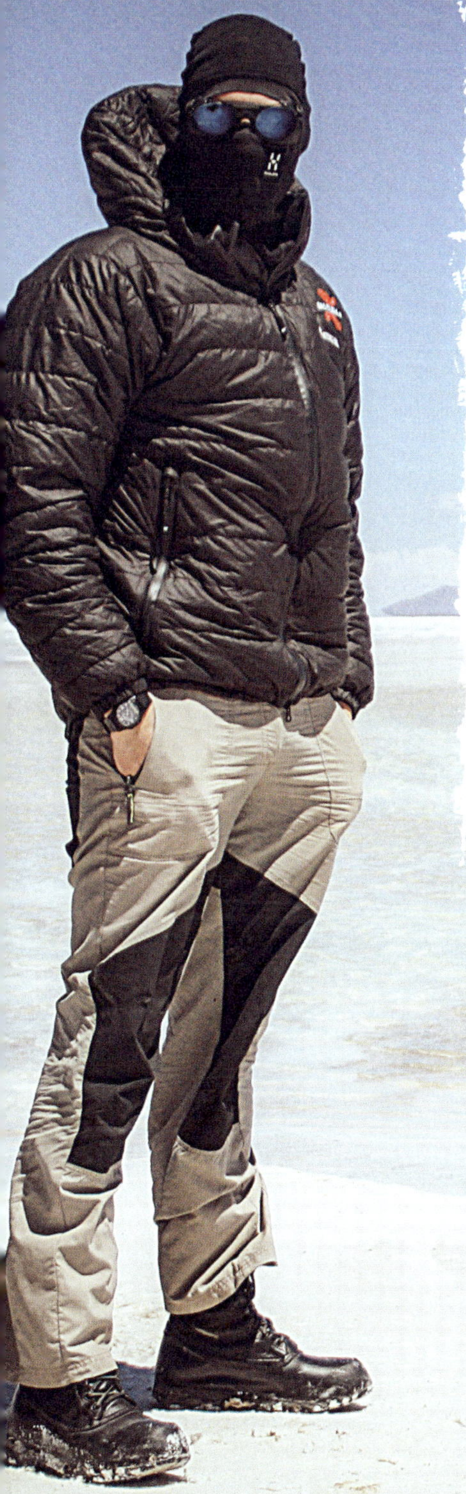

M 7 HÖHENSONNE ÜBERLEBEN

Die Luftschichten unserer Atmosphäre filtern einen großen Teil der lebensfeindlichen UV-Strahlung. Je höher Dein Reisegebiet liegt, desto stärker musst Du auf Deinen Sonnenschutz achten, besonders im äquatornahen Gebirge.

Selbst bei bedecktem Himmel können in weniger als einer Stunde schwerste Sonnenbrände durch die UV-Strahlung und Augenschäden durch das gleißende Licht entstehen. Hier muss auf jede unbedeckte Körperstelle Sonnenschutz (SPF 60+) aufgetragen werden. Große Körperareale werden zumindest mit dünnen UV-dichten Geweben abgedeckt.

Sturmmaske und Gletscherbrille sind auf reflektierenden (mit Eis, Schnee und Wasser bedeckten) Flächen Pflicht.

GLETSCHERBRILLE OPTIMIEREN →Seite 100
SCHNEEBRILLE IMPROVISIEREN →Seite 104
NATÜRLICHES SONNENSCHUTZMITEL →Seite 205

Unbedeckte Haut kann in den Bergen nicht nur erfrieren, sondern auch extrem schnell verbrennen.

K19 SITZGURT IMPROVISIEREN

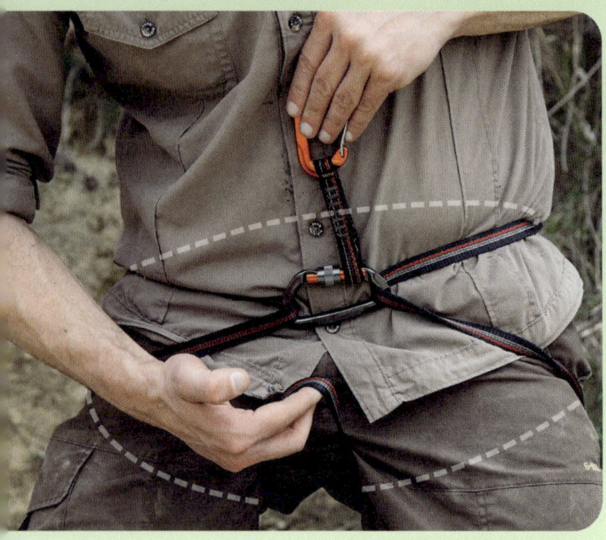

Wenn Du Dich wider Erwarten irgendwo abseilen oder sichern musst und zumindest ein Karabiner und ein stabiles Seil vorhanden sind (bei statischen Seilen darf nur am Hang mit sehr geringen Fallhöhen gesichert werden, keine Vorstiegsicherung etc.), kannst Du mit einem improvisierten Sitzgurt die Sicherheit erhöhen. **Niemals sollte er aber geplanten Einsatz** beim Bergsteigen finden.

Nimm eine Gurtschlinge oder binde mit einem Seil eine große Schlaufe mit einem →**Achterknoten**. Die Schlaufe legst Du hinter Dich. Mit beiden Händen führst Du nun die Seiten der Schlaufe um die Hüften und ziehst den unteren Teil zwischen den Beinen hindurch. Alles wird vorne mit dem Karabiner zusammengehalten.

◀ *Die gestrichelte Linie zeigt den Verlauf des Seils hinterm Körper.*

M8 EINEN BEINBRUCH SCHIENEN

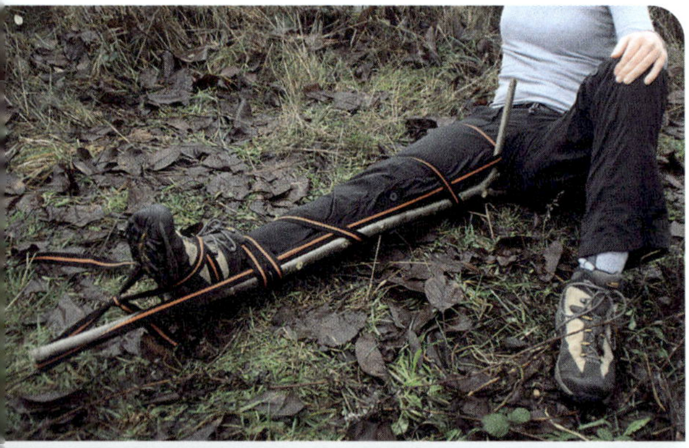

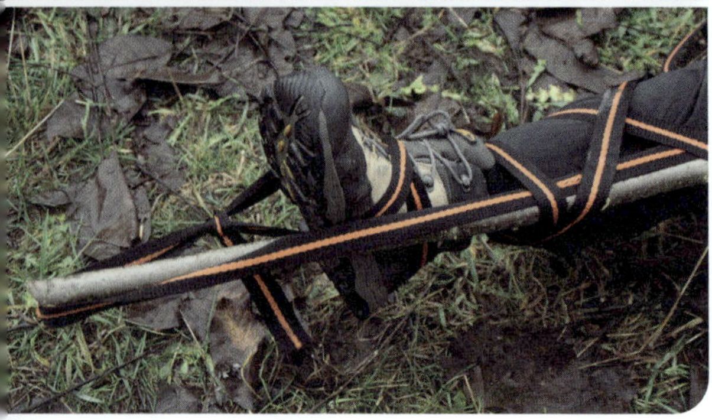

Wenn ein größerer Knochen wie der Unterschenkel bei einem Sturz gebrochen wurde, sollte für den Abtransport das Bein gestreckt und geschient werden, damit die scharfen Knochenkanten keinen Schaden an Muskelgewebe oder Blutgefäßen anrichten.

SCHRITT 1 Eine lange Astgabel wird so geschnitten, dass sie an der Hüfte angelegt noch deutlich über das Fußende übersteht.

SCHRITT 2 Eine Schlaufe wird über den Fuß gelegt und um das Astende gespannt. Dabei wird kräftig Zug auf den Fuß ausgeübt – die verkürzten Muskeln müssen sich wieder dehnen.

SCHRITT 3 Das Seil wird befestigt, das Bein an der Schiene mit mehreren Schlaufen festgebunden.

So stabilisiert, kann der Verletzte gefahrlos transportiert werden.

ACHTUNG! Brüche mit Oberschenkel- oder Hüftbeteiligung sollten nicht selbst stabilisiert werden – hier kann eine falsche Bewegung lebensgefährliche innere Blutungen zur Folge haben.

DIE WICHTIGSTEN KNOTEN #04

GARDA-SCHLINGE

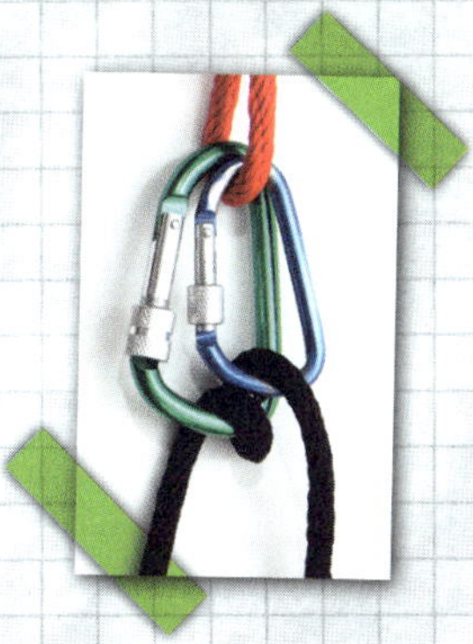

Wenn Du eine schwere Last, etwa ein erjagtes Tier, zum Aufbrechen anheben willst und sie Dir beim Nachgreifen immer wieder nach unten rutscht, ist eine Sperrvorrichtung wie die Garda-Schlinge von großem Wert.

SCHRITT 1 In eine Schlaufe am Ende eines Seils oder in eine Expressschlinge vom Klettern werden zwei Karabiner eingehakt. Wichtig ist, dass die Öffnungen in dieselbe Richtung zeigen.

SCHRITT 2 Das Seil zum Anheben oder Ziehen der Last wird durch beide Karabiner eingehängt. Das Ende, an dem die Last angeschlagen wird, ist dabei auf der hinteren Seite.

SCHRITT 3 Das vorne liegende Seil wird nun ein weiteres Mal, jetzt jedoch nur durch den oben aufliegenden Karabiner gefädelt. Zieht man am vorderen Ende, rutscht das Seil durch die Gardaschlinge, lässt Du los, wird das Seil gesperrt und fällt nicht mehr zurück.

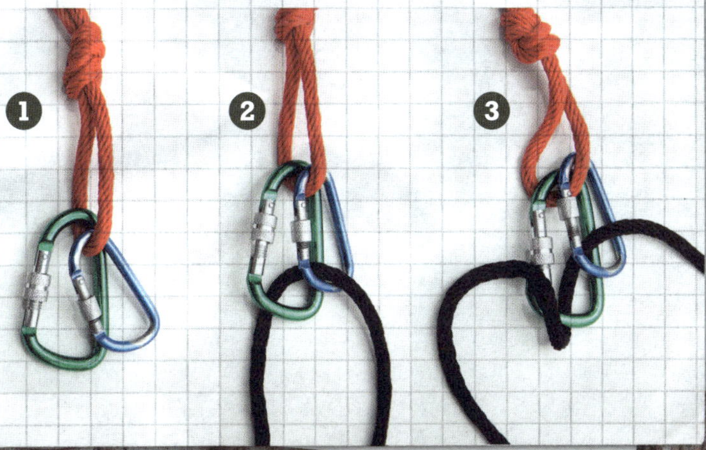

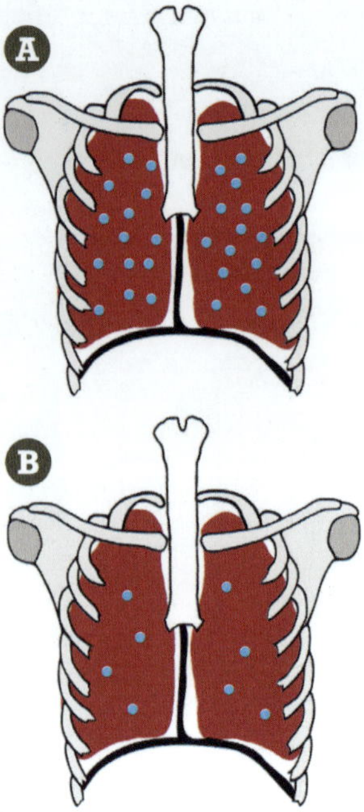

M9 DÜNNE LUFT – PRESSATMUNG

Gegen Höhenkrankheit kann man sich kurzzeitig mit einer besonderen Atemtechnik helfen. Es handelt sich dabei um die **Pressatmung, bei der nach dem Einatmen die Lungen erst durch Brustkorbkontraktion gepresst werden, bevor die Luft langsam ausgeatmet wird.** Man kann auch zischend zwischen den Zähnen, »trompetend« oder summend ausatmen. Die Wirkung ist dieselbe. Bei großer Belastung, etwa während eines Aufstiegs, muss man sich hierbei beherrschen, um nicht zu hyperventilieren.

Durch die Lungenkompression bei der Pressatmung verkleinert sich das Lungenvolumen etwas, wobei sich wiederum mehr Sauerstoffteilchen je Volumen in der Lunge befinden. Dies erleichtert deren Diffusion.

Auf Meeresniveau (A) finden sich deutlich mehr Sauerstoffteilchen ● je Lungenvolumen Luft als in großen Höhen (B).

M10 EINE AUSGEKUGELTE SCHULTER WIEDER EINRENKEN

Die Schulterluxation ist eine der häufigsten Ausrenkungen größerer Gliedmaßen. Bei einem leichten Sturz, der instinktiv mit den Armen abgefangen wird, kann es schnell zur Ausrenkung der Schulter kommen. Der Oberarm wird nur sehr locker von Bändern und Muskeln in der flachen Schultergelenkspfanne gehalten. Wenn Du im Gebirge stürzt, ist eine Ausrenkung dieses Gelenks deshalb relativ wahrscheinlich. Neben leichten rollenden Stürzen auf den gestreckten Arm oder auf die Schulter ist etwa das Festklammern an einem Felsen beim Abrutschen ausreichend, um das Schultergelenk aus der Verankerung zu hebeln. In aller Regel sind diese Luxationen kurzzeitig und nach einem Schreckmoment springt der Knochen wieder in das Gelenk. Bei einer vollständigen Auskugelung dieses Gelenks muss jedoch schnellstmöglich gehandelt werden, da sich die überdehnten Bänder und Muskeln schnell wieder verkürzen und ein Einrenken danach nur noch operativ erfolgen kann. Danach sollte der Arm geschient bzw. stabilisiert werden.

Bewegungskombination zum Einrenken der Schulter.

SO GEHST DU BEI DER EINRENKUNG VOR:

Der Rücken des Verletzten wird im Stehen oder Sitzen an einen Baum oder Stein gedrückt **(1)** und der Ellenbogen wird unter Zug erst an den Körper gedrückt **(2)** und dann unter Zug in einer Rotation nach vorne-oben gehebelt **(3)**. Mit einem schnappenden Geräusch sollte das Gelenk wieder an seinen angestammten Platz rutschen. Danach bindest Du mit einem Dreieckstuch oder einem Seil eine Stützschlaufe, um den Arm zu entlasten.

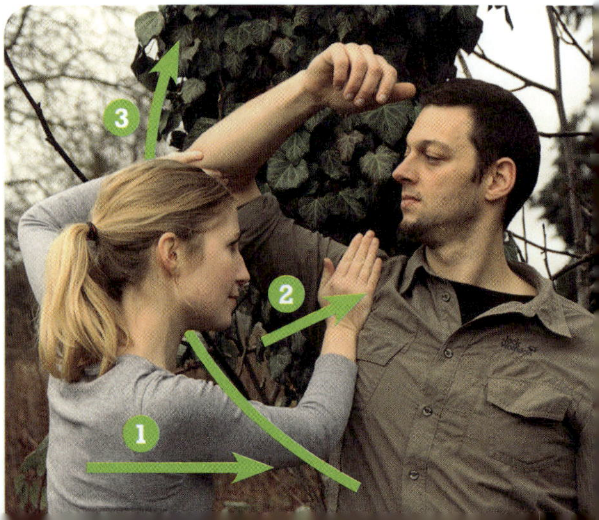

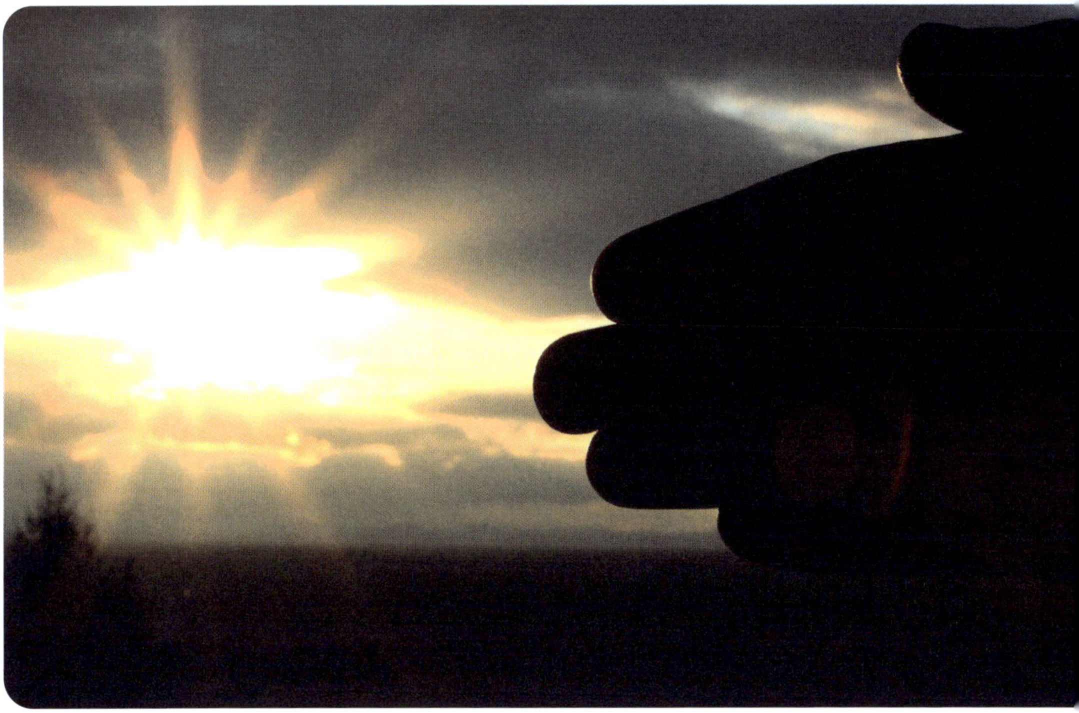

Bei ausgestrecktem Arm peilst Du den Horizont an und zählst die Finger bis zur Sonne.

K20 RESTZEIT BESTIMMEN

Vor allem im Gebirge ist es wichtig, die Resttageszeit schnell abschätzen zu können, um rechtzeitig abzusteigen oder bei Tageslicht einen sicheren Ort aufzusuchen. Dazu kann die Handmethode verwendet werden. Diese ist relativ ungenau, reicht aber für eine grobe Abschätzung aus.

Bei ausgestreckter Hand wird die Anzahl der Finger gezählt, die die Sonne noch über dem Horizont steht. 3 bis 5 Finger entsprechen dabei etwa einer Stunde, abhängig von Jahreszeit und Ort. Die Zeit genauer aufzuschlüsseln ist nicht möglich, da die Variationen durch Jahreszeit und Standort zu groß sind.

W6 WASSERBEDARF IN HÖHENLAGEN

Wenn Du beim Bergsteigen in Höhen über 1000 Metern unterwegs bist, steigt Dein Wasserbedarf schnell an. In 3000 Metern Höhe benötigst Du rund doppelt so viel Wasser wie auf Meeresniveau. Grund hierfür ist, dass durch den verminderten Sauerstoffanteil im Blut der Blutdruck steigt und die Organe allesamt nicht so funktionieren wie gewohnt. Abhängig von Deinem Kampfgewicht solltest Du in etwa folgende zusätzliche Wassermenge rechnen:

Körpergewicht	zusätzlich benötigtes Wasser je 1000 m Höhe
bis 50 kg	0,5 Liter
50 – 80 kg	0,7 Liter
80 – 100 kg	0,8 Liter
über 100 kg	1 Liter

Nur wenige Lebewesen haben sich daran angepasst, dauerhaft im ewigen Eis zu leben. Der Mensch ist bei Minustemperaturen sprichwörtlich nackt. Die große Herausforderung ist das Überstehen von Schneestürmen und der Nacht, in der keine Bewegung möglich ist. Dabei kühlt der Körper sehr schnell aus und verliert enorme Mengen an Energie.

ÜBERLEBEN IN EIS + SCHNEE

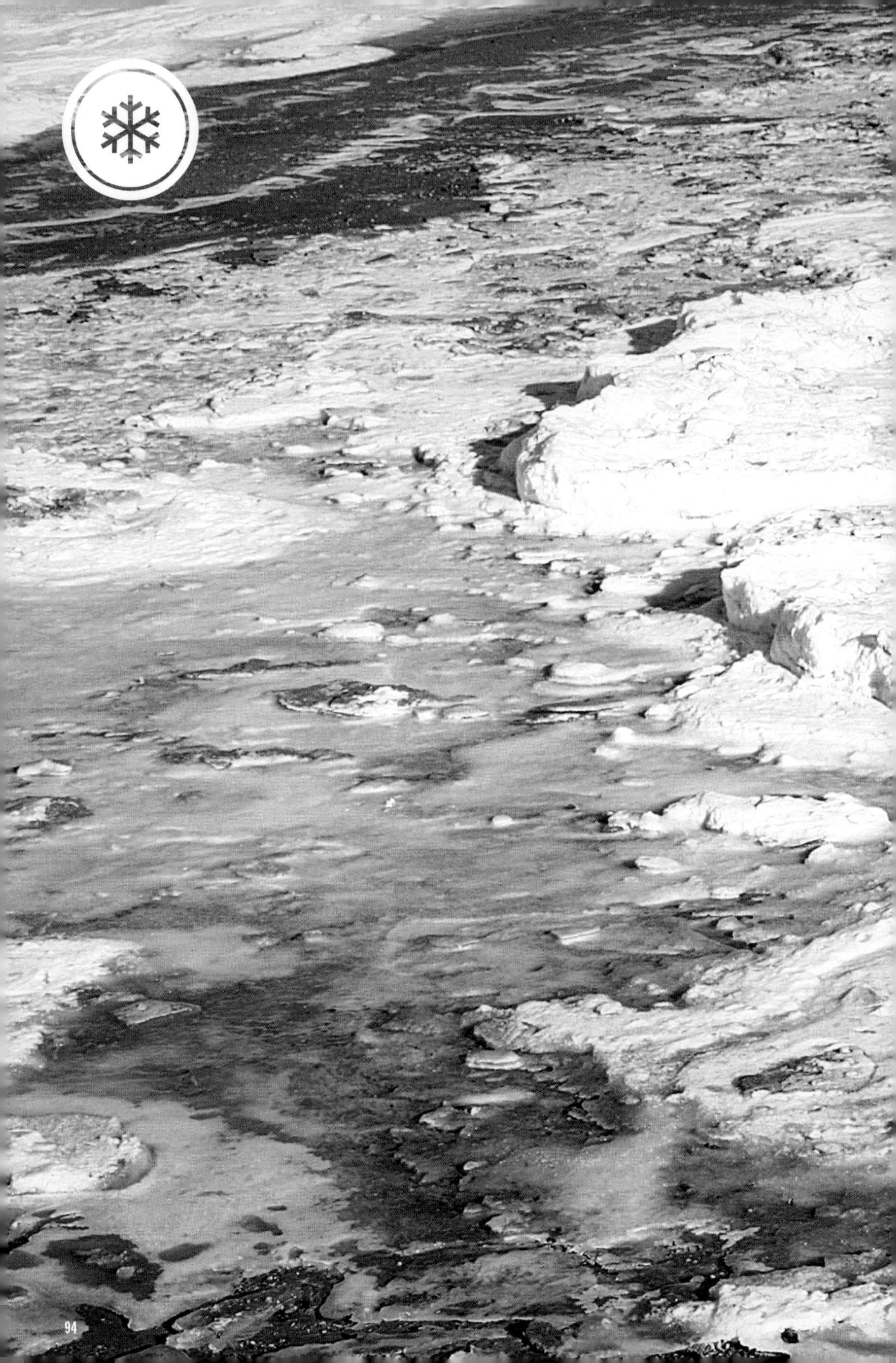

Outer Space.

Der fallende Schnee dämpft alle Geräusche. Das Brechen des Harschs unter den gefütterten Stiefeln dringt wie durch Watte an mein Ohr.

Die gefrorene Natur überdauert den Winter durch Warten und Ruhen. Eine Strategie, von der ich weiß, dass sie bei mir nicht aufgehen würde. In kurzer Zeit können Menschen diesen ungleichen Kampf für immer verlieren. Vielleicht ist gerade das der Grund, warum der Mensch unter Aufbringung aller physischen und technischen Möglichkeiten versucht hat, diesem Klima zu trotzen. Als die großen Entdecker den Wettlauf zu den Polen bestritten, lebten schon viele Generationen lang Menschen am Rande des ewigen Eises. Nur durch lange perfektionierte Techniken, große körperliche Robustheit und Ausnutzen aller nur erdenklicher Ressourcen und ausgeklügelter Lagerhaltung war dies dauerhaft möglich. Etwas, das dem Expeditionsreisenden nicht möglich ist. Er kann sich nur auf das verlassen, das er dabei hat und ihm so zur Verfügung steht. Verliert er es - verliert er alles.

Auch wenn moderne Ausrüstung das sichere Reisen in eiskalte Regionen vereinfacht oder überhaupt erst ermöglicht hat, ist klar, dass es höchstens um ein Besuchsrecht in diesem anspruchsvollen Raum gehen kann.

A13 AUSRÜSTUNG FÜR DIE EISESKÄLTE

Während Du in vielen klimatischen Regionen ausreichend Baumaterial wie Holz, Laub oder Pflanzenfasern findest, um Dich gegen Witterung und Kälte zu schützen, ist es bei Temperaturen unter dem Nullpunkt kaum möglich, eine Nacht lebend zu überstehen.

Auch die große Gefahr durch Eisflächen, feuchten Schnee und Lawinen macht einige Ausrüstungsgegenstände für das Training unersetzbar.

Gegenden, die Eiseskälte mit den Widrigkeiten großer Höhen kombinieren, sind besonders gefährlich.

Daunenjacke: *Bei trockener Kälte ist dick gepolsterte Daunenkleidung gerade ausreichend, um eine Unterkühlung auf Dauer zu verhindern.*

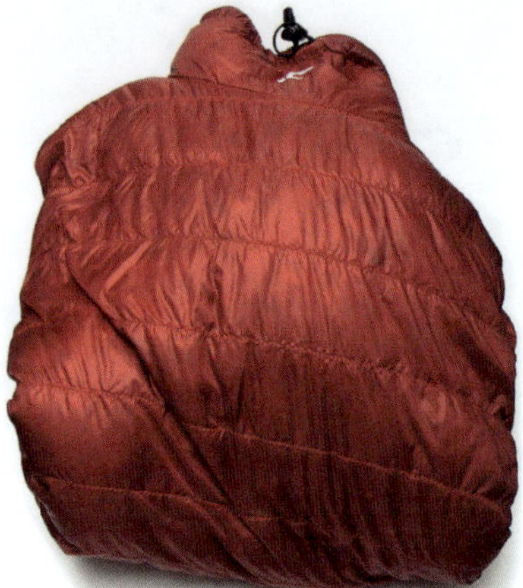

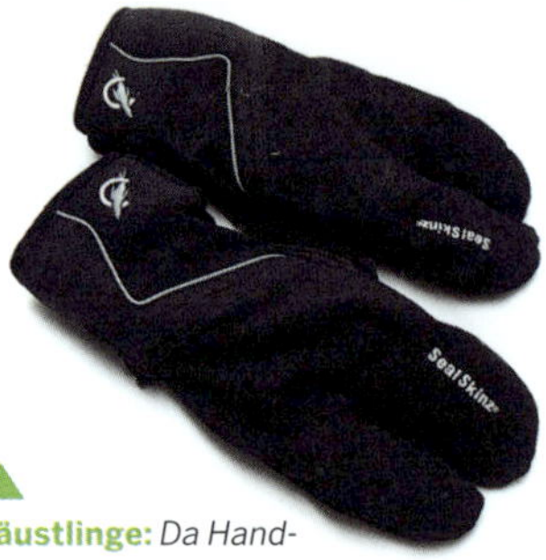

Fäustlinge: *Da Handschuhe mit einzelnen Fingern das Erfrieren der Fingerkuppen begünstigen, sind Fäustlinge oder Handschuhe mit mindestens zwei zusammengefassten Fingern notwendig.*

Lebensversicherung: *Zwei Heringe durch die Ärmel miteinander verbunden sind das Rettungswerkzeug beim Eiseinbruch.*

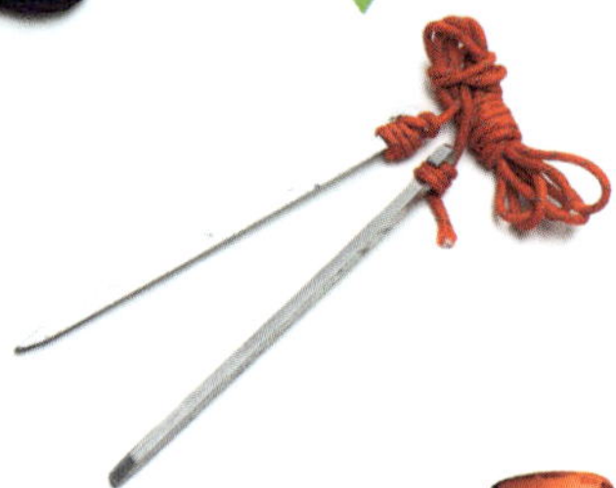

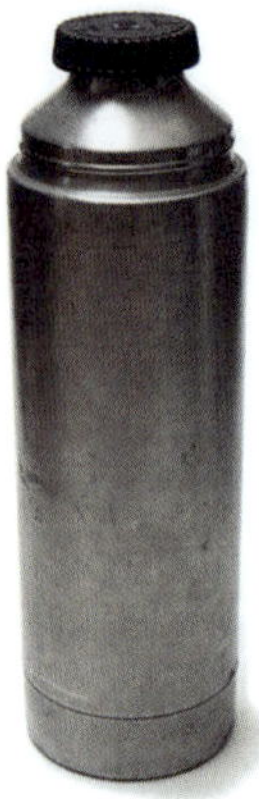

Thermoskanne: *Mit einer Isolierflasche hast Du auch unterwegs immer ein wärmendes Getränk.*

Lawinensonde: *Zum Suchen verschütteter Personen.*

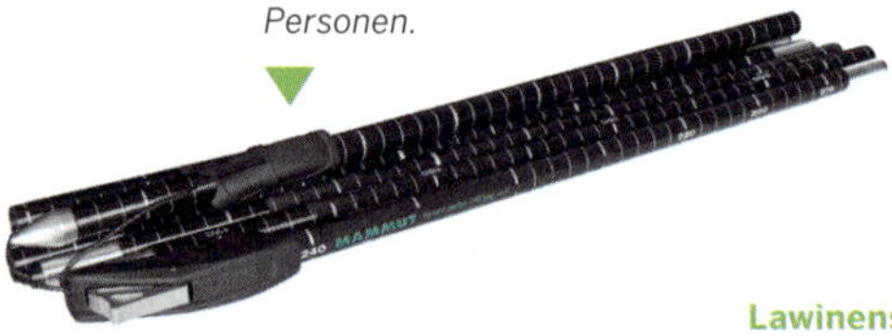

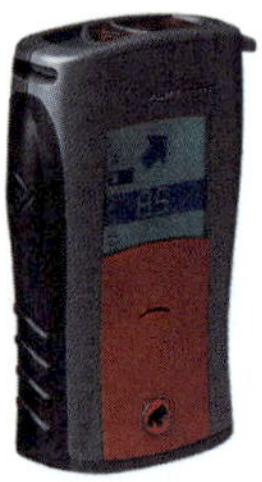

Lawinensuchgerät: *Das Mitführen eines Verschütteten-Senders ist vor allem in hügligen Regionen wichtig.*

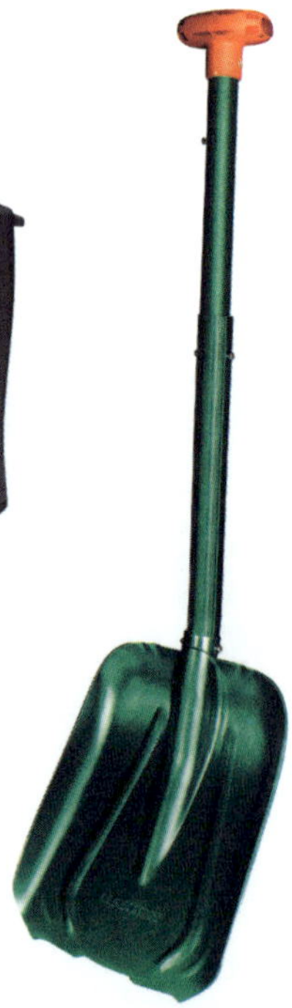

Schneeschaufel: *Ein Werkzeug zum Entfernen oder Abgraben von Schnee.*

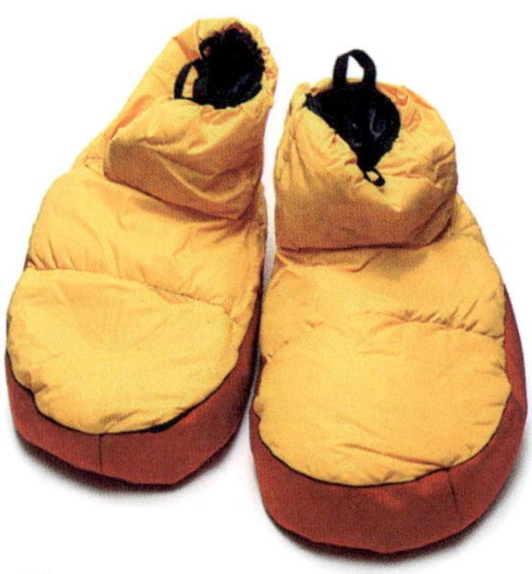

Daunenschuhe: *Beim Biwakieren im Schnee frieren die Zehen oft als erstes ein. Daunenfüßlinge schützen Dich davor.*

Abb. Sonde, LVS, Schaufel: Mammut.

K21 LAWINEN ÜBERLEBEN

Jedes Jahr sterben viele Menschen in Schneelawinen. Um die Gefahr einschätzen zu können, solltest Du einen speziellen Lawinenkurs bei einem Bergverein besuchen oder lawinengefährdetes Gebiet generell meiden. Es ist schwer abzuschätzen, ob und an welcher Stelle eine Lawine abgehen wird, besonders wenn Du nicht weißt, wie die Wetterverhältnisse der letzten Tage waren. **In gefährdeten Gebieten sollte ein Lawinen-Verschütteten-Suchgerät (LVS) mitgeführt werden.** Nach dem Verschütten bleiben etwa 15 – 30 Minuten, die ein Mensch in der Lawine überleben kann. Selten wird man tiefer als 1 Meter verschüttet. Der Schnee ist aber so festgedrückt, dass man sich nicht selbst ausgraben kann.

Gerätst Du in eine Lawine, kannst Du Deine Überlebenschancen durch folgendes Verhalten erhöhen:

- Wirf alles, was Deine Bewegung hindert, ab – Rucksack, Ski, Wanderstöcke.
- Versuche, Dich durch Schwimmbewegungen, Tritte und Sprünge im Treiben an der Oberfläche der Lawine zu halten.
- Wirst Du unter den Schnee gezogen, forme umgehend mit den Händen eine Höhle vor dem Mund. Viele Lawinenopfer mit Schnee in und vor dem Mund sterben durch Ersticken.
- Hörst Du Schritte oder Stimmen, schrei um Dein Leben.

HINWEIS: Du kannst in unsicherem Gebiet eine locker aufgewickelte Paracord mit einem darangeknoteten aufgeblasenen Kondom oder etwas Vergleichbarem mitführen. Das andere Ende bindest Du an Deinen Gürtel. Leine und Ballon werden während eines Lawinenabgangs gelöst. Der Auftriebskörper schwimmt an der Oberfläche und kann auf dem Schnee liegend den Rettern den Weg zu Dir zeigen.

Hilfsgeräte wie LVS, Avalung, Avalanche Ball oder Lawinen-Airbag erhöhen zwar die Wahrscheinlichkeit des Überlebens, **geben aber keine Sicherheit gegen den Lawinentod**. Einzig das Meiden gefährdeter Regionen schließt den Lawinentod aus.

Wirst Du selbst nicht von der Lawine erfasst, musst Du Deinen Kameraden helfen:

- Beobachte, wo Deine Kameraden sind, damit Du ihnen bei einer Verschüttung helfen kannst. Umgehend einen Notruf absetzen, sofern das möglich ist.
- Verfügst Du über ein Lawinen-Verschütteten-Suchgerät, versuche, so schnell wie möglich den Verschüttetenort einzukreisen.
- Ohne LVS brauchst Du schnellstmöglich einen dünnen Ast, Zeltstab oder eine Lawinensonde, um nach dem Verschütteten zu stochern.
- Wird der Verschüttete gefunden, muss er schonend, aber sehr schnell ausgegraben werden. Bei Atemstillstand erfolgt umgehende **→Wiederbelebung**. **→Unterkühlte** müssen korrekt aufgewärmt werden.
- Findest Du den Verschütteten nicht, werden für die vielleicht noch rechtzeitig eintreffende Rettungsmannschaft möglichst genau der Punkt der Erfassung durch die Lawine und der Punkt des Untertauchens markiert.

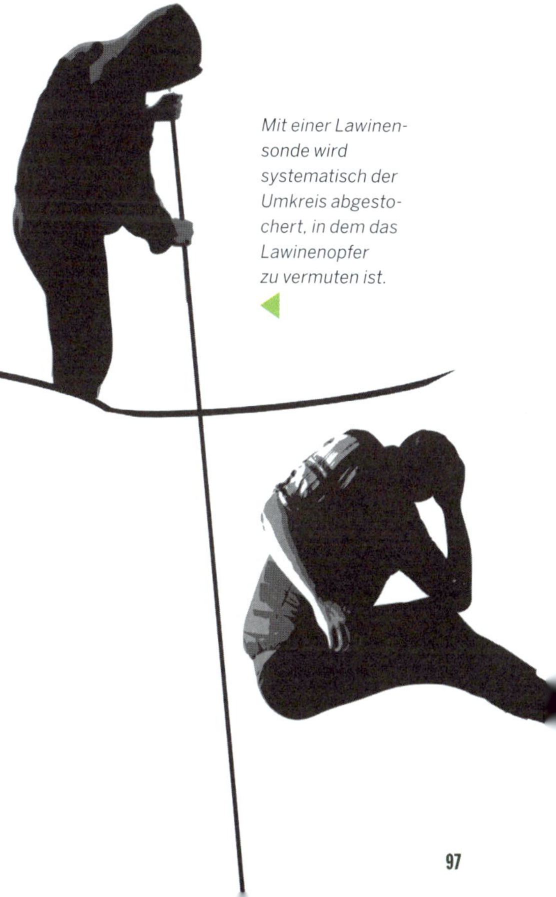

Mit einer Lawinensonde wird systematisch der Umkreis abgestochert, in dem das Lawinenopfer zu vermuten ist. ◀

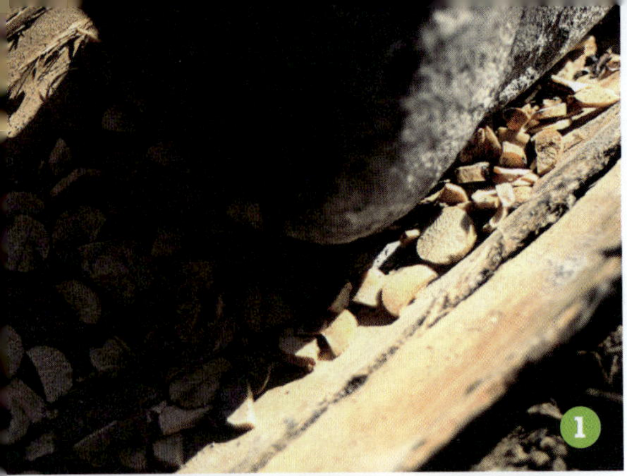

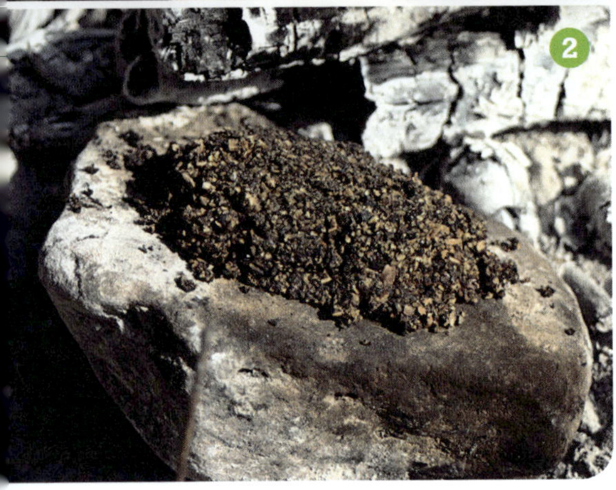

N 16 ENERGIERIEGEL AUS EICHELN

In nördlichen Breiten kann es bei geschlossener Schneedecke sehr schwierig werden, an Nahrung zu kommen. Wenn Du bewaldete Regionen aufsuchst und knorrige Eichen findest, wirst Du genügend zu essen haben. Die im Herbst abgeworfenen Eicheln liegen zuhauf unter der Schneedecke, gut gekühlt und deshalb auch im Spätwinter noch verzehrbar.

Nach dem →**Auslaugen der Gerbsäuren** kannst Du →**Pemmikan**-ähnliche Energieriegel herstellen. Dazu zermahlst Du die kleingeschnittenen und ausgelaugten Eicheln **(1)** zu einem Brei, fügst gesammelte Insekten und Beeren hinzu und streichst das Ganze auf ein Holzbrett.

Am Feuer wird der Riegel erst getrocknet **(2)**, dann geröstet und kann für lange Zeit als stärke- und ölreiche Notnahrung mitgeführt werden

W 7 SCHNEE = TRINKWASSER?

Sehr häufig kommt die Frage auf, ob Schnee- oder Gletscherwasser direkt getrunken werden darf. Abgesehen von der großen Schmelzwärme spricht nichts dagegen. Wie jeder Niederschlag ist auch Schnee sowie über die Jahrhunderte entstehendes Gletscherwasser praktisch steril. Einzig die Mineralienmenge ist im Vergleich zu »Trinkwasser« aus der Flasche sehr gering und entspricht destilliertem Wasser.

Der menschliche Körper ist jedoch in der Lage, sehr große Mengen von destilliertem Wasser ohne Schwierigkeiten zu verarbeiten. Problematisch ist die Aufnahme von destilliertem Wasser eher in sehr heißen Gegenden (→**Hyperhydration**), wobei die Menge normalen Trinkwassers, die zu einer Wasservergiftung führen kann, nicht sehr viel größer ist.

In einer Umgebung, in der nicht übermäßig geschwitzt wird, ist mineralienarmes Gletscherwasser also problemlos trinkbar.

Schmelzwasser aus Schnee oder Eis kann in kalten Regionen ohne Bedenken getrunken werden. ▼

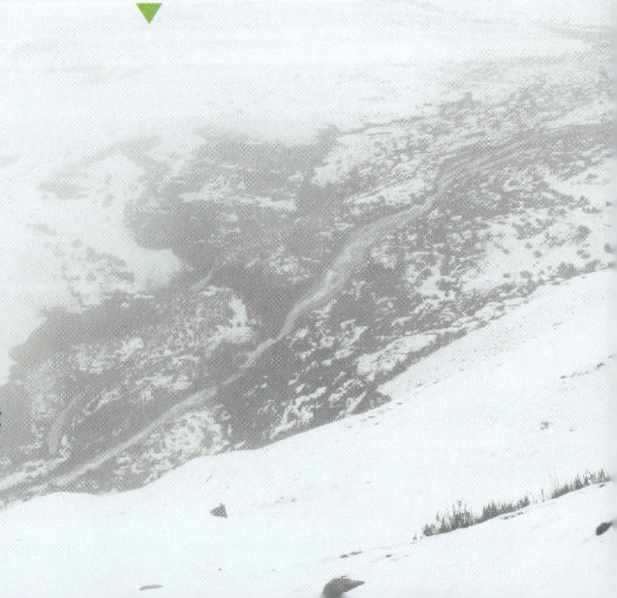

N17 AUTOMATIK-ANGELN AM EISLOCH

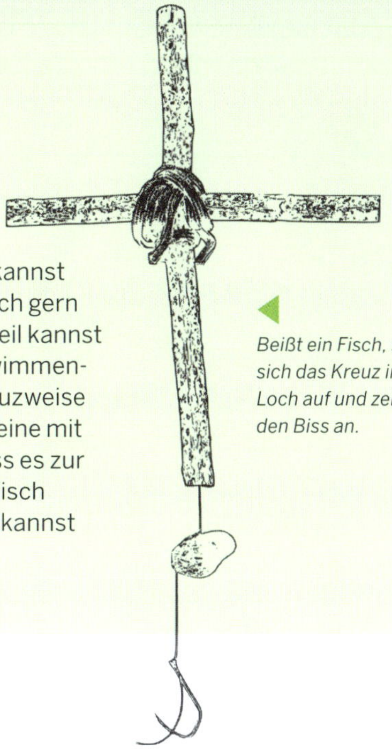

Beißt ein Fisch, stellt sich das Kreuz im Loch auf und zeigt den Biss an.

Bei geschlossener und schneebedeckter Eisdecke kannst Du besonders gut Eisangeln. Die Fische sammeln sich gern unter Löchern, durch die das Licht fällt. Mit einem Beil kannst Du ein Loch schlagen und das auf dem Wasser schwimmende Eis abschöpfen. Jetzt bindest Du zwei Hölzer kreuzweise aufeinander und knotest an einem Ende eine Angelleine mit Köder fest. Das Kreuz wird so auf das Eis gelegt, dass es zur Hälfte in das Loch gezogen werden kann, wenn ein Fisch daran hängt. Damit hast Du einen Bissanzeiger und kannst vom Ufer aus mehrere Eislöcher beangeln.

S5 SCHNEEHÖHLE – NOTBIWAK IN DER KÄLTE

Auch im Notfall solltest Du vermeiden, in der Nacht außerhalb von Wald oder zumindest Hügeln zu biwakieren. Dort bist Du dem eisigen Sturm schutzlos ausgeliefert und kühlst sehr schnell aus. Um eine derartige Situation eine Nacht lang dennoch zu überleben, kannst Du Dir eine Schneehöhle zum Biwakieren bauen.

Auf einer Fläche von rund 1 x 2 Metern wird die Schneeschicht aufgerissen und aufgelockert. Möglichst tief wird der Schnee mit dem Essgeschirr oder einer Schaufel entfernt. In einer Tiefe von etwa einem Meter wird in eine lange Seiten als Schlafstelle eine Einbuchtung in die Wand gegraben, die etwa 40 bis 60 Zentimeter hoch, einen Meter breit und etwas länger als Deine Körpergröße ist. Der Boden dieser kleinen Kammer wird mit möglichst viel Polstermaterial gegen den Schnee isoliert.

Wenn Du warme Winterkleidung trägst, kannst Du in der Schneehöhle ohne Probleme übernachten. Zieht es zu stark, kann der Eingang mit Schneeschindeln verengt oder mit einer Jacke abgedeckt werden. **Du musst aber unbedingt auf genügend Luftzufuhr achten.**

Für das Notbiwak lässt sich in kurzer Zeit eine Schneehöhle graben. Der Eingang wird abgedeckt, damit es nicht hineinzieht.

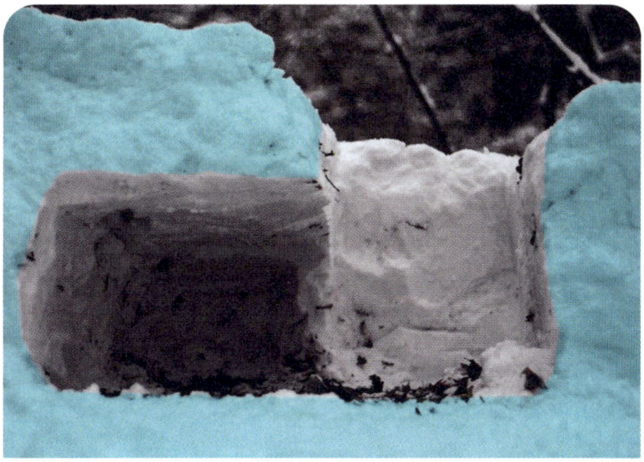

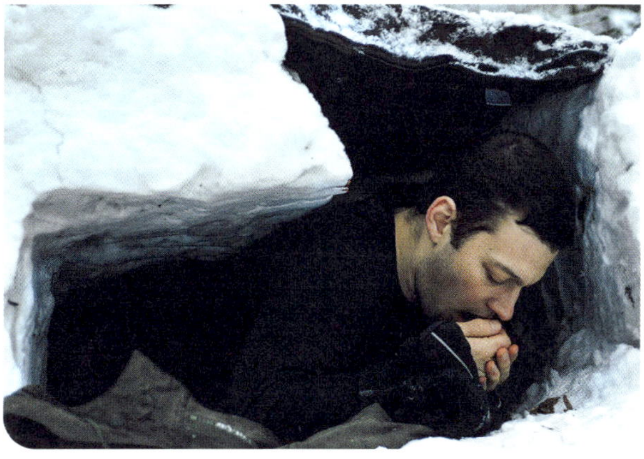

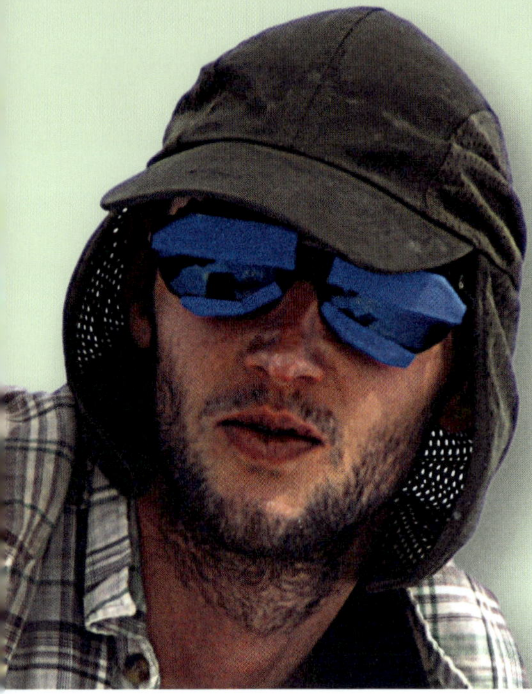

A14 GLETSCHERBRILLEN OPTIMIEREN

Bei sehr heller und tiefstehender Sonne, die auf Wasser, Eis oder im Schnee reflektiert, kann der Lichteinfall durch eine Gletscherbrille trotz höchster Verdunklung zu stark sein.

Um Schneeblindheit vorzubeugen, kann das Glas mit etwas Tape abgeklebt werden. Hierdurch werden die sehr hellen Bereiche wie Boden oder Himmel bedeckt.

Trägst Du eine optische Brille, kannst Du auf diese Weise auch eine Schneebrille improvisieren, indem Du die Gläser bis auf einen sehr schmalen Spalt verschließt.

Wenn die Sonne tief steht und blendet, bietet Klebeband schnelle Abhilfe.

W8 SCHNEE ZU TRINKWASSER SCHMELZEN

Wenn Du bei niedrigen Temperaturen unterwegs bist, ist es nicht einfach, an flüssiges Wasser zu kommen. Seen und Flüsse sind zugefroren, der Aufwand, um an Wasser zu kommen, ist enorm. Zwar ist Wasser in gefrorener Form vorhanden, doch es benötigt extrem viel Energie, um dieses in den flüssigen Zustand zu überführen. **Wenn Du Schneekügelchen lutschst, verlierst Du große Mengen von Energie, die über Nahrung wieder aufgenommen werden muss.**

Schnee lässt sich einfach schmelzen, indem er als kompakter Schneeklumpen auf ein Holzstück gespießt und am Feuer über einen Topf gestellt wird. Durch die Abwärme tropft Wasser in den Topf. Diese Methode hat im Vergleich zum Schmelzen im Topf auf dem Feuer den Vorteil, dass man kein zusätzliches kleines Kochfeuer verwenden muss; Du kannst es direkt am Wärmefeuer machen.

Außerdem ist Schnee viel voluminöser als Wasser. Deshalb müsstest Du den Topf immer wieder nachfüllen. Am Spieß geschmolzen kannst Du einfach das Mehrfache des Topf- oder Bechervolumens schmelzen und musst Dich nicht ständig darum kümmern.

Wenn Du Schnee auf dem Kocher schmelzen musst, füll erst einige Zentimeter Schnee oder – wenn vorhanden – Wasser ein und erwärme es. Wenn der Boden mit warmem Wasser bedeckt ist, füllst Du nach und nach Schnee ein. Dabei zieht sich das Wasser in den Schnee und sinkt zusammen. Sobald keine Kristalle mehr zu sehen sind, kommt die nächste Ladung Schnee dazu.

Beachte, dass Du je Liter geschmolzenem Schnee etwa 45 Gramm Gas, 60 Gramm Benzin oder 80 Gramm Spiritus benötigst!

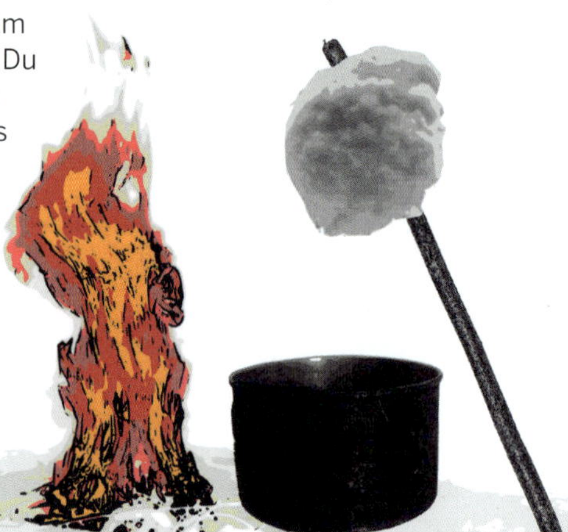

M 11 ERFRIERUNGEN EINSCHÄTZEN

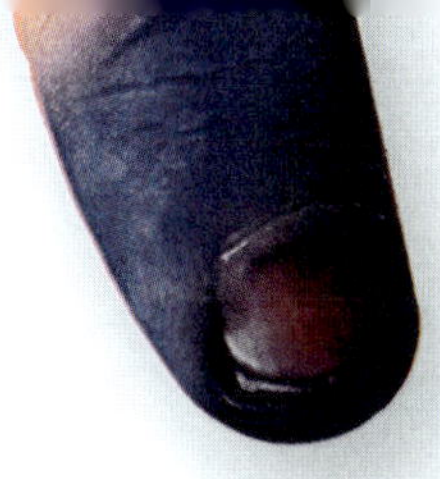

Erfrierungen von ganzen Körperteilen entstehen nicht von jetzt auf nachher, sondern sind meist das Ergebnis von dauerhafter Dehydration und Minderdurchblutung während eines mehrstündigen Gipfelsturms oder eines ungeplanten Notbiwaks im Schnee.

Hier ist vorrangig die Gefahr der →**Unterkühlung** zu minimieren und erst nach Sicherung der Körperwärme eine gegebenenfalls vorhandene Erfrierung zu behandeln.

Oberflächliche Erfrierungen der Haut können bei falscher Kleidung in starkem Wind relativ schnell entstehen, sie sind jedoch meist nicht weiter schlimm. Auch besonders exponierte Körperteile wie Nasen und Ohren gefrieren relativ schnell.

Die Verletzungsgrade sind praktisch analog zu denen bei Verbrennungen, wobei die Erfrierung meist nicht unmittelbar betrachtet werden kann, da man erst Stunden oder Tage nach der verursachenden Unterkühlung, also beim Erreichen warmer Umgebung, die Kleidung abnehmen kann.

1. GRAD Unterdurchblutung der bläulich-blassen Haut, Schmerzen und Schwellungen.

2. GRAD Bläulich-rote Hautstellen bei gleichzeitiger Blasenbildung.

3. GRAD Absterben der Haut und des darunterliegenden Gewebes ohne Schmerzen.

4. GRAD Das vollständige Durchfrieren des Körperteils.

ACHTUNG: Eine abschließende Behandlung schwerer Erfrierungen ist draußen nicht möglich.

Durch das Erstarren der Wasserbestandteile im Gewebe entstehen Eiskristalle, die alle umgebenden Zellen irreversibel zerstören. **Ist ein Körperteil schon hart gefroren, kann er nicht mehr gerettet werden.**

Das Aufwärmen von Erfrierungen darf erst erfolgen, wenn ausgeschlossen werden kann, dass es zu einer nochmaligen starken Kälteexposition kommt. In kalten Regionen ist das meist erst nach dem Abstieg oder dem Erreichen der Zivilisation der Fall.

Dabei können verschiedene Komplikationen wie Thrombosen oder Infektionen auftreten. Auf keinen Fall darf der Körperteil im gefrorenen Zustand und nach dem Auftauen gerieben oder massiert werden, da es dadurch zu weiteren mechanischen Verletzungen kommen und ein Bergungstod provoziert werden kann.

Nach dem **langsamen** Auftauen in warmem Wasser oder an einer Wärmequelle, das nur erfolgen darf, wenn eine allgemeine Unterkühlung durch Rumpferwärmung behandelt wurde bzw. ausgeschlossen werden kann, trennt sich das abgestorbene schwarzblaue Gewebe von dem noch lebenden Teil ab und trocknet aus. *Erst nach Monaten* kann abgeschätzt werden, ob und welcher Teil der Extremität entfernt werden muss.

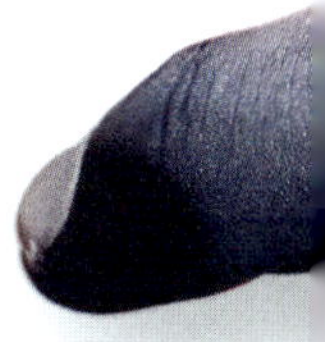

Durch Erfrierungen sterben Haut und Muskelzellen ab und verfärben sich. Wenn Deine Finger so aussehen, solltest Du zum Arzt.

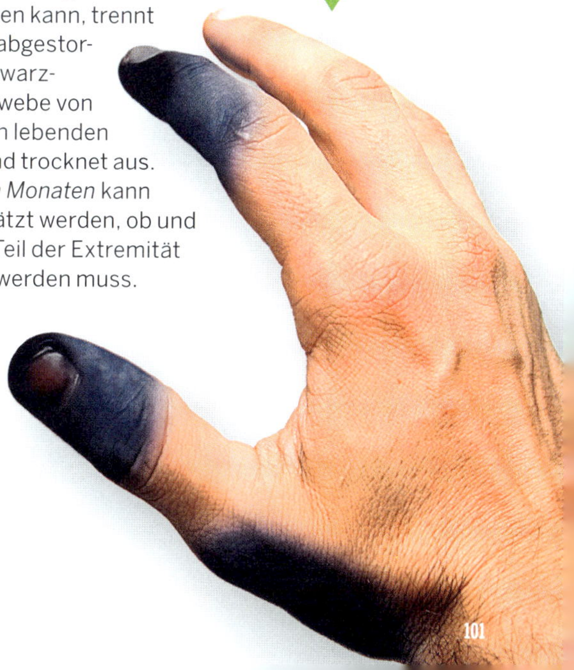

K22 WHITE-OUT KONTRASTVERLUST

Bei hellem Untergrund, bedecktem Himmel, Schneefall oder Nebel und gleichzeitiger starker Sonneneinstrahlung kann die Umgebung für unser Auge so »überbelichtet« sein, dass keinerlei Konturen wie Geländestrukturen, Abgründe oder Steigungen mehr erkannt werden können. Auch die Sicht ist oft stark eingeschränkt – Entfernungen und Höhen können kaum noch eingeschätzt werden.

Immer wieder versuchen Reisende, in einer solchen Situation (beispielsweise bei kleinem Zeitfenster zum Erreichen eines Gipfels) weiterzumarschieren – oft mit fatalem Ausgang.

Während die Navigation mit Karte und Kompass kaum noch möglich ist, ist das Verfolgen eines GPS-Tracks möglich – aber generell nicht zu empfehlen. **Die Fortbewegung in einem White-Out ist lebensgefährlich. Gletscherspalten, Abgründe oder Hindernisse können zur tödlichen Falle werden.** Das einzige richtige Verhalten ist die Suche nach einem sicheren Platz in der unmittelbaren Umgebung, das Rasten bzw. Biwakieren in einer Schneehöhle oder in einem Iglu – notfalls für mehrere Tage.

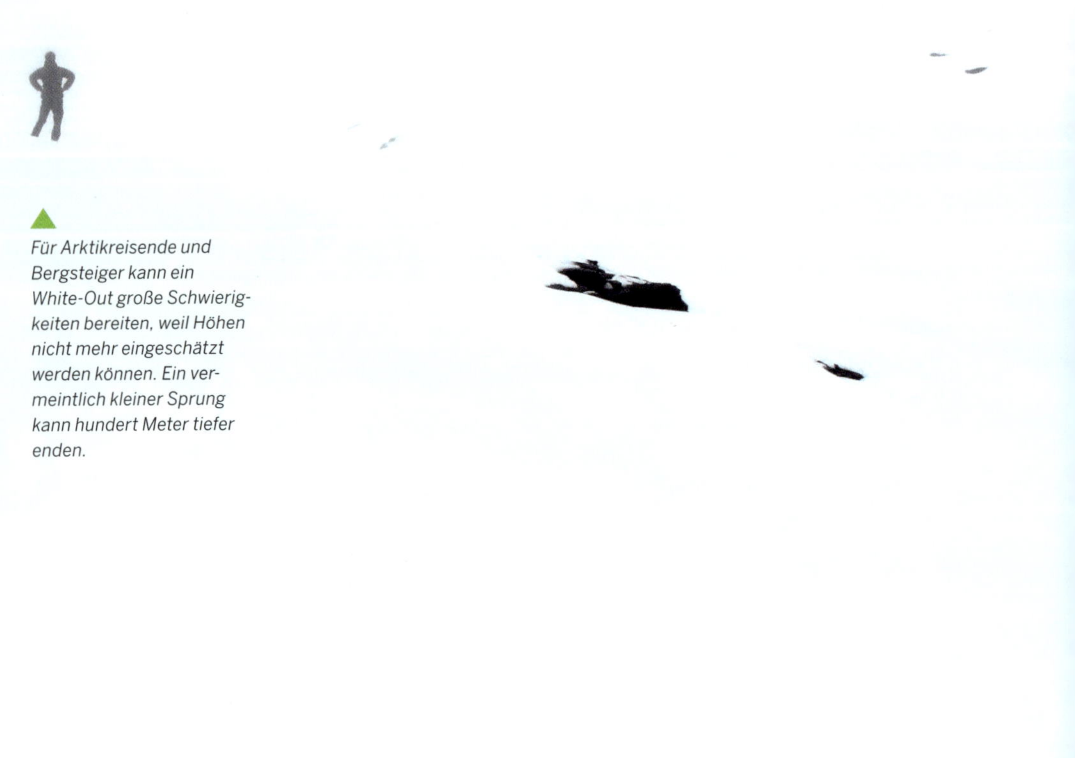

▲ *Für Arktikreisende und Bergsteiger kann ein White-Out große Schwierigkeiten bereiten, weil Höhen nicht mehr eingeschätzt werden können. Ein vermeintlich kleiner Sprung kann hundert Meter tiefer enden.*

A15 GUT GEPOLSTERT – RICHTIG ISOLIEREN

Im Winter ist es extrem schwierig, die benötigte Kleidung richtig einzuschätzen. Hast Du zu wenig dabei, wird es schnell in Pausen und vor allem nachts sehr kalt. **Um Unterkühlung zu verhindern, solltest Du einige Regeln beachten:**

- Trage lieber zahlreiche dünnere Schichten als eine dicke. Aber nichts aus Baumwolle – wird sie vom Schwitzen nass, bekommst Du sie nicht mehr trocken.

- Wenn Du anfängst zu schwitzen, zieh sofort einige der Schichten aus! Stark verschwitzte Kleidung wechseln, sie kühlt Dich aus.

- Machst Du Pausen, warte einen Moment, bis deine Wäsche etwas »ausgedampft« ist und ziehe Schichten an, bevor du zu Frieren beginnst.

- Hast Du alles angezogen und ist es trotzdem noch zu kalt, geh in die Hocke, umfasse deine Knöchel. Als »Kugel« verlierst Du weniger Wärme.

- Reicht die Isolation immer noch nicht, stopfe alles, was Du verfügbar hast unter die äußerste Schicht: Reisig, trockenes Laub, Seile, Kartenmaterial und ähnliches.

Zieh bei körperlicher Leistung nur so viel an, dass Du gerade noch nicht frierst!

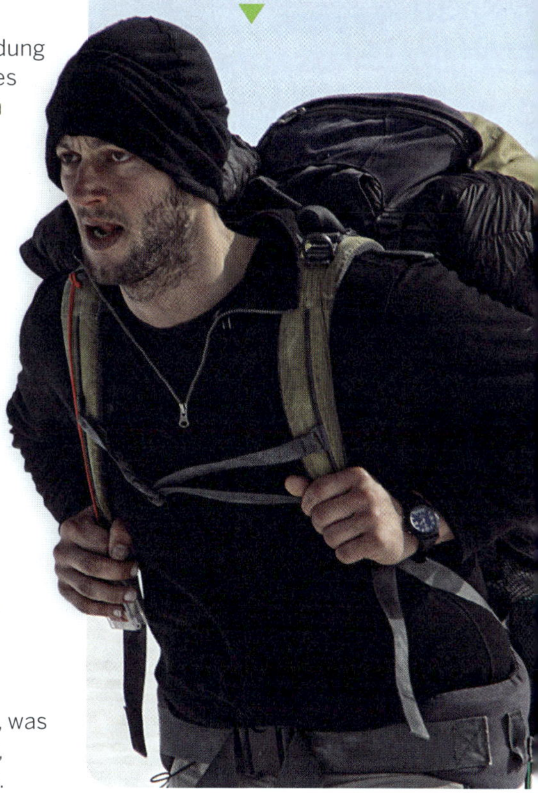

K23 WINDCHILL UND WÄRMEVERLUST

Knackig kaltes Wetter ist tatsächlich gar nicht das Schlimmste, das einem im Winter passieren kann. Bei Temperaturen etwas über den Gefrierpunkt kann man zuweilen viel schneller unterkühlen. Das passiert vor allem dann, wenn Schneeregen fällt, der auf die Kleidung klatscht und alles durchnässt. Weil man in sehr kalten Regionen meist kein Regenzeug dabei hat, durchweicht die Isolationsschicht zum Beispiel aus Daune und es kann schnell lebensgefährlich werden. Nässe leitet Wärme viel besser als Luft. **Allerdings kann auch starker Wind, der durch die Kleidung kommt, zum selben Unterkühlen wie bei deutlich niedrigeren Temperaturen führen.** Auf längeren Touren ist deshalb eine dünne regen- und winddichte Jacke oder ein Poncho Pflicht!

Temperatur / ° Celsius	0	–10	–20
Windgeschwindigkeit	**Vergleichbare Auskühlung etwa bei diesen Temperaturen / ° Celsius**		
20 km/h	–5	–18	–30
40 km/h	–7	–20	–35
50 km/h	–8	–22	–36

Windchill (gefühlte Temperatur) bei tiefen Temperaturen

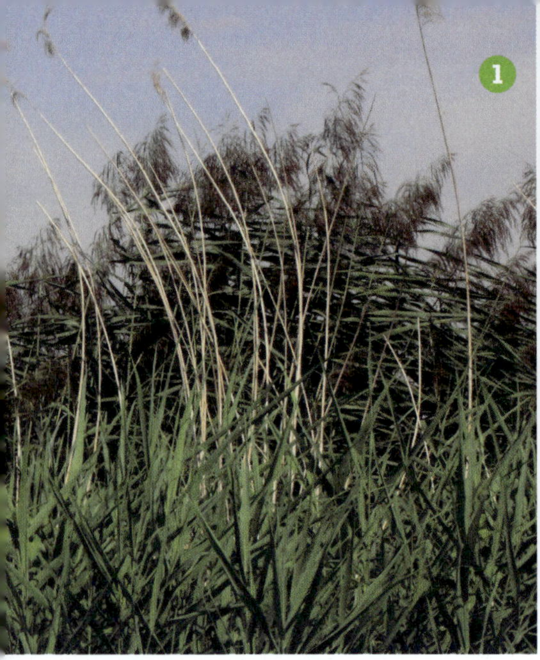

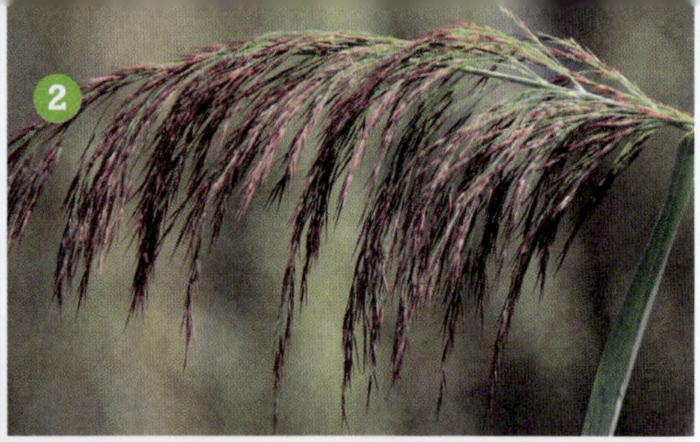

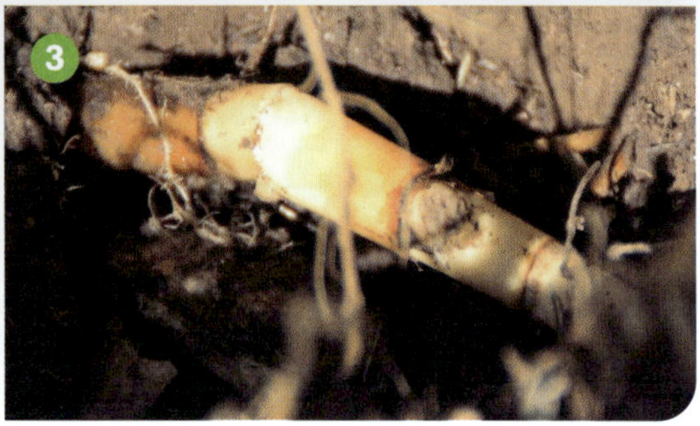

Schilf findest Du auch im Winter, da seine Halme bis zu zwei Meter hoch werden. Die Rhizome können roh oder gekocht verzehrt werden.

N 18 SCHILF ALS NOTNAHRUNG

Schilf ist ein weltweit verbreitetes Gras, das hauptsächlich in großen Feldern an Gewässerrändern gefunden werden kann. Die aufrechten Stängel sind mit länglichen Blättern besetzt, wie Du es auch von kleinen Gräsern kennst. Die Pflanze wird je nach Unterart bis zu 9 Meter hoch und einige Zentimeter dick. Das Schilffeld überragen die rötlichen bis grauen Blüten **(1)**, die buschige Ährchen als Fuchsschwanz **(2)** vereinen. Unterirdisch kriechen weißliche Rhizome **(3)**, die mit etwas Aufwand ausgegraben werden können.

Im Frühjahr lassen sich die hellgrünen Spitzen aus dem Halm ziehen und wie Palmherzen verzehren. Es gibt weltweit nur eine einzige Art Schilf, mit verschiedenen Unterarten. Die Unterschiede liegen nur in Größe und Färbung der Pflanzen. Schilf ist eine der Pflanzen, die Du auch im Winter bei einigen Metern Schnee finden kannst. Hier ist Schilf zusammen mit →**Rohrkolben** eine der wenigen noch verfügbaren Nahrungsquellen. Am Gewässerrand ist die Erde oft nur oberflächlich gefroren, was das Ausgraben erleichtern kann.

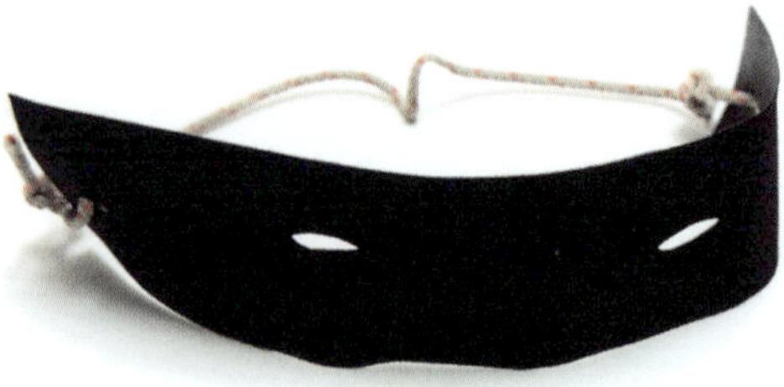

Bei sehr hellem Untergrund werden die Sehschlitze möglichst klein angelegt.

A 16 SCHNEEBRILLE IMPROVISIEREN

Durch die Reflexion der Sonne durch Schnee und Eis kann es zu einer Überlastung der Augen kommen, wodurch eine Entzündung und temporäre Blindheit verursacht wird.

Mit beliebigem Gewebe kannst Du Dir eine Scheebrille improvisieren. Dazu werden in einen Stoffstreifen zwei kleine Schlitze in Augenabstand geschnitten. Eine solche Scheebrille kann auch mit Klebeband und einer optischen Brille improvisiert werden.

A17 IMPROVISIERTE SKIER

Wenn Du genügend Muße hast, kannst Du Dir für das Laufen auf der Trapline →**Schneeschuhe** fertigen. Wenn Du Dich in Eis und Schnee schnell fortbewegen musst, sind Ski allerdings oft besser geeignet als Schneeschuhe.

Improvisierte Ski können sogar mit Hilfe eines normalen Schnitzmessers gebaut werden. Dazu suchst Du einen jungen Hasel, Kiefern- oder Ahornstamm von etwa 7 cm Durchmesser. Dieser wird mit Keilen oder einem Messer gespalten und mit dem →**Power Cut** auf beiden Seiten abgeflacht.

Die Unterseite der Ski wird etwas abgerundet – damit eignen sie sich nicht zum Carven, sondern als Langlaufski für den Tiefschnee, weil so die Auftrittfläche vervielfacht wird. Damit sich beim Lauf die Spitzen nicht in den Schnee graben und Du flüssig vorankommst, werden sie nach vorne verjüngt und über dem Feuer →**gebogen**. Die Biegung kann gehalten werden, indem Du die Spitze mit einer Leine straff über eine Stütze spannst. In der Mitte erhalten die Ski noch Kerben, um sie an den Schuhen festzubinden. Leinen, die über die Lauffläche gehen, können mit →**Harzkleber** versiegelt werden.

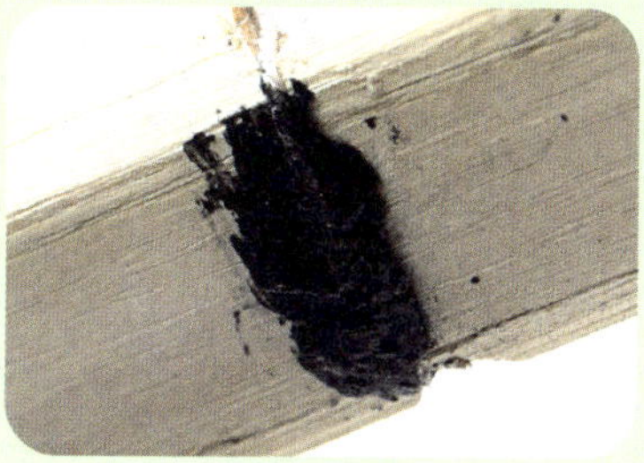

Mit Harzkleber werden die Leinen so versiegelt, dass der Schnee darunter hindurchgleiten kann.

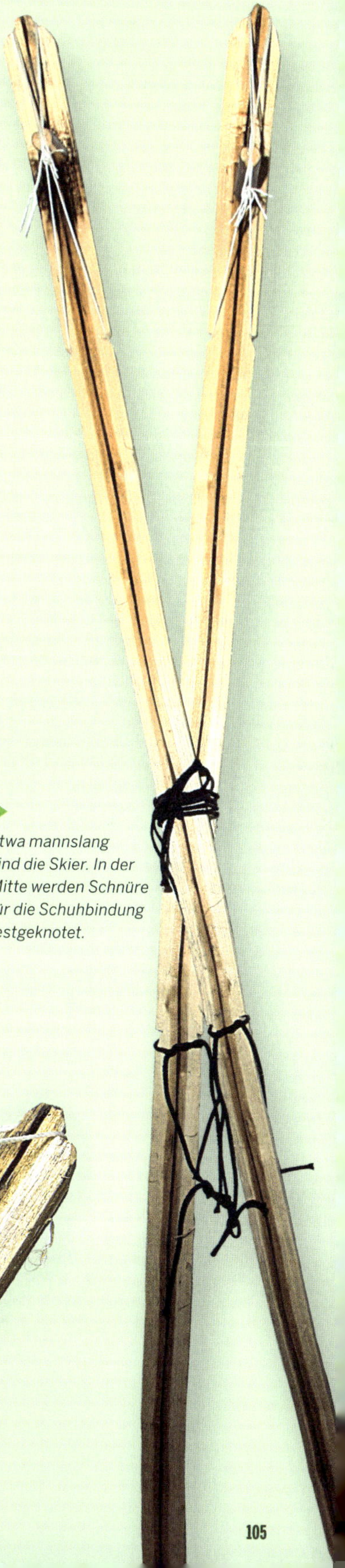

Etwa mannslang sind die Skier. In der Mitte werden Schnüre für die Schuhbindung festgeknotet.

Mit Bolzen und Schnur kannst Du verhindern, dass sich die gebogenen Spitzen wieder strecken.

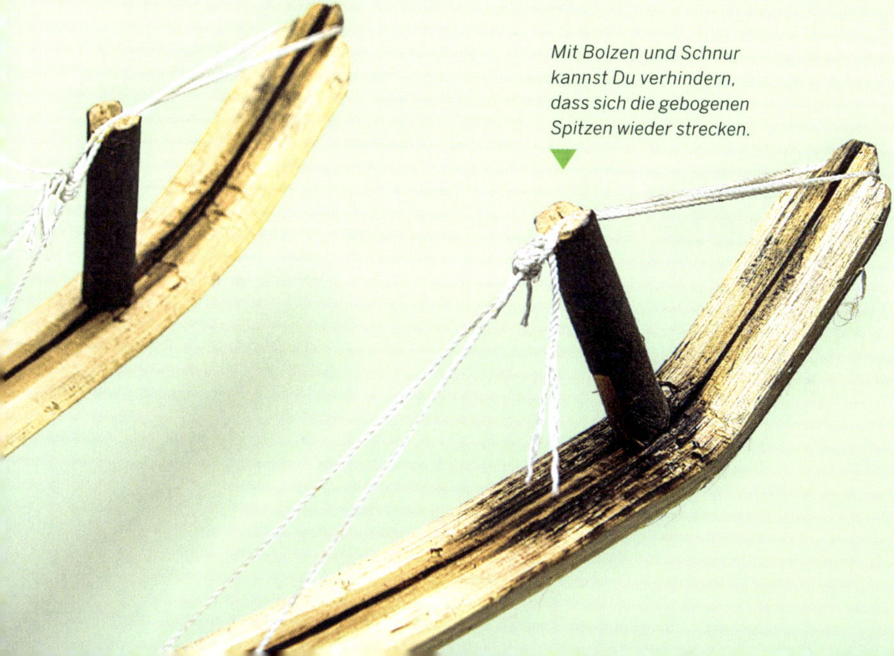

F6 FEUER AUF EIS

Feuer ist heiß, Eis schmilzt bei Wärme. Oft versinkt das Lagerfeuer nach kurzer Zeit im nassen Schne. Wie kannst Du trotzdem im winterlichen Tiefschnee und auf zugefrorenen Seen ein Lagerfeuer zum Grillen des gefangenen Fischs oder zum Auftauen der Schuhe nach einer bitterkalten Nacht machen?

Die Ureinwohner der kalten Regionen machen im Winter ihre Lagerfeuer auf einer Plattform aus Holz. Holz isoliert gut gegen die Hitze des Feuers und schützt das darunterliegende Eis vor dem Schmelzen. **Allerdings brennt die Plattform über kurz oder lang durch und beginnt den Schnee aufzuschmelzen.** Wenn möglich, kann die einfache Plattform auch mit Schlamm oder Erde eingestrichen werden. Die Hitze verschließt das Holz mit einer schlecht brennbaren Schicht und verhindert, dass die Plattform verbrennt.

Eine einfache Plattform aus Holz verhindert, dass das Lagerfeuer untergeht.

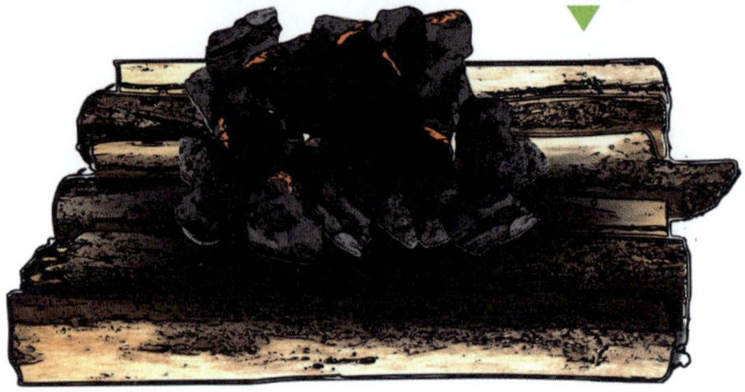

K24 DEM HAUCHDÜNNEN EIS ENTKOMMEN

Bei Reisen in Eis und Schnee kommt es vor, dass gewollt oder ungewollt vereiste Wasserflächen überquert werden. Da aufgrund der Strömung nie kalkulierbar ist, ob das Eis dick genug ist, und es auch an manchen Stellen brüchig geworden sein kann, besteht die Gefahr, in das eiskalte Wasser einzubrechen. **Hier besteht sofort Lebensgefahr.** Innerhalb von 3 – 4 Minuten kannst Du Dein Bewusstsein verlieren. Aus diesem Grund solltest Du beim Überqueren von Eisflächen immer zwei Heringe dabeihaben, die mit einer Leine gesichert sind. Damit hast Du ein Werkzeug, um Dich nach dem Einbrechen auf der spiegelglatten Oberfläche wieder aus dem Wasser zu ziehen.

Um schnell wieder an Land zu kommen, ziehst Du ein Bein an und stemmst Dich damit am Rand des Lochs nach oben. Gleichzeitig fixierst Du die Heringe im Eis und ziehst Dich an diesen nach draußen. Am besten lässt man sich so auf dem Bauch bis an das Ufer gleiten, um ein nochmaliges Einbrechen zu verhindern.

Heringe können beim Eiseinbruch Lebensretter sein.

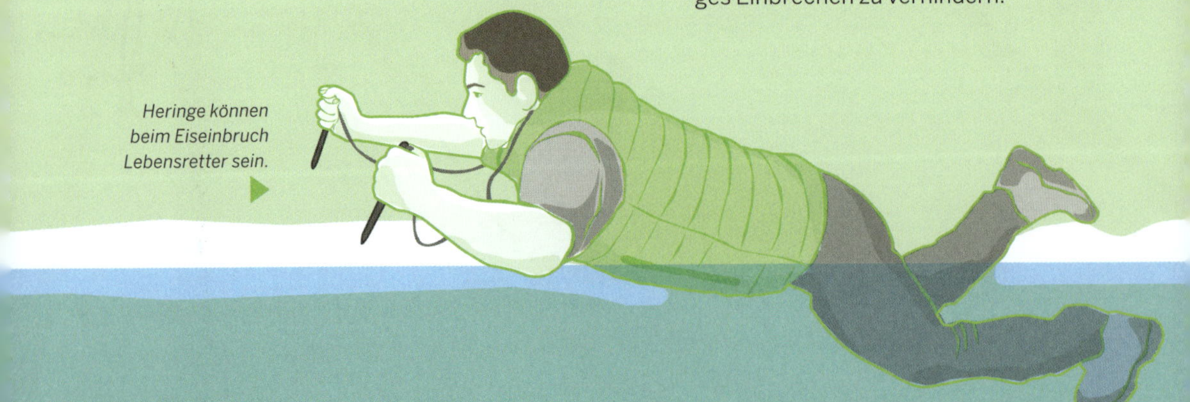

DIE ORIENTIERUNG BEHALTEN #04

ORIENTIERUNG MIT DER SONNE

Wenn Du ohne Kompass in einer Gegend ohne deutlich sichtbare Geländemerkmale vorankommen möchtest, kannst Du über die Sonne sehr einfach und recht genau die Himmelsrichtungen bestimmen.

Dazu wird auf möglichst ebenem Boden ein Stab senkrecht in den Untergrund gesteckt. Das Ende des von dem Stock geworfenen Schattens wird markiert. Eine Viertelstunde später ist der Schatten gewandert. Das Schattenende wird wiederum markiert. Die Verbindungslinie zeigt hinreichend genau die Ost-West-Richtung an. Je länger Du wartest, desto genauer wird die Richtungsanzeige.

Der letzte Schattenwurf markiert übrigens *immer* das Ostende, egal ob Du Dich auf der Süd- oder auf der Nordhalbkugel befindest. Mit dem Wissen um die ungefähren Himmelsrichtungen kannst Du Dich Deiner gewünschten Marschrichtung unter Verwendung von Winkelhalbierenden annähern.

Um die Richtung möglichst genau zu bestimmen, sollte die Sonnenorientierung kurz vor und kurz nach 12 Uhr erfolgen.

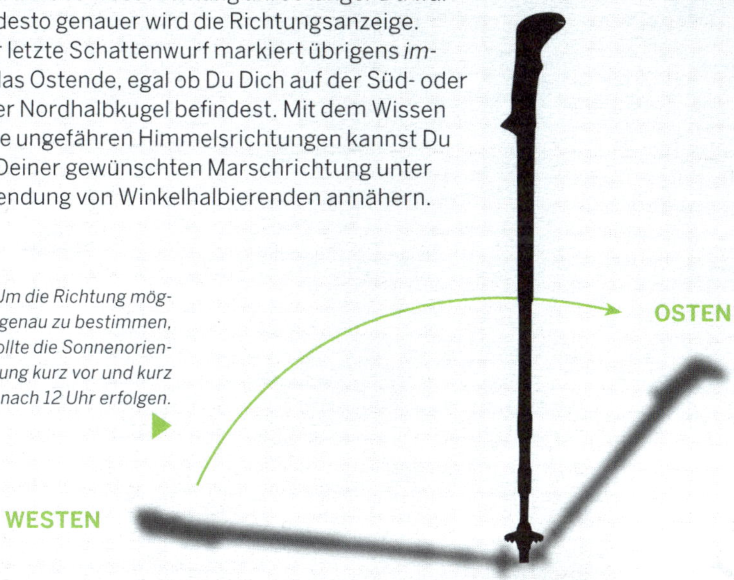

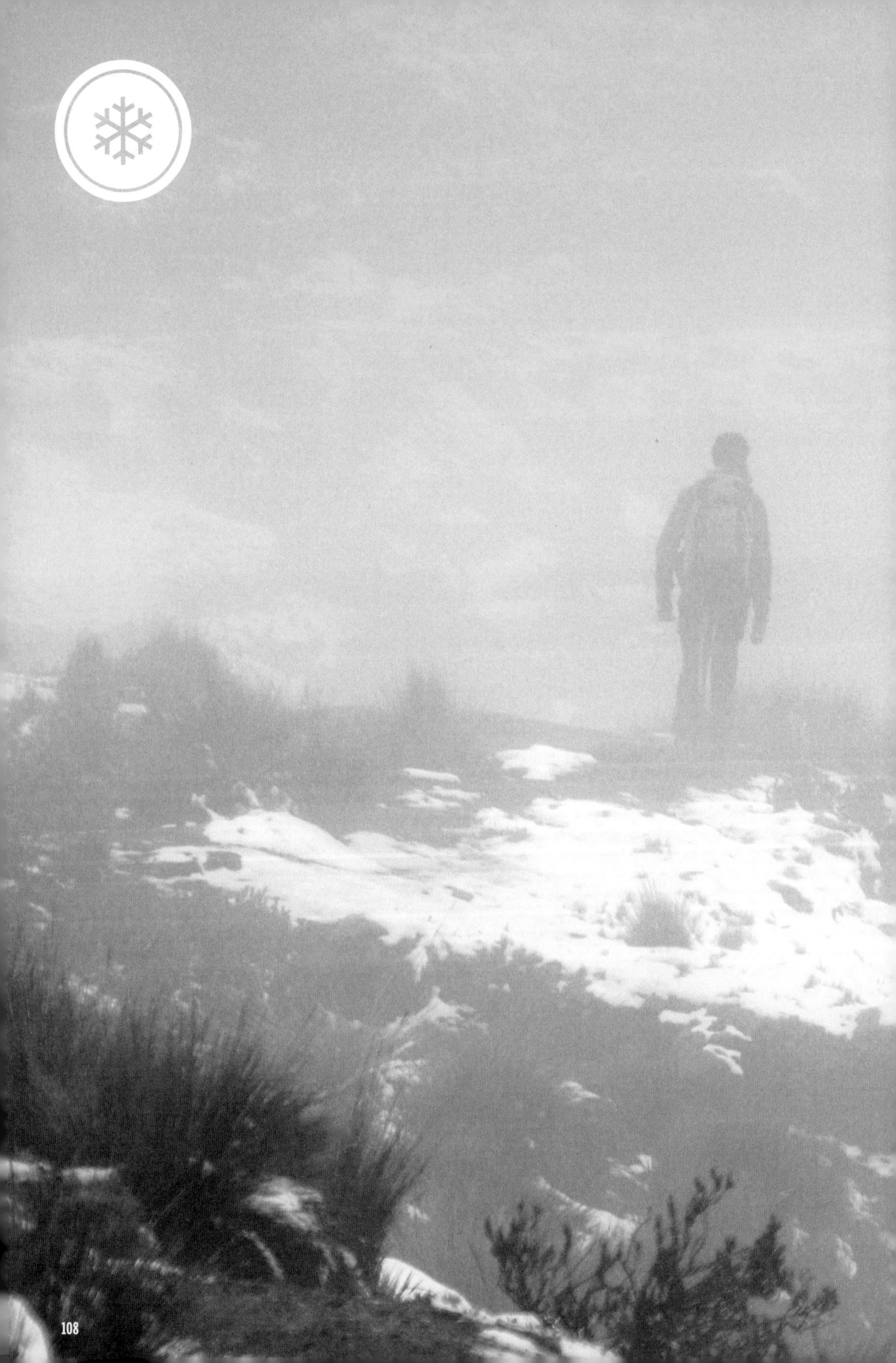

M12 UNTER-KÜHLUNG

Das Erfrieren zählt zu den häufigsten Todesursachen von Extremreisenden wie Alpinisten, Expeditionspaddlern oder Arktikreisenden.

Zwar haben wir eine isolierende Fettschicht unter der Haut, aber diese kann nicht immer den Wärmeverlust ausreichend verhindern. Insbesondere die geistigen Fähigkeiten nehmen schnell ab, wenn das Gehirn nicht mehr seine Betriebstemperatur halten kann – das kann erschreckend schnell geschehen.

Bei einem Sturz in eiskaltes Wasser hast Du nur wenige Minuten Reaktionszeit, danach wirst Du bewusstlos. 10 Minuten später kannst Du schon tot sein.

Auch feuchtkaltes Wetter, starker Wind und große Höhen können das Erfrieren stark beschleunigen (sogenannter Wind Chill).

Der Prozess des Erfrierens unterteilt sich in verschiedene Stadien, die von der verbliebenen Körpertemperatur abhängig sind. Die Behandlung erfolgt jeweils durch Aufwärmen, wobei dieses sich je nach Zustand des Erkrankten unterscheidet.

Erste Maßnahme ist immer, den Verunglückten aus der unmittelbaren Gefahrensituation zu bekommen, also die Bergung aus dem Wasser oder der Schneehöhle.

ACHTUNG: Die Wiedererwärmung muss immer vom Rumpf her erfolgen, niemals an den Extremitäten oder gar durch ein warmes Bad.

Erlangt der Patient durch Aufwärmung sein Bewusstsein wieder, ist besonders darauf zu achten, dass er sich nicht bewegt, auch wenn es seinem subjektiven Bedürfnis entspricht, sondern ruhig liegen bleibt und von außen am Rumpf bzw. durch warme Getränke aufgewärmt wird.

1. LEICHTE UNTERKÜHLUNG

(Kerntemperatur 37 – 35 °C):
Symptome: Starkes Kälteempfinden, Bibbern, Zittern, jedoch bei *vollem Bewusstsein*.
Behandlung: Aktive körperliche Bewegung wie Laufen, Strecksprünge etc. zum Erhöhen der Muskelwärme. Trinken von warmen Getränken, Aufwärmen am Feuer.

2. MÄSSIGE UNTERKÜHLUNG

(Kerntemperatur 35 – 32 °C):
Symptome: Starkes Zittern, beschleunigter Puls und Atmung, verschlechtertes Urteilsvermögen, Beginnende *Minderdurchblutung der Extremitäten* (hier ist das Blut kälter als im Rumpf!).
Behandlung: Aktive Bewegung, zusätzliche Wärmeisolation mit trockener Kleidung, einem Schlafsack oder der Rettungsdecke. Sonst wie bei 1.

3. MITTLERE UNTERKÜHLUNG

(Kerntemperatur 32 – 28 °C):
Symptome: Stark eingeschränktes Bewusstsein, extreme Erschöpfung und Müdigkeit, Reduktion des Zitterns, verlangsamter Puls, flache Atmung.
Behandlung: Vorsichtiges Entfernen nasser Kleidung ohne starke Bewegung (Durchmischungsgefahr, da das Blut in Armen und Beinen sehr kalt ist). Behutsame Umlagerung auf eine Isomatte, Wärmeisolation durch Rettungsdecke, darüber trockene Kleidung, Schlafsack etc.

4. STARKE UNTERKÜHLUNG:

(Kerntemperatur unter 28 °C):
Symptome: Tiefe Bewusstlosigkeit, Kreislaufstillstand, Atemstillstand, Tod. Menschen mit einer Kerntemperatur unter 28 °C sind ohne intensivmedizinische Hilfe mit normaler Reiseausrüstung nur schwer wieder zu erwärmen bzw. zu retten.
Behandlung: Isolation, Patienten nicht bewegen! Bei Kreislaufstillstand umgehende Reanimation. Sehr langsames Aufwärmen durch Wärmflaschen am Bauch.

DIE WICHTIGSTEN KNOTEN #05

DER SCHOTSTEK

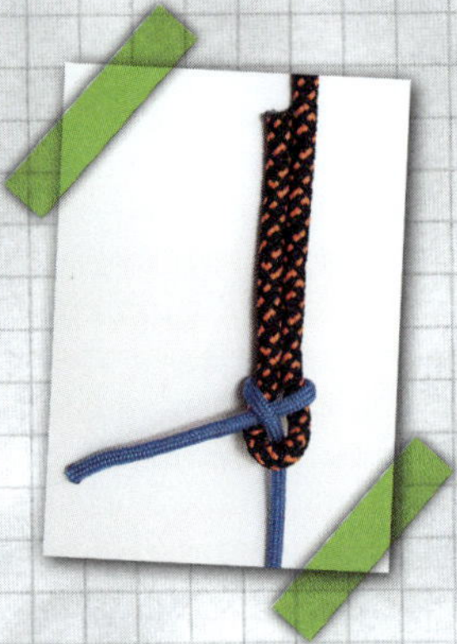

Willst Du ein Seil mit einer dünneren Leine verlängern, benötigst Du einen besonderen Knoten. Das ist hilfreich beim Verlängern von Abschleppseilen oder Abspannleinen. Dabei ist darauf zu achten, dass die richtigen Knoten auf dem dünnen bzw. dicken Seil liegen.

SCHRITT 1 Das dicke Seil wird zurückgeschlagen. Das dünne wird von unten in die entstandene Bucht gelegt. Diese Reihenfolge ist unbedingt zu beachten.

SCHRITT 2 Das dünne Seil wird von innen nach außen um das kurze Ende der Schlaufe des dicken Seils gelegt. Das kurze Ende der dünnen Leine wird hinter beide Enden des dicken Seils gelegt.

SCHRITT 3 Die Leine wird nun über die Bucht gezogen und dabei unter das aus der Bucht kommende lange Ende gefädelt. Festgezogen wird der Knoten, indem das dicke Seil an beiden Enden festgehalten und das dünne Seil an das Schlaufenende geschoben wird.

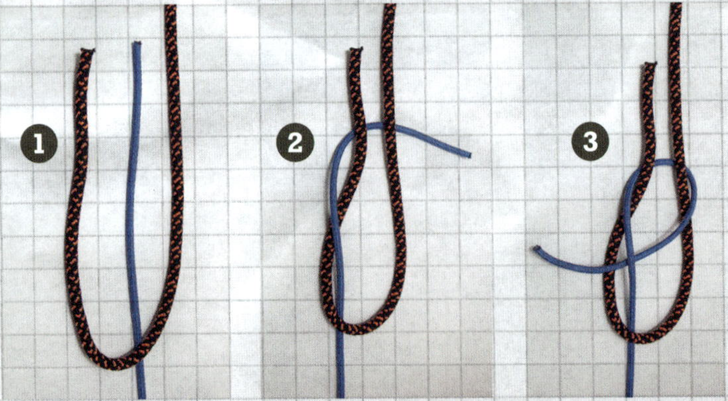

A18 SCHNEESCHUHE IMPROVISIEREN

Im Tiefschnee sinkst Du mit Deinen Füßen schnell ein, selbst bei Harsch auf der Schneeoberfläche brichst Du ein und kommst kaum von der Stelle. Hier können Schneeschuhe oder improvisierte →**Ski** den Unterschied ausmachen. Die einfachste Methode ist die Verwendung von Reisig. **Die zahlreichen Nadeln an frisch abgetrennten Ästen verbreitern den Fußabdruck, so dass Du nicht mehr einsinkst.**

Du schneidest Dir einige dünne, möglichst verzweigte Zweige, beispielsweise von Fichte oder Tanne und bindest jeweils 3 oder 4 so zusammen, dass sie möglichst weit und flach auffächern **(1)**. Die Bündel werden mit der abgeschnittenen Seite nach vorne an den Schuhspitzen und hinten an der Ferse angebunden **(2)**. Beim Laufen hebst Du die Beine nur ein wenig an und ziehst die improvisierten Schneeschuhe hinterher.

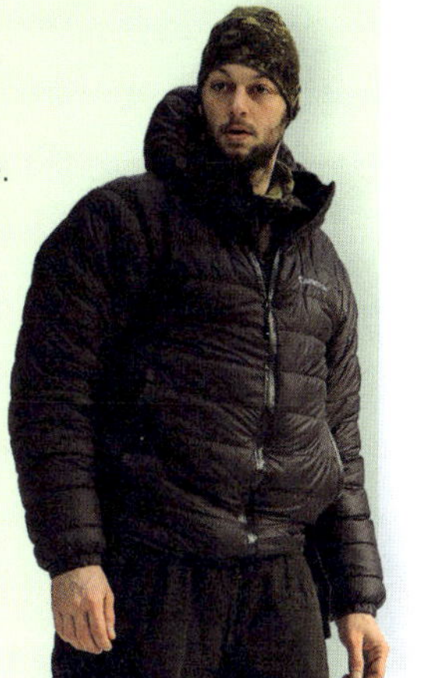

Die Zweige werden am abgeschnittenen Ende zusammengeschnürt. Die improvisierten Schneeschuhe nutzt man so ähnlich, als würde man auf Langlaufski rutschen.

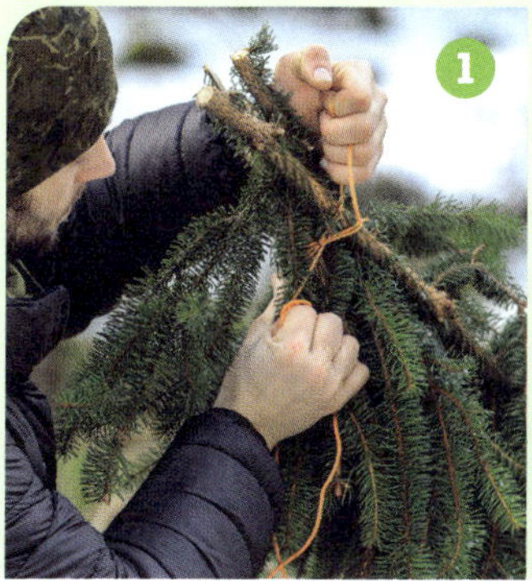

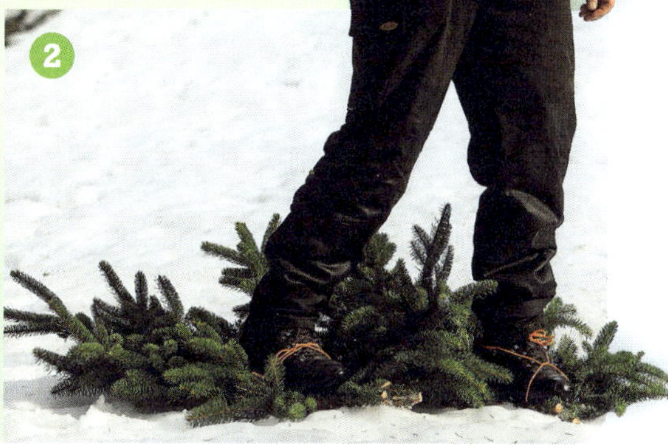

S6 EIN IGLU BAUEN

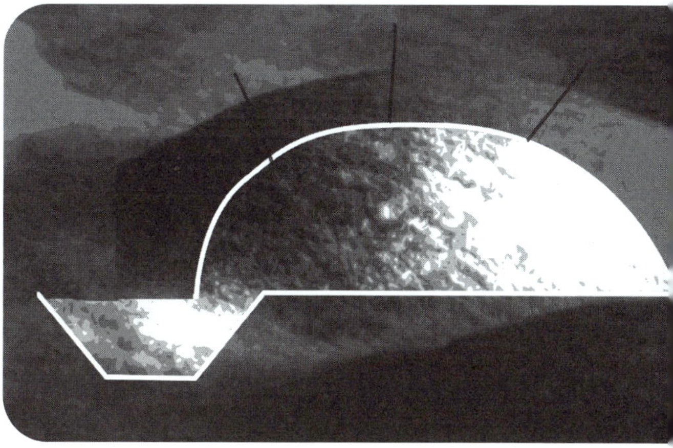

Ein einfaches Iglu kannst Du in einen Schneehaufen graben. Das geht schneller als Schneewürfel zu sägen.

Musst Du längere Zeit an einer Stelle bleiben und willst nicht nur biwakieren, kannst Du auch ein größeres Iglu bauen. Ohne Übung und das Wissen, wie der Schnee beschaffen sein muss, macht es allerdings keinen Sinn, Schneeblöcke auszuschneiden und aufeinanderzustapeln.

Die einfachere Methode ist es, einen großen Schneehaufen aus lockerem Schnee zusammenzutragen. Mit ein paar Stöcken, die etwa 15 – 20 cm in den Schnee gedrückt werden, markierst Du für später die Wanddicke. Zur windabgewandten Seite lässt Du den Schneehaufen etwas auslaufen. Nun wird mit dem Essgeschirr so lange von dieser Seite in den Haufen gegraben, bis Du die Markierungen bzw. Stockspitzen erreichst. Liegt genügend Schnee, kannst Du auch gleich eine Kältefalle als Eingang bauen (kalte Luft von draußen sinkt nach unten und bleibt in der Vertiefung). Ein solches Iglu ist deutlich wärmer als eine einfache Biwakhöhle und kann sogar beheizt werden, solange die Belüftung sichergestellt worden ist.

Wasser ist Leben. Dieses uns so fremde Element bedeckt den Großteil unserer Erde. Es bietet Nahrung und die Möglichkeit zu Transport und Kühlung. Aber es birgt auch große Gefahren: Viele tausend Menschen ertrinken oder unterkühlen sich in Seen oder werden beim Durchqueren eines Flusses niedergerissen. Eine unbekannte Anzahl stirbt bei Schiffbruch oder kentert im Sturm. In diesem Kapitel beschäftigen wir uns mit den allerwichtigsten Survival-Besonderheiten im nassen Lebensraum.

ÜBERLEBEN IM/AM WASSER

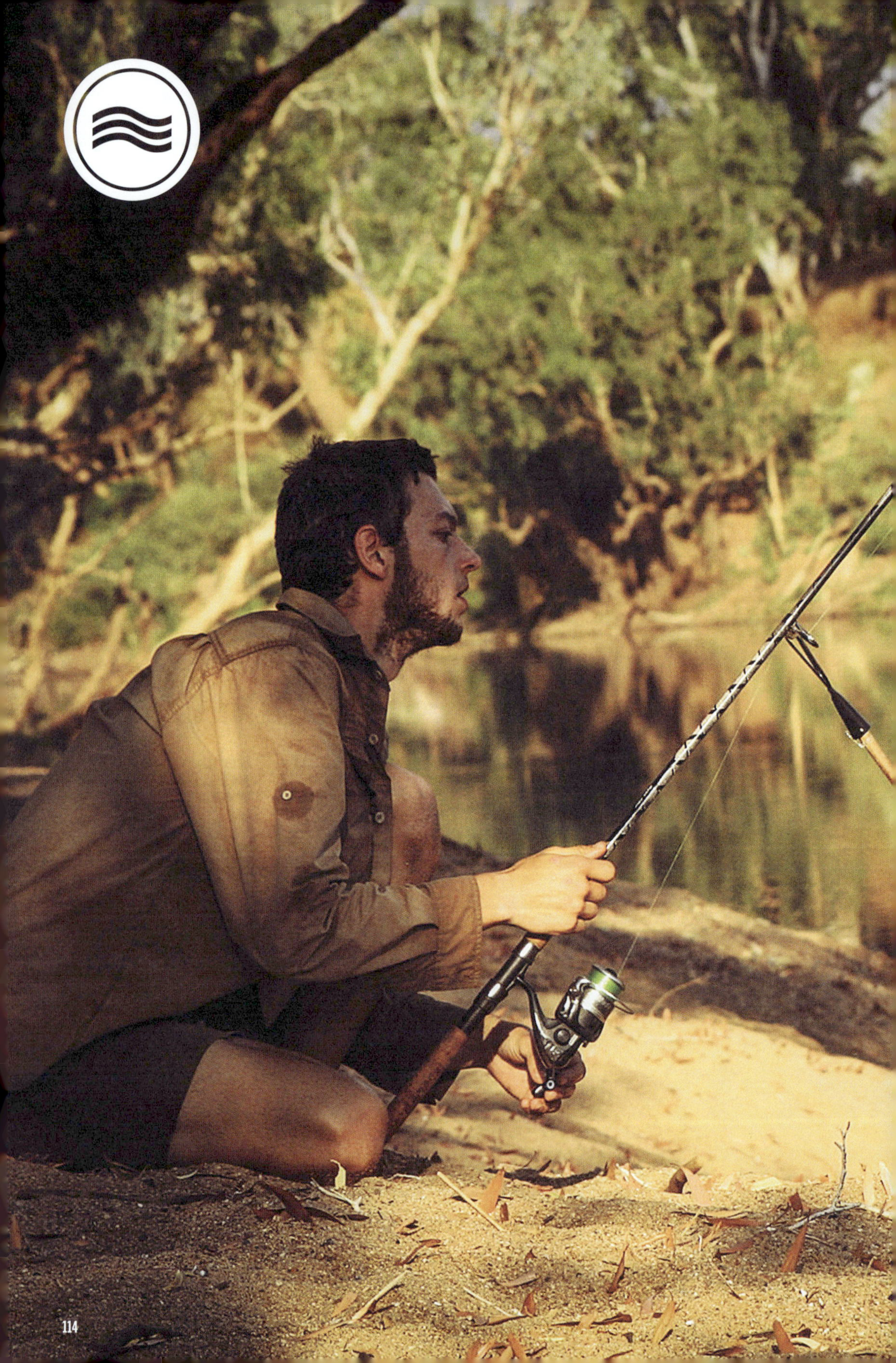

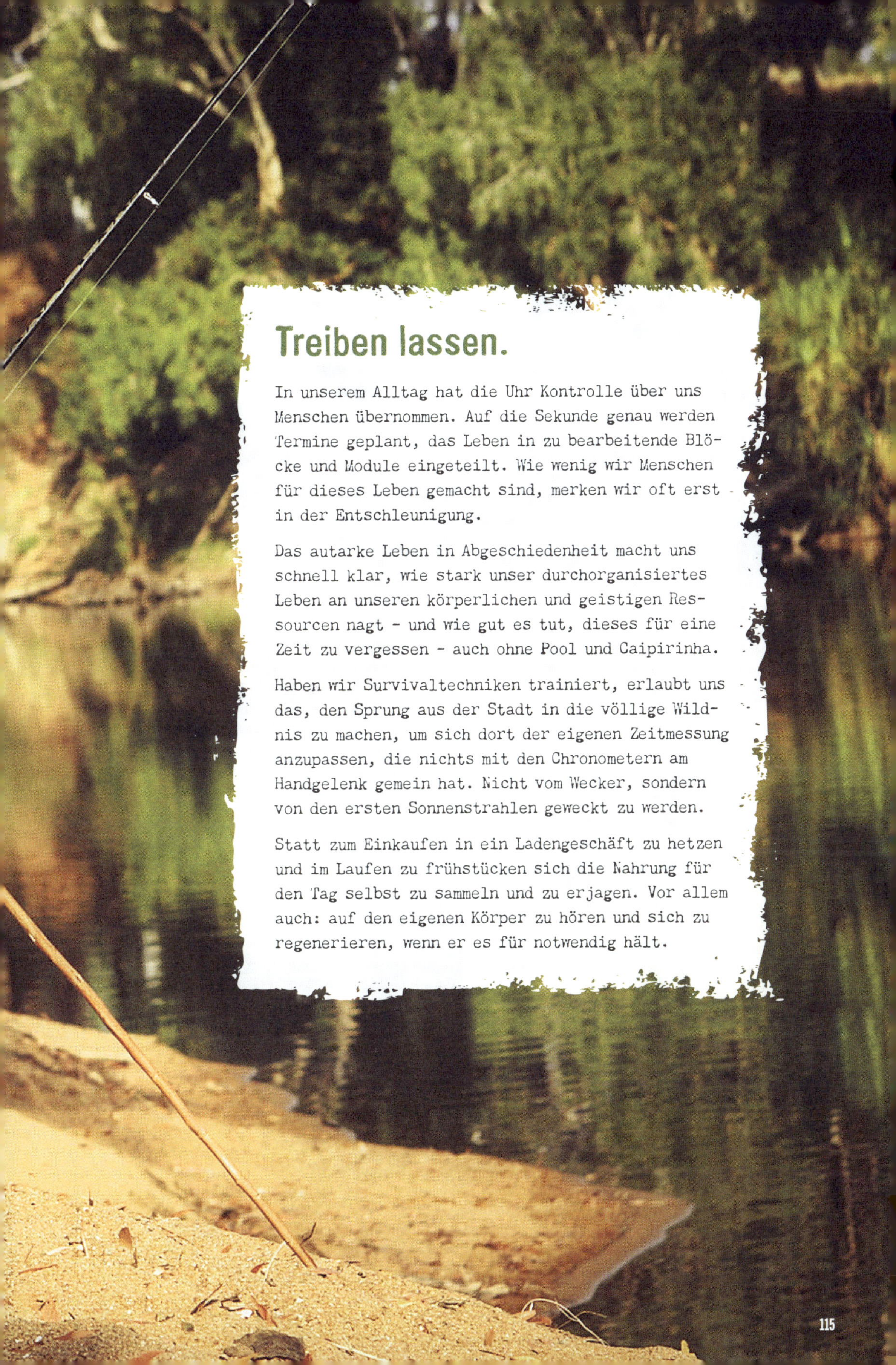

Treiben lassen.

In unserem Alltag hat die Uhr Kontrolle über uns Menschen übernommen. Auf die Sekunde genau werden Termine geplant, das Leben in zu bearbeitende Blöcke und Module eingeteilt. Wie wenig wir Menschen für dieses Leben gemacht sind, merken wir oft erst in der Entschleunigung.

Das autarke Leben in Abgeschiedenheit macht uns schnell klar, wie stark unser durchorganisiertes Leben an unseren körperlichen und geistigen Ressourcen nagt - und wie gut es tut, dieses für eine Zeit zu vergessen - auch ohne Pool und Caipirinha.

Haben wir Survivaltechniken trainiert, erlaubt uns das, den Sprung aus der Stadt in die völlige Wildnis zu machen, um sich dort der eigenen Zeitmessung anzupassen, die nichts mit den Chronometern am Handgelenk gemein hat. Nicht vom Wecker, sondern von den ersten Sonnenstrahlen geweckt zu werden.

Statt zum Einkaufen in ein Ladengeschäft zu hetzen und im Laufen zu frühstücken sich die Nahrung für den Tag selbst zu sammeln und zu erjagen. Vor allem auch: auf den eigenen Körper zu hören und sich zu regenerieren, wenn er es für notwendig hält.

A19 AUSRÜSTUNG IM UND AM WASSER

Es ist der Archetypus des Survivalnotfalls: Du bist auf einer einsamen Insel gestrandet oder treibst auf einem Rettungsboot durch die See. Aber auch wenn Du eher unspektakulär mit dem Kajak unterwegs bist, gibt es einige Ausrüstungsgegenstände, die im Boot nicht fehlen sollten.

Bei gewässerreichen Wäldern und Ebenen wird oft vergessen, eine wasserspezifische Ausrüstung mitzuführen; dabei kann es dort notwendig sein, per improvisiertem Boot oder mit einer Seilbrücke Gewässer zu überqueren.

Vor allem an küstennahen Standorten wirst Du immer wieder das Meer zum Sammeln von Nahrung und Baumaterial oder auf der Notnahrungssuche aufsuchen.

Spätestens wenn Du schwimmend Deine einsame Insel verlassen möchtest, sind einige Ausrüstungsgegenstände sehr hilfreich.

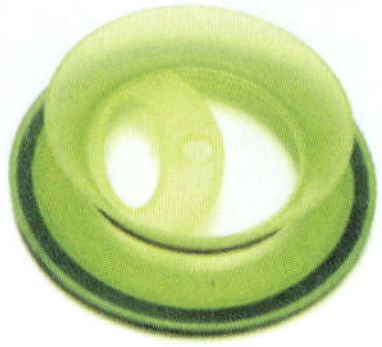

Angelspule: *Angelleine und einige Haken zur Nahrungsbeschaffung.*

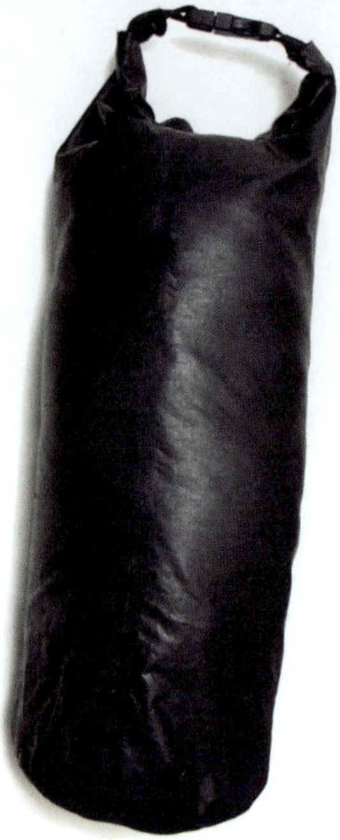

Packsack: *Wasserdichte Stoffbehälter für einen zweiten Satz trockene Kleidung.*

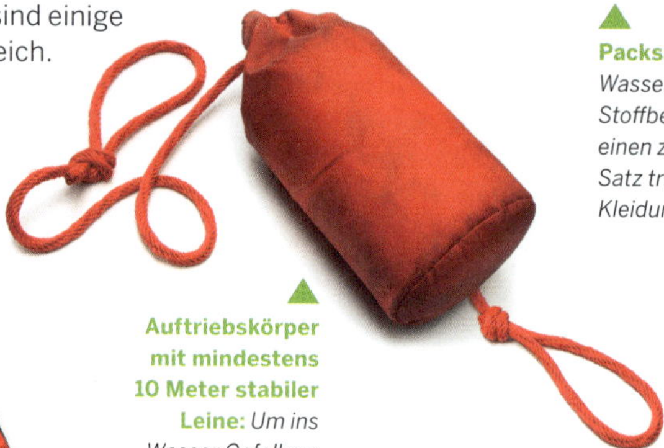

Auftriebskörper mit mindestens 10 Meter stabiler Leine: *Um ins Wasser Gefallene zu bergen oder Seilbrücken zu bauen.*

Rettungsweste: *Ob Feststoffweste oder Automatiksystem – eine Auftriebshilfe sollte bei allen Aktivitäten in oder auf dem Wasser getragen werden.*

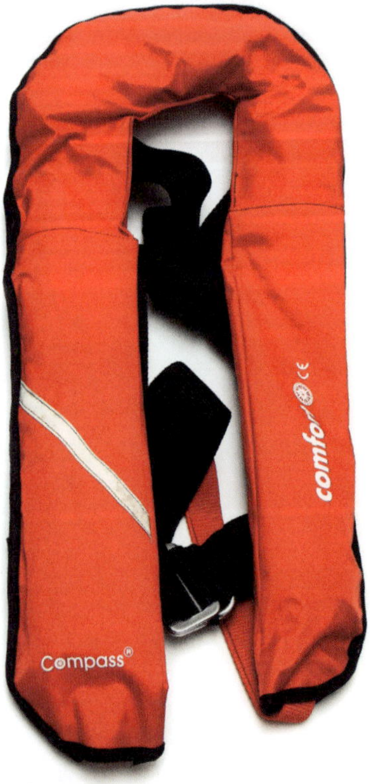

Signalleuchte: *Mit einem wasserdichten Blitzlicht wirst Du bei Seenot auch nachts gesehen.*

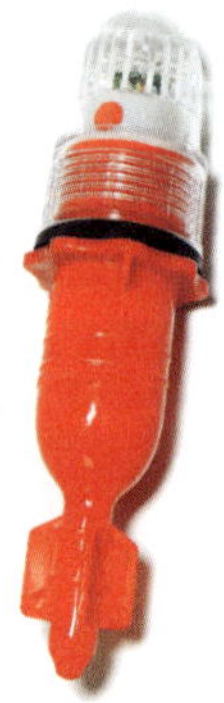

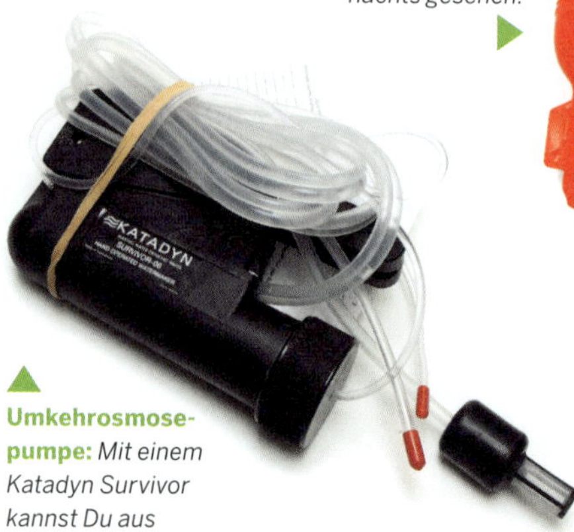

Umkehrosmosepumpe: *Mit einem Katadyn Survivor kannst Du aus Salzwasser Trinkwasser herstellen.*

N 19 SEEGURKEN ESSEN

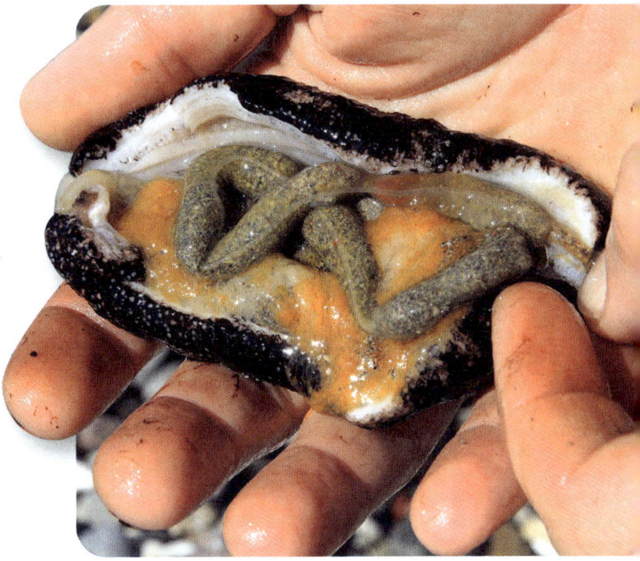

Am Meer findest Du häufig die wabbeligen Seegurken im Sand und unter Steinen. Die allermeisten davon sind essbar. Manche können giftige Fäden am Ende ausstoßen – meist sind sie aber ungefährlich.

Zum Zubereiten schneidest Du sie längs auf. Sie sind fast komplett mit Sand und Schlamm gefüllt. **Alles Glibberige und Sandige wird entfernt und die harten Enden herausgeschnitten.**

Seegurken können in dünne Streifen geschnitten roh gegessen werden oder Du kochst sie am Stück so lange, bis sie die Konsistenz von Gummibärchen haben.

W 9 SÜSSWASSERLINSE AN EINSAMEN STRÄNDEN

Wenn Du bei einem Segeltörn in Seenoot gerätst und Dich gerade noch auf eine kleine Insel retten kannst, die aber keine Quelle hat, wirst Du verdursten. Richtig? Falsch!

Selbst Inseln mit wenigen hundert Metern Durchmesser beherbergen manchmal Hunderttausende Kubikmeter Trink- bzw. Süßwasser.

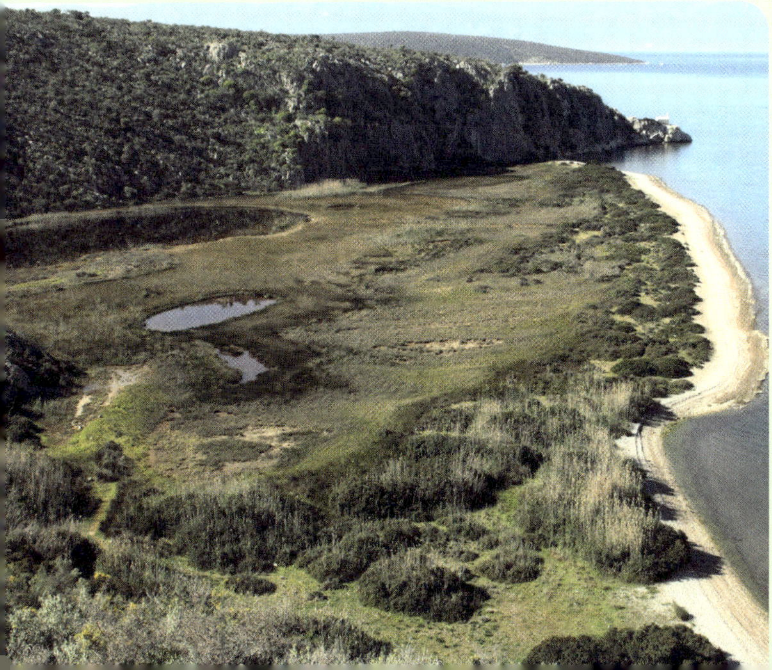

Verantwortlich hierfür ist ein Phänomen, das sich **Ghyben-Herzberg-Linse** nennt: Regnet es auf der Insel, sickert das Regenwasser durch den Sand in den Boden. Inseln haben aber keinen natürlichen Grundwasserspiegel, sondern sind von Salzwasser unterspült. Weil Salzwasser schwerer ist als Süßwasser und der Niederschlag nur langsam durch den Sand sickert, lagert sich eine sogenannte Süßwasserlinse über dem Meerwasserspiegel an. Um diese zu erreichen, suchst Du Dir auf der Insel eine möglichst tiefe Stelle und beginnst dort zu graben. Oft musst Du nicht tief buddeln: Der Süßwasserspiegel liegt über dem Meeresspiegel.

ACHTUNG, MYTHOS: Dieses Phänomen hat zu der Idee geführt, Sand filtere das Salz aus dem Meerwasser. Das funktioniert aber nicht. Nur wenn ein unterirdischer Fluss in das Meer läuft, findest Du am Strand auch Wasser.

N20 HARTE SCHALE, WEICHER KERN: WASSERSCHNECKEN

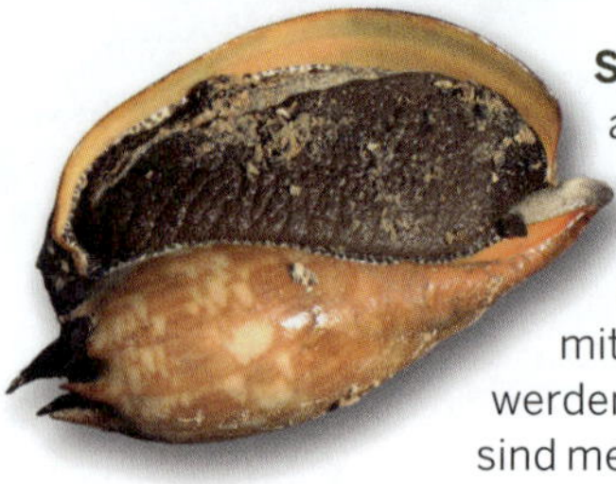

Schnecken leben nicht nur an Land, sondern auch im Wasser. Manche davon sind richtige Delikatessen. Es dürfen nur Schnecken mit Schneckenhaus verzehrt werden. Nackte Wasserschnecken sind meist giftig. Manche von ihnen können reizende Farbstoffe ins Wasser abgeben. Meeresschnecken mit Kegelgehäuse besitzen eine giftige Harpune. Sie sollten nur so kurz wie möglich berührt werden. Süßwasserschnecken schmecken oft brackig. Gegrillt sind sie besser als gekocht.

Zum Töten werden die Schnecken entweder mit der Öffnung nach oben in die Glut gelegt oder in kochendes Wasser geworfen. Mit einem Holzstachel wird die gegrillte Schnecke aus dem Haus gezogen und verzehrt.

Alle Wasserschnecken mit einem festen Gehäuse sind essbar; sie müssen vor dem Verzehr wegen Parasitengefahr erhitzt werden. Bei Schnecken aus veralgtem Wasser wird die spiralige Mitteldarmdrüse abgetrennt (rechtes Bild), da sich darin Gifte ansammeln können.

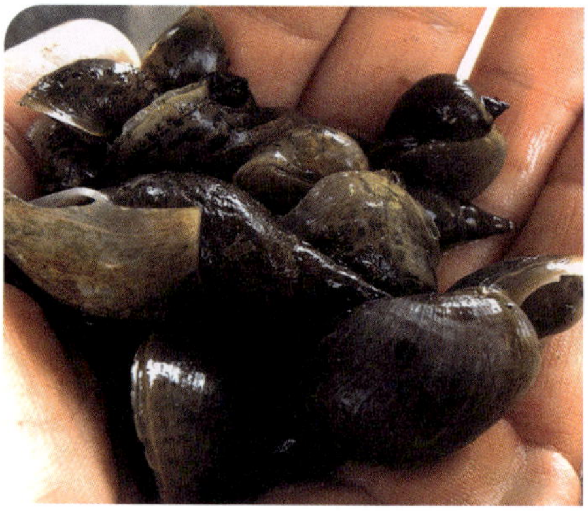

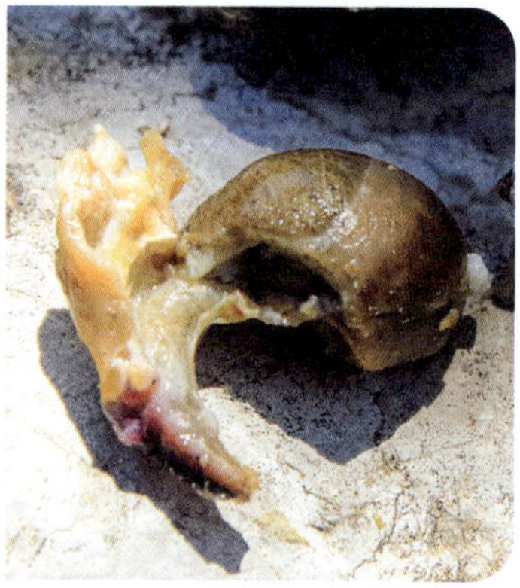

K25 SIGNALE SENDEN MIT SPIEGELFLÄCHEN

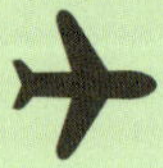

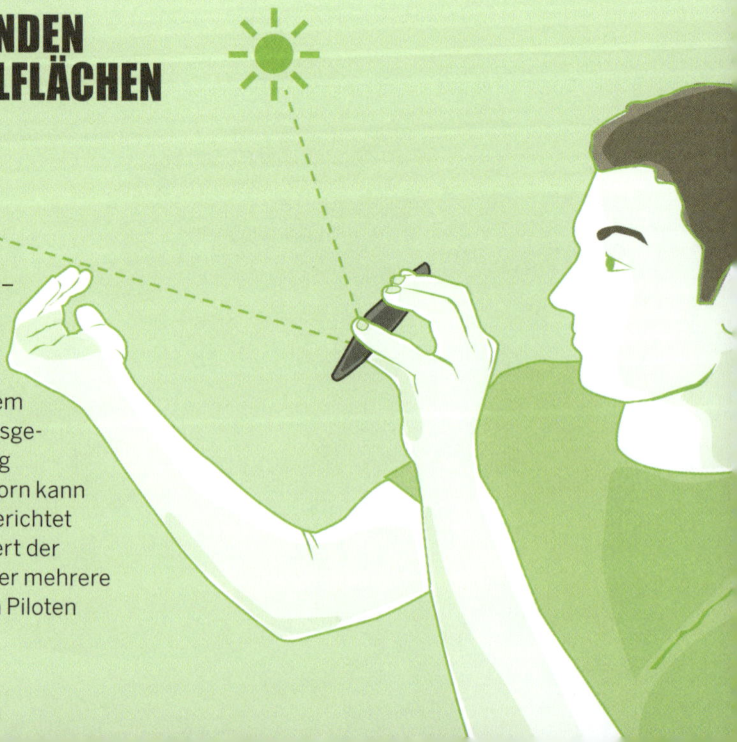

Wenn der Akku des Mobiltelefons leer ist – oder kein Empfang möglich – lassen sich mit der glatten Oberfläche, ähnlich wie mit einem Spiegel, Signale an Suchmannschaften senden. Hierzu wird die Sonne mit dem Handy zurückgeworfen. Über den ausgestreckten Arm kann man die Richtung abschätzen – wie über Kimme und Korn kann so der Lichtstrahl auf ein Flugzeug gerichtet werden. Auf diese Entfernungen zittert der Lichtpunkt auch bei ruhiger Hand über mehrere hundert Quadratmeter und wird vom Piloten als Lichtblitz wahrgenommen.

HAKEN-KNOTEN

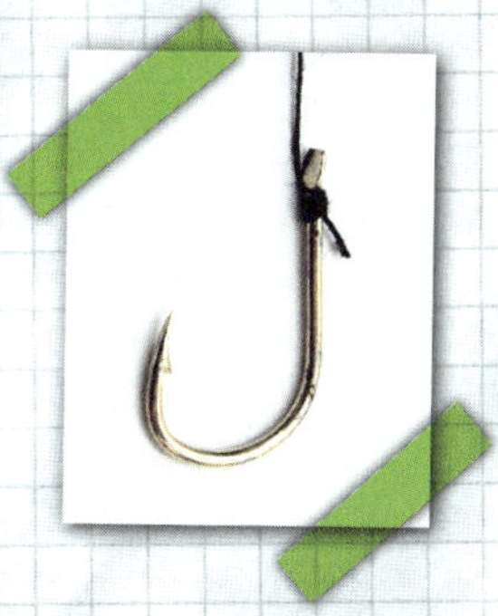

Weltweit, insbesondere in Entwicklungsländern, werden viel häufiger Plättchenhaken als Ösenhaken verwendet, da jene einfacher und günstiger zu fertigen sind. Auch wenn Dir der Angelhaken aus dem →**Survivalkit** abgerissen ist, solltest Du wissen, wie Plättchenhaken festgeknotet werden.

SCHRITT 1 Am »Schenkel« des Hakens vorbei wird die Angelleine in einer Haarnadelschlaufe gelegt. Der Überstand sollte am kurzen Ende mindestens 10 cm lang sein.

SCHRITT 2 Vom Plättchen beginnend wird das kurze Ende nun mindestens siebenmal eng um »Schenkel« und Schlaufe gewickelt. Hierzu musst Du mehrfach umgreifen.

SCHRITT 3 Am Hakenbogen angekommen, wird das Ende in die noch überstehende Schlaufe gefädelt.

WICHTIG: Die Wicklungen müssen eng sein und nebeneinander liegen. Der Knoten wird vor dem Zuziehen mit Speichel befeuchtet.

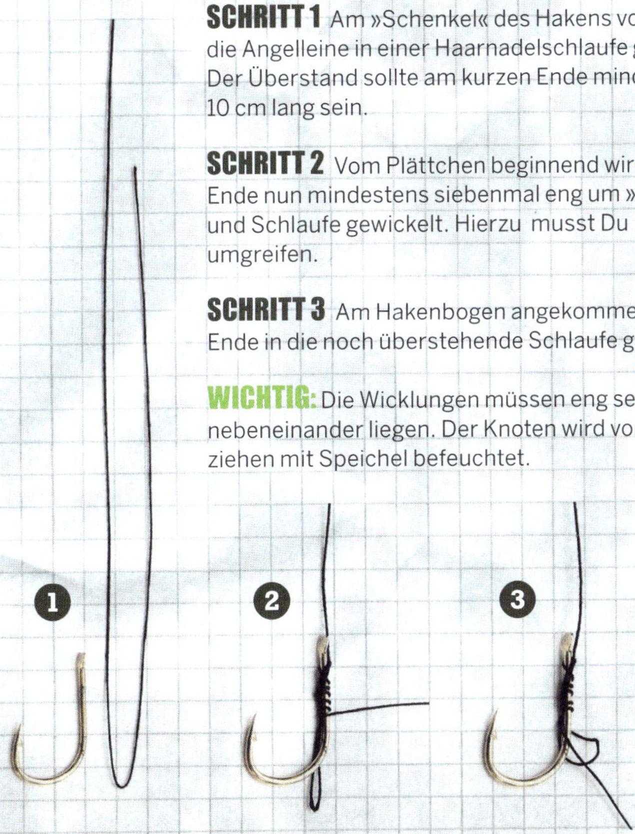

W10 KONDOMDESTILLE ZUR MEERWASSERENTSALZUNG

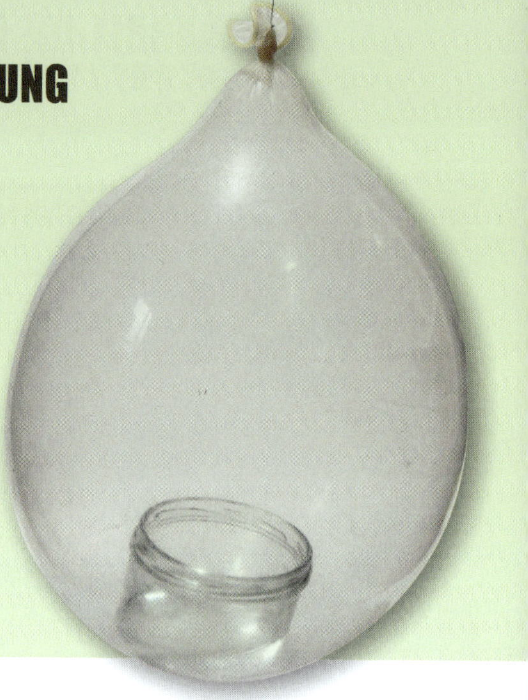

Wer lange Zeit auf dem Salzwasser unterwegs ist und keine →**Umkehrosmosepumpe** besitzt, verdurstet über kurz oder lang.

Wenn Du ein Kondom und ein kleines Gefäß im Survivalpäckchen hast, kannst Du eine Kondomdestille bauen. Hierzu wird das Gefäß mit etwas Salzwasser gefüllt und mit dem Kondom umschlossen. Dieses wird aufgeblasen und verknotet. Die Destille wird in die Sonne gehängt. **Durch die Hitze verdampft das Wasser und kondensiert an der Gummihülle.**

Nach einigen Stunden hast Du ein Schnapsglas voll nach Kondom schmeckendes Trinkwasser. Nicht viel und nicht sehr lecker, aber jedenfalls ungefährlich und vielleicht genau die Menge, die Du bis zur Rettung benötigst.

N21 WIE MAN EINEN FISCH AUSNIMMT

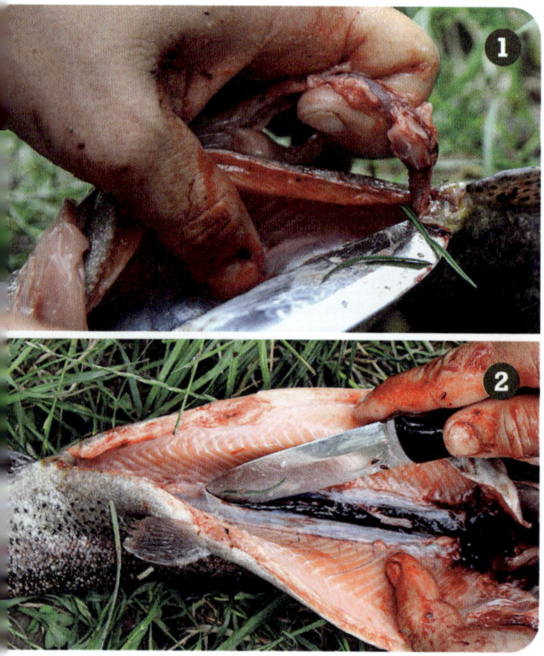

▲ *Oben: Den Darm nicht abreißen, sondern herausschneiden. Unten: Die Niere aufschneiden und auskratzen.*

Wenn Du einen Fisch gefangen und →**waidgerecht geschlachtet** hast, musst Du ihn schuppen und ausnehmen, bevor er gekocht oder gegrillt werden soll. Zum Schuppen nimmst Du ein Messer oder einen scharfkantigen Stein und schabst die Fischschaut zügig vom Schwanzende zum Kopf. Achte dabei darauf, dass Du Dich nicht an Stacheln in den Flossen oder hinter den Kiemendeckeln verletzt.

Dann schneidest Du den Bauch des Fischs von der Kehle bis fast zur Kloake auf. **Die Kloake umschneiden, so dass kein Darminhalt auf das Fleisch kommt (1)**. Schneide dabei nicht zu tief, damit der Darm nicht verletzt wird.

Nach dem Öffnen trennst Du auf der Kopfseite den Schlund ab und ziehst Magen, Leber, Darm und alle daran hängenden Organe aus dem Fisch. Bei einem Süßwasserfisch kannst Du die Leber mitverzehren. Bei manchen Salzwasserfischen können Organe giftig sein. Wenn die Gallenblase, die an der Leber hängt, platzen sollte, ist das nicht so schlimm. Wasch den Fisch schnellstmöglichst aus, das reicht. **Nach dem Ausnehmen der Organe musst Du noch die dunkelrote Niere, die entlang des Rückgrats wächst, aufschneiden und aus dem Fisch kratzen (2)**. Sie schmeckt leicht bitter. Wenn Dich das nicht stört, kann sie auch drinbleiben.

Soll der Fisch getrocknet oder →**geräuchert** werden, werden die Kiemen entfernt, da diese sich schnell zersetzen.

N 22 KRABBELNDE DELIKATESSEN – KREBSE FANGEN UND ZUBEREITEN

Du findest in fast allen Gewässern der Welt Krebstiere. Sie schmecken hervorragend und lassen sich leicht fangen.

Zu den Kleinkrebsen zählen **Asseln und Flohkrebse**. Diese können einfach gesammelt werden. **Taschenkrebse** hält man an den hintersten Beinen. Sie kommen mit den Scheren nicht hinter ihren Panzer. **Flusskrebse** müssen seitlich am Panzer gehalten werden. Sie sitzen in Flüssen unter Steinen oder unter Wasser in kleinen Schlammhöhlen.

Krebse müssen gekocht werden, da sie Lungenwürmer übertragen können. Je nach Größe reicht es, wenn der Krebs 5 bis 10 Minuten lang gegart wird. Nach dem Kochen wird der Panzer rot. Gegessen werden können alle weichen Bestandteile im Panzer – Muskeln und Innereien.

Flusskrebse (links) müssen direkt hinter den Scheren am Kopfpanzer gehalten werden. Taschenkrebse (rechts) werden am Panzerende oder an den hinteren Beinpaaren gehalten.

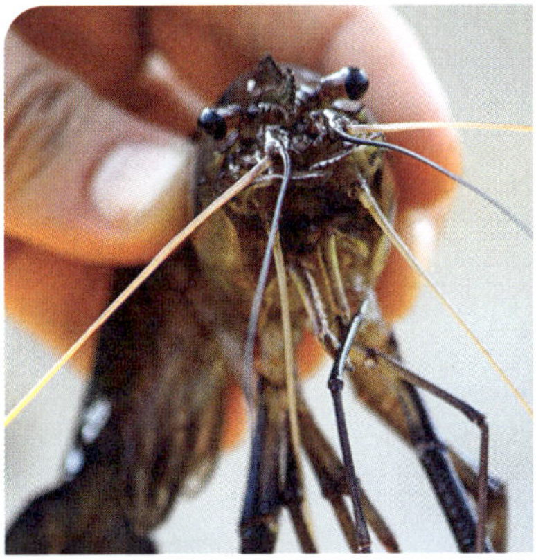

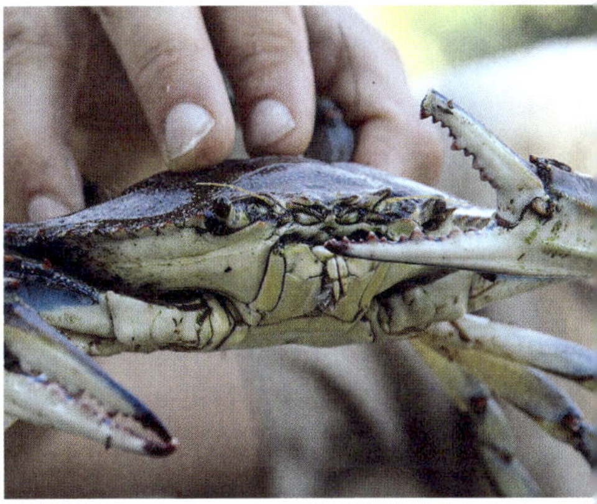

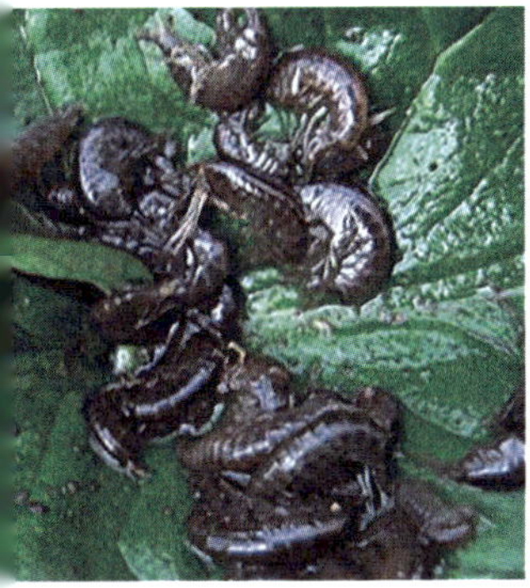

Bachflohkrebse und kleine Garnelen gibt es in Flüssen weltweit. Am besten fängt man sie mit einem Netz oder einem zusammengewickelten Laubblatt.

Vor dem Verzehr muss die harte Schale des Krebses geknackt werden.

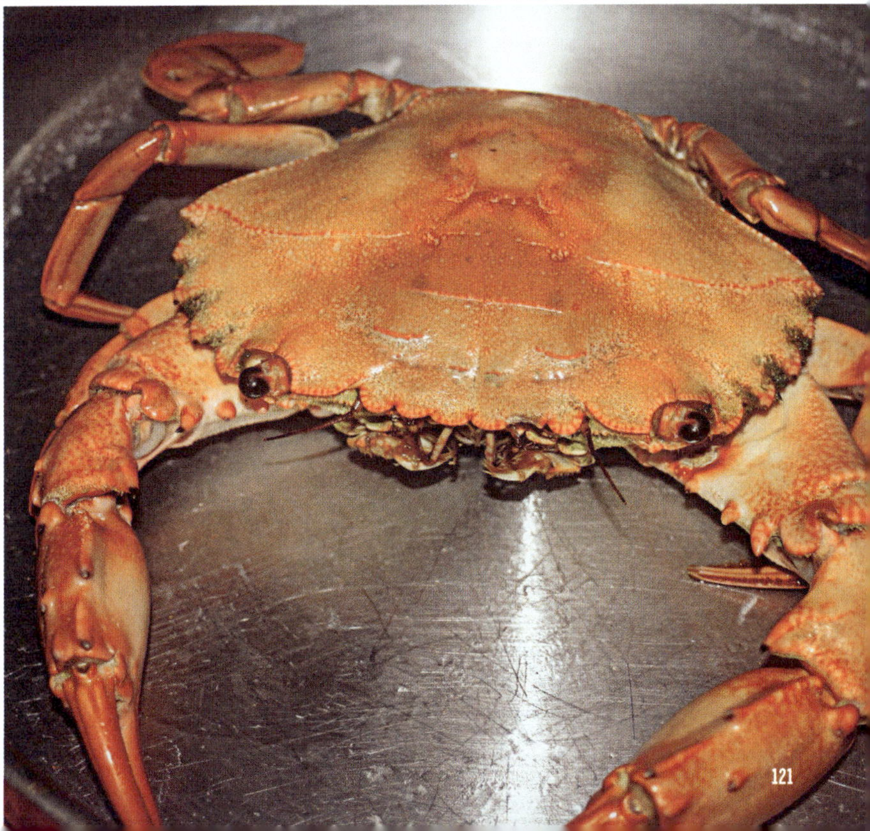

K26 REISSENDE FLÜSSE

Wenn Du im Wildwasser mit dem Kanu oder Raft gekentert bist oder die Strömung Dir die Füße weggerissen hat, **besteht höchste Lebensgefahr.**

Die Gewalt, mit der bewegtes Wasser einen treibenden Körper gegen Felsen und Baumstämme schlagen kann, ist enorm. Du solltest versuchen, störende Gegenstände wie den Rucksack abzulegen, und Dich auf den Rücken drehen. Ans Ufer gelangt man am sichersten an Rückstrudeln großer Felsen oder Baumstämme (s. Skizze).

Treibst Du durch Felsen, sollten die Füße flussabwärts zeigen, um Kopfverletzungen zu vermeiden.

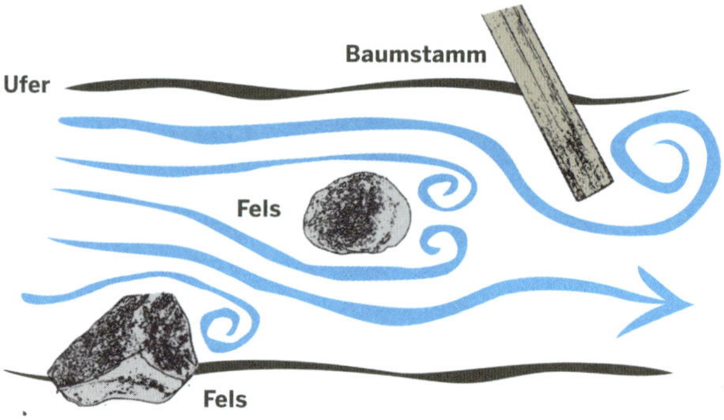

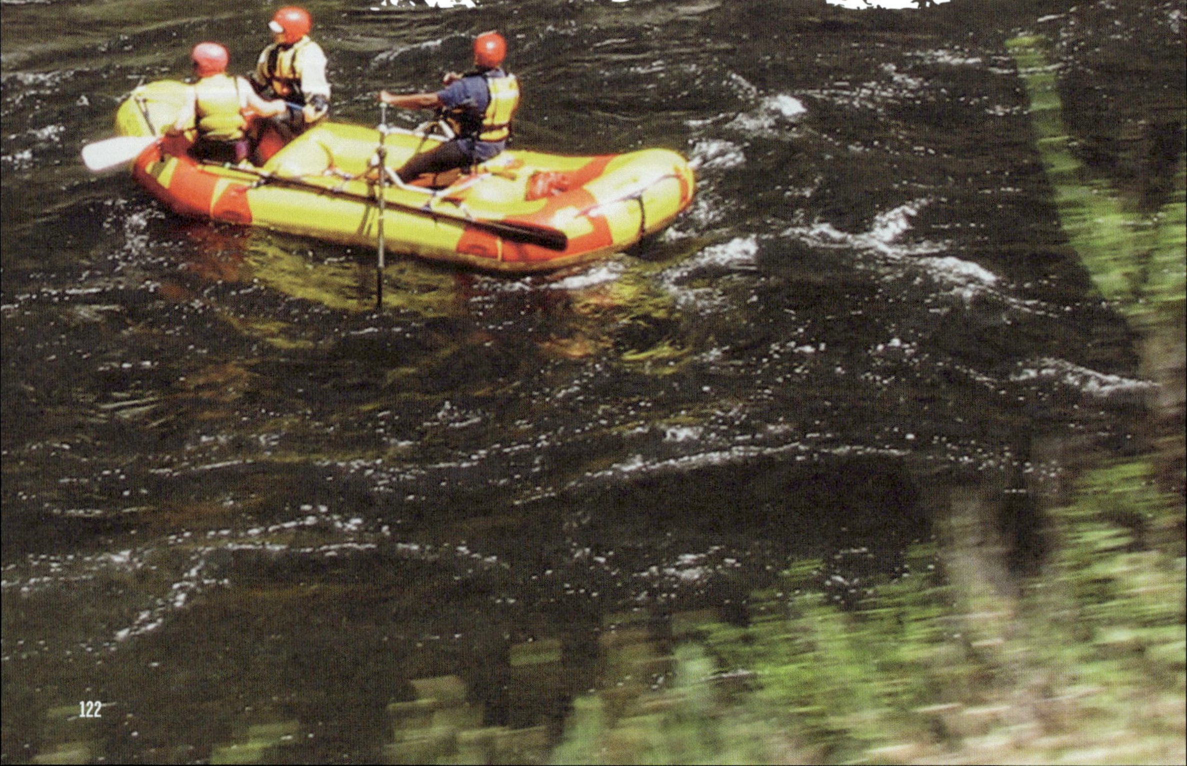

N23 REUSEN IMPROVISIEREN

Fisch- und Krebsreusen lassen sich sehr einfach improvisieren und helfen beim Fang der schnellen Wassertiere enorm.

PET-FLASCHENFREUSE ▶

Du kannst Kunststoffflaschen sinnvoll recyclen und nutzen, wie sie an jedem Strand in großer Anzahl angespült werden. Die Herstellung ist denkbar einfach: Zuerst den Flaschenhals am Übergang zum Flaschenkörper abschneiden. Den Flaschenhals unter dem Gewinde so entfernen, dass die gewünschten Tiere durch das Loch passen. Möchtest Du Krebse oder Aale fangen, wird der Kunststoff an der Öffnung fächerförmig eingeschnitten. Köder und Stein als Gewicht in den Flaschenkörper geben. Der Flaschenhals kommt verkehrt herum wieder auf den Flaschenkörper **(A)** und wird befestigt. Die Reuse an einer Sicherungsleine fixieren und ins Wasser ablassen **(B)**.

Der Reuseneingang wird verkehrt herum wieder auf den Flaschenkörper gesetzt und fixiert. ▼

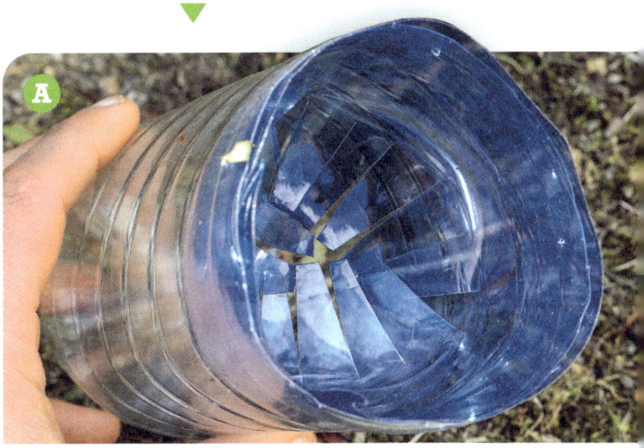

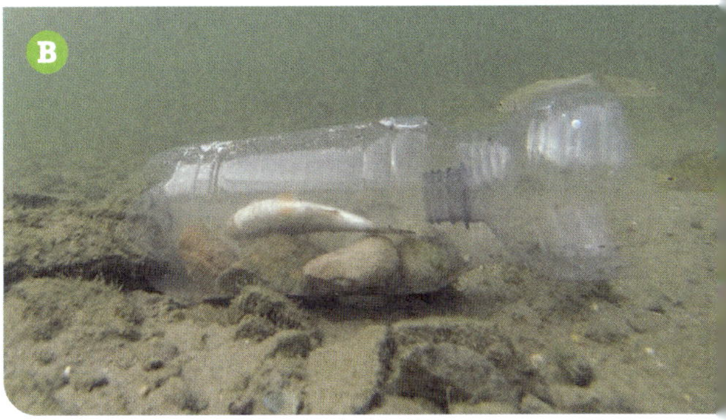

KORBREUSE ▶

Korbreusen sind etwas schwieriger herzustellen, aber ohne Alternative, wenn Du keine Flaschen findest. Dazu nimmst Du flexible Stöcke, zum Beispiel von Weiden. Binde eine ungerade Anzahl als »Kettfäden« von ihnen am dicken Ende zusammen (zum Beispiel 7 oder 9). Jetzt beginnst Du mit weiteren flexiblen Stöcken als »Schussfäden« diesen Zopf im Kreis zu einem spitzen Korb zu verweben. Immer drunter-drüber-drunter, bis der »Schussast« ausläuft. Lege einfach den nächsten daneben und webe weiter, bis die gewünschte Größe erreicht wurde. Den Eingang des Korbs konstruierst Du als kleinere Spitztüte mit einem Loch in der Mitte. Für den Fang von Krebsen kannst Du auch einen von unten kommenden Riegel als Eingang einbauen.

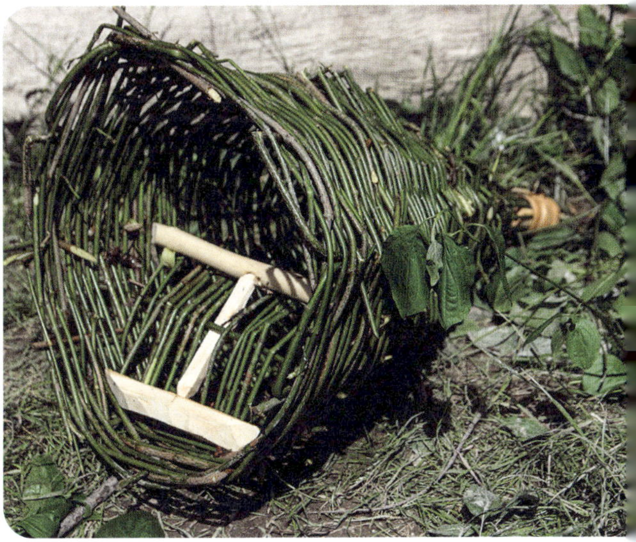

▲ *Für eine Korbreuse musst Du Dir ein paar Stunden Zeit nehmen – dafür fängt sie zuverlässig auch kleine und scheue Tiere, ohne dass Du ständig am Wasser sitzen musst.*

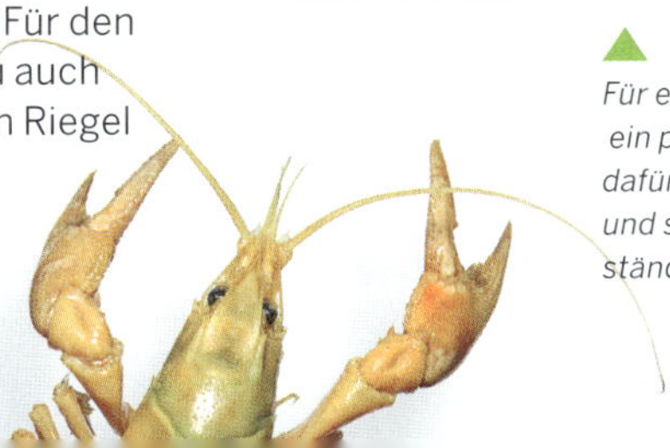

M13 HERZ-LUNGEN-WIEDERBELEBUNG

Nach einem Sturz ins Wasser oder bei anderen Verletzungen kann die Herz-Lungen-Wiederbelebung (HLW) lebensrettend sein. **Ziel dabei ist es, das Herz wieder zum Schlagen zu bringen.** Da durch den Verlust der Lebensfunktionen der gesamte Sauerstofftransport durch das Blutgefäßsystem bis zu den Organen zum Erliegen kommt, wird die Herz-Lungen-Wiederbelebung in der Regel mit einer Beatmung verbunden.

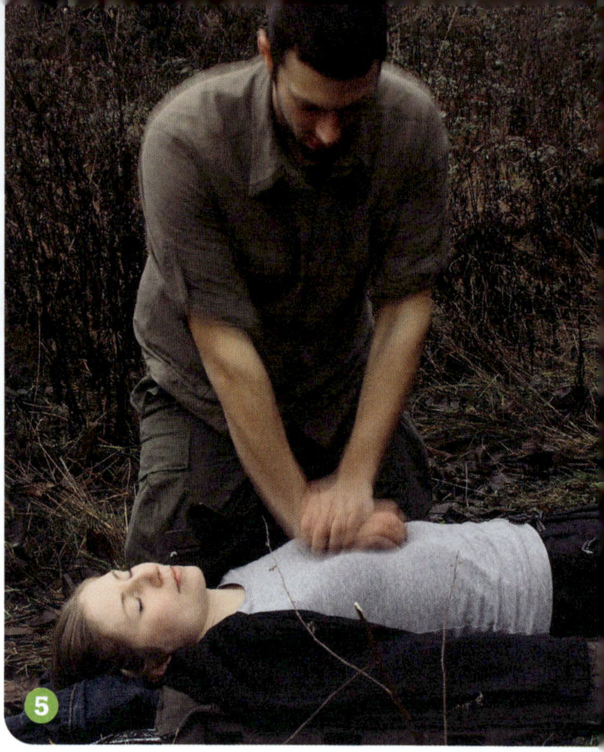

SCHRITT 1 Der Verunfallte wird entkleidet auf dem Rücken auf einem flachen und stabilen Untergrund abgelegt.

SCHRITT 2 Knie Dich neben das Opfer und überstrecke dessen Kopf. Dadurch werden die Atemwege freigelegt, die durch die Zunge versperrt sein können.

SCHRITT 3 Durch die Nase oder durch den Mund wird **zweimal** beatmet. Dabei wird mit leichtem Druck Luft in die Lungen geblasen.

SCHRITT 4 Die Beatmung wird durch Blick auf den sich wieder senkenden Brustkorb überprüft.

SCHRITT 5 Die Herzdruckmassage wird nun etwa 30-mal in schneller Frequenz durchgeführt (ca. 2-mal je Sekunde). Der Druckpunkt liegt dabei *in etwa* auf der Mitte des Brustbeins.

SCHRITT 6 Nach jedem Zyklus wird geprüft, ob Atmung und Herzschlag wieder eingesetzt haben.

SCHRITT 7 Wenn Du zu müde oder schwach bist, Beatmung **und** Herzdruckmassage durchzuführen, wird nur die Herzkompression angewandt. Durch die Brustkorbbewegung werden die Lungen oft schon ausreichend belüftet.

3a Durch den Mund wird beatmet, indem der Kiefer geöffnet und die Nasenflügel zusammengedrückt werden.

3b Beim Beatmen durch die Nase müssen die Lippen aufeinandergepresst und somit verschlossen werden.

4 Die Beatmung wird durch Hören (Luft entweichen) und Sehen (Brustkorb senken) kontrolliert.

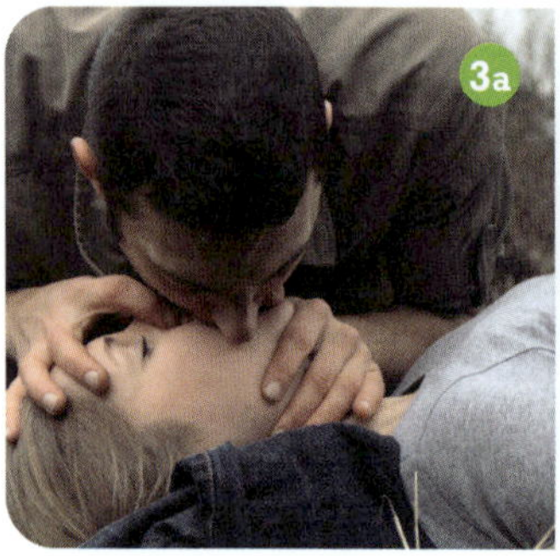

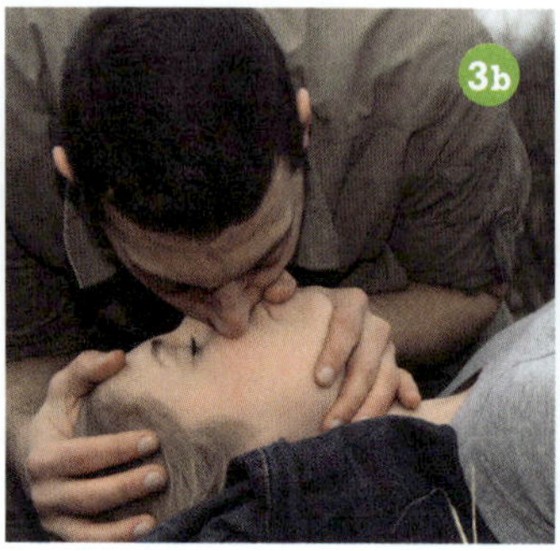

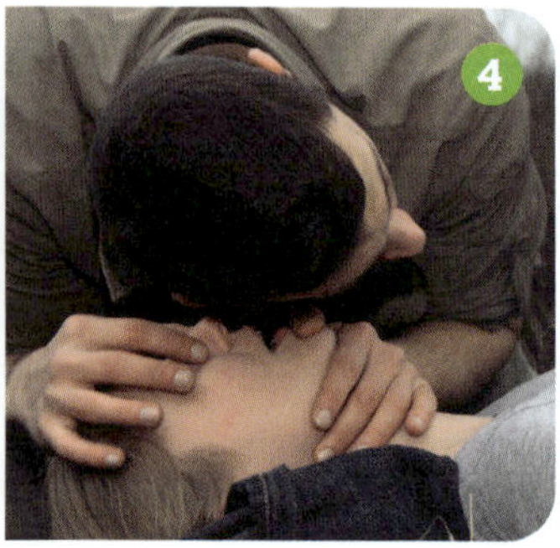

N 24 KLEINE HAKENHARPUNE SELBERMACHEN

Wenn Du zwar etwas Angelausrüstung besitzt, jedoch keinen Köder hast oder die Fische nicht beißen wollen, **lässt sich mit wenig Material eine kleine Harpune herstellen,** die auch vom Rettungsfloß aus bei der Jagd auf kleine Pilotfische und andere Begleittiere eingesetzt werden kann.

Benötigt wird ein **Gummizug** (Hosenbund oder Kondom), **Haken mit etwas Leine** sowie ein **Speer** (Zeltstab, Treibgut). Die Haken, idealerweise ein Drilling, werden nach vorne gebogen und an der Spitze des Speers festgebunden. Am Haken sollte außerdem eine Sicherungsleine befestigt werden, damit der Speer nach Abschuss wieder aus dem Wasser geholt werden kann.

Führt man die Harpunenspitze direkt vor das gewünschte Tier, beschleunigt den Speer mit dem Gummizug.

Zu beachten ist, dass diese Technik vom Schlauchboot oder Rettungsfloß aus sehr bedacht eingesetzt werden muss, um Schäden an den Luftkammern zu verhindern.

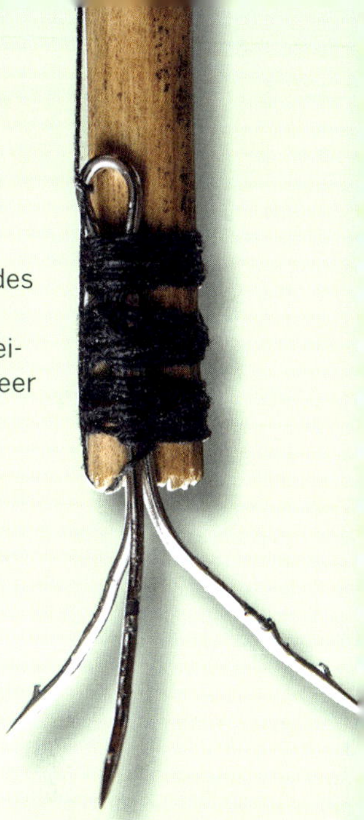

Der aufgebogene Angelhaken wird mit Garn an der Spitze eines leichten Speers befestigt.

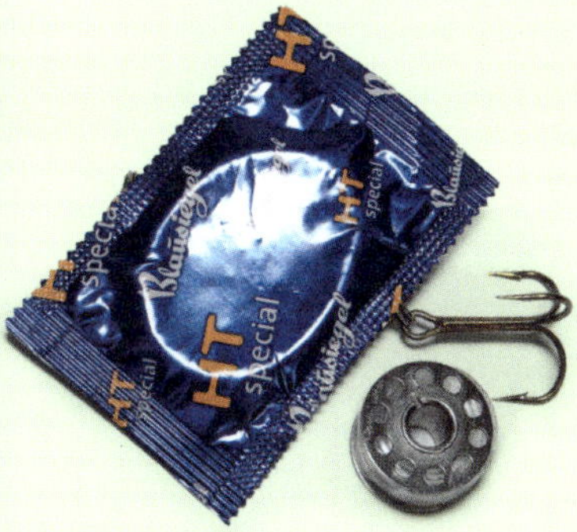

Aus dem Survivalkit brauchst Du: Einen Angeldrilling, ein Kondom und etwas Leine.

Vor allem schnelle Tiere wie Frösche und Fische kannst Du mit der Harpune erlegen.

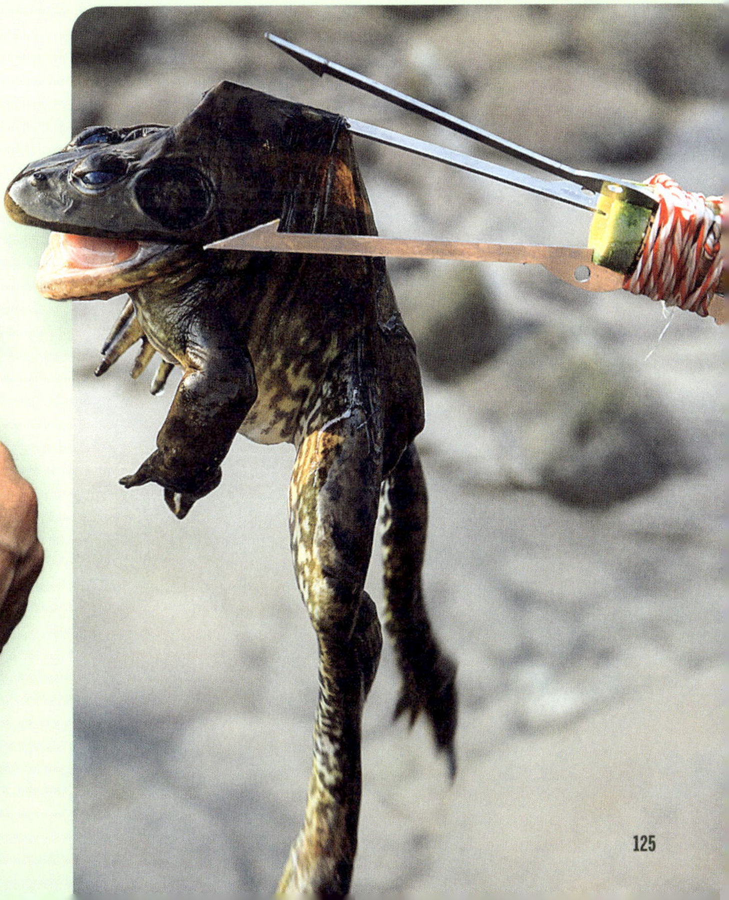

Ähnlich wie mit einer Steinschleuder kann die Harpune mit dem Gummi verschossen werden.

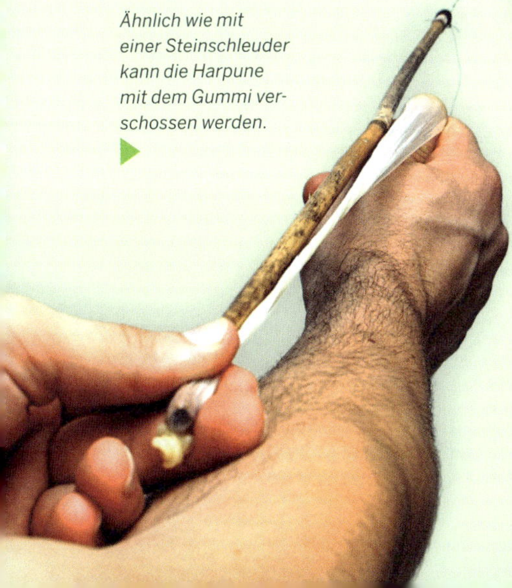

W 11 GEWEBEFLÜSSIGKEIT AUS TIEREN

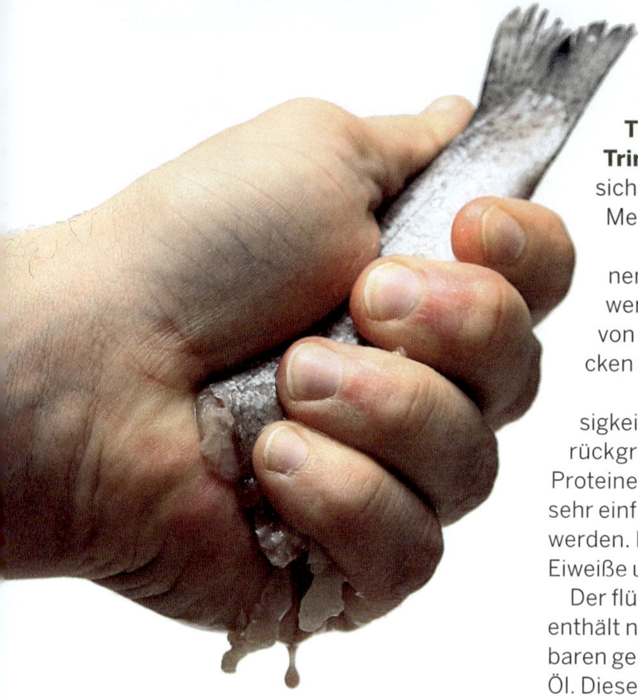

Praktisch alle Wirbeltiere mit Ausnahme von Haien haben eine sehr ähnliche Blutzusammensetzung wie wir Menschen. **»Presswasser« aus diesen Tieren kann im absoluten Notfall zum Trinken verwendet werden.** Dazu eignen sich Vögel, Landsäugetiere, Süßwasser- und Meeresfische.

Folgende Tiere aus dem Salzwasser können nicht als »Trinkwasserquelle« verwendet werden: neben den Haien praktisch alle Arten von Wirbellosen, also Weichtiere wie Schnecken und Muscheln, aber auch Medusen.

Muss man lange Zeit auf Körperflüssigkeiten von Tieren als Wasserersatz zurückgreifen, können in der Flüssigkeit gelöste Proteine (Nährstoffaufnahme benötigt Wasser) sehr einfach durch Erhitzen und Filtern abgetrennt werden. Bei hohen Temperaturen denaturieren die Eiweiße und sind nicht mehr wasserlöslich.

Der flüssige Überstand aus erhitztem »Tiersaft« enthält nur geringe Mengen der schwer abtrennbaren gelösten Salze und relativ wenig Zucker und Öl. Diese Flüssigkeit kann deshalb praktisch als vollwertiges Trinkwasser gerechnet werden.

K 27 SCHWIMMWESTE IMPROVISIEREN

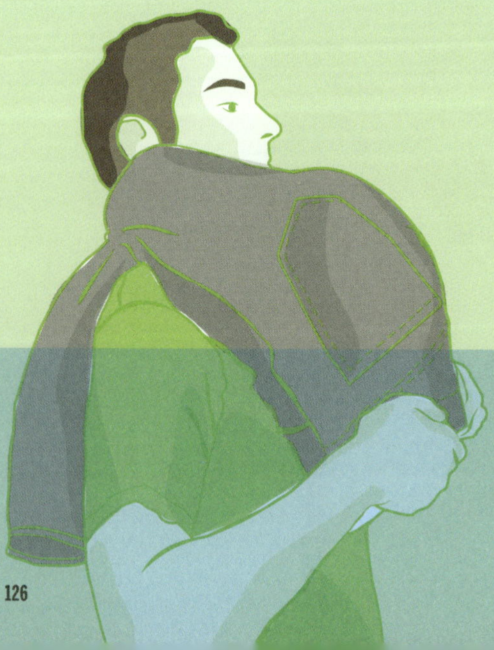

Nach dem Kentern musst Du vielleicht weite Strecken schwimmen. Die größte Gefahr liegt dabei in der →**Unterkühlung**; diese lässt sich auf Dauer nur durch einen Neoprenanzug reduzieren. Außerdem ist das Ertrinken durch Erschöpfung häufig.

Mit dem richtigen Verhalten kannst Du Dich ziemlich lange über Wasser halten und so dem Ufer näherkommen. Dreh Dich auf den Rücken, da Du so die Möglichkeit hast, immer wieder auszuruhen, und da Du so weniger Wasser ins Gesicht bekommst. Atme ruhig. Bei jedem Ausatmen sinkst Du etwas ab. Dem wirkst Du durch regelmäßigen Beinschlag entgegen.

Merkst Du, dass Du das Ufer nicht aus eigener Kraft erreichen kannst und lange Zeit an einer Stelle treiben musst, kannst Du so vorgehen: Du ziehst Deine lange Hose aus und verknotest die Hosenbeine am Nacken. Der Hosenbund wird nun angehoben und mit Luft gefüllt unter Wasser gedrückt. Durch die Nässe ist das Gewebe fast luftdicht. Es hält etwa 5 Minuten. Danach kannst Du wieder neue Luft hineinschöpfen.

M 14 ACHTUNG, QUALLEN!

Am Strand angespült – unbeweglich und tot – scheinen giftige Quallen ungefährlicher zu sein, als sie es tatsächlich sind. Medusen besitzen hunderte giftiger Tentakel mit Abertausenden von Giftzellen, die sie zur Verteidigung und zur aktiven Jagd einsetzen.

Die Gefahr lauert vor allem beim Schwimmen oder nach dem Kentern eines Bootes. Unsichtbar treiben die Tiere unter der Wasseroberfläche. Jede Berührung mit der unbedeckten Haut führt zu schmerzhaften »Verbrennungen«. **Während Feuerquallen nur unangenehm nesseln, können andere Exemplare tödlich sein.** Seewespen und Staatsquallen (Portugiesische Galeeren) können lebensgefährliche Vergiftungen verursachen. Dafür verantwortlich sind die mikroskopisch kleinen Harpunen, die die Haut durchbrechen und Gift wie mit einer Spritze injizieren. Durch Berührung reißen die Tentakel manchmal ab und kleben auf der Haut. Schon ausgelöste Nesselzellen haken sich dabei mit Widerhaken in der Haut fest – diese können nicht mehr entfernt werden.

Kleben gebliebene Tentakel sollten mit Harn oder Essig abgewaschen werden, um noch nicht ausgeschleuderte Giftharpunen deaktiviert zu halten. Keinesfalls sollte die Entfernung mit der Hand oder durch Abreiben erfolgen. Ohne medizinische Versorgung ist eine ursächliche Behandlung der Vergiftung oft nicht möglich. Nach dem Entfernen der Tentakel kann der Schmerz durch Kühlung oder Creme behandelt werden.

Das Brennen durch das Gift hält meist einige Stunden an.

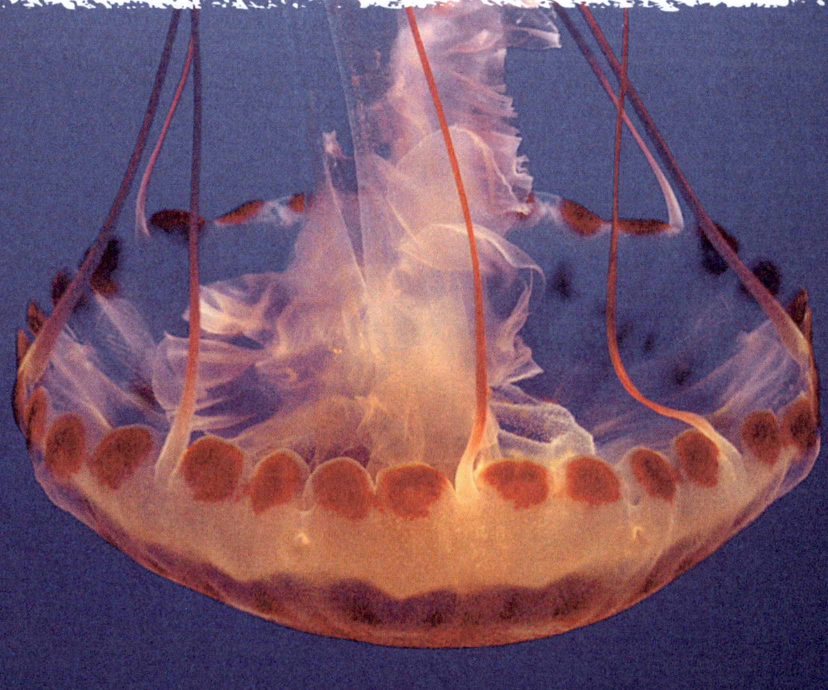

DIE ORIENTIERUNG BEHALTEN #05

VORHALTEWINKEL BESTIMMEN

Problematisch beim Navigieren auf See ist, dass verschiedene Faktoren darüber bestimmen, ob Du an einem angepeilten Punkt auch landen wirst. Im Gegensatz zum Land bewegt sich das Wasser, und das Schiff oder Floß wird durch verschiedene Einflüsse gelenkt. Hier einige einfache Regeln zum Überqueren eines Großgewässers.

Wenn Du **von Punkt A nach B** kommen möchtest, müssen Strömung und Wind beachtet werden. Während der Einfluss von Strömung nur durch GPS oder Peilung an Land abgeschätzt werden kann, ist es möglich, die Windabtrift zu messen: Lass einfach einen Treibanker ins Wasser und miss, wie schnell das Seil durch deine Finger läuft. **Die Abdrift (1)** setzt sich zusammen aus **Strömung (2)** und **Wind (3)**, die als »Vektor« addiert werden (am besten wie im Bild auf die Karte aufzeichnen). Um zu wissen, in welche Richtung gesteuert werden muss, nimmt man die eigentliche Peilung zum **Zielpunkt (4)** und addiert sie als Vektor auf die in entgegengesetzte Richtung der **Abdrift (5)**. **Startpunkt und Endpunkt der Fahrtrichtung (6) entsprechen der Vektoraddition von (5) und (4)**. Diese Richtung im sogenannten »Vorhaltewinkel« wird eingeschlagen. Damit wird verhindert, dass man am Zielpunkt vorbeifährt. Diese Bestimmung sollte regelmäßig wiederholt werden, da der Wind sich ändert und die Strömung nicht überall gleich stark ist.

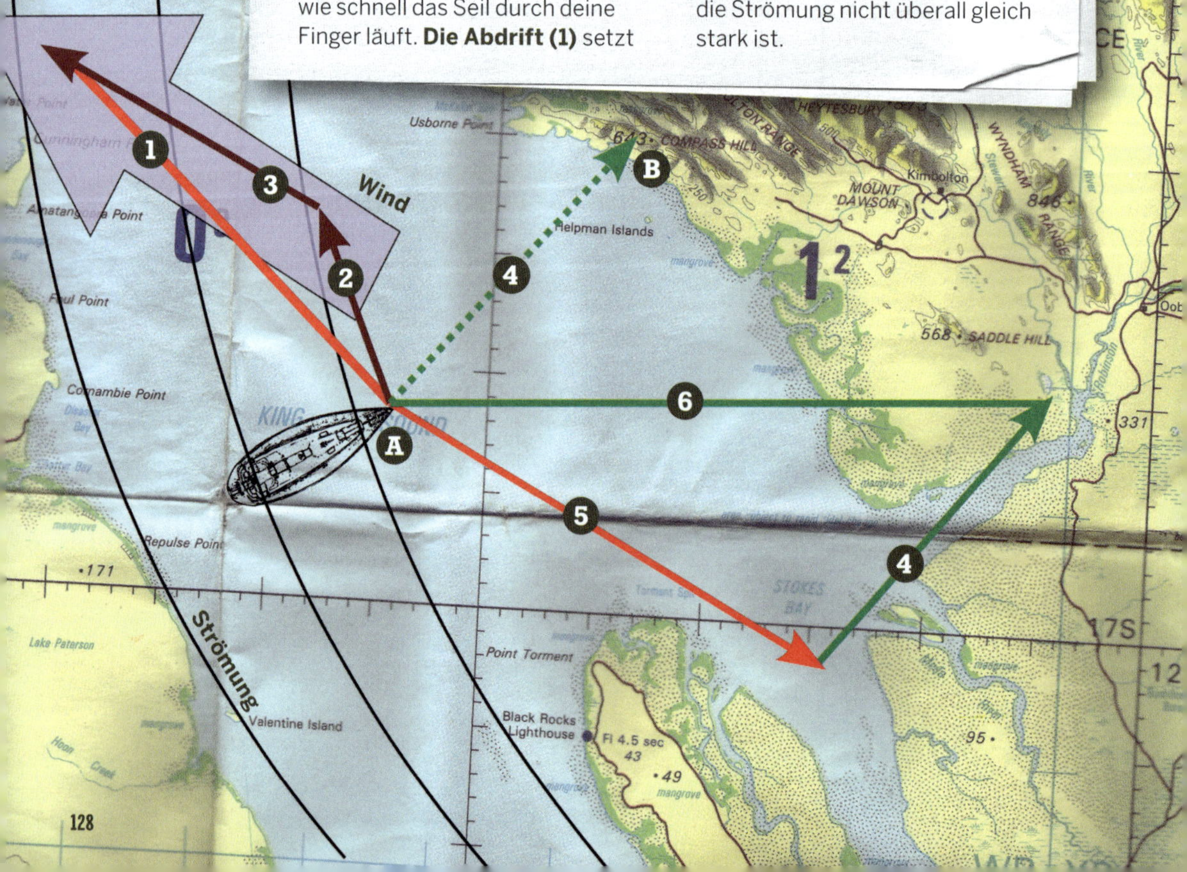

Eine Fliege für den Fang von Meeresfischen

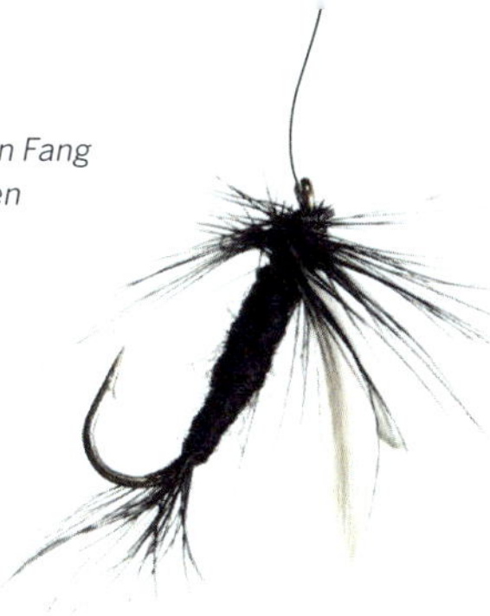

N 25 ANGELFLIEGEN BINDEN

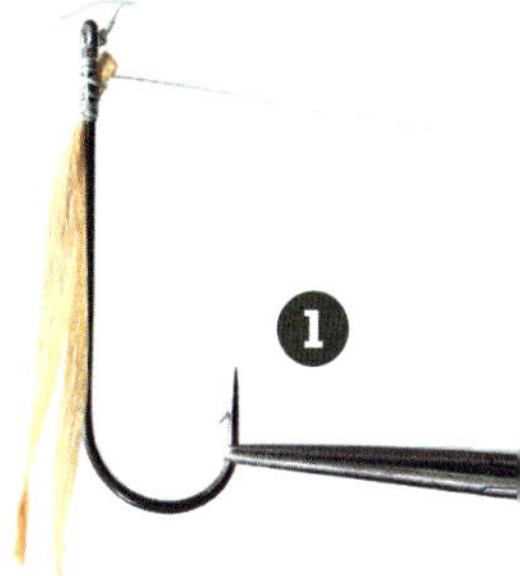

In den klaren Bächen und Seen der Mittelgebirge lebt eine Vielzahl schmackhafter Fische wie Forellen oder Äschen. Aufgrund des klaren Wassers und der geringen Anzahl von Tieren darin sind die Fische oft darauf eingestellt, Fliegen von der Oberfläche zu schnappen – Würmer und andere natürliche Köder werden verschmäht.

In diesem Fall kannst Du eine einfache Fliege binden. **Hierzu können Fasern aus der Kleidung, Federn und reflektierende Folien (eine Ecke der Rettungsdecke) verwendet werden.**

Mit größeren Fliegen lassen sich vor allem auch im Meer Fische zum Anbeißen reizen. Hierzu wird die Fliege entweder auf der Wasseroberfläche präsentiert oder etwas beschwert und als sogenannter Streamer durch das Wasser gezogen.

Eine Fliege für den Fang von Fischen in klaren Flüssen:

❶ An einem Haken wird etwas Garn befestigt. Der Körper der Fliege (hier aus Naturfasern) wird eingebunden, indem das Garn immer wieder um den Haken gewickelt wird.

❷ Als »Flügel« dienen Fasern aus der Zeltleine. Nach dem Festknüpfen werden sie so gezupft, dass sie nach oben und zur Seite abstehen.

❸ Etwas reflektierende Folie als »Schuppen« macht die Fliege zum unwiderstehlichen Köder für kleine Raubfische.

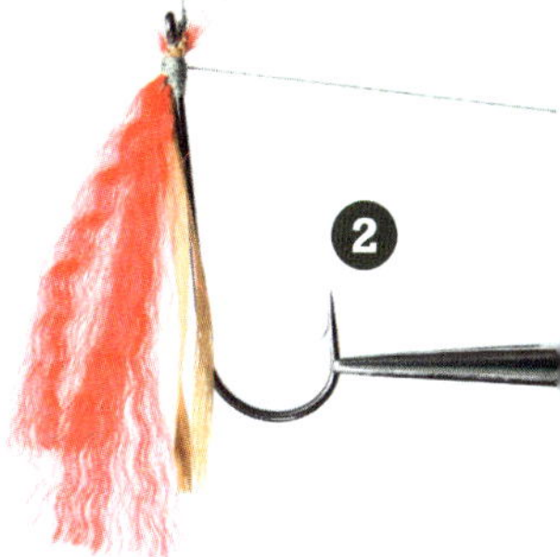

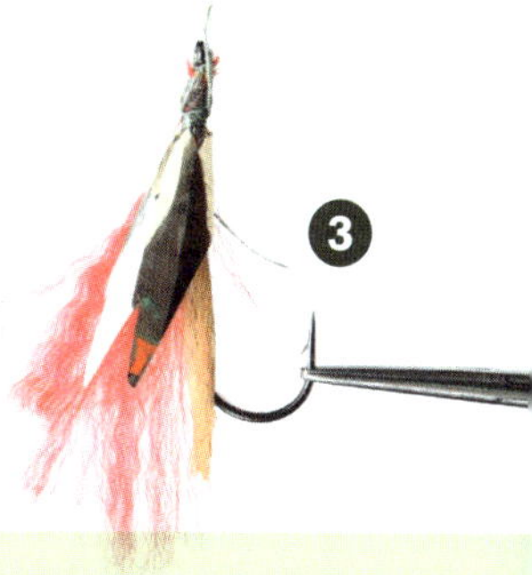

K 28 TAUCHERBRILLE IMPROVISIEREN

An Küsten und im Wasser kannst Du eine Menge Tiere wie →**Schnecken**, →**Seegurken** oder →**Krebse** fangen. Voraussetzung ist, dass Du unter Wasser etwas siehst.

Sammle Bambus, einen dicken Schlauch oder Plastikflaschen (die findest Du auch an einsamen Küsten immer!) und eine klare Plastiktüte – und schon kannst Du eine einfache Taucherbrille improvisieren. Schneide zwei an einer Seite schräge Abschnitte herunter, die über deine Augen passen. Die Schnittränder abrunden. Über die gerade Öffnung spannst Du jeweils ein Stück klare Folie und bindest sie fest. Damit Du freie Hände hast, kannst Du mit einem Kondom einen Kopfriemen bauen. Bis etwa 2 Meter kannst Du damit abtauchen.

Eine einfache Taucher- bzw. Schwimmbrille hilft beim Sammeln von Seegetier.

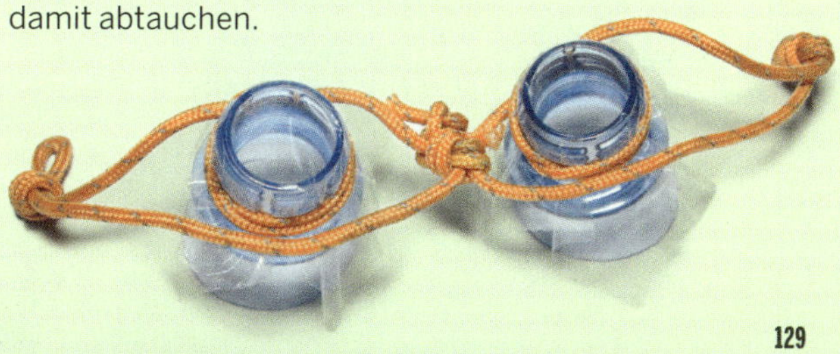

N 26 MUSCHEL-BBQ

Muscheln kannst Du sowohl im Süßwasser als auch im Salzwasser häufig in großen Mengen sammeln. Sie können je nach Art und Sammelort delikat sein oder scheußlich schmecken.

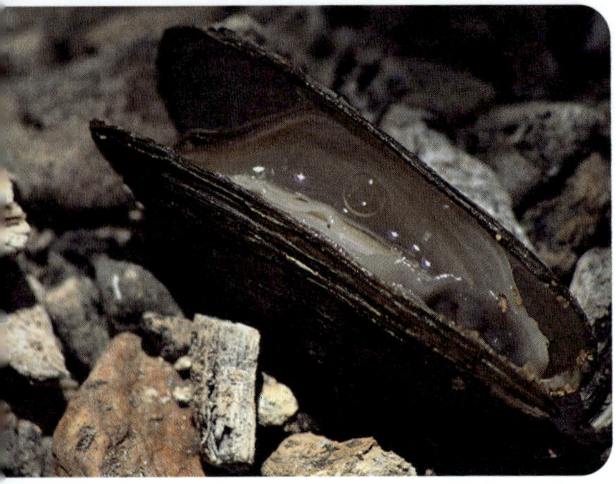

Entgegen der allgemeinen Meinung sind manche Muscheln in der Lage, sich aktiv fortzubewegen. Es kann also ein Fehler sein, Muscheln über Nacht im freien Wasser zu lagern. Sie könnten am nächsten Morgen verschwunden sein.

Um Muscheln zu finden, reicht es häufig schon, die Bodenseite von flachen Steinen zu untersuchen. Auch den sandigen Untergrund am Seeufer und den Schlick zwischen feinen Wurzeln des Steilufers gilt es abzusuchen. In Flüssen liegen Muscheln gerne hinter großen Steinen im Kehrwasser, wo sich feiner Sand ansammelt. Ist das Wasser sehr trübe und das Gewässer umgekippt, solltest Du daraus keine Muscheln entnehmen – sie können giftig sein.

Zu einer besonderen Delikatesse werden Muscheln, wenn sie in der Glut geröstet werden. Hierzu werden sie mit der Öffnung nach oben in die Glut gestellt. Durch die Hitze springen sie nach kurzer Zeit auf und können nach weiteren zehn Minuten in der Hitze verzehrt werden. Du kannst sie aber auch einfach in Wasser kochen.

N 27 AUFGEPASST BEI GIFTIGEN FISCHEN

Beim Fischfang musst Du beachten, dass es weltweit giftige Fische gibt. Es gibt zwei Arten gefährlicher Schuppenträger: Fische mit giftigen Stacheln wie das Petermännchen und den Drachenkopf sowie Fische, die Gift im Körper einlagern, beispielsweise Kugelfisch und Goldstrieme.

Um der Gefahr zu entgehen, solltest Du folgende Regeln beachten: Alle unbekannten Fische könnten giftige Stacheln haben. Fasse niemals mit bloßer Hand von hinten auf die Fische, sondern nimm mindestens Handschuhe oder ein Tuch zum Festhalten. Nach dem Erhitzen sind diese Gifte nicht mehr gefährlich. Die eingelagerten Gifte dagegen sind meist hitzestabil. Hier gilt die Regel, dass Du von unbekannten Fischen die Organe immer möglichst sauber entfernen solltest und keine Fische verwerten darfst, die nicht »fischtypisch« aussehen und Dir nicht als Aale oder Welse bekannt sind. Also alles, was kugelig, igelig oder kofferartig aufgebaut ist. Außerdem ist das Fleisch großer Haie mit Ammoniak vergällt. Diese können deshalb nicht verzehrt werden.

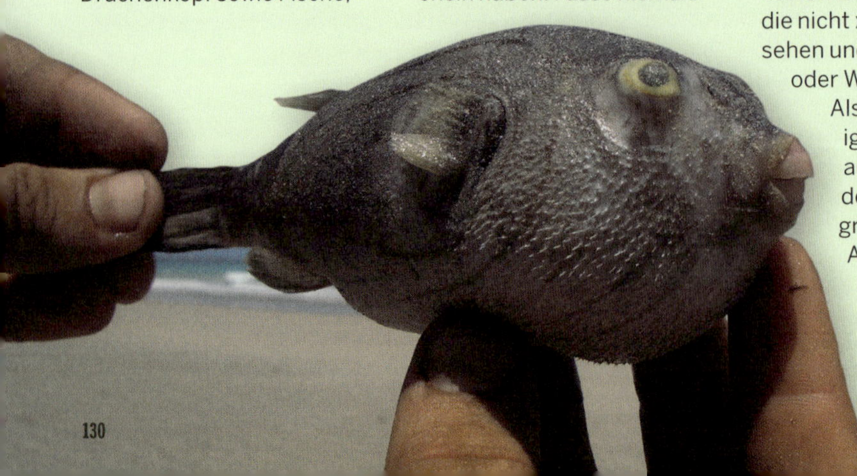

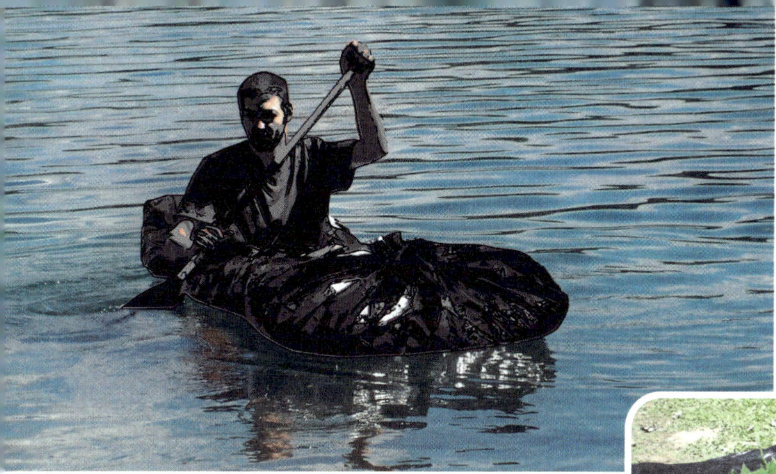

Ein Boot aus Folie und Gestrüpp kann fast wie ein echtes Kanu gesteuert werden.

Du benötigst mindestens 1,5-mal so viel Liter Füllmaterial, wie Du in Kilogramm schwer bist.

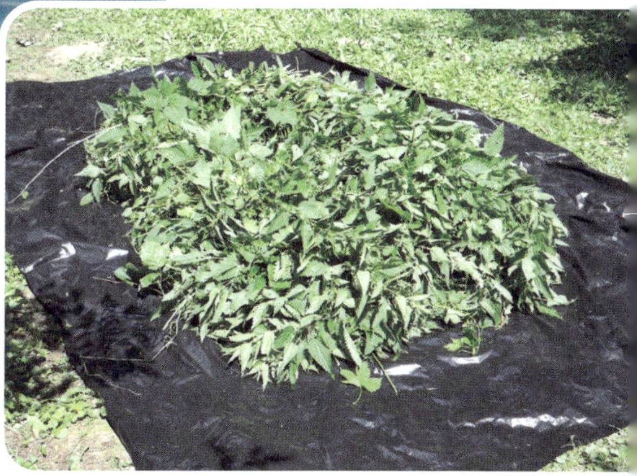

K29 EIN BOOT IMPROVISIEREN

Wenn Du unterwegs auf einem Fluss weiterkommen oder einen See überqueren möchtest, kannst Du Dir in weniger als einer Stunde ein recht stabiles und tragfähiges Boot bauen.

EASY: DONUT-BOOT

Dazu benötigst Du nur eine Plastikfolie (Zeltplane, Tarp, Poncho), die Du flach auf dem Boden ausbreitest. Darauf kommt Pflanzenmaterial wie Brennnesseln, Gestrüpp oder Reisig (aber ohne Dornen oder Stacheln).

Aus dem Haufen wird ein großer Donut geformt, den Du für die bessere Steuerbarkeit des späteren Boots längs etwas zusammendrücken solltest. Die Plastikfolie wird über dieses Gestrüpp zurückgeschlagen und fertig ist das Boot.

Wenn Du in den Haufen noch einige stabile Äste einarbeitest, wird das Boot torsionsfest und lässt sich etwas einfacher steuern.

ADVANCED: KATAMARAN

Alternativ kannst Du auch einen Katamaran improvisieren, mit dem Du sehr viel besser steuern kannst als mit dem Donut-Boot. Außerdem wird es im Wasser auch erheblich schneller und du kannst darauf liegend den Untergrund nach Krebsen oder Muscheln absuchen.

Dazu eignen sich vor allem Bündel von Schilf oder Bambus, die einfach **zu zwei dicken, an der Spitze zulaufenden Bündeln** zusammengebunden werden. Wenn Du das nicht hast, nimmst Du zwei Folien (oder zerteilst eine in zwei breite Streifen) und wickelst damit das gesammelte Gestrüpp zusammen mit einigen festen Stöcken zu zwei Würsten zusammen. **Die Bündel werden mit einigen Stegen zu einem Katamaran zusammengebunden.**

TIPP: Wenn Du kein Paddel hast, nimm' einfach ein stabiles Stück Rinde oder einen gespaltenen Ast.

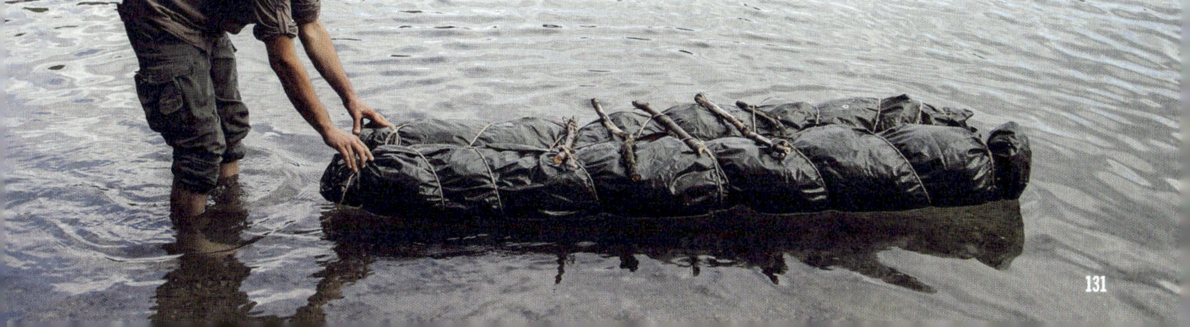

N28 SCHWIMMENDE NAHRUNG

Wasserlinsen oder »Entengrütze« gehören zu den häufigsten und wichtigsten essbaren Pflanzen des Süßwassers.

Die mit weniger als einem halben Zentimeter Breite winzigen Pflanzen bestehen aus nur wenigen Blättchen und Wurzeln. Sie treiben als ganze Teppiche im Wasser nährstoffreicher Tümpel und Seen und können kaum verwechselt werden. Blüten findet man auf ihnen nie – sie vermehren sich durch Knospung.

Die Pflanze sammelt eine Menge Stärke. Im Herbst sinkt sie auf den Boden, im Frühjahr steigt sie wieder auf.

Wasserlinsen besitzen in einigen Zellen kleine »Giftpfeile«, die in die Schleimhaut schießen können und bei Übermaß heftige Bauchschmerzen verursachen. Wenn man die Pflanze jedoch kocht oder brüht, sind diese Harpunen drucklos und unproblematisch. Generell sollten alle Pflanzen aus dem Süßwasser gekocht werden, da sie Parasiten übertragen können.

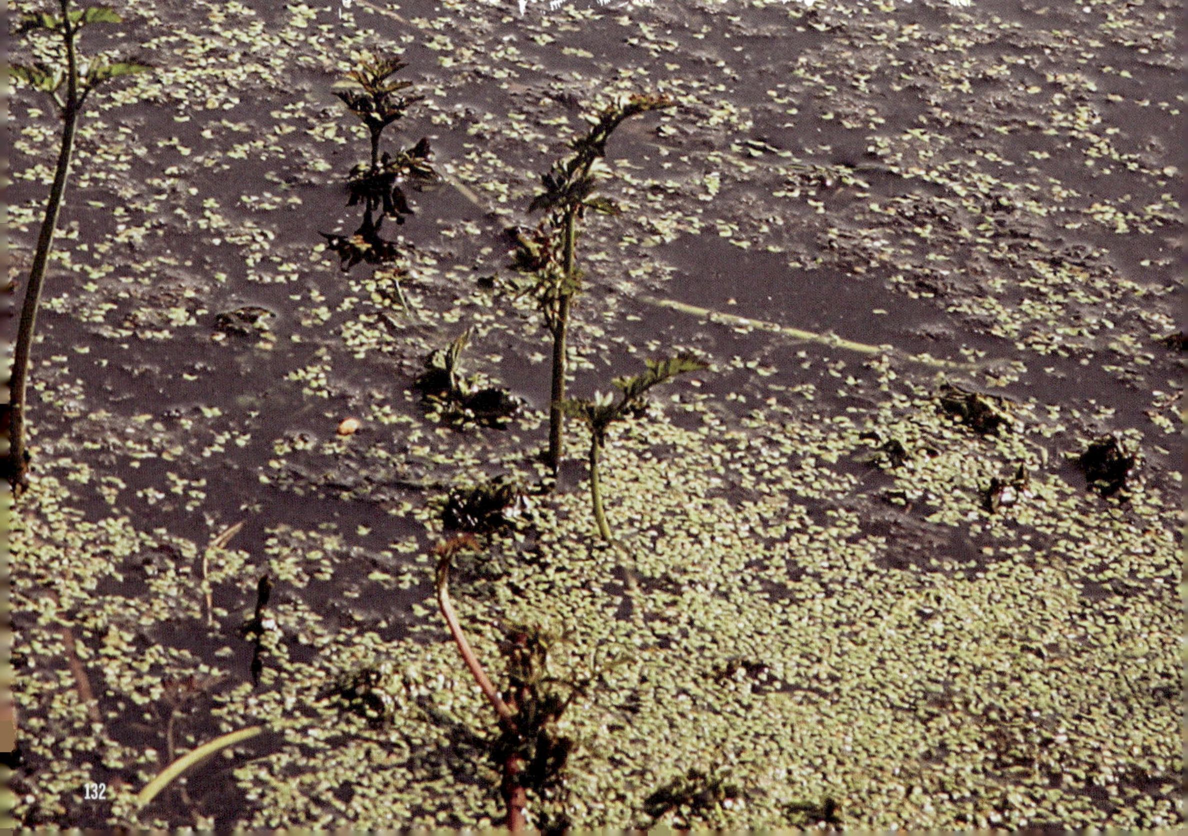

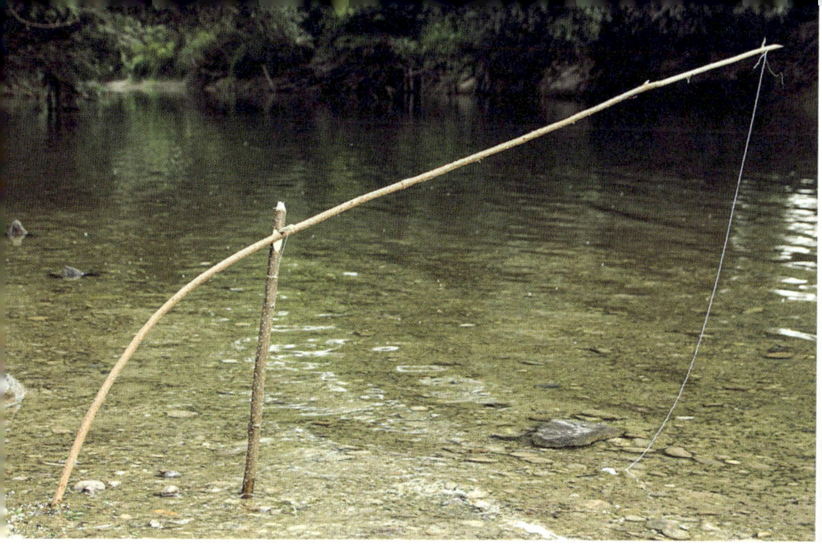

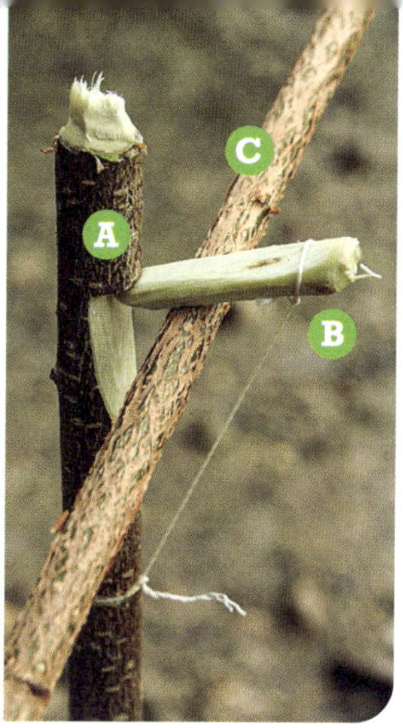

N29 AUTOMATIK-ANGEL

Ein Ufer ist nicht immer der ideale Ort zum Verweilen. Hier ist es feucht, es gibt Mücken, vielleicht Blutegel, Krokodile oder andere gefährliche Tiere. Wenn Du Fische fangen möchtest, ohne lange am Ufer rumhampeln zu müssen, ist die Automatikangel ideal. Dazu brauchst du eine lange und elastische Rute, an deren Spitze die Angelleine mit Haken und Köder geknotet werden. Die Rute schräg in das Ufer stecken, so dass der Köder das Wasser gerade nicht erreicht. In das Ende eines zweiten, kürzeren Astes einen Keil schnitzen, der oben fast rechtwinklig ist (A). Ein flaches Holzstück zuschneiden und mit etwas Leine so an den Ast knoten, dass es in den Keil eingesetzt werden kann (B). Den kürzeren Ast kurz vor die Rute in den Boden stecken. Die Rute so nach vorne biegen (C), dass der Köder ins Wasser hängt und vom flachen Holzstückchen festgehalten wird. **Beißt ein Fisch an, schlägt die Rute automatisch aus und fängt so den Fisch.**

K30 HOLZSCHALEN AUSBRENNEN

An Gewässern findest Du zahlreiche weiche Baumarten, die sich sehr einfach bearbeiten lassen. **Linde, Pappel und Weide eignet sich ideal zum Herstellen von Bechern, Töpfen und Schalen.** Allerdings kannst Du mit der Technik auch Eiche und Buche bearbeiten – es dauert aber erheblich länger.

Du brichst oder sägst Dir ein dickes Stück Holz in gewünschter Länge zurecht. In der Mitte so abspalten, dass eine etwas dickere Hälfte entsteht. Entzünde ein Feuer und lass es runterbrennen. Glut zwischen die beiden Scheite legen und reinblasen. Wo dieGlut das Holz berührt, verdampft das Holz regelrecht. Nachdem die gewünschte Tiefe erreicht worden ist, die Kohlereste einfach raus kratzen und die äußere Form nach Belieben bearbeiten.

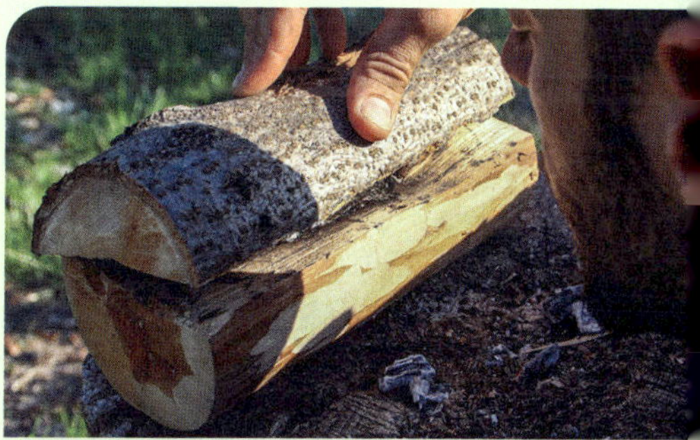

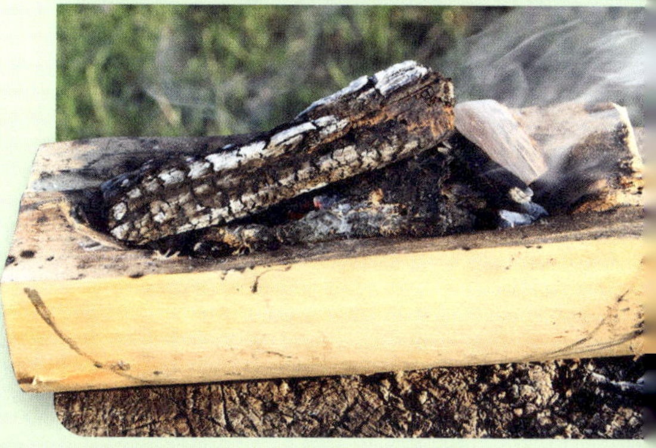

Zuerst die Schale ausbrennen und danach die Außenform bearbeiten.

Zwei von drei Heringen (sowie viele Lachse), die Du gegessen hast, waren von Anisakis befallen. Wenn Du diese roh und frisch verzehrt hättst, wärst Du nun möglicherweise mit diesem Parasiten infiziert.

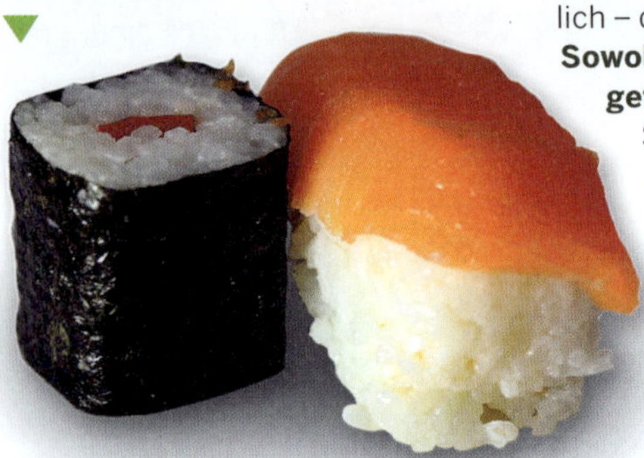

M15 AUFGEPASST BEI ROHEM FISCH

Auch wenn Du im asiatischen Restaurant schon Sushi gegessen hast, solltest Du in der Wildnis – sofern möglich – darauf verzichten, rohen Fisch zu Dir zu nehmen. **Sowohl Meeres- als auch Süßwasserfische können gefährliche Parasiten übertragen.** Besonders bei Salzwasserfischen gibt es häufig sehr unangenehme Erreger: Anisakis, Würmer, die sich durch den Magen bohren und unerträgliche Schmerzen verursachen. In Europa muss Fisch für die rohe Zubereitung deshalb zwei Tage lang gefroren oder in Lake eingelegt gewesen sein. Auch in Japan wird das mittlerweile so gehandhabt.

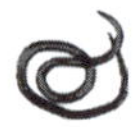

Dieser kleine Wurm kann Dir das Leben zur Hölle machen (Abbildung etwa Originalgröße).

K31 NAUTISCHE SIGNALMITTEL

In vielen Regionen ist es schlicht unmöglich, ein Signalfeuer zu machen. Für Reisen im und am Wasser oder in Wüsten (siehe ab S. 194) packst Du Dir deshalb unbedingt nautische Signalmittel ein. Denn hier findest Du meist keine geeigneten Materialien zum Signalisieren. Ob mit dem Kajak an der Küste, dem Segelboot oder zu Fuß an der Küste entlang: für Signale am Tag packst Du Dir einen roten Rauchtopf, für die Nacht rote Bengalos ein. Zusammen mit Signalraketen bist Du damit ideal ausgestattet. Mit den Bengalos kannst Du im Notfall natürlich auch ein Feuer entzünden.

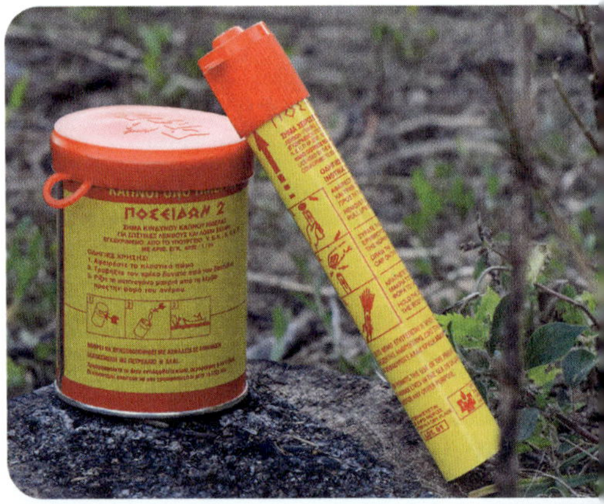

Bengalos und Rauchtopf sind am Wasser Deine Lebensversicherung.

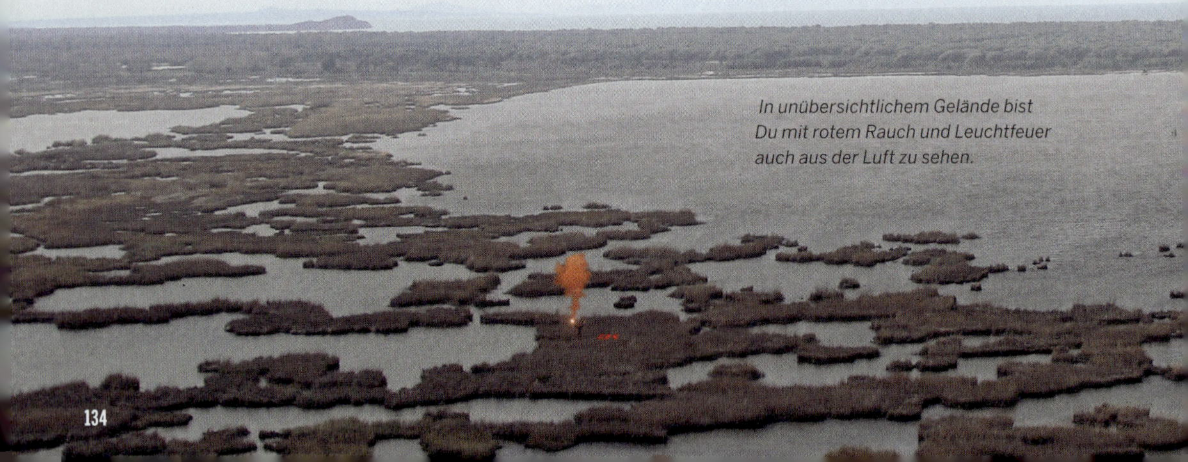

In unübersichtlichem Gelände bist Du mit rotem Rauch und Leuchtfeuer auch aus der Luft zu sehen.

N30 IMPROVISIERTE ANGEL

Eine Angelleine, wie sie wohl jeder Leser aus seiner Jugend vom Schwarzangeln kennt: eine umgebogene **Nadel als Haken (1)**, ein **Steinchen als Senkblei (2)** und **ein Korken als Schwimmer (3)**. Da der Haken keinen Widerhaken besitzt, ist es wichtig, die Leine ständig straffzuhalten, wenn ein Fisch angebissen hat. Sobald die Schnur durchhängt, fällt der Haken aus dem Maul des Fisches.

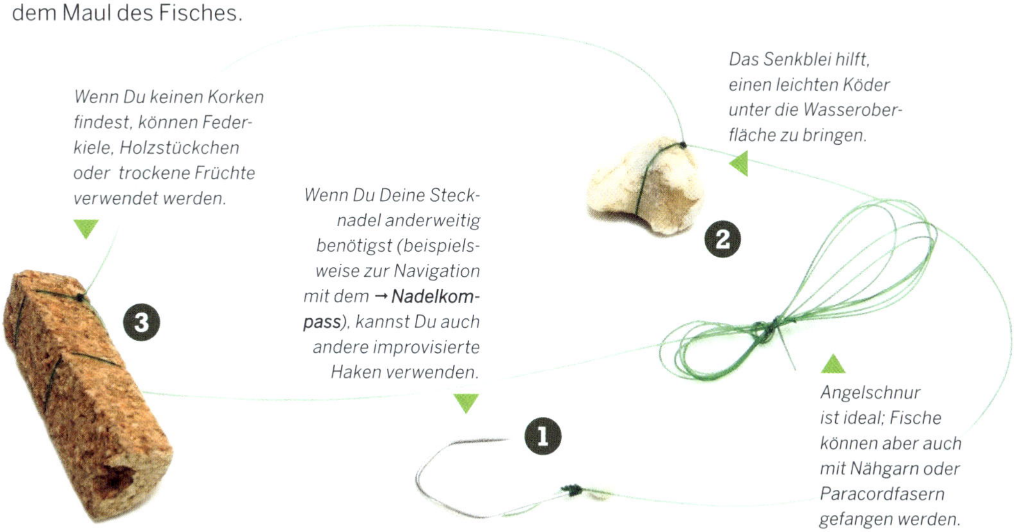

M16 EINEN ANGELHAKEN ENTFERNEN

Häufig passiert es beim Angeln, dass ein Haken durch unachtsame Handhabe den Finger oder einen anderen Körperteil durchstößt. Da Angelhaken meist mit Widerhaken ausgerüstet sind, können sie nicht einfach wieder herausgezogen werden. Bei Plättchenhaken wird die Angelschnur entfernt, Ösenhaken oder Drillinge müssen mit einer Zange abgezwickt (1) oder durch Hin- und Herbiegen abgebrochen werden. Der Haken wird zur Gänze möglichst desinfiziert, zumindest von Köder- und Fischresten befreit und kann nun der Spitze folgend durch die Wunde gedrückt werden (2).

Wunden durch schmutzige Haken müssen regelmäßig untersucht werden. Bildet sich ein Abszess, muss er → **punktiert** werden.

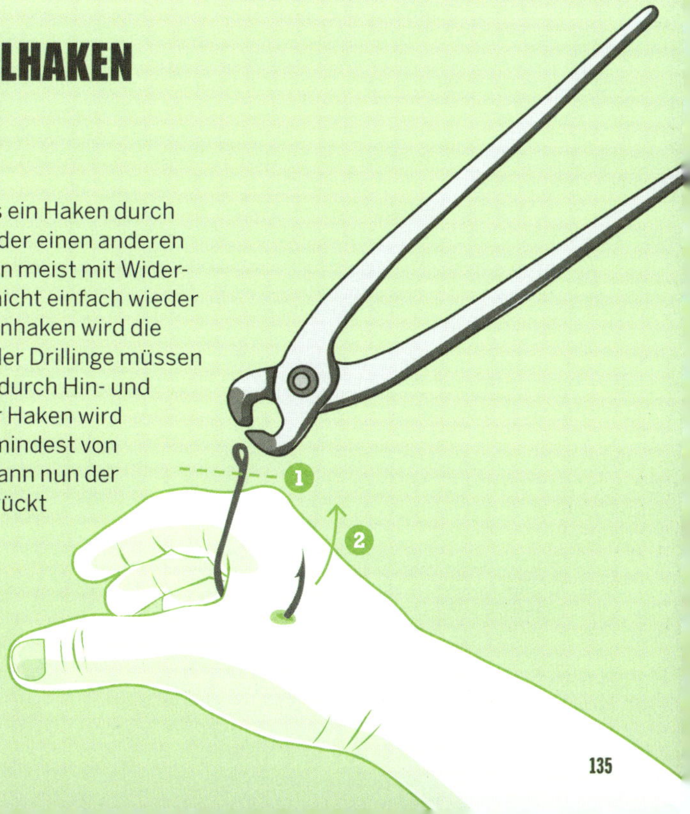

SCHLAUFEN-KNOTEN

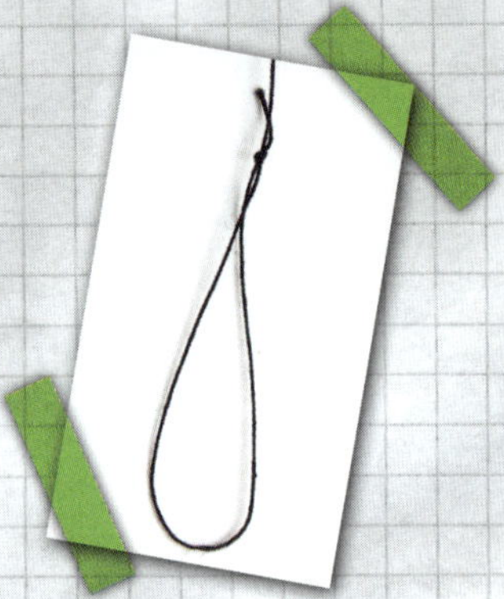

Willst Du aus Angelschnur oder Wäscheleine eine Schlaufe knoten, geht das nicht mit einem Palstek, da die Schnur zu rutschig ist. Also verwendet man den Schlaufenknoten zum Angeln.

SCHRITT 1 Das Ende der Leine wird zurückgeschlagen, es müssen mindestens 10 cm Leine doppelt liegen. Das Schlaufenende wird zusammengedrückt.

SCHRITT 2 Die Schlaufe wird etwas verdreht und zu einem Ring gelegt. Wie bei einem doppelten Überhandknoten wird das Schlaufenende in Richtung Bucht gezogen.

SCHRITT 3 Der Knoten muss unbedingt doppelt durch die Bucht gezogen werden. Ansonsten rutscht die Schlaufe bei Belastung durch.

HINWEIS: Reepschnüre, Seile und Taue sollten immer mit Achterknoten oder Palstek zu einer Schlaufe geknotet werden.

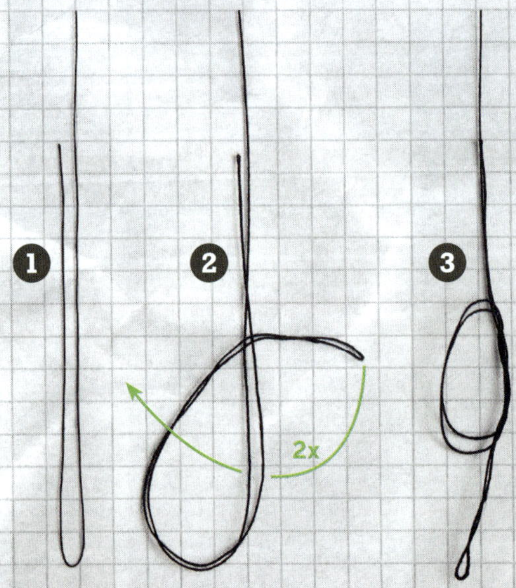

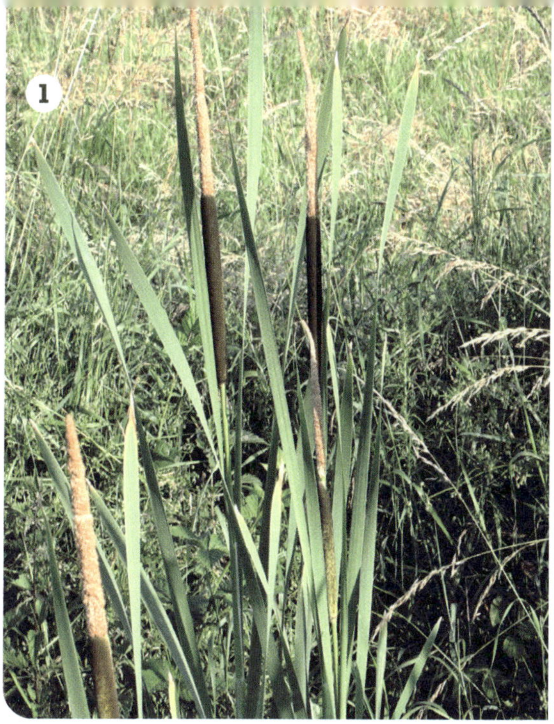

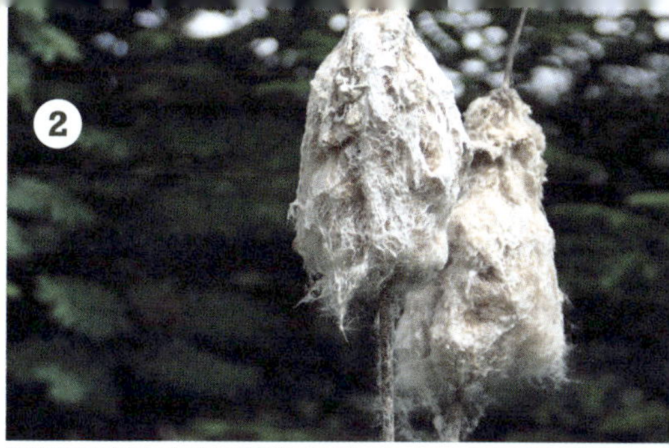

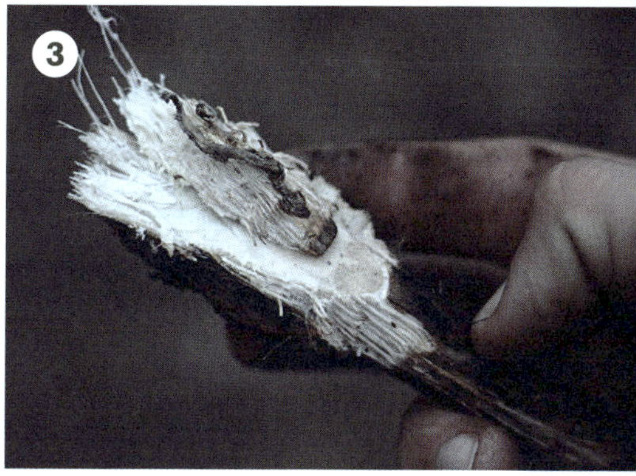

▲ *Rohrkolben sind einfach zu erkennen. Die Fasern sind super Feueranzünder. Die Rhizome sind vollgepackt mit Stärke.*

N 31 ROHRKOLBEN: STÄRKEBOMBEN

Die unteren Stängelabschnitte schmecken gut und sind in jungem Zustand zart. ▼

Rohrkolben besitzen lange und spitz zulaufende Blätter mit parallelen Nerven **(1)**. Die Blätter sind an der Basis röhrenartig ineinander zusammengelegt. An aus dem Boden gezogenen Blättern findest Du unten transparenten Schleim. Die bis zu 1,5 Meter langen Blätter falten sich im oberen Drittel meist nach unten um. Am sichersten ist der Rohrkolben an seiner Blüte zu erkennen: Oben an einem kreisrunden und hohlen Stängel sitzt ein großer brauner Kolben, der aus den zusammengepressten Flugschirmchen besteht. Bricht diese Oberfläche auf, erscheint eine watteartige Masse **(2)**. Auf diesem Kolben ist ein kleiner, wollig behaarter Stiel, der als männlicher Blütenteil den Pollen beherbergt. Dieser lässt sich bis Frühsommer auch verzehren. Unterirdisch sowie an der Blattbasis sammelt der Rohrkolben große Mengen von Stärke **(3)**. Du kannst die Blattbasis gekocht als stärkereiche Nahrung zu Dir nehmen. Um die Fasern der Rhizome gelagerte Stärke lässt sich herauslösen und zu Fladen verarbeiten. Die jungen Blätter haben einen angenehmen Geschmack und werden wie Palmherzen verwendet **(4)**. Die Flughaare des Rohrkolbens eignen sich zudem ideal zum Entzünden eines Feuers.

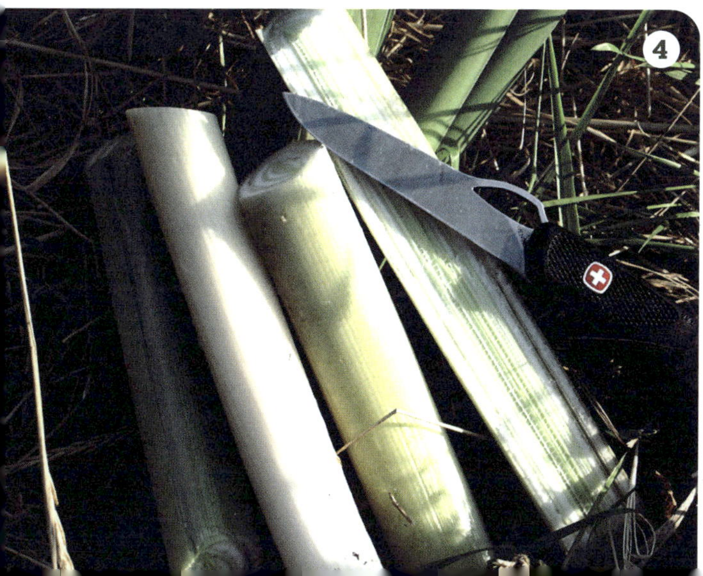

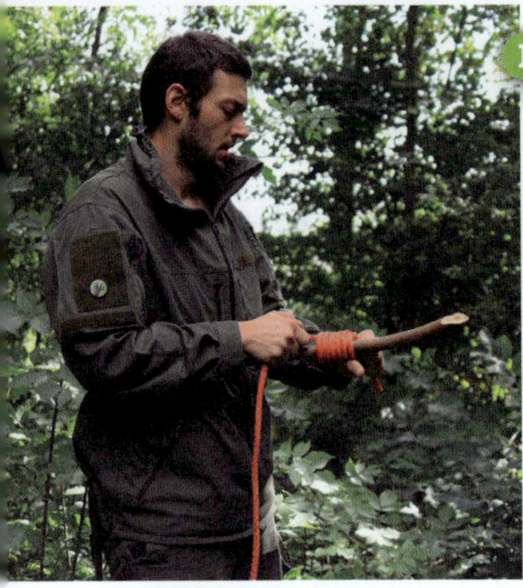

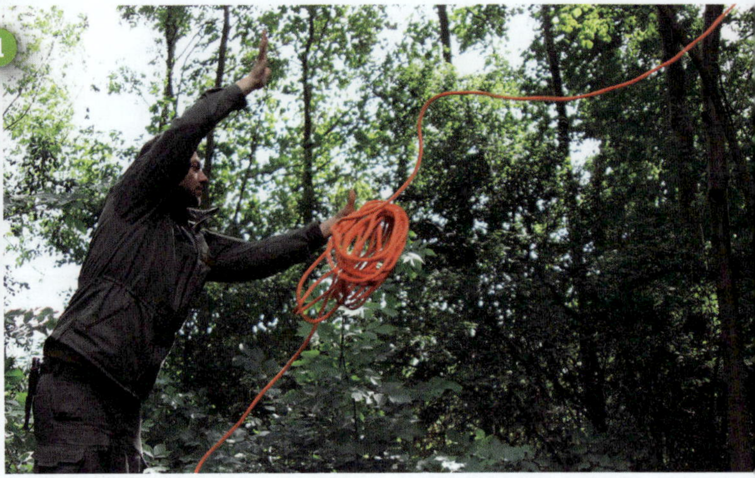

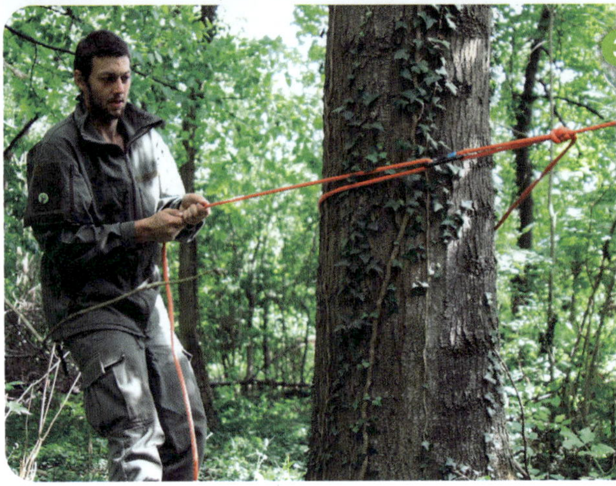

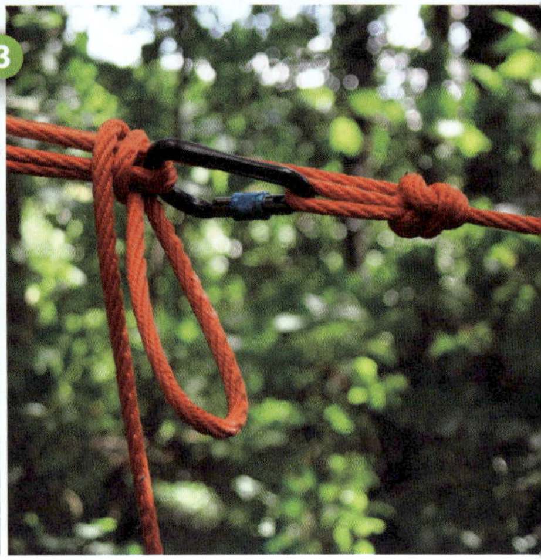

K32 EINEN FLUSSLAUF ÜBERQUEREN

Wenn Du in Sumpfregionen und an Gewässern unterwegs bist, möchtest Du wahrscheinlich nicht jedes Mal zum Durchqueren Deine Kleidung ausziehen und ins Wasser hüpfen, zumal es in vielen Gewässern der Erde gefährliche Tiere gibt. **Um einen Graben oder Fluss bis etwa 10 Meter Breite zu überqueren, kannst Du eine Seilbrücke bauen.**

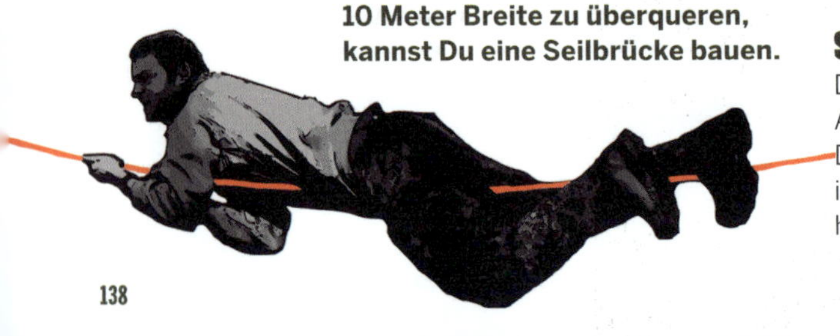

SCHRITT 1 Zuerst bindest Du mittig an ein statisches Seil einen stabilen Ast. Das Seil wickelst Du jetzt locker zusammen, nimmst das Ende mit dem Ast, wirbelst ihn und wirfst diesen Anker auf die andere Seite. Wichtig ist beim Wurf, dass Du das aufgewickelte Bündel mit über den Fluss wirfst – und das Ende natürlich vorher festhältst oder festbindest. Am besten versuchst Du, eine Astgabel eines Baums, Wurzeln oder Vergleichbares zu treffen.

SCHRITT 2 Hast Du getroffen, ziehst Du die Leine langsam an, um den Ast zu verkeilen. Hat er gefasst, legst Du Dich mit dem gesamten Gewicht in die Leine um zu testen, ob alles hält.

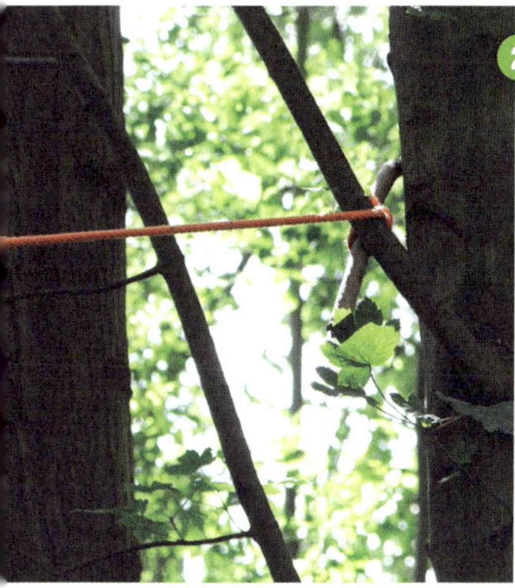

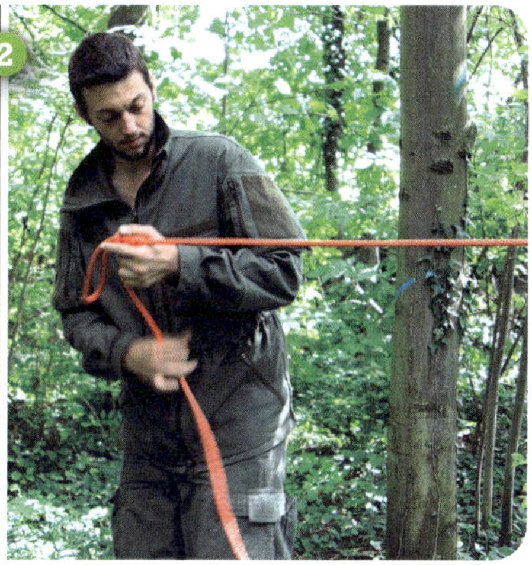

Am Seil wird ein Stock befestigt, der als Anker für die Seilbrücke über den Abgrund geworfen werden kann.

Zum Überqueren eines Hindernisses mit Hilfe der Seilbrücke legst Du Dich auf das Seil – es hört sich mindestens so schmerzhaft an, wie es ist.

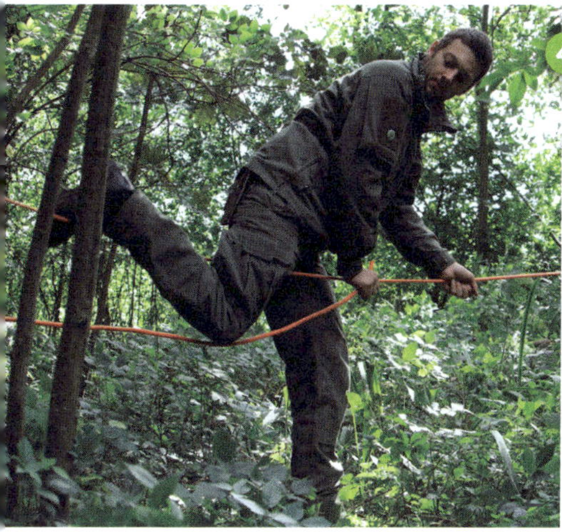

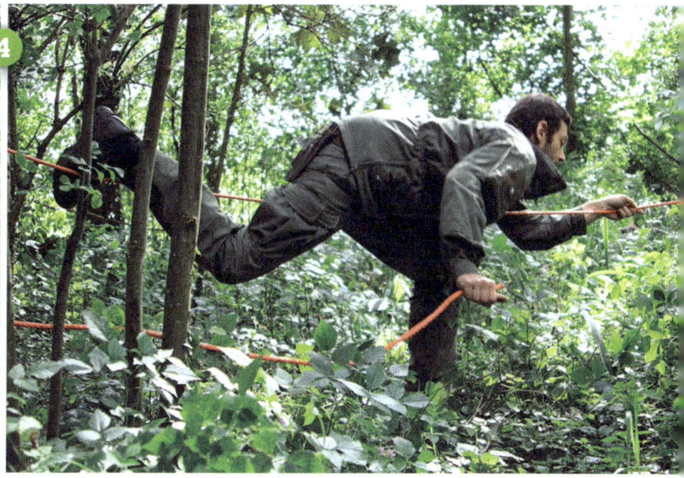

SCHRITT 3 Jetzt suchst Du einen Befestigungspunkt auf Deiner Seite. In etwa einem Meter Entfernung davon knotest Du in das leicht gespannte Seil einen →**Achterknoten**. Dort hinein kannst Du einen Karabiner oder Ring als Umlenkung einhängen. In diesen hängst Du das Seil, nachdem es um den Befestigungspunkt gelegt wurde. Nun führst Du es zurück und hängst es abermals ein. Hierdurch erhältst Du eine Art Flaschenzug, was es erleichtert, die Spannung zu halten. Das Ende des Seils wird mit einen paar Wicklungen und einem →**Halbschlag** befestigt, den Du aber nicht ganz durchziehst. Dadurch entsteht eine Schlaufe (Slip). Wenn Du auf der anderen Seite angekommen bist, kannst Du Dein Seil damit wieder lösen und musst es nicht vor Ort lassen.

SCHRITT 4 Um hinüberzukommen, legst Du Dich so auf das Seil, dass es von Deiner linken Schulter über den Bauchnabel und über den Spann Deines rechten Fußes läuft (oder auch umgekehrt). So kannst Du sehr stabil auf dem Seil liegen und Dich voranziehen. Das Voranbewegen spürt *mann* recht ordentlich im Schritt. Am besten legst Du einen Schal oder etwas Vergleichbares zur Druckentlastung an die entsprechende Stelle. Vergiss nicht, beim Hinüberrutschen das Seilende mitzunehmen, damit Du das Seil auf der anderen Seite lösen kannst.

Diese Technik wird auch verwendet, wenn Du durch einen breiten, schnell strömenden Fluss waten musst und die Höhe nicht zum Hinüberkriechen ausreicht. In diesem Fall hältst Du Dich am Seil fest, wobei Du flussaufwärts schaust, und läufst seitlich durch den Fluss.

Noch immer bedecken große Flächen Regenwald das äquatornahe Land. Während es in Wüsten so gut wie keine Lebewesen gibt, ist der Dschungel bis zu den Baumkronen mit Leben angefüllt. Darunter finden sich einige Tier- und Pflanzenarten, die für den Menschen gefährlich sind und sogar den Tod verursachen können. Dennoch leben auch noch heute Millionen von Menschen im Dschungel.

ÜBERLEBEN IM DSCHUNGEL

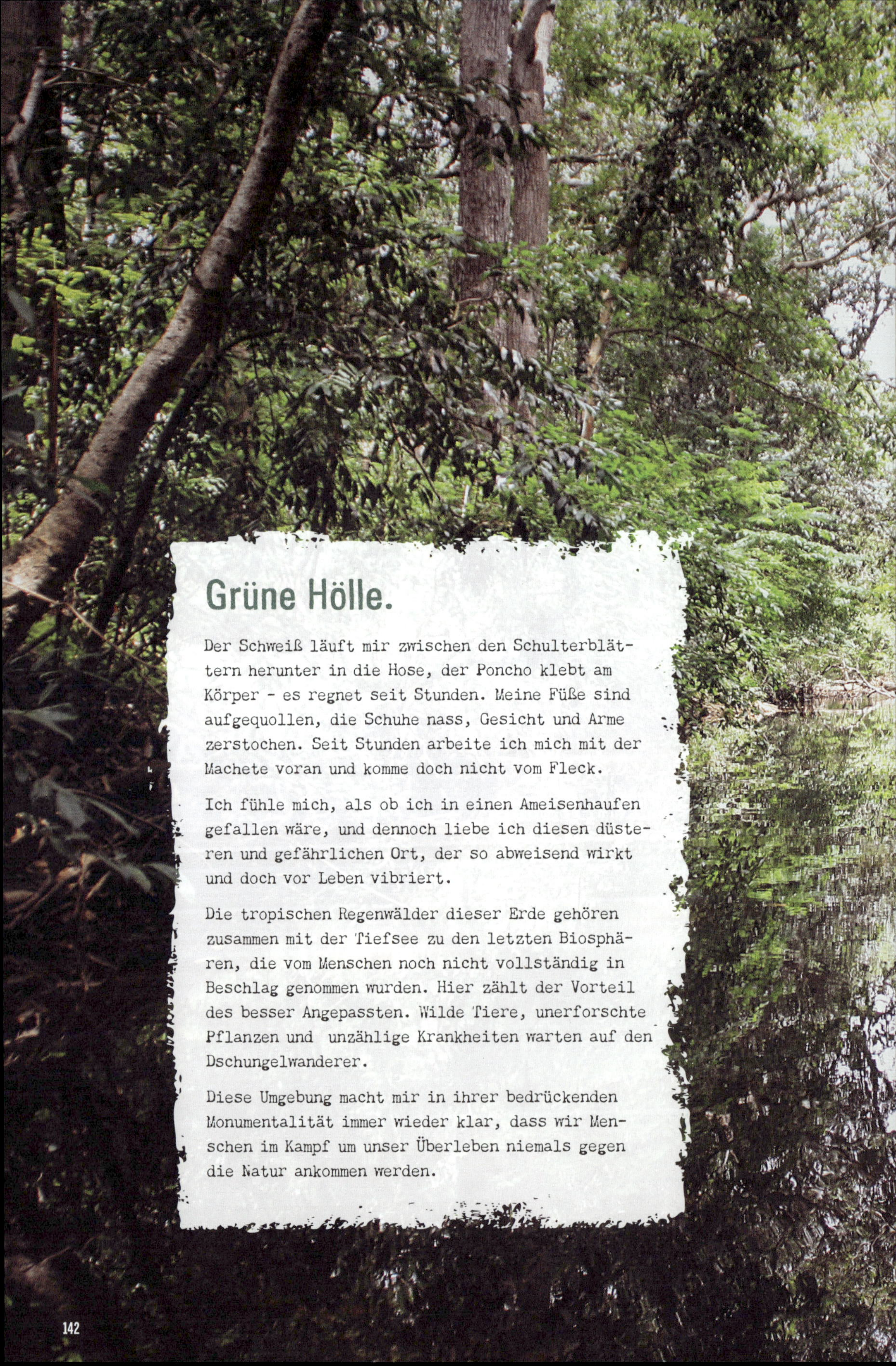

Grüne Hölle.

Der Schweiß läuft mir zwischen den Schulterblättern herunter in die Hose, der Poncho klebt am Körper - es regnet seit Stunden. Meine Füße sind aufgequollen, die Schuhe nass, Gesicht und Arme zerstochen. Seit Stunden arbeite ich mich mit der Machete voran und komme doch nicht vom Fleck.

Ich fühle mich, als ob ich in einen Ameisenhaufen gefallen wäre, und dennoch liebe ich diesen düsteren und gefährlichen Ort, der so abweisend wirkt und doch vor Leben vibriert.

Die tropischen Regenwälder dieser Erde gehören zusammen mit der Tiefsee zu den letzten Biosphären, die vom Menschen noch nicht vollständig in Beschlag genommen wurden. Hier zählt der Vorteil des besser Angepassten. Wilde Tiere, unerforschte Pflanzen und unzählige Krankheiten warten auf den Dschungelwanderer.

Diese Umgebung macht mir in ihrer bedrückenden Monumentalität immer wieder klar, dass wir Menschen im Kampf um unser Überleben niemals gegen die Natur ankommen werden.

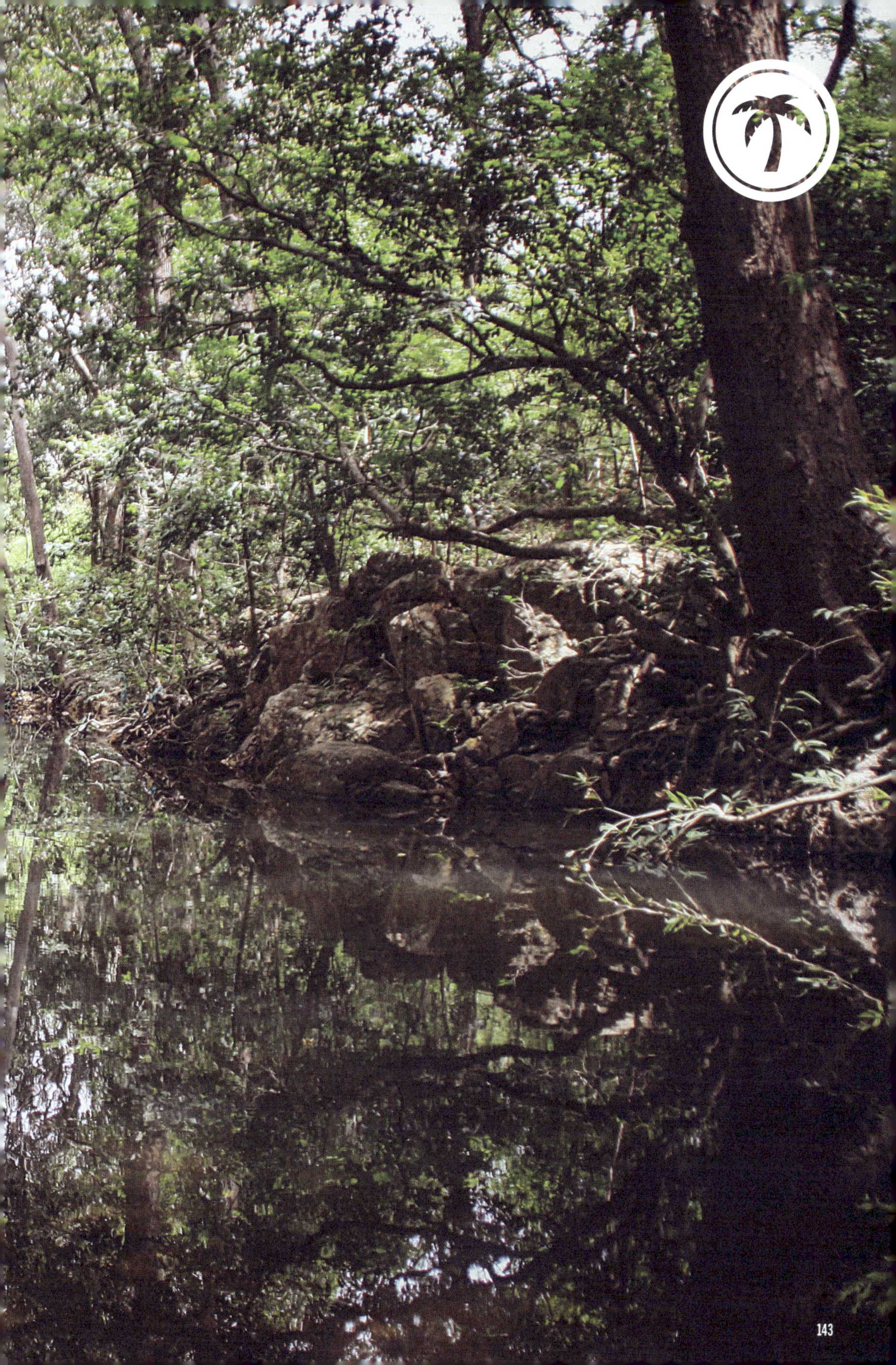

A20 TROPEN-EQUIPMENT

Wenn Du für eine gewisse Zeit im tropischen Regenwald unterwegs sein möchtest, kannst Du mit der kleinen Dschungelausrüstung viel Zeit und Nerven sparen. Die Umgebung stellt ganz besondere Herausforderungen an Dich.

Die schwüle Hitze, stechende Insekten, nasser Boden, Platzregen und giftige Tiere können zur Gefahr werden.

Teile der Tropenausrüstung wie das Regendach aus geflochtenen Palmwedeln oder eine behelfsmäßige →**Hängematte** können mit etwas Übung improvisiert werden. Der Wasserfilter ist nicht notwendig, wenn sauberes Wasser gefunden oder aufbereitet werden kann.

Die kleine Tropenausrüstung wiegt weniger als 3 Kilogramm und kann in einem winzigen wasserdichten Rucksack oder einer Gürteltasche transportiert werden.

Besonders wichtig und durch nichts zu ersetzen sind Malariamedikamente, die bei jeder Dschungelreise in Malariagebiete dabei sein müssen. **Ein einziger Stich einer Mücke kann Malaria übertragen** und man wird im Dschungel ständig gestochen – trotz Moskitonetz und Mückenrepellents.

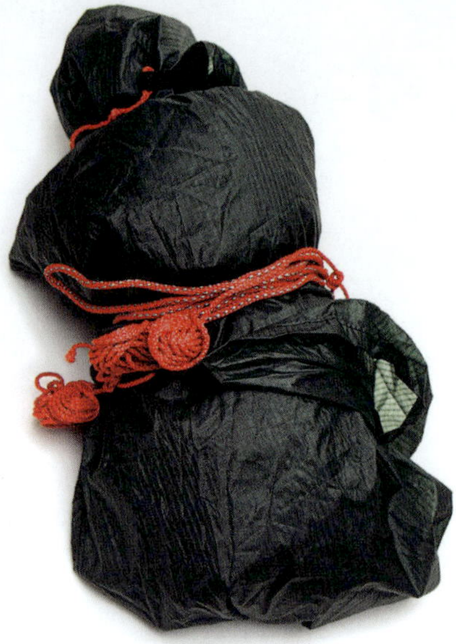

Leichtes Tarp: *Wird immer wieder benötigt. Wenn sich bei der Rast oder beim Schlafen in der Hängematte der Himmel öffnet, stehst Du damit nicht im Regen.*

Hängematte: *Aus dünnem Nylonstoff oder Netzmaterial, wiegt nur wenige hundert Gramm.*

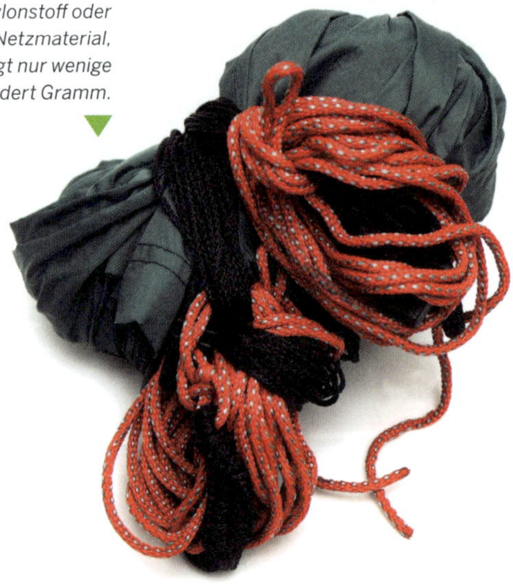

Insektenschutz: *Räucherspiralen, Mückenrepellents mit DEET und Malariatabletten sind in den Tropen Pflicht!*

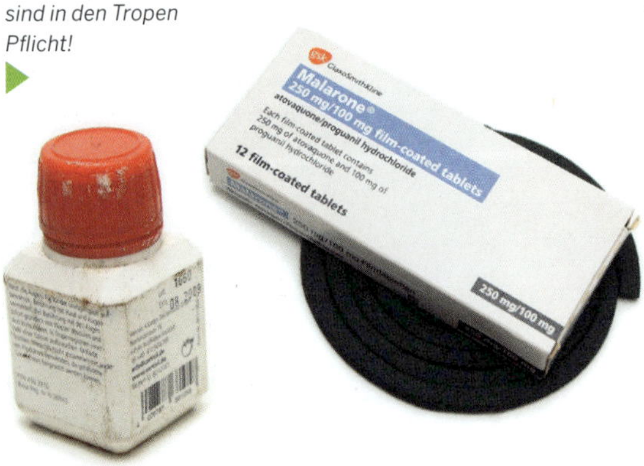

Leichter Poncho: *Bzw. Regenmantel, der auch über den Rucksack reicht.*

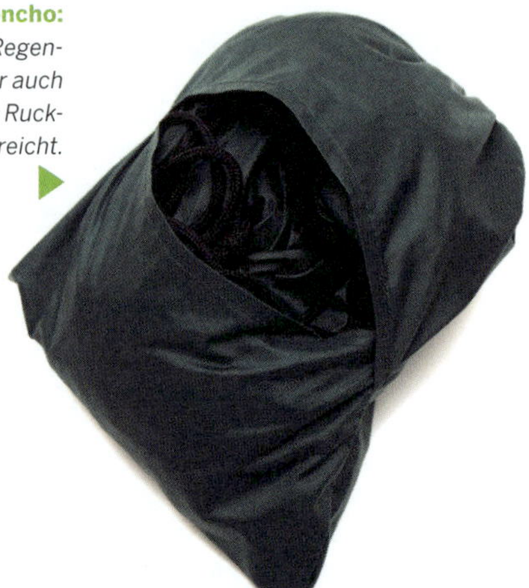

Machete:
Solltest Du vor Ort kaufen. Die überteuerten Dosenblechbuschmesser aus dem Versandhandel sind oft unbrauchbar. Es gilt: lang und dünn (Crocodile) für Gestrüpp und Lianen, dick und wuchtig (Parang, Golok) für Bambus und Unterholz.

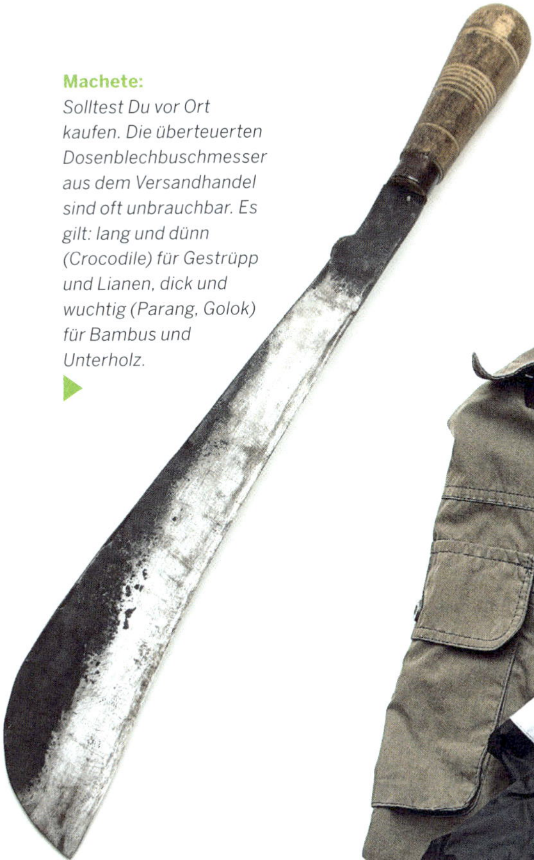

Luftige, aber robuste und stichfeste Kleidung:
Schützt unterwegs gegen Mücken, Überhitzung und Kratzer vom Unterholz.

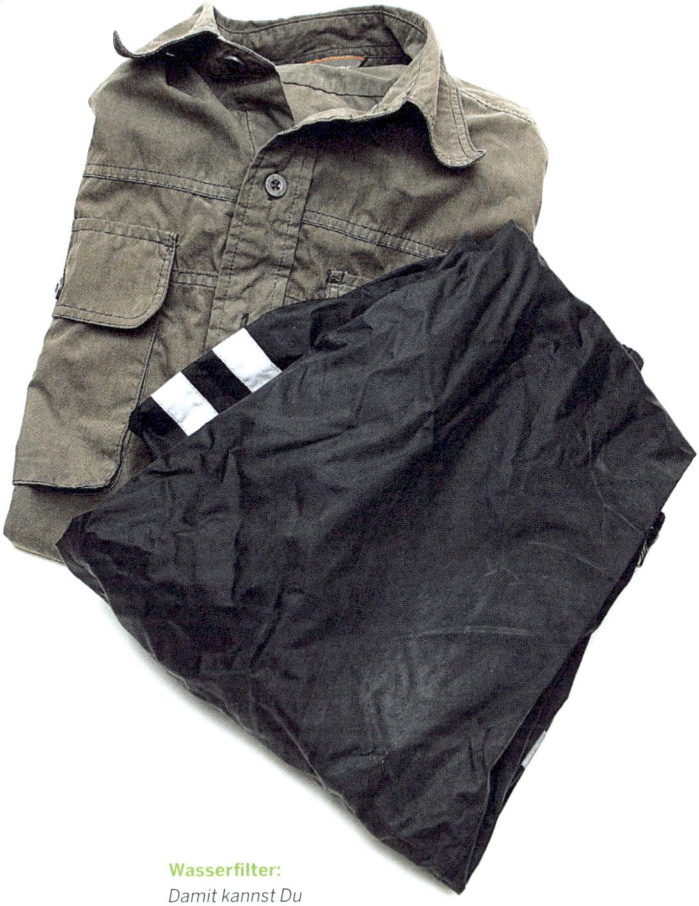

Moskitonetz:
Von der Hängematte trennbar und fest verschließbar. Kann nicht nur im Wald, sondern auch bei der Übernachtung in Hotelbetten verwendet werden.

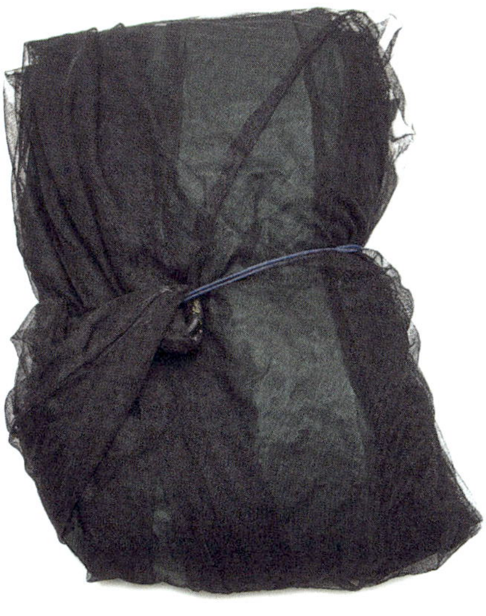

Wasserfilter:
Damit kannst Du auch in den Tropen aus Flüssen entnommenes Wasser genießbar machen.

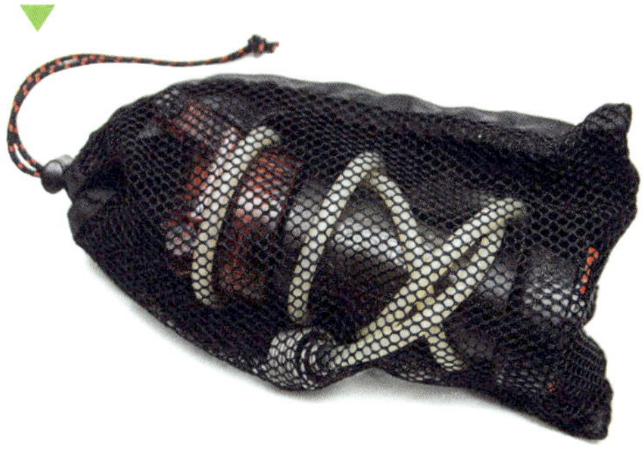

N32 SPINNEN ALS NOTNAHRUNG

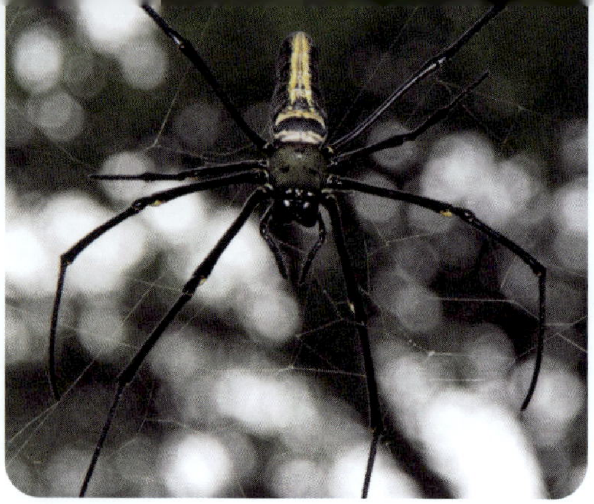

In den Tropen gibt es sehr viele Spinnen. **Zwei Gruppen hiervon sind als Nahrung weltweit einfach zu fangen, sie bieten viel essbares Eiweiß und sind nicht sehr gefährlich.** Zwischen Bäumen und Büschen findest Du die großen Radnetzspinnen. Sie sind meist recht behäbig und sehen gefährlicher aus, als sie sind. Die andere Gruppe sind die Vogelspinnen, die im Unterholz und unter Steinen unterwegs sind. Beide sollte man nicht mit bloßen Händen fangen, sondern auf den Boden schlagen bzw. auf eine freie Fläche scheuchen und dort mit einem Stock oder einem Stoffstück gegen den Boden drücken. Der vordere kugelige Bereich mit Augen und Giftklauen wird mit dem Messer abgetrennt. Das dicke Hinterteil mit den Spinndrüsen kann roh oder gegrillt verzehrt werden.

Radnetzspinnen sind weltweit verbreitet und praktisch ungefährlich.

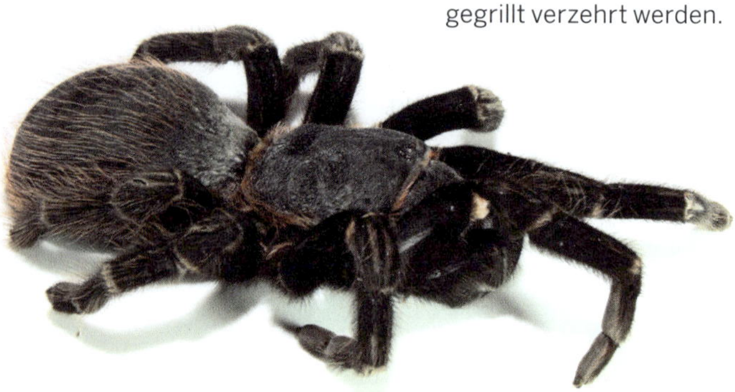

ACHTUNG! *Vogelspinnen haben hautreizende Haare auf dem Rücken, die sie bei Gefahr in die Luft abgeben können. Willst Du Vogelspinnen verzehren, müssen die Haare mit Feuer vom Hinterleib abgeflammt werden.*

A21 MYOG (MAKE YOUR OWN GEAR) ULTRALEICHT-BESTECK

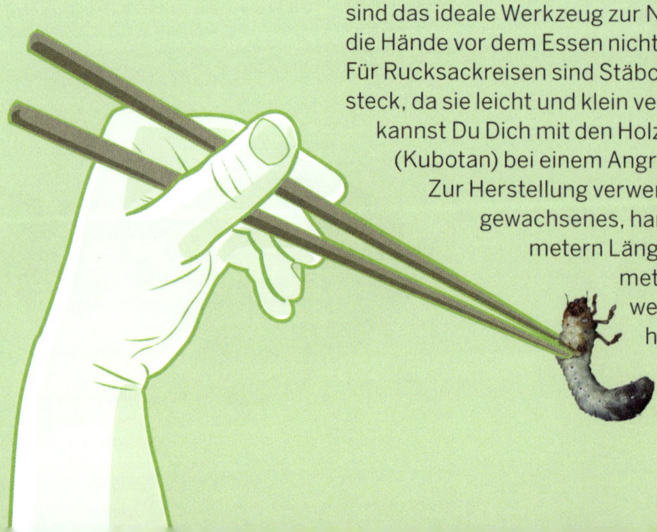

Traditionell wird in Asien mit Esstäbchen gegessen. Sie sind das ideale Werkzeug zur Nahrungsaufnahme, wenn die Hände vor dem Essen nicht gewaschen werden können. Für Rucksackreisen sind Stäbchen das perfekte Essbesteck, da sie leicht und klein verpackbar sind. Außerdem kannst Du Dich mit den Holzstäben als Druckwaffe (Kubotan) bei einem Angriff gegen Tiere verteidigen. Zur Herstellung verwendest Du möglichst gerade gewachsenes, hartes Holz mit etwa 20 Zentimetern Länge und einem halben Zentimeter Stärke. Beide Stäbchen werden gleichmäßig zur Spitze hin verjüngt.

DIE ORIENTIERUNG BEHALTEN #06

ORIENTIERUNG MIT DEM NADELKOMPASS

Produktionsbedingt sind die meisten metallischen Kleinteile wie Stecknadeln, Büroklammern und Sicherheitsnadeln durch Induktionshärten oder Sortieranlagen magnetisch polarisiert. Hier zeige ich Dir, wie Du einen einfachen Kompass aus diesen Materialien bauen kannst:

SCHRITT 1 Du benötigst ein Gefäß mit Wasser oder Öl. Auf die Oberfläche der Flüssigkeit wird ein Stück Papier, ein Laubblatt oder etwas Stoff gelegt.

SCHRITT 2 Vorsichtig wird das Metallteil gerade und mittig auf dem Schwimmer platziert.

SCHRITT 3 – WICHTIG! Der Schwimmer wird vorsichtig gedreht, so dass die Nadel ihre ursprüngliche Stellung verlassen hat. Nur wenn sich die Nadel wieder in dieselbe Stellung ausrichtet, war das Material magnetisch. Die Nadel zeigt in Richtung Nord/Süd oder Süd/Nord.
Die genaue Ausrichtung muss zusätzlich über den Sonnenstand o. ä. festgestellt werden.

ACHTUNG, MYTHOS Metall kann nicht durch Reiben an einem Tuch o.ä. elektisch oder magnetisch geladen werden. Die Nadel kann aber mit einem Magneten (z.B. Lautsprecher) magnetisiert werden. Auch hier muss die Polarität anhand des Sonnenstandes überprüft werden.

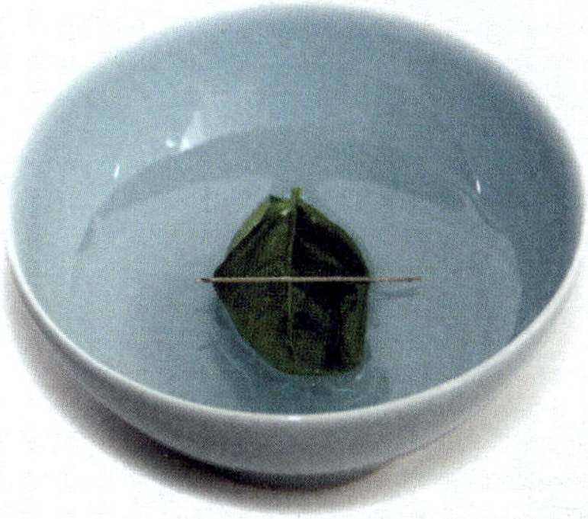

Ob die Nadel Nord/Süd oder Süd/Nord anzeigt, ist nicht vorhersagbar. Dies muss mit dem Sonnenstand abgeglichen werden.

F 7 FEUER SÄGEN MIT BAMBUS

An allen Orten, an denen es regelmäßig regnet, ist es sehr schwierig, ohne Feuerzeug oder Streichhölzer eine Flamme zu entzünden. Holz, das auf den Boden fällt, weicht durch und verfault. **Im Dschungel wird Feuer darum oft mit Bambus entzündet.**

Bambus ist ein Gras, das viele Meter hoch wachsen kann. Sterben die Stängel ab, fallen sie nicht um, sondern stehen teilweise über Jahre senkrecht, weshalb ihr Holz meistens trocken ist (Ausnahme machen geknickte oder gesprungene Stäbe).

Das Feuersägen mit Bambus ist eine der schwierigsten Methoden. Benötigt wird neben einem großen Rohr von Bambus oder Riesenschilf ein Haumesser – mit einem einfachen Schnitzmesser kommt man bei Bambus nicht weit.

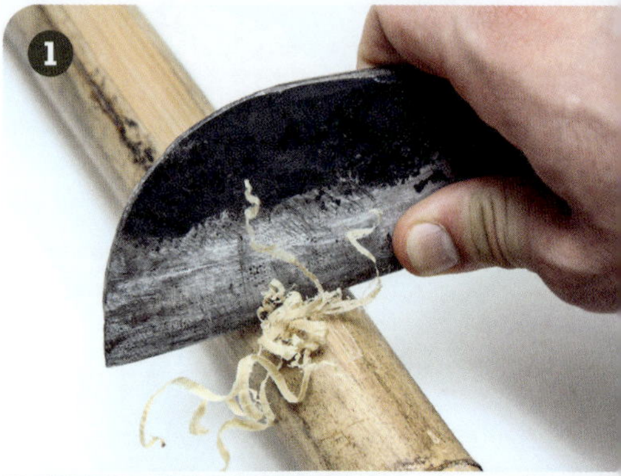

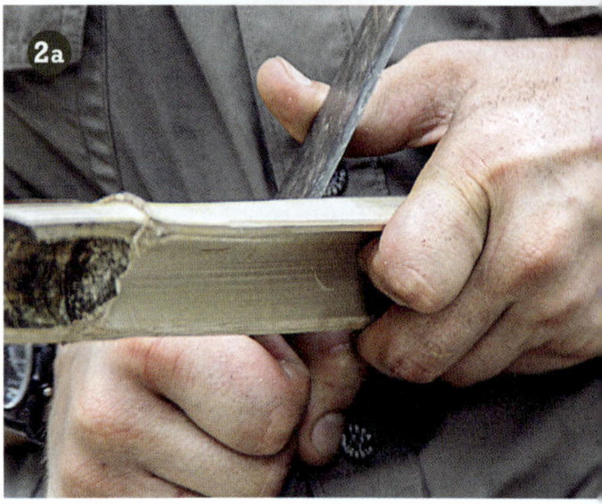

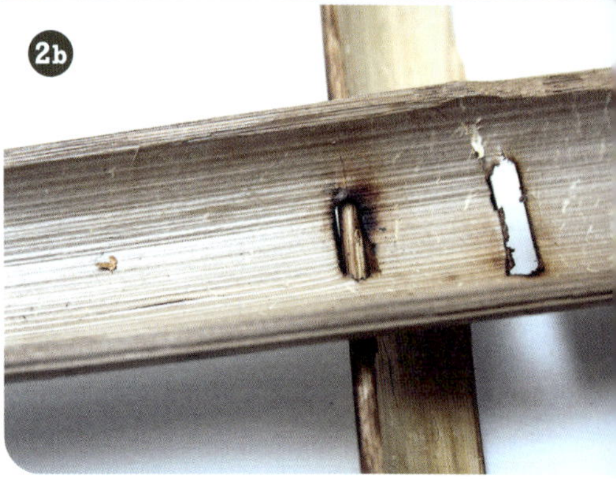

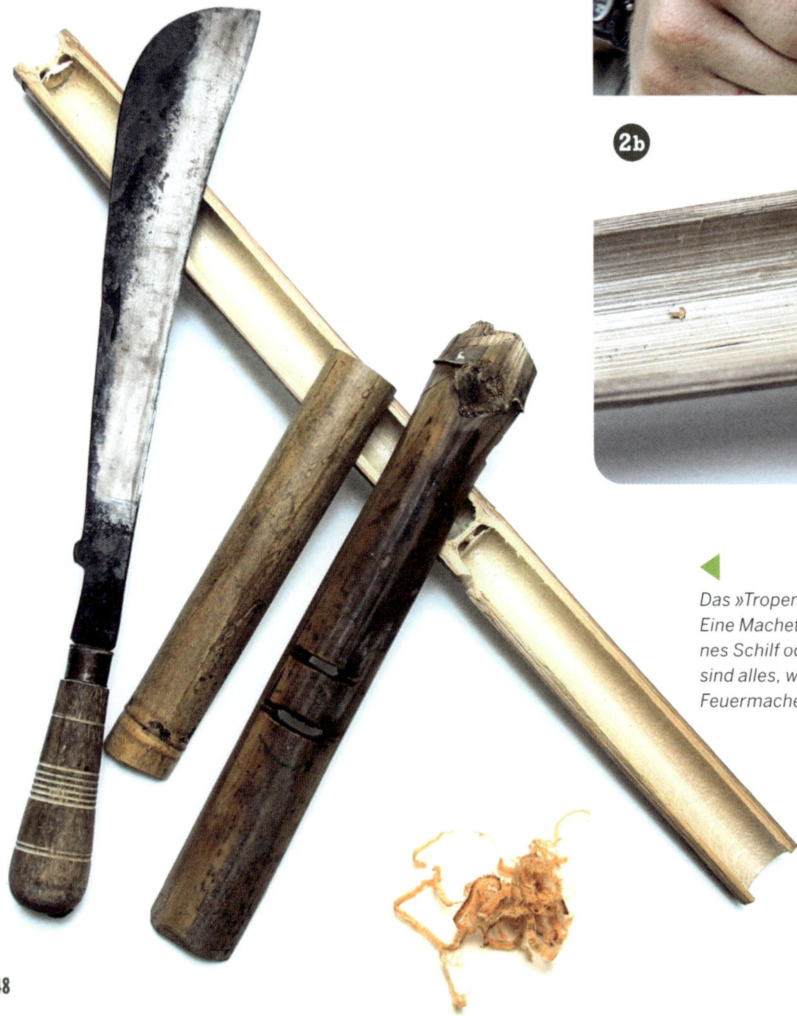

Das »Tropenfeuerzeug«: Eine Machete und trockenes Schilf oder Bambus sind alles, was man zum Feuermachen benötigt.

Das Feuerreiben mit Bambus aus der Tropenbepflanzung des Gartens ist die sportlichste Variante, einen Grill zu entzünden.

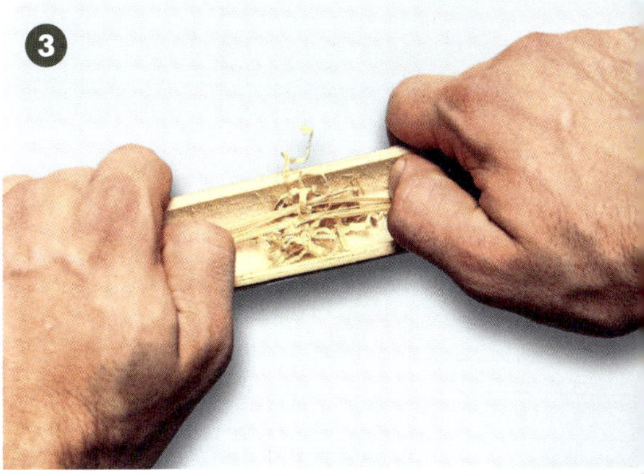

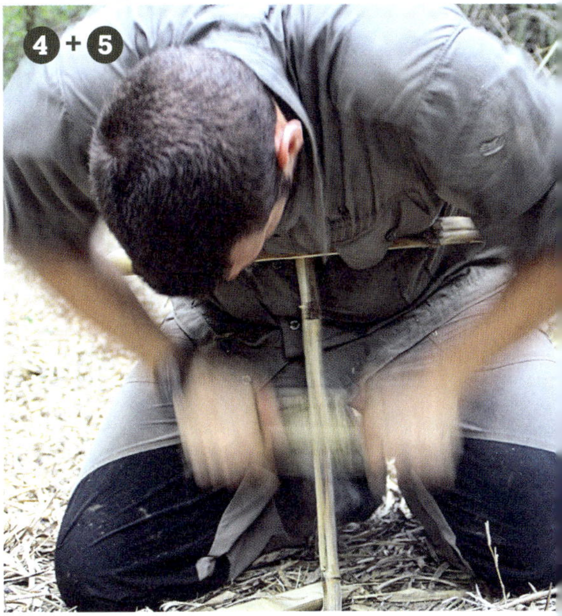

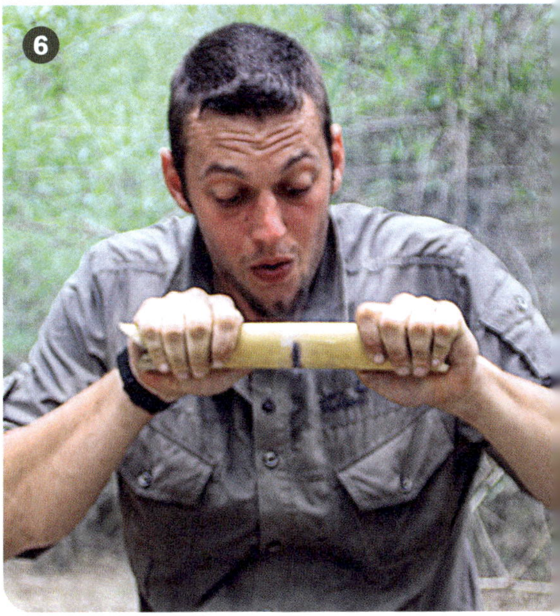

VORBEREITUNG: Du benötigst ein →**Zundernest** sowie ein etwa meterlanges Stück trockenes Rohr.

Das Rohr wird gespalten. Eine der beiden Hälften wird die Reibeschiene, die andere wird mittig geteilt. Daraus entstehen »Druck-« sowie Reibholz. Die zweite Hälfte wird an den Enden abgerundet – rutscht man ab, könnte der Bambus sonst im Bauch stecken.

SCHRITT 1 Mit der Machete werden Späne aus Bambus abgeschabt. Dazu führt man die Klinge senkrecht stehend in einer Kratzbewegung über die Außenseite eines Rohres. Außerdem wird von einem kleinen Bambusstückchen ein Span abgespalten, der später zum Halten der Späne verwendet wird.

SCHRITT 2 **a)** Das Reibeholz wird mit einer kleinen horizontalen Kerbe versehen. **b)** Diese wird später an der Reibekante vor dem eigentlichen Feuermachen freigeschliffen.

SCHRITT 3 Die Späne werden in das Reibholz eingelegt und mit dem Span gesichert. Der Span wird etwas geknickt, damit die Späne nicht flachgedrückt werden, sondern luftig bleiben.

SCHRITT 4 Im Knien wird die Reibekante auf das unbearbeitete Druckholz aufgelegt. Durch Pressen mit der Brust wird alles gegen den Boden gedrückt und stabilisiert.

SCHRITT 5 Mit beiden Händen wird nun das Reibholz mit der Kerbe auf die Reibekante gelegt. Mit kräftigem Zug zum Körper wird das Reibholz sehr schnell über diese Kante gezogen und geschoben. Schon nach kurzer Zeit entsteht dichter Qualm.

SCHRITT 6 Nach einigen Minuten wird das Reibholz vorsichtig abgenommen und in die Späne geblasen – sie glühen und können in das →**Zundernest** gelegt und entzündet werden.

DER DREIBEIN-BUND

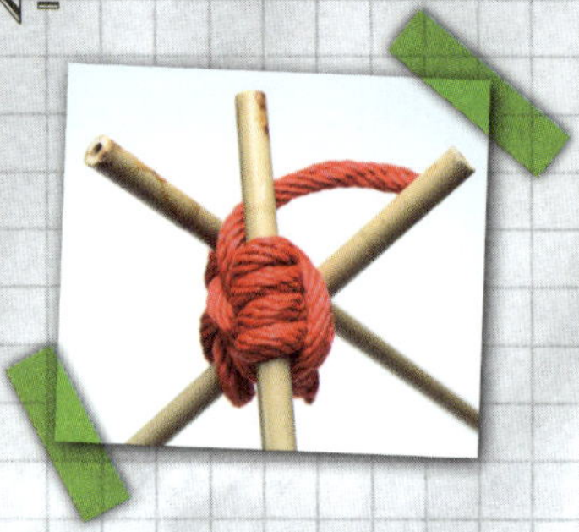

Im Dschungel ist es oft notwendig, ein stabiles Dreibein für eine Notunterkunft oder zum Anheben des Rucksacks zu bauen. Denn alles, was am Boden liegt, wird schnell von Insekten in Beschlag genommen.

SCHRITT 1 Mit einem →**Mastwurf** wird ein Seil an der Spitze einer Stange befestigt. Eine zweite Stange wird daneben gelegt. Die Mittelstange muss zuerst kopfüber angefügt werden.

SCHRITT 2 Das Seil wird einige Male um alle drei Stangen gewebt.

SCHRITT 3 Die Mittelstange wird so gedreht, dass sie parallel zu den beiden anderen steht. Dabei wird hohe Spannung auf den Knoten ausgeübt.

SCHRITT 4 Das Seilende wird um die Wicklungen festgezurrt.

Das Dreibein kann an jeder beliebigen Stelle aufgeklappt werden (s. oben). Hierdurch wird die Spannung nochmals verstärkt.

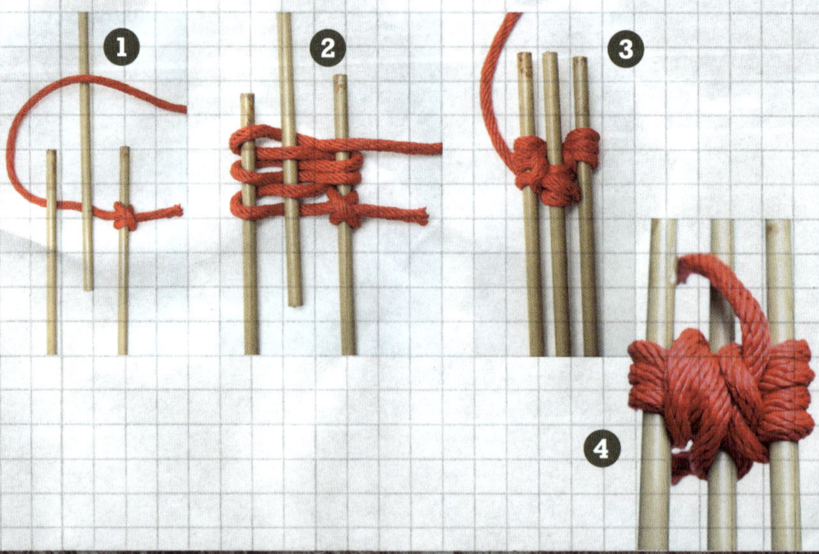

M 17 DURCHFALL UND VERGIFTUNGEN MIT HOLZKOHLE BEHANDELN

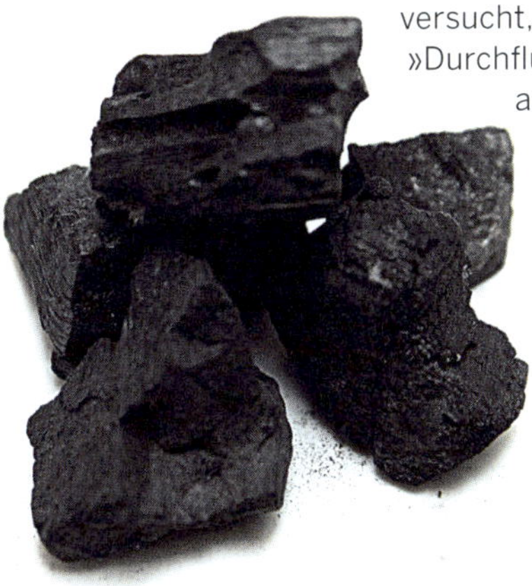

Wer in den Tropen etwas Ungewohntes oder Verdorbenes gegessen hat, leidet schnell unter »Montezumas Rache«. Der Körper versucht, durch Erbrechen und »Durchfluss« Bakterien oder Gifte aus dem Organismus zu spülen. Denk daran, dass es dadurch zu starkem Wasser- und Mineralverlust kommen kann.

Gut ausgeglühte Holzkohle: ein wirksames Medikament.

Wichtig ist deshalb die Aufnahme von Salzen und Getränken. Außerdem sollte bei einer Lebensmittelvergiftung generell kein Durchfallmittel verwendet werden, da dieses dazu führen kann, dass Bakterien und Gifte im Darm verbleiben, die starke Schäden anrichten können.

Sinnvoll ist ist dagegen die Gabe von Holzkohle oder – wenn vorhanden – medizinischer Kohle. Hierzu brauchst Du jeweils für eine Behandlung ca. ein Gramm je Kilogramm Körpergewicht. Die Kohle wird zu Staub verrieben, in Wasser gerührt und getrunken.

N 33 WEHRHAFTER SNACK

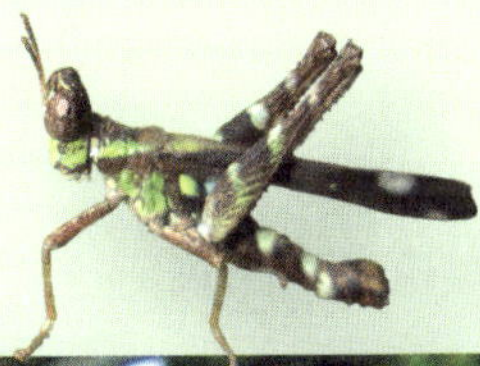

In warmen Regionen gibt es viele unterschiedliche Heuschreckenarten. **Sie sind allesamt essbar, sofern sie keine übelriechenden Sekrete absondern oder signalfarbig sind (gelb, rot).** Exemplare wie auf dem Bild rechts können heftig beißen oder mit den hinteren Beinen bei der Sprungbewegung Verletzungen verursachen. Letztere sind mit teilweise sehr langen Dornen und Stacheln besetzt, die mit Leichtigkeit die Haut durchdringen.

Zubereitet werden Heuschrecken aus den Tropen genauso wie alle anderen →**Insekten**.

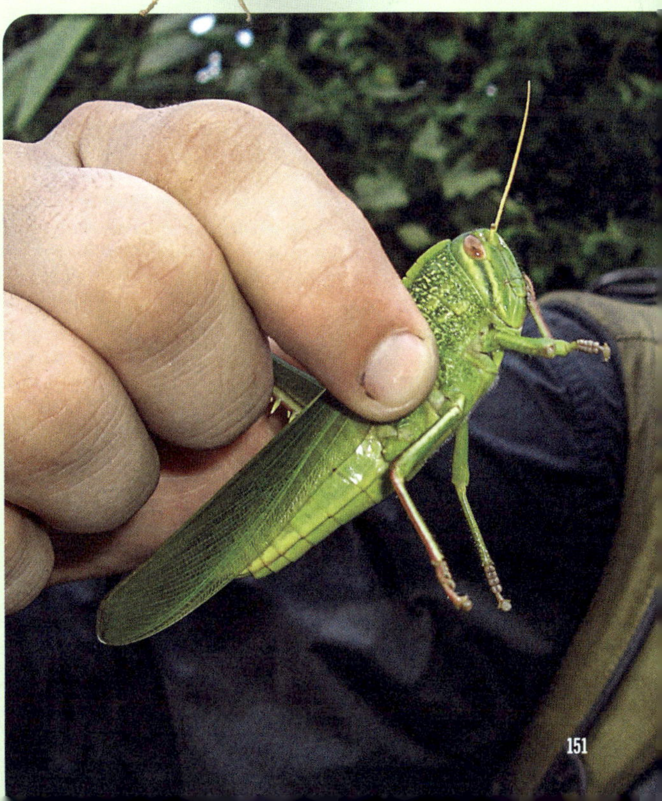

Dieses Tier habe ich im Dschungel Vietnams gefangen. Es war so kräftig, dass es in einem Moment kurzer Unaufmerksamkeit die Sprungbeine lösen konnte und eine mehrere Millimeter tiefe, stark blutende und sich später infizierende Sägewunde hinterließ.

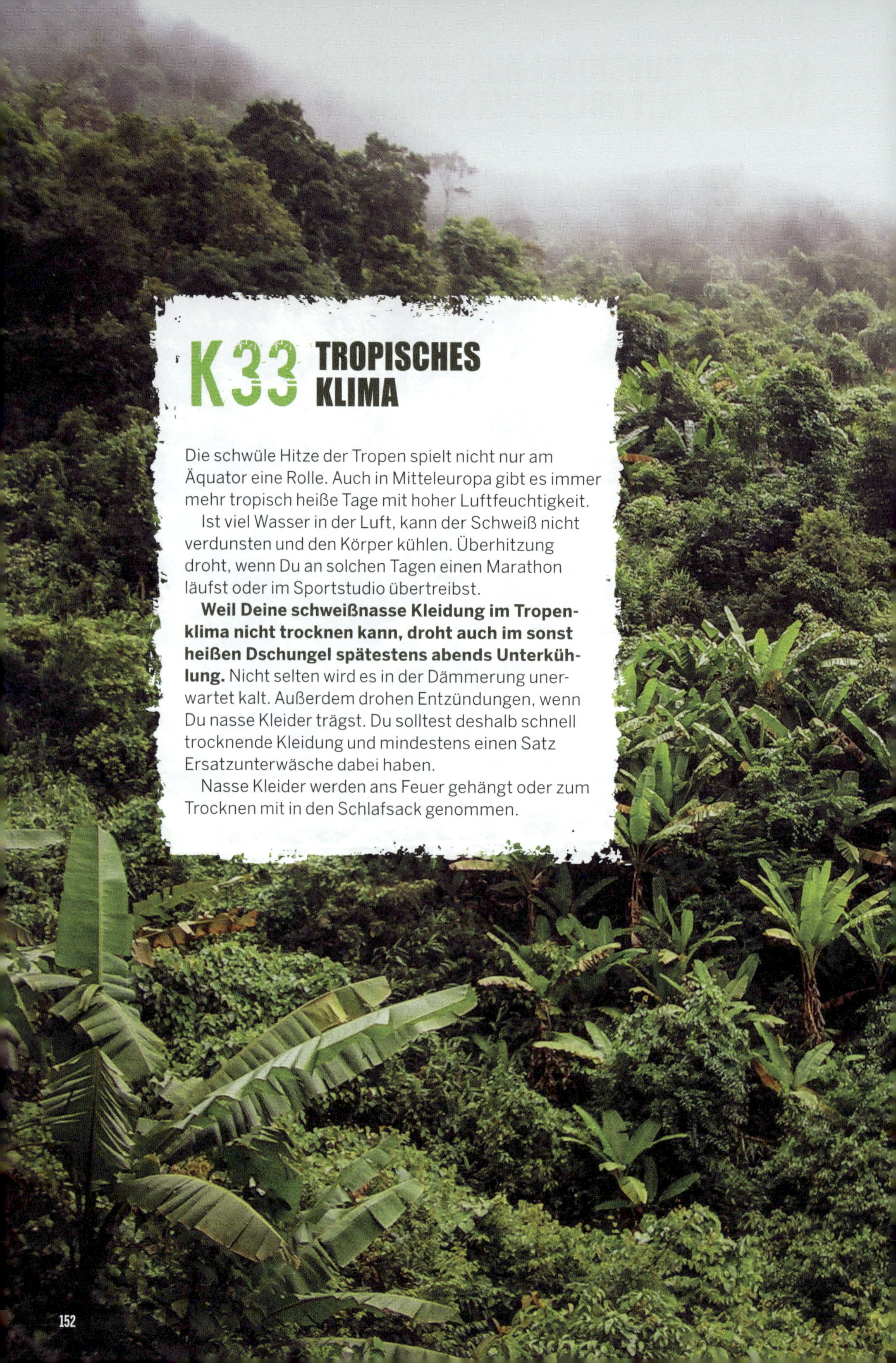

K33 TROPISCHES KLIMA

Die schwüle Hitze der Tropen spielt nicht nur am Äquator eine Rolle. Auch in Mitteleuropa gibt es immer mehr tropisch heiße Tage mit hoher Luftfeuchtigkeit.

Ist viel Wasser in der Luft, kann der Schweiß nicht verdunsten und den Körper kühlen. Überhitzung droht, wenn Du an solchen Tagen einen Marathon läufst oder im Sportstudio übertreibst.

Weil Deine schweißnasse Kleidung im Tropenklima nicht trocknen kann, droht auch im sonst heißen Dschungel spätestens abends Unterkühlung. Nicht selten wird es in der Dämmerung unerwartet kalt. Außerdem drohen Entzündungen, wenn Du nasse Kleider trägst. Du solltest deshalb schnell trocknende Kleidung und mindestens einen Satz Ersatzunterwäsche dabei haben.

Nasse Kleider werden ans Feuer gehängt oder zum Trocknen mit in den Schlafsack genommen.

K34 FLASCHEN IMPROVISIEREN

Überall wo es dicken Schilf oder Bambus gibt, kannst Du dichte Wasserflaschen improvisieren, mit denen man sogar auf dem Feuer kochen kann. Auch wenn man es kaum glaubt: Schilf und Bambus sind Gräser. An den Knoten sind die hohlen Halme mit einer dichten Zwischenwand verschlossen. Trenne ein möglichst dickes Rohr so ab, dass Du jeweils unterhalb von zwei aufeinander folgenden Knoten bist. Wenn Du mit der Machete arbeitest, achte darauf, dass der Halm dabei nicht springt und undicht wird. Für einen Deckel suchst Du Dir einen etwas dünneren Halm und schneidest einen Abschnitt unter einem Knoten so zu, dass er exakt in das dickere Rohr passt **(A)**.

Wenn Du mit der Flasche destillieren willst, füll ein wenig Wasser ein, stopfe einfach ein Tuch in die Öffnung und leg es über die Glut **(B)**. Im Tuch sammelt sich der Dampf, der nur noch ausgepresst werden muss.

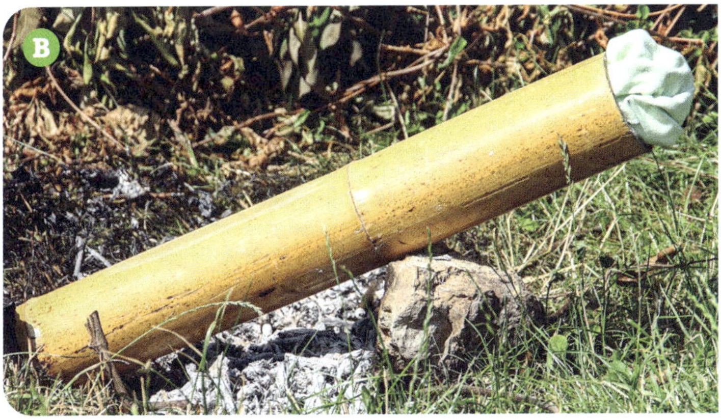

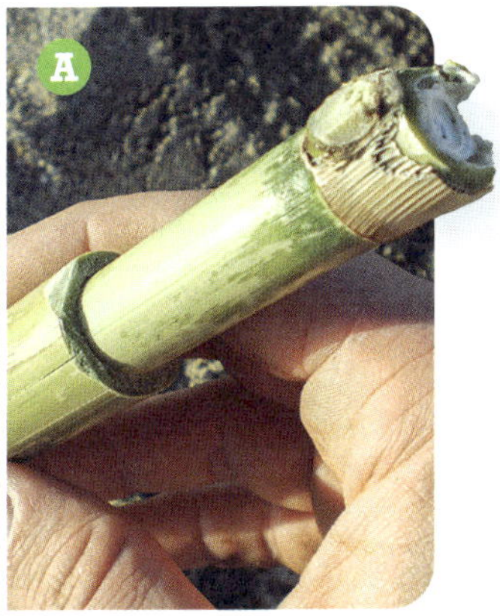

W12 NEBELFÄNGER FÜR DIE TRINKWASSERGEWINNUNG

In den Tropen ist die Luftfeuchtigkeit extrem hoch. Da nachts die Temperatur schnell absinkt, kannst Du dort Trinkwasser sammeln, auch wenn es einige Tage lang nicht regnen sollte.

Nebelfänger sind möglichst große, segelartige Strukturen, an denen sich das gasförmige Wasser während der Nacht niederschlagen kann. Verwendet werden können Planen, Rettungsdecken, Stoffgewebe, Schattierungsnetze und Metallfolien, die senkrecht zwischen Bäumen, an Stangen etc. aufgehängt werden. Wasser aus der Luft schlägt sich bevorzugt auch an festen Materialien nieder, also am Gewebe der Nebelfänger.

Wenn sich die Luft in der Morgensonne langsam erwärmt, steigt damit auch die Aufnahmefähigkeit der Luft. Kondensiertes Wasser geht wieder in den gasförmigen Zustand über. Um das zu verhindern, muss das Gewebe noch vor Sonnenaufgang abgenommen und ausgewrungen werden.

Nebel kondensiert an feinen Maschen zu Wassertropfen.

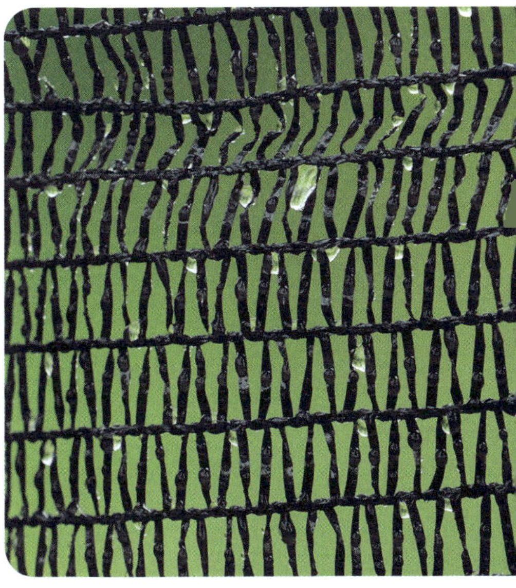

S7 DACHZIEGEL AUS PALMWEDELN WEBEN

Der Regenwald trägt seinen Namen nicht ohne Grund. Fast jeden Tag öffnet der Himmel seine Pforten und es regnet einige Stunden in Strömen. Um nicht in wenigen Minuten durchnässt zu sein – auch im Dschungel kann man unterkühlen – muss man ein wasserdichtes Dach aufbauen. Wer →**Hängematte** und →**Regenplane** aufbaut, um den Regenguss darin zu überdauern, hat vorgesorgt.

Ist diese Ausrüstung nicht vorhanden, muss man sich ein **wasserfestes Regendach aus großen Staudenblättern oder, wenn nicht vorhanden, aus Palmwedeln** herstellen, wie es auch die Ureinwohner machen. Die Palmwedel selbst sind tief eingeschnitten und eignen sich nicht einfach als Dachauflage. Man muss sie zu einem festen Verbund verweben.

Dies geht mit Übung so leicht und schnell von der Hand, dass Dschungelbewohner sich auf Reisen jeden Abend ein neues Regendach weben und aufbauen.

In diesem Teil soll es um das Weben der »Ziegel« des Dachs gehen.

SCHRITT 1 Es werden möglichst große und unbeschädigte Palmwedel geerntet. Diese werden der Länge nach gespalten, so dass zwei gleichartige Wedelhälften mit jeweils einer halben Mittelrippe und den Palmblättchen vorhanden sind.

SCHRITT 2 Begonnen wird damit, dass jedes zweite Blättchen geknickt und um etwa 70 – 90° gedreht auf die noch unbehandelten Blättchen gelegt wird. Die Blättchen mancher Palmen falten sich dabei ein. Hier ist darauf zu achten, dass sie vor dem Knicken flach ausgestrichen werden.

SCHRITT 3 Von einer Seite an wird begonnen, die Blättchen miteinander zu verweben. Dabei muss darauf geachtet werden, dass sich keine Webfehler einschleichen. Immer einmal über, einmal unter dem nächsten Blättchen.

SCHRITT 4 Die am Rand überstehenden Blättchen werden wieder geknickt und in die Fläche zurückgewebt. So entstehen dichte korbartige Flächen. Die einzelnen Blättchen stehen in der Natur dichter aneinander als in der Abbildung, wo sie zum besseren Verständnis vereinzelt wurden.

Die fertigen Palmziegel sind am oberen Drittel so dicht, dass darauf tropfendes Wasser abfließt, ohne hindurchzudringen. Werden mehrere übereinander zu einem →**Palmdach** gelegt, ist es absolut regendicht.

Mit Palmwedeln lassen sich in kurzer Zeit dichte Korbstrukturen weben, die auch als Fangnetz für Fische oder Krebse eingesetzt werden können.

▼

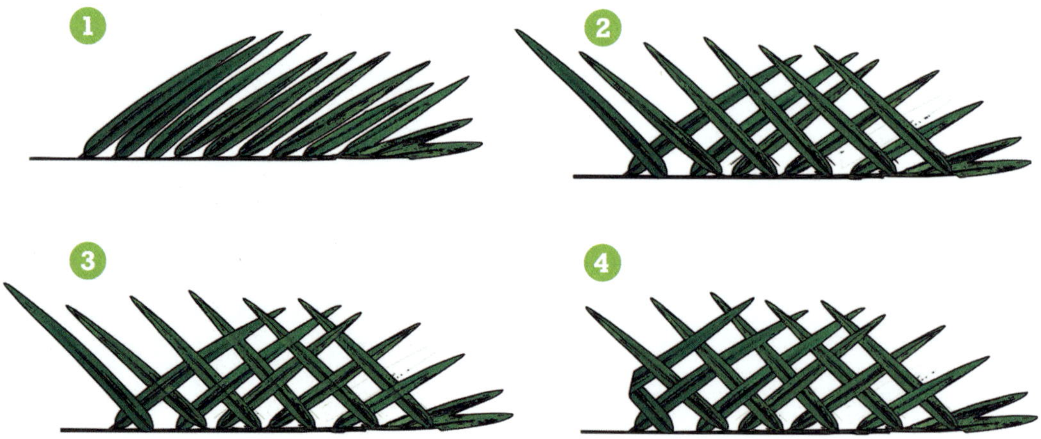

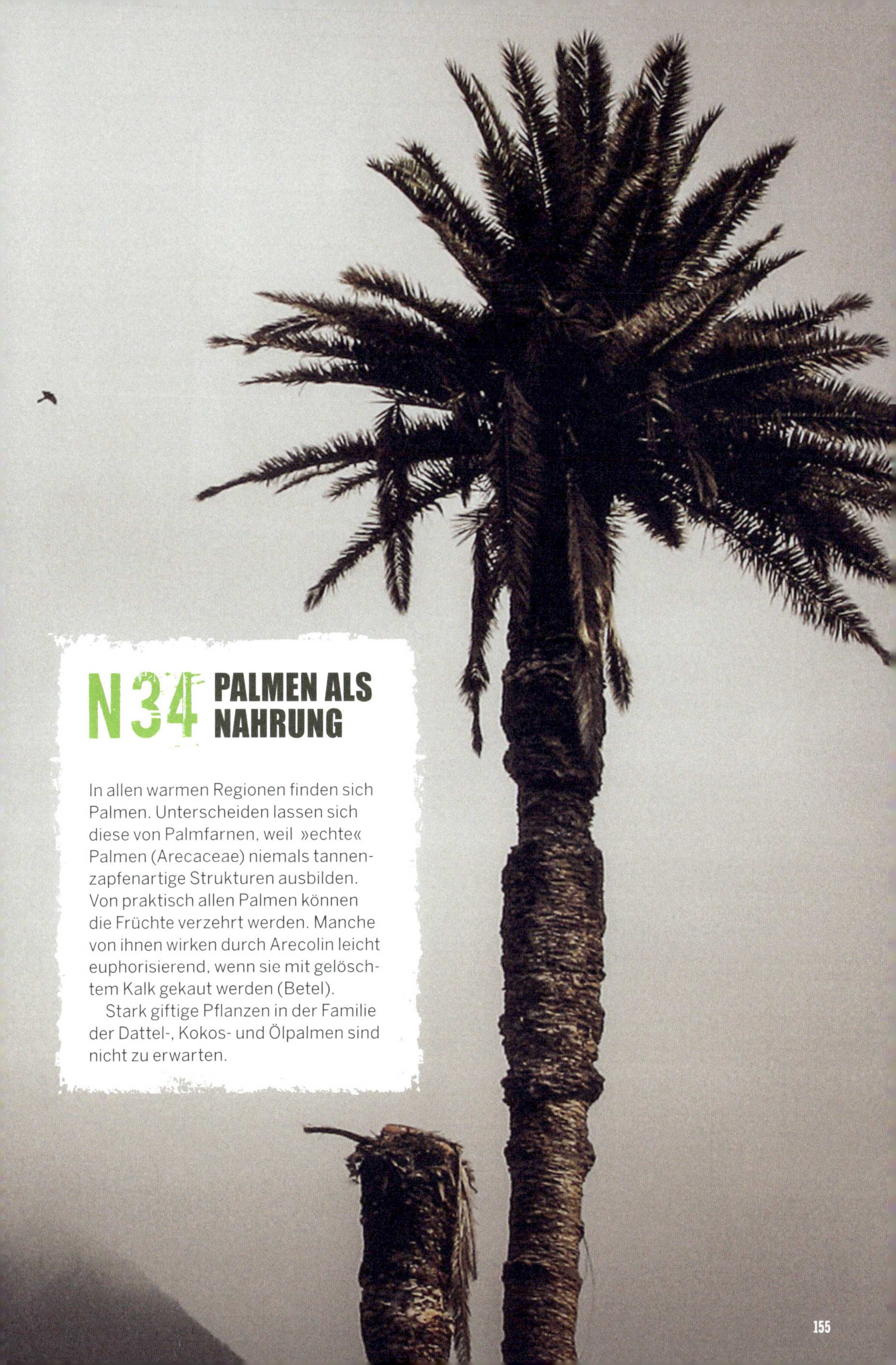

N34 PALMEN ALS NAHRUNG

In allen warmen Regionen finden sich Palmen. Unterscheiden lassen sich diese von Palmfarnen, weil »echte« Palmen (Arecaceae) niemals tannenzapfenartige Strukturen ausbilden. Von praktisch allen Palmen können die Früchte verzehrt werden. Manche von ihnen wirken durch Arecolin leicht euphorisierend, wenn sie mit gelöschtem Kalk gekaut werden (Betel).

Stark giftige Pflanzen in der Familie der Dattel-, Kokos- und Ölpalmen sind nicht zu erwarten.

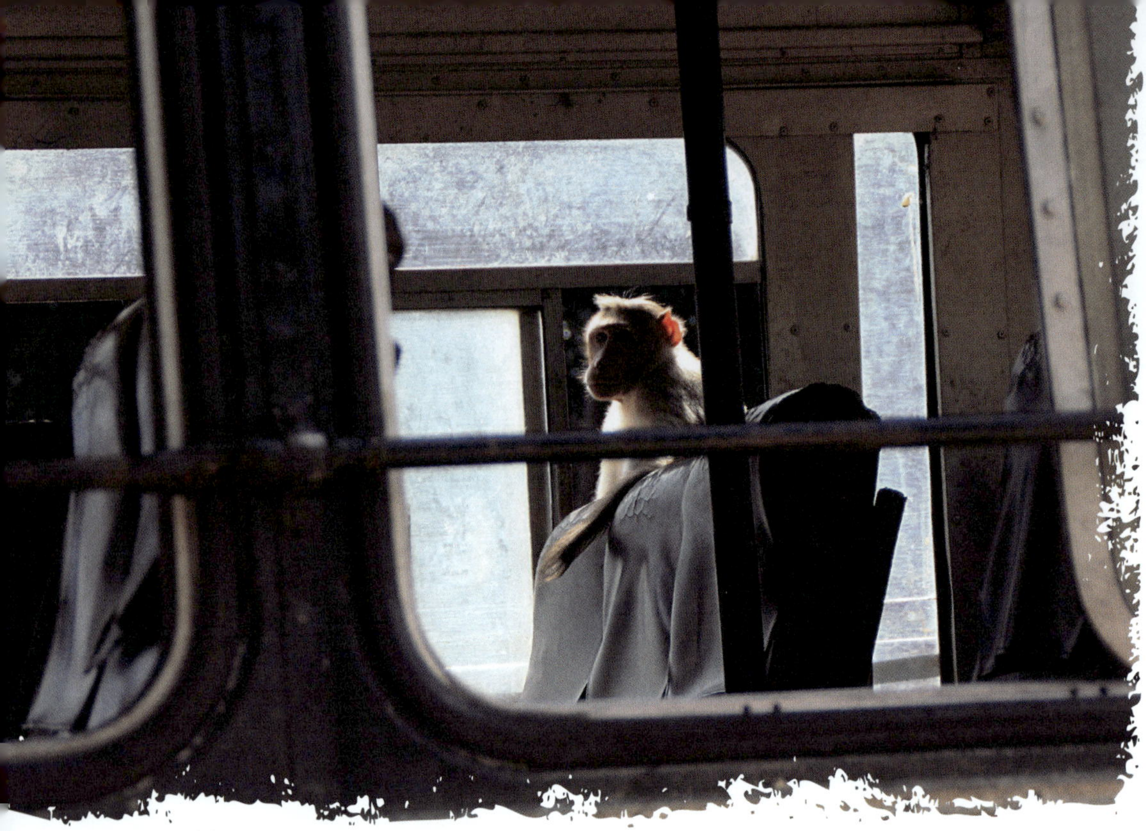

K35 AFFEN VERTREIBEN

In den Tropen werden Reisende oft durch Affen belästigt, die versuchen, an den Reiseproviant zu gelangen. Meist bleibt es bei Drohgebärden, seltener greifen die Affen tatsächlich an. **Viele Affenarten können Krankheiten wie Tollwut übertragen.** Deshalb ist es wichtig, dass Affen niemals gefüttert werden. Werden sie dennoch lästig, sollte man sich einen etwa zwei Meter langen Ast besorgen und damit unmittelbar vor den Affen kräftig auf den Boden schlagen. Meist vertreibt dies die Tiere.

Wichtig ist, dass den Angreifern mit Mut begegnet wird. Merken diese, dass Du Angst hast oder zögerst, flüchten sie nicht.

F8 BRENNSTOFF-RECYCLING

Wenn im Regenwald alles Holz grün und pitschnass ist, ist der Dung von Großsäugetieren häufig noch das trockenste Brennmaterial. Die Ausscheidungen von Nashorn oder – wie hier – Elefant enthalten große Mengen unverdauter Fasern. Dieser Dung brennt nicht richtig, sondern schwelt und gibt gleichmäßige Hitze zum Kochen oder Grillen ab.

Der Qualm gibt übrigens ein sehr ... interessantes Aroma an das Fleisch ab.

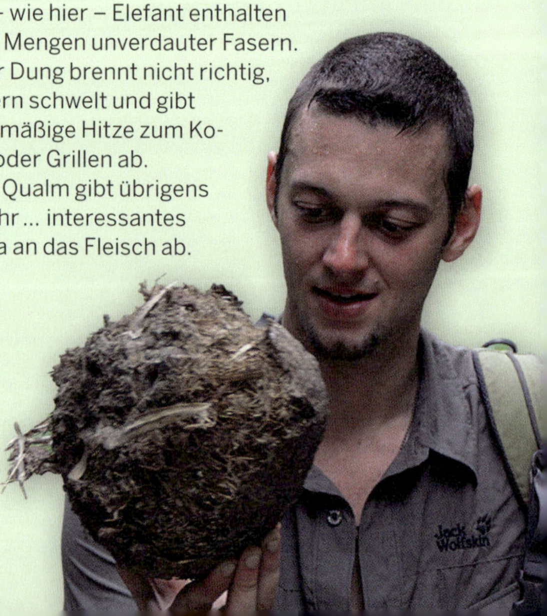

N 35 WEIT VERBREITET UND SCHÜCHTERN

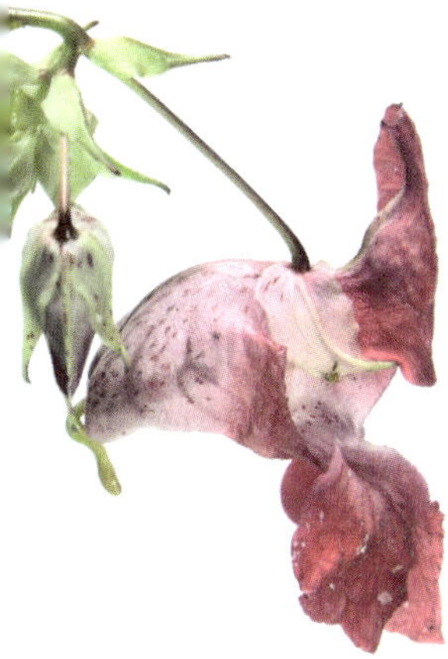

▲ *Ein wenig erinnern die Blüten der Springkräuter an Orchideen. Sie können violett, rosa, blau oder gelb sein. Auffällig ist ein kleiner »Nektarzipfel« am Blütenboden.*

»Rührmichnichtan« (Springkräuter) sind krautige Pflanzen, die weltweit, mit Schwerpunkt Tropen und Subtropen, verbreitet sind. Die meisten für uns wichtigen Springkräuter besitzen eine Blüte, die an Orchideen erinnert. Die kompliziert aufgebauten, meist gelblichen oder violetten Blüten werden von großen Insekten bestäubt, die an den in kleinen Zipfeln am Ende gesammelten Nektar gelangen.

Als wichtigstes Erkennungsmerkmal gelten hier der glasige, hohle Stängel mit verdickten Knoten sowie die typischen Kapselfrüchte, die bei leichter Berührung explosionsartig aufschnellen und die stärkereichen Samen verteilen. Das Laub steht in den unteren Bereichen wechselständig, weiter oben wächst es oft rund um die Knoten verteilt (jedoch nur wenige Blätter) und ist eiförmig-zugespitzt und am Rand gesägt. Viele Springkräuter sind außerordentlich invasive Arten, die sich in kürzester Zeit an neuen Standorten verbreiten.

Die sehr stärkereichen Samen sind besonders einfach zu sammeln, indem die Hand vorsichtig um die Kapseln geschlossen wird. Die reifen Früchte springen auf und hinterlassen die Samen in der Handfläche. Das in Deutschland eingeschleppte Drüsige Springkraut (Impatiens glandulifera) kann man in riesigen Feldern an Gewässern finden.

Rohe Pflanzenteile aller Springkräuter wirken abführend, in größeren Mengen auch Erbrechen auslösend. Geringe Mengen (zum Beispiel 3 – 4 untere Halmabschnitte von je 15 Zentimetern Länge) können gegen Verstopfung gegeben werden.

Die Früchte der Springkräuter stehen unter Spannung. Sind sie reif, platzen sie bei leichtester Berührung. ▶

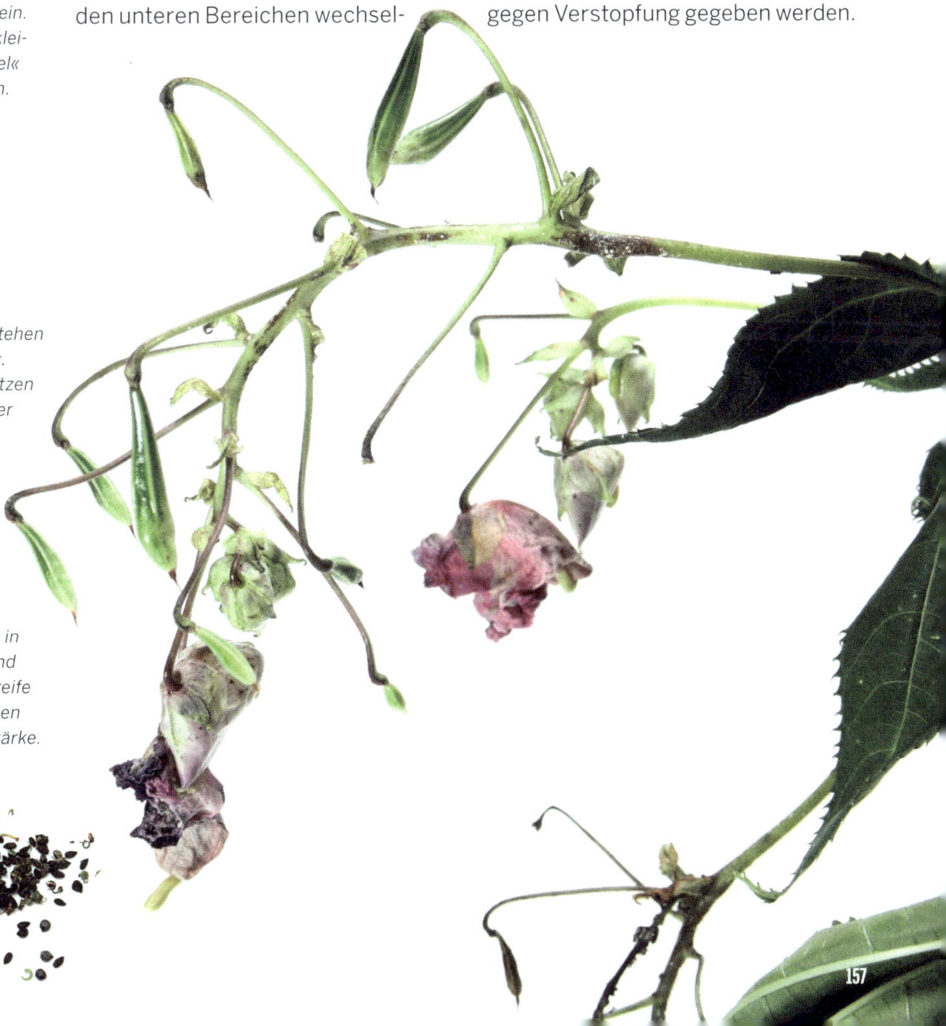

Die fast runden, in unreifem Zustand gelben, bei Vollreife schwarzen Samen enthalten viel Stärke. ▼

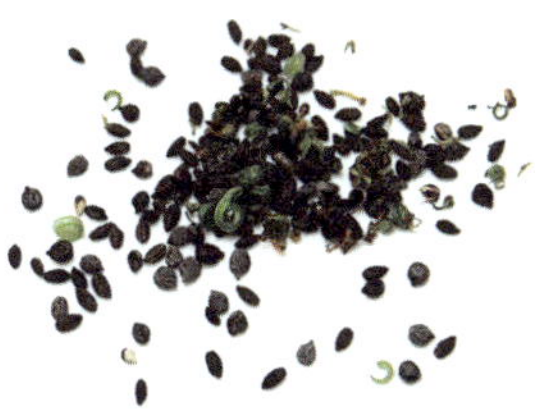

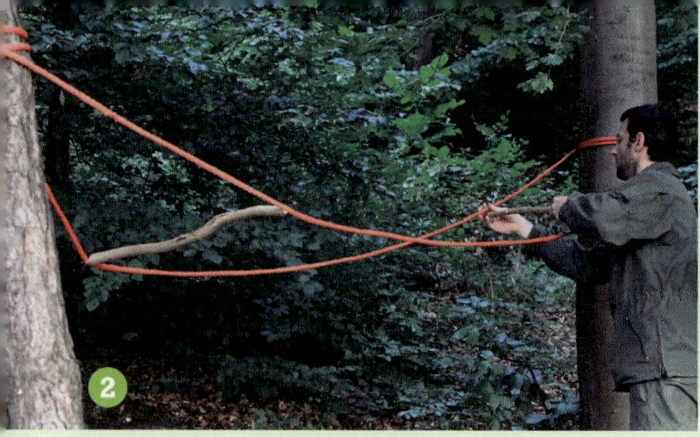

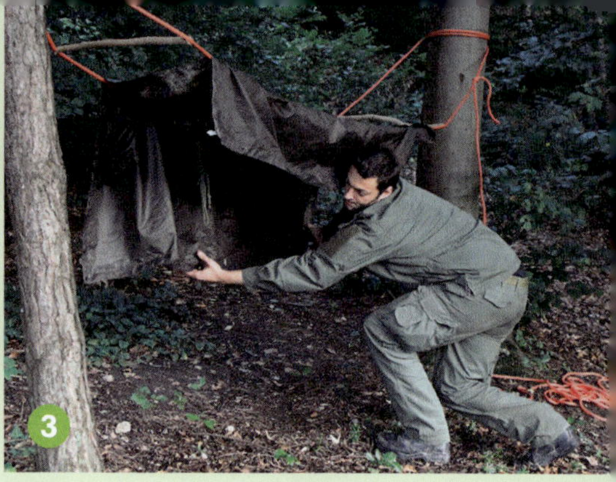

A22 EINE HÄNGEMATTE IMPROVISIEREN

Hast Du keine Hängematte dabei und möchtest trotzdem nicht auf feuchtem Boden übernachten, kannst Du aus Deinem Poncho und etwas Paracord eine improvisieren.

SCHRITT 1 Hierzu spannst Du mit zwei →**Mastwürfen** und einem →**Kreuzknoten** ein Seil doppelt zwischen zwei Bäumen.

SCHRITT 2 Nun schnitzt Du Dir zwei Äste so, dass sie zwischen die Seile gespannt werden können.

SCHRITT 3 Wie bei einer improvisierten Trage kann nun der Poncho (wenn Du Dich vorsichtig hineinlegst und nicht all zu schwer bist, auch die Rettungsdecke) um die Seile gewickelt werden, so dass er sich beim Hineinlegen selbst festklemmt.

Je nach Breite der Hängematte und Größe des Ponchos hast Du ggf. noch genügend Stoff übrig, so dass Du eine weitere Umwicklung machen kannst, um Dich abzudecken und gegen Regen zu schützen.

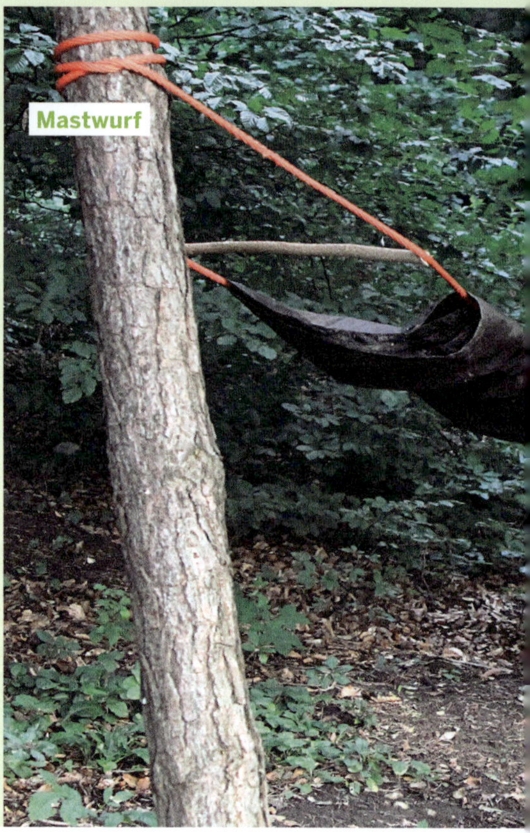

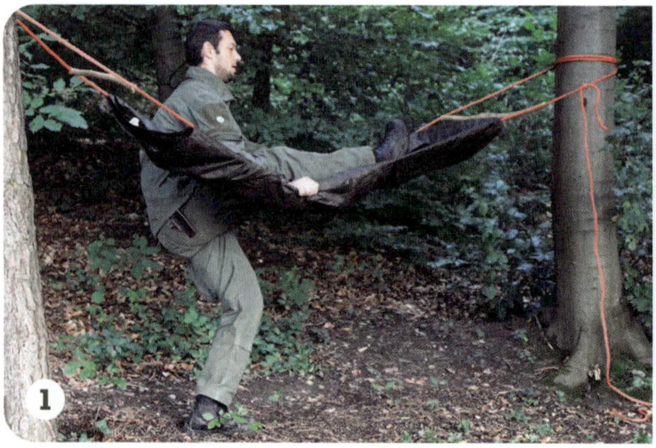

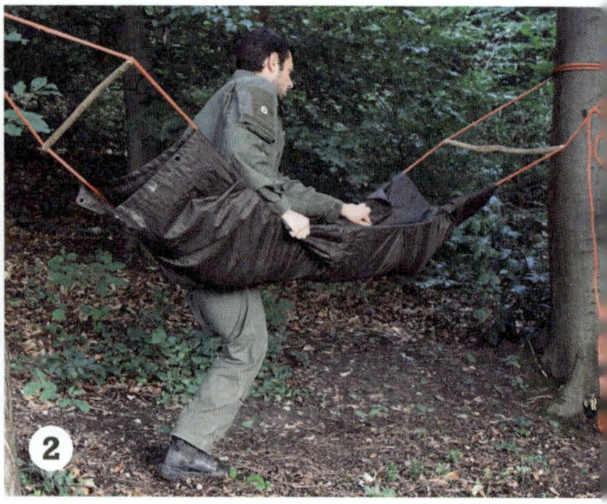

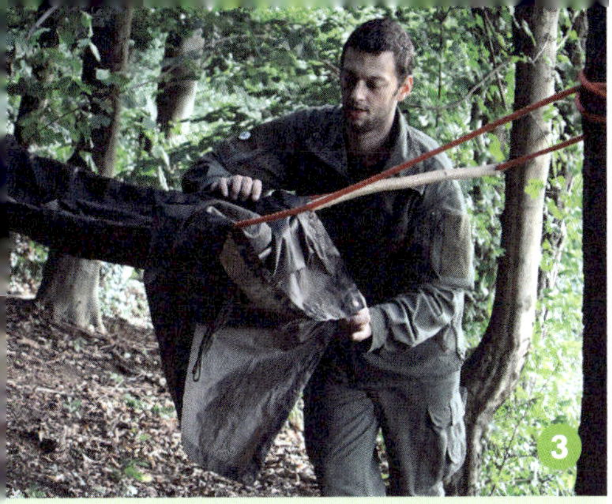

A23 IN DIE HÄNGEMATTE STEIGEN

Wer noch nicht häufig in einer Hängematte lag, macht beim Einstieg oft Fehler, die mit einem Rückwärtssalto und der Landung im Schlamm enden. Öffne ggf. das Moskitonetz am oberen Drittel ein wenig. Wenn vorhanden, wird der Schlafsack auf ganzer Länge aufgezippt und so ausgebreitet, dass er seitlich über die Hängematte hinunterhängt.

SCHRITT 1 Nun stellst Du Dich neben die Hängematte und belastest sie nur mit Deinem halben Hinterteil. Alles wird ein wenig nachgeben.

SCHRITT 2 Nun wird das der Schlafstätte nächste Bein vorsichtig angehoben und gerade in die Matte gelegt. Mit einem Bein bist Du jedoch noch fest auf dem Boden und kannst Dich halten, falls die Hängematte kippt. Nun legst Du Dich vorsichtig mit dem Oberkörper hinein.

SCHRITT 3 Achte darauf, dass die Matte nicht mehr schwingt, bevor Du das noch auf dem Boden stehende Bein anziehst und Dich endgültig hinlegst. Mit beiden Händen am Rand rutschst Du nun so, dass Du leicht diagonal, bequem und mit geradem Rücken liegst.

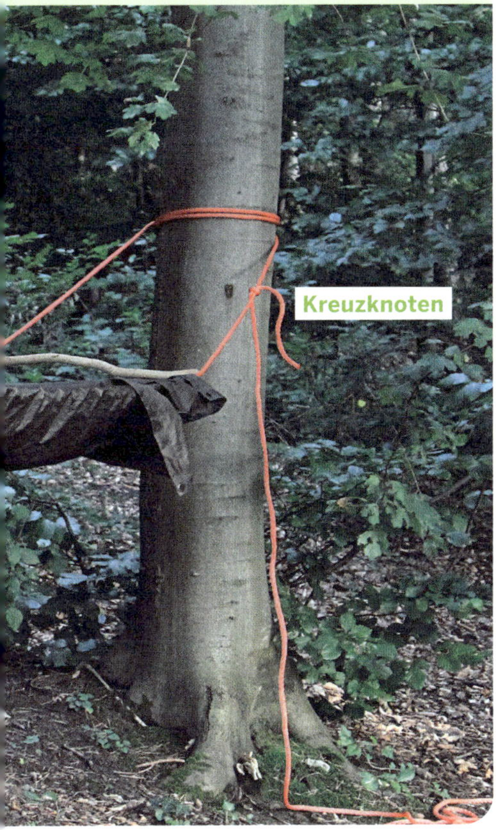

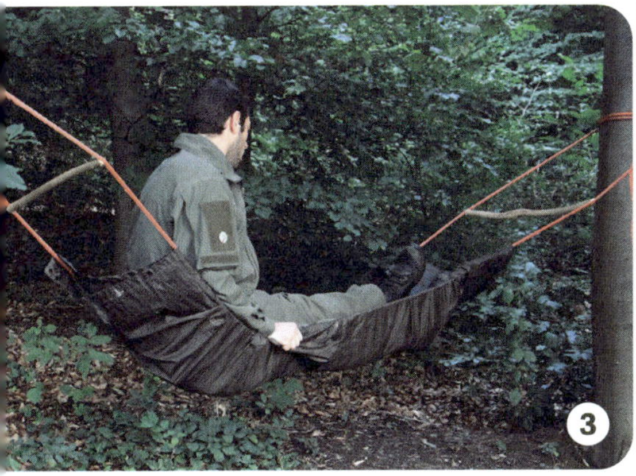

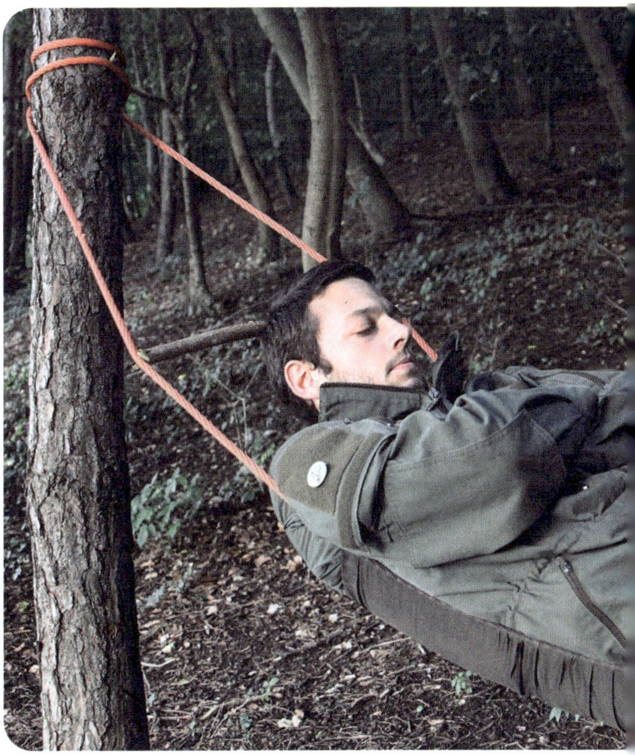

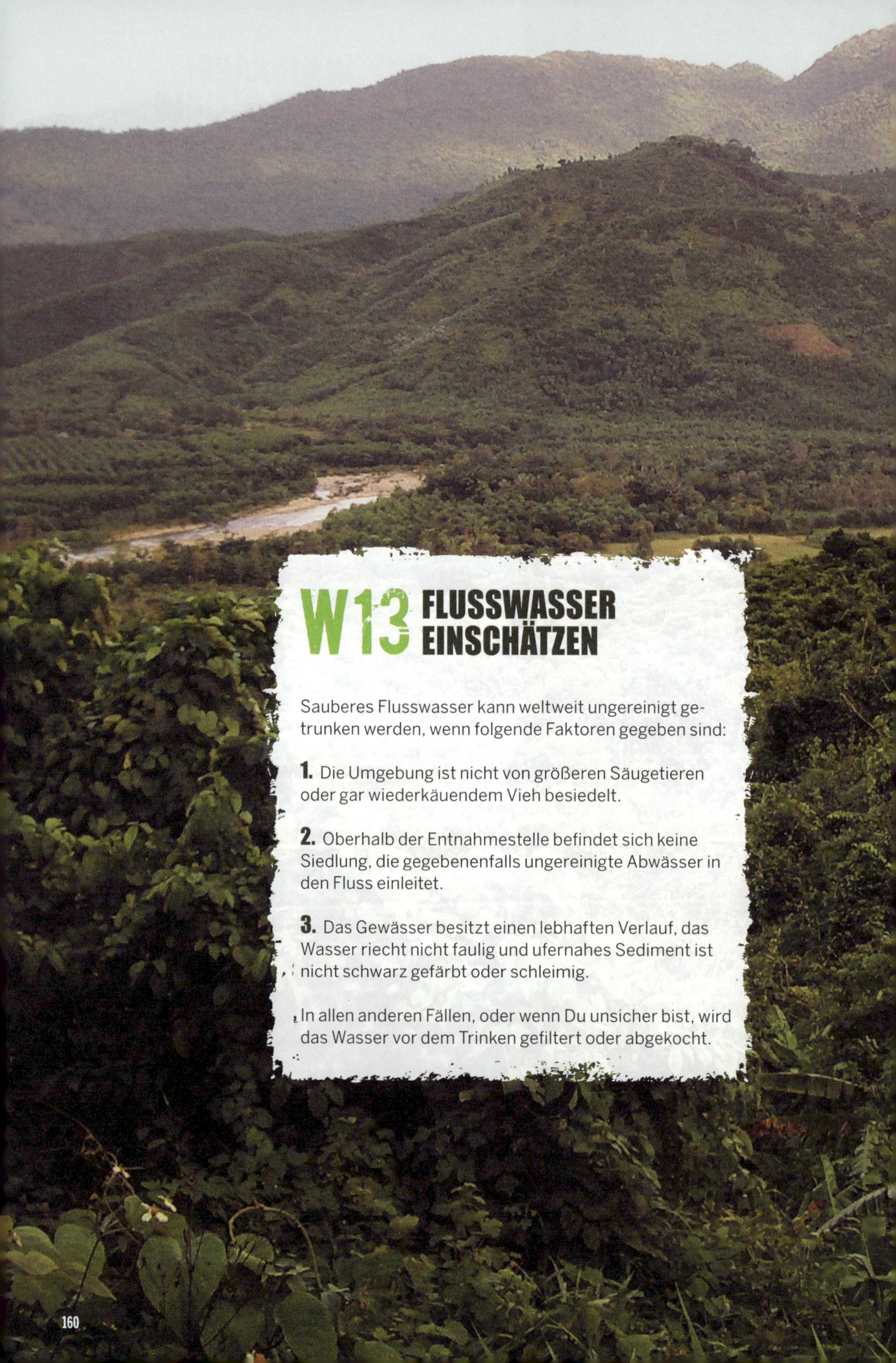

W13 FLUSSWASSER EINSCHÄTZEN

Sauberes Flusswasser kann weltweit ungereinigt getrunken werden, wenn folgende Faktoren gegeben sind:

1. Die Umgebung ist nicht von größeren Säugetieren oder gar wiederkäuendem Vieh besiedelt.

2. Oberhalb der Entnahmestelle befindet sich keine Siedlung, die gegebenenfalls ungereinigte Abwässer in den Fluss einleitet.

3. Das Gewässer besitzt einen lebhaften Verlauf, das Wasser riecht nicht faulig und ufernahes Sediment ist nicht schwarz gefärbt oder schleimig.

In allen anderen Fällen, oder wenn Du unsicher bist, wird das Wasser vor dem Trinken gefiltert oder abgekocht.

N36 ACHTUNG URGEMÜSE!

Wenn Du in den Tropen unterwegs bist, kommt es häufig vor, dass Du Früchte siehst, die Du so ähnlich aus dem Supermarkt kennst. Bei uns genutzte Kürbisse, Melonen, Gurken, Auberginen, Maniok bzw. Kasave und viele Hülsenfrüchte stammen größtenteils aus tropischen oder subtropischen Gegenden.

Allerdings ist die Wildform der allermeisten Gemüsearten hochgradig giftig und oft erst nach aufwendiger Verarbeitung genießbar. Manche Lebensmittel wie Cashew werden aufgrund ihrer Gefährlichkeit nur fertig verarbeitet im Supermarkt angeboten.

Wenn du also Früchte aus der heimischen Küche in ihrer Wildform findest, kannst Du fast sicher sagen: **»Finger weg!« Sogar die Wildform des Speisekürbisses ist tödlich giftig**.

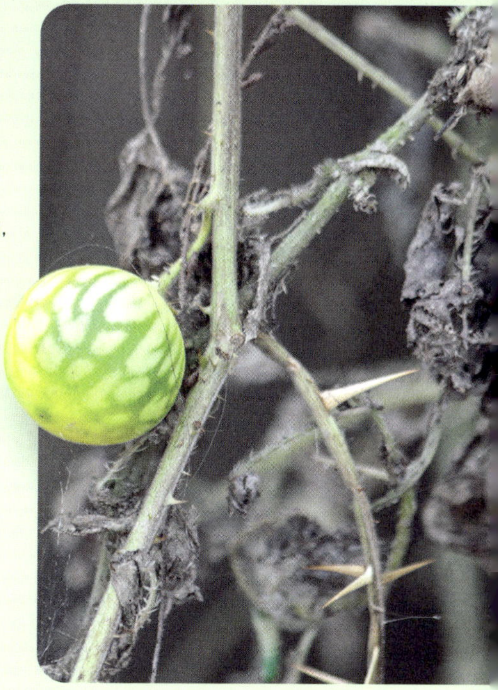

Sieht aus wie eine Melone und ist nah verwandt, aber höchstwahrscheinlich giftig.

M18 EINEN GRABENFUSS VERMEIDEN

Es beginnt schleichend mit einer schmerzenden Stelle an der Ferse im seit Tagen nassen Stiefel. Beim Durchbrechen des unwegsamen Dschungelgeländes werden die Füße früher oder später nass – und nie wieder trocken.

In den Tropen muss man oft durch Flüsse waten.

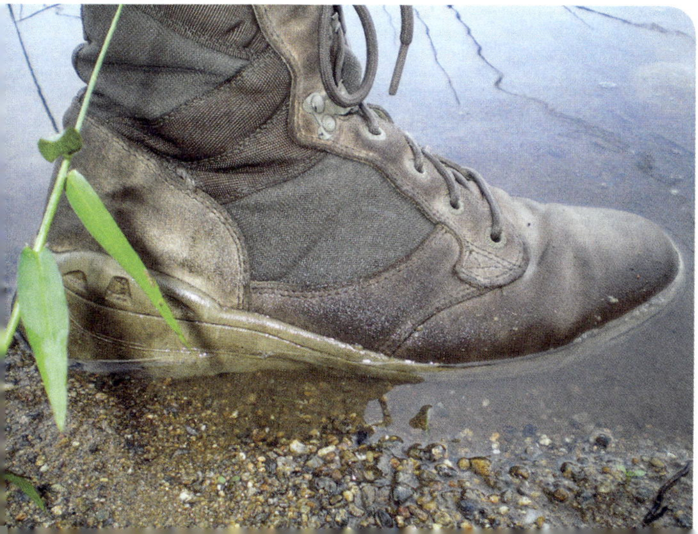

Schon nach wenigen Tagen kann ein Graben- oder Immersionsfuß entstehen. Dabei schwillt der Fuß an, verliert großflächig Haut und entzündet sich gefährlich. Vor allem in warmen Gegenden entsteht diese »Dschungelfäule« schnell, wenn Du keine dichten Schuhe hast oder wenn Dir Wasser in die Gummistiefel gelaufen ist.

Hast Du durch nasse Socken Schrumpelhaut an den Füßen, musst Du sofort Pause machen und Schuhe, Socken und Füße am Feuer trocknen. Allerspätestens am Abend musst Du Dir trockene Socken anziehen und die Füße mit Talkum pudern und trocknen lassen.

Ist es sehr nass und sind die Schuhe ungeeignet, zieh Dir stabile Kondome oder Plastiktüten über die Socken. Ideal sind für solche Fälle außerdem Membransocken aus Neopren.

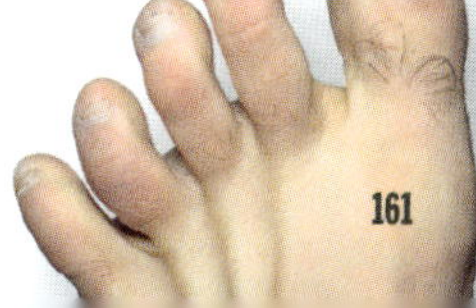

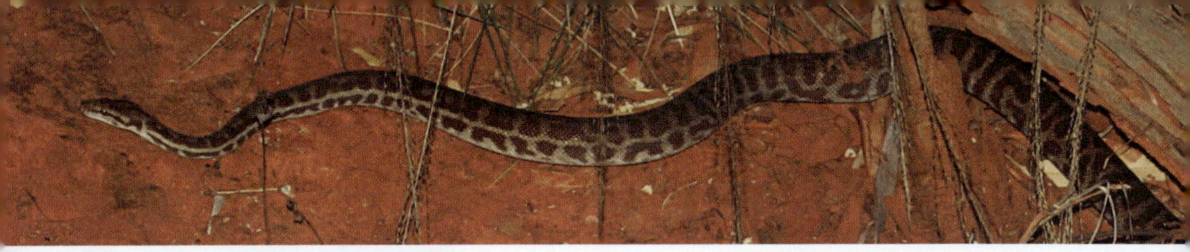

Auch Bisse von Würgeschlangen wie dieser Stimson-Python können sich infizieren.

M 19 SCHLANGENBISSE VERSORGEN

In aller Regel sind Schlangen scheu und vermeiden die Konfrontation mit dem Menschen. Bisse entstehen meist beim Versuch, die Schlange zu fangen, zu töten oder durch einen ungewollten Tritt auf ein Tier bzw. einen unbedachten Griff mit nackter Hand ins Unterholz.

Es ist in den Tropen generell zu empfehlen, sich »geräuschvoll« den Weg durch das Unterholz zu bahnen. Die Tiere spüren die Vibrationen und flüchten.

Wurdest Du dennoch gebissen, solltest Du abklären, ob der Biss von einer **(A) Gift- oder (B) Würgeschlange** stammt. Generelle Handlungsanweisung bei allen potentiell schwerwiegenden Gifttierstichen oder -bissen ist:

1. RUHE BEWAHREN, annehmen, dass der Stich/Biss nicht gefährlich war, dennoch sofort prophylaktisch behandeln. Aufregung begünstigt die Verteilung des Gifts im Körper und kann verschiedene vermeintliche Vergiftungssymptome wie Herzrasen oder Schwindel verursachen. Nur rund 30 % aller Schlangenbisse stammen von giftigen Schlangen, und hiervon sind fast die Hälfte »Dry Bites«, also solche ohne Giftabgabe.

2. HORIZONTALE LAGERUNG, um Stürze durch Bewusstlosigkeit zu vermeiden. Jedoch darf der gebissene Körperteil nicht über den Rumpf angehoben werden. Entfernung aller Ringe, Schals, Armbänder, Uhren etc., da durch eine Schwellung tiefe Abschnürungen erfolgen können.

3. DRUCKIMMOBILISATION des Körperteils: Reduktion des Lymph- und Blutflusses durch elastische Binden oder Verbandspäckchen. Verbunden wird vom Ende der Extremität bis zum obersten Gelenk vor dem Rumpf.

4. BEOBACHTUNG der Vitalwerte des Verletzten. Bei Bewusstlosigkeit Seitenlage.

5. GGF. BEATMUNG. Bei manchen Giften kann die Atmung aussetzen, obwohl der Herzschlag noch aktiv ist. In diesem Fall kann eine über mehrere Stunden andauernde Beatmung notwendig sein.

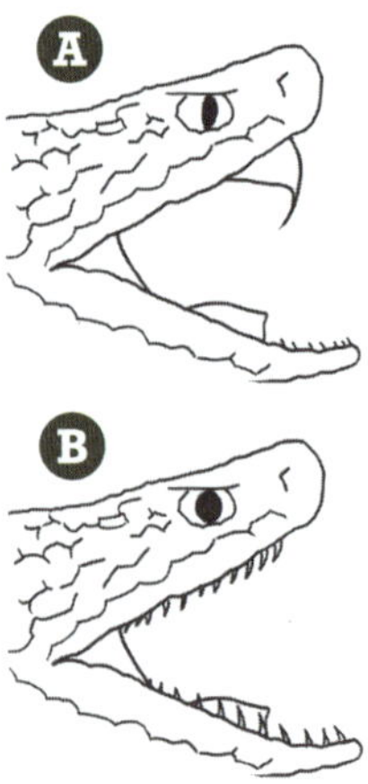

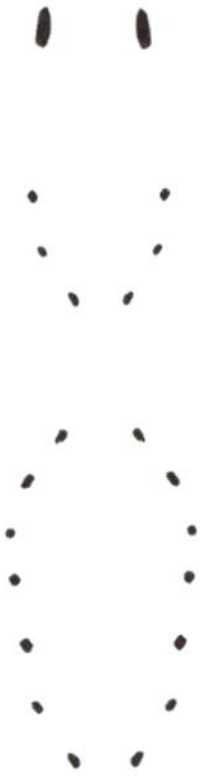

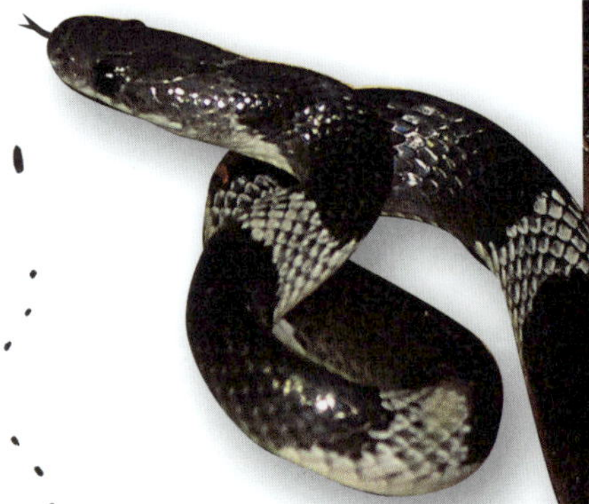

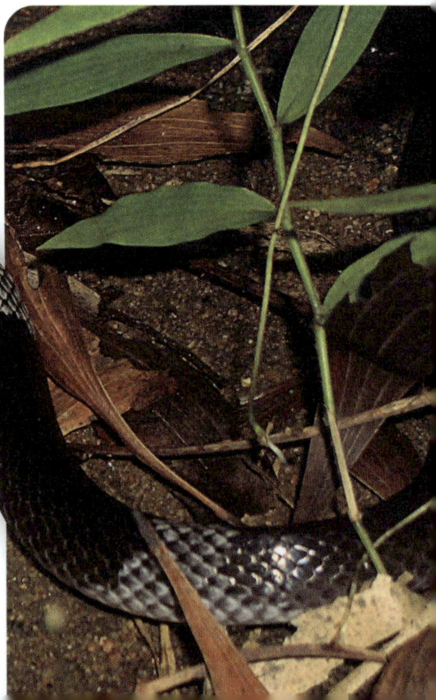

Giftschlange oder nicht? Die Verwechslung dieses Blauen Kraits mit einer Wolfschlange (ungiftig) hat mich in Bedrängnis gebracht.

S 8 EIN PALMDACH HERSTELLEN

Wie man Dachziegel aus Palmblättern webt, hast Du in S 7 (Seite 154) gelernt. Jetzt baust Du ein regenfestes Dach daraus.

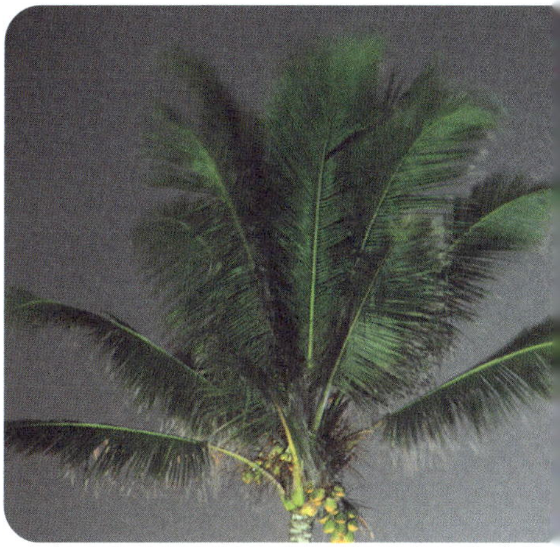

Beim Übernachten im tropischen Regenwald ist Verschiedenes zu beachten.

Nachts kommen aus den dunklen Ecken des Bodens alle nur erdenklichen Insekten, Spinnen und Reptilien auf der Suche nach Nahrung gekrochen. Ein auf dem Boden aufgebautes Zelt wird oft innerhalb kürzester Zeit von diesen Urwaldbewohnern okkupiert. **Also muss eine Hängematte oder eine angehobene Liegefläche aufgestellt werden.**

Außerdem kann es jederzeit anfangen zu regnen. Um die Nacht nicht von Ameisen zerfressen und durchnässt verbringen zu müssen, kann man ein Gestell bauen. Hierzu eignen sich stabile und gerade Stämme, Bambus etc.

Mit Hilfe des →**Dreifußbundes** kann eine Dachschräge gebaut werden, die stabil genug ist, um eine Hängematte oder Liege darauf aufzubauen. Die breiten Seiten des Gestells können zusätzlich mit dünneren Stäben versehen werden. Hier-auf wird dicht und überlappend ein Dach aus →**Palmziegeln** aufgelegt. Rutschen diese herunter, können sie mit →**Mastwürfen** gesichert werden.

Eine Liegefläche kann ähnlich wie die →**improvisierte Hängematte** auch mit stabilen Stangen auf halber Höhe eingezogen werden.

*Eine regenfeste Notunterkunft aus Palmen und Bambus ist ähnlich schnell aufgebaut wie eine →**Debris Hut**. Hierzu braucht man natürlich eine Menge Übung.*

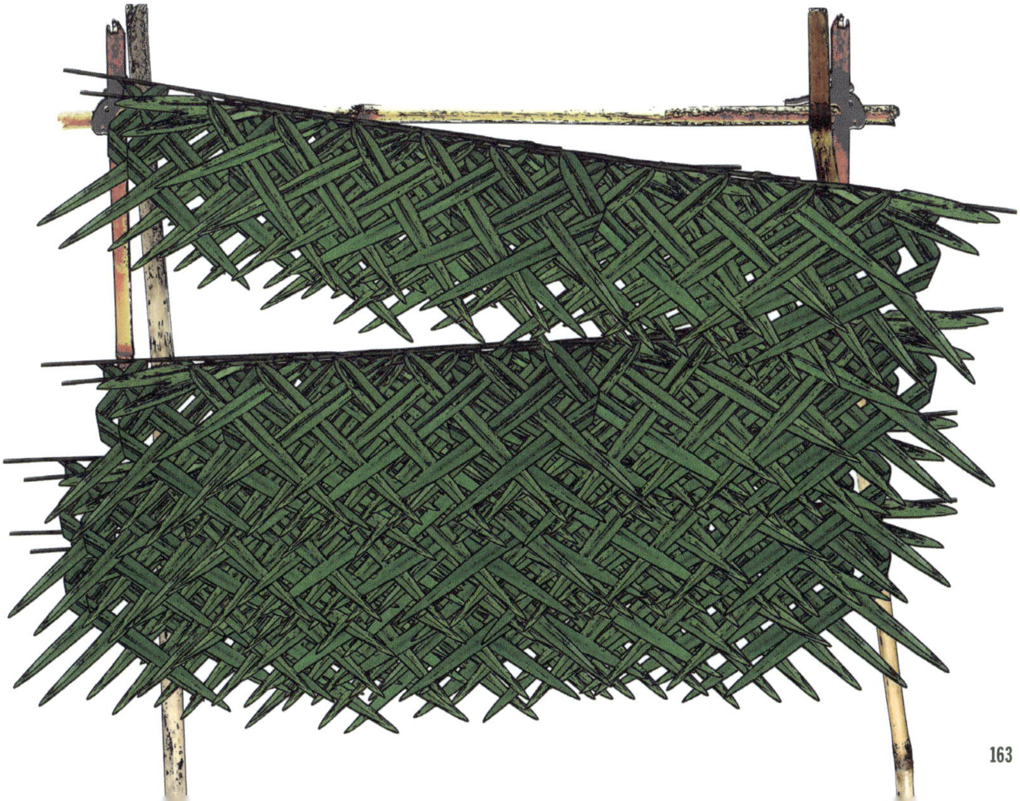

S9 EINE HÄNGEMATTE AUFHÄNGEN

In den Tropen schläft man üblicherweise in Hängematten. Du kannst Dir auch ein Tropen-Schlafsystem zusammenstellen. Dazu benötigst Du eine leichte Hängematte, ein Moskitonetz gegen die Mücken sowie ein Tarp gegen den Regen. Zuerst suchst Du Dir geeignete Bäume. Diese sollten nicht so dick sein, dass Du das Seil nicht drumherumschlingen kannst, aber auch nicht so dünn, dass sie sich durchbiegen – die Kraft, die sie aushalten müssen, ist ziemlich groß.

Zuerst wird das Tarp aufgehängt **(1)**. Du solltest es etwa einen Meter höher als die Hängematte hängen. Wenn möglich, wird es an mindestens 4 Punkten aufgespannt. Lässt man es herunterhängen, ist man zwar gegen Regen geschützt, das Schlafklima wird dann aber unerträglich. Nun kann die Hängematte so angebracht werden, dass das Moskitonetz noch ordentlich aufgespannt werden kann **(2)**. Du brauchst meist etwa einen halben Meter »Luft« über und mindestens einen Meter unter der Hängematte **(3)**. Die Hängematte sollte nicht zu stramm gespannt werden: Erstens wird die Leine dadurch sehr stark belastet, zweitens ist es bei zu straff gespanntem Seil schwierig, richtig in der Hängematte zu liegen.

Am besten hängst Du am Kopf der Hängematte einen Karabinerhaken ein, an dem Du Deinen Rucksack aufhängen kannst – in Griffnähe, aber weg vom Boden.

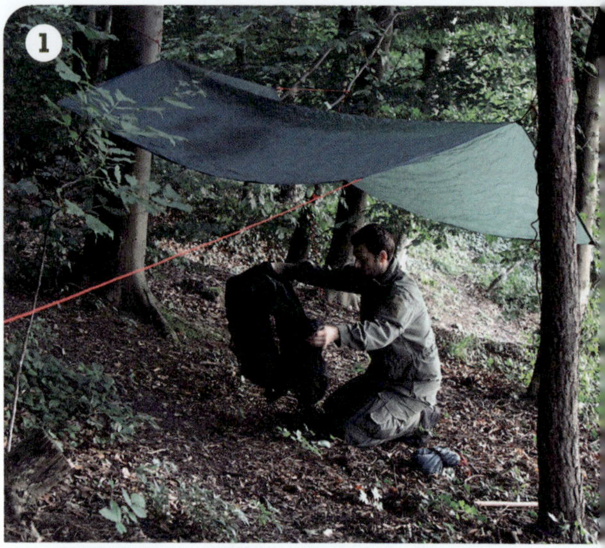
1

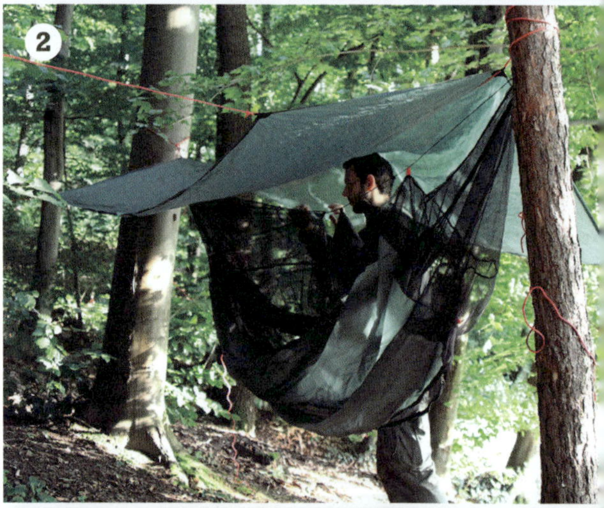
2

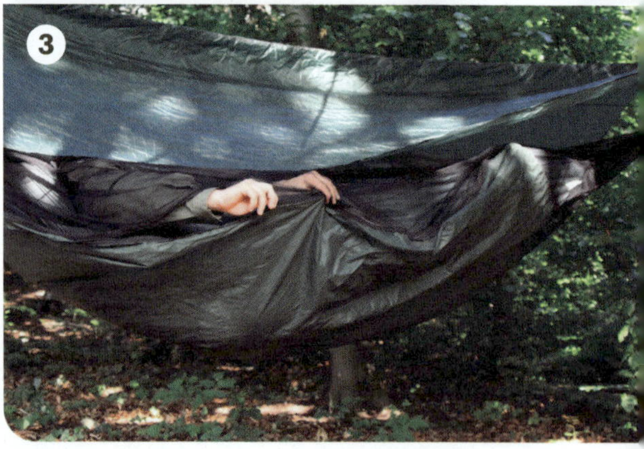
3

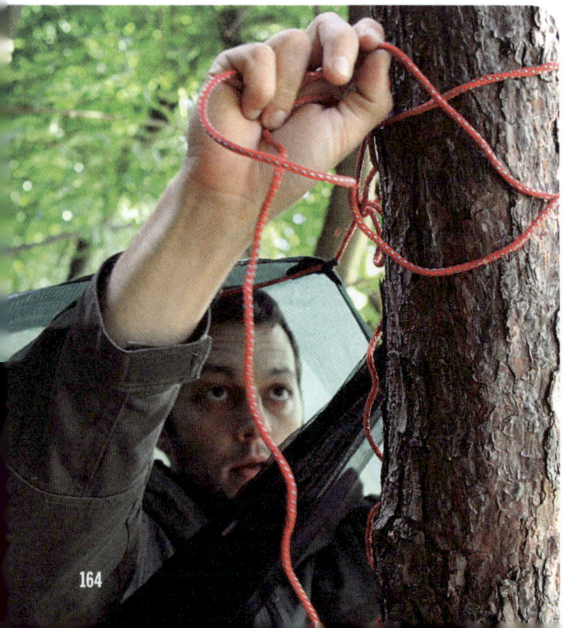

In den Tropen ist eine Kombination aus leichter Hängematte und Tarp die ideale Unterkunft, die Dich gegen Insekten und Regen schützt.

Die Hängematte ausreichend hoch anknoten, sonst liegst Du auf dem Boden.

N37 EIN BLASROHR BENUTZEN

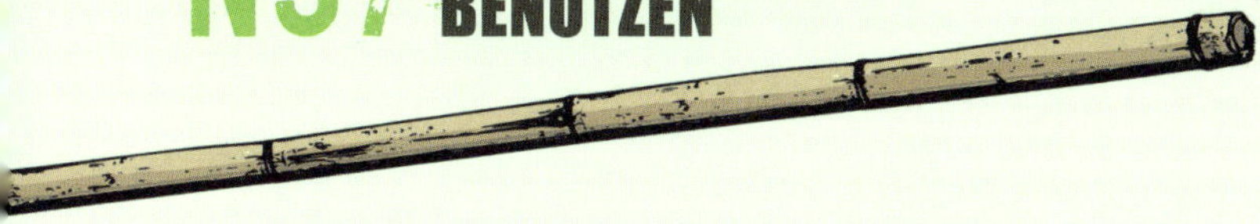

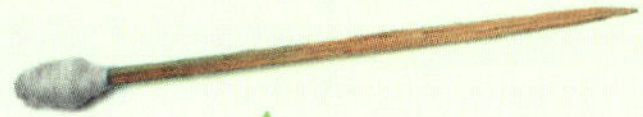

Nach dem Bau und vor der Jagd solltest Du einige Stunden intensives Training einplanen, bevor Du auf Tiere schießt – das gilt auch für den Notfall. Zum Schießen werden die Pfeile hinten eingeführt, das Ziel anvisiert und mit Kraft geblasen.

Im Dschungel wird traditionell mit Blasrohren gejagt. Da die Pfeile jedoch sehr wenig Energie übertragen, werden sie mit Curare (einem Gift aus Lianen) vergiftet. Wenn Du im Notfall ein Blasrohr aus Bambus oder einem vergleichbaren Rohr baust, in dem die Innenwände möglichst sauber ausgestoßen und ausgebrannt werden, solltest Du daran denken, **nur kleine Tiere wie Ratten und Mäuse damit zu bejagen**, indem sie an den Boden »genagelt« und sogleich erschlagen werden. Pfeile kannst Du aus Bambussplittern bauen, die mit Watte von einem Tampon oder mit Pflanzenfasern zur Dichtung versehen werden.

A24 IN DER HÄNGEMATTE SCHLAFEN

Wer in einer Hängematte schlafen will, muss beachten, dass man sich nicht, wie im Dschungelbuch gezeigt, gerade hineinlegt, sondern **schräg darin schäft**. Dafür muss die Hängematte auch groß genug sein und darf nicht zu stark gespannt werden.

Außerdem wird durch den dünnen Stoff bzw. das Netz der Schlafstätte das Isolationsmaterial des Schlafsacks, aber auch die Kleidung so sehr zusammengedrückt, dass sie kaum noch isoliert. Also muss bei kühleren Temperaturen eine Isomatte verwendet werden. Bei schwüler Dschungelluft ist der Kühlungseffekt natürlich gewollt.

In den kühleren Höhenregionen des tropischen Regenwaldes kannst Du Dir auch mit einem Trick behelfen: Hast Du einen weit geschnittenen Schlafsack, kannst Du die Hängematte durch den etwas geöffneten Fußreißverschluss fädeln und dann aufhängen. Wenn Du in die Hängematte steigst und den Schlafsack über Dich ziehst wie eine Wurstpelle, ist es weitaus wärmer, als wenn Du den Schlafsack plattdrückst.

In der Hängematte wird schräg geschlafen. So bleibt der Rücken gerade und Du liegst bequem.

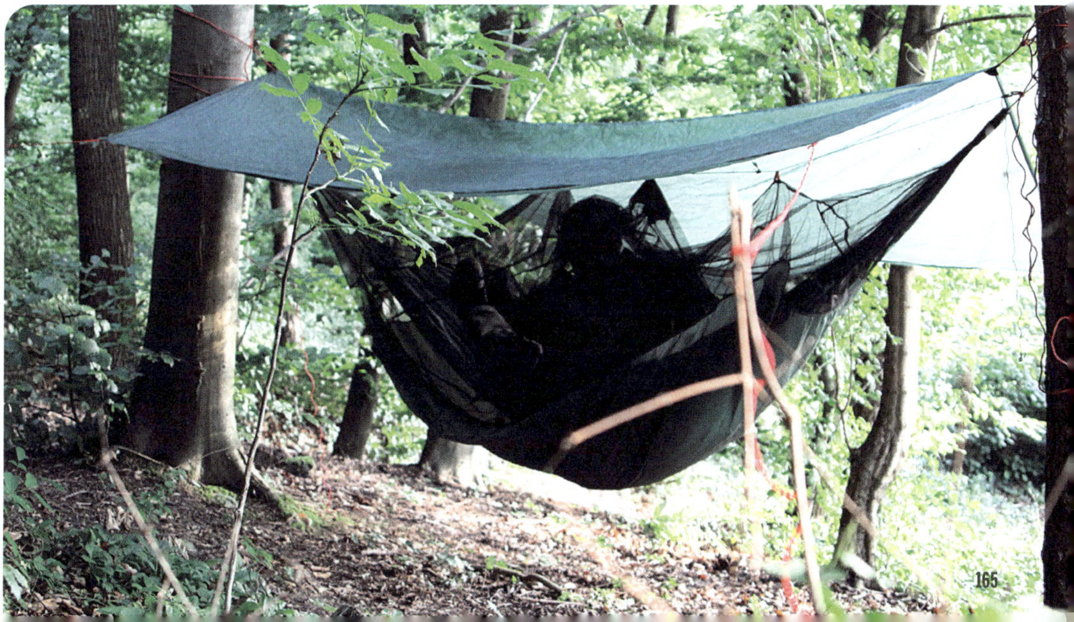

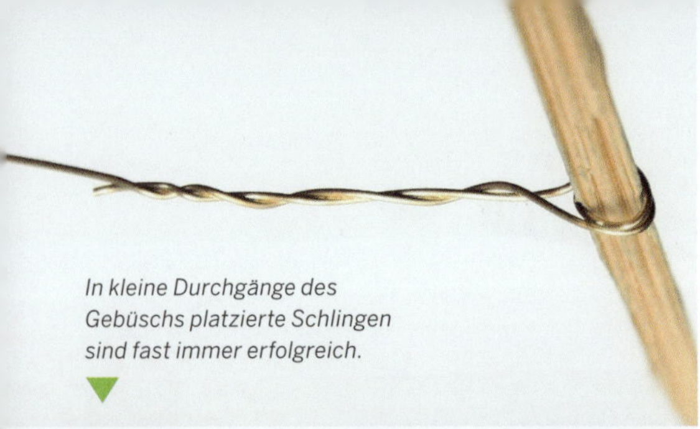

In kleine Durchgänge des Gebüschs platzierte Schlingen sind fast immer erfolgreich.

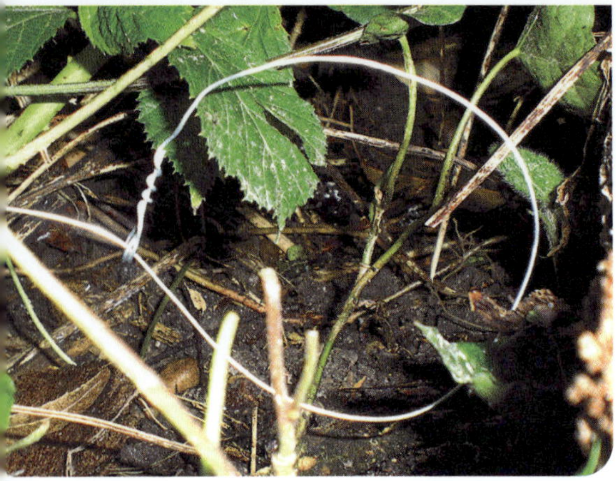

N38 SCHLINGFALLEN STELLEN

In den Tropen ist auf Lichtungen und kleinen Freiflächen jeder Zentimeter bewachsen. Zwischen den Ranken sind gut die Durchgänge zu erkennen, die kleine Wildtiere benutzen, um auf ihren Wechseln diese Hindernisse zu durchqueren. Hier können im Notfall Schlingfallen aufgestellt werden. **Damit kannst Du von kleinen Nagetieren bis zu Reptilien so ziemlich alles fangen, was im Dschungel auf dem Boden unterwegs ist.**

Für eine Schlingfalle verwendest Du möglichst stabilen Draht, den Du am Ende mit einem Stöckchen mit einer doppelten Öse versiehst. Damit lässt sich der Draht eng verzwirbeln. Das Drahtende wird hindurchgezogen, so dass eine Schlinge entsteht. Diese stellst Du so an einen Durchgang, dass sie etwas kleiner ist als das Loch selbst.

N39 KRÖTEN ODER FRÖSCHE VERSPEISEN?

Da aktive Verteidigung für die meisten Amphibien nicht möglich ist, schützen sich viele Frösche und Kröten mit Giftdrüsen. Einer der bekanntesten tropischen Vertreter ist der Pfeilgiftfrosch. Die in manchen Survivalbüchern verwendete Einteilung »Frösche sind essbar, Kröten nicht« ist also nicht korrekt. **Es gibt weltweit zahlreiche hochgiftige Frösche, Molche und Kröten**. Bestes Beispiel hierfür ist die in Australien eingeschleppte, wegen Ihrer Gefräßigkeit gefürchtete und tödlich giftige Aga-Kröte mit bis zu 25 Zentimetern Körperlänge. Du solltest also nur auf Froschlurche zurückgreifen, die Dir bekannt sind. Meide warzige Tiere und solche, die in Stresssituationen ein milchiges oder klares Sekret abgeben, das übel riecht oder auffällig gefärbt ist.

Solltest Du darauf angewiesen sein, unbekannte Frösche, Kröten oder Molche zu verzehren, musst Du zumindest die Haut abziehen und das Fleisch gründlich wässern und abwaschen.

Kröten mit warziger Haut und großen »Ohrendrüsen« können teils tödlich giftige Sekrete erzeugen. Es gibt jedoch auch hochgiftige Frösche ohne auffällige Warzen.

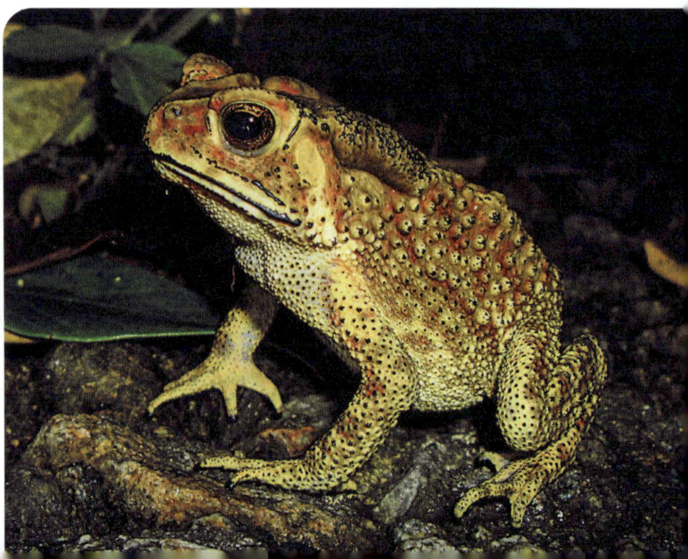

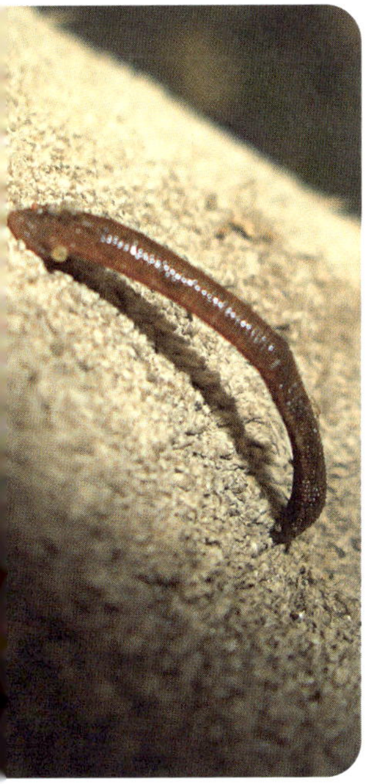

M20 LÄSTIGE BLUTSAUGERCHEN

Viele Tropenreisende haben Angst vor Blutegeln. Tatsächlich aber sind diese von ihrer Gefährlichkeit her fast vernachlässigbar. Die Landegel, die Du in den Tropen findest, besser: von denen Du in den Tropen gefunden wirst, schlüpfen durch jeden noch so kleinen Spalt in die Kleidung und saugen sich dort auf ein Vielfaches ihres ursprünglichen Volumens voll.

Blutegel in den Tropen kriechen in winzige Löcher und mästen sich an Deinem Blut.

Bis auf den geringen Blutverlust sind nur die Blutflecken auf der Kleidung lästig. Zwar können Blutegel, wie alle Blutsauger, eine große Anzahl von Krankheitserregern und Parasiten beherbergen, doch ist eine Übertragung durch den Biss nicht zu erwarten.

Um den Egel zu entfernen, wird er einfach mit dem Messer oder einer Machete abgeschabt. Dass Egel einen Kopf haben, der abreißen und endlos weiter saugen kann, ist übrigens ein Märchen. Die Egel lassen sich meist sogar einfach mit dem Finger wegschnipsen. **Oft empfohlene Manipulationen mit Glut, Salz oder Säure sind zu unterlassen.**

K36 LIANEN NUTZEN

Kletterpflanzen sind oft sehr elastisch und eignen sich deshalb ideal als Leine zum Improvisieren von Notunterkünften, Flößen oder Seilbrücken. Was die meisten Lianen allerdings überhaupt nicht aushalten, sind Knicke. Und die entstehen beim Verknoten. Aus dem Grund werden Lianen nicht wirklich geknotet, sondern mit mehreren **→Halbschlägen** hintereinander festgeklemmt. Achte dabei darauf, dass Du nicht mit dem oft giftigen Saft oder den Blättern in Berührung kommst.

ACHTUNG MYTHOS!

Vielleicht hast Du in Survival-Filmen oder Büchern den Tipp gesehen, dass Du den Saft aus Lianen trinken darfst, wenn er klar und nicht milchig ist. Dieser Tipp ist ebenso gefährlich wie falsch. **Lianen sind keine Pflanzenart, sondern eine Wuchsform.** Pflanzen, die an Bäumen oder Felsen hochklettern nennt man Lianen. Und davon gibt es weltweit eine extrem große Anzahl. **Viele davon sind tödlich giftig** – unabhängig davon, ob ihr Milchsaft milchig oder klar ist. Die oft zitierte Regel gilt nur in einer kleinen Region.

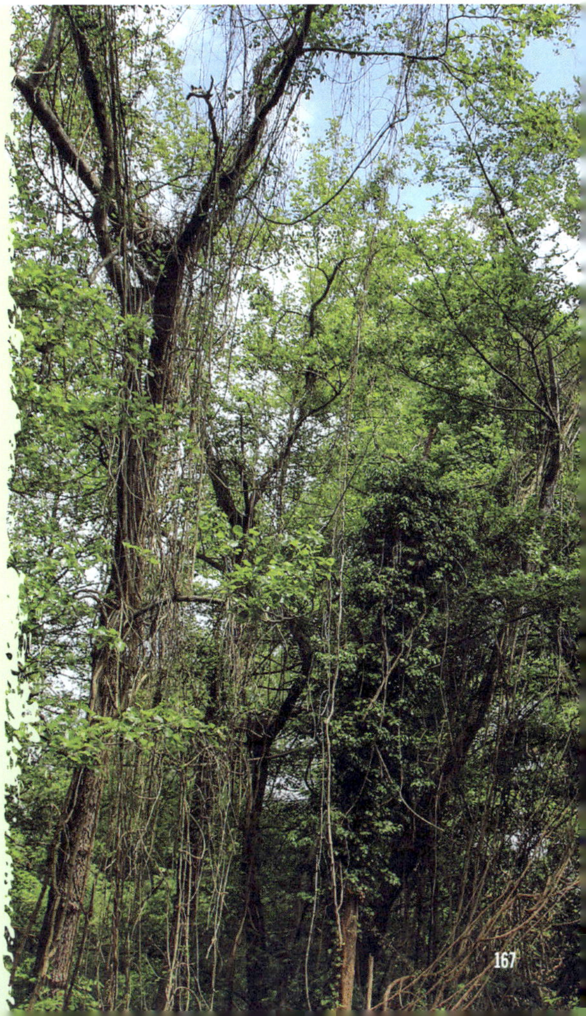

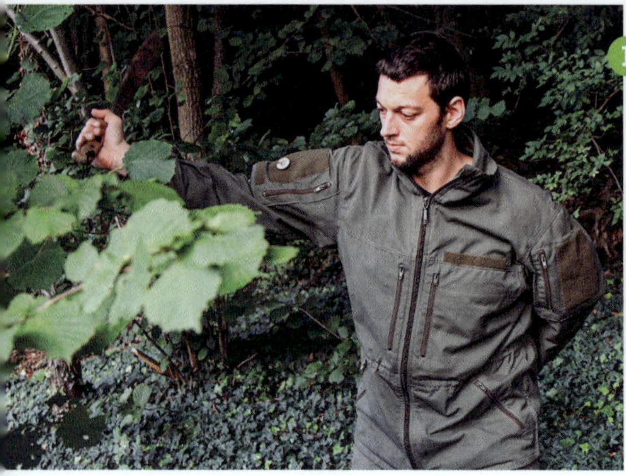

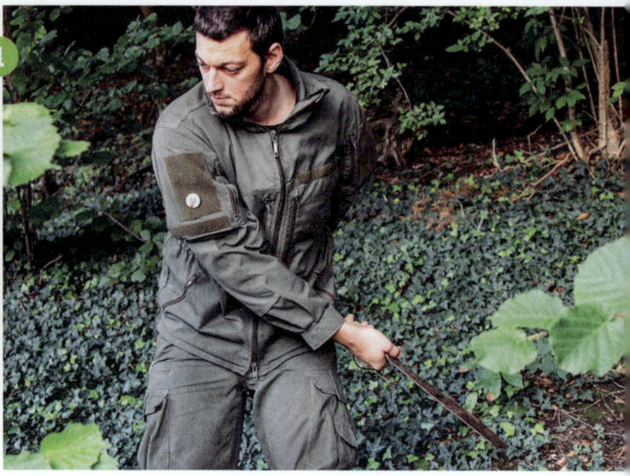

A25 MIT DER MACHETE ARBEITEN

Wenn Du Dir mit Deiner Machete den Weg durch den dichten Dschungel bahnst, musst Du höllisch aufpassen. **Die Machete gehört zu den gefährlichsten Werkzeugen, die draußen eingesetzt werden.** Unfälle damit passieren verhältnismäßig häufiger als beim Arbeiten mit einer Axt. Wichtig ist, dass die Machete auch für die gewünschte Arbeit geeignet ist. Die in Europa erhältlichen »US-Macheten« oder Parangs haben wenig mit echten Macheten zu tun. Sie sind meist zu billig verarbeitet, verbiegen sich oder brechen sogar ab und können dabei heftige Verletzungen verursachen. Vor allem, wenn die Machete aus zu weichem Stahl gefertigt worden ist, besteht die Gefahr, dass bei einem Schlag auf härteres Holz die Klinge abfedert und abrutscht.

Dünne und lange Macheten wie Crocodile- bzw. Bush-Macheten sind wirklich nur für leichte Vegetation wie Lianen und Äste bis Zentimeterstärke gedacht. Schwerere und dickere Macheten wie Goloks, Parangs oder Bolos sind oft etwas kürzer und kopflastiger und können auch für Bambus und andere harte Werkstoffe angewandt werden. Zum Spalten von Holz sind Macheten praktisch ungeeignet.

▲ *Bildreihe oben: Beim Schlag wird die Machete diagonal vor dem Körper vorbeigeführt* **1**. *Dabei wird die unbeteiligte Hand außer Reichweite gehalten für den Fall, dass die Machete aus der Hand rutscht. Der Schwung endet weit hinter dem Gestrüpp. Der nächste Hieb erfolgt diagonal in die andere Richtung* **2**.

N40 FLIEGEN-SNACK

In der Not frisst der Teufel Fliegen …

In den Tropen ist es nach der Dämmerung sehr einfach möglich, fliegende Insekten zu fangen. Die Tiere werden von Licht magisch angezogen. Wenn Du ein Feuer entzündet hast oder eine Taschenlampe verfügbar ist, kannst Du **ein helles T-Shirt oder eine Rettungsdecke zwischen Bäumen aufspannen und beleuchten**. Innerhalb sehr kurzer Zeit werden sich Falter, Fliegen und andere Tiere* auf dem Tuch versammeln, wo sie einfach abgesammelt werden können. Aus diesem Grund sind in den Tropen Kopflampen nicht immer sinnvoll – Du hast innerhalb kurzer Zeit dutzende Fliegen im Gesicht.

**Durch die Insekten werden beispielsweise auch nachtaktive Riesenkrabbenspinnen angelockt…*

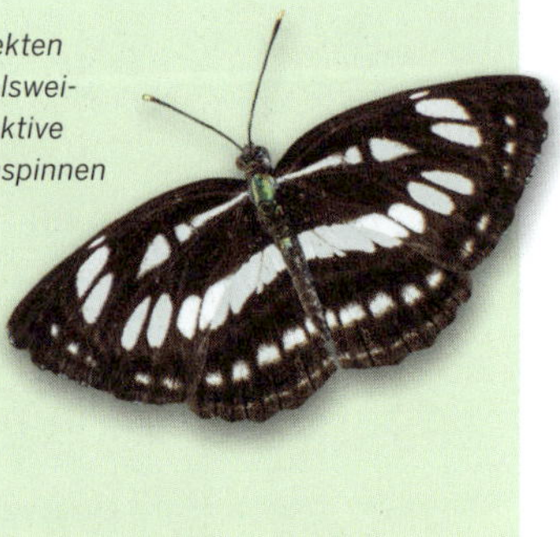

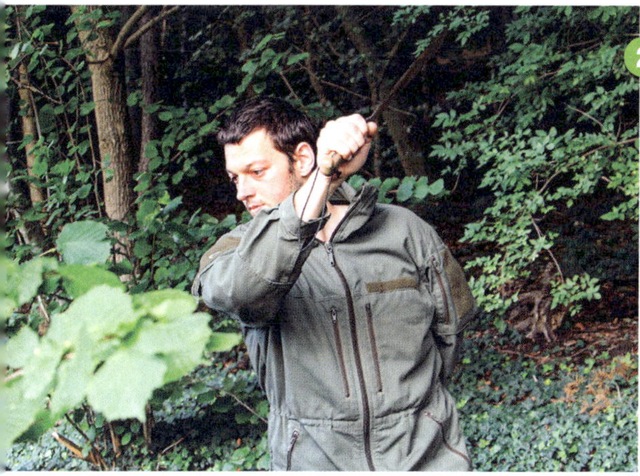

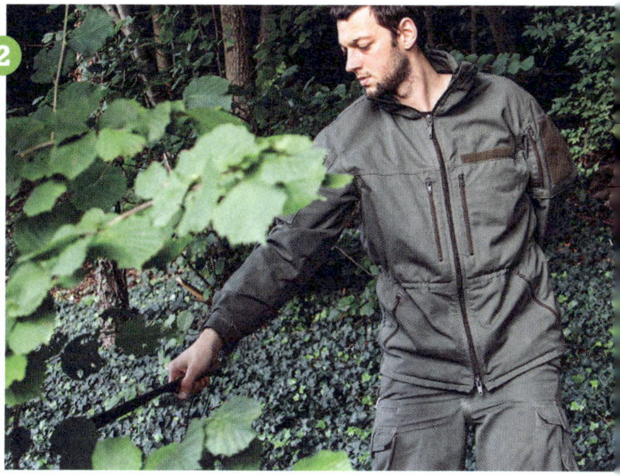

Wenn Du mit der Machete arbeitest, solltest Du folgende Regeln beachten:

- Sicherstellen, dass sich niemand in der Gefahrenzone befindet.

- Niemals mit Handschuhen arbeiten – hier ist die Kontrolle über den Griff schlecht, er kann sich drehen oder aus der Hand rutschen.

- Hat die Machete eine Fangschnur, darf diese bei der Arbeit niemals um das Handgelenk gelegt werden. Rutscht Dir die Machete aus der Hand, schwingt sie sonst zu Dir zurück.

- Macheten nur gemäß ihrem Verwendungszweck einsetzen.

- Keinen flachen Winkel beim Schlag einhalten, sonst kann die Machete abrutschen.

- Nie in Richtung der Hand schlagen – auch wenn es cool aussieht; nach Möglichkeit Werkstücke immer auf den Boden oder einen Holzblock legen.

- Die unbenutzte Hand wird wie beim Fechten hinter den Körper gehalten – so kann ein Ausrutscher schadfrei am Körper vorbeigeführt werden.

- Ebenso wie mit der Axt immer alternierend (nach oben, nach unten) auf eine Stelle schlagen, sonst steckt die Machete fest.

- Beim Ablängen von Ästen sollte das vordere Viertel der Machete das Werkstück treffen. Hier ist am meisten Wucht und die Klinge kann den Hieb abfedern – sonst kann das Blatt brechen.

- Nicht nach Alkoholgenuss, bei Müdigkeit oder großer Kälte mit der Machete arbeiten.

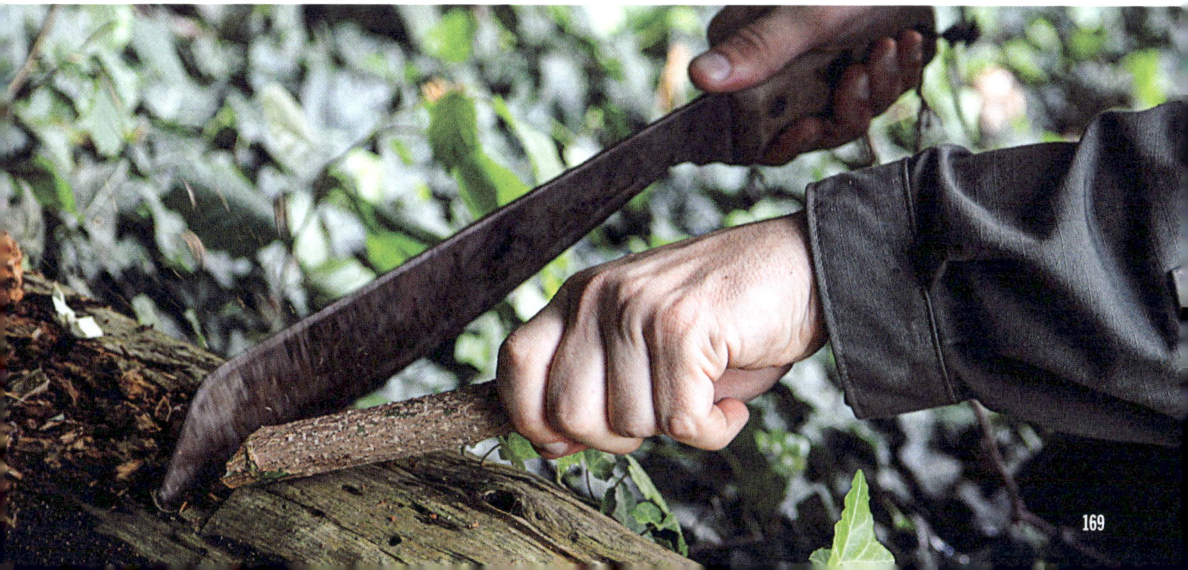

BLUT-KNOTEN

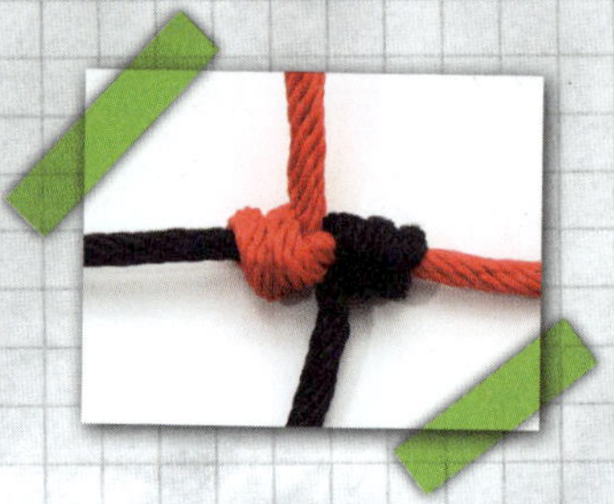

Wenn Du in den Tropen schnell ein Regendach aufbauen möchtest und die Abspannleinen zu kurz sind oder wenn eine Angelleine in der Mitte gerissen ist, kannst Du glatte Leinen mit dem Blutknoten fast übergangsfrei miteinander verbinden.

SCHRITT 1 Die Leinen werden Kopf an Kopf gegeneinandergelegt, so dass sie auf mindestens 15 cm überstehen.

Die Enden werden zwischen 10- und 15-mal umeinandergeschlungen. Dabei ist darauf zu achten, dass die Leinen locker liegen, damit im Zentrum der Wicklungen eine Öse geöffnet werden kann.

SCHRITT 2 Die Enden der beiden Leinen werden durch die mittlere Öse gelegt, und zwar so, dass die Enden von unterschiedlichen Seiten hindurchgefädelt werden.

SCHRITT 3 Der Knoten wird mit Speichel befeuchtet und langsam zusammengezogen (siehe Abbildung oben). Dabei ist darauf zu achten, dass die Enden nicht durch durch den Knoten rutschen.

HINWEIS: Nach dem Festziehen des Knotens können die Enden kurz abgeschnitten werden. Dies ist vor allem dann sinnvoll, wenn Du Deine gerissene Angelleine flicken möchtest.

1

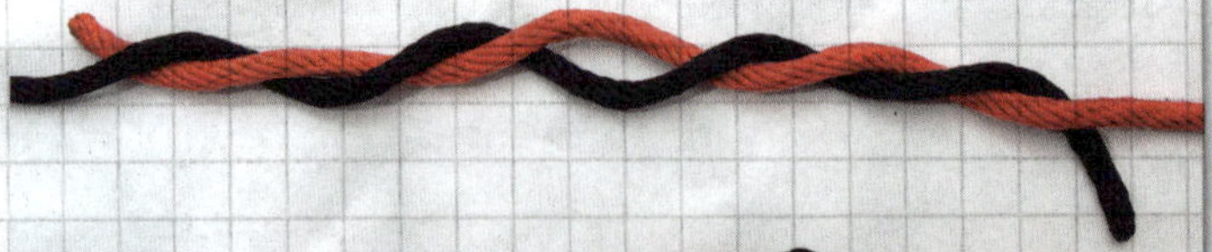

2

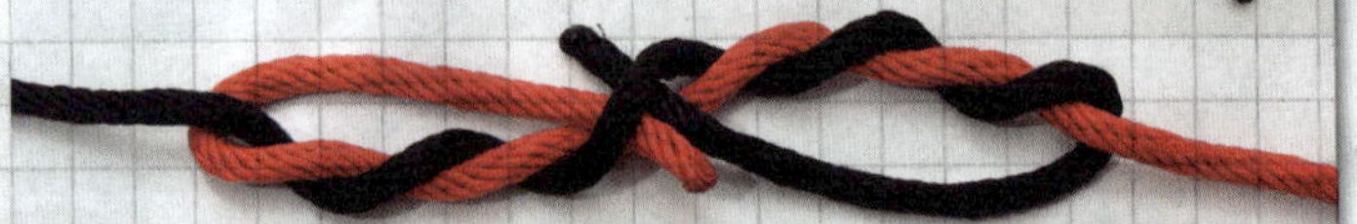

K37 EIN SCHUTZWALL AUS ASCHE

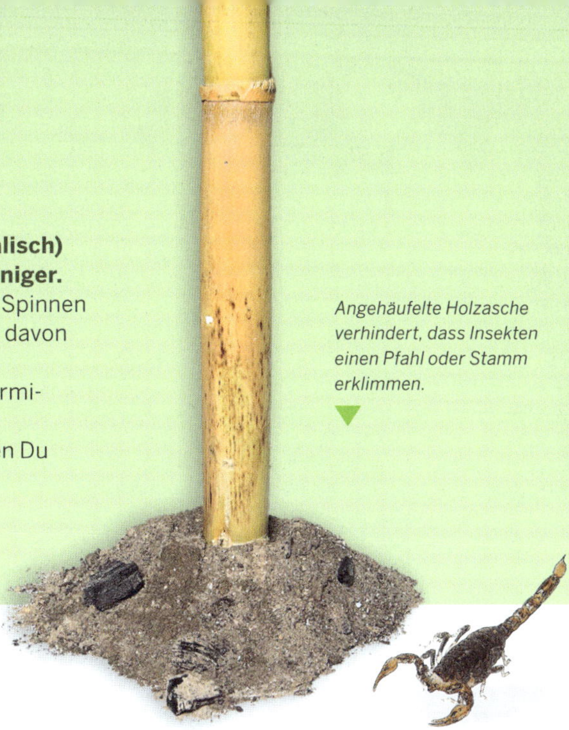

Feuchte Holzasche ist stark basisch (alkalisch) und auf Dauer ähnlich ätzend wie Rohrreiniger. Schnecken, Würmer, Blutegel, Ameisen und Spinnen werden durch einen Wall aus feuchter Asche davon abgehalten, das Lager zu überfallen.

Du kannst Holzasche mit wenig Wasser vermischen und einen Ring um Dein Lager gießen; mindestens jedoch um die Stämme, an denen Du Deine Hängematte befestigst.

Angehäufelte Holzasche verhindert, dass Insekten einen Pfahl oder Stamm erklimmen.

▼

M21 FUSS-VERLETZUNGEN

Verletzungen der Knöchel und des Schienbeins sind in den Tropen häufig. Wer auf einem feuchten Stein ausrutscht und umknickt, kann sich Knochen brechen oder Bänder zerren.

Ist das geschehen und musst Du weiterlaufen, **brauchst Du einen stützenden Schienverband.** Diesen kannst Du aus einzelnen Ästen herstellen, die um den Fuß gebogen und unter dem Knie am Schienbein festgebunden werden.

Vor dem Anlegen müssen die Auflagestellen gepolstert werden. Mit dem angelegten Verband kann man laufen, ohne dass das Fußgelenk belastet wird.

Verletzungen des Sprunggelenks können durch Schienung ❶ entlastet werden . Wenn vorhanden, sollte vorher mit Kühlpacks ❷, Schnee oder Eis gekühlt und mit einer Binde komprimiert werden.

▼

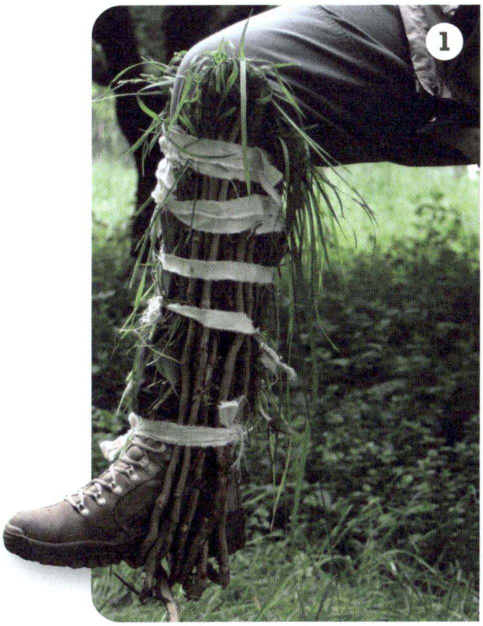

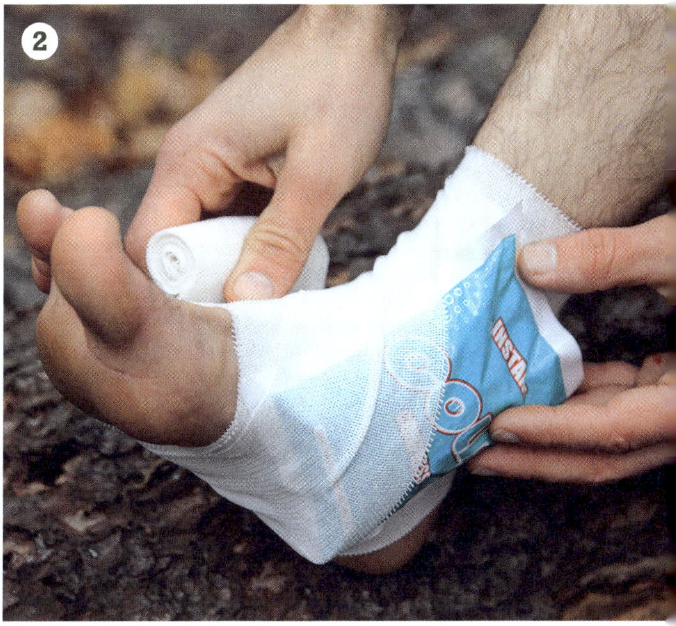

Mit dem Outback meine ich nicht nur den australischen Busch, sondern auch andere Orte wie die Weiten der afrikanischen Savannen und amerikanischen Steppen. Diese Klimaregion zeichnet sich durch heiße Tagestemperaturen, wenig Wasser, jedoch im Vergleich zu Wüsten verhältnismäßig viele Pflanzen- und Tierarten aus.

ÜBERLEBEN IM OUTBACK

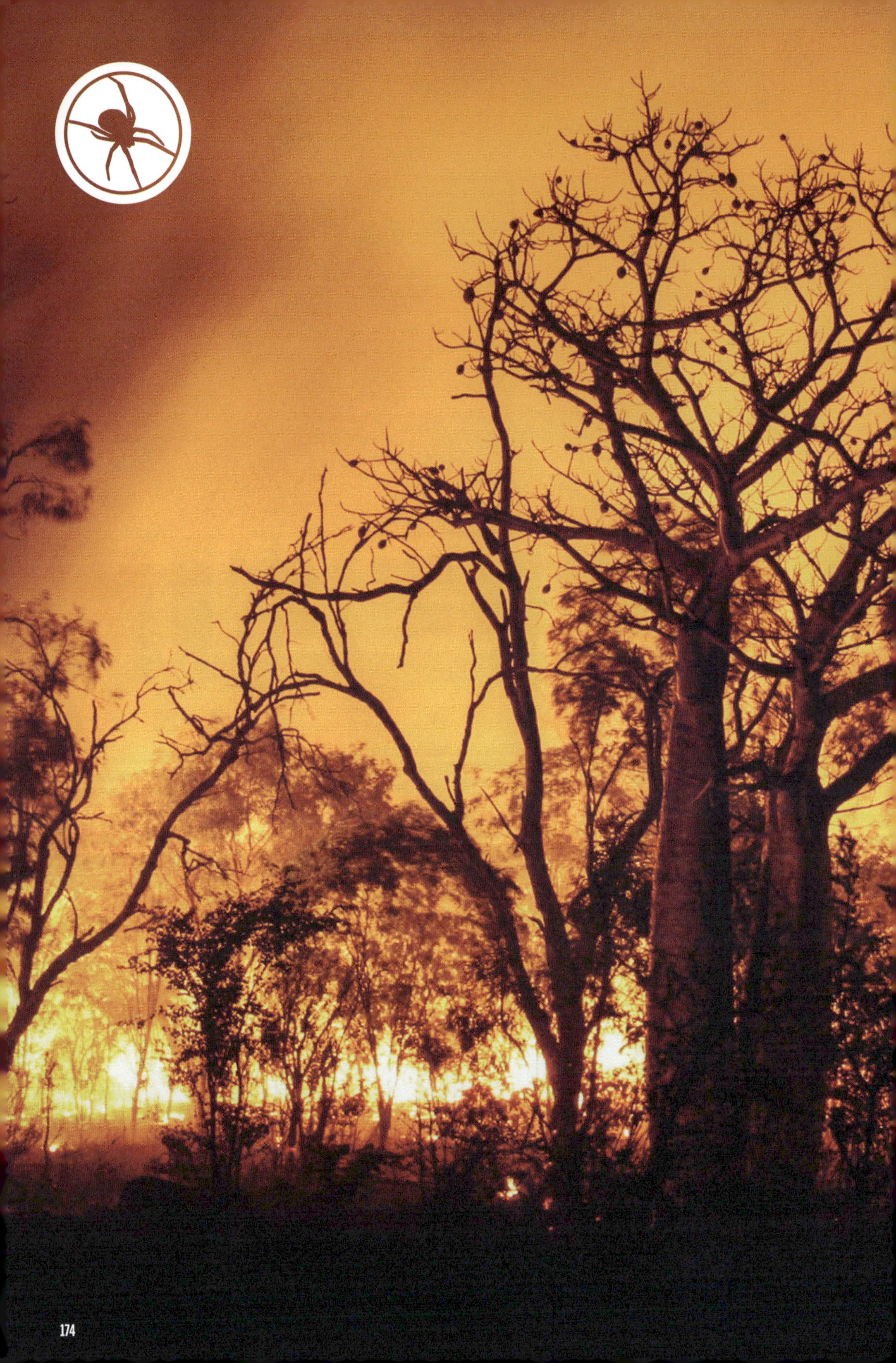

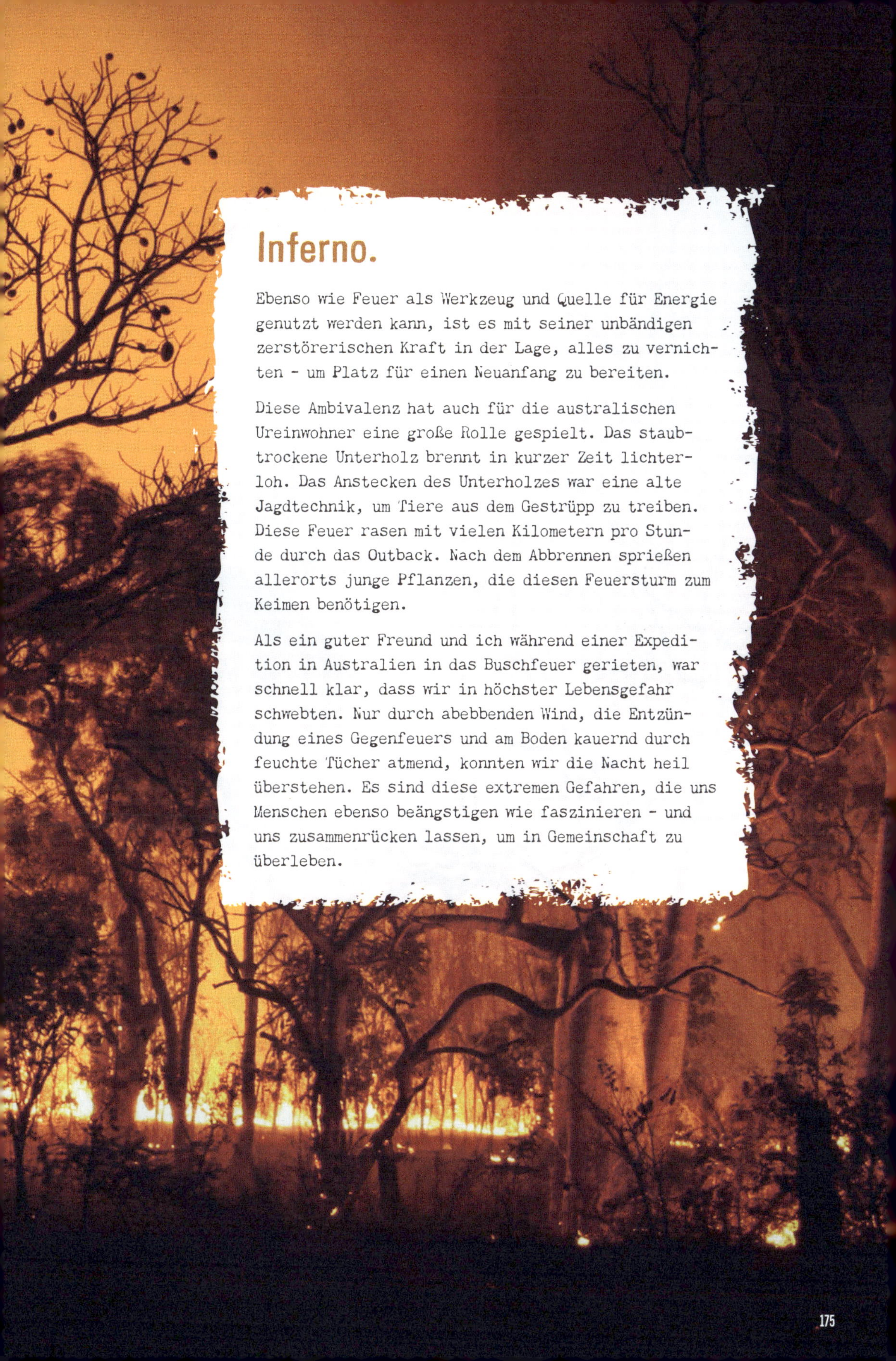

Inferno.

Ebenso wie Feuer als Werkzeug und Quelle für Energie genutzt werden kann, ist es mit seiner unbändigen zerstörerischen Kraft in der Lage, alles zu vernichten - um Platz für einen Neuanfang zu bereiten.

Diese Ambivalenz hat auch für die australischen Ureinwohner eine große Rolle gespielt. Das staubtrockene Unterholz brennt in kurzer Zeit lichterloh. Das Anstecken des Unterholzes war eine alte Jagdtechnik, um Tiere aus dem Gestrüpp zu treiben. Diese Feuer rasen mit vielen Kilometern pro Stunde durch das Outback. Nach dem Abbrennen sprießen allerorts junge Pflanzen, die diesen Feuersturm zum Keimen benötigen.

Als ein guter Freund und ich während einer Expedition in Australien in das Buschfeuer gerieten, war schnell klar, dass wir in höchster Lebensgefahr schwebten. Nur durch abebbenden Wind, die Entzündung eines Gegenfeuers und am Boden kauernd durch feuchte Tücher atmend, konnten wir die Nacht heil überstehen. Es sind diese extremen Gefahren, die uns Menschen ebenso beängstigen wie faszinieren - und uns zusammenrücken lassen, um in Gemeinschaft zu überleben.

A26 AUSRÜSTUNG FÜR DEN BUSCHMANN

Steppen und Savannen erfordern relativ wenig Spezialausrüstung, da sich viel aus vorhandenem Holz und Gestrüpp improvisieren lässt. Dennoch stellt das Outback besondere Anforderungen an die **Ausrüstung des »Bushies«**.

Spitze Dornen, stachliges Gras und nicht zuletzt Schlangen und anderes Getier sind eine Herausforderung für das Material.

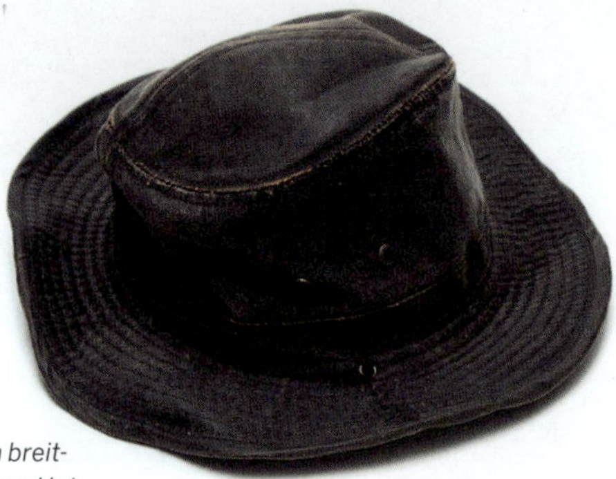

Hut: Ein breitkrempiger Hut schützt den Kopf vor Hitze, die Augen vor Sonne.

Wasserkessel: Wasser sollte im Outback immer gefiltert oder abgekocht werden, da das dort lebende Vieh Wasserlöcher kontaminiert.

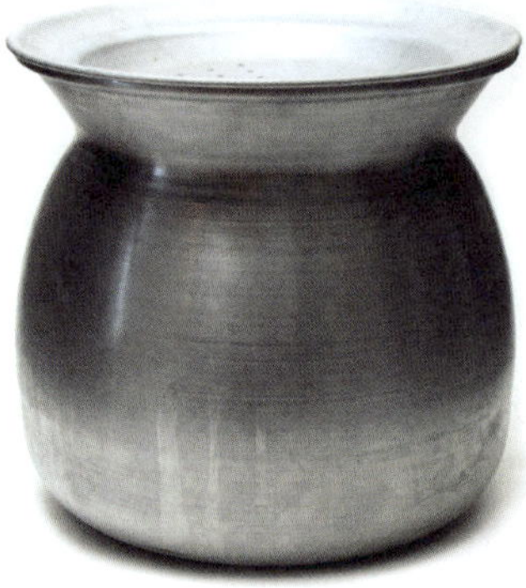

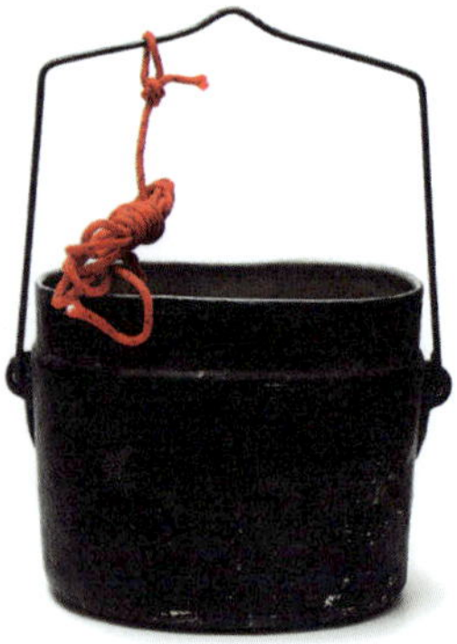

Wasserholer: Bist Du Dir unsicher, ob Krokodile oder Nilpferde die Wasserlöcher bewohnen, benötigst Du einen Topf mit Henkel und Leine.

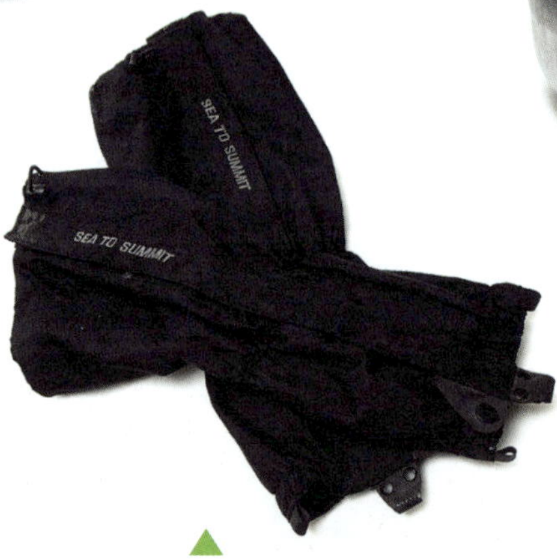

Gamaschen: Spitzes Buschgras sticht durch jede Hose. Mit Gamaschen schützt Du Dich vor den Stacheln und Schlangenbissen.

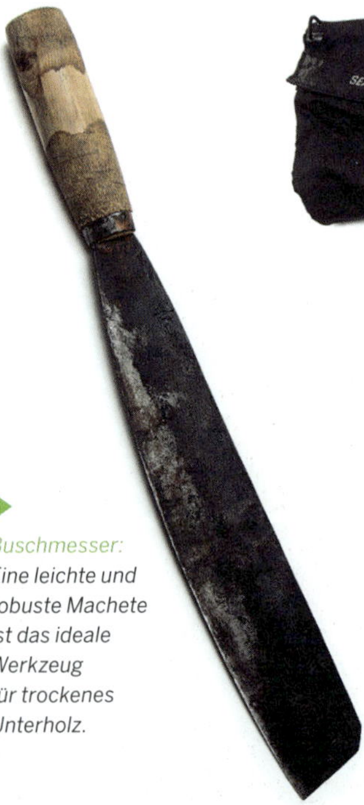

Buschmesser: Eine leichte und robuste Machete ist das ideale Werkzeug für trockenes Unterholz.

Boots: Beim Laufen durch feinen Sand gemischt mit Geröll sind robuste Lederstiefel, die schnell ausgezogen und ausgeleert werden können, vorteilhaft.

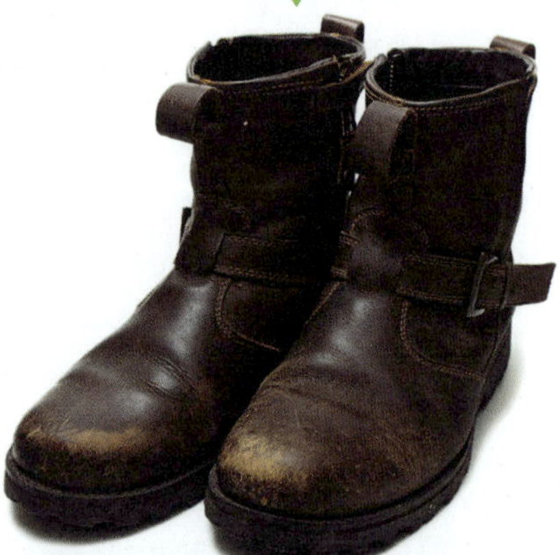

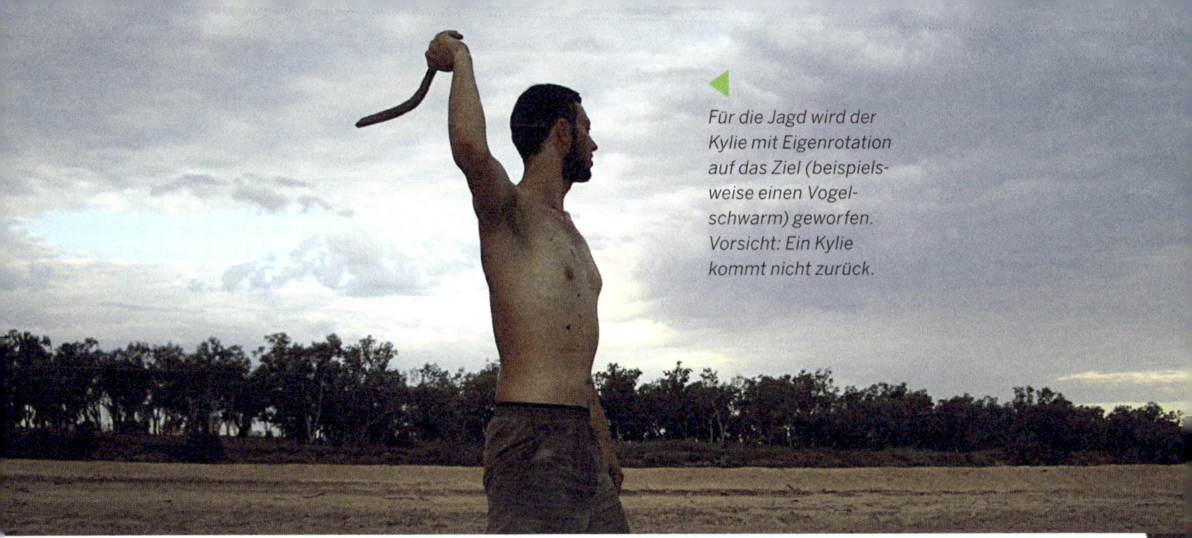

Für die Jagd wird der Kylie mit Eigenrotation auf das Ziel (beispielsweise einen Vogelschwarm) geworfen. Vorsicht: Ein Kylie kommt nicht zurück.

K38 BUMERANG SCHNITZEN

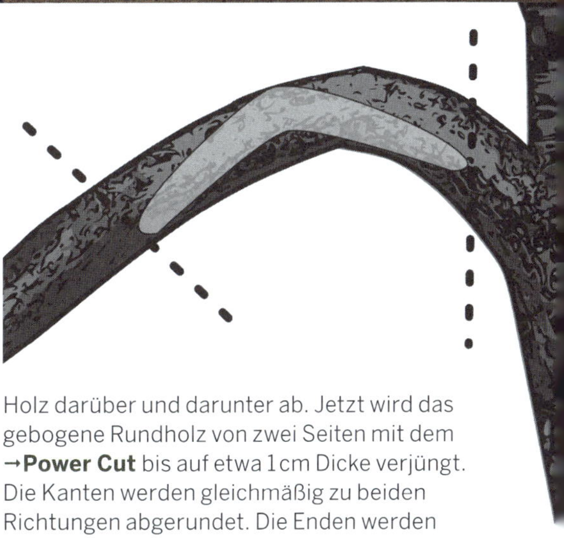

Nicht nur in Australien, sondern in allen Steppen der Welt war der Bumerang, genauer gesagt der **Kylie (ein gerade fliegender Bumerang)**, eine gebräuchliche Jagdwaffe. Zurückkehrende Bumerangs wurden nur bei der Entenjagd eingesetzt. Man wirbelte sie immer wieder in Kreisen über den Teich – die Enten dachten, es sei ein Raubvogel, und duckten sich ins Unterholz, wo sie leicht gefangen werden konnten.

Wenn Du einen Kylie, also einen gerade fliegenden Bumerang bauen möchtest, kannst Du das am besten aus etwa 5 – 7 Zentimeter dicken und an einem Hang gekrümmt gewachsenen Bäumchen machen. In Mitteleuropa eignen sich vor allem dicke Haselruten. Du suchst ein Stück, das in etwa einer symmetrischen Bumerangform entspricht, und trennst das Holz darüber und darunter ab. Jetzt wird das gebogene Rundholz von zwei Seiten mit dem **→Power Cut** bis auf etwa 1 cm Dicke verjüngt. Die Kanten werden gleichmäßig zu beiden Richtungen abgerundet. Die Enden werden leicht spitz zugeschnitten.

Willst Du einen zurückfliegenden Bumerang herstellen, rundest Du die Kanten des Wurfholzes nur von einer Seite ab. Dadurch entsteht ein Tragflächenprofil, das den Bumerang eine Kurve fliegen lässt.

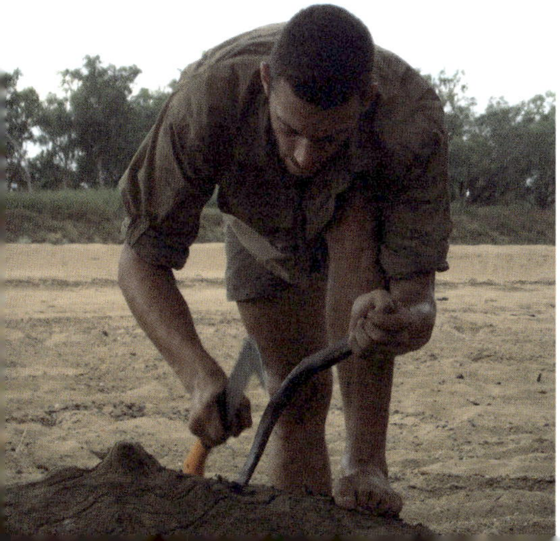

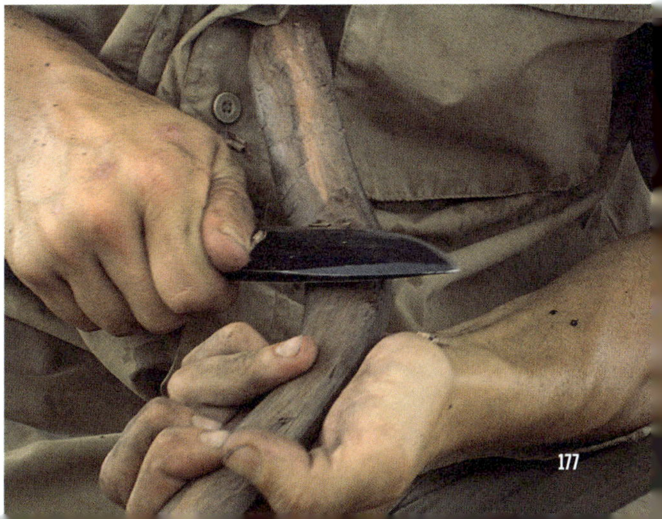

N 41 WEGERICHE: ÖLREICHE SAMEN

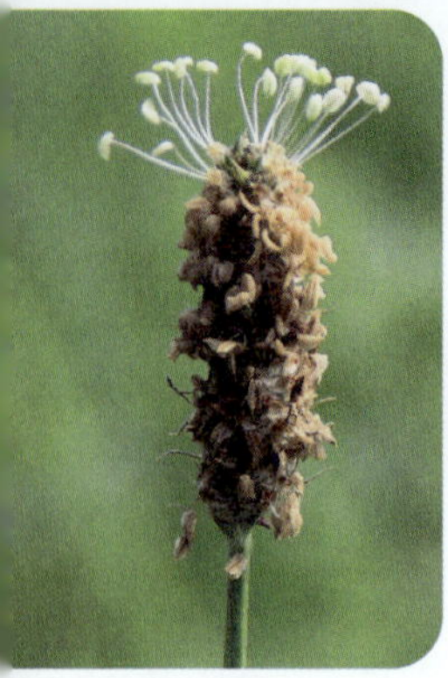

Die typische Blüte des Spitzwegerichs. Die gelben Zipfel sind Staubgefäße.

In Steppen und Halbwüsten sind krautige Pflanzen selten. Umso wichtiger ist es, diejenigen zu erkennen, die essbar sind. Hierzu gehören verschiedene Wegericharten, die besonders robust und anpassungsfähig sind.

Wegeriche sind deutlich an ihrer meist rund 25–30 Zentimeter großen Blattrosette zu erkennen. Die Blätter sind eiförmig oder zugespitzt. Typisch sind die hoch über die Rosette wachsenden kolbenartigen Blütenköpfchen, an denen oft herausstehende Staubgefäße zu finden sind. Du erkennst an den Wegerichen keine deutlich ausgeprägte Blüte.

Nach dem Verblühen bieten diese Pflanzen zahlreiche nahrhafte Kapselfrüchte. Manchmal ist die gesamte Pflanze stark behaart, z. B. der Wüstenwegerich oder Flohsamen. **Wegerichblätter schmecken gekocht recht bitter und können einem durch die Abgabe von Gerbstoffen einen gesamten Spinat vergällen.** Roh sind sie schmackhafter. Die jungen Blüten schmecken nussig und nach Champignons.

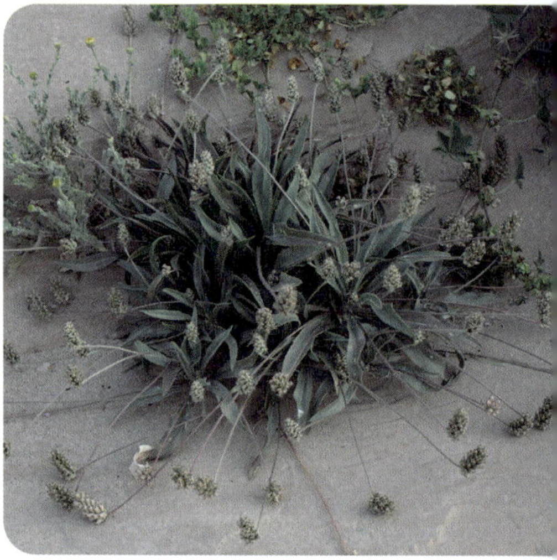

Auch in Steppen und Wüsten wachsen Wegeriche, die Du essen kannst.

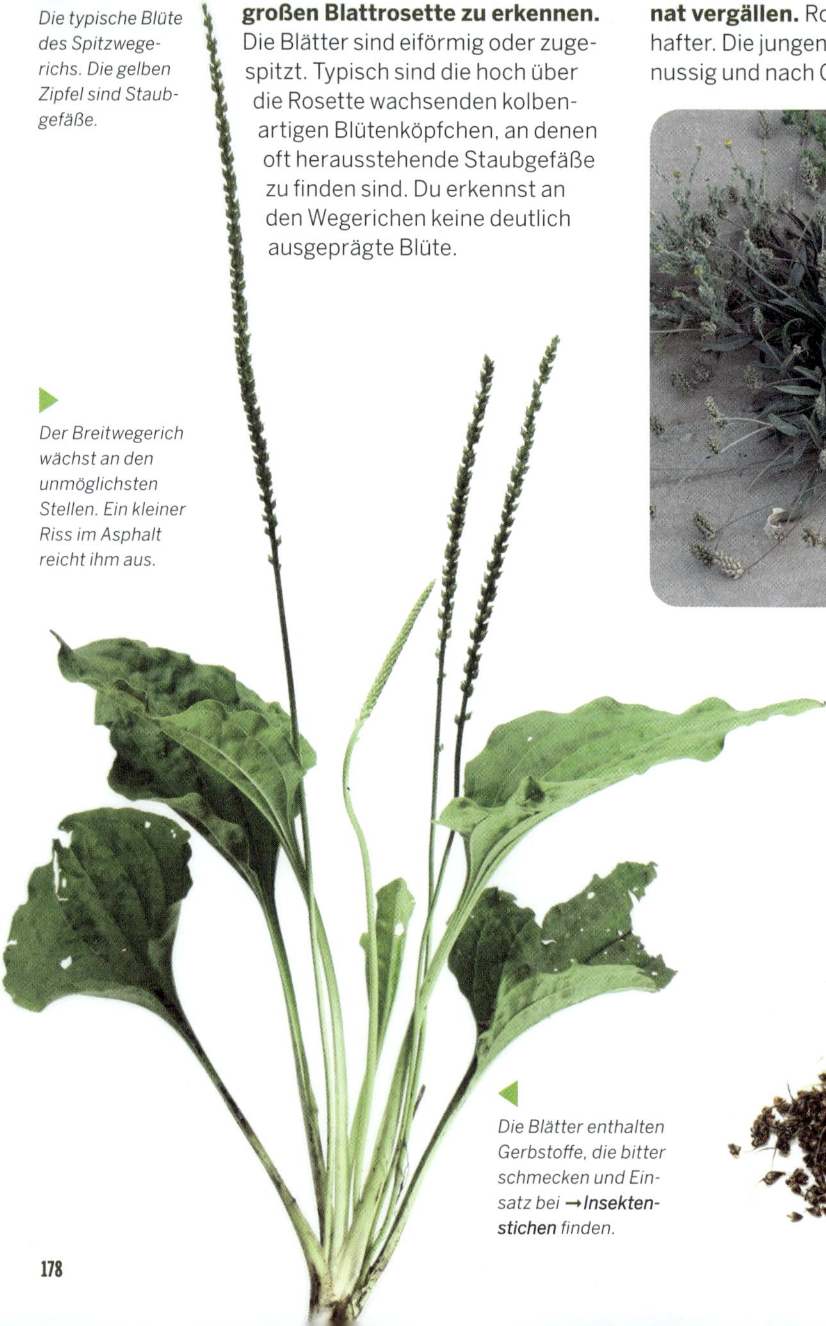

Der Breitwegerich wächst an den unmöglichsten Stellen. Ein kleiner Riss im Asphalt reicht ihm aus.

Die Blätter enthalten Gerbstoffe, die bitter schmecken und Einsatz bei →**Insektenstichen** finden.

Die Samen der Wegeriche enthalten Öle und Schleimstoffe. Du kannst sie zu Brei kochen und wie Haferschleim essen.

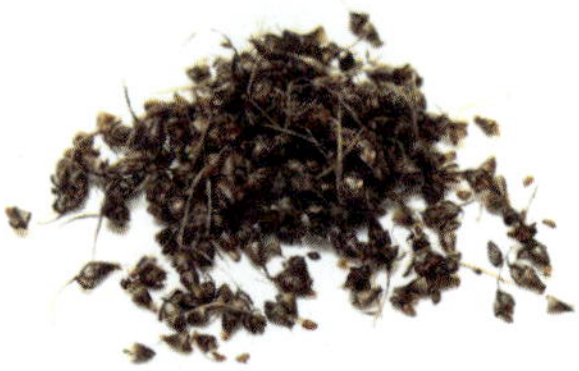

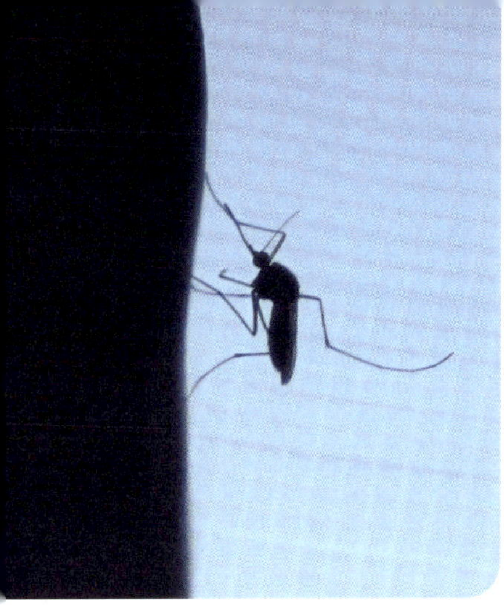

M22 JUCKENDE INSEKTENSTICHE BEHANDELN

Wenn Dich Steckmücken überfallen haben oder eine Hornisse gestochen hat, reagiert Dein Körper durch Entzündung und stärkere Durchblutung der Stichstelle. Es fängt an zu jucken und zu spannen. Grund dafür sind erweitere Blutgefäße um den Stich. Die kannst Du jedoch recht einfach behandeln, indem Pflanzensaft von gerbstoffreichen Pflanzen aufgeträufelt wird. Dazu gehören **Wegeriche** (s. links), **Walnuss, Eichen** und viele mehr.

WICHTIG: Pflanzensaft gehört nicht in offene Wunden – nur auf unverletzte Stiche.

K39 ACHTUNG, SALZWASSERKROKODILE!

In Australien, Afrika und Amerika sowie an den Küsten Asiens gibt es große und aggressive Krokodile. Die Nil-, Sumpf- und Salzwasserkrokodile sind »Natural Born Killers«, die etwa zwei Drittel ihres Körpers aus dem Wasser heben können, um Beute zu ergreifen. Einmal zwischen den Kiefern eines solchen Tieres, hat man kaum noch Chancen. Zwar sind die Augen der Krokodile empfindlich, viele Arten können sie aber in die Augenhöhlen versenken, um keine Angriffsfläche zu bieten. Krokodile schnappen sich einen Arm oder ein Bein und drehen sich mit unglaublicher Kraft um die eigene Achse, bis sie ihren Happen haben – oder sie ziehen Dich gleich ins Wasser, ertränken Dich und warten bis Du in der tropischen Hitze zart geworden bist. **In Krokodilgewässern darfst Du niemals schwimmen oder baden.** Musst Du regelmäßig Wasser in gefährlichen Gewässern holen, solltest Du immer verschiedene Entnahmestellen nutzen – die Tiere erwarten Dich sonst. Ureinwohner werfen vor dem Wasserholen oft kleine Steinchen ins Wasser, um so zu überprüfen, ob Krokodile darin leben. Die Tiere haben empfindliche Sensoren an der Schnauze. Ist ein Tier in der unmittelbaren Umgebung, schlägt es mit Schwanz und Kiefer um sich.

Du solltest auch nicht zwischen am Ufer liegenden Tieren und dem Wasser hindurchlaufen. Krokodile können im Bruchteil einer Sekunde lossprinten – und Dich ins Wasser stoßen.

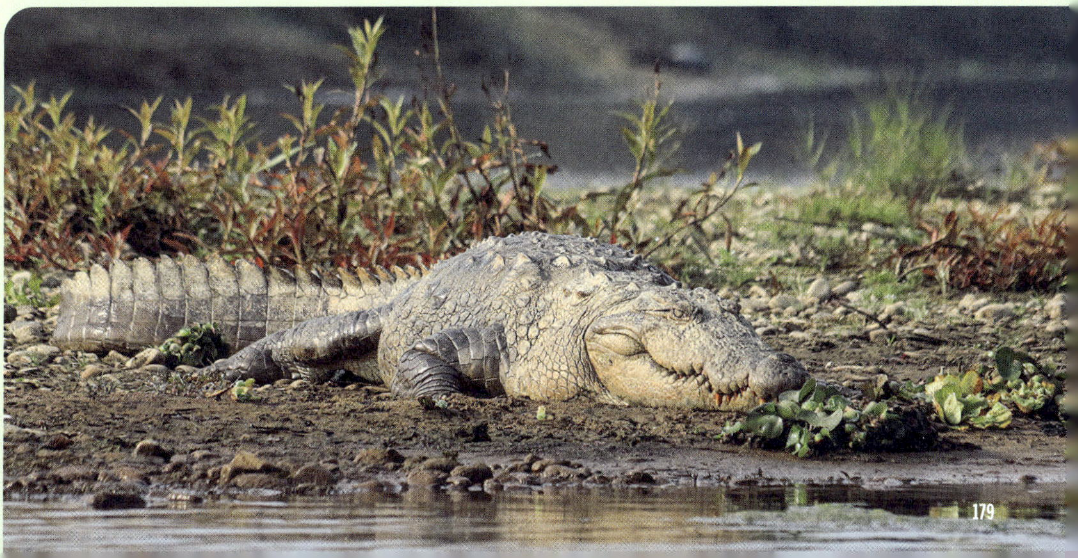

F9 BUSCHBRÄNDE: GEFAHR IM VERZUG

Das trockene Unterholz der Steppen brennt im Sommer schnell. Buschbrände können sich hunderte von Kilometern durch das Land fressen und verbrennen alles, was ihnen im Weg steht.

Ist ein Buschfeuer am Horizont zu erkennen, muss schnellstens ein Gegenfeuer entzündet werden. Hierzu wird auf der dem Wind abgelegenen Seite trockenes Grasland entzündet. Das Gegenfeuer verbrennt in einem Keil den Boden und liefert so eine sichere Zone, auf die man sich nach dem Abkühlen des Bodens zurückziehen kann.

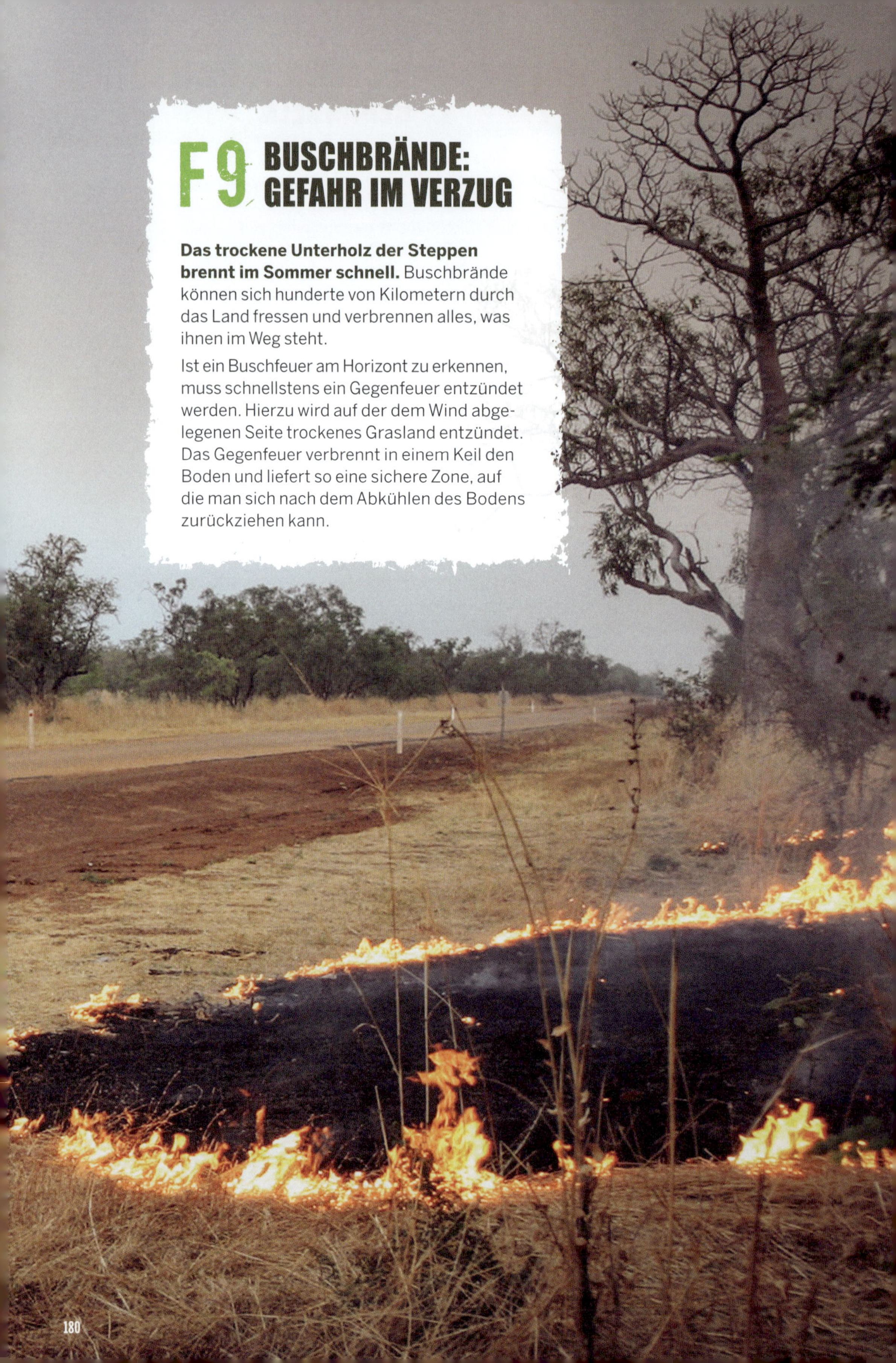

N42 SCHILDKRÖTEN ZUBEREITEN

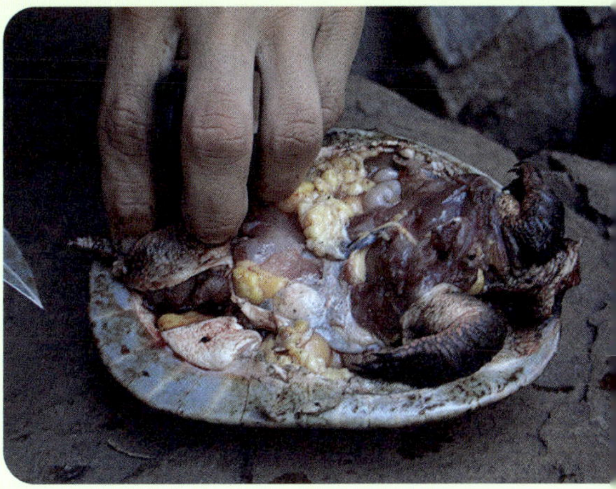

Schildkröten findest Du in jeder heißen Region der Erde. Sie leben im Wasser oder auf dem Land und lassen sich einfach fangen.

Zum Zubereiten einer Schildkröte wird sie nach dem Töten auf den Rücken gelegt und der Bauchschild wird entfernt (schwerer Stein oder robustes Messer). Nun werden einzig Darm und Magen aus dem Tier geholt. Dann wird die Schildkröte einfach wie ein Kochtopf in die Glut gestellt.

N43 VÖGEL FANGEN

Während Du in der Wüste kaum Vögel findest, gibt es in Steppen besonders in der Nähe von Wasserlöchern einiges an Geflügel. Vögel kannst Du mit genügend Übung mit einem →**Bumerang** erlegen. Schneller funktioniert das mit einer Vogelfalle.

Schneide einen dicken und einen dünnen elastischen Ast ab. Flache den dicken am oberen Ende ab und schnitze mit dem →**Lochschnitt** ein Fenster auf die Fläche **(1)**.

Den dicken Ast in den Boden einstecken. Binde den dünnen etwa einen Meter entfernt rechtwinklig an den dicken (ggf. dafür eine Kerbe schnitzen), so dass er sich bis zum Fenster durchbiegen lässt. An das Ende eine Leine anbinden und durch das Loch ziehen, bis der dünne Stab fast am Loch ist **(2)**.

Auf Höhe des Fensters einen Knoten binden. Mit einem leichten Hölzchen den Koten im Fenster festklemmen **(3)**. Knüpfe eine Schlinge in das Ende des Seils und leg es gemeinsam mit einem Köder auf das dünne Hölzchen. Setzt sich ein Vogel darauf, löst sich der Knoten und der Vogel wird mit der Schlinge gefangen.

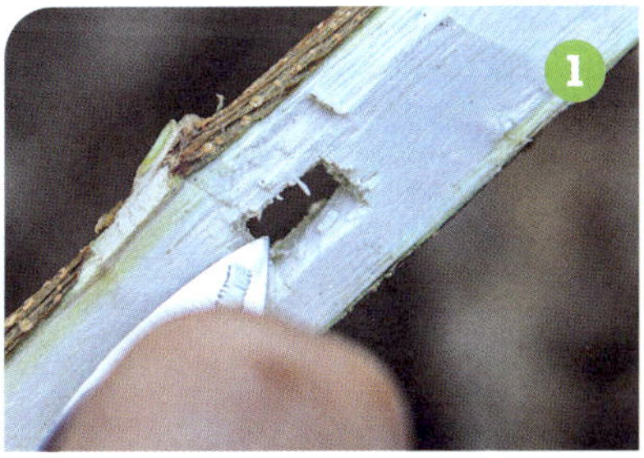

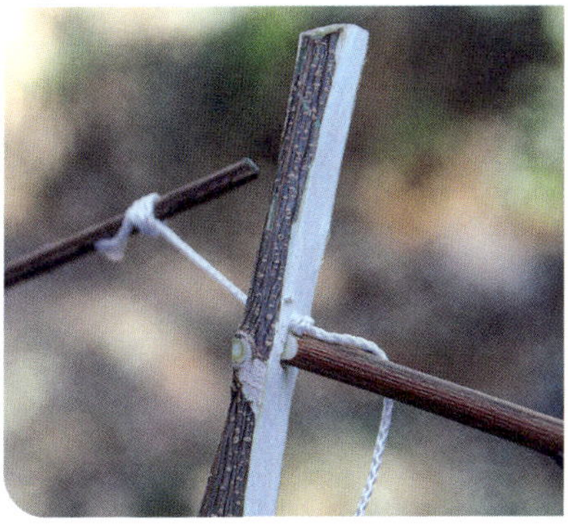

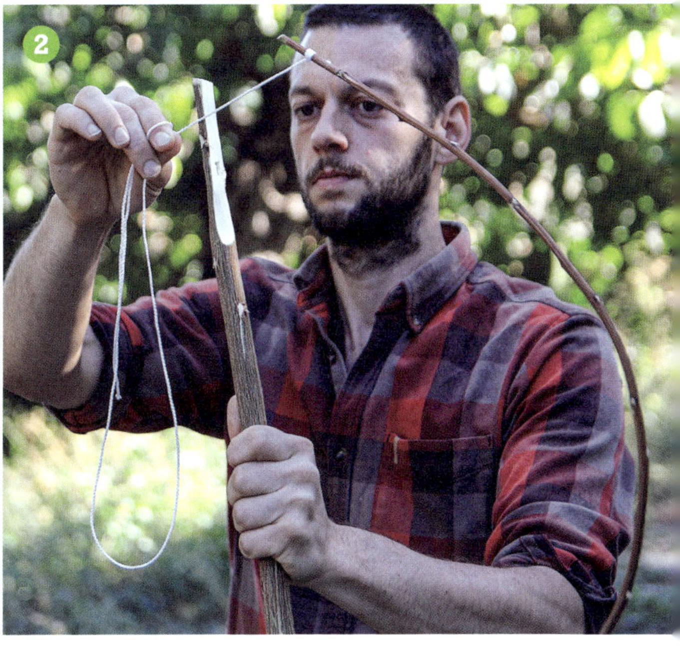

K40 BODEN-LUFT-SIGNALE

Die Liste der Sichtzeichen, mit denen auf Entfernung Signale gegeben werden können, ist endlos. **Deshalb solltest Du Dir lieber die wichtigsten Zeichen gut merken als fünfzig Zeichen kurz anzuschauen und gleich wieder zu vergessen.**

Auch ist das Interpretieren von Signalen für Piloten teilweise schwierig. Die diversen militärischen Signale sind nicht jedem Piloten bekannt.

Ein generell gültiges und international verständliches Zeichen für einen Notfall ist SOS (Save Our Souls). Dieses kennt auch ein Buschpilot im südamerikanischen Dschungel. Auch einige weitere Signale, die aus unterschiedlichen Materialien in Kontrastfarbe gegen den Boden ausgelegt werden können, solltest Du verinnerlichen. Als Material eignen sich Rettungsfolie, Zeltplanen, Schlafsäcke und dergleichen. Wenn nichts anderes verfügbar ist, können Signale auch aus Steinen, Sandwällen oder Pflanzen errichtet werden. Besonders bei tiefstehender Sonne werfen die Erhebungen Schatten, die aus großer Höhe gesehen werden können. Die Signale werden mindestens mit einem Durchmesser von rund 3 Metern gebaut.

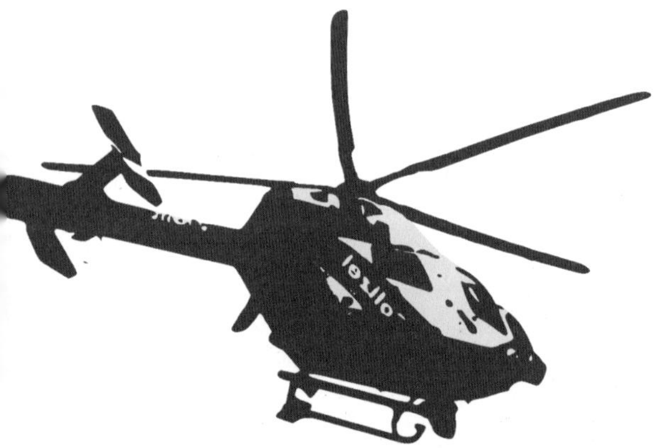

▲ *Je nach Größe des Suchgebietes und der Umgebung finden Suchflüge in Höhen von 500 bis ca. 3000 Metern statt.*

RETTUNGSZEICHEN

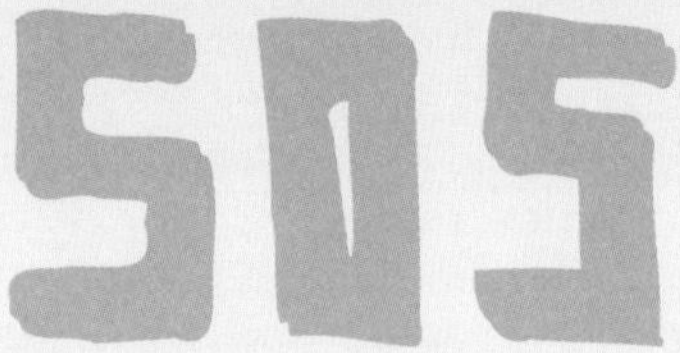

Bin in Gefahr, benötige Hilfe

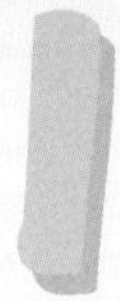

Benötige dringend medizinische Hilfe

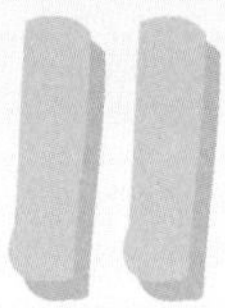

Benötige medizinisches Material

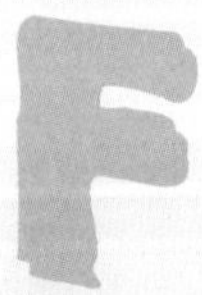

Brauche Feuer und Wasser

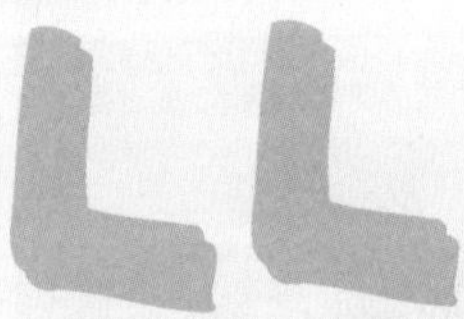

Alles in Ordnung (wenn beispielsweise beim Survivaltraining ein Hubschrauber über dem Lager erscheint)

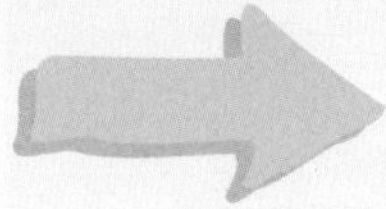

Ich bin in diese Richtung gegangen (beim Verlassen des Orts bzw. des Notlagers)

PERSONENSIGNALE

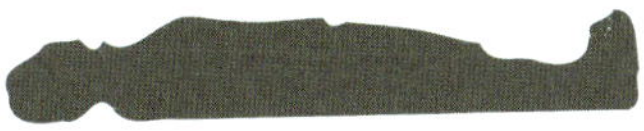

Brauche medizinische Hilfe

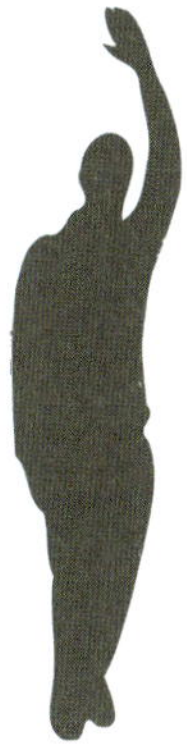

Alles in Ordnung
(mit einer Hand winken)

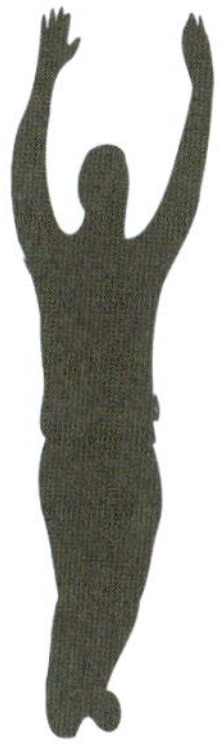

Rettung/Abholung benötigt
(beide Arme nach oben)

ANTWORT VOM PILOTEN

(1) Rollbewegung (flattern) um die Flugachse: **Verstanden.**

(2) Vollständige Rechtswendung und nochmaliges Überfliegen: **Nicht verstanden.**

Weitere Kommunikation ist in einem Notfall nicht notwendig. Es reicht, wenn der Pilot verstanden hat, dass Du in Not bist.

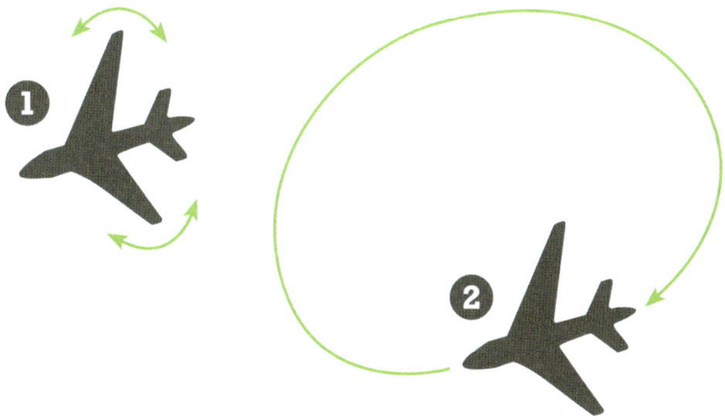

In stark strukturierter Umgebung ist es oft nicht einfach, eine Person zu erkennen.

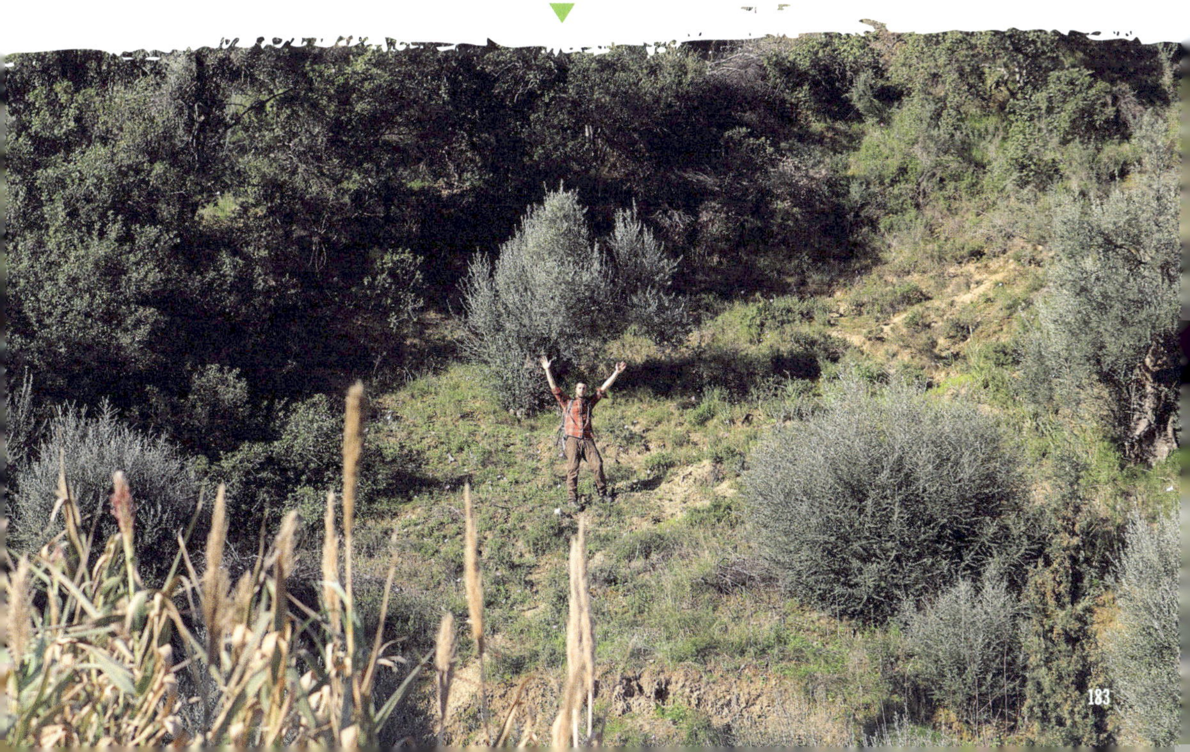

ACHTER-KNOTEN

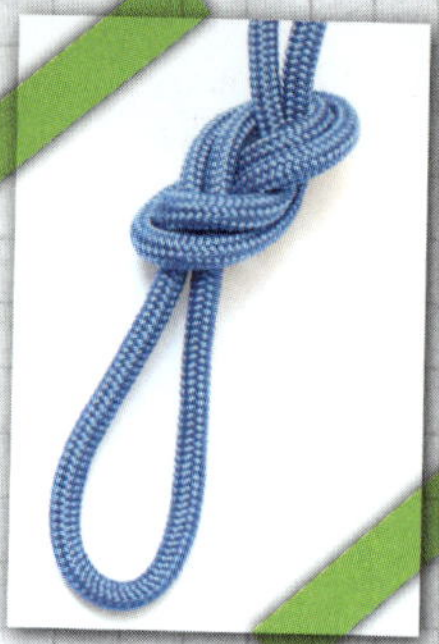

Der Achterknoten ist einer der vielseitigsten Bünde, der beim Klettern, Segeln und Bau eingesetzt werden kann. Mit ihm kannst Du Dich in Kletterseile einbinden, Griffe zum Emporklettern eines Seils knoten etc.

SCHRITT 1 Das Seil wird einmal vollständig um sich selbst gelegt, so dass eine Schlaufe entsteht.

SCHRITT 2 Das kurze Seilende wird so in die entstehende Bucht gefädelt, dass es das lange Ende einmal vollständig umschlingt. (Dies ist der Hauptunterschied zum einfachen Überhandknoten.)

SCHRITT 3 Soll mit dem Knoten eine Verdickung im Seil hergestellt wreden, wird jener nun zugezogen. Zum Einbinden in einen Ring oder einen Gurt verbleibt der Knoten locker.

SCHRITT 4 Das kurze Ende wird durch den gewünschten Befestigungspunkt gelegt. Jetzt beginnt der komplizierte Teil:

Das kurze Seilende wird durch den noch lockeren Knoten auf demselben Weg zurückgeführt, auf dem der Knoten entstanden ist.

SCHRITT 5 Das kurze Seilende wird mit einem zusätzlichen Halbschlag am langen Ende gesichert, wenn der Knoten zum Klettern etc. eingesetzt wird.

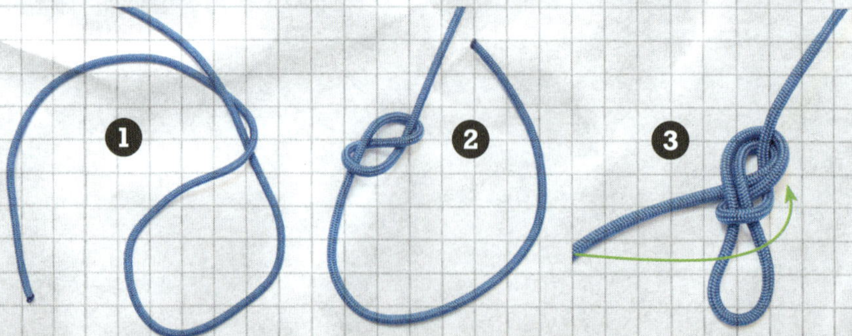

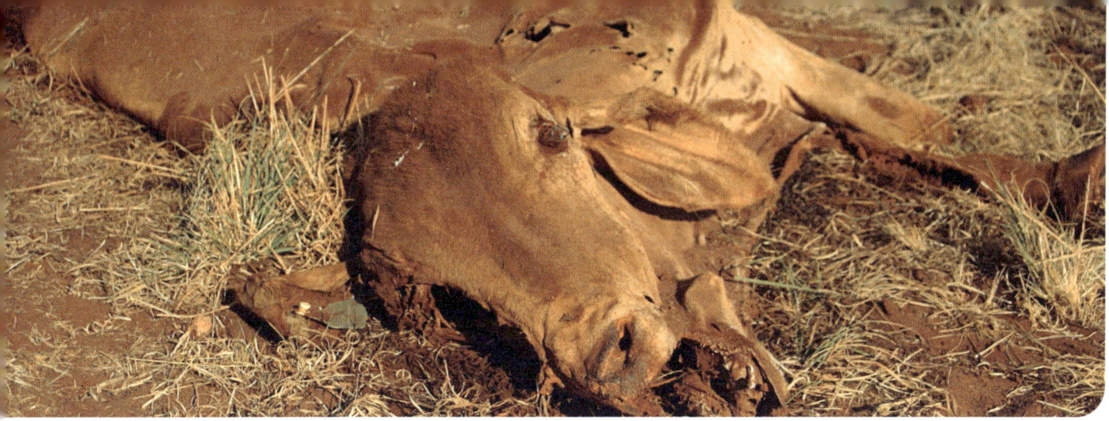

N 44 TOT AUFGEFUNDENE TIERE ALS NOTNAHRUNG

Wenn Du unterwegs Nahrung suchen musst, kann es vorkommen, dass Du an einem verendeten Tier vorbeikommst und in der Verlegenheit bist, abschätzen zu müssen, ob es noch essbar ist.

Wenn möglich, sollte die Todesursache geklärt werden. **Tiere ohne erkennbaren Todesgrund sollten auf keinen Fall verarbeitet werden.** Hier liegt ein Tod durch Krankheiten, die möglicherweise auch auf den Menschen übertragbar sind, nahe.

Befindet sich der Kadaver in kalter Umgebung, unter fünf Grad Celsius oder sogar unter dem Gefrierpunkt, kann er einige Tage bis Wochen lang verwertbar sein.

Ein ziemlich sicheres Zeichen dafür, dass der Tod relativ kurz vorher eingetreten ist, ist die Totenstarre. Sie ist ein deutliches Indiz für eine noch vorhandene Zellstruktur im Muskel. Durch fortschreitende Zersetzung löst sich diese Erstarrung wieder. Tiere mit ausgeprägter Totenstarre sind in der Regel noch verwertbar. Ein weiterer wichtiger Test ist die Untersuchung des Gewebes. Wenn es den typischen Leichengeruch verströmt, ist es nicht mehr genießbar. Besonders gut bieten Körperöffnungen Aufschluss über den Zustand. Teste den Geruch des Mundes. Hier lässt sich Totengeruch sehr früh feststellen.

Wenn alle anderen Faktoren dafür sprechen, dass das Fleisch essbar ist, schneidest Du das Fleisch mit einem Messer ein und testest noch einmal den Geruch. Ist das Gewebe gelb-weißlich, grünlich oder schleimig und zerfasert beim Auseinanderziehen, ist es verdorben. Ist es jedoch rot, trocken und fest, kann es noch gegessen werden.

Dünne Gewebestücke wie Ohren oder Beine trocknen in hoher Temperatur schnell durch und können noch Monate nach dem Tod als natürliches **Jerky** essbar sein.

W 14 WASSER AUS PFLANZEN EXTRAHIEREN

Findest Du in der Steppe Pflanzen, haben zumindest diese genügend Wasser zum Leben. Du wist aber nicht an die wenigen Tropfen herankommen, die über ein weitverzweigtes Netz aus Wurzelhärchen aufgesaugt werden. Dafür kannst Du das Wasser direkt aus der Pflanze entnehmen. **Wenn Dir bekannt ist, dass die Pflanze essbar ist, schneidest Du sie in kleine Stücke und extrahierst das Wasser,** indem das Pflanzenmaterial einfach in einem großen Topf erhitzt wird. Wie in einem Dampfentsafter fließt das Wasser aus den Zellen und kann dann abgeschüttet werden. Weißt Du nicht, ob die Pflanze essbar oder giftig ist, destillierst Du die Flüssigkeit entweder in einem Topf oder in einer Sandgrube.

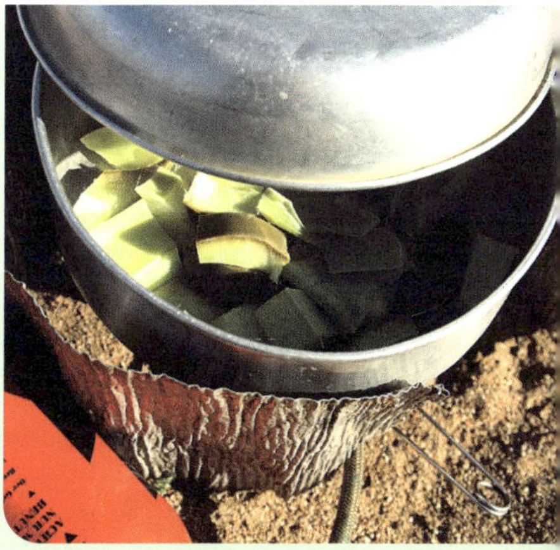

Essbare Pflanzen verlieren durch Erhitzen ihr Wasser.

K 41 DER WASSERSTELLEN-KNIGGE

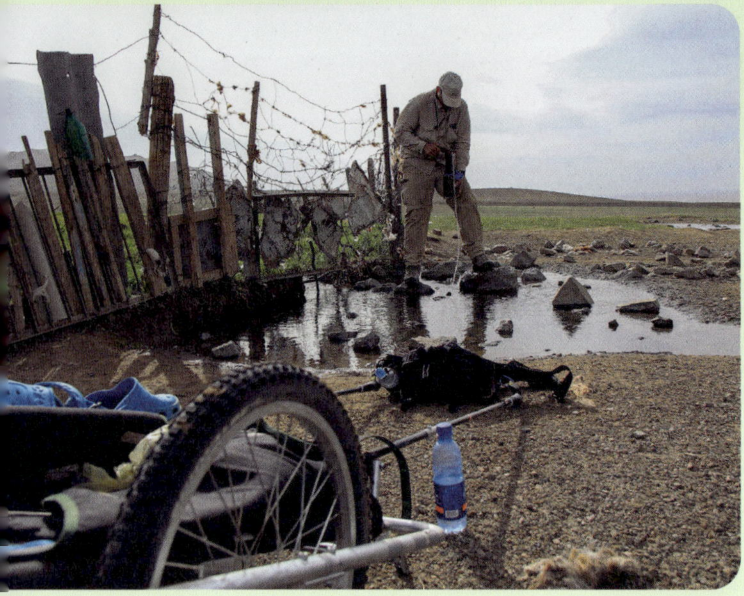

In bewohnten Wüsten und Steppen findest Du vereinzelt Wasserstellen. Das reicht vom Schlammloch über angelegte Brunnen bis hin zur Oasenstadt. **Da Wasser absoluter Mangel ist, gibt es in solchen Gegenden strenge Regeln, wie man sich am Wasser zu verhalten hat.** Wasserstellen werden von Bewohnern mit viel Mühe und Kosten hergestellt. Also fragt man immer um Erlaubnis. An der Wasserstelle bleibt man immer nur so lange wie notwendig: zum Trinken oder Befüllen der Tanks. Man wäscht oder kocht dort nicht und lagert in einiger Entfernung – Tiere würden sich nicht mehr hintrauen und möglicherweise verdursten.

N 45 GÄNSEFÜSSE UND MELDEN

Auf aufgeschüttetem Bauland sind Gänsefüße und Melden zusammen mit den Fuchsschwänzen die ersten Pflanzen, die eine stabile Population bilden. Alle drei zählen zu den sehr häufigen essbaren »Unkräutern«, die auch in Steppen und Wüsten vorkommen. Die Blüten stehen als kleine Ansammlungen von Köpfchen **(1)** in den oberen Bereichen der oft verzweigten Pflanzen **(2)**. Die Samen sind teilweise spitzkantig, jedoch in der Regel weich. Gänsefüße und Melden haben in der Regel wechselständiges Laub, das teilweise silbrig behaart ist und dessen Form entweder gänsefußartig **(3)**, lanzettlich oder leicht pfeilförmig ist.

Da es oft schwer ist, die Samen aus den Blüten herauszulösen, werden die kleinen Blütenköpfchen einfach gekocht und gut gekaut geschluckt. Du kannst unbekannte Melden gegebenenfalls mit dem Bingelkraut Mercurialis verwechseln. Achte darauf, dass Gänsefüße und Melden unregelmäßig um den Stängel verteiltes Laub besitzen, während das Bingelkraut kreuzweise versetzte Blätter hat.

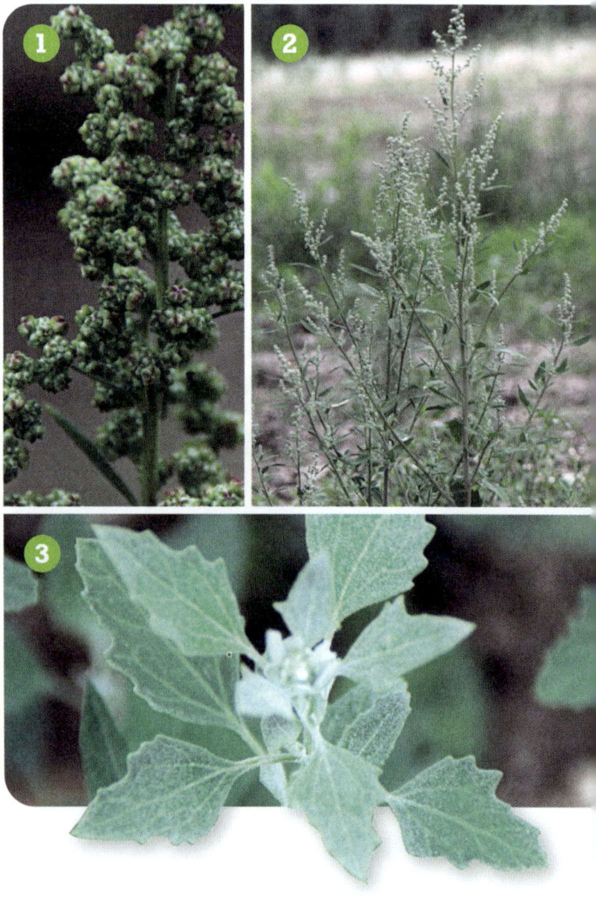

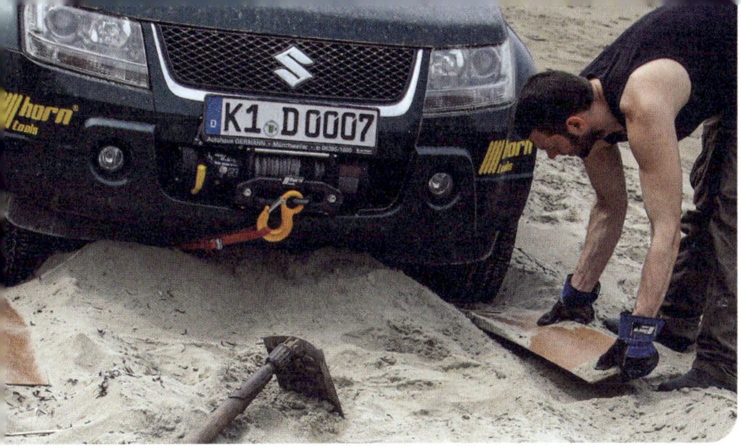

1. Luftdruck reduzieren.
2. Freigraben der Reifen.
3. Unterlage schaffen.

K42 FESTGEFAHRENES FAHRZEUG

Es geschieht relativ häufig, dass Du mit dem Fahrzeug im Sand steckenbleibst. Wichtig ist, dass Du sofort vom Gas gehst, wenn die Reifen durchrutschen – sonst gräbst Du das Auto ein. Du hast noch einen Versuch rückwärts rauszukommen. **Drehen die Reifen durch, entfernst Du als erstes den Sandwall vor und hinter den Reifen.**

Hast Du keine Sandbleche dabei, die unter die Reifen gelegt werden können, kannst Du Dir mit Fußmatten, Isomatte, Reisig von trockenen Bäumen und dergleichen behelfen. Liegt das Getriebe schon im Sand, musst Du mit einer Schaufel oder dem Kochgeschirr den Sand unter dem Auto entfernen und die Reifen in Fahrtrichtung freischaufeln. Hilft das immer noch nicht, lässt Du Luft aus den Reifen – bis minimal 0,6 Bar. Dadurch erhöht sich die Auflagefläche. Zusätzlich kannst Du mit einem →**Schweizer Flaschenzug** und einem Sandanker, z.B. mit dem eingegrabenen Reserverad Spannung auf das Fahrzeug bringen.

Bei völlig festgefahrenen oder stehengebliebenen Autos in der Wüste gilt generell: **immer am Standort, zumindest in Sichtweite bleiben!**

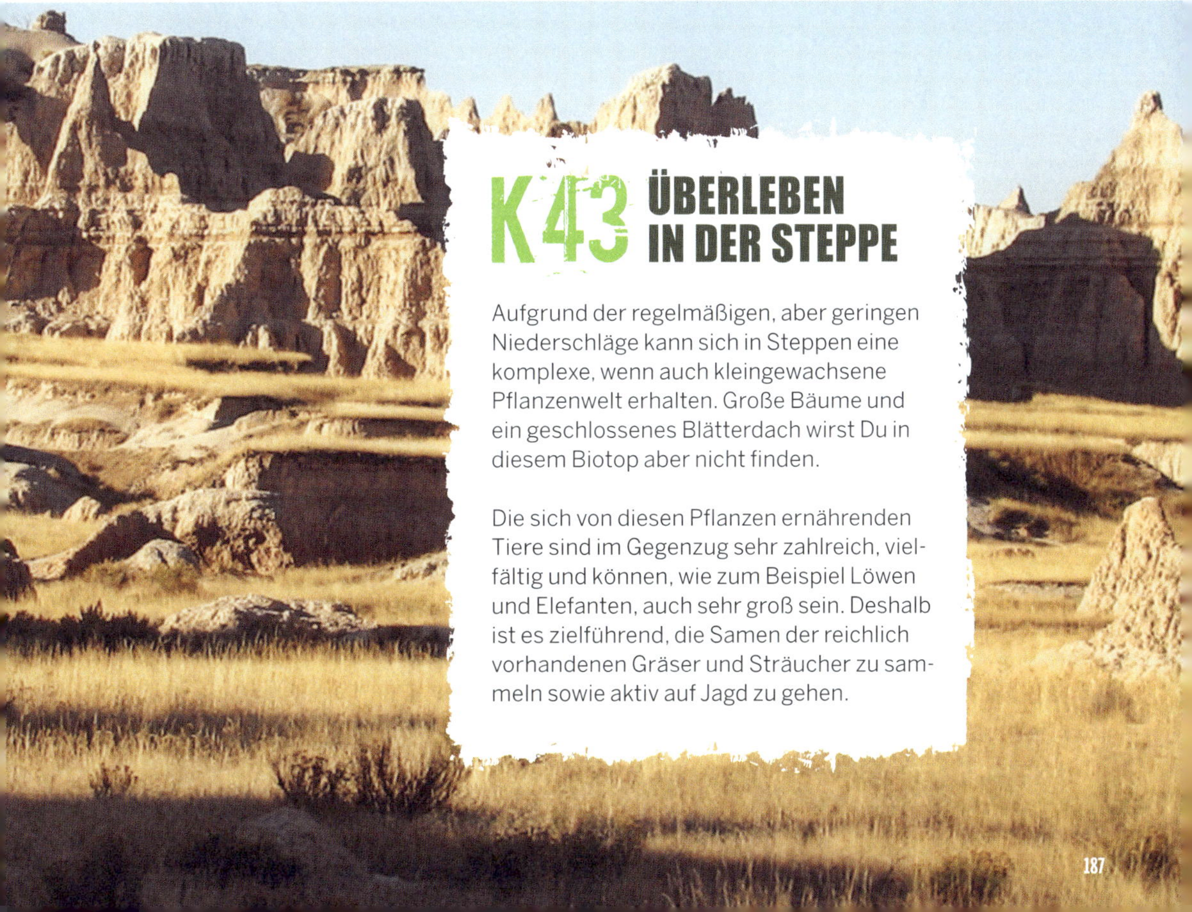

K43 ÜBERLEBEN IN DER STEPPE

Aufgrund der regelmäßigen, aber geringen Niederschläge kann sich in Steppen eine komplexe, wenn auch kleingewachsene Pflanzenwelt erhalten. Große Bäume und ein geschlossenes Blätterdach wirst Du in diesem Biotop aber nicht finden.

Die sich von diesen Pflanzen ernährenden Tiere sind im Gegenzug sehr zahlreich, vielfältig und können, wie zum Beispiel Löwen und Elefanten, auch sehr groß sein. Deshalb ist es zielführend, die Samen der reichlich vorhandenen Gräser und Sträucher zu sammeln sowie aktiv auf Jagd zu gehen.

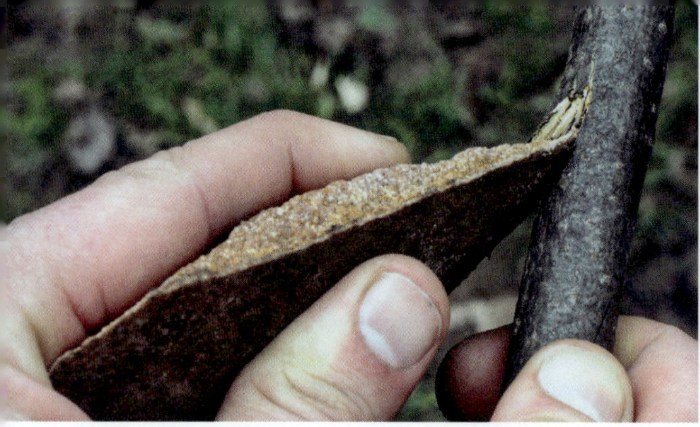

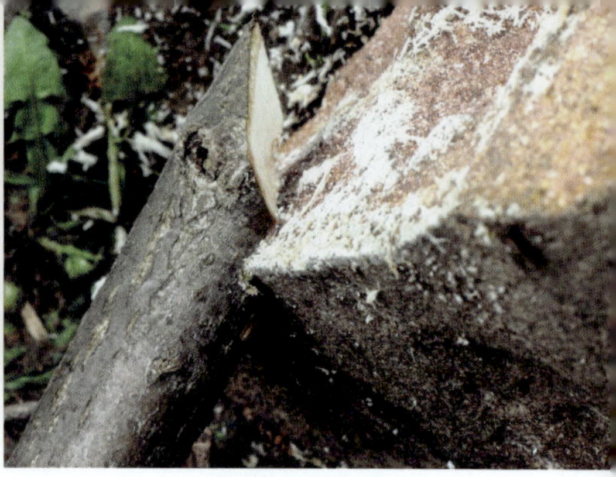

K44 HOLZ MIT STEIN BEARBEITEN

Viele Gehölze in Wüsten und Steppen wachsen aufgrund des sehr seltenen Niederschlags nur wenige Millimeter im Jahr. Hierdurch wird das Holz extrem hart. Wüsteneisenholz ist ein klassisches Beispiel. Es ist so hart, dass es mit Eisenfeile und -säge verarbeitet wird.

Wenn Du solches Hartholz zu einem Grabholz, Bumerang etc. formen möchtest, macht es Sinn, Dein Messer zu schonen – es könnte an dem robusten Holz Schaden nehmen. Stattdessen suchst Du Dir in der Umgebung flache und rauhe Steine. Sandstein ist beispielsweise sehr gut geeignet. Der Stein wird an verschiedenen Stellen gebrochen. Mit etwas Glück bekommst Du eine richtige Messerkante hin, die in die harten Holzfasern gerammt oder gesägt werden kann. Da durch das Zerbrechen an der Steinkante diverse unterschiedliche Winkel entstehen, kannst Du diese auch als »Feilensatz« mit verschiedenen Formen verwenden.

Kerben zum Fallenbau können mit entsprechendem Winkel beispielsweise einfach in das Holz gefeilt werden.

Mit dieser Technik kannst Du nicht nur sehr hartes Holz bearbeiten, sie hilft Dir auch enorm, wenn Dein Messer verlorengegangen ist.

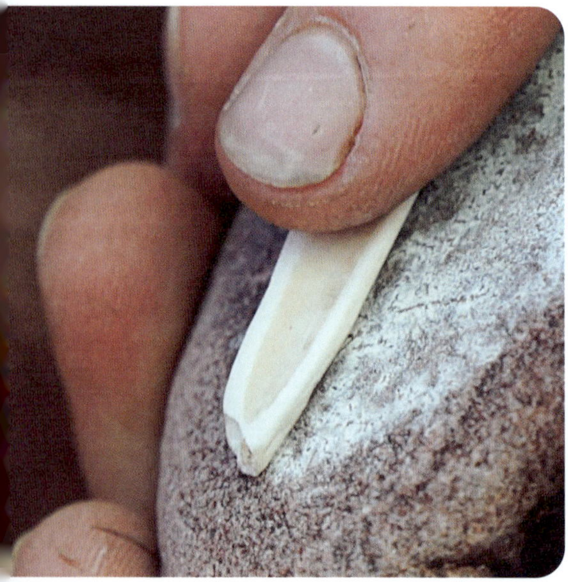

Knochen werden im Gegensatz zu Holz an feinen Steinen geschliffen.

K45 KNOCHEN BEARBEITEN

Wenn der Steppe Tiere verenden, bleiben ihre Knochen oft über Jahrzehnte liegen. Sie sind ein wertvolles Ausgangsmaterial für zahlreiche behelfsmäßige Gegenstände wie zum Beispiel Angelhaken, Nadeln, Schaber und Messer.

Knochen ist effektiv nichts anderes als weicher Kalkstein. Deshalb lässt er sich auch an den meisten Steinen bearbeiten und in Form bringen.

Als erstes zerschlägst Du den Knochen in kleinere Teile. Brauchbare Stücke werden zuerst an grobem Stein geformt, dann auf flachen, feinen Kieseln geschliffen. Wenn Du Knochenklingen zum Schluss mit sehr feinem Stein und Spucke schleifst, kannst Du sehr scharfe bzw. spitze Werkzeuge herstellen.

F10 FEUER MIT DEM HANDBOHRER

In Buschland findest Du nur selten geeignete Materialien zum →**Feuerbohren**.Oft musst Du Dich mit dem begnügen, was verfügbar ist. Während sich meist noch brauchbares Holz für ein kleines Bohrbrett auftreiben lässt, findest Du selten geeignete Spindeln oder gar einen Bogen.

Ebenfalls ist das Feuermachen mit dem Handbohrer dann notwendig, wenn Du keine geeignete Leine hast oder herstellen kannst.

Beim Arbeiten mit dem Handbohrer nutzt Du innen hohle Halme als Spindel. **Durch die kleinere Reibungsoberfläche entstehen höhere Temperaturen, so dass auch weniger geeignetes Material zu glühen beginnt.** Oftmals glüht sogar die Spindel von alleine. Außerdem funktioniert das Feuermachen mit dem Handbohrer auch, wenn Du keinerlei Ausrüstung dabei hast.

SCHRITT 1 Suche dir einen trockenen, hohlen oder innen mit Mark ausgefüllten Halm. In Mitteleuropa eignet sich Beifuß, Goldrute, Nachtkerze und Königskerze gut.

SCHRITT 2 Das Bohrbrett mit einem Stein leicht anbohren, so dass die Spindel darin laufen kann. Eine schmale Kerbe wie beim Feuerbohren einschneiden.

SCHRITT 3 Spindel einsetzen und mit den flachen Händen in Rotation bringen. Durch eine leichte »Händewaschbewegung« bleiben die Hände an derselben Stelle während Druck nach unten ausgeübt wird **(A)**.

PROFI-TIPP: Gelingt Dir das nicht und musst Du immer wieder die Hände nach oben setzen, schneide eine kleine Rinne an die Spitze deiner Spindel **(B)**. Knote aus einer →**improvisierten Leine** zwei Daumenschlaufen, die in die Rinne passen **(C)**. Bohrst Du jetzt, kannst Du mit Daumen Druck ausüben, ohne an der Spindel herunterzurutschen.

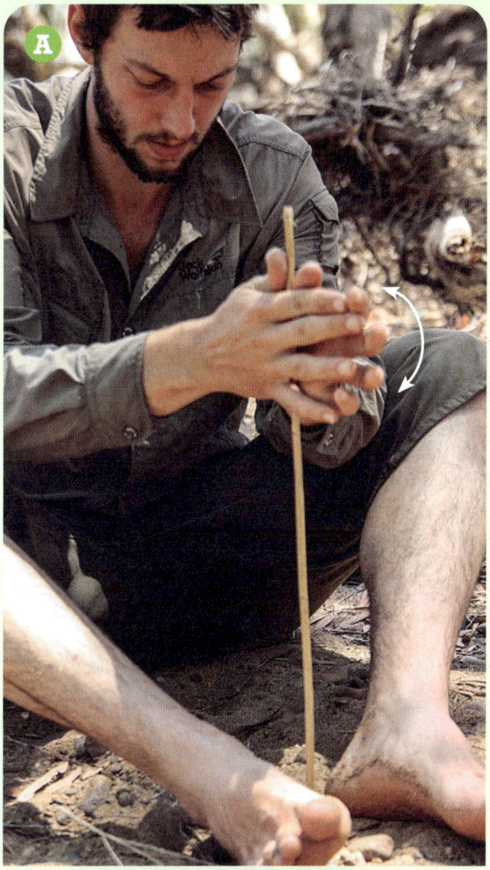

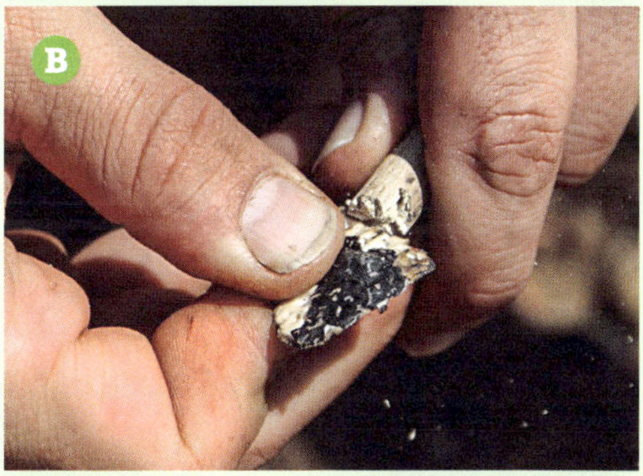

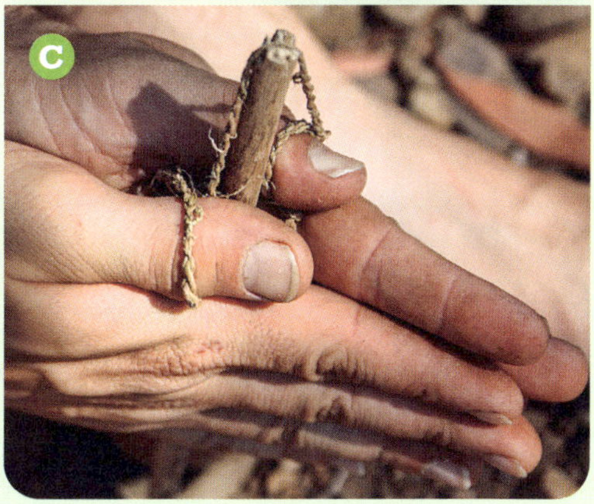

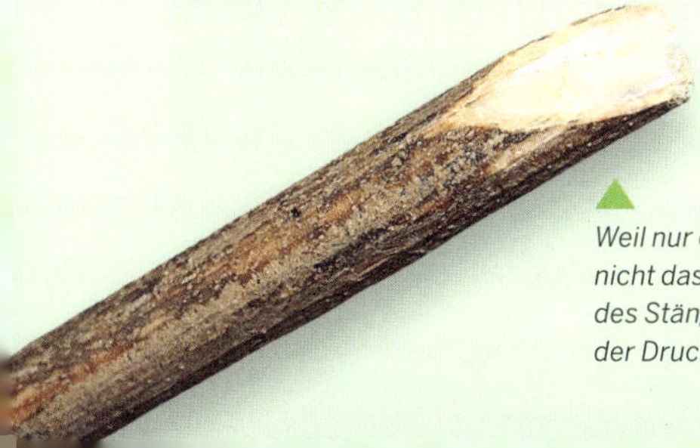

Weil nur der harte Rand, nicht das weiche Mark des Stängels reibt, wird der Druck konzentriert.

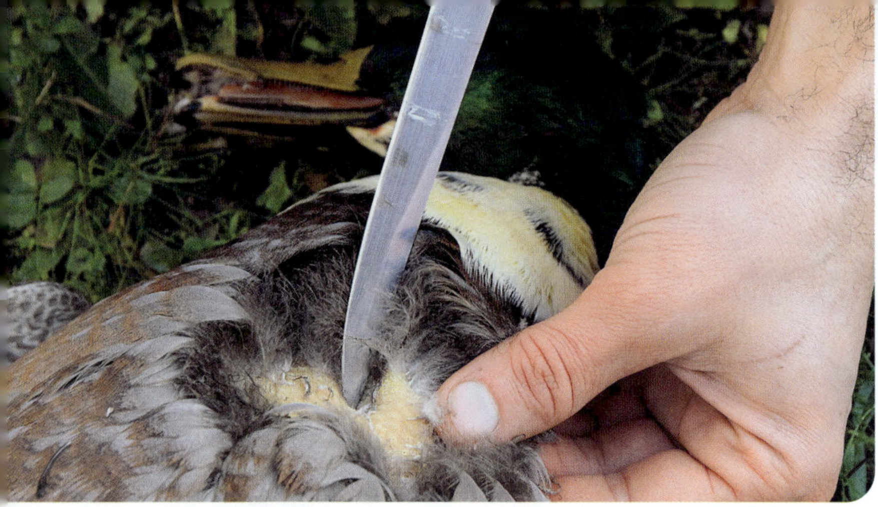

Der Kropf liegt am Hals zwischen den Flugmuskeln.

N 46 VÖGEL ZUBEREITEN

Besonders in den Steppen sind Vögel eine der wenigen sicheren Nahrungsquellen. Nester lassen sich an den seltenen Wasserstellen finden, die Tiere können mit einer Steinschleuder, einem Bumerang oder mit Angelleine und Haken gefangen werden.

Direkt nach dem Töten sollte der Kropf entfernt werden, der am Hals zwischen den Brustmuskeln sitzt. Darin befinden sich Körner und Insekten, die durch Gärung das Fleisch verderben können.

Vor dem Ausnehmen, das in den Grundzügen wie beim →**Ausnehmen von Säugetieren** abläuft, müssen Vögel noch gerupft werden. Am besten erhitzt Du dafür einen Topf Wasser; es soll aber nicht kochen. Dann schwenkst Du den Vogel kopfüber darin und fängst mit dem Rupfen an. Das Brühen erleichtert das Rupfen, und Flöhe und andere Parasiten können nicht auf Dich überspringen. Es gilt: Große Federn werden mit dem Strich gerupft, kleine Federn und Daunen gegen den Strich. Zwischendurch kannst Du das Tier immer mal wieder kurz brühen.

N 47 GELEGE VON VÖGELN

Eier von Vögeln, die in einem Nest, am Boden oder in einer Höhle abgelegt worden sind, kannst Du meist einfach erreichen. Zuweilen sind die Eier aber sehr gut getarnt. Oft machen die Elterntiere, wenn Du zu nahe am Nest bist, etwas abseits Radau, um Dich abzulenken. Auch Wasservögel zeigen ungewollt ihre Nester an: sie spielen buchstäblich den sterbenden Schwan und flattern unbeholfen auf dem Wasser herum – alles nur Show. Hat Dich der Wasservogel vom Nest weggelockt, macht er einen Senkrechtstart. Du lässt Dich also nicht beirren und suchst die Umgebung ab, wo das Schauspiel begann. Im Gegensatz zu Eiern aus dem Supermarkt werden in der Natur gefundene praktisch immer bebrütet sein, teilweise wird sich ein mehr oder weniger ausgebildeter Embryo in der Kalkschale befinden. **Diese mögen zwar optisch abschreckend sein, trotzdem sind sie sehr lecker!** Vogelembryonen besitzen keine ausgehärteten Knochen oder Federn. In Asien werden sie gerne als Delikatesse verzehrt.

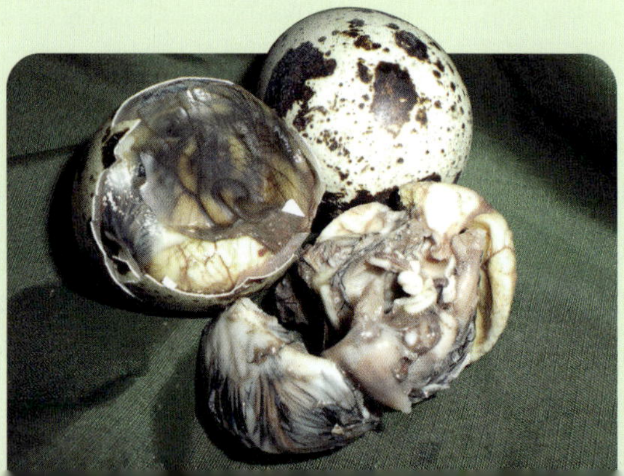

W 15 WASSERLÖCHER BEURTEILEN

Die seltenen Stellen, an denen dauerhaft Wasser vorhanden ist, werden von einer Vielzahl größerer und kleinerer Tiere besucht. **Problematisch ist dabei der Fäkaleintrag von wiederkäuendem Wild.** Diese Tiere übertragen einzellige Parasiten, die zu schweren Durchfällen führen können. Dazu gehören Kryptosporidien und Giardia, die normale Chlor- und Ozonkonzentrationen zur Wasserdesinfektion überleben. Aus diesem Grund sollte Wasser aus Wasserlöchern **unbedingt gefiltert oder gekocht** werden bzw. musst Du eine verlängerte Einwirkzeit der Wasserentkeimungsmittel berücksichtigen.

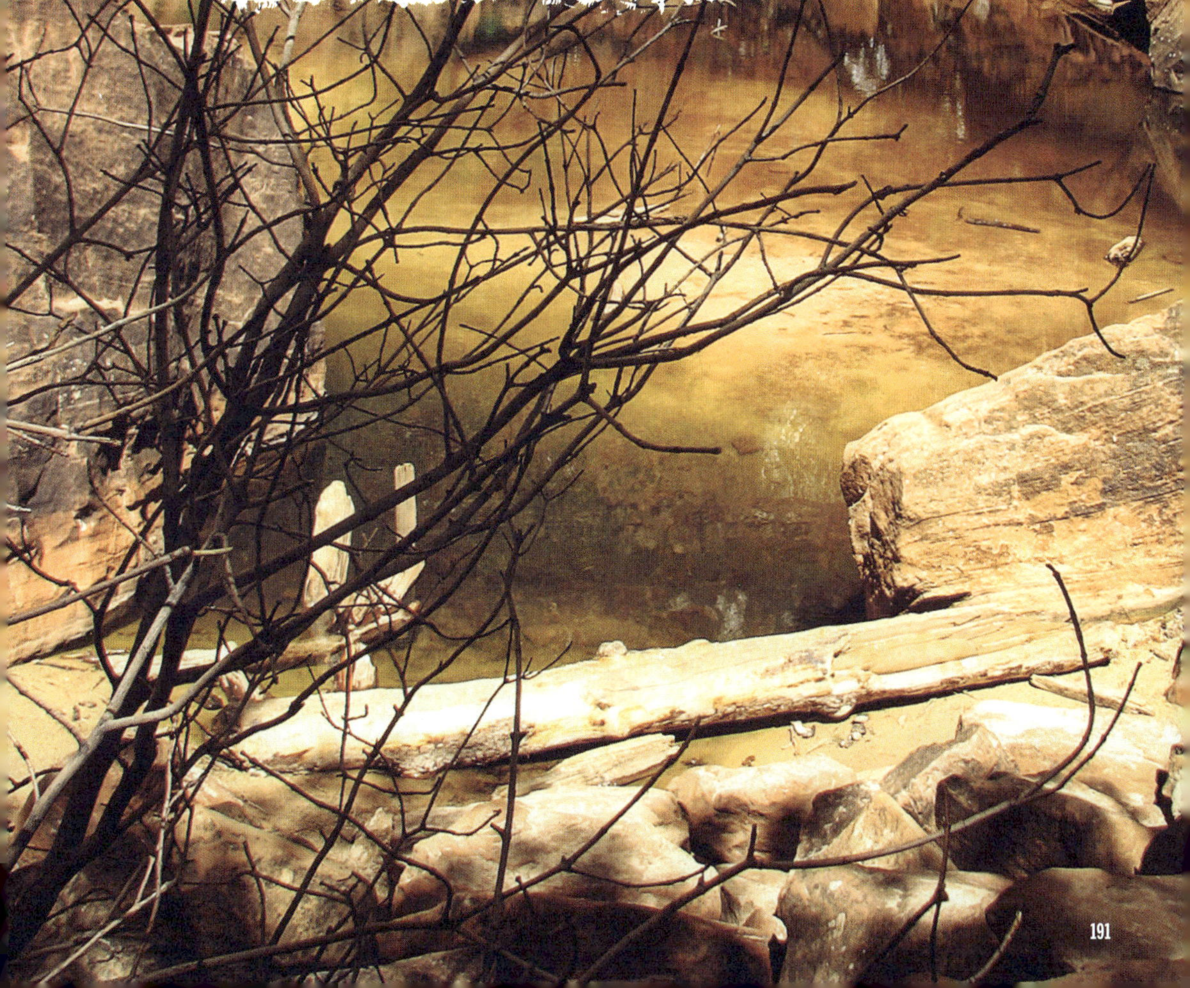

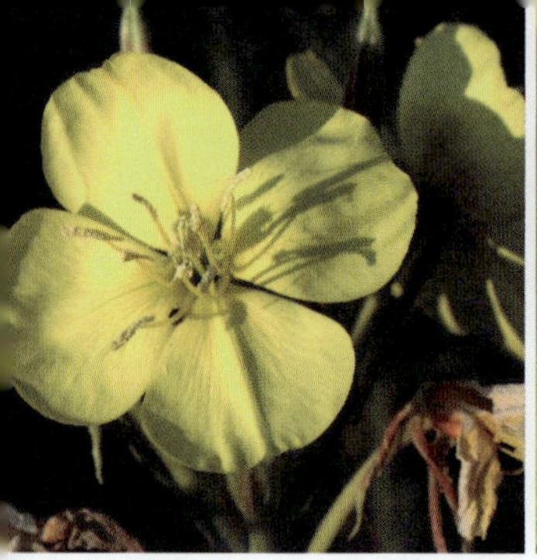

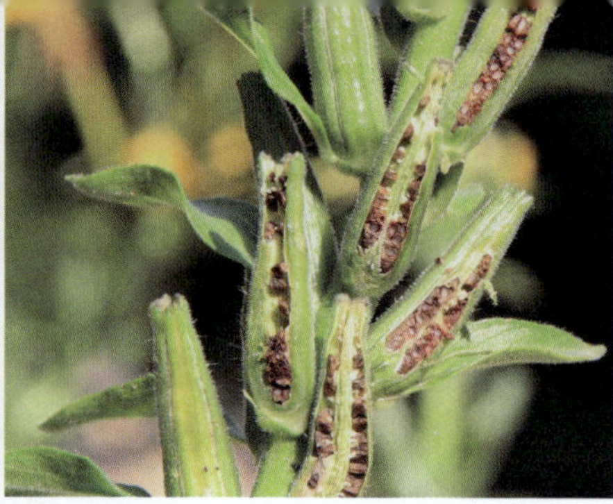

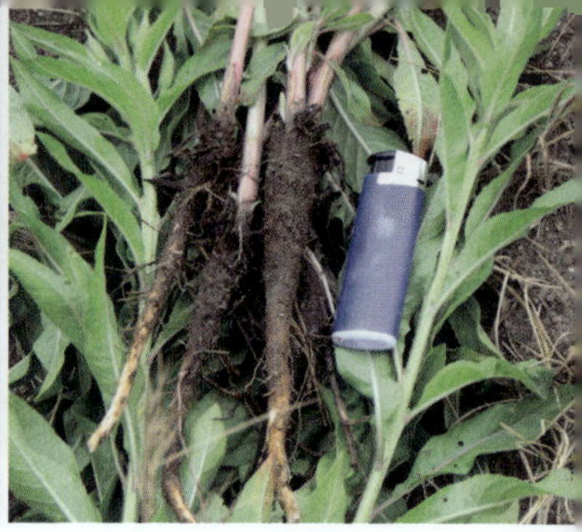

Die ölreichen Samen und nahrhaften Wurzeln kannst Du zu einem Brei verarbeiten.

N48 NACHTKERZE: KÖNIGIN DER DÄMMERUNG

Das erste, was Du von Nachtkerzen vermutlich sehen wirst, sind die zuweilen sehr großen, kreuzartigen, leuchtend farbigen Blüten. Das Laub der Nachtkerzen ist meist eiförmig-zugespitzt und immer unregelmäßig um den Stängel verteilt. Oft ist eine bodenständige Blattrosette ausgebildet, aus der einige, meist unverzweigte und leicht verholzte Stängel entspringen. In praktisch allen Blattachseln der am Stängel stehenden Blätter finden sich Blüten oder die großen Kapselfrüchte. Die Kapseln stehen aufrecht und enthalten große Mengen bei Reife rehbrauner Samen.

Nachtkerzen blühen in der Regel von unten nach oben, so dass an einer Pflanze meist schon große Mengen fast reifer Kapseln stehen, während sich die oberen Blüten erst noch entfalten. An den Staubgefäßen hängen deutlich sichtbar die klebrigen und spinnennetzartigen Pollen. **Verschiedene Nachtkerzen findest Du weltweit auf Schutthalden, an Flussufern und Waldlichtungen.**

K46 GRABHOLZ – DER FELDSPATEN

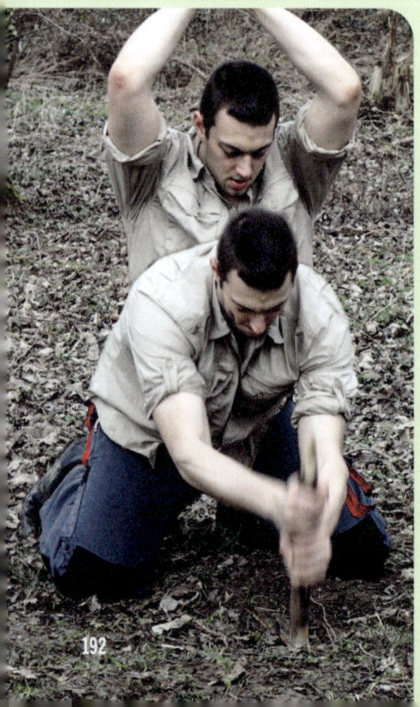

Um aus dem steinhart gebackenen Boden einer Steppe essbare Wurzeln oder Larven auszugraben, benötigst Du einen stabilen Grabstock. Dieser findet in verschiedenen Klimazonen Anwendung und kann auch im Wald zum Aufhebeln und Spalten von Holz eingesetzt werden.

Zum Bau eines Grabstocks solltest Du Dir etwas Zeit nehmen. Er wird nämlich aus sehr hartem Holz geschnitten oder auf einem Stein geschliffen, wenn Du kein Messer dabei hast. Ein Universalgrabstock hat zwei unterschiedliche Spitzen: Eine flache zum Scharren und Graben und eine viel robustere Vierkantspitze (wie die Spitze eines →**Holzherings**).

Besonderheit beim Bau des Grabstocks ist, dass Du nach dem Bau von jeder scharfen Kante nochmals eine Faser herunterschneidest oder -schleifst, so dass alles leicht abgerundet ist. Beim Graben knicken die scharfen Bereiche sonst um und behindern das Arbeiten – Schlamm und Sand bleibt darin hängen.

Zu guter Letzt werden die Spitzen noch etwas im Feuer gehärtet. Dazu werden sie in der moderaten Hitze gedreht, bis sie rötlich-braun werden.

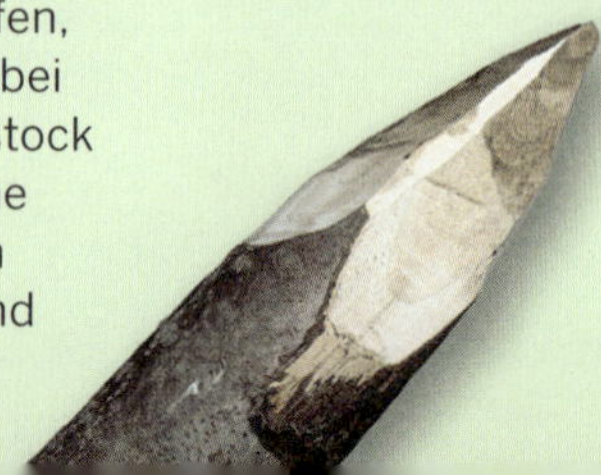

M23 ABSZESSE BEHANDELN

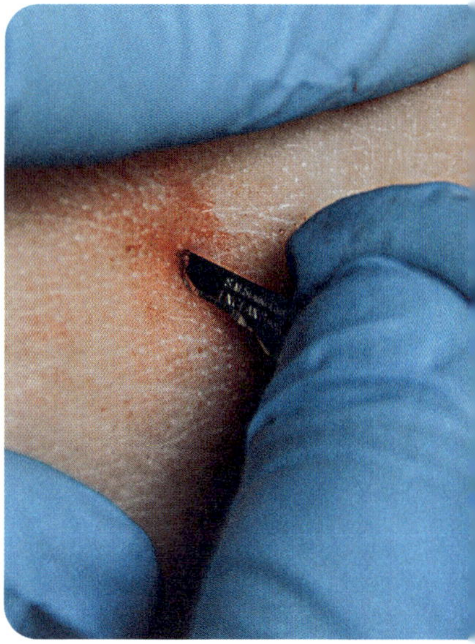

Bei eingetretenen Stacheln oder abgebrochenen Splei-ßeln kann ein Abszess entstehen. Draußen passiert das relativ häufig. Ein Abszess ist eine verschlossene Entzündung unter der Haut, die immer größer wird und nach innen aufbrechen kann. Um das zu verhindern, musst Du Abszesse punktieren, also aufschneiden. Am besten nimmst Du dafür ein steriles Skalpell oder ein sauberes desinfiziertes Messer. Du solltest ohne weitere Behandlungsmöglichkeiten die Haut an der entzündeten Stelle nur anschneiden und dann durch sanftes Drücken an der Wunde zum Öffnen bringen.

Eine Mischung aus Wasser, Blut und Eiter wird sich aus der Öffnung entleeren. Hast Du Wasserreinigungstabletten dabei, kannst Du 2 davon etwa in einem Wasserglas einwirken lassen und damit die Wundhöhle spülen.

K47 VORSICHT VOR HERDENTIEREN

Auch wenn Du wahrscheinlich am meisten Sorge vor Schlangen, Skorpionen oder großen Steppenraubtieren wie Löwen und Hyänen hast, **liegt die eigentliche Gefahr bei gezüchteten Herdentieren.**

Viele Steppen weltweit werden bewirtschaftet, indem Tiere ausgesetzt werden und einige Jahre später per Helikopter zum Schlachten zusammengetrieben werden. Ebenfalls gibt es natürliche Herden von Büffeln, verwilderten Kamelen und dergleichen. Neben den oft frei laufenden und riesigen Herdenschutzhunden sind große Tieransammlungen immer erheblich gefährlicher als wilde Raubtiere. Vor allem wenn man ungewollt gegen den Wind in eine Herde gerät, wird es gefährlich.

In dem Fall auf keinen Fall flüchten! Möglichst durch leises Murmeln und demonstrativem Desinteresse klar machen, dass man kein Raubtier ist und wartet, bis die Herde vorbeigezogen ist.

Greift eine Rinder- oder Büffelherde an, besteht die einzige Chance darin, auf einen hohen Felsen o.ä. zu klettern. Flucht ist selbst mit einem Fahrzeug kaum möglich.

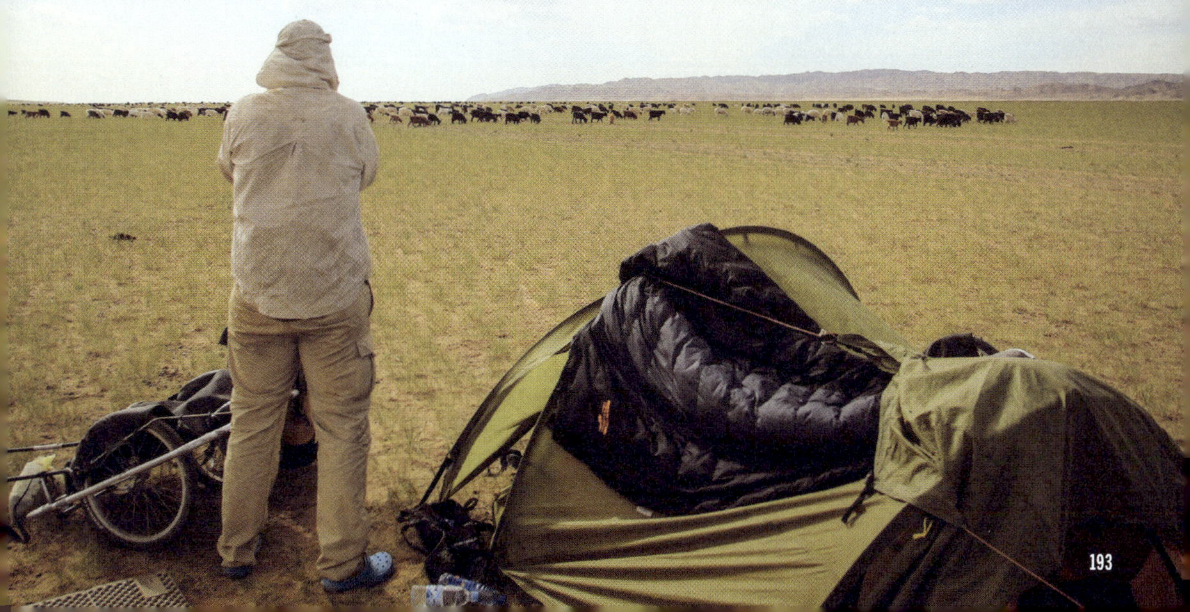

Würde man Attribute für die Kies-, Sand- oder Salzwüsten dieser Erde suchen, wäre »tot« ein naheliegender Begriff. Und dennoch haben sich eine Reihe von Tieren und Pflanzen an das harsche Leben angepasst. Der Mensch allerdings überlebt in der Wüste ohne Ausrüstung und Proviant nur wenige Tage. Hier sind alleine Vorbereitung, Strategie und das richtige Verhalten lebensverlängernd.

ÜBERLEBEN IN DER WÜSTE

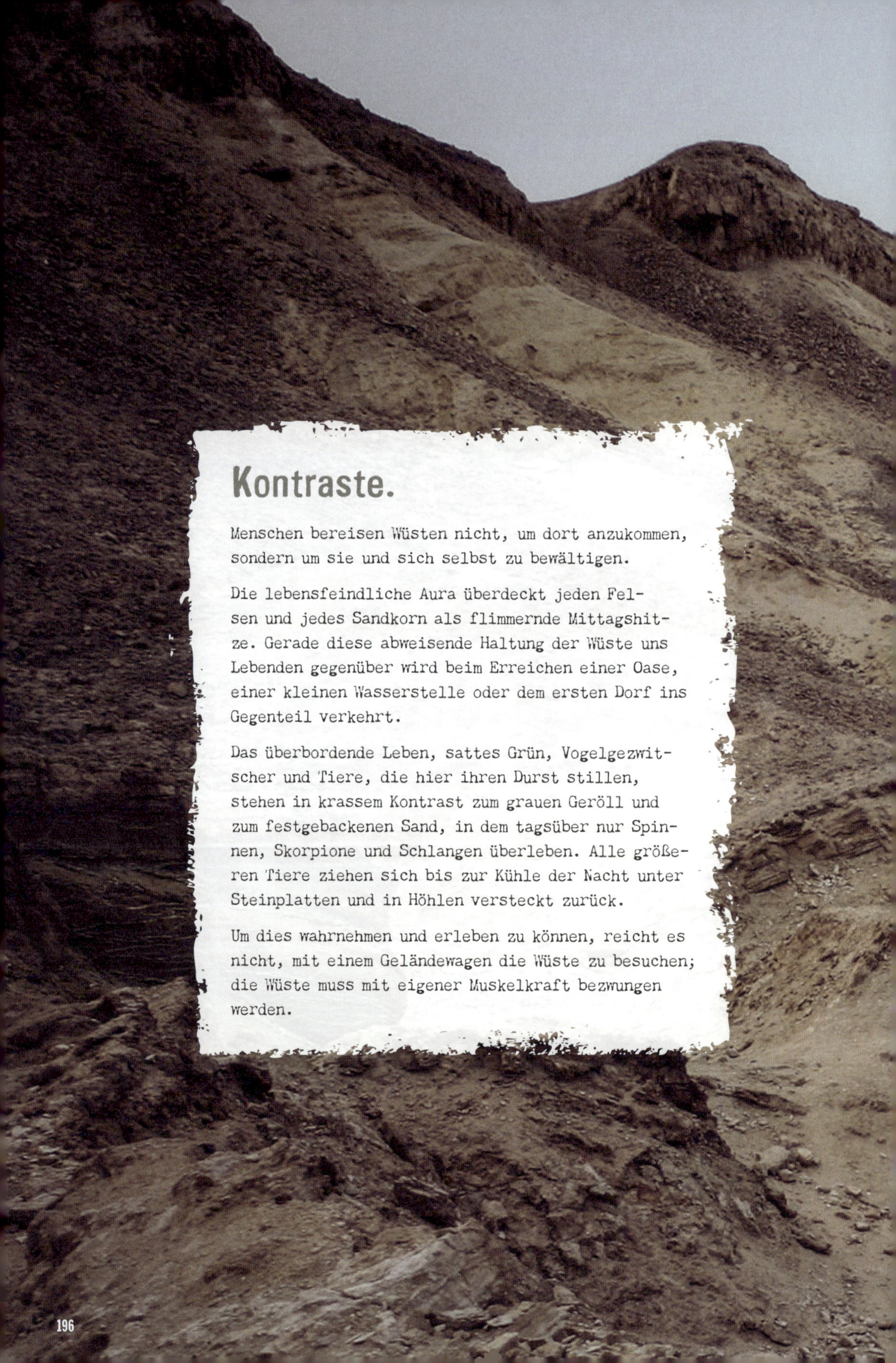

Kontraste.

Menschen bereisen Wüsten nicht, um dort anzukommen, sondern um sie und sich selbst zu bewältigen.

Die lebensfeindliche Aura überdeckt jeden Felsen und jedes Sandkorn als flimmernde Mittagshitze. Gerade diese abweisende Haltung der Wüste uns Lebenden gegenüber wird beim Erreichen einer Oase, einer kleinen Wasserstelle oder dem ersten Dorf ins Gegenteil verkehrt.

Das überbordende Leben, sattes Grün, Vogelgezwitscher und Tiere, die hier ihren Durst stillen, stehen in krassem Kontrast zum grauen Geröll und zum festgebackenen Sand, in dem tagsüber nur Spinnen, Skorpione und Schlangen überleben. Alle größeren Tiere ziehen sich bis zur Kühle der Nacht unter Steinplatten und in Höhlen versteckt zurück.

Um dies wahrnehmen und erleben zu können, reicht es nicht, mit einem Geländewagen die Wüste zu besuchen; die Wüste muss mit eigener Muskelkraft bezwungen werden.

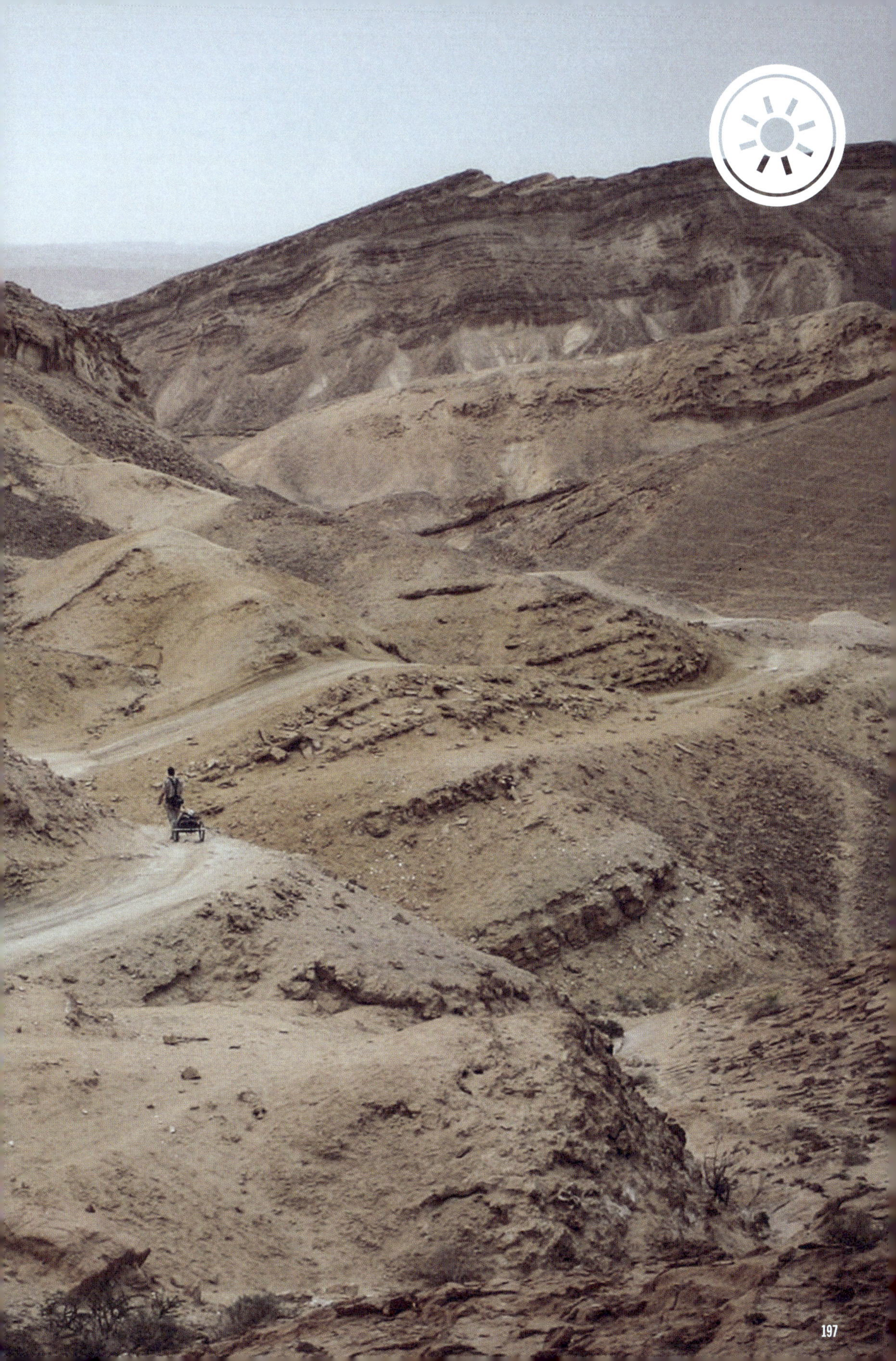

A27 WÜSTEN-AUSRÜSTUNG

Da es in Wüsten sehr wenig Holz und praktisch nie Wasser gibt, sind unsere Bemühungen in einer Wüste darauf beschränkt, möglichst effizient voranzukommen, Wasser zu sparen und Überhitzung zu vermeiden.

Außer dass man Wasserlager anlegen bzw. Trinkwasser auf einem Handwagen (→**Sulky**) mitführen sollte, ist die Ausrüstung vor allem auf Sonnen- und Hitzeschutz beschränkt.

Unterstützend benötigst Du je nach Temperatur in der Nacht, am Morgen bzw. abends sowie während der Mittagshitze neben den hier abgebildeten Gegenständen ein →**Tarp**, einen ausreichend warmen →**Schlafsack** plus →**Isomatte** sowie gegebenenfalls ein Zelt und Sandheringe.

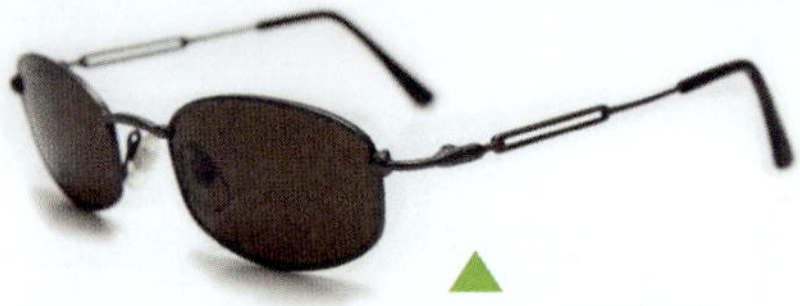

Sonnenbrille: *Eine normale Sonnenbrille reicht für Wüsten normalerweise aus (Ausnahme: Wüsten im Gebirge →**Gletscherbrille**).*

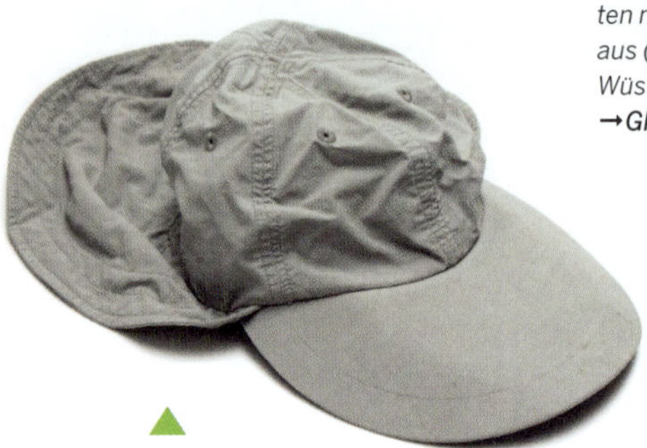

Mütze: *Eine Kappe mit Nackenschild und langer Krempe schützt vor Sonnenstich.*

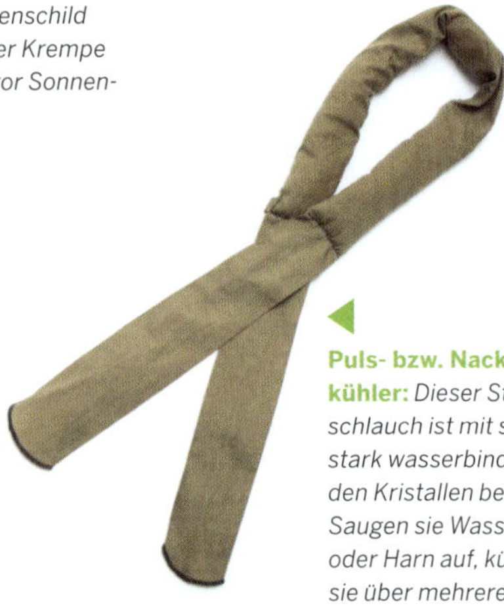

Puls- bzw. Nackenkühler: *Dieser Stoffschlauch ist mit sehr stark wasserbindenden Kristallen befüllt. Saugen sie Wasser oder Harn auf, kühlen sie über mehrere Tage.*

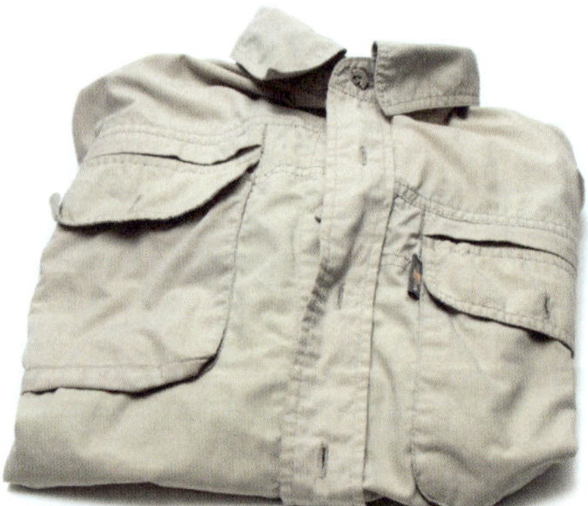

Helle Kleidung: *Leichte, möglichst helle Gewebe aus Baumwolle oder Synthetik reduzieren die Gefahr eines Hitzschlags.*

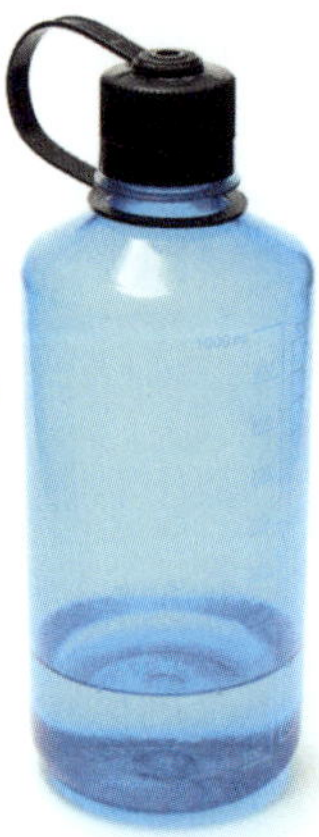

Transparente Wasserflasche: *Hilft, den Wasserverbrauch zu kontrollieren.*

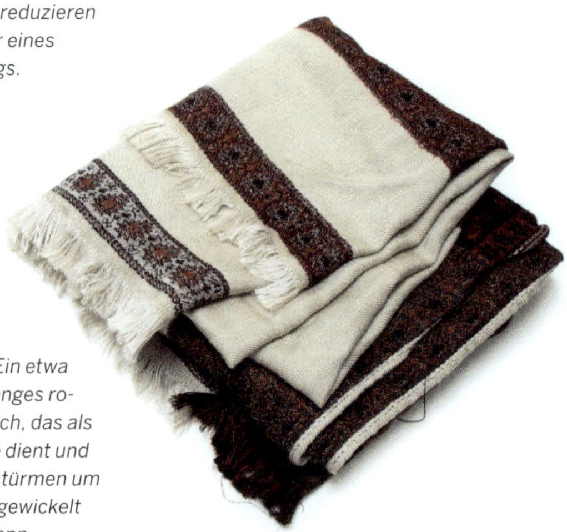

Turban: *Ein etwa 2 Meter langes robustes Tuch, das als Unterlage dient und bei Sandstürmen um den Kopf gewickelt werden kann.*

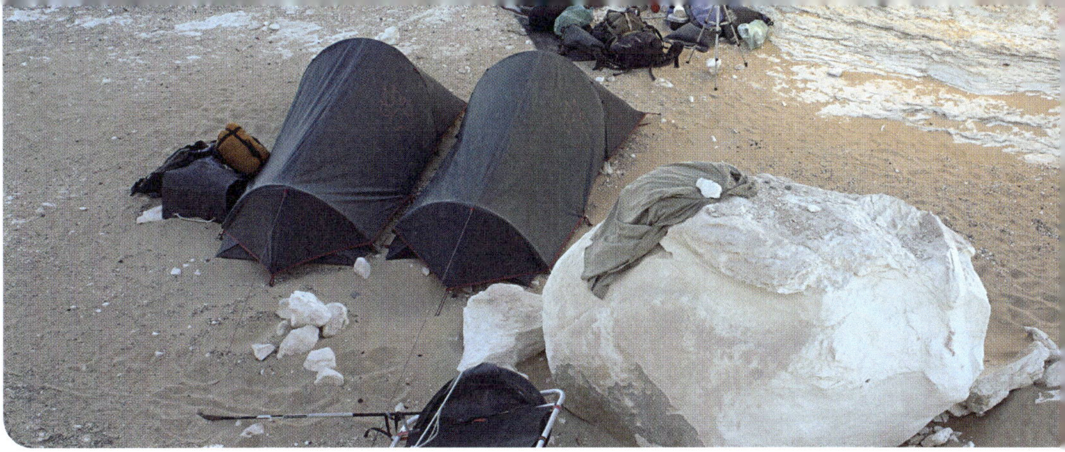

S10 ÜBERNACHTEN IN DER WÜSTE

In Wüsten kann es nachts sehr ungemütlich werden. Sobald die Sonne untergegangen ist, wird es meist deutlich kälter als am Tag. **Temperaturunterschiede von mehr als 30 °C sind nicht selten.** Durch diesen Temperaturumschwung fängt es oft an, sehr stark zu stürmen. Ideal ist in der Wüste ein sehr kleines Zelt, das Du mit der kurzen Seite gegen den Wind aufstellst.

Zwar sind stabile Zelte, wie sie im Gebirge verwendet werden, ausreichend sturmfest, doch ist es nicht immer einfach, die Zeltleinen straff genug zu spannen. Am besten suchst Du deshalb schon einen möglichst windgeschützten Ort zum Aufstellen des Zelts. Hinter Felsen und Steinen oder von einer Düne verdeckt ist der Wind oft deutlich geringer.

Alle Ausrüstungsgegenstände werden vor der Nacht festgebunden. Der Wind muss nicht einmal so stark sein, um die Gerätschaften wegzuwehen; es reicht, wenn sie am Morgen von einer dünnen Sandschicht verdeckt sind: Du findest sie nicht mehr. Nachts solltest Du außerdem ein Tuch in Griffweite haben. Durch den Sturm fliegen winzige Sandpartikel durch den kleinsten Spalt von Reißverschlüssen. Mit dem Tuch kannst Du Dein Gesicht abdecken und ruhig schlafen.

Mit Sandheringen kannst Du die Zeltleinen sichern. Aus Bambus, Schilf oder einer Kunststoffdose schneidest Du eine längliche Struktur, die Du mittig mit einer Schlaufe versiehst – die an der konkaven Seite sitzen sollte – und quer eingräbst.

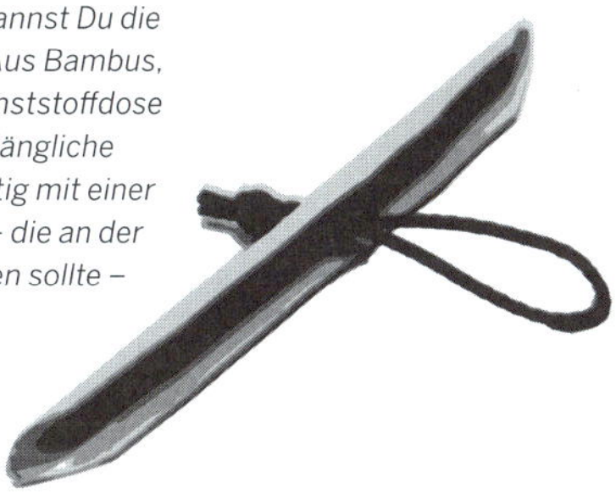

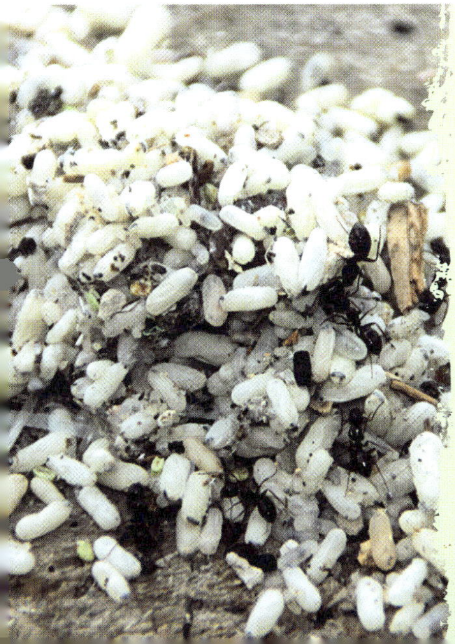

N49 AMEISEN ESSEN

Weltweit findest Du unter jedem Stein, unter Borke und in Bäumen Ameisen. Die kleinen Krabbeltiere bauen unterirdisch ganze Staaten, wo sie Eier und Larven für die Aufzucht pflegen. Bist Du in der Lage, ein Nest aufzugraben oder die Ameisen aus ihrem Bau zu locken, hast Du einiges zum Essen gefunden. Besonders die weißen Larven sind lecker und energiereich. Sammelst Du Ameisen und Larven in einem Topf, beschattest Du einfach die eine Hälfte. Die Ameisen schleppen Larven und Eier in die schattierte Ecke. Damit reinigen sie Dein Mittagessen von Sand und Erde. Wichtig ist, dass Ameisen unbedingt vor dem Verzehr erhitzt werden müssen. Sie können nicht nur Parasiten übertragen – **manche haben einen Wespenstachel, mit dem sie Dir in den Mund stechen können!**

DER PALSTEK

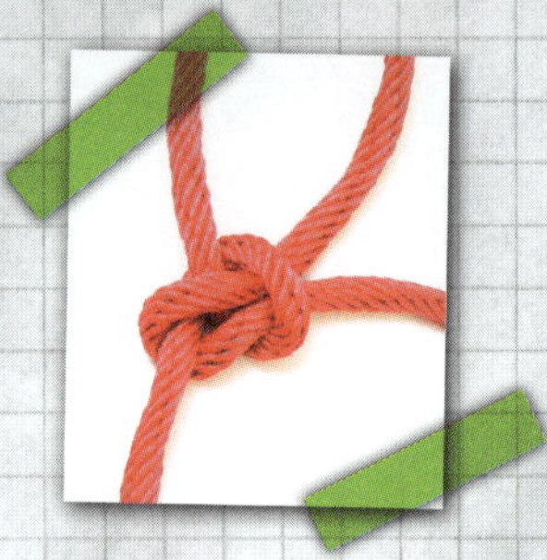

Mit dem Palstek wird eine Schlaufe geknotet, die sich auch unter Last nicht zuzieht. Er ist der **Autoabschlepperknoten**, der sich einfach wieder lösen lässt.

SCHRITT 1 Eine Schlinge wird zum Beispiel durch einen Ring, eine Öse oder um einen Baum gelegt. Nun wird in das lange Ende eine Schlaufe hineingedreht. Und zwar genau so, dass der hintere Teil der Schlaufe das lange Ende ist.

SCHRITT 2 Das kurze Ende wird nun von hinten durch diese Schlaufe gelegt. Eine Eselsbrücke dazu heißt: »Eine Schlange taucht aus dem Teich – kriecht um den Baum – und taucht dann wieder in den Teich zurück.« Also ist die »Schlange« in diesem zweiten Schritt aus dem Teich aufgetaucht.

SCHRITT 3 Das Seilende wird nun noch etwas durch die Schlaufe gezogen, von hinten um das lange Ende des Seiles und von oben wieder in die Schlaufe gelegt. (... kriecht um den Baum – und taucht dann wieder in den Teich zurück.)

SCHRITT 4 Der Palstek wird nun gleichmäßig zugezogen. Der Überhang sollte mindestens 10 Seildurchmesser lang sein. Er wird mit einem →**Halbschlag** gesichert. Der Knoten kann nun an dem langen Ende belastet werden.

SCHRITT 5 Zum Lösen des festgezogenen Knotens wird das lange Ende in Richtung Bucht gezogen. Der Knoten lässt sich nun in Richtung Seilende schieben und aufziehen.

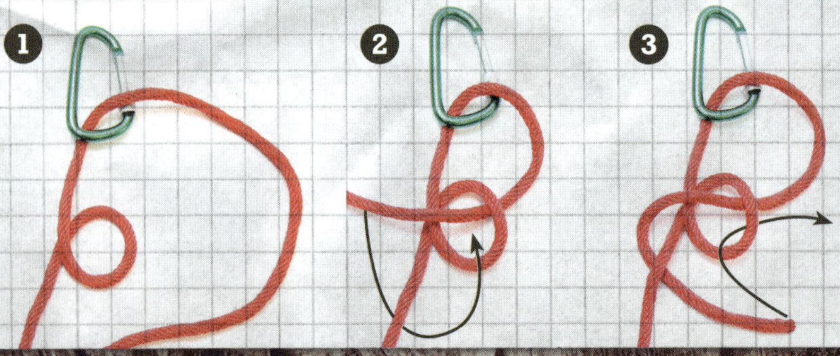

N 50 NAHRHAFTE GRAS-SAMEN

Gräser verlieren bei Reife schnell ihre Samen. Deshalb sollte man darauf achten, dass sie schon in grünem Zustand geerntet werden. Mit wenigen Ausnahmen sind alle Gräser essbar. Arten mit sehr kleinen Samen solltest Du vermeiden, da es darunter ggf. ungenießbare gibt.

Gräser gehören zu den Pflanzen mit dem größten Verbreitungsraum weltweit.

Gräser können daran erkannt werden, dass sie einen gleichbleibend dicken Halm haben, der entweder rund mit Knoten (bei Süßgräsern), rund ohne Knoten (bei Binsen) oder dreieckig ohne Knoten (bei Sauergräsern) sein kann. Uns interessieren alle kleinen Grasarten, unabhängig davon, zu welcher Kategorie diese gehören. Sicherlich sind Dir einige Kulturformen als Reis, Roggen oder Hafer bekannt.

Auch bei wild wachsenden Gräsern ist für uns die große Menge von Energie interessant, die in den Samen gespeichert wird. An Flussufern oder am Waldrand und sogar in Steppen und Wüsten kannst Du oft große Felder abernten. Da die wilden Arten dazu neigen, Samen beim Erreichen der Reife zu verlieren, sollten Notnahrungssuchende auch unreife Samen sammeln.

Ein gewisses Risiko stellen Pilze dar, die auf den Körnern einiger Grasarten wachsen. Diese können starke Gifte, sogenannte **Mutterkornalkaloide,** beinhalten. Deshalb ist beim Sammeln auf die schwarzen Fruchtkörper von kleinen Pilzen zu achten – befallene Pflanzen sind zu meiden.

Da von diesen Körnern kaum die Spelzen vollständig abgetrennt werden können, werden sie **auf einem harten Untergrund mit einem Holz- oder Steinstößel zerrieben.** Freiwerdende Spelzen können vorsichtig fortgeblasen werden.

Das Mehl wird mit etwas Wasser zu einem dicken Brei angerührt und zu »Crackern« gebacken. Der Brei kann roh oder in Suppe gekocht verzehrt werden.

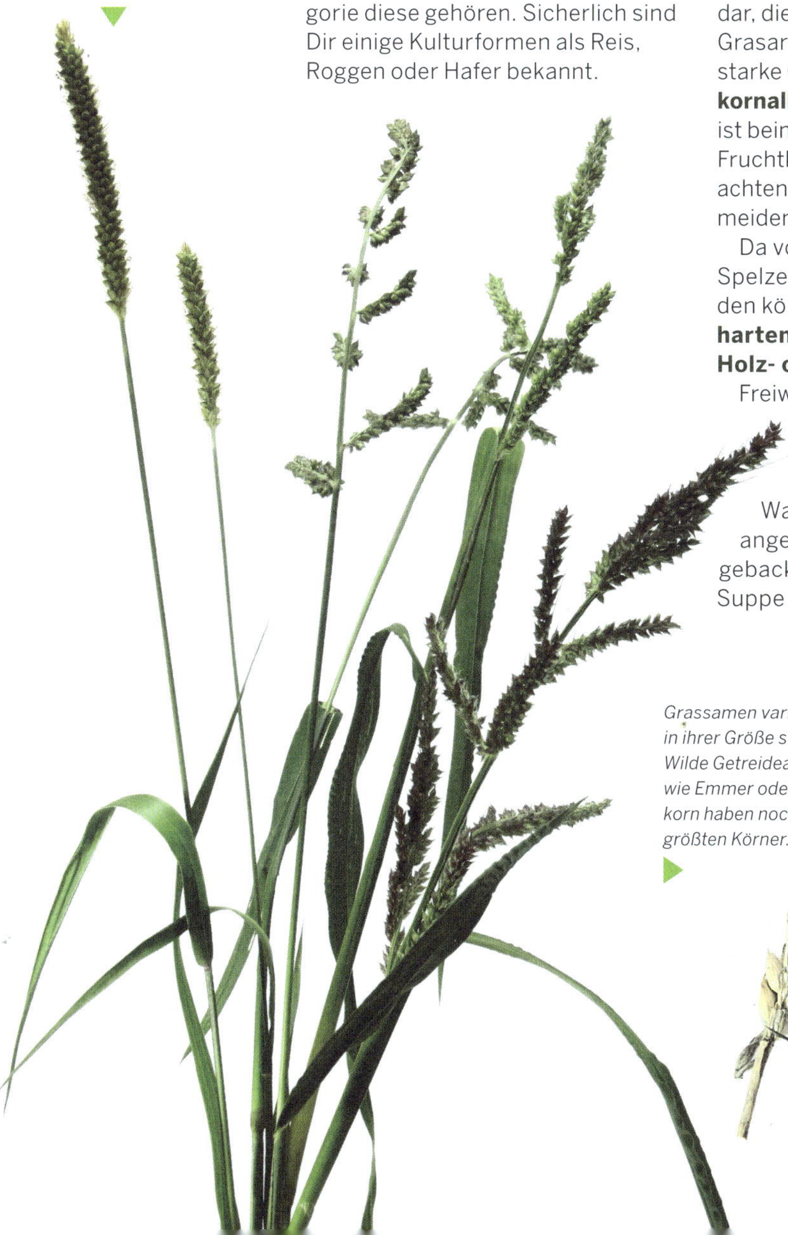

Grassamen variieren in ihrer Größe stark. Wilde Getreidearten wie Emmer oder Einkorn haben noch die größten Körner.

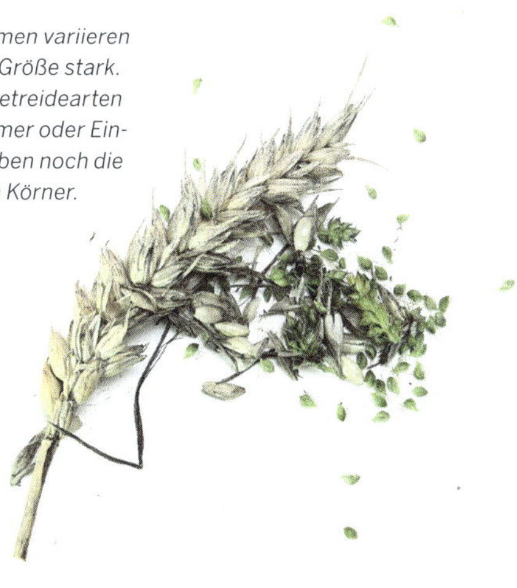

K48 VERHALTEN IN DER WÜSTE

In den trockenen und lebensfeindlichen Wüsten der Erde überlebt nur, wer sich gut vorbereitet, richtig angepasst hat und sich korrekt verhält. Darauf musst Du besonders achten:

VORBEREITUNG Die Tagesmenge Trinkwasser muss berechnet und für jeden benötigten Tag mitgeführt werden. Zur Sicherheit sollten markierte Wasserreservoirs auf der Strecke angelegt werden. Mindestens eine Woche vor dem Wüstentrekking sollte man sich vor Ort akklimatisieren und bei vorherrschender Hitze trainieren.

AUSRÜSTUNG Große Mengen Wasser werden mit einem →**Sulky** transportiert. Getragen werden sollte möglichst wenig Gepäck. Helle Kleidung verhindert das Überhitzen des Körpers durch Sonneneinstrahlung. Schwarze Kleidung tragen in der Wüste nur unerfahrene Anfänger.

ANPASSUNG Marschiert wird am frühen Morgen und am Abend. Die Mittagshitze wird gemieden. Die Atmung soll ruhig und gleichmäßig sein. Wer sich zu schnell bewegt, schwitzt zu stark.

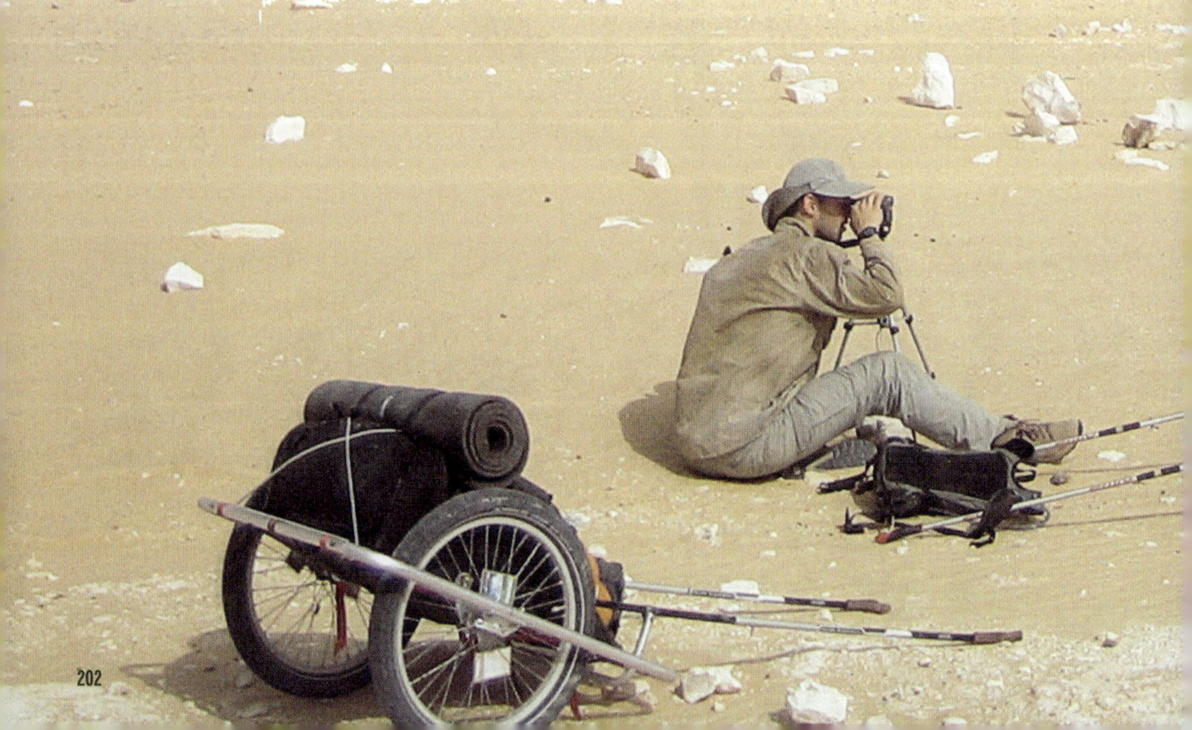

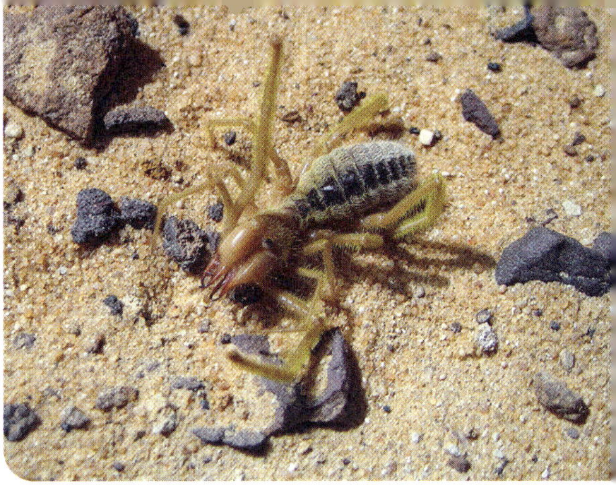

K49 WÜSTEN-KRABBLER

Auch wenn Du sie selten siehst: in der Wüste gibt es eine Menge Tiere. Nur ein kleiner Teil gehört zu den Großsäugern wie Kamele oder Wölfe. Viel häufiger sind kleine Säugetiere wie Füchse oder Mäuse, →**Reptilien,** Spinnenartige und Insekten.

In den allermeisten Fällen stellen die Tiere der Wüste keinerlei Gefahr dar. Klar kannst Du auf eine Schlange treten, meist sind es aber kleine Krabbler, die nerven können. In der glühenden Einöde suchen sich Skorpione, Spinnen und so sonderbare Tiere wie Kamelspinnen den Schutz und Schatten, den sie gerade finden: Dich und dein Lager. Zudem verstecken sie sich nicht nur unter Steinen oder unter deinem Zelt, sondern vor allem auch gerne in Stiefeln und unter abgelegter Kleidung. Es gilt deshalb, dass nie Gegenstände am Boden abgelegt oder gegriffen werden, in denen sich möglicherweise gefährliche Lebewesen verstecken.

Müssen deine Schuhe der frischen Luft zu Liebe etwas vom Schlafplatz entfernt stehen, stülpe zumindest Socken darüber. Wenn Du Pech hast, werden die dann aber von Füchsen zerkaut.

You shall not pass – an überstülpten Socken kommt kaum ein Krabbler vorbei. ▶

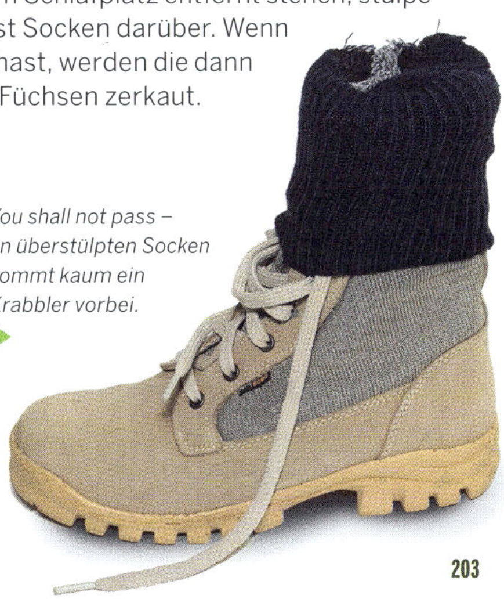

W16 ÜBER DEN DURST TRINKEN – HYPERHYDRATION

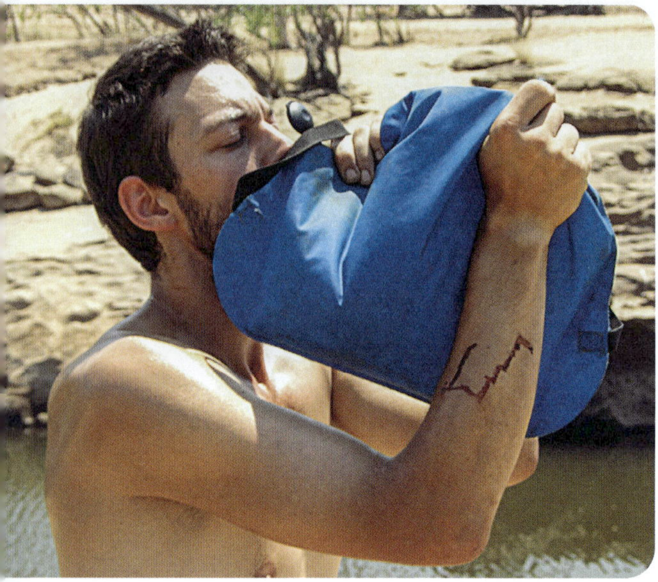

Ist in heißen Gegenden die Wasseraufnahme größer als der Bedarf oder nimmt man zu wenig Mineralien zu sich, **droht die »Wasservergiftung«**. Symptome dieses Ungleichgewichts des Mineral- und Wasserhaushalts können neben Kopfschmerzen, Schwindel und Erbrechen auch schwerwiegende Krankheitszeichen wie Bewusstseinsstörungen und Krämpfe durch eine lebensgefährliche Ödembildung im Hirn sein.

Aus diesem Grund ist es wichtig, bewusst auf die ausreichende Aufnahme von Salzen zu achten. Ideal ist bei hohem Wasserverbrauch das Nachsalzen von Speisen, der Verzehr von salzigem Pökelfleisch oder das Lutschen von Salzpastillen.

W17 SANDGRUBEN-DESTILLATION

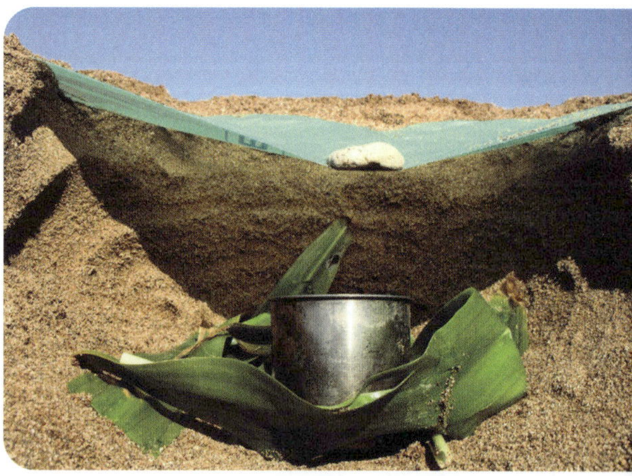

Mit Hilfe einer Plastikfolie kannst Du Wasser aus Sand und Giftpflanzen gewinnen.

Über die Sandgrubendestillation kannst Du auch bei geringer Luftfeuchtigkeit in Wüsten Wasser gewinnen, sofern eine Plastikfolie bzw. Rettungsdecke verfügbar ist.

Dazu gräbst Du eine runde und möglichst weite Grube in den Boden. In die Mitte wird ein Gefäß gestellt, wenn vorhanden mit einem Schlauch zum Absaugen des Trinkwassers. Alles wird dicht mit einer Folie abgedeckt.

Die Plane, die idealerweise transparent ist, wird an den Rändern eingeschlagen und eingegraben, so dass sie den Luftraum in der Grube dicht einschließt. In die Mitte der Folie direkt über dem Gefäß wird ein Stein gelegt. Durch Sonneneinstrahlung und Treibhauseffekt wird es innerhalb der Grube ordentlich warm, Wasser aus dem Sand oder aus in die Grube geworfenen Pflanzenteilen verdunstet und kondensiert an der Folie, von wo aus es in das Gefäß tropft.

Wenn Salz- oder Schmutzwasser zur Verfügung steht, wird dieses um die Grube herum in den Boden gekippt oder bei geringen verfügbaren Mengen vor dem Verschließen in die Grube geschüttet.

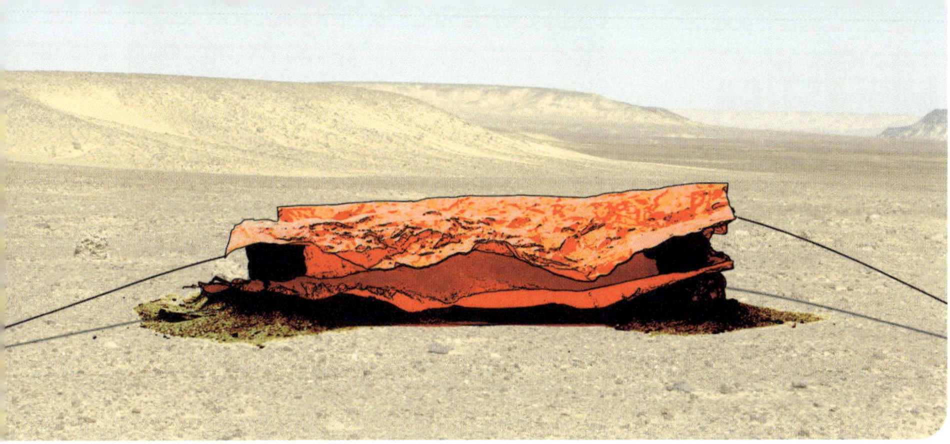

Ein doppelt abgehängter Baldachin schützt Dich in einer Sandgrube vor Mittagshitze.

S11 IN DER WÜSTE FESTSITZEN

Wenn Du auf einer Reise durch eine Wüste über keine oder nur noch sehr kleine Reserven an Wasser verfügst und es unmöglich ist, an flüssiges Wasser in ausreichender Menge zu gelangen, bist Du in einer Wasserkrise, in der Du das Verdursten nur noch hinauszögern kannst.

Häufig kommt diese Situation vor, wenn Du mit einem Geländewagen in der Wüste stecken- bleibst oder eine Panne hast. Irgendwann geht das Wasser zur Neige. **Hauptregel ist: Beim Fahrzeug bleiben.** Hier hast Du Ausrüstung, teilweise Schatten und Material für Signalfeuer. Außerdem kann Dein Fahrzeug von einem Flugzeug aus gesehen werden – eine einzelne Person geht in der Wüste unter. In der Wasserkrise ist das oberste Prinzip, den **Wasserverbrauch so gering wie möglich zu halten.** Der Wasserbedarf zum Kühlen des Körpers muss stark reduziert werden. Eventuell gewonnenes oder noch vorhandenes Trinkwasser muss unbedingt rationiert werden.

Grundsätzlich muss man darauf achten, dass Hitzeexposition und Bewegung auf ein Minimum reduziert werden. Tagsüber wird im kühlenden Schatten geruht und alle unbedingt notwendigen Arbeiten in die Kühle der Nacht verschoben. Ist ein Zelt oder eine Decke vorhanden, wird ein doppelwandiger Baldachin abgehängt, der ein isolierendes Dach bildet. In Kies- und Sandwüsten wird *nachts* eine möglichst tiefe Grube ausgehoben, die tagsüber mit dem Schutzdach luftig behängt wird. Körperwärme kann aus dieser Grube nach oben abziehen. Tagsüber ruht man in dieser Grube.

Überhitzung und Sonnenstich müssen unbedingt vermieden werden. Es wird nicht gesprochen oder gegessen, sondern nur im Schatten »vegetiert« und auf Rettung gehofft. In diesem Zustand können wenige Tropfen morgendlichen Taus oder rechtzeitig gesammelter Harn das Verdursten um wenige Tage verhindern. **Hier zählt wirklich jeder Tropfen.**

M24 SONNENSCHUTZ IMPROVISIEREN

Ist Dein Sonnenschutzmittel alle, bedeutet das, dass Du die Sonne ständig meiden musst, es sei denn, Du stellst Deine eigene Sonnencreme her. Geeignet sind dazu alle Stoffe, die entweder reflektieren oder die Haut lichtdicht abdecken.

Zu den stark reflektierenden Stoffen zählt weiße Asche aus dem Lagerfeuer. Vermischst Du diese mit **→ausgelassenem Fett** oder Wasser und trägst die Paste auf, wird ein guter Teil des Lichts von Deiner jetzt silbrig glänzenden Haut zurückgeworfen.

Zum Abdecken kann dagegen Kohle, Schlamm oder bräunender Pflanzensaft wie der von Walnüssen verwendet werden. Damit siehst Du natürlich auch ungleich abenteuerlicher aus als mit glitzernder Asche im Gesicht.

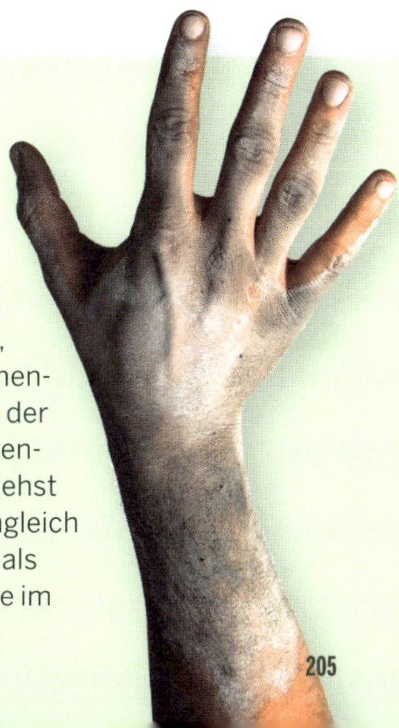

K50 SONNENSTICH VERMEIDEN

Die Strahlen der hoch stehenden Sonne fallen in Äquatornähe nahezu senkrecht auf den Boden. Während sie andere Körperteile aufrecht stehender oder laufender Personen also nur »streift«, fällt das volle Sonnenlicht auf Schädel, Nacken und Schultern. Die daraus resultierende Erwärmung kann zu einem Sonnenstich führen.

Während die Körperkerntemperatur dabei nur unmerklich angehoben wird, überhitzt das Hirn, wodurch es zu Schwellungen kommt. Erkannt werden kann der Sonnenstich – eine vorangegangene Sonnenexposition des Kopfes vorausgesetzt – an drückenden Schmerzen im Schädel, Übelkeit sowie Erbrechen. Behandelt werden kann diese Krankheit, indem sofort der Schatten aufgesucht wird. Ist das nicht möglich, da Du in der Wüste oder beim Paddeln auf einem See unterwegs bist, sollte der Kopf mit feuchten Tüchern oder einem Hut locker abgedeckt werden. Um den Sonnenstich im Voraus zu verhindern, sollte in heißen Gebieten generell ein Hut oder lockeres Kopftuch (Turban, Shemagh) getragen werden.

BINDEN EINES SHEMAGHS ODER DREIECKSTUCHS ZUM SONNENSCHUTZ

SCHRITT 1 Ein Shemagh wird in der Hälfte gefaltet, so dass ein Dreieck entsteht.

SCHRITT 2 Das Tuch wird nun über den Kopf gelegt, wobei eine Seite etwas länger ist, als die andere.

SCHRITT 3 Nun wird das kurze Ende unter dem Kinn hindurchgeführt und festgehalten.

SCHRITT 4 Das lange Ende kann nun über das kurze Ende zur anderen Kopfseite gezogen werden.

SCHRITT 5 Nachdem das lange Ende um den Nacken gezogen wurde, werden beide Zipfel miteinander verknotet.

Ein so gebundenes Gewebe hilft nicht nur gegen Sonneneinstrahlung, sondern auch bei Sandstürmen, Hagel etc.

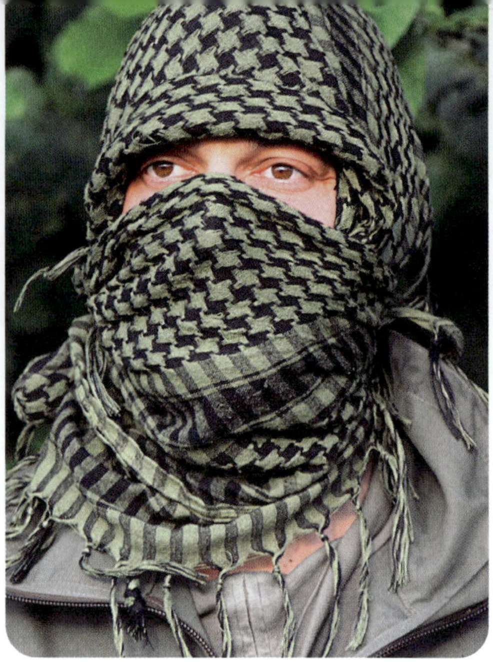

ACHTUNG! *In einigen Ländern werden Shemaghs als Zeichen der politischen Gesinnung angesehen. Am besten verwendest Du dort ein weißes Dreieckstuch, das außerdem Hitze gut reflektiert.*

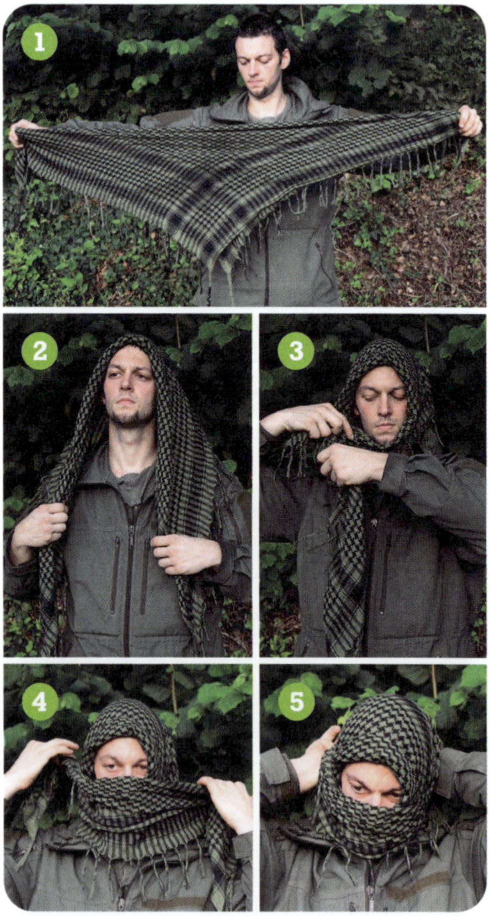

DER KREUZKNOTEN

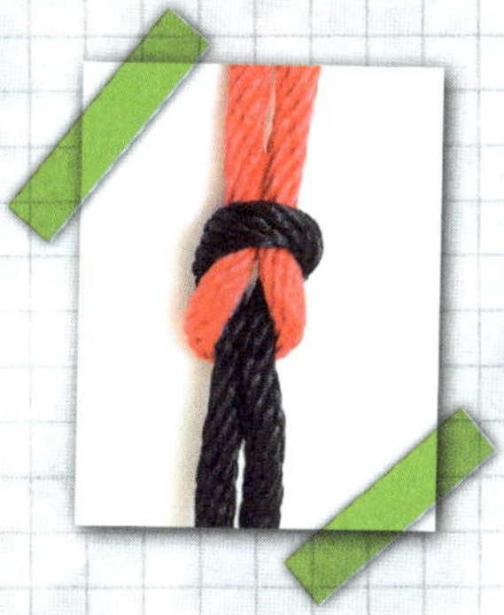

Mit dem Kreuzknoten können zwei gleich dicke Seile miteinander verbunden und damit verlängert werden. Bitte achte bei diesem Knoten darauf, dass beide Seile den gleichen Durchmesser und die gleiche Flexibilität besitzen. Ist eines der Seile zu störrisch oder dicker als das zweite, schlägt der Kreuzknoten zu einem →**Schlingenstek** um und rutscht sofort vom Seil.

SCHRITT 1 Begonnen wird der Knoten mit einem einfachen Kreuzschlag (einfacher Knoten). Dabei ist zu beachten, dass die Seilenden lang genug sind.

SCHRITT 2 Die Seilenden werden nun so überkreuzt, dass der zweite Kreuzschlag genau entgegengesetzt liegt wie bei einem Doppelknoten.

SCHRITT 3 Zu beachten ist, dass die beiden langen bzw. kurzen Enden jeweils auf einer Seite liegen. Der Knoten kann nun langsam und gleichmäßig festgezogen werden.

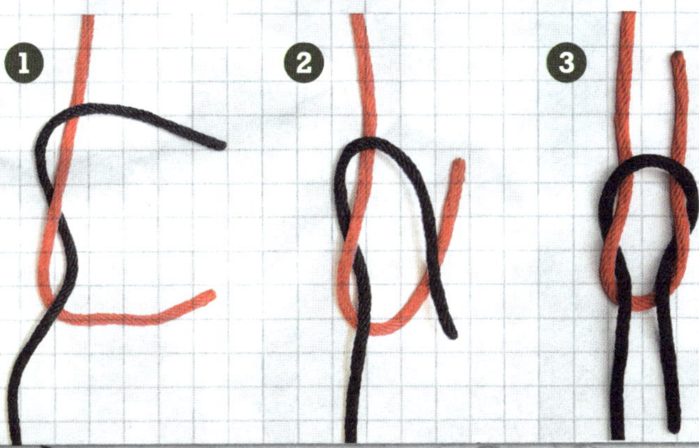

DER POINT OF NO RETURN

In Wüsten und Steppen gehört bei der Reiseplanung und Navigation die regelmäßige Bestimmung des »Point of no Return«, kurz »PONR« oder »PNR« zur absoluten Pflicht. **Macht man hier einen Fehler, kann das dazu führen, dass es wirklich keine »Wiederkehr« gibt.** Ausschlaggebend für den PNR sind immer verfügbare Ressourcen wie Treibstoff, Nahrung, Wasser oder auch Zeit (Wintereinbruch, Flut, Unwetter). Der PNR bestimmt den Punkt, an dem die Rückkehr auf derselben Strecke mehr Ressourcen verbraucht oder länger dauert, als das Erreichen des Ziels.

SCHRITT 1 Du bestimmst die beschränkenden Ressourcen. Die wichtigste und rarste Ressource wird für den PNR einbezogen (meist Wasser, Zeit oder Treibstoff).

SCHRITT 2 Rechne diese Ressource auf den geplanten Tagesbedarf herunter – wie viele Tage, Kilometer etc. reicht sie? Reicht die Hälfte der Ressource um mindestens die Mitte zu erreichen?

SCHRITT 3 Mache einen Tagesstreckenplan – wie weit musst Du täglich vorangekommen sein, damit die derzeit knappste Ressource ohne Anbruch von Reserven bis zum Ziel oder einer Tank- bzw. Wasserstelle reicht.

SCHRITT 4 Achte darauf, dass Ressourcen auf Streckenabschnitten unterschiedlich stark verbraucht werden und man sehr unterschiedlich schnell voran kommt.

SCHRITT 5 Überprüfe mindestens täglich, ob der Verbrauch und das Vorankommen der Planung entspricht – vergiss nicht zu checken, ob ggf. mittlerweile andere Ressourcen knapp werden.

SCHRITT 6 Jeden Tag passt Du den PNR neu an – kommst Du gut voran, liegt er näher am Ziel, reicht die Ressource nicht bis zur zeitlichen oder Streckenmitte, brich ab und kehre sofort um.

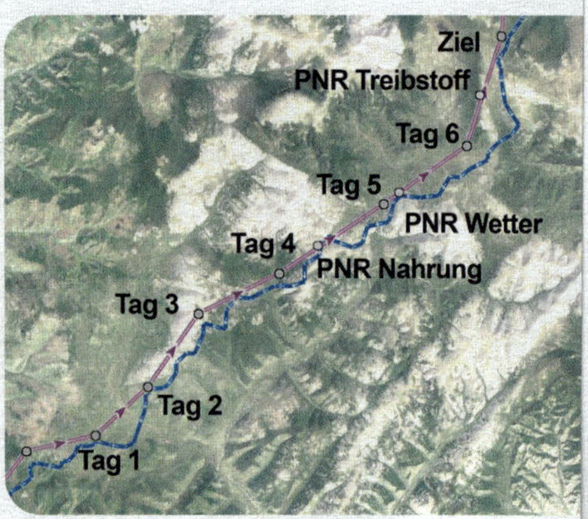

Auf der Karte wird jeden Tag der PNR verschiedener Ressourcen eingetragen.

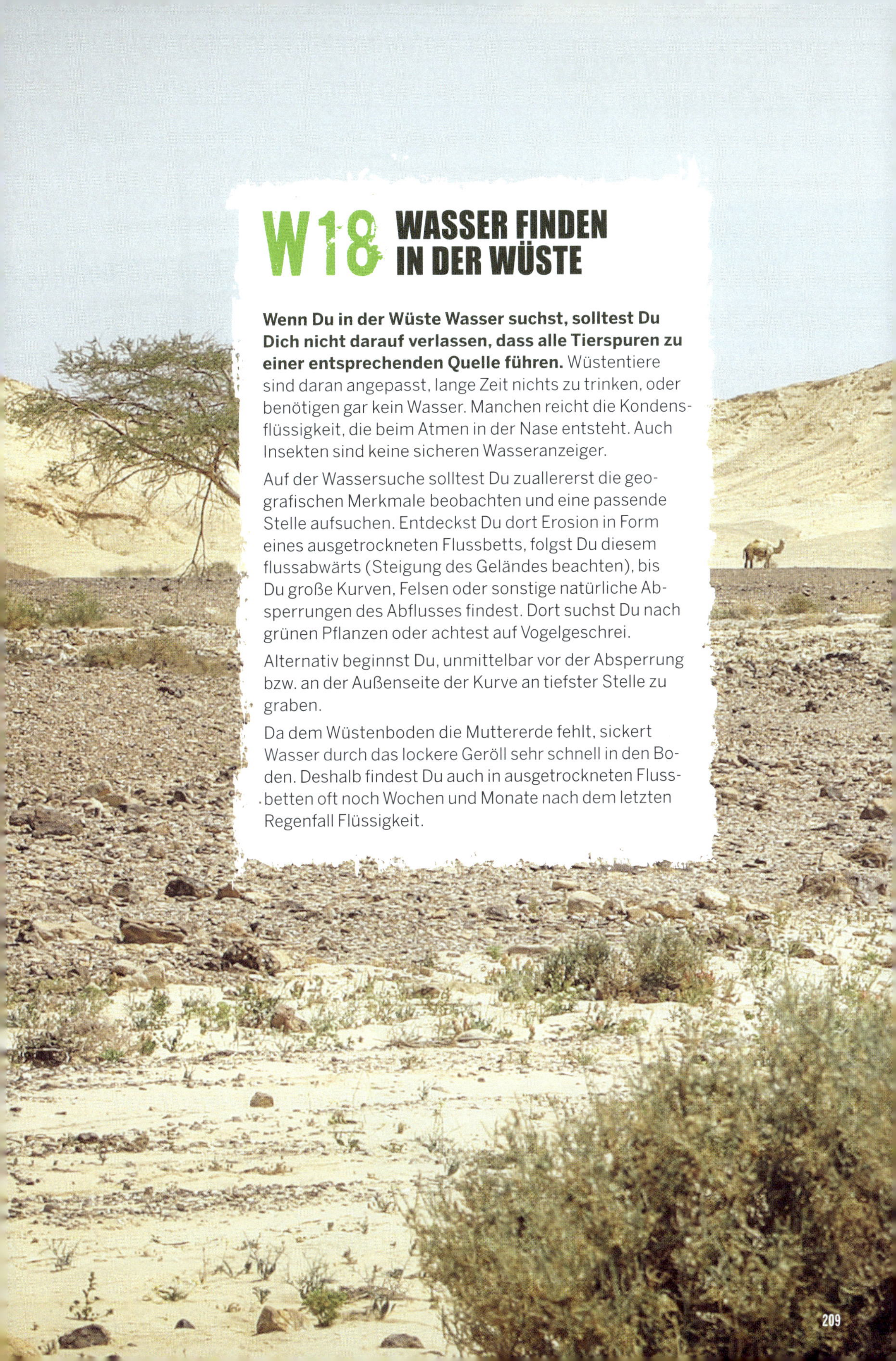

W18 WASSER FINDEN IN DER WÜSTE

Wenn Du in der Wüste Wasser suchst, solltest Du Dich nicht darauf verlassen, dass alle Tierspuren zu einer entsprechenden Quelle führen. Wüstentiere sind daran angepasst, lange Zeit nichts zu trinken, oder benötigen gar kein Wasser. Manchen reicht die Kondensflüssigkeit, die beim Atmen in der Nase entsteht. Auch Insekten sind keine sicheren Wasseranzeiger.

Auf der Wassersuche solltest Du zuallererst die geografischen Merkmale beobachten und eine passende Stelle aufsuchen. Entdeckst Du dort Erosion in Form eines ausgetrockneten Flussbetts, folgst Du diesem flussabwärts (Steigung des Geländes beachten), bis Du große Kurven, Felsen oder sonstige natürliche Absperrungen des Abflusses findest. Dort suchst Du nach grünen Pflanzen oder achtest auf Vogelgeschrei.

Alternativ beginnst Du, unmittelbar vor der Absperrung bzw. an der Außenseite der Kurve an tiefster Stelle zu graben.

Da dem Wüstenboden die Muttererde fehlt, sickert Wasser durch das lockere Geröll sehr schnell in den Boden. Deshalb findest Du auch in ausgetrockneten Flussbetten oft noch Wochen und Monate nach dem letzten Regenfall Flüssigkeit.

A28 EINEN SULKY BAUEN

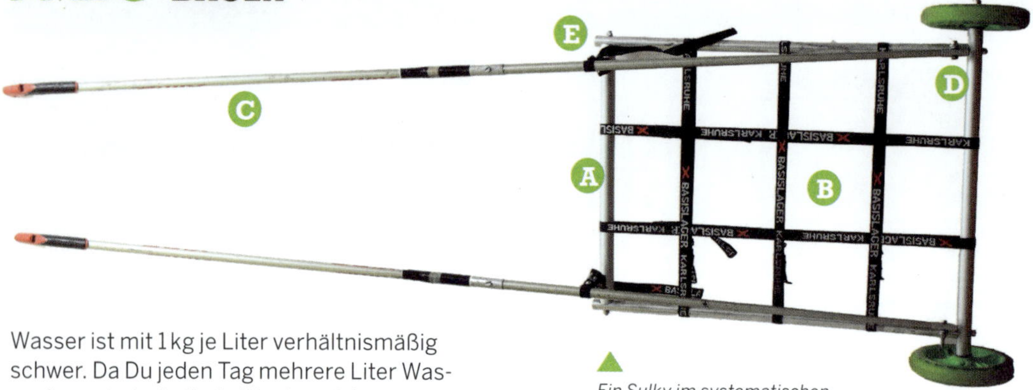

Ein Sulky im systematischen Aufbau von oben betrachtet.

Wasser ist mit 1 kg je Liter verhältnismäßig schwer. Da Du jeden Tag mehrere Liter Wasser brauchst, die Du in Wüsten nicht zuverlässig findest, kann es nötig sein, mehr als 30 Liter Wasser pro Woche mitzunehmen. Diese schwabbelige Masse kannst Du kaum im Rucksack tragen. **Ideal für Wüsten ist deshalb ein Sulky bzw. Pilgerwagen, der mit Wassersäcken bepackt werden kann und den Du hinter Dir herziehst.** Sulkys kannst Du im Fachhandel kaufen oder mit etwas Geschick selbst aus Fahrrad-Kinderanhängern oder Tretrollern bauen. Hierbei solltest Du beachten, dass zweiachsige Anhänger immer besser sind als einachsige; bei schwierigem Gelände solltest Du Wert auf stabile Deichseln und große Räder legen.

Zum Bau eines Sulkys benötigst Du einen stabilen Rahmen **(A)**, den Du mit Stoff oder Gurten **(B)** so bespannst, dass Wassersäcke darauf passen. Passende Deichseln **(C)** kannst Du Dir aus Carbon-Skistöcken bauen. Sie werden an der Spitze mit einer Metallhülse verstärkt und zum Verschrauben mit dem Sulky durchbohrt **(D)**. Den zweiten Aufhängepunkt **(E)** kannst Du aus Gurtbändern herstellen.

Achte immer darauf, dass alles mit selbstsichernden Muttern verschraubt wird und das Gepäck verlustsicher verzurrt werden kann.

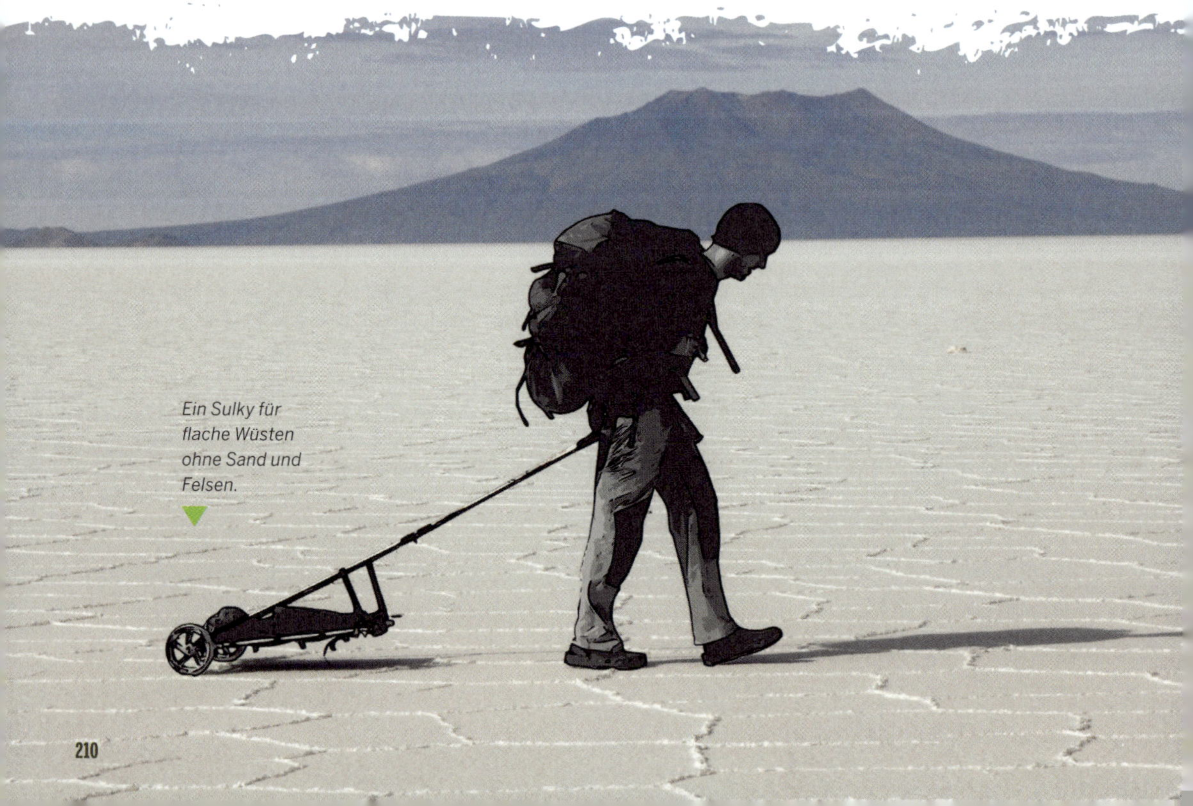

Ein Sulky für flache Wüsten ohne Sand und Felsen.

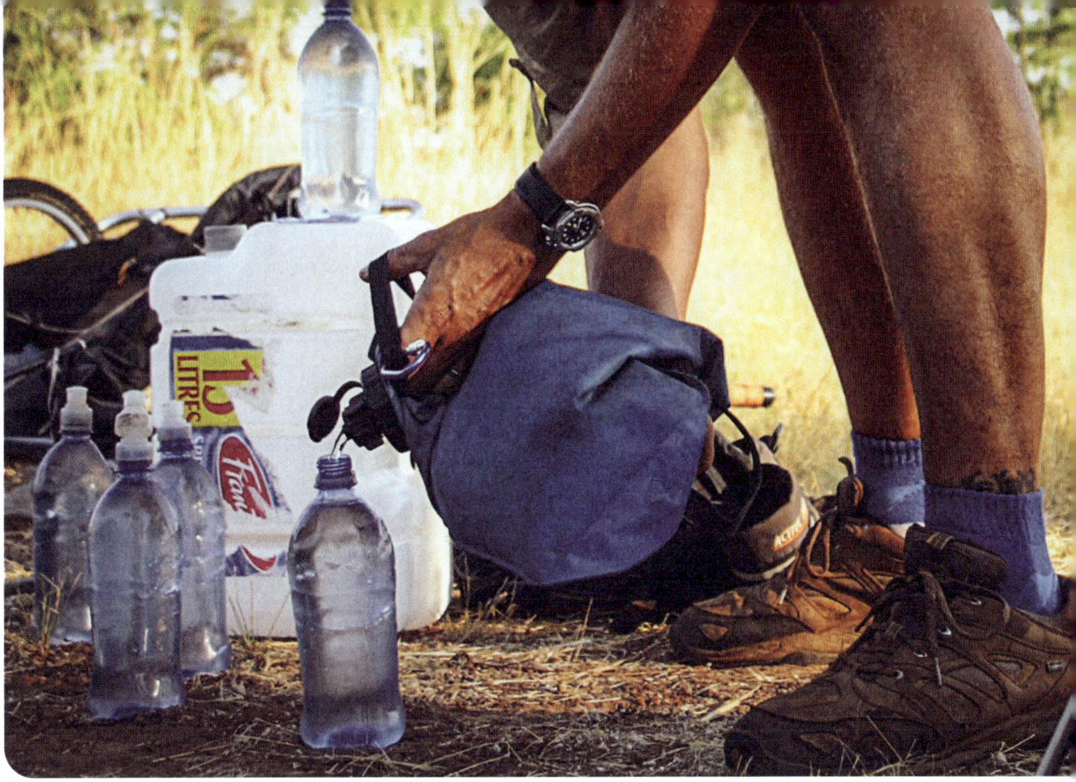

*Damit Du in der Wüste nicht in Gefahr gerätst, solltest Du Wasserlager anlegen oder einen →**Sulky** dabei haben.*

W 19 RESERVEN ANLEGEN UND RATIONIEREN

Meine Regeln zum Wasserverbrauch auf Extremreisen in Wüsten und andere wasserarme Regionen:

- Auch wenn unterwegs täglich Wasser aufgefüllt werden kann, bleibt immer mindestens 1 Liter als unangetastete Reserve.

- Sobald absehbar ist, dass die verfügbare Wassermenge zu gering ist, wird rationiert – **nicht erst wenn das Wasser knapp wird.**

- Sobald klar ist, dass trotz reduziertem Verbrauch das Ziel mit dem verfügbaren Wasser nicht erreichbar ist, wird so wenig Wasser getrunken wie nur möglich.

- Wenn der letzte Liter der »eisernen Reserve« angebrochen wird, muss der Verbrauch nochmals deutlich reduziert werden – täglich werden nun maximal 0,1 Liter Wasser getrunken.

S 12 SANDSTÜRME ÜBERSTEHEN

In Wüstenregionen kann es vor allem in Frühjahr und Sommer durch heiße Winde zu Sand- oder Staubstürmen kommen.

So bedrohlich die auf Dich heranrollende dunkle Wand ist, so ungefährlich sind die Stürme bei richtigem Verhalten. Da die Sicht praktisch bei Null liegt, solltest Du bei einem Sandsturm nicht mit dem Fahrzeug fahren, sondern einen Abstellplatz neben der Straße suchen (es gibt immer wieder Unverbesserliche, die bei Sandstürmen rasen).

Bist Du zu Fuß, solltest Du Dich für ein paar Stunden einrichten. Bei starken und schnell aufziehenden Stürmen ist der Zeltaufbau problematisch. Du kannnst Dir das →**Shemagh** über die Augen binden, Dich irgendwo hinsetzen und abwarten. Eingegraben wirst Du nicht werden.

A 29 MIT DEM SULKY UNTERWEGS

Wer den ultimativen Grenzgang zwischen Leben und Tod sucht, ist auf vollautarken Wüstentouren gut bedient.

Das Wasser, Deine Lebensversicherung für die gesamte Reisezeit, hast Du bei Dir. Während es unmöglich ist, genügend Wasser auch nur für drei Tage in heißem und trockenem Klima auf dem Rücken zu tragen, kann ein Sulky ermöglichen, Gegenden zu Fuß zu bereisen, die vorher noch nie von einem Menschen betreten worden sind.

Auf dem Sulky kannst Du bis zu 100 Liter Wasser transportieren. Bevor Du Dich mit einem **→selbstgebauten Sulky** ins Abenteuer stürzt, solltest Du unbedingt seine Zuverlässigkeit auf entsprechendem Untergrund testen und ausloten, welche Strecke Du damit an einem Tag bewältigen kannst.

Führst Du neben dem Wasser nur wenig Ausrüstung mit, kann die Tagesstrecke je nach Untergrund und Deiner Fitness zwischen 40 und 60 Kilometern betragen.

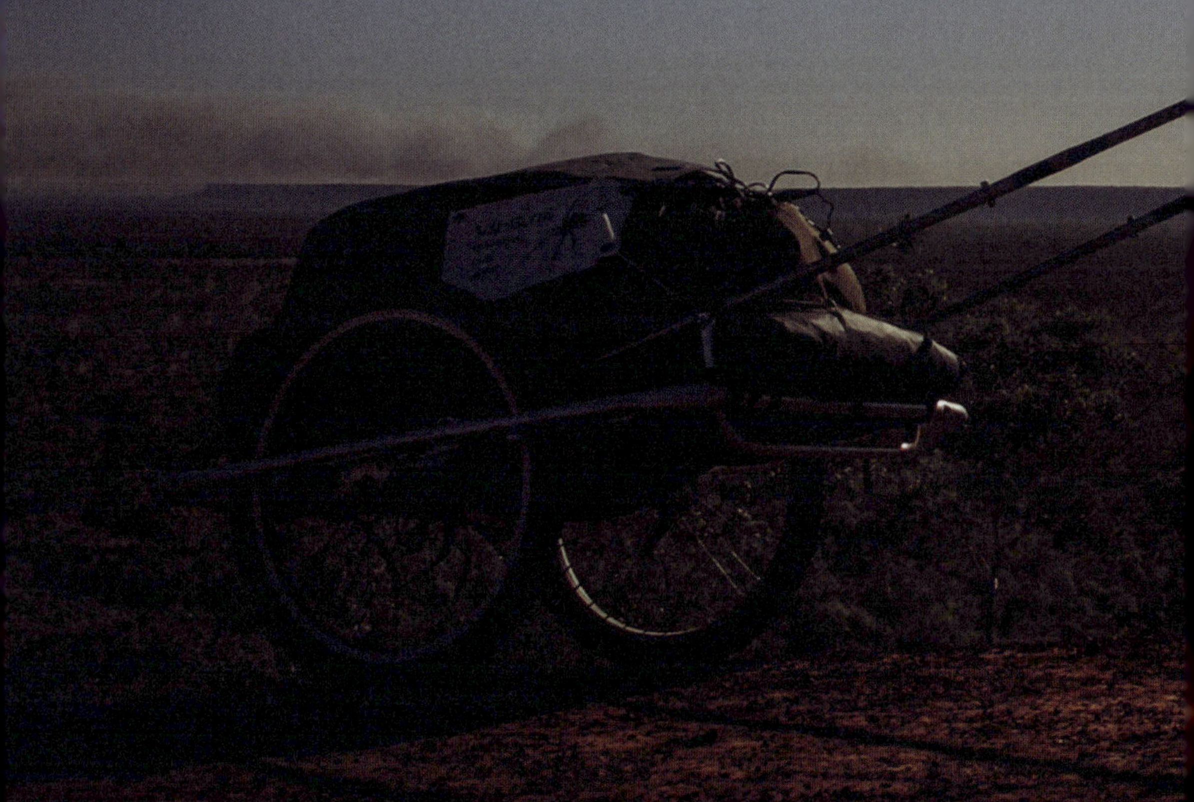

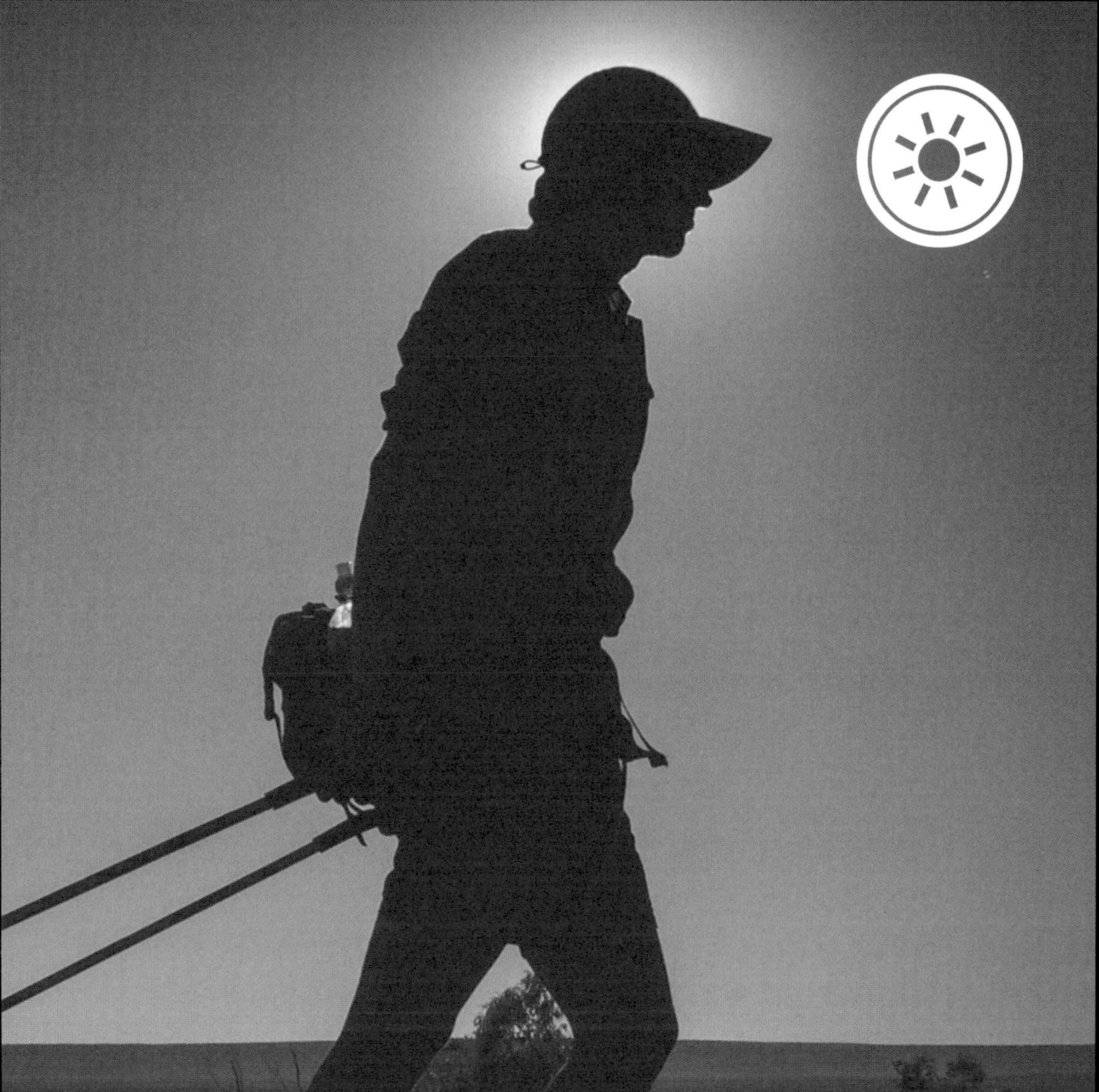

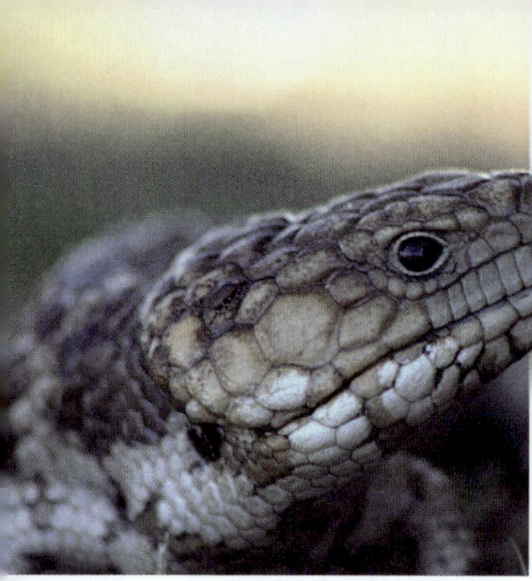

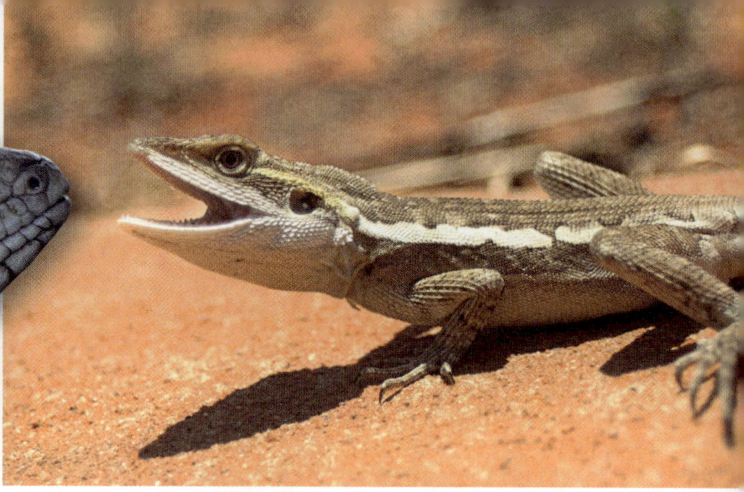

▲ *Sie sind zwar nicht giftig, können aber ziemlich gut zubeißen. Reptilien sollten generell mit Fallen oder einem Keulenschlag getötet und auf keinen Fall mit bloßer Hand gefangen werden.*

N 51 REPTILIEN ESSEN

Weltweit werden Reptilien als Nahrung genutzt. Während →**Schlangen** sich durch giftige Bisse verteidigen können, sind vierbeinige Arten wie Schildkröten, Warane und Echsen in aller Regel ungefährlicher. Natürlich können Dich alle Arten beißen, sie haben aber mit Ausnahme einer mittelamerikanischen Echse keine Giftzähne. Da der Speichel von großen Reptilien wie Waranen stark mit Keimen durchsetzt ist, solltest Du dennoch unbedingt vermeiden, gebissen zu werden.

Am einfachsten lassen sich solche Tiere mit altem Fisch als Köder in einer →**Pajute Death Trap** fangen oder mit einem längeren Ast erschlagen.

Nach dem Ausnehmen sollten sie bald zubereitet werden, da sich ihr Fleisch in der Hitze schnell zersetzt.

W 20 URIN TRINKEN

Auch wenn Du vielleicht schon mal anderes gehört hast, ist Harn keine geeignete Flüssigkeit zum Trinken während des Verdurstens – wohl aber davor.

Wenn im Blut eine ausreichend große Wassermenge vorliegt, scheiden die Nieren Urin mit viel Wasser und geringer *Mineralienkonzentration* aus. Dieser transparente Harn ist gering konzentriert und kann wie Trinkwasser verwendet werden. Ist jedoch im Körper durch Verdursten zu wenig Wasser im Blut, wird konzentrierter Harn ausgeschieden, also »dicker«, tief oranger, fast rötlicher Urin mit einer geringen Menge von Wasser und vielen Salzen. **Trinkst Du diesen während des Verdurstens, kann das Ergebnis ebenso wie beim Trinken von Salzwasser der Tod sein.**

Wenn Du von einem Tag auf den anderen kein Wasser mehr zur Verfügung hast, kannst Du je nach Klima noch etwa 24 Stunden lang Harn als Trinkwasserersatz sammeln. Später ist der Urin nicht mehr ohne vorherige →**Destillation** trinkbar.

SCHWEIZER FLASCHENZUG

Wenn Du Dich mit dem Auto festgefahren hast, schwere Lasten anheben möchtest oder eine verletzte Person aus einer Spalte heben musst, kann Dir ein einfacher Flaschenzug mit Rücksperre helfen.

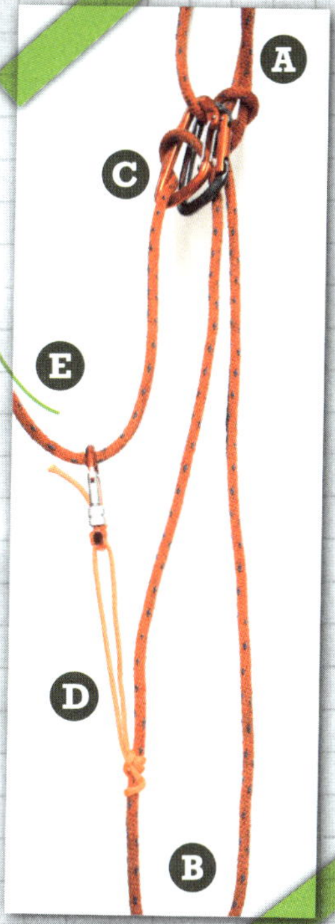

SCHRITT 1 An einem Baum oder einem Haken wird das Seil festgebunden, in die Schlaufe werden 2 Karabinerhaken eingeschlauft **(A)**.

SCHRITT 2 Um einen Umlenkpunkt an der Last wird das Seil geführt **(B)** und zurück zum Knoten am Fixpunkt gezogen. Hier wird das Seil als →**Gardaschlinge (C)** in die Haken eingeschlauft, so dass das Seil gezogen werden kann, bei Entlastung aber nicht zurückrutscht.

SCHRITT 3 In einigen Metern Entfernung wird mit einer →**Prusikschlinge** ein weiterer Umlenkpunkt erzeugt **(D)**, in den das freie Seilende eingehängt wird.

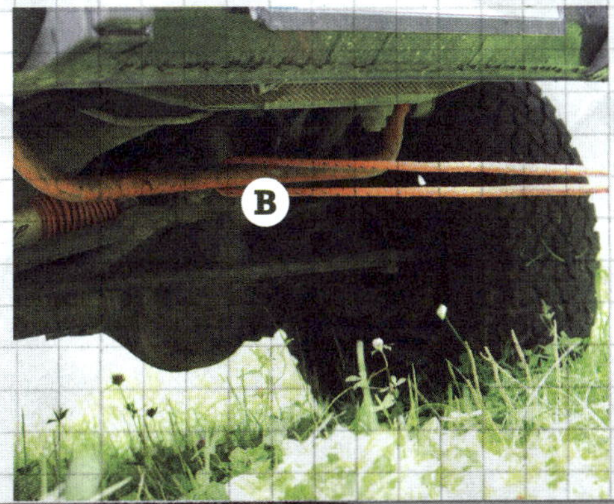

Ziehst Du nun am Seil **(E)**, musst Du nur einen Bruchteil der Kraft aufbringen, die zum Anheben oder Ziehen der Last notwendig ist.

Ruhst Du Dich aus, sperrt die Gardaschlinge, und die Last rutscht nicht wieder zurück. Ist der Prusik an der Gardaschlinge angekommen, wird er wieder in Richtung der Last geschoben.

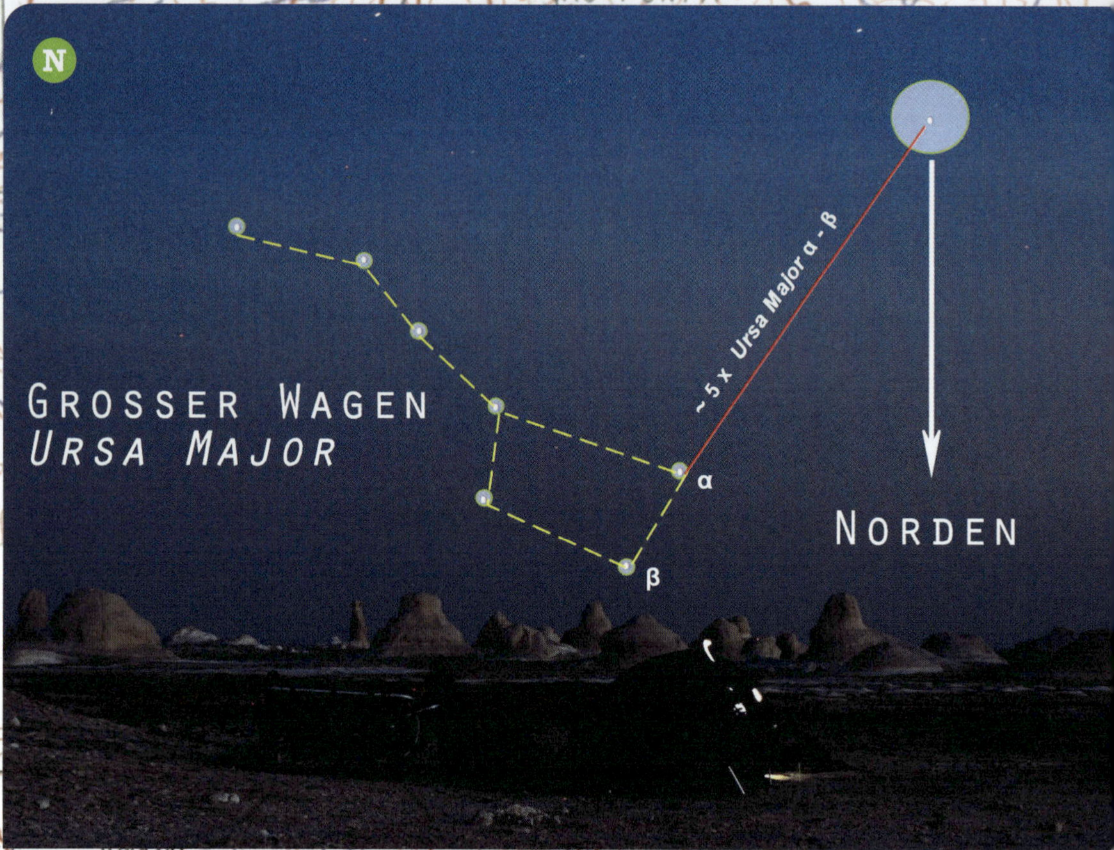
N
GROSSER WAGEN
URSA MAJOR
~ 5 x Ursa Major α - β
α
β
NORDEN

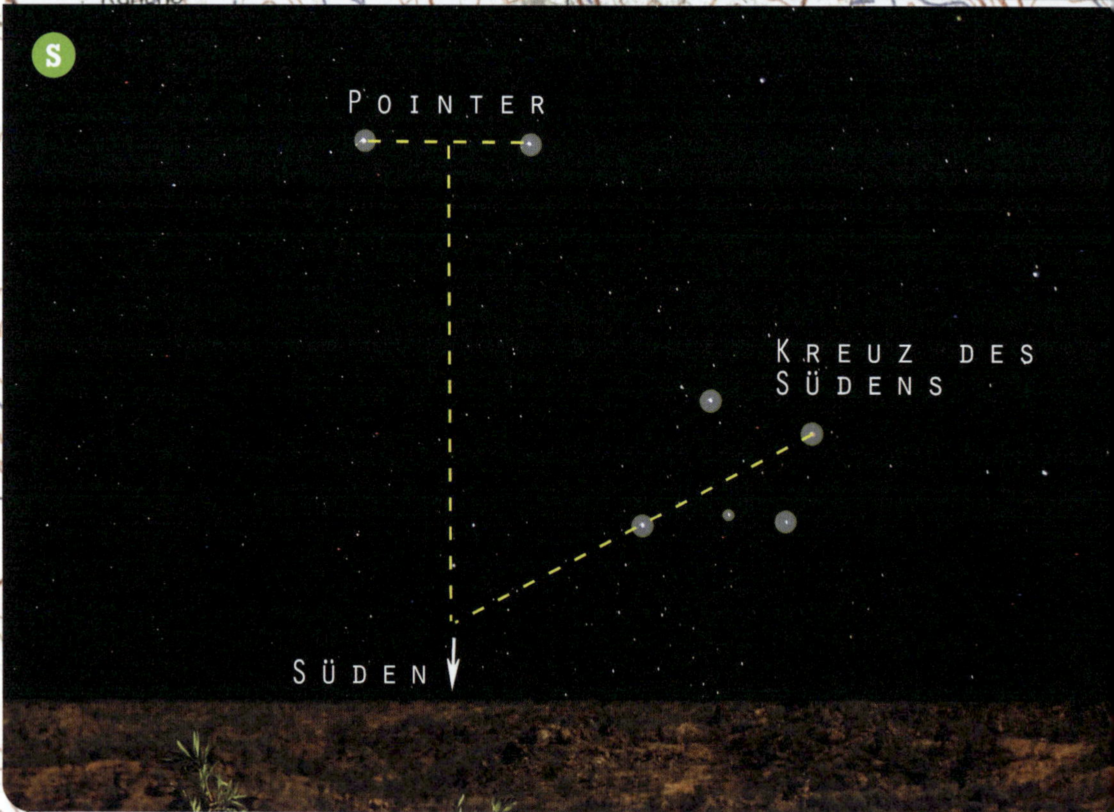
S
POINTER
KREUZ DES
SÜDENS
SÜDEN

DIE ORIENTIERUNG BEHALTEN #08

ORIENTIERUNG UNTERM STERNENHIMMEL

Um im Notfall in unbekannter Umgebung die Marschrichtung festzulegen, musst Du mindestens die Himmelsrichtungen bestimmen können. Nachts geht das am einfachsten mit Hilfe der Sterne. Je nachdem, ob Du Dich auf der Nord- oder Südhalbkugel befindest, arbeitest Du mit Hilfe des Sternenbilds **»Großer Wagen« (Nordhalbkugel)** oder **»Kreuz des Südens« (Südhalbkugel)**.

N NORDHALBKUGEL

SCHRITT 1 Suche das Trapez des Großen Wagens (auch: »Großer Bär«). Dieses Sternbild ist das gesamte Jahr über in gemäßigten Breiten sichtbar.

SCHRITT 2 Bestimme die beiden letzten Sterne »α« und »β«, die Hinterseite des Wagens.

SCHRITT 3 Denk Dir die verbindende Linie über »α« auf ca. fünffacher Länge bis zum nächsten hellen Stern (Polarstern).

SCHRITT 4 Zieh die kürzeste Verbindung (Senkrechte) vom Polarstern zum Horizont. Diese Stelle markiert den Norden.

S SÜDHALBKUGEL

SCHRITT 1 Suche das »Kreuz des Südens« und die beiden in der Nachbarschaft liegenden hellen »Pointer-Sterne«.

SCHRITT 2 Verlängere die lange Seite des Kreuzes zum Horizont.

SCHRITT 3 Verbinde die beiden Pointer-Sterne in Gedanken mit einer Linie und zieh mittig darauf eine Senkrechte.

SCHRITT 4 Die Verlängerung des Kreuzes und die Senkrechte der »Pointer«-Verbindung schneiden sich.

SCHRITT 5 Zieh die kürzeste Verbindung (Senkrechte) vom Schnittpunkt der beiden Linien zum Horizont. Diese Stelle markiert den Süden.

Wer hat noch nicht davon geträumt, als Trapper in seiner eigenen Holzhütte zu hausen, am Feuer zu kochen und vom Fallenstellen sowie Pelzverkauf zu leben? Für dieses Lebensgefühl musst Du nicht gleich nach Kanada ziehen. Dein kleines Gartenhaus oder die Grillhütte sind schon mal ein guter Anfang. Dort kannst Du alle Techniken lernen und üben, um dann irgendwann vielleicht doch einmal ein gesamtes Jahr in einer einsamen Waldhütte zu verbringen.

ÜBERLEBEN ALS TRAPPER

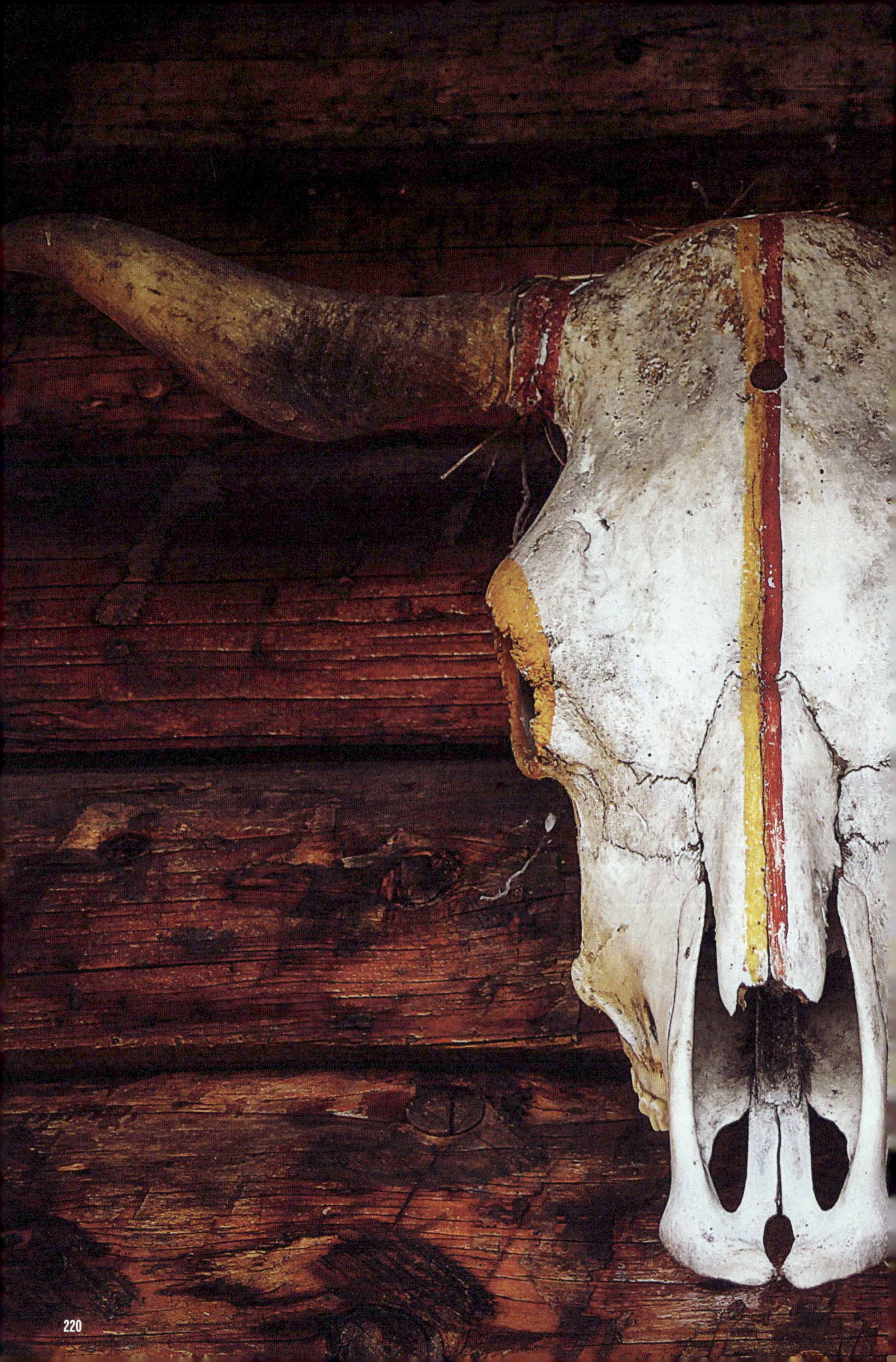

Das wahre Leben.

Vielleicht ist es gerade der hohe Grad an Technisierung Deines täglichen Lebens, der dazu führt, dass Du Dich insgeheim danach sehnst, in Abgeschiedenheit und archaischer Einfachheit zu leben.

Eine Arbeit, bei der jeder Handgriff sein sichtbares Ergebnis hat, ob Du Holz spaltest, ein Tier erlegst oder ein Feuer entzündest.

Tatsächlich ist es ein hartes Leben voller Entbehrungen, schwerer körperlicher Arbeit und Einsamkeit. Doch scheint es so erfüllend, dass sich immer mehr Menschen dazu entschließen, zumindest zeitweise als »Trapper« zu leben.

Diesem Ziel nahezukommen erfordert Gewöhnung an den Verzicht, Übung und Mut.

A 30 AUSRÜSTUNG FÜR DEN TRAPPER

Du wirst bestimmt nicht zu Fuß an Deiner Trapperhütte ankommen. Oft wird Arbeitsmaterial mit dem Boot, dem Flugzeug oder dem Geländewagen transportiert.

Das Leben als Trapper ist hart. Deshalb kannst Du Dir auch ein wenig Luxus und Romantik gönnen. Neben den hier beschriebenen Ausrüstungsgegenständen wirst Du noch sehr viel mehr mitnehmen können. Auf die folgenden solltest Du aber in keinem Fall verzichten.

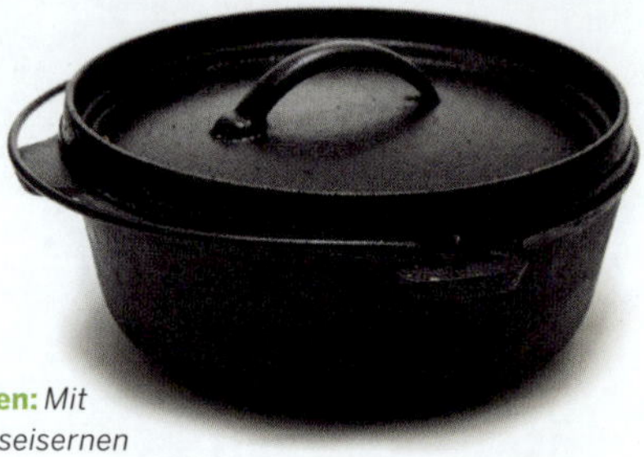

Dutch Oven: *Mit einem gusseisernen Topf wird direkt auf dem Feuer gekocht. Ob Bohnen mit Speck oder Wildfleisch, mit einem Dutch Oven gelingt Dir alles.*

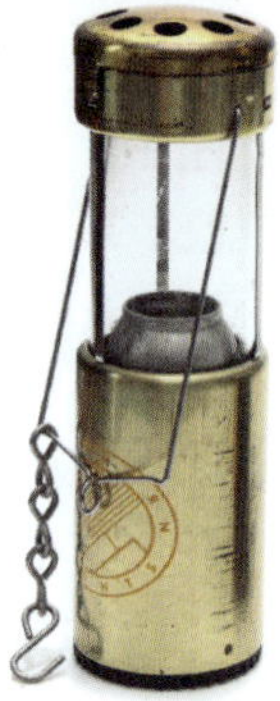

Kerzenlaterne: *Stilvoll beleuchtet eine Laterne mit selbstnachschiebender Kerze Deine Hütte bei Nacht.*

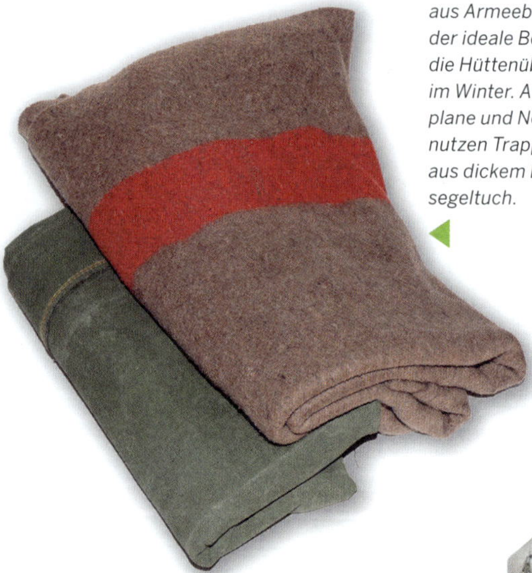

Wolldecke & Canvas: *Eine warme Wolldecke aus Armeebeständen ist der ideale Begleiter für die Hüttenübernachtung im Winter. Als Allzweckplane und Notunterkunft nutzen Trapper Tarps aus dickem Baumwollsegeltuch.*

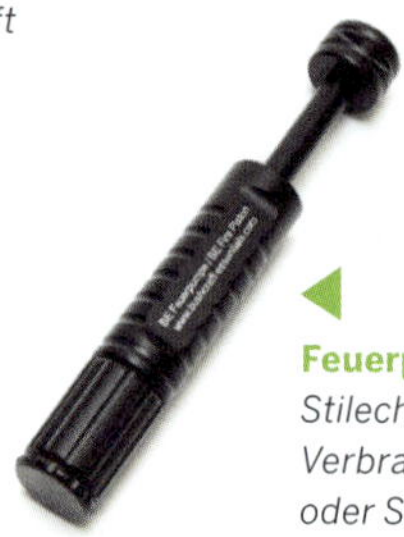

Feuerpiston: *Stilecht und ohne Verbrauch von Gas oder Streichhölzern kannst Du das Lagerfeuer oder die Pfeife mit komprimierter Luft anstecken.*

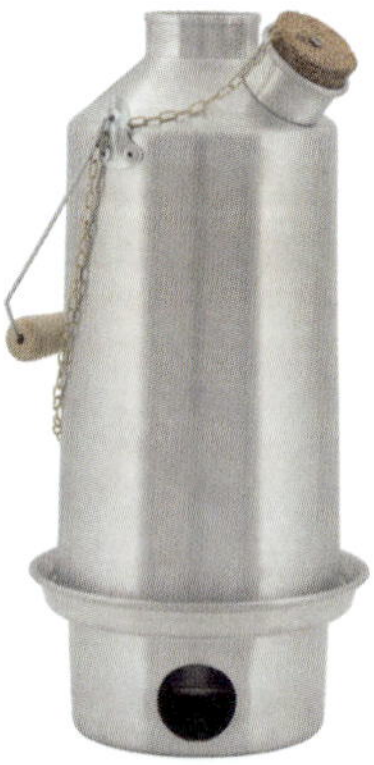

Kelly Kettle: *Morgens im Camp schnell einen Kaffee brühen, das geht besonders effektiv mit einem doppelwandigen Wasserkessel, der mit Kamineffekt funktioniert.*

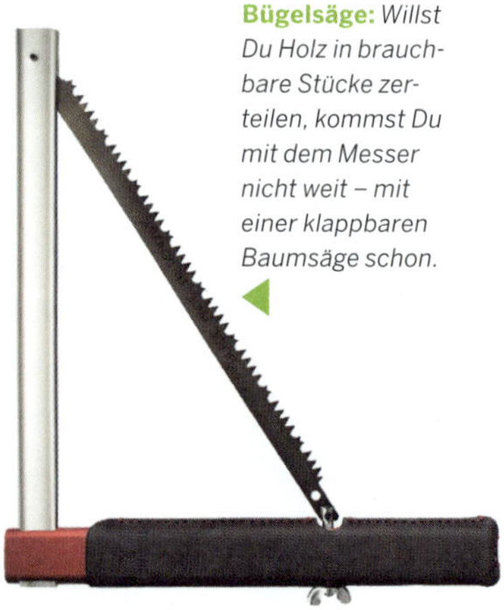

Bügelsäge: *Willst Du Holz in brauchbare Stücke zerteilen, kommst Du mit dem Messer nicht weit – mit einer klappbaren Baumsäge schon.*

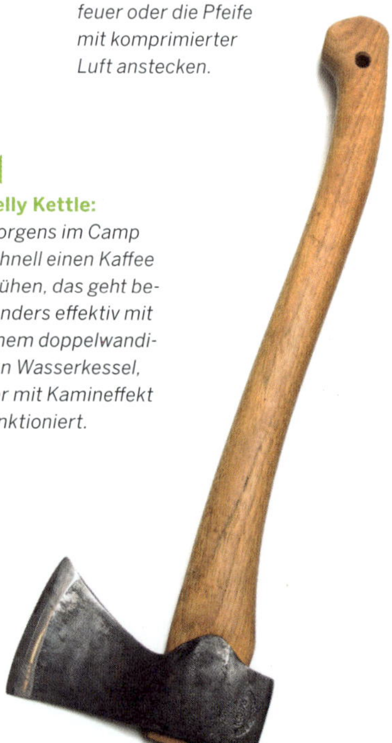

Axt: *Zum Holzspalten und Bäumefällen benutzt Du am besten eine hochwertige schmiedeeiserne Axt.*

F11 FEUERHOLZ MACHEN

Wenn Du Axt und Säge verfügbar hast, kannst Du saubere Scheite aus trockenem Brennholz machen und auch Anzündholz vorbereiten.

ZUM SPALTEN VON HOLZ GEHST DU SO VOR:

Auf einen Block, der mindestens kniehoch ist, legst Du den Holzklotz. Jetzt holst Du über den Kopf aus, wobei eine Hand in Kopfnähe, die andere am unteren Stielende ist. Beim Abwärtsschwingen rutscht die kopfnahe Hand zur unteren und beschleunigt dabei die gesamte Axt.

ACHTUNG:

Wenn das Scheit nicht von alleine steht, halte es nicht mit den Händen fest – auch nicht mit Handschuhen. Triffst Du daneben, fehlt Dir bestenfalls nur ein Finger.

Beim Arbeiten mit der Axt sind Deine Schienbeine sehr gefährdet, wenn Du vorne am Klotz vorbeischlägst. Deshalb sollte der Klotz, auf dem Du die Scheite spaltest, so breit sein, dass er den Schlag auffängt, falls Du vorbeischlägst.

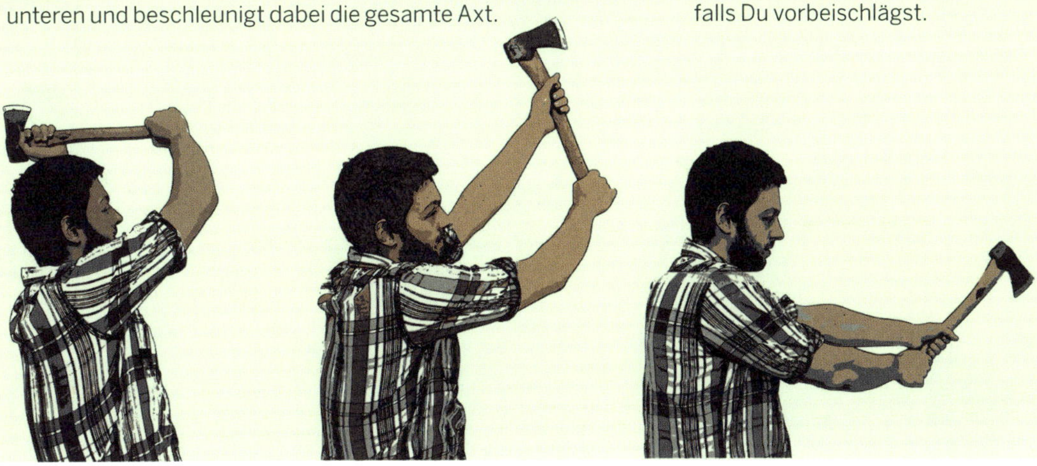

F12 SO BENUTZT MAN EINEN FEUERPISTON

Neben dem Feuerschlagen war vor allem in Asien, später aber auch bei Trappern in den USA der Feuerkolben oder »fire piston« beliebt.

Vorteil dieses Feuerzeugs ist, dass auch relativ grober Zunder wie unbehandelte Rohrkolbenfasern verwendet werden kann, um Glut zum →**Anblasen** zu erzeugen. Das Prinzip des fire piston ist dasselbe wie beim Dieselmotor: Selbstzündung durch Druck.

In eine Vertiefung des Stößels wird Zunder eingelegt **(1)**. Mit Kraft und Geschwindigkeit wird dieser in den dafür vorgesehenen Hohlraum gepresst **(2)** und sofort wieder herausgezogen. Sofort siehst Du die Glut **(3)**, die sich durch mehr als 200 °C in der komprimierten Luft gebildet hat.

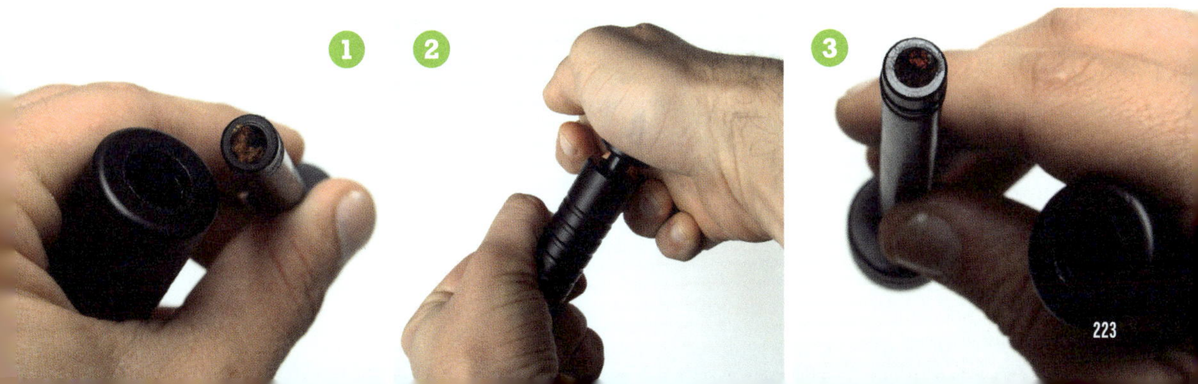

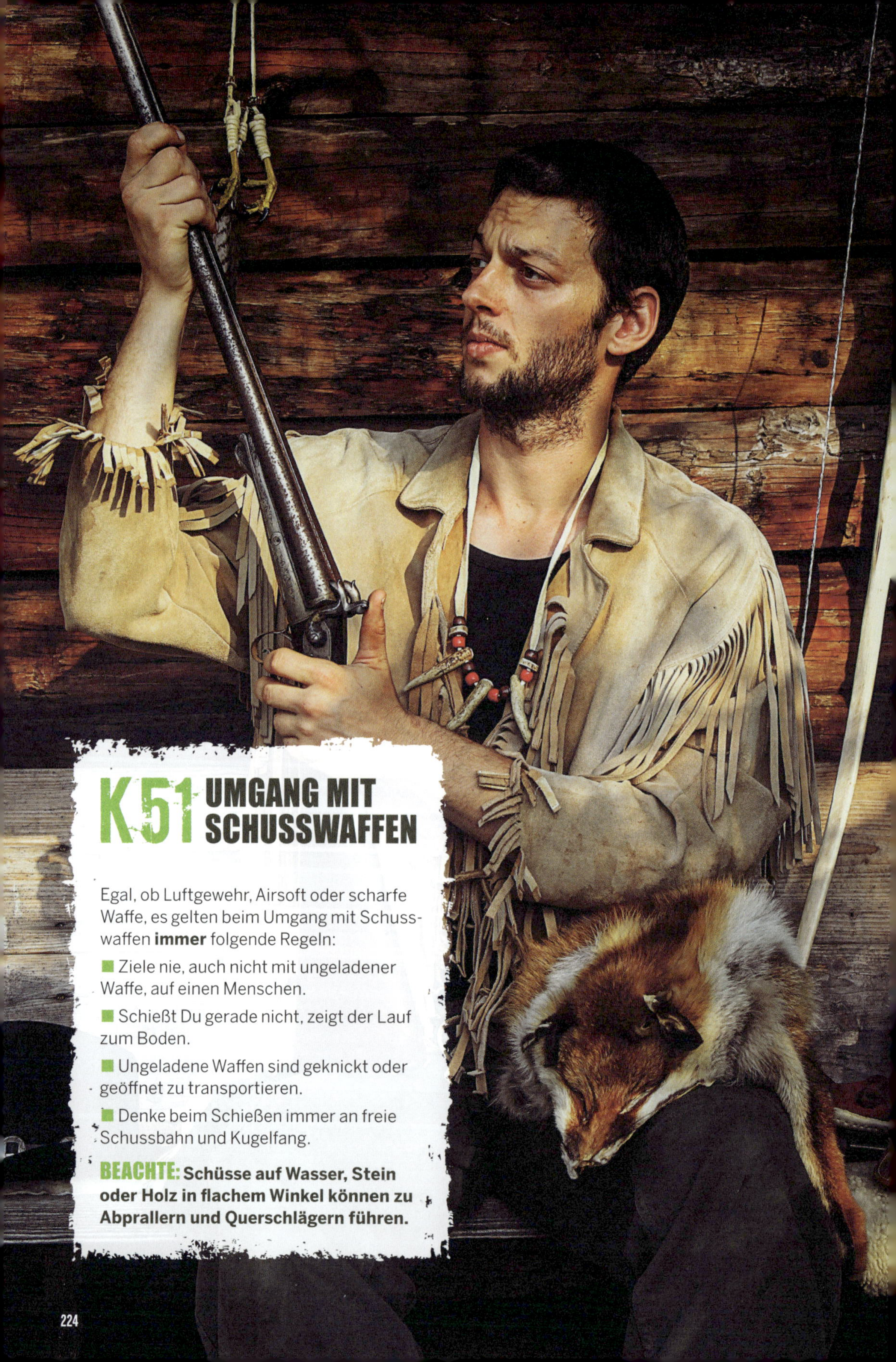

K51 UMGANG MIT SCHUSSWAFFEN

Egal, ob Luftgewehr, Airsoft oder scharfe Waffe, es gelten beim Umgang mit Schusswaffen **immer** folgende Regeln:

- Ziele nie, auch nicht mit ungeladener Waffe, auf einen Menschen.
- Schießt Du gerade nicht, zeigt der Lauf zum Boden.
- Ungeladene Waffen sind geknickt oder geöffnet zu transportieren.
- Denke beim Schießen immer an freie Schussbahn und Kugelfang.

BEACHTE: Schüsse auf Wasser, Stein oder Holz in flachem Winkel können zu Abprallern und Querschlägern führen.

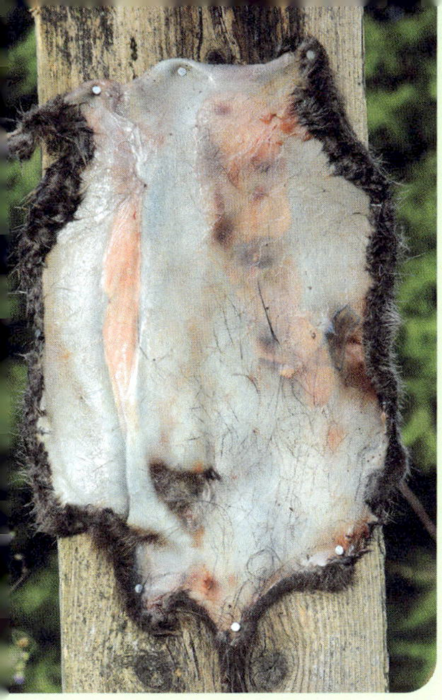

Das Fell wird mit der Haarseite nach unten auf ein Brett genagelt und im Schatten gestrocknet.

K52 TIERHÄUTE KONSERVIEREN

Trapper leben als Selbstversorger in der Einöde und verdienen ihren Lebensunterhalt durch ihre Trap-Line, also dem Fang von Tieren für die Pelzherstellung. Die Pelze werden aber nicht an Ort und Stelle gegerbt, sondern konserviert zum Kürschner gebracht. Noch heute werden Pelze nach dem →**Abziehen** von Jägern vor dem eigentlichen Gerben konserviert.

SCHRITT 1 Entferne alle Fleisch- und Fettstückchen, die auf der Fleischseite der Haut hängen und danach möglichst trocken tupfen.

SCHRITT 2 Reibe die Haut auf der Fleischseite mit reichlich Salz ein. Wenn Du kein Salz hast, nutze aber keine Asche – sonst lösen sich die Haare vom Leder.

SCHRITT 3 Egal ob mit oder ohne Salz behandelt, werden die Bälge vor dem Transport getrocknet. Dazu werden sie mit der Haarseite nach unten auf ein Brett gespannt oder über ein Brett gestülpt.

TIPP Kommen während dem Trocknen blaue Brummer, entzünde in der Nähe ein rauchendes Feuer – das hält Insekten ab.

A31 TRAPPERMÜTZE SELBER NÄHEN

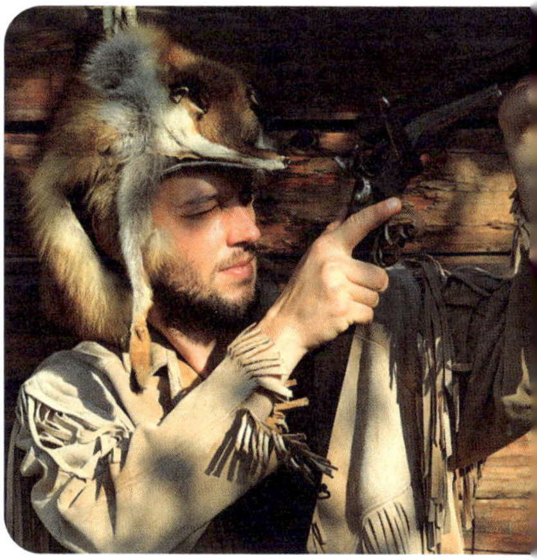

Aus einem →**gegerbten Fell** kannst Du Dir in wenigen Schritten eine echte Trappermütze nähen. Alles, was Du dazu benötigst, sind ein Messer, ein Stichel aus Knochen und etwas →**Leine**.

Auf die Fleischseite des Leders überträgst Du etwas mehr als den Umfang Deines Kopfes. Außen herum zeichnest Du folgendes Schnittmuster an, mit dem das Fell zu einer Mütze (Fellseite ist innen) gefaltet werden kann. Die zusammengeführten Kanten werden mit dem Stichel gelöchert und zusammengesteppt – fertig ist Deine Wintermütze mit umklappbaren Ohrenschützern.

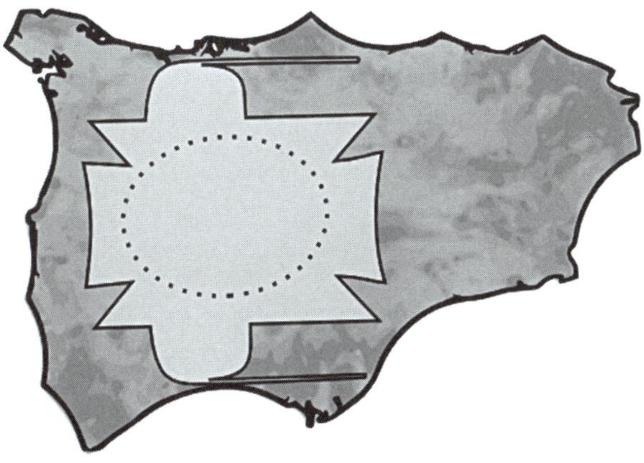

Mit diesem einfachen Schnittmuster kannst Du Dir eine wärmende Pelzmütze mit Ohrenklappen nähen.

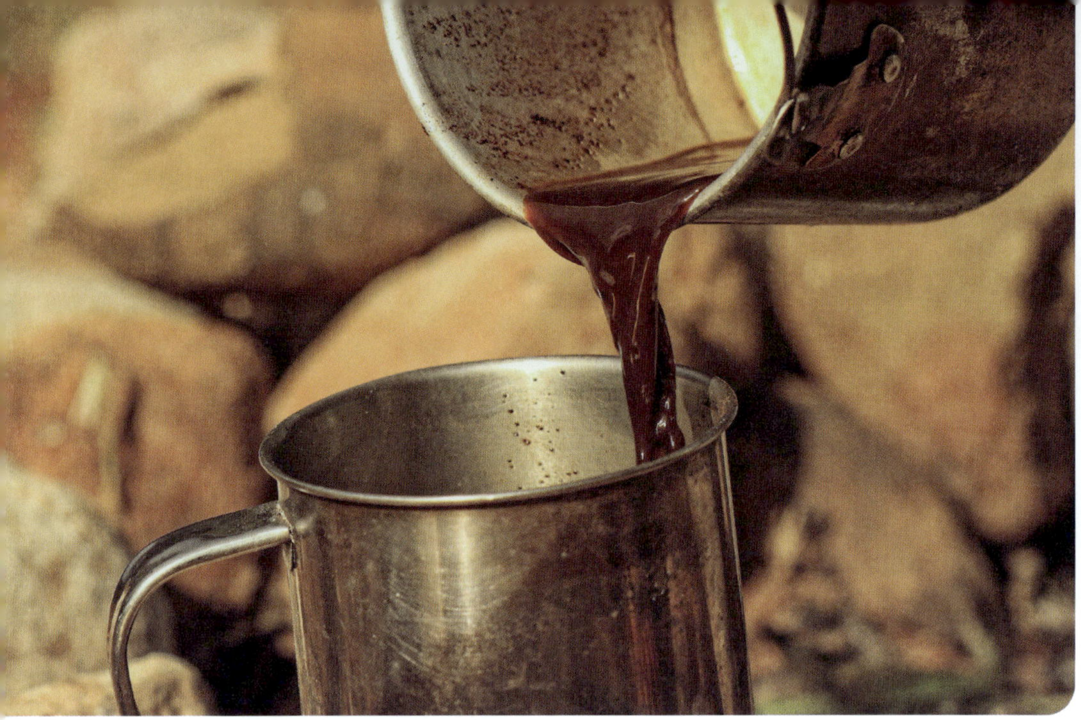

K 53 KAFFEE KOCHEN WIE EIN TRAPPER

Nach einem erfolgreichen Fang und der entsprechenden Whiskeyverkostung ist am nächsten Morgen nichts wichtiger als ein guter, starker Kaffee. Am Feuer gekocht und zu Brotfladen aus der Glut legt er die richtige Basis für einen arbeitsreichen Tag.

Alles, was Du dazu brauchst, ist gemahlener Kaffee und eine feuerfeste Tasse oder eine Billycan. Die Tasse wird zuerst mit Wasser gefüllt und die gewünschte Menge Kaffeepulver hinzugegeben. Nun stellt man die Tasse neben das Feuer und verteilt drumherum mit einem Stöckchen etwas Glut. Den Kaffee lässt man nun gut 10 Minuten sieden. Dabei werden am Rand klebende Pulverstückchen verkohlt, was dem Kaffee einen unverwechselbar rauchigen Geschmack gibt.

Die Tasse wird mit Handschuhen vom Feuer genommen. Ein Schluck kaltes Wasser kommt hinzu — das Kaffeepulver sinkt ab. Nun kann man ganz normal trinken oder vorsichtig umgießen.

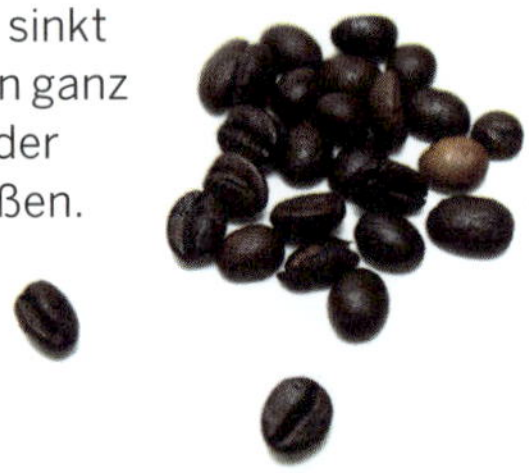

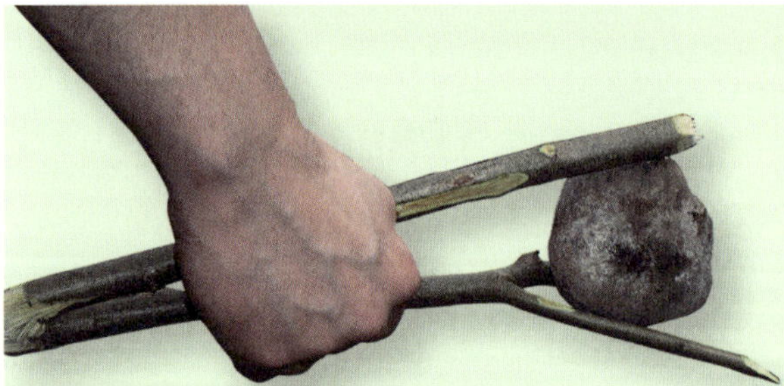

K 54 EXPRESS-GRILLZANGE

Zum Bewegen von Glut, zum Transportieren heißer Steine oder zum Wenden des Grillfleischs kannst Du Dir mit wenigen Handgriffen eine Grillgabel bauen. Du brauchst nur einen Ast, der sich oben verzweigt. Mit dem →**Power Cut** trennst Du ihn so ab, dass er etwa eine Elle lang ist und die Zinken der Gabel nicht länger als Dein kleiner Finger. Das Holz wird jetzt mittig erhitzt, um es zu →**biegen**, und so lange gebogen, bis eine »Pinzette« entstanden ist. Fasert das Holz an der Bruchstelle auf oder knickt etwas ab, ist das kein Problem. Durch das Hitzebiegen bleibt genügend Holz bestehen, um die Zange zusammenzuhalten.

TIMBER-KNOTEN

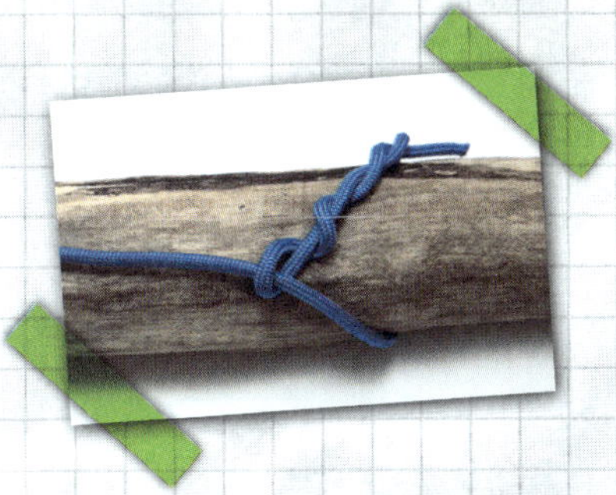

Der Timber- oder Zimmermannsknoten ist ein schneller Knoten, um Baumaterial anzuheben oder Feuerholz durch den Wald zu schleppen – er wird aber nicht eingesetzt, wenn das Herunterfallen von Lasten zu Unfällen führen könnte, und auch nicht zum Sichern von Personen!

SCHRITT 1 Ein Seil wird um den Befestigungspunkt gelegt. Beim Zurückführen des kurzen Endes ist darauf zu achten, dass es zwischen dem langen Ende und der Last liegt.

SCHRITT 2 Das Endstück wird so zurückgeschlagen, dass es eine Schlaufe um das lange Ende des Seils bildet. Das Ende wird jetzt noch 3- bis 5-mal um sich selbst gewickelt.

SCHRITT 3 Zugezogen wird der Knoten, indem das lange Ende gestrafft wird und die Wicklungen des kurzen Endes zusammengeschoben werden. Dieser einfache Knoten klemmt sich bei Belastung sofort fest und löst sich, sobald der Zug reduziert wird,

1

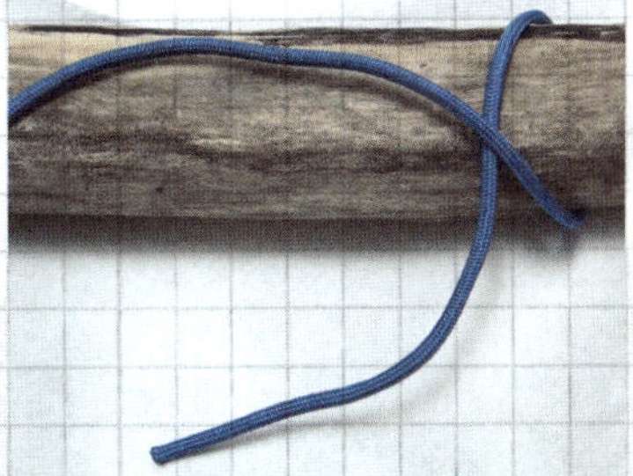

2

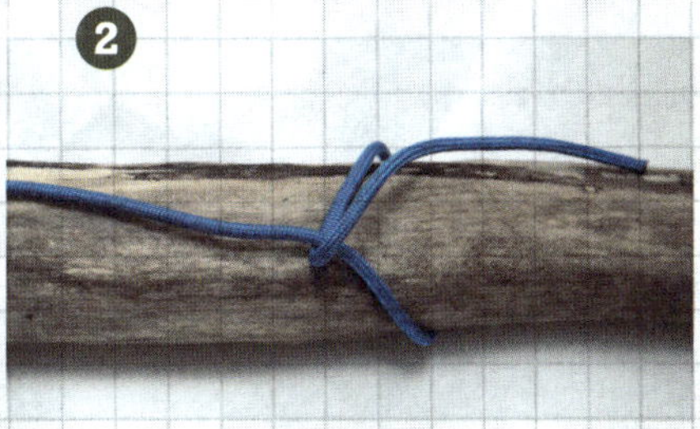

N 52 KOCHEN MIT DEM DUTCH OVEN

Der Dutch Oven, in manchen Regionen auch »camp oven« genannt, ist ein gusseiserner Topf, der zum Kochen auf dem Feuer gedacht ist. Er ersetzt Dir draußen eine gesamte Küche, Du kannst mit ihm braten, kochen und backen.

Vor dem ersten Einsatz sollte er ausgebrannt werden, da gusseiserne Waren oft mit Paraffin oder Wachs vor Rost geschützt werden. Zum Ausbrennen werden Deckel und Topf auf der Glut so lange erhitzt, bis sie nicht mehr qualmen. Dabei kann es sein, dass Flammen im Topf erscheinen – das macht ihm überhaupt nichts aus. Dann wird die Hitze etwas reduziert und Topf wie Deckel werden mit Fett oder Öl bestrichen, was spritzen und qualmen wird. Danach ist der Topf innen mit dem Fett versiegelt, nichts wird darin anbrennen oder festbacken. Dafür darf er nicht mehr mit Spülmittel gewaschen werden, weil er sonst den Seifengeschmack annehmen könnte.

REZEPT NR. 1: BROT BACKEN

Das Backen eines richtigen Brotlaibs ist draußen eine Kunst. Dafür bereitest Du mit Mehl und beliebigen Zutaten wie Gewürzen, Zwiebeln und Speck oder Trockenfrüchten einen Teig und lässt ihn gehen.

Derweil wird der Topf *an* das Feuer gestellt, damit er heiß wird. Innen hinein gibst Du einige flache Steine, die den direkten Kontakt des Teigs mit dem Topf verhindern, dann backt nichts an. Nun deckst Du den Deckel drauf und legst nur einige kleine Stückchen Glut darauf (der Deckel hat extra zu diesem Zweck einen hochgezogenen Rand).

Nach einer Viertelstunde öffnest Du den Topf und lässt den Teig hineingleiten. Der Topf wird wieder verschlossen und Du legst nur ganz wenig Glut *neben* den Topf – das dicke Gusseisen verteilt die Hitze gleichmäßig. Nach etwa einer dreiviertel Stunde sollte Dein Brot fertig sein.

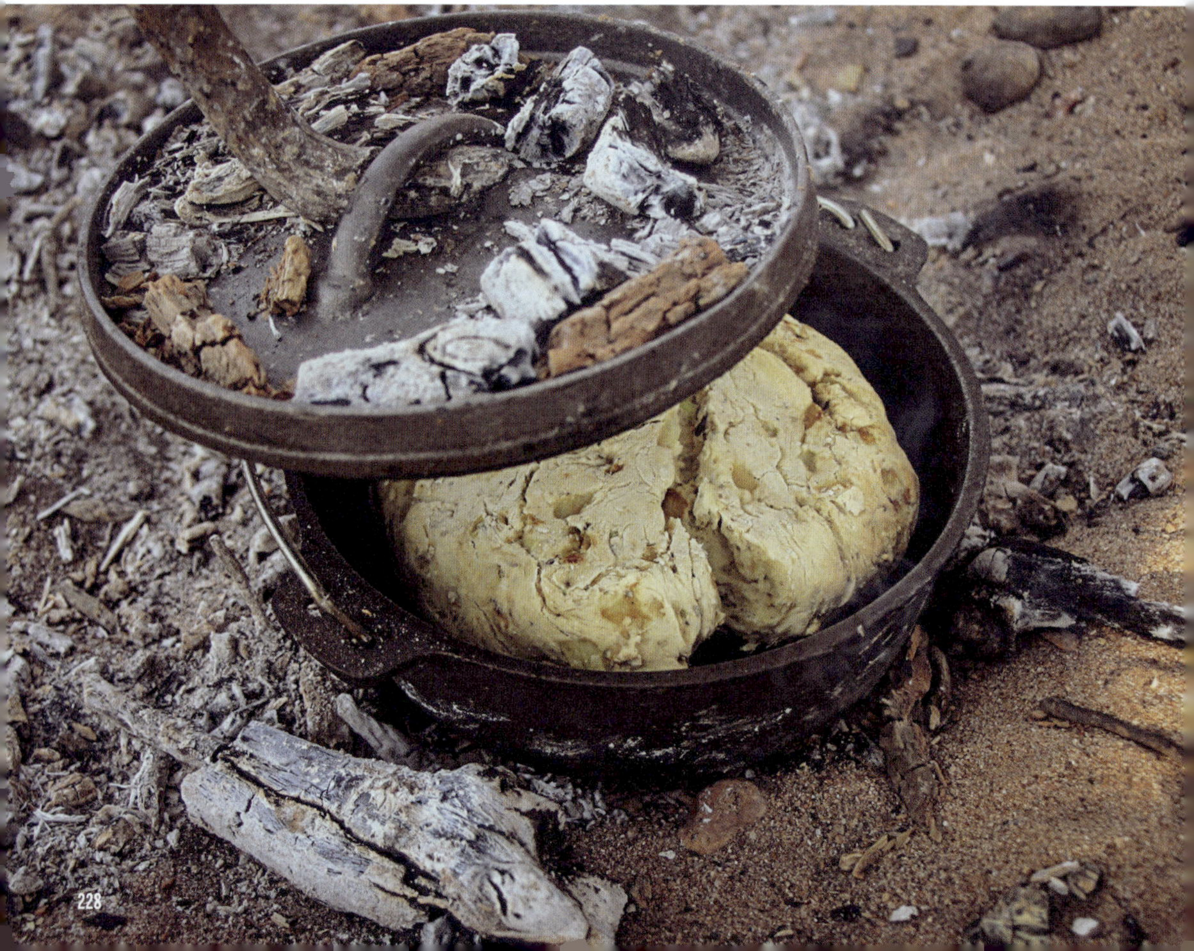

REZEPT NR. 2: TRAPPERFRÜHSTÜCK

Ein ordentliches Trapperfrühstück passt morgens immer. Gebratenen Speck mit Eiern kannst Du auf dem Topfdeckel machen.

Dazu benötigst Du nicht einmal Öl, da das eingebrannte Gusseisen genügend Öl in seinen Poren aufgenommen hat und der Speck genügend Fett enthält. Zuerst wird der Bacon auf dem vorgeheizten Deckel seitlich am Rand ausgelegt. Lass ihn einige Minuten brutzeln, bis sich etwas Fett in der Mitte sammelt. In dieses hinein kannst Du die Eier schlagen.

Tipp: Vor dem Servieren kippst Du ein Schnapsglas Whiskey oder Rum auf die Platte (Abstand halten, sonst →**Verbrennungen**) und flambierst Dein Frühstück.

REZEPT NR. 3: GEMÜSESCHMORTOPF

Wenn Du draußen Lust auf Schmorgemüse hast, kannst Du mit einem Dutch Oven und mit Hilfe eines Schneckenhauses den besten Gemüsetopf machen, den Du je gegessen hast. Wie geht das?

Zuerst drückst Du mit einer kleinen Steinkerbe einen Spalt in das Schneckenhaus. Damit hast Du einen Sparschäler, mit dem Du Kartoffeln, Möhren und Pastinaken von der erdigen Schale befreien kannst. Hinzu kommen geviertelte Zwiebeln, Zucchini, Sellerie, Lauch und was sonst noch an Gemüse greifbar ist. Als Gewürz reichen eine Prise Salz und etwas Pfeffer völlig aus. Nach dem Verschließen wird ein Stück Kohle *auf* und eines *neben* den Dutch Oven gelegt. Tausche die Kohle regelmäßig aus und lass das Gemüse rund 3 – 4 Stunden garen. Durch dieses schonende und gleichmäßige Garen bei geringer Temperatur bleibt das Gemüse knackig und schmackhaft.

Für echte Kerle: Die Variante mit Fleisch. Du kannst das Rezept entweder gleich zu Beginn mit einer Keule von Dachs, Schwein oder Reh veredeln oder etwa eine Stunde vor dem Ende Speck über das Gemüse legen.

Gemüse elegant schälen mit dem Schneckensparschäler.

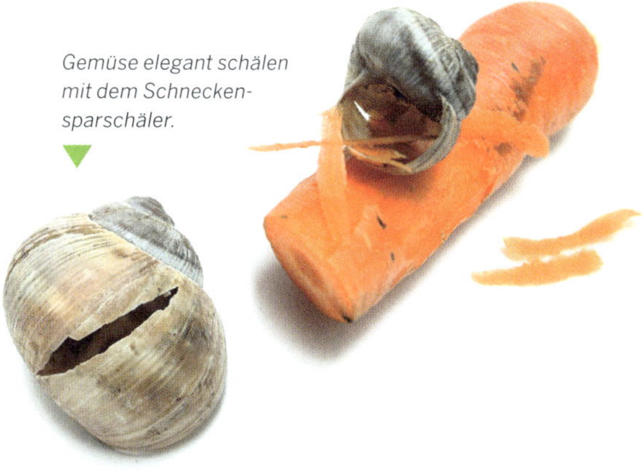

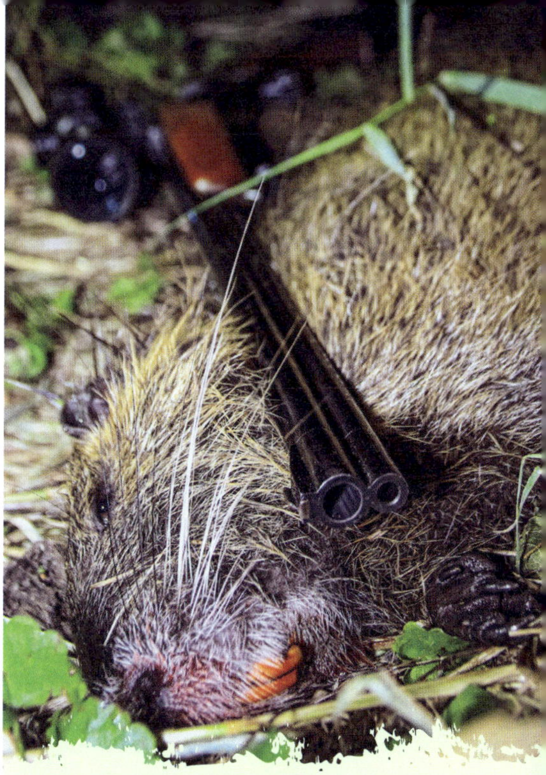

K55 DAS RICHTIGE KALIBER

Wenn Du dich mal entschließen solltest, einige Monate in in einer Blockhütte in Sibirien, Kanada oder an einem anderen sehr abgelegenen Ort zu verbringen, stellt sich die Frage, was die richtige Waffe für die Jagd auf Tiere zur Versorgung mit Fleisch oder Fellen ist. Weltweit werden von Trappern besonders kleinkalibrige Waffen geschätzt – sie zerstören nämlich die Haut des Tieres nicht. Zudem sind sie stark genug zum Erlegen von Hasen, Kaninchen und Geflügel.

Lizenzen für kleinkalibrige Waffen bekommt man in vielen Ländern erheblich einfacher als für großkalibrige. In zahlreichen Staaten braucht man nicht mal eine. Zudem kannst Du dann für mehrere Monate Munition mitnehmen. »Dicke Pillen« wiegen etwa das zehnfache!

Für die Versorgung mit Fleisch ist eine sogenannte Kombinierte Waffe gut geeignet, die sowohl Schrot als auch Kleinkaliber verschießen können. So kannst Du Kojoten, Füchse und Biber für den Pelz sowie Eichhörnchen, Kaninchen und Enten zum Essen erlegen.

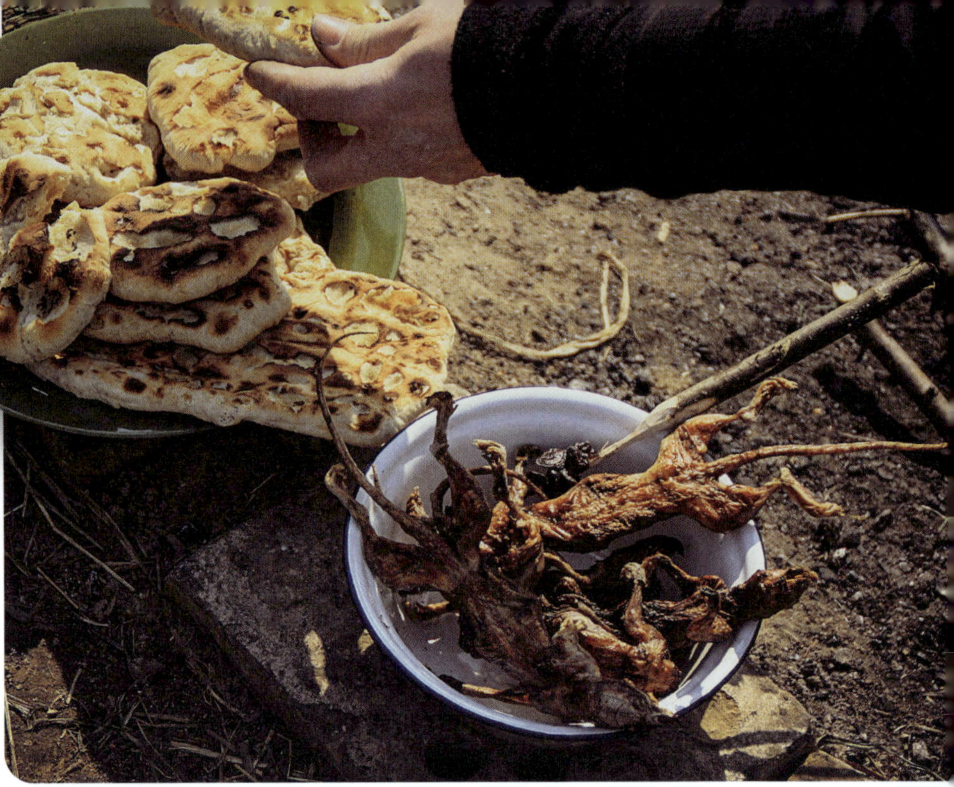

Fladenbrot aus der Glut mit gegrillter Ratte ist ein nahrhaftes Frühstück.

N 53 FLADENBROT AUS DER GLUT

Stockbrot ist für Grillabende mit Kindern. Echte Trapper machen ihr Brot direkt auf der Glut.

Dazu nimmst Du etwas Mehl und mischst es mit wenig Wasser. Dazu kommen je nach Geschmack Nüsse, Zwiebeln, Lauch, Salz und Pfeffer. Du kannst den Teig entweder in einem Topf oder auf dem Boden in einer Folie kneten. Der Teig sollte zäh und nicht klebrig sein. Jetzt nimmst Du eine Hand voll Teig und formst einen flachen Fladen, der direkt auf die Glut gelegt wird. Keine Scheu: Es werden weder Glut noch Kohlestückchen daran kleben bleiben und wenn Du regelmäßig wendest, verbrennt auch nichts. Nach wenigen Momenten nimmst Du den Fladen wieder heraus, ziehst ihn noch dünner und legst ihn gewendet wieder in die Glut. Das machst Du 3 – 5 Minuten lang, dann sind Deine Fladen fertig – und schmecken richtig gut. Die direkte Hitze gibt dem Brot einen großartigen Geschmack. Schmeckt am besten mit frisch gebrühtem →**Trapperkaffee**.

K 56 SCHNECKENLEUCHTE

Mit Harz oder, wenn Du Tiere gejagt hast, mit Fett oder Tran kannst Du eine kleine und lange leuchtende Kerze bauen. Dazu benötigst Du ein feuerfestes Gehäuse wie ein Schneckenhaus sowie Fasermaterial für einen Docht. Das Brennmaterial wird zuerst leicht erwärmt und dann in das Gehäuse gedrückt. Nun drückst Du eine Vertiefung bis zum Grund in den Brennstoff und lässt alles abkühlen. Jetzt kann der Docht in das Loch gefädelt und alles noch ein wenig zusammengedrückt werden. Der Docht wird mit einem Tropfen des Brennstoffs benetzt. Eine solche Kerze kann bis zu einer Stunde lang brennen. Wichtig ist, dass der Docht nicht zu lang sein darf, da die Flamme sonst zu groß wird, rußt und gegebenenfalls das Brennmaterial entzündet.

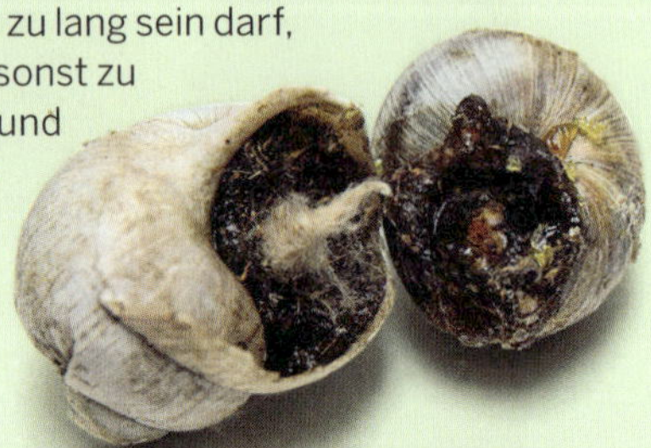

K57 ABZIEHEN VON TIERFELLEN

Bevor aus einer Haut Fell oder Leder →**gegerbt** werden kann, muss das Tier erst einmal abgezogen werden. Neben den Schusslöchern oder Verletzungen der Haut durch eine Falle gibt es bei essbaren Tieren schon den Schnitt vom →**Ausnehmen**. Weitere Schäden der Haut sollten beim Abziehen vermieden werden, damit sie zu einem guten Pelz oder Leder weiter verarbeitet werden kann. Allerdings müssen alle felltragenden Tiere abgezogen werden, die Du essen möchtest. **Abziehen ist also eine der Fertigkeiten, die nicht nur Trapper beherrschen müssen.**

SCHRITT 1 Verbinde mit einem Schnitt die Fuß- und Handgelenke mit dem Aufbrechschnitt.

SCHRITT 2 Schäle das Tier aus den Unterarmen und Unterschenkeln und Schneide ziehe die Haut vorsichtig bis zu den Hand- und Fußgelenken ab.

SCHRITT 3 Das Gelenk wird abgetrennt und bleibt am Balg. Ist das Gelenk sehr stark, lege ein Bett darunter und schneide mit der Axt.

SCHRITT 4 Ziehe – sofern vorhanden – den Schwanz aus seinem Pelzumhang. Schneide ihn längs auf und ziehe ganz vorsichtig und langsam die Haut herunter, da der Schwanz schnell reißt.

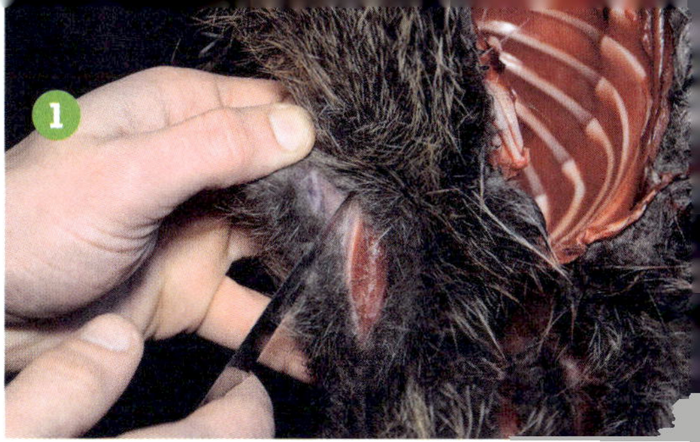

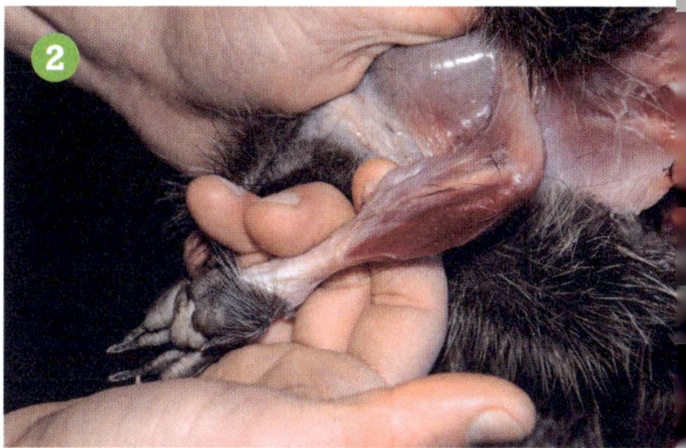

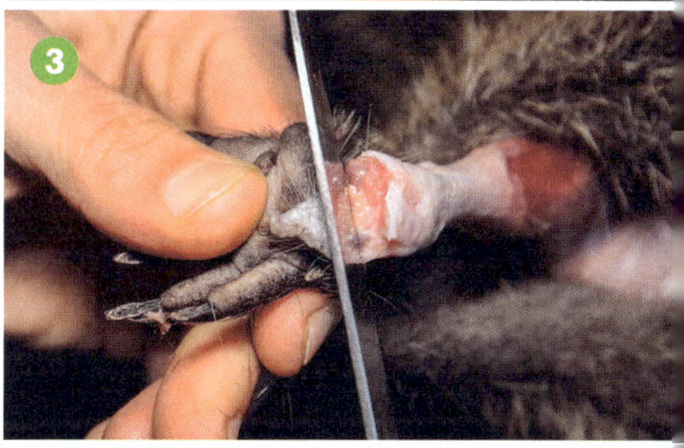

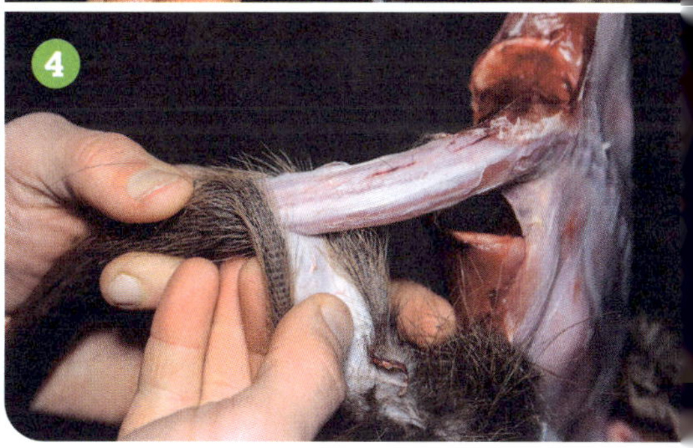

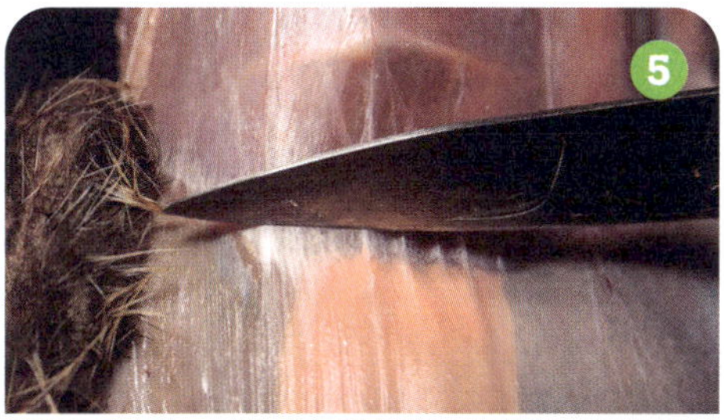

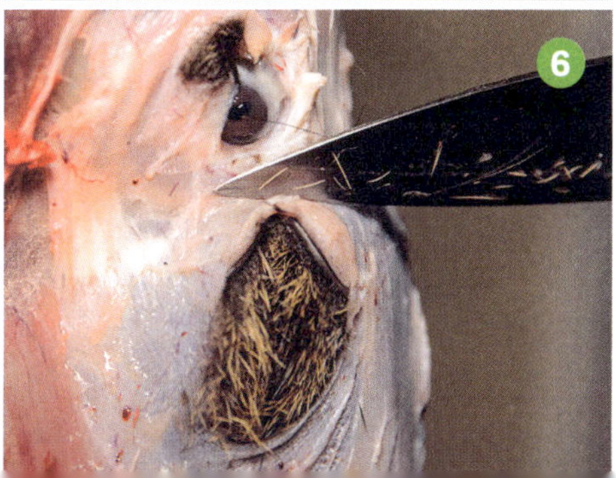

SCHRITT 5 Das komplette Tier bis zum Kopf vorsichtig häuten. Dabei ggf. auf der Fleischseite nachschneiden. Schneide dabei keine Löcher in die Haut!

SCHRITT 6 Ohrmuscheln, Augenlider und Lippen sind zusätzlich mit dem Fleisch verwachsen. Hier musst Du auf jeden Fall nachschneiden. Der Balg muss jetzt noch →**konserviert** werden.

K58 DIE SELBST GEWÄHLTE EINSAMKEIT

Wenn Du in einer abgelegenen Hütte lebst, hast Du mit anderen Problemen zu kämpfen, als wenn Du nur kurze Zeit unterwegs bist.

Nicht jeder ist für das dauerhafte Leben in der Einsamkeit geeignet. Es gibt keinen Trost, keinen Zuspruch und kein Lob. Auch ganz alltägliche Aufgaben sind alleine schwieriger zu bewältigen. Schweres Holz kann alleine genauso schlecht angehoben und transportiert werden wie erjagte Tiere.

Vor allem die Gefahr durch Verletzungen steigt und ist in der Abgeschiedenheit besonders prekär. Hackst Du Dir in den Fuß oder verbrühst Dich schwer, musst Du Dich sofort selbst behandeln. Der Ruf eines Rettungswagens ist ohne Mobilfunk nicht möglich, und wirst Du krank, kannst Du keinen Arzt konsultieren.

Diesen Wagnissen steht die grenzenlose Freiheit und Unabhängigkeit gegenüber.

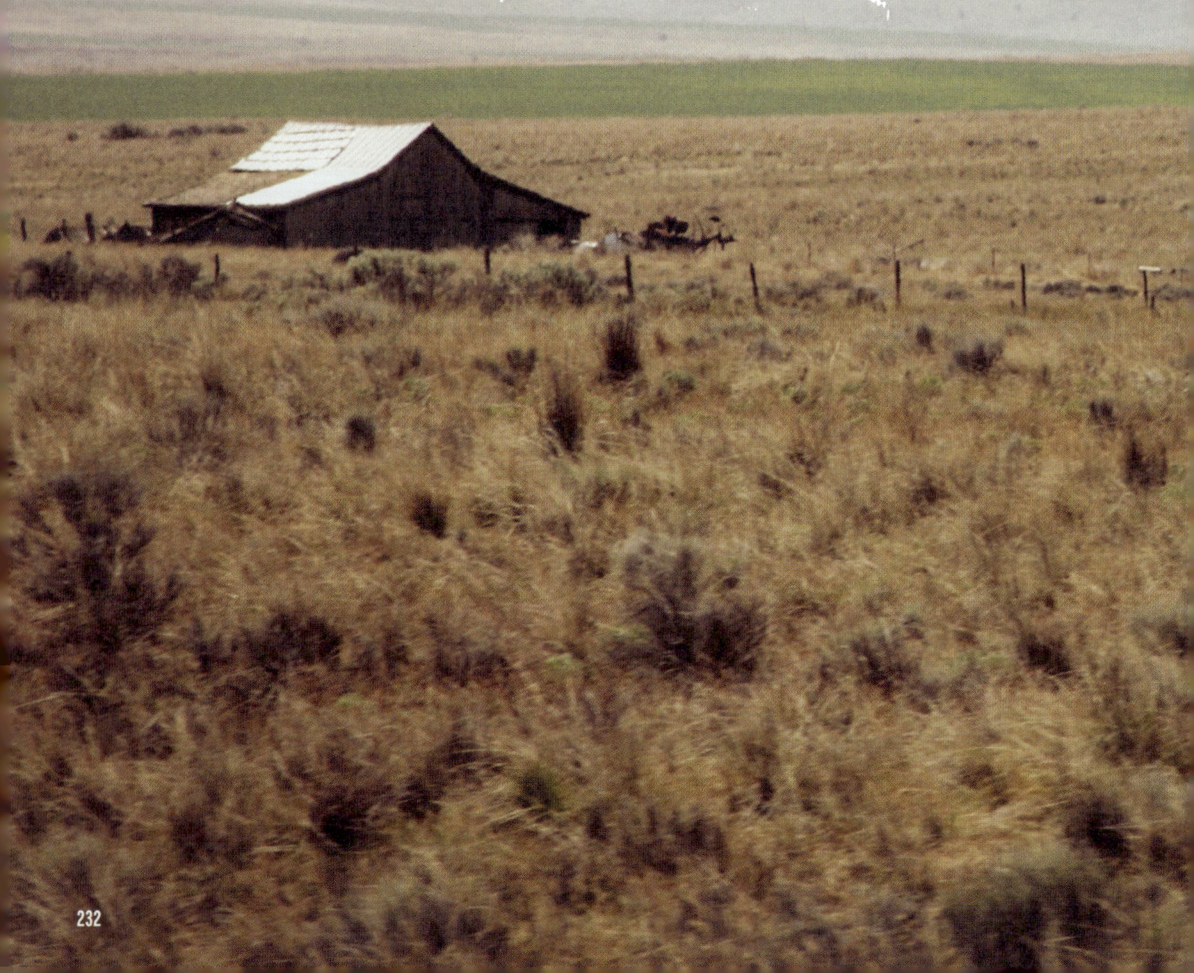

K59 KLEINE BÄUME FÄLLEN

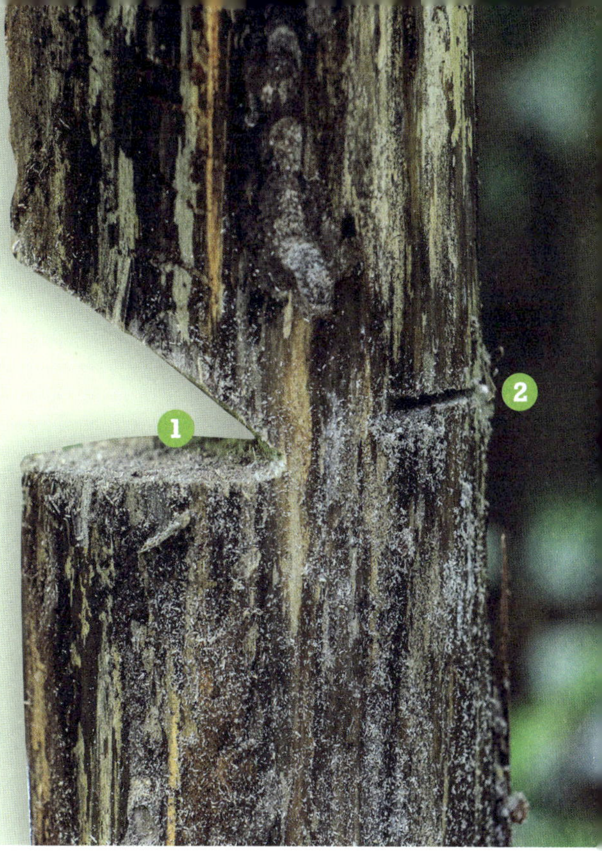

Egal, ob Du Nadelbaumstangen mit etwa 10 cm Durchmesser brauchst oder dickere Stämme: Du musst sie korrekt Fällen – sonst verklemmt Deine Säge oder du bekommst sie auf den Kopf.

Miss die →**Höhe** des Baums und such dir eine Fall- und Fluchtrichtung. Weil abgestorbene Bäume unten faulen, fällst Du sie in etwa einem halben Meter Höhe. Säge eine unten waagerechte, oben schräge Kerbe bis zur Mitte des Stamms heraus **(1)**. Die Kerbe zeigt die Fallrichtung an. Säge von hinten in den Keil **(2)**. Achte darauf, dass der zweite Schnitt etwa auf der Höhe des Kerbenbodens erfolgt.

Beginnt der Stamm in Richtung der Kerbe zu kippen, entferne dich zügig aus dem Gefahrenbereich.

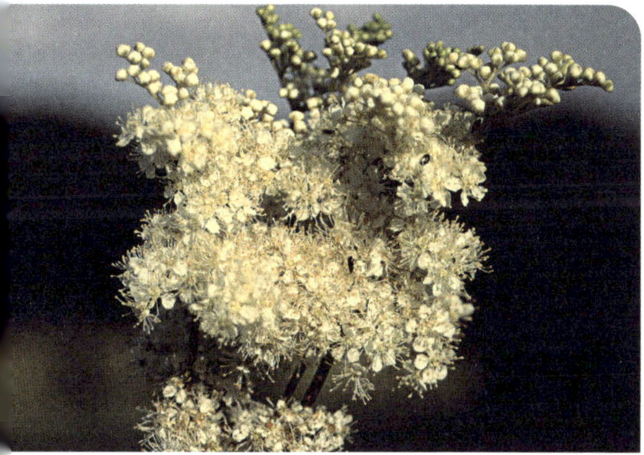

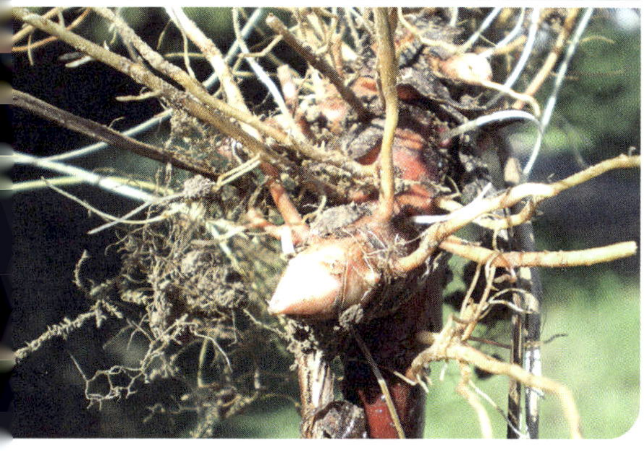

M25 ANTI-KATER-DRINK

Wenn Du morgens aufwachst und Dir der Schädel brummt, kann es sein, dass Du entweder zu nah am Feuer gesessen und Rauch eingeatmet hast oder die Nacht lang unbequem gelegen hast (beispielsweise auf leeren Flaschen). Jetzt muss ein Tonikum und Kopfschmerzmittel her. **Das kannst Du Dir aus den Wurzeln und rötlichen Sprossen des Mädesüß machen.**

Du schneidest die Wurzel des an fast jedem Straßengraben wachsenden Krauts in kleine Stücke und kochst etwa einen Esslöffel davon aus. Der Geruch erinnert stark an Rheumasalbe, und tatsächlich enthalten die Wurzeln Salicylate, wie sie auch in Kopfschmerztabletten verwendet werden. Hast Du außerdem noch einen etwas flauen Magen, kann ein Teelöffel weiße Asche (Mineralien!) im Drink Wunder wirken.

Das Mädesüß erkennst Du an zart gelben und intensiv süß riechenden Blüten und dem Geschmack der Wurzel, der an Mundwasser erinnert.

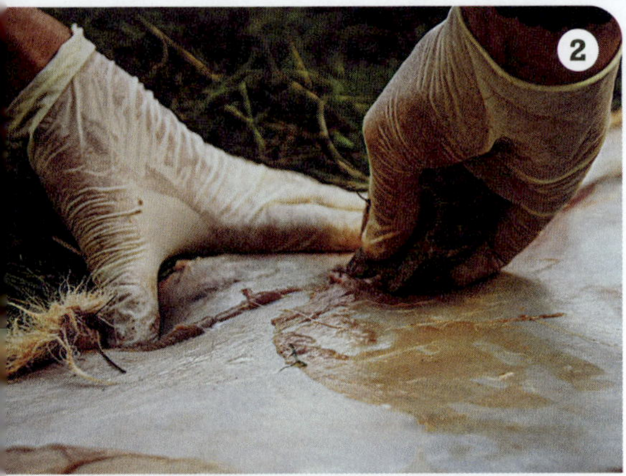

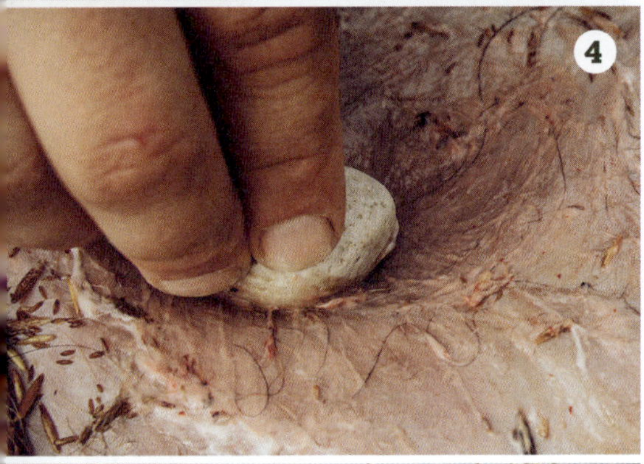

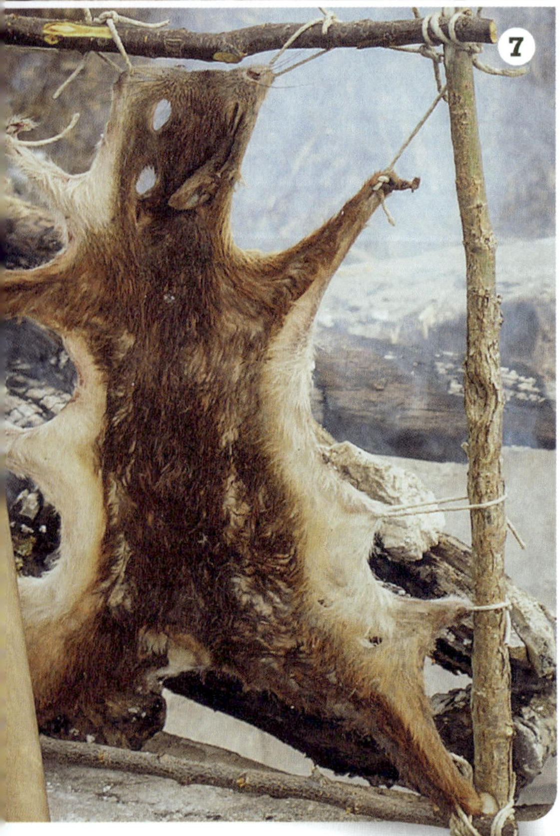

K60 TIERLEDER GERBEN

Um sich im Winter mit Handschuhen aus Häuten oder →**Mützen aus Fell** zu versorgen, wurde oft schon in der Trapperhütte gegerbt. Als Grundstoff für das Gerben dient das Gehirn aus den jeweiligen Tieren. Es enthält spezielle Fette und Emulgatoren, die Pelz und Leder geschmeidig machen.

SCHRITT 1 Sammel in einer Blechdose Hirn und koche und stampfe es zu einem Brei.
Lasse alles wieder abkühlen.

SCHRITT 2 Nachdem das Fell sauber →**abgezogen** ist wird es so gut wie möglich von der Fleischseite her entfettet und entfleischt.

SCHRITT 3 Möchtest Du Leder herstellen, lässt Du es ein oder zwei Nächte in Wasser mit Asche gammeln – dann lässt sich die Haarseite einfach abkratzen.

SCHRITT 4 Die Hirnmasse wird auf der Fleischseite verteilt und mit runden Steinen in die Hautfasern gepresst.

SCHRITT 5 Lasse die Haut eine Nacht lang antrocknen, bis sie beginnt fest zu werden und speckig glänzt.

SCHRITT 6 Dehne, walke und ziehe das Leder über Kanten, bis es wieder weich wird. Steche Löcher in die Kanten und spanne es auf einen Rahmen.

SCHRITT 7 Der Rahmen wird in den Qualm gehängt, so dass die Haut geräuchert wird. Sie darf dabei nicht heiß werden.

Nach einigen Stunden des Räucherns wird die Haut nochmal gewalkt und getrocknet. Nun ist sie haltbar und verfault nicht mehr. Wird sie allerdings nass, härtet sie aus.

Das aufgespannte Hautstück wird einige Stunden dem kalten Rauch ausgesetzt.

M 26 MÜCKEN ABWEHREN

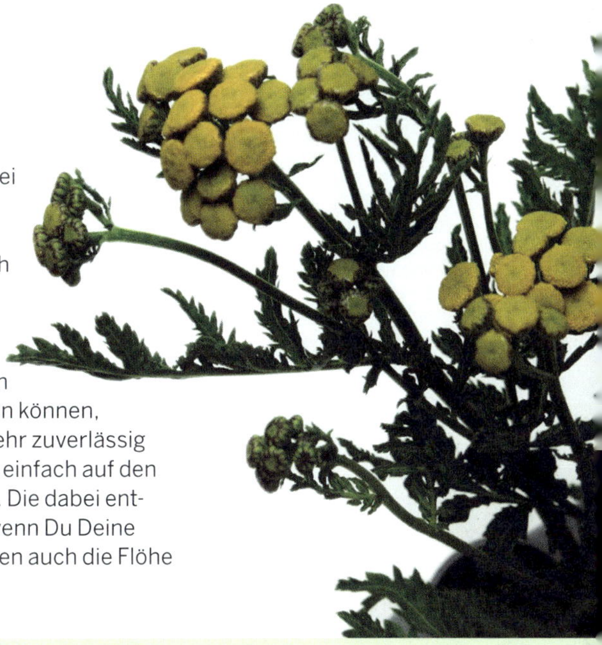

Eine Hütte im schattigen Wald ist besonders bei hohen Temperaturen eine kleine Oase. In den Regenfässern hinter dem Haus und in kleinen Pfützen wächst eine Brut heran, die es auf Dich abgesehen hat: Stechmücken. Daneben hat ein Trapper oft mit Flöhen zu kämpfen, die beim Vorbereiten der Häute auf ihn gesprungen sind. Beides lässt sich mit Pflanzen, die am Waldrand und auf Lichtungen gefunden werden können, bekämpfen: Mit Rainfarn kannst Du Mücken sehr zuverlässig verscheuchen. Dazu wird die gesamte Pflanze einfach auf den Ofen oder an die Hitze des Lagerfeuers gelegt. Die dabei entstehenden Dämpfe verscheuchen Mücken – wenn Du Deine Kleider oder Felle damit ausräucherst, verlassen auch die Flöhe den Ort des Geschehens.

M 27 VERBRENNUNGEN EINSCHÄTZEN

Wenn Du oft am offenen Feuer hockst und arbeitest, können Verbrennungen der Hände vorkommen. Diese sind in aller Regel nicht sehr gefährlich, solange nur kleine Areale betroffen sind. Schwerwiegende Verletzungen entstehen sehr oft durch unsachgemäßen Umgang mit hoch entzündlichen Brennstoffen, durch Unachtsamkeit am Lagerfeuer.

Um die Gefahr einer Verbrennung abzuschätzen, kannst Du Dir mit der »Neunerregel« behelfen. Dabei wird die Gesamtfläche der Haut in unterschiedliche Bereiche aus dem Vielfachen von 9 % eingeteilt.

Außerdem gibt es verschiedene Grade der Verbrennung:

1. GRAD Hautrötung.

2. GRAD Blasenbildung.

3. GRAD Weiß-schwarz verbrannte Haut.

4. GRAD Eine Verbrennung bis unter die Haut mit Schädigung von Nervengewebe und Muskel.

Verletzungen ab dem 2. Grad, die **rund 10 % der Körperfläche** betreffen, können akut lebensgefährlich sein. Durch die Hautschädigung kann es zu einem starken Flüssigkeitsverlust kommen. In diesem Fall sollte schnellstmöglich Hilfe geholt werden.

Das »Nachbrennen«, also die Ausweitung der Verbrennung in tiefere Gewebeschichten, kann in bestimmtem Maße durch sofortige Kühlung kleinerer Verbrennungen für etwa eine halbe Stunde nach dem Unfall reduziert werden.

Die Wunden werden locker steril abgedeckt. Flüssigkeitsgefüllte Blasen sollten nicht geöffnet werden, da die darunter liegenden Wunden durch die Haut keimfrei gehalten werden. Größere Hautareale können mit Stücken einer Rettungsdecke abgedeckt werden.

Großflächige Verbrennungen haben ohne intensivmedizinische Betreuung eine denkbar schlechte Prognose.

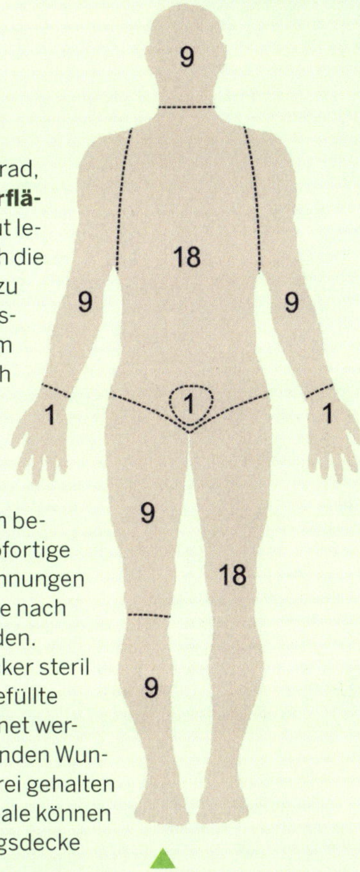

Hautareale zum Einschätzen der Verbrennungsfläche: Ab 10% droht Lebensgefahr!

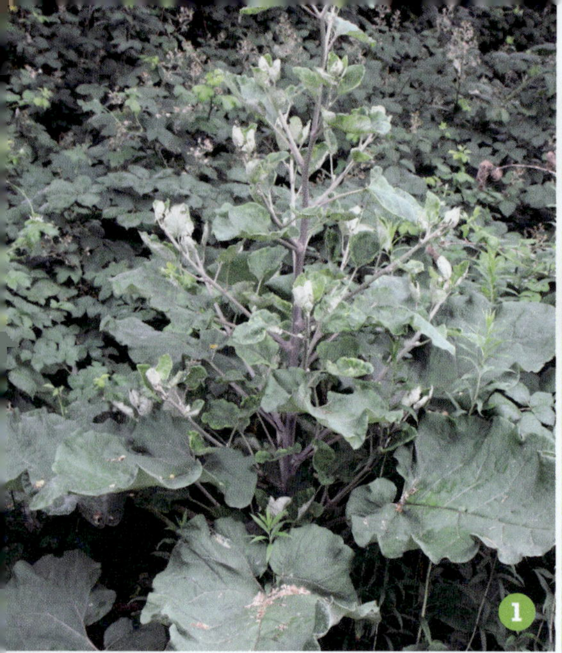

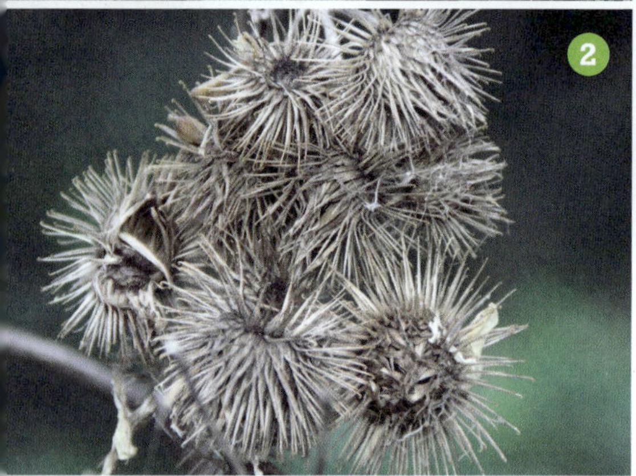

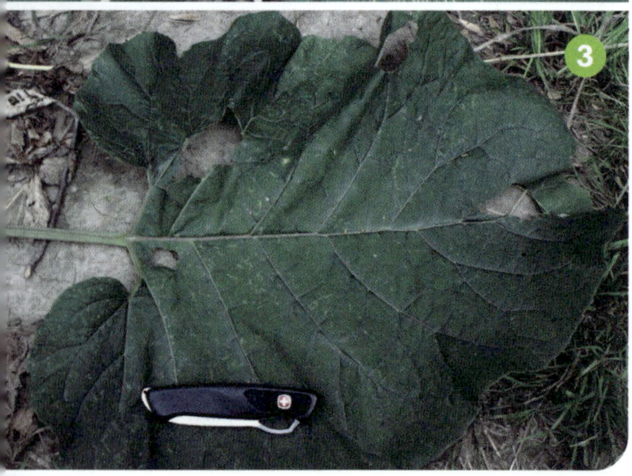

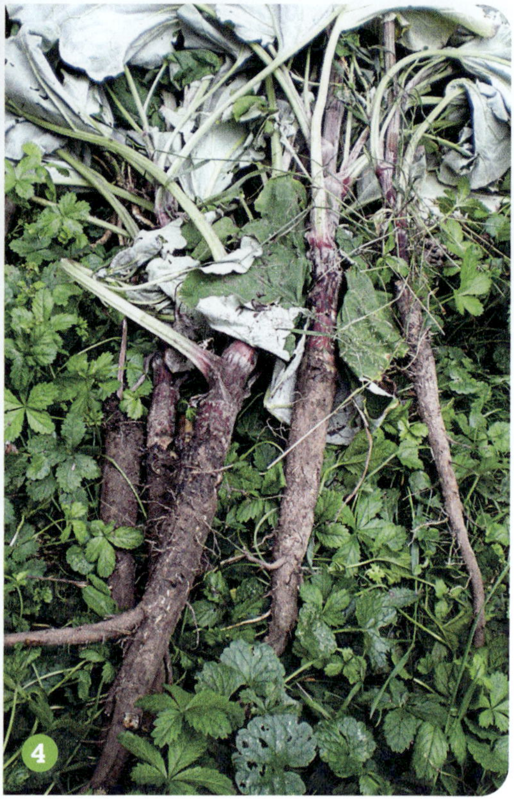

N54 KLETTEN: WURZELGEMÜSE

Sicher erkennen kannst Du Kletten an den Blüten, die mit feinen und spitzen Haken besetzt sind **(2)**. Die Blüten sind oft violett oder rötlich und erinnern in ihrer Form an kleine Artischocken. Der meist reich verzweigte Stängel ist gefurcht und wachsig bereift. Außerdem sind alle Pflanzenteile oft stark filzig behaart. Das wechselständige Laub ist leicht herzförmig und bildet einen ausladenden (teilweise über 3 Meter) Kranz **(1)**.

Kletten bilden riesige Laubblätter **(3)**. Diese lassen sich zum Beispiel zum Einwickeln von Nahrung beim Sammeln oder zum Backen verwenden. Sie schmecken jedoch so bitter, dass sie in großen Mengen ungenießbar sind.

Die Wurzeln **(4)** der im ersten Jahr blütenlosen Kletten sind im Herbst manchmal so groß wie Zuckerrüben. Sie können gekocht werden und enthalten viel Energie. Manchmal sind sie auch etwas holzig. In diesem Fall werden sie ausgekocht und nur der Sud wird getrunken.

▲ *Kletten erkennst Du sicher an den Haken um die Blüte und am großen Laub.*

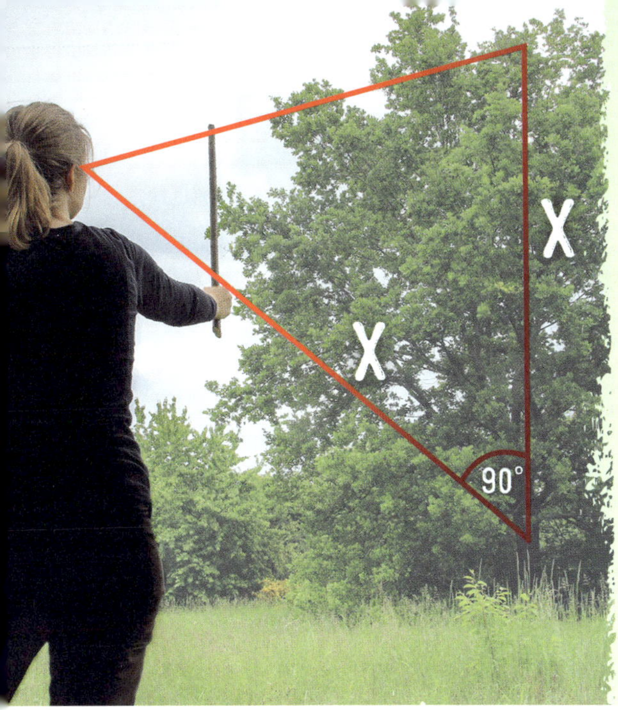

K 61 HÖHEN ABSCHÄTZEN

Wenn Du zum Beispiel einen Baum →**fällen** willst und dazu die Höhe wissen musst, kannst Du mit dem **Försterdreieck** arbeiten. Schneide einen Ast, der genau so lang ist, wie die Distanz von deinem ausgestreckten Arm bis zu den Augen. Halte den Ast senkrecht und stelle dich in die Entfernung, in der Du über die Astspitze genau auf den höchsten Punkt des Baums peilst. Die Höhe entspricht genau deiner Entfernung zum Baum plus deiner Schulterhöhe.

◀

Beim gleichschenkligen, rechtwinkligen Försterdreieck sind Entfernung sowie Höhe identisch.

M 28 DIE STABILE SEITENLAGE IN 4 HANDGRIFFEN

Die klassischen Anleitungen zur sogenannten »stabilen Seitenlage« erinnern eher an eine komplizierte Bodenkampftechnik aus dem Judo, dabei geht es eigentlich um ein einfaches Ziel: Der Patient soll stabil auf der Seite liegen, der Kopf soll überstreckt, mit dem Mund nach unten stabilisiert werden. **So bleiben die Atemwege geöffnet und Erbrochenes kann abfließen.**

Dazu gehst Du folgendermaßen vor:

SCHRITT 1 Der Verunglückte wird so auf die Seite gedreht, dass seine Brust *etwas* nach unten zeigt, der Rücken ein wenig nach oben. Beim Drehen ist ferner zu beachten, dass sich weder der Schultergürtel relativ zur Hüfte verdreht, noch der Kopf unkontrolliert kippen kann.

SCHRITT 2 Etwa auf dem oberen Drehpunkt stabilisierst Du den leblosen Körper, indem Du das obere Bein etwas nach vorne ziehst oder anwinkelst.

SCHRITT 3 Der Kopf wird nun vorsichtig *ein wenig* nach hinten gestreckt und entweder mit einer Handfläche des Patienten oder bei Verletzung der Arme etc. mit einer Jacke in diesem Zustand gesichert.

SCHRITT 4 Der Mund wird etwas geöffnet, die Atmung wird kontrolliert.

Wenn der Körper des Verunglückten stabil seitlich liegt, der Kopf überstreckt ist und der Mund etwas nach unten zeigt ist er *ausreichend* gut gelagert.

ACHTUNG! Keinesfalls darf man einen Bewusstlosen unbeobachtet auf dem Rücken liegen lassen!

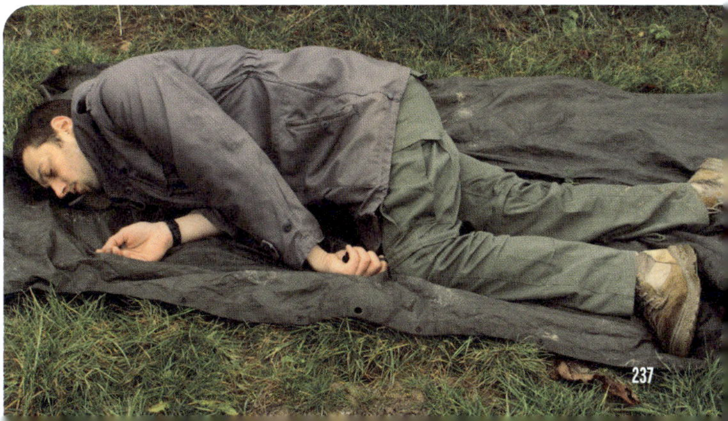

SEIL-AUFSCHUSS

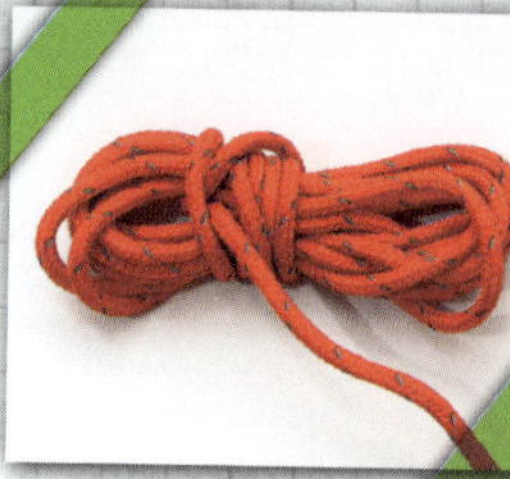

Seile und Leinen sollten niemals ungeordnet im Rucksack oder Boot verstaut werden. Sonst sind die Leinen verschlungen, und wenn Du sie im Sturm oder in Seenot schnell benötigst, kann es Stunden dauern, sie wieder zu ordnen. Deshalb sollten sie immer richtig aufgeschossen werden.

SCHRITT 1 Zeltleinen werden um vier Finger, Taue um Hand und Ellenbogen aufgewickelt. Wichtig dabei ist, dass Du immer vom festen Punkt (Zeltlasche) zum Ende wickelst, da sich das Seil sonst verdrallt.

SCHRITT 2 Ist das Ende erreicht, werden zwei bis drei Windungen wieder abgewickelt. Die Wicklungen werden vom Arm bzw. der Hand genommen und festgehalten. Das lose Ende wird stramm um ein Ende gewickelt.

SCHRITT 3 Der Überhang des Seils wird durch die entstandene Öse gezogen. Dabei achtet man darauf, dass das Ende nicht mit durch die Öse rutscht. Die so entstehende Schlaufe wird über alle Wicklungen gezogen. Durch Zug am Ende bzw. Befestigungspunkt wird das aufgeschossene Seil als »Puppe« gesichert.

1

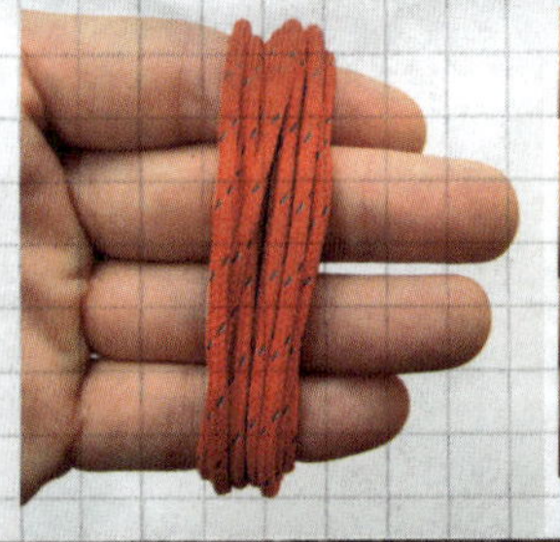

2

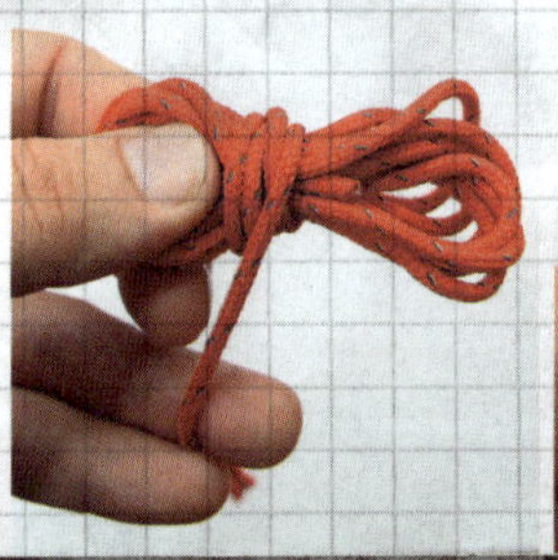

3

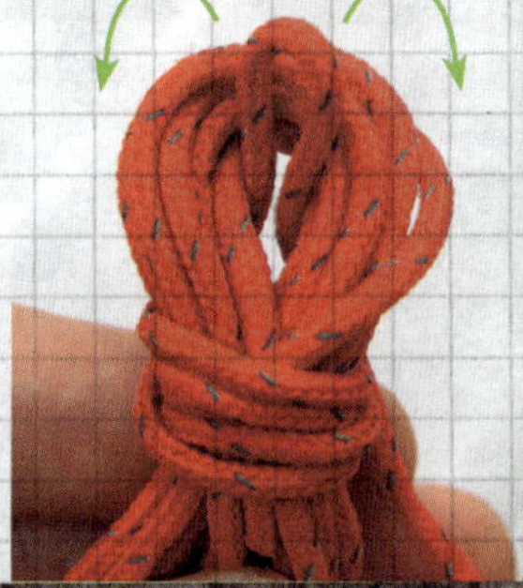

F 13 FEUER SCHLAGEN MIT CHARCLOTH

Feuer wurde vor der Erfindung des Zündholzes mit Stahl und Feuerstein geschlagen. Auch heute wird das noch aus Tradition so gemacht.

Tatsächlich hat das Feuerschlagen aber auch einen praktischen Wert. Du bleibst immer fit beim Feueranblasen, und mit Ausnahme des Zunders, den Du draußen selbst herstellen kannst, gibt es beim Feuerschlagen praktisch keinen Verschleiß. Damit kannst Du in Deiner Trapperhütte überwintern, ohne Sorge zu haben, dass Dir das Feuerzeuggas ausgeht.

Zunder stellst Du entweder aus altem Baumwollgewebe oder trockenen Baumpilzen her, die Du in eine Dose mit einem kleinen Loch im Deckel steckst und so lange aufs Feuer stellst, bis es kräftig qualmt **(1)**. Dann wird das Loch mit einem Nagel verstopft und die Dose für eine halbe Stunde bei geringerer Hitze verkohlt **(2)**. Der Feuerschläger besteht aus einem gehärteten Schlagstahl und Flint (Silex) oder im Notfall auch aus einem Messer mit Carbon-Klinge und einem gebrochenen Kiesel. Damit kannst Du Dir auch ein Feuerschlagset herstellen, wenn Du einmal eine Flamme beispielsweise durch Feuersägen entzündet und gleich Zunder hergestellt hast.

Der Zunder wird oben auf den Stein nahe an eine scharfe Kante gelegt. Dann ziehst Du sehr knapp und mit einer möglichst schnellen Bewegung den Stahl am Stein vorbei **(3)**. Hin und wieder landet ein Funken auf dem Zunder. Sobald dieser Glut gefangen hat, legst Du ihn in das →**Feuernest** und bläst das Feuer an.

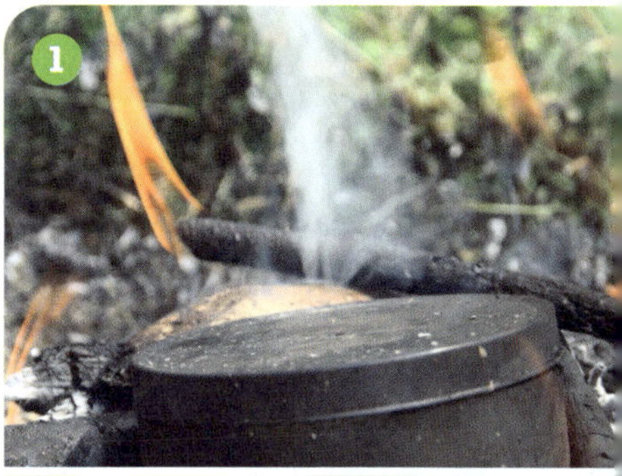

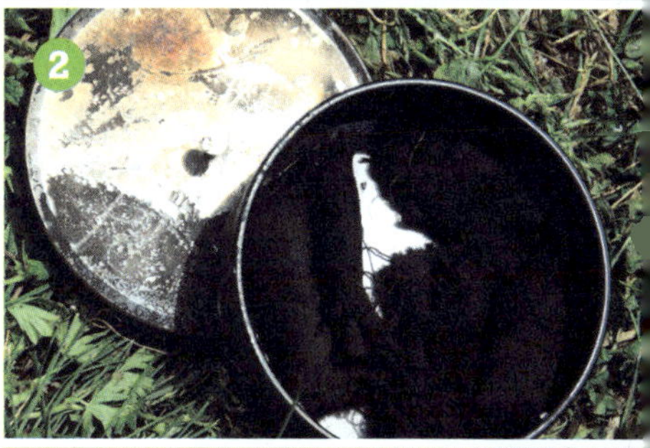

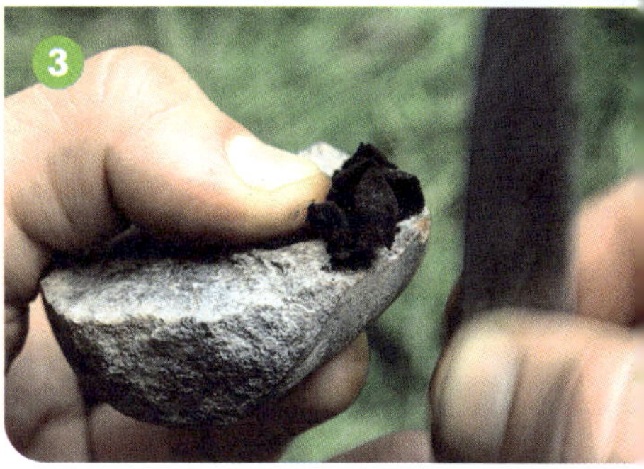

K 62 MAUSEFALLE SELBER BAUEN

Nahrungsmittel solltest Du in Deiner Trapperhütte generell so lagern, dass keine Tiere daran gelangen können. Also wird alles in Schraubgefäßen oder Dosen gelagert. Sollten Mäuse nachts auf dem Küchentisch tanzen (oder sollte das Essen ausgehen), kannst Du eine Universalfalle bauen. Mit ihr kannst Du Mäuse, Ratten, aber auch kleine Reptilien und Vögel fangen. Die Basis bilden ein Rohr (Abwasserrohr, Bambus, Blechdose) und ein federnder Stab, den Du am geschlossenen Ende senkrecht zum Rohr befestigst. Durch ein Loch an der Oberseite kannst Du jetzt den Auslöser einsetzen, der aus zwei entgegengesetzt eingeschnitzten Haken besteht. Eine Fangschnur mit Schlinge wird mit einem weiteren Haken so am Auslöser, dem Federholz, befestigt, die Schlinge durch ein Loch nahe des Eingangs gefädelt, dass die Falle auslöst, sobald ein Tier in die Röhre schlüpft und am Auslöser schiebt oder zieht. Den Auslöser kannst Du mit etwas Schokolade bestreichen.

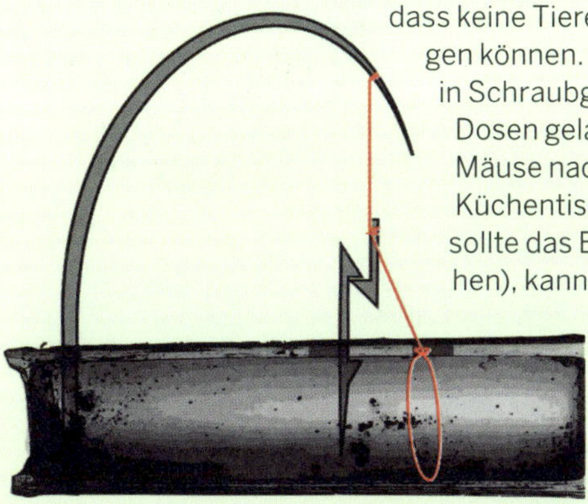

Der Falleneingang.

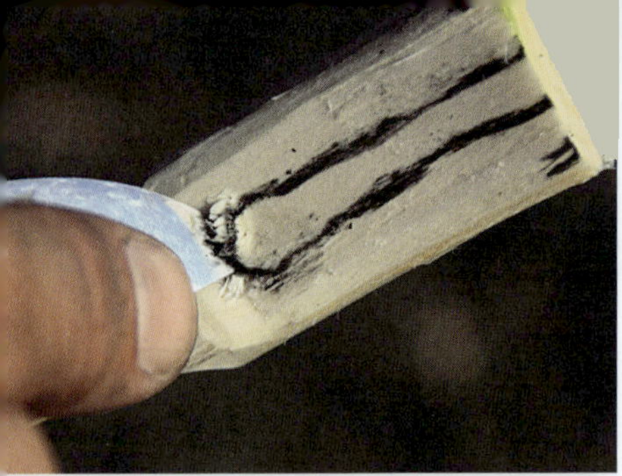

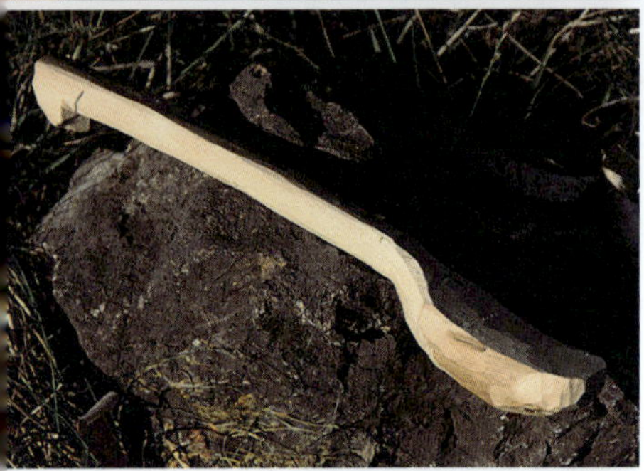

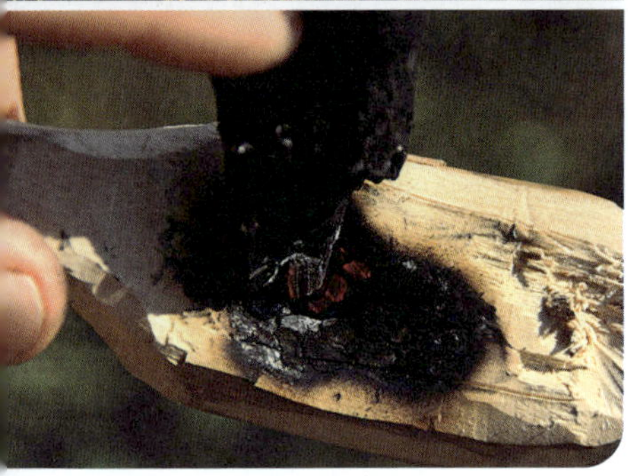

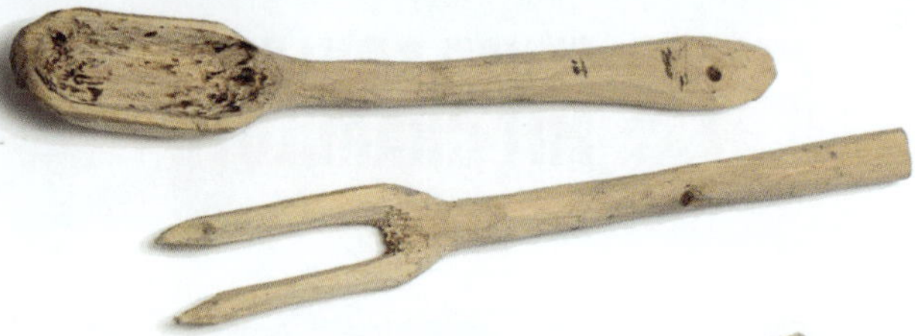

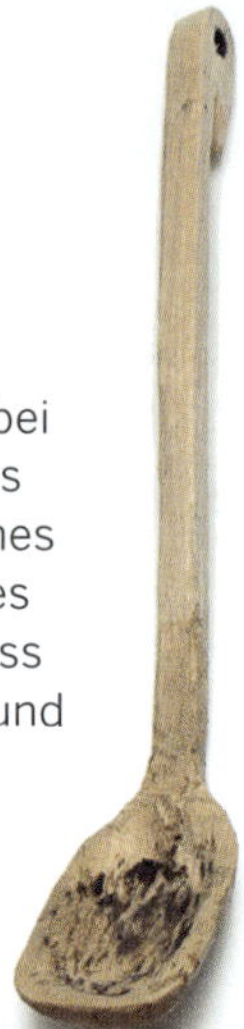

A 32 ESSBESTECK SCHNITZEN

Wenn Du draußen kochst und kein Besteck dabei hast, kannst Du aus weichem Holz Dein eigenes herstellen. Für Löffel und Gabel wird ein ähnliches Ausgangsstück verwendet: ein leicht gebogenes Holzstück. Dieses wird so in Form gebracht, dass die untere Fläche bzw. Zinken quer abgeflacht und der Stiel längs abgeflacht ist.

GABEL Willst Du eine Gabel schnitzen, wird das Holz zwischen den Außenkanten des unteren Endes vorsichtig weggeschnitten, bis Du zwei Zinken hast. Diese können angespitzt und gehärtet werden. Hierfür wird das Holz in die Nähe von Glut gebracht und so lange langsam erhitzt, bis es sich rotbraun verfärbt.

LÖFFEL Ein Löffel wird im Gegensatz zur Gabel auf der oberen Seite entweder mit dem → **Lochschnitt** freigeschält oder die Vertiefung mit aufgelegter Glut eingebrannt. Sind Löffelmulde bzw. Zinken fertig, wird die Form nach Belieben ausgearbeitet und mit Sand abgeschliffen.

K 63 KLEBER AUS BAUMHARZ

Einen gut haftenden Kleber aus Harz kannst Du in kurzer Zeit selbst herstellen. Dabei ist es unerheblich, ob das Harz aus Verletzungen von Kiefern, Tannen oder Fichten kommt, es muss aber auf jeden Fall ein Nadelbaum sein. Harz von Laubbäumen klebt nicht gut und ist deshalb nicht geeignet.

Das gesammelte Harz wird am Feuer erhitzt. Du kannst es in einem Topf schmelzen oder an einem Stab direkt über der Glut drehen. Wenn es flüssig geworden ist, wird es mit fein geriebener Holzkohle im Verhältnis 1:1 vermischt. Das Harz ist dabei praktisch der Zement, die Kohle der Sand, der dem Ganzen eine gewisse Härte gibt. Du lässt alles abkühlen. Zum Kleben wird das Harz erhitzt und wie Heißkleber verwendet. Sofort nach dem Abkühlen ist es fest und hält sehr gut auf vielen natürlichen Materialien wie Holz, Leder, Federn und an Pflanzenfasern.

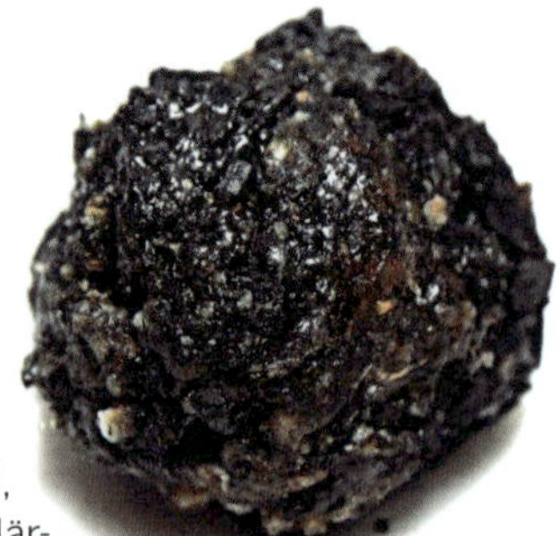

▲ *Damit solltest Du Dich nicht von der Polizei erwischen lassen – Verwechslungsgefahr!*

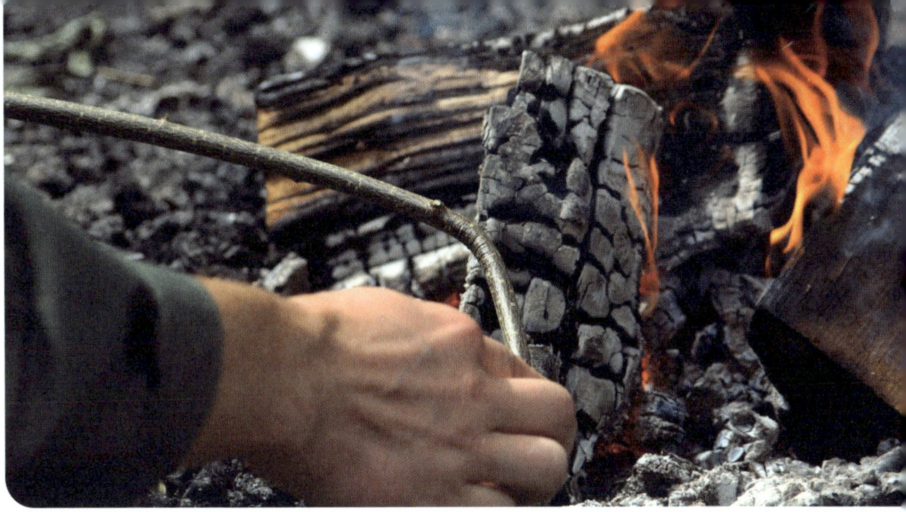

In unmittelbarer Nähe der Glut wird das Holz an der Biegestelle stark erhitzt, ohne es zu verkohlen.

K 64 HOLZ BIEGEN

Wenn Du zum Bau von Holzrahmen ein besonders gerades oder zur Herstellung von Schneeschuhen ein gebogenes Holzstück brauchst, kannst Du dieses durch Wärmebiegen auch aus unpassendem Holz herstellen.

Zum Biegen von Holz musst Du es nur ordentlich erhitzen und dann langsam in die gewünschte Form bringen. Da es nach dem Biegen immer etwas zurückfedert, biegst Du etwas stärker als benötigt. Ist das Holz noch grün bzw. frisch, kann es direkt über der Glut erhitzt werden. Sollte es schon durchgetrocknet sein, erhitzt Du es im Wasserdampf oder schmierst etwas Lehm oder Schlamm um das Holz, bevor es erhitzt wird. Dadurch wird das Holz beim Erhitzen wieder etwas feucht und reißt nicht.

N 55 AUSLASSEN VON TIERFETT

Wenn Du ein Tier erlegt hast, solltest Du möglichst alle Bestandteile verwerten. Besonders das Fett ist sehr wertvoll, da es große Mengen Energie enthält. Fett kann insbesondere unter der Haut sowie an den inneren Organen abgekratzt werden. Um die Nieren, den Darm und in der Hüfte liegt das Organfett.

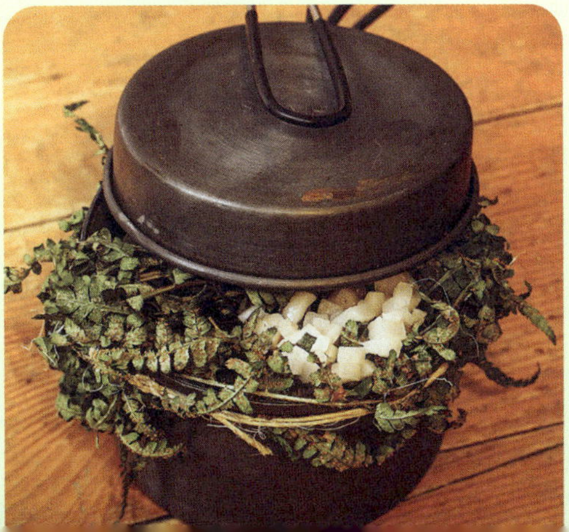

Nach dem Auslösen aller weißen Bereiche muss das Fett in kleine Stücke zerschnitten werden. Nach Möglichkeit sollte es außerdem mit dem Axtrücken geklopft werden, damit alle Zellen aufbrechen. Jetzt nimmst Du einen möglichst hohen Topf und befüllst diesen mit Wasser. Über das Wasser kommt ein Sieb, das Du auch improvisieren kannst, indem Gras oder Binsen über die Öffnung gelegt und außen mit einer Leine festgeklemmt werden. In dieses Sieb werden die Fettfasern gelegt. Alles kommt aufs Feuer und wird zum Sieden gebracht. **Durch die Hitze wird das Fett aus den Zellen gepresst und landet auf der Wasseroberfläche.** Da das Fett auf 100 °C erhitzt wird, kann das entstandene Reinfett auch verzehrt werden, medizinische Inhaltsstoffe bleiben jedoch bestehen (beispielsweise in Dachs- oder Biberfett).

Durch das schonende Auslassen ist das Fett einige Zeit ungekühlt haltbar und wird nicht so schnell ranzig. Die Reste im Sieb können noch ausgepresst werden. Nach dem Erkalten schöpfst Du das Fett oder Öl aus dem Topf ab und füllst es in saubere Gläser.

F 14 SMOKEN AM LAGERFEUER

Du hast bestimmt schon oft über gekaufter Holzkohle gegrillt. Wusstest Du, dass Gegrilltes noch besser schmeckt, wenn es über Holz zubereitet wurde?

Der Trick dabei ist die Auswahl des richtigen Holzes und die Vorbereitung der Feuerstelle. Soll das Fleisch einen aromatisch-würzigen Geschmack wie aus dem Smoker haben, verwendest Du trockenes Eichen-, Buchen- oder Haselholz. Herber und noch rauchiger gelingt es mit Tannen- oder Fichtenholz.

Zum Grillen für etwa eine Stunde entzündest Du einige Scheite des gewünschten Holzes und lässt sie bis zur Glut herunterbrennen. Ist genügend Glut entstanden, wird sie verteilt. Ein paar weitere Scheite werden möglichst klein gespalten und in Wasser gelegt oder in feuchte Erde gepackt. Bevor der Rost aufgelegt wird, legst Du diese seitlich auf die Grillstelle. Das Holz beginnt zu glimmen, ohne zu brennen, und gibt Rauch und damit Aroma an das Grillgut ab – ganz ohne Räucherspäne und teuren Smoker.

Ist das denn gesund? Natürlich nicht! Dafür hast Du den unverfälschten Steinzeitgeschmack.

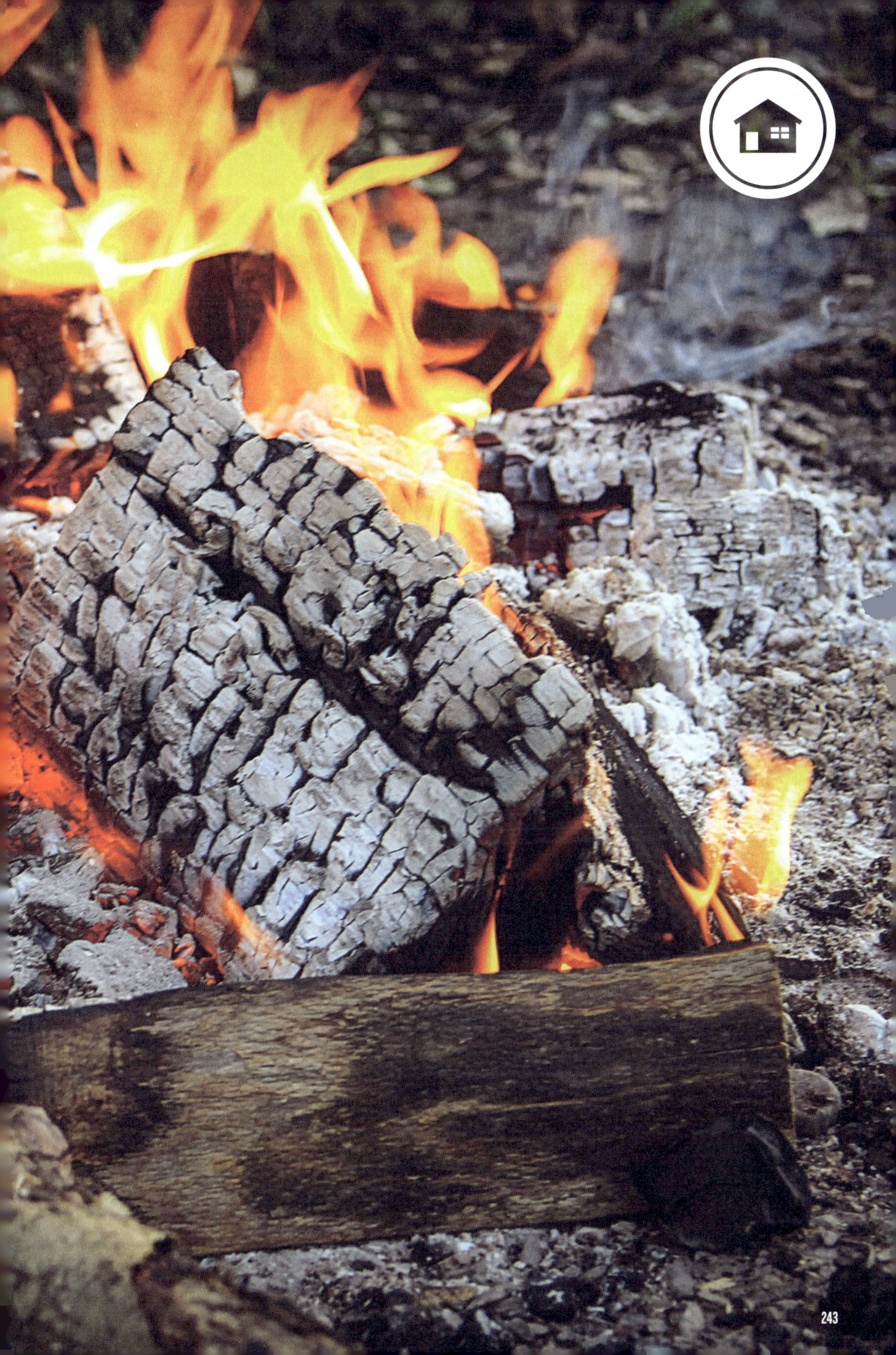

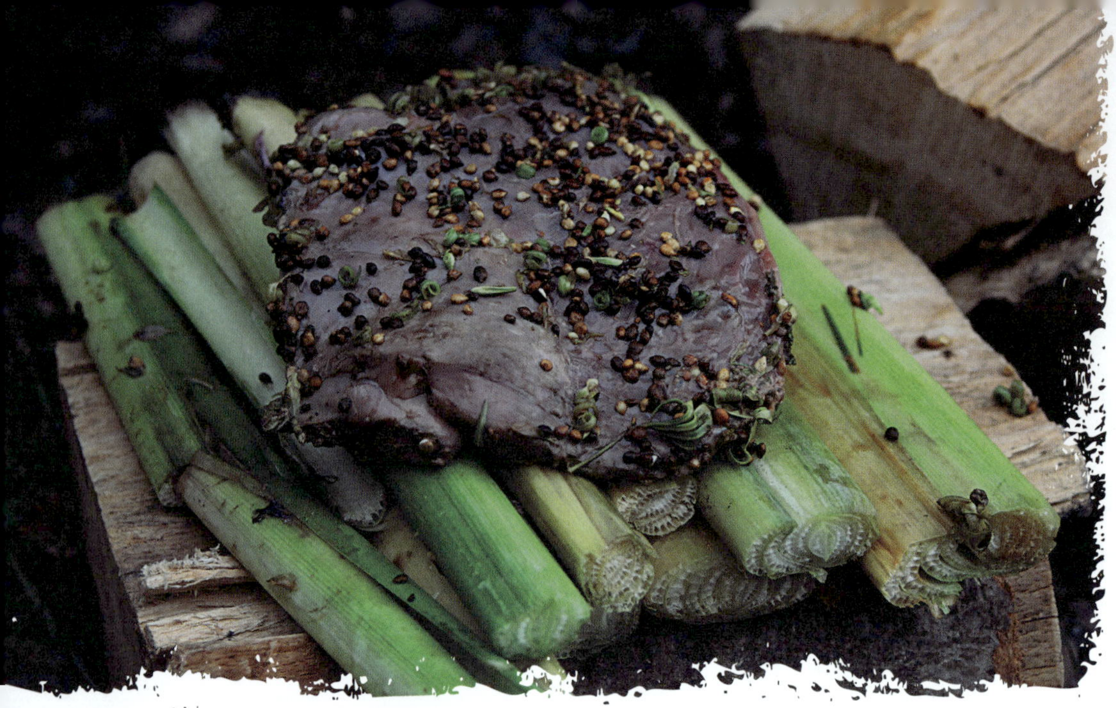

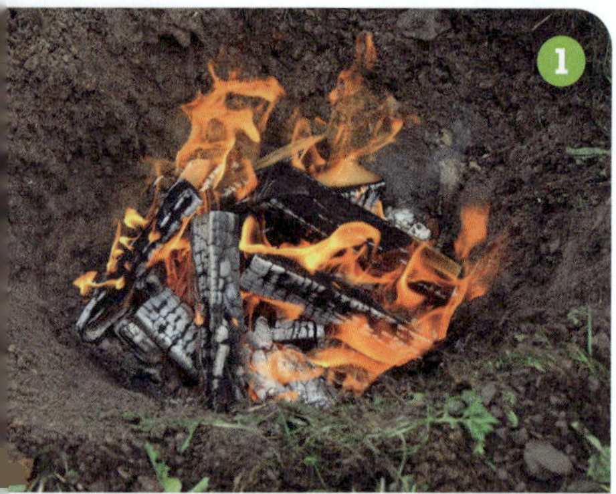

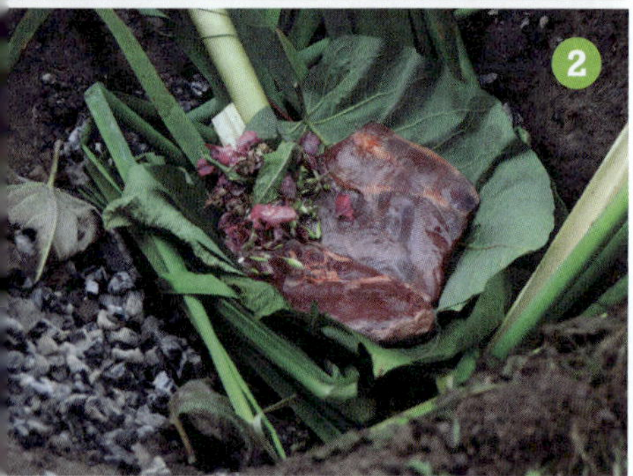

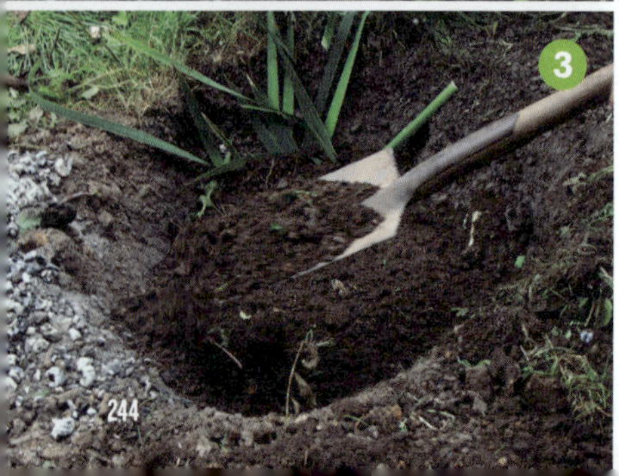

N 56 GAREN IN DER FEUERGRUBE

Wenn Du größere Mengen Fleisch und Gemüse butterzart garen möchtest, kannst Du es in einer Feuergrube zubereiten.

SCHRITT 1 Dazu wird eine etwa einen Meter tiefe und breite Grube in den Boden gegraben. Darin wird ein Feuer entzündet, auf das möglichst einige große Steine gelegt werden.

SCHRITT 2 Ist das Feuer bis auf die Glut heruntergebrannt, wird die Grube dick mit großen Laubblättern, beispielweise von der →**Klette**, ausgekleidet. Auf die Blätter werden das Fleisch und das Gemüse gelegt, die wiederum sorgfältig mit Laubblättern abgedeckt werden.

Wenn Du es besonders zart magst, schüttest Du noch etwas Wasser in die Grube, das sofort zwischen die Steine sickert und zischend verdampft.

SCHRITT 3 Möglichst schnell wird alles dicht mit Erde verschlossen. Jetzt ist Geduld gefragt. Je nach Gemüse- und Fleischmenge wartest Du zwischen 3 und 6 Stunden.

▲

*Bild ganz oben: Extrem zart, extrem schmackhaft. Rehfleisch wurde hier mit frischen →**Springkräutersamen** gewürzt und als Gemüsebeilage wurde →**Rohrkolben** mitgegart.*

SCHLINGEN-STEK

Seile, die doppelt gelegt an einer Öse befestigt werden, können mit einem Schlingenstek oder einfachen Ankerstich geknotet werden. Dieser Knoten macht jedoch nur Sinn, wenn beide Enden gleichmäßig belastet werden.

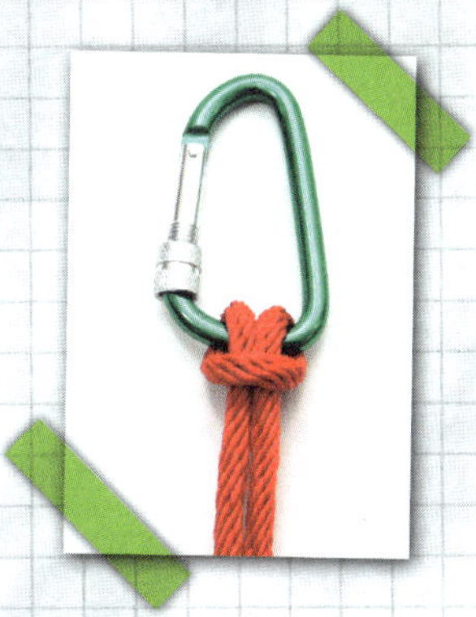

SCHRITT 1 Das Seil wird zuerst durch die Öse gefädelt. Achte darauf, dass es bis zur Hälfte hindurchgezogen wird, wenn schwere Lasten daran befestigt werden sollen.

SCHRITT 2 Nach dem Durchfädeln muss das Seil wieder nach vorne gebracht werden. Hier wird es über das andere gelegt und wieder von hinten durch die Öse gefädelt. Der Seilanfang wird in die dadurch entstehende Schlaufe gezogen.

SCHRITT 3 Das Seil wird so lange durch den Knoten gezogen, bis beide Enden gleich lang sind.

HINWEIS: Der Schingenstek kann auch wie ein »halber« → **Palstek** gelegt und eingefädelt werden, wenn wie hier ein Karabinerhaken verwendet wird.

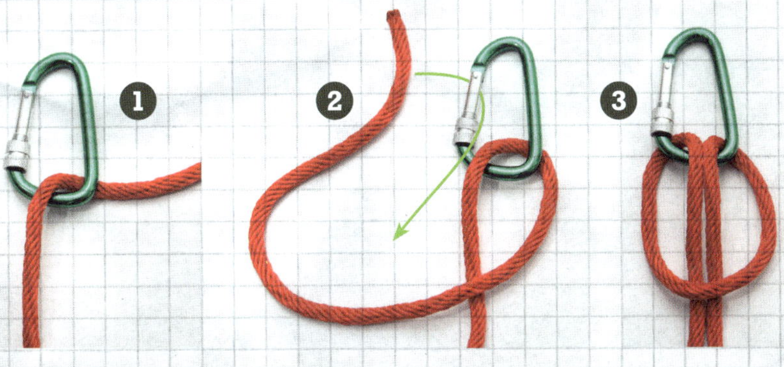

N 57 PEMMIKAN: NAHRHAFTE ENERGIEBOMBE

Pemmikan kann in Riegel geschnitten werden. Auch bei Minusgraden lässt sich der fettreiche Energieriegel gut zerkauen.

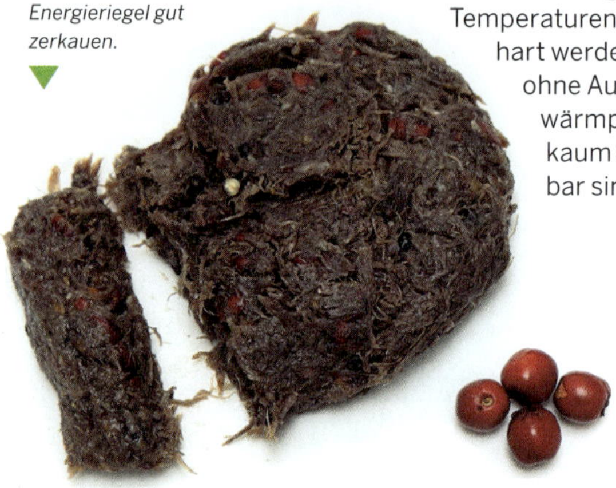

Wenn Du bei Schnee und Eis unterwegs bist, benötigst Du sehr große Mengen Energie zum Erhalt der Körpertemperatur. Das kann so viel sein, dass Du mit Spaghetti und Energieriegeln nicht weit kommst, zumal letztere bei niedrigen Temperaturen steinhart werden und ohne Aufwärmphase kaum essbar sind.

Anders sieht es mit Pemmikan aus. Dabei handelt es sich praktisch um reines Eiweiß und Fett. Die Herstellung ist auch draußen möglich. Da alles vom Fett eingeschlossen ist und die typische »Pemmikansaison« im Winter ist, hält diese Notration Monate lang.

Zur Herstellung kannst Du das →**ausgelassene Fett** eines gejagten Tieres nehmen. Weiterhin gehört in Pemmikan das am Feuer gedörrte, ggf. →**geräucherte Fleisch**. Das Fleisch sollte so trocken sein, dass es mit einem Klopfer zu Pulver zerkleinert werden kann. Außerdem werden getrocknete Früchte, möglichst etwas Salz sowie Gewürze benötigt. Eine Tasse wird zu drei Vierteln mit Fleisch- und Fruchtpulver gefüllt. Den Rest füllst Du mit erwärmtem Fett auf. Vor dem vollständigen Abkühlen kann es auf einem Brett zu einem Fladen gedrückt und in Riegel geschnitten werden.

M 29 HACKVERLETZUNGEN BEHANDELN

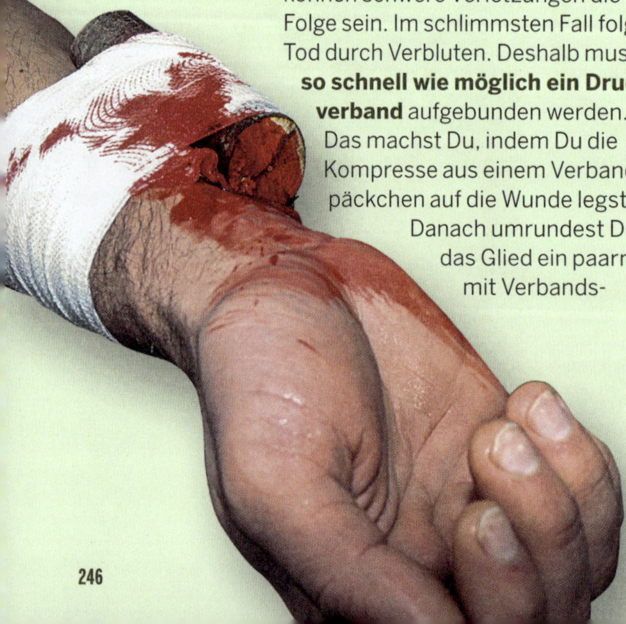

Wenn Du beim Arbeiten mit dem Beil oder der Machete nicht Acht gibst, können schwere Verletzungen die Folge sein. Im schlimmsten Fall folgt Tod durch Verbluten. Deshalb muss **so schnell wie möglich ein Druckverband** aufgebunden werden. Das machst Du, indem Du die Kompresse aus einem Verbandspäckchen auf die Wunde legst. Danach umrundest Du das Glied ein paarmal mit Verbandsmull, legst dann einen Knebel (Stein, Feuerzeug, Ast) direkt über die Wunde und wickelst weiter, wobei der Zug erhöht wird. Blutet es dennoch weiter, wird ein weiterer Verband darübergelegt.

Hilft auch das nicht, wartest Du einige Minuten ab (so lange es nicht herausfließt). Manchmal stoppt das stockende Blut im Verband den weiteren Verlust. Hört die Blutung jedoch nicht auf, musst Du wohl oder übel abbinden. Dazu legst Du einen Gurt, Paracord etc. unterhalb des nächsten Gelenks zum Körper, steckst einen Ast hindurch und drehst ihn so lange, bis die Blutung deutlich reduziert wurde. Abgebunden wird aber nur, wenn Du so weit von Hilfe entfernt bist, dass Du ggf. noch einige Stunden bis zum Erreichen eines Arztes brauchst.

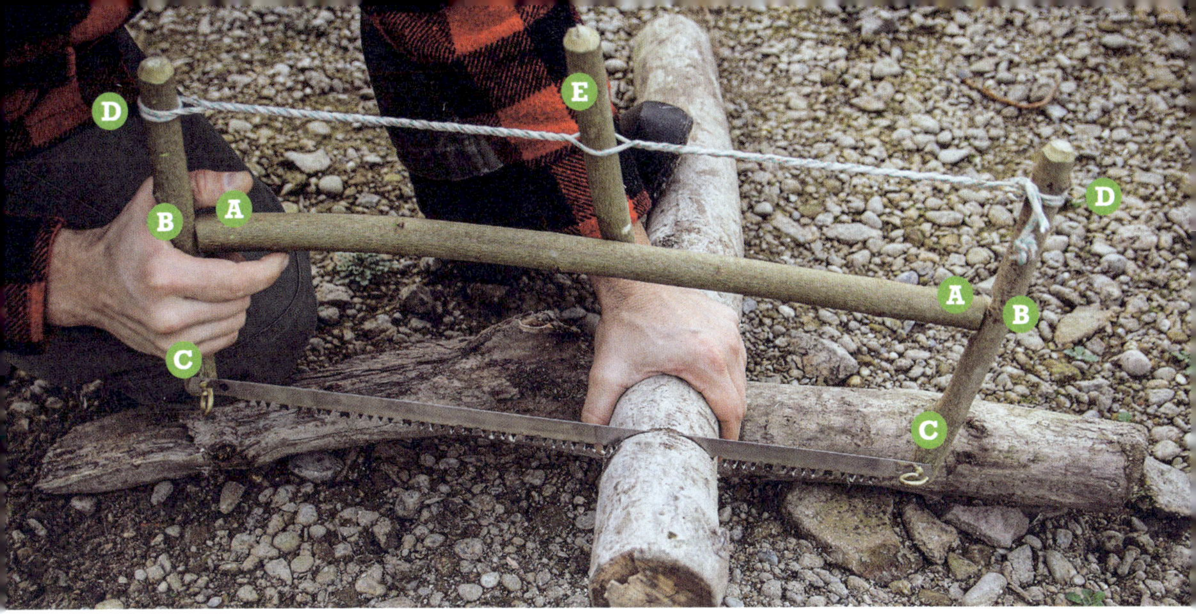

A33 EINE BÜGELSÄGE BAUEN

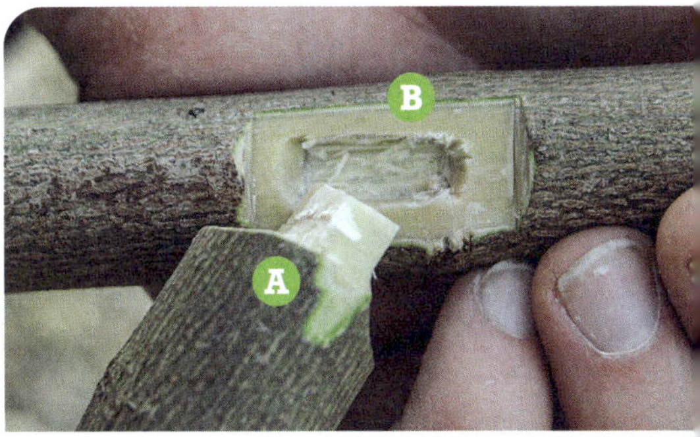

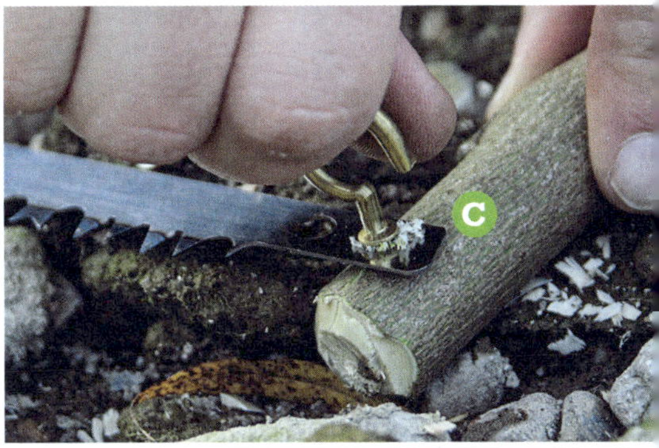

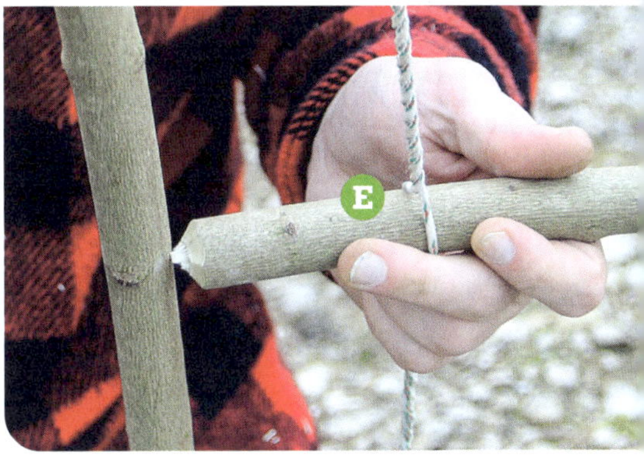

Um für die Nacht in Deiner Trapperhütte Holz zum Spalten zu sägen, kannst Du aus einem Sägeblatt oder mit einer Draht- oder Taschensäge aus dem → **Survivalkit** oder einem simplen Sägeblatt eine einfache Bügelsäge bauen. Dazu schneidest Du aus einem stabilen Holzstab ein Stück mit Sägeblattlänge sowie drei etwa 30 Zentimeter lange Abschnitte.

An den langen Stab werden längliche Zapfen **(A)** geschnitten oder gesägt, die denselben Winkel haben sollten. In zwei der kürzeren Abschnitte werden etwa mittig mit dem → **Lochschnitt** zwei Vertiefungen **(B)** geschnitten, in welche Du die Zapfen genau einfügen kannst. Alles sollte nach dem Zusammenstecken von alleine halten. Außerdem werden an die Enden Kerben zur Aufnahme einer Leine geschnitten. Jetzt kann das Sägeblatt mit Ringen bzw. Draht oder Schrauben an diesen Kerben **(C)** befestigt werden. Die Stäbe werden auf die Zapfen gedrückt und auf der anderen Seite mit Paracord umwunden **(→ Webeleinstek) (D)**. Jetzt nimmst Du den letzten der kurzen Abschnitte **(E)**, steckst ihn zwischen die Schnüre und umwindest sie so lange, bis das Sägeblatt straff gespannt ist. Dann wird er am langen Stab blockiert.

Wenn Du diese Technik beherrschst, musst Du nicht das gesamte Werkzeug zur Trapperhütte mitnehmen, sondern kannst die Bügelsäge vor Ort fertigstellen.

W21 SCHICHTWASSERFILTER: STATIONÄRE ENTKEIMUNG

Wenn Du längere Zeit an einer Stelle bleibst, kannst Du Dir einen großen, stationären Wasserfilter bauen.

Dazu brauchst Du ein wasserdichtes Gehäuse, beispielsweise eine aufgeschnittene Kunststoffflasche oder ein Rohr aus Borke oder Bambus, mit einem nadelfeinen Loch im Boden, das Du folgendermaßen befüllst: Ganz unten wird etwas Watte (beispielsweise vom → **Rohrkolben**) eingelegt **(1)**. Darauf kommt kleingestoßene Kohle **(2)**, wieder Watte **(3)** und eine möglichst dicke Schicht aus feinstem Sand **(4)**, Watte **(5)**, feiner Kies **(6)**, Watte **(7)**. Ganz obenauf können etwas grobere Fasermatten eingezogen werden **(8)**, um Algen und Blätter festzuhalten. Das Zusammenstellen muss sorgfältig und ohne starke Erschütterungen erfolgen.

Die Wasserqualität kann mit einem solchen Filter deutlich verbessert werden. Wichtig ist aber, **dass Du unbedingt ein wasserfestes Gehäuse brauchst**. Arbeitest Du mit einer Socke oder mit Dreieckstüchern, wie oft beschrieben, kannst Du es auch gleich bleiben lassen – das Schmutzwasser wird in diesem Fall am Filter vorbei in Dein Auffanggefäß laufen.

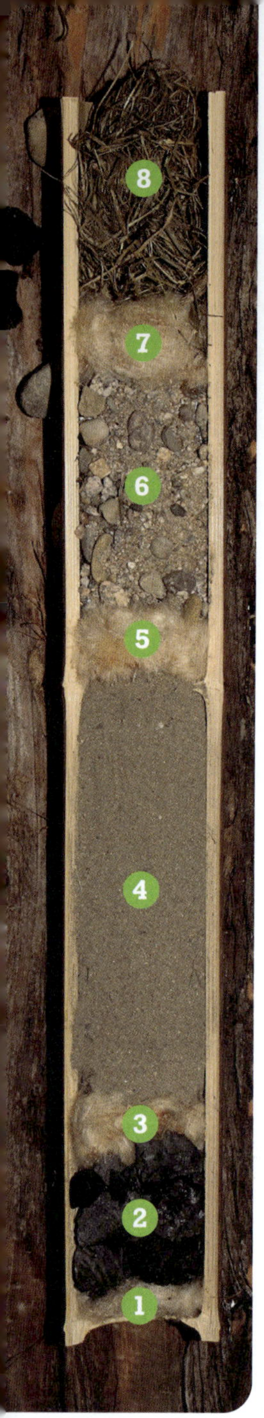

Die verschiedenen Schichten im Wasserfilter werden durch feine Pflanzenfasern voneinander abgetrennt.

K65 HOLZ SPALTEN OHNE AXT

Um Feuerholz für den Herd in Deiner Trapperhütte zu spalten, sind Säge und Axt alternativlos. Wenn Du aber bei einer Tour durch die Wälder beispielsweise ein Holzstämmchen für Skier spalten möchtest, kommst Du mit einem Messer oder einem kleinen Beil nicht weit.

In diesem Fall kannst Du am einfachsten Keile aus möglichst hartem Holz schneiden. An einem natürlichen Spalt setzt Du den stabilsten der Keile an und hämmerst ihn hinein. Dadurch erweitert sich der Spalt etwas, und Du kannst den nächsten Keil einsetzen.

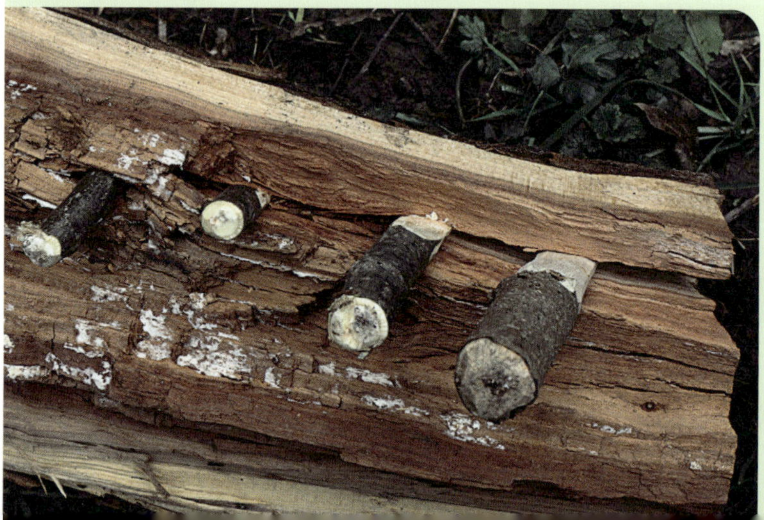

ZUM SCHLUSS

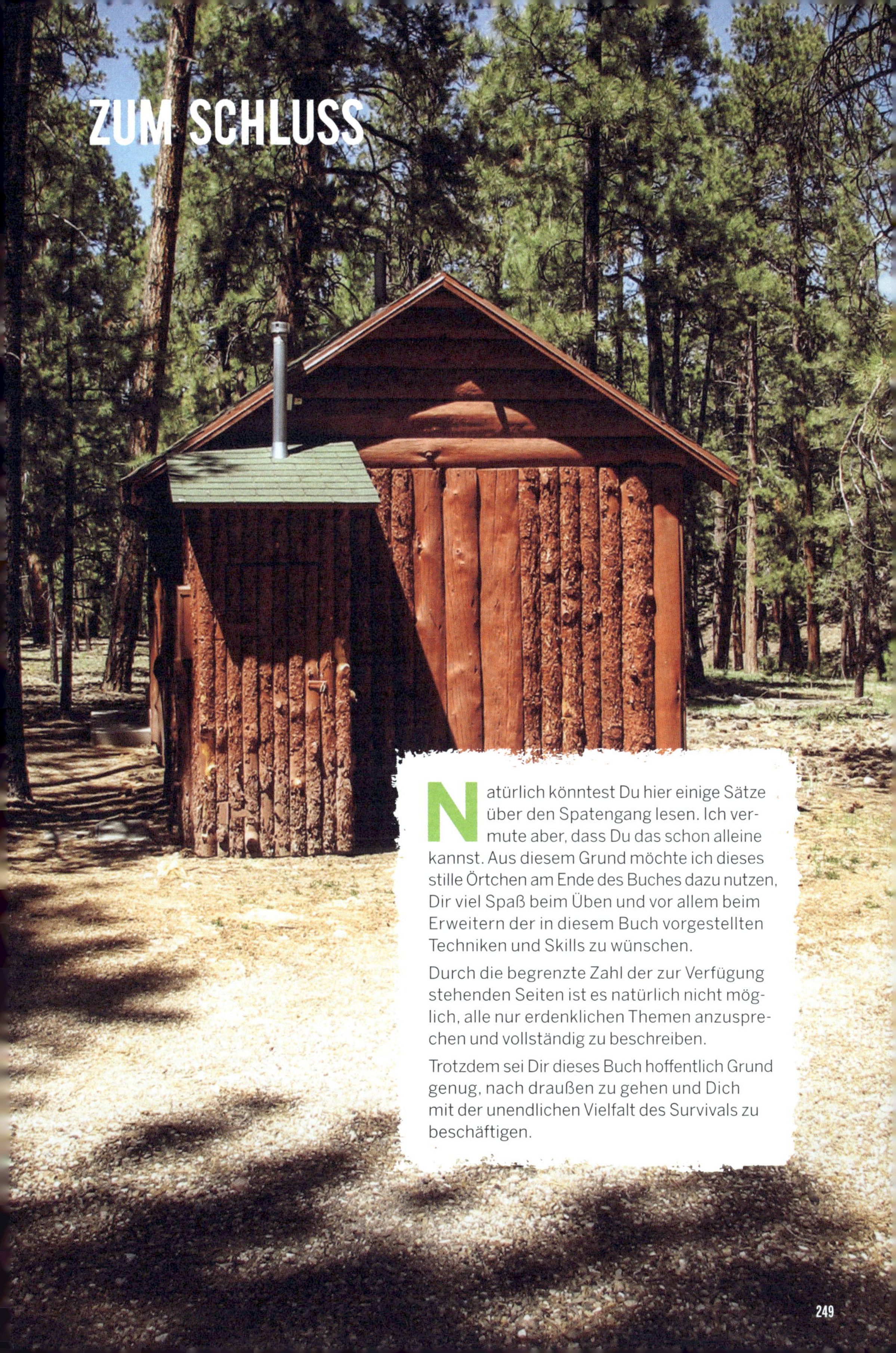

Natürlich könntest Du hier einige Sätze über den Spatengang lesen. Ich vermute aber, dass Du das schon alleine kannst. Aus diesem Grund möchte ich dieses stille Örtchen am Ende des Buches dazu nutzen, Dir viel Spaß beim Üben und vor allem beim Erweitern der in diesem Buch vorgestellten Techniken und Skills zu wünschen.

Durch die begrenzte Zahl der zur Verfügung stehenden Seiten ist es natürlich nicht möglich, alle nur erdenklichen Themen anzusprechen und vollständig zu beschreiben.

Trotzdem sei Dir dieses Buch hoffentlich Grund genug, nach draußen zu gehen und Dich mit der unendlichen Vielfalt des Survivals zu beschäftigen.

ANHANG

STICHWORTVERZEICHNIS ALPHABETISCH NACH THEMENGEBIETEN

AUSRÜSTUNG

FEUER

KNOTEN

KNOW-HOW/SKILLS

MEDIZIN

NAHRUNG

NAVIGATION

SHELTER

WASSER

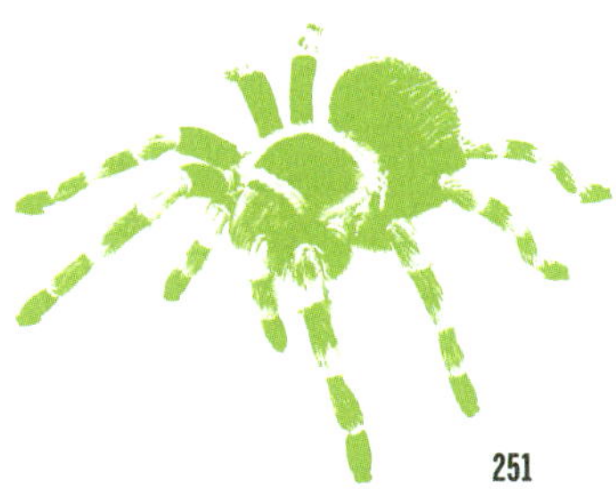

ÜBER DEN AUTOR

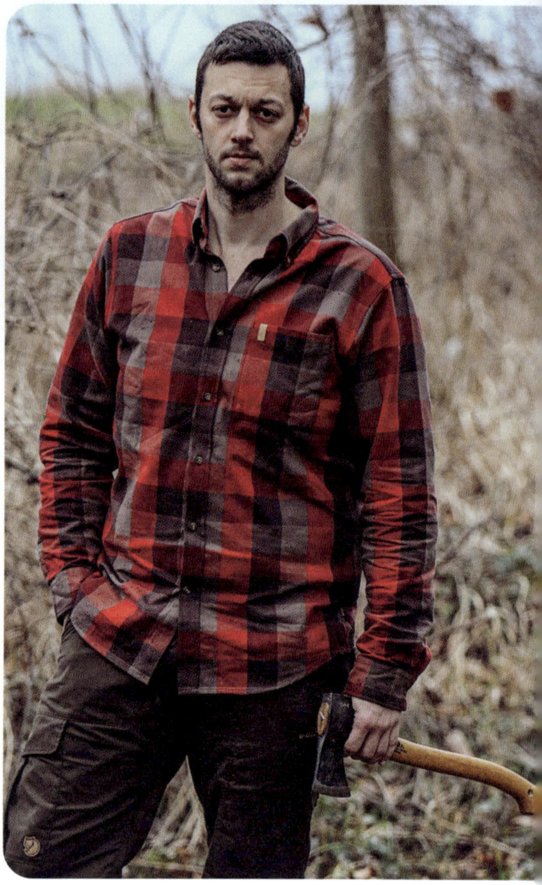

Johannes »Joe« Vogel trainiert und verbreitet das Archaic Survival – Überleben mit möglichst wenig Ausrüstung. Er möchte damit einen Gegenpol schaffen zum technikuberladenen Naturerlebnis. Je mehr Wissen erworben und »Skills« geübt wurden, desto sicherer lässt sich das autarke Leben in der Wildnis gestalten. Seine zahlreichen Bücher zählen seit Jahren zu den Standardwerken der Reise-, Expeditions- und Survivalliteratur. Mehrere Werke sind auf Englisch erschienen und werden weltweit gelesen.

Der Diplombiologe, Autor, Abenteurer, Jäger und Angler hält europaweit Vorträge und Seminare und arbeitet für verschiedene Organisationen, Printmagazine, TV-Sender und Produktionsfirmen.

Er erprobt, erweitert und überprüft sein Wissen immer wieder aufs Neue bei Expeditionen und Survivalexperimenten auf der ganzen Welt und berät Individualreisende bei der Vorbereitung von Extremreisen und Expeditionen ins Ausland.

Die von ihm angewandten Techniken hat er aus erster Hand bei Ureinwohnern, Kriegsveteranen und Profis aus verschiedenen Fachbereichen erworben. Joe Vogel gibt seit rund 20 Jahren Jahren Survival- und Outdoorkurse in ganz Europa.

Mehr über Joe und seine Projekte erfährst Du auf www.vivalranger.com

DIE FACHBUCH-KLASSIKER VON JOHANNES VOGEL

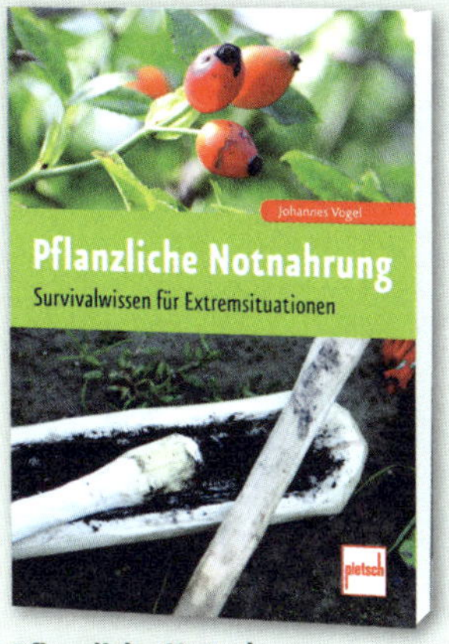

Pflanzliche Notnahrung
Survivalwissen für Extremsituationen
240 Seiten, 225 Abb.
ISBN 978-3-613-50763-0
€ 19,95 [D]

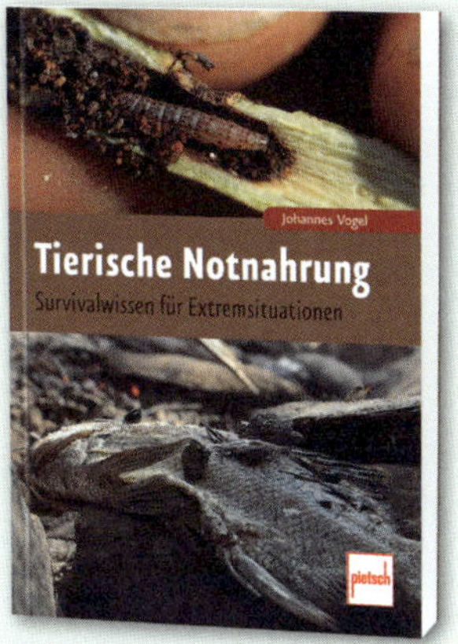

Tierische Notnahrung
Survivalwissen für Extremsituationen
192 Seiten, 340 Abb.
ISBN 978-3-613-50815-6
€ 19,95 [D]

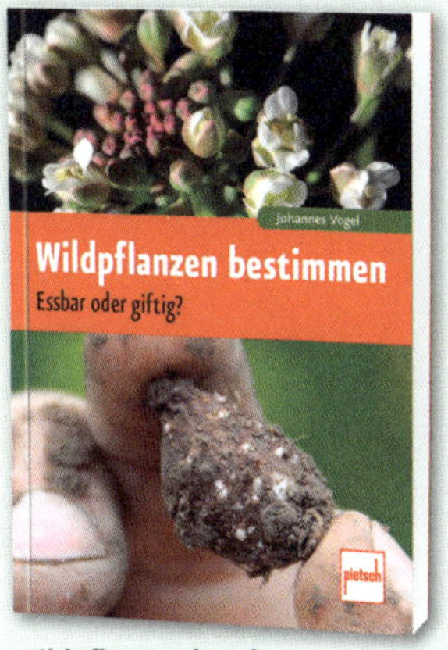

Wildpflanzen bestimmen
Essbar oder giftig?
208 Seiten, 755 Abb.
ISBN 978-3-613-50806-4
€ 19,95 [D]

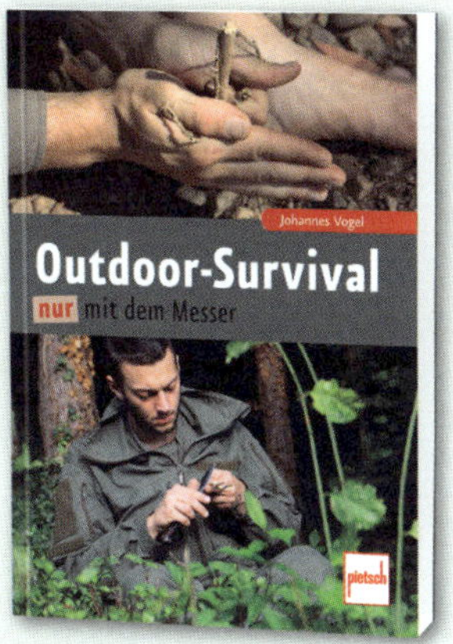

Outdoor-Survival
***nur* mit dem Messer**
192 Seiten, 293 Abb.
ISBN 978-3-613-50816-3
€ 19,95 [D]

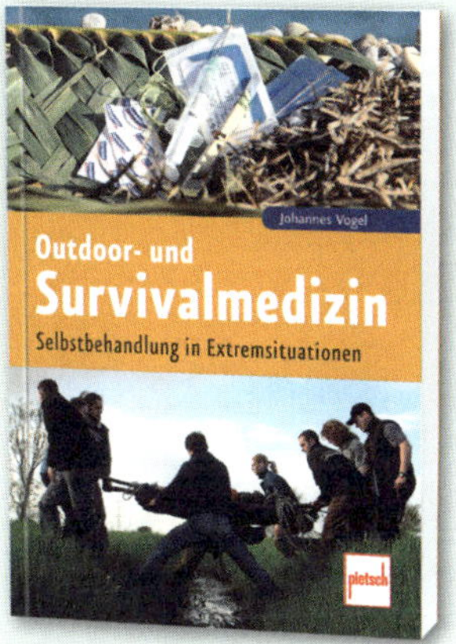

Outdoor- und Survivalmedizin
Selbstbehandlung in Extremsituationen
208 Seiten, 174 Abb.
ISBN 978-3-613-50835-4
€ 19,95 [D]

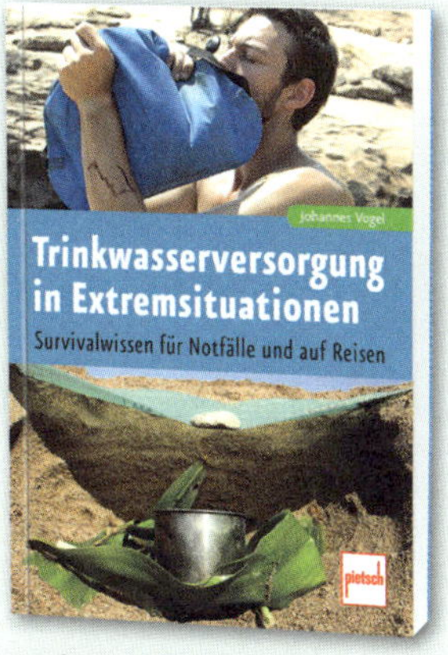

Trinkwasserversorgung in Extremsituationen
Survivalwissen für Notfälle und auf Reisen
176 Seiten, 190 Abb.
ISBN 978-3-613-50852-6
€ 19,95 [D]

FÜR KLEINE UND GROSSE ABENTEURER

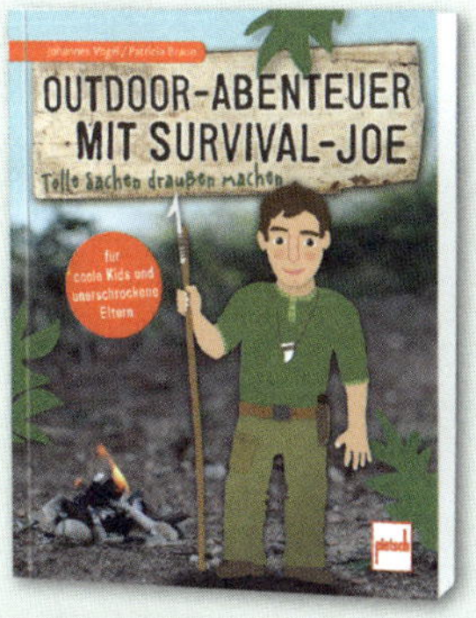

Outdoor-Abenteuer mit Survival-Joe
Tolle Sachen draußen machen
96 Seiten, 177 Abb.
ISBN 978-3-613-50830-9
€ 14,95 [D]

Überall, wo es Bücher gibt oder unter
WWW.MOTORBUCH-VERSAND.DE
Service-Hotline: 0711 / 78 99 21 51

Stand Januar 2020. Änderungen in Preis und Lieferfähigkeit vorbehalten.

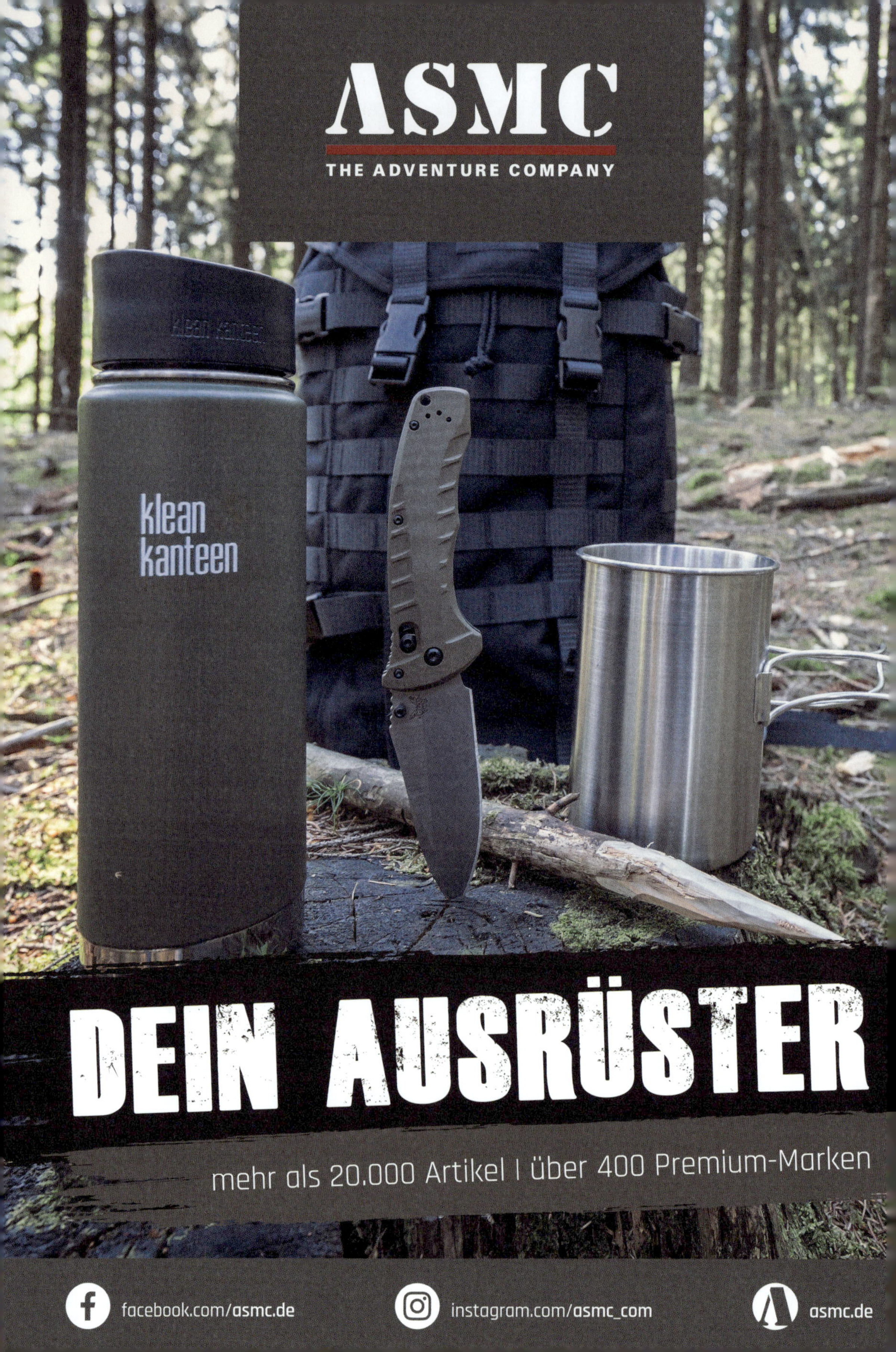
ASMC
THE ADVENTURE COMPANY
klean kanteen
DEIN AUSRÜSTER
mehr als 20.000 Artikel | über 400 Premium-Marken
facebook.com/asmc.de
instagram.com/asmc_com
asmc.de

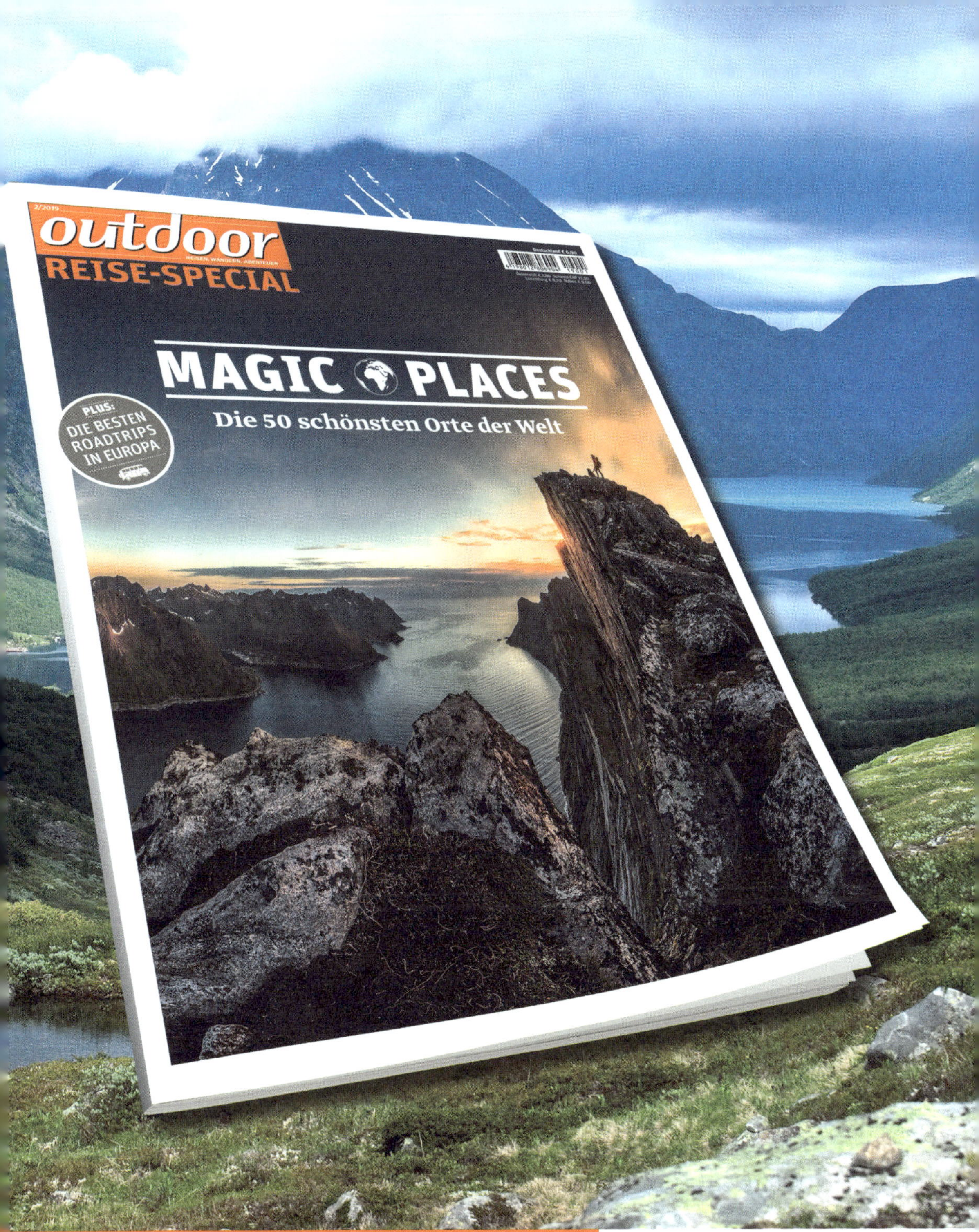
2/2019
outdoor
REISEN, WANDERN, ABENTEUER
REISE-SPECIAL
MAGIC PLACES
Die 50 schönsten Orte der Welt
PLUS:
DIE BESTEN
ROADTRIPS
IN EUROPA

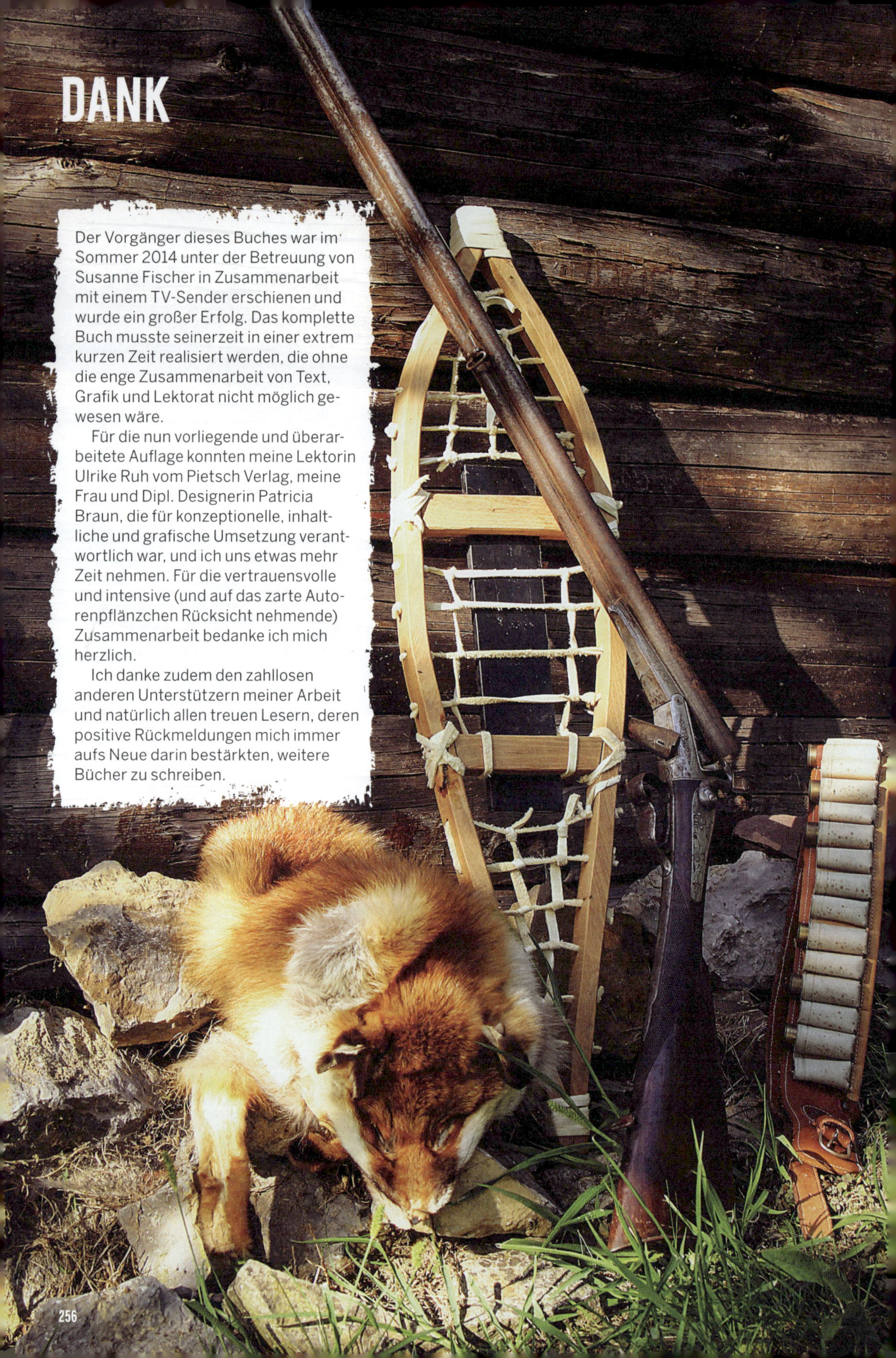

DANK

Der Vorgänger dieses Buches war im Sommer 2014 unter der Betreuung von Susanne Fischer in Zusammenarbeit mit einem TV-Sender erschienen und wurde ein großer Erfolg. Das komplette Buch musste seinerzeit in einer extrem kurzen Zeit realisiert werden, die ohne die enge Zusammenarbeit von Text, Grafik und Lektorat nicht möglich gewesen wäre.

Für die nun vorliegende und überarbeitete Auflage konnten meine Lektorin Ulrike Ruh vom Pietsch Verlag, meine Frau und Dipl. Designerin Patricia Braun, die für konzeptionelle, inhaltliche und grafische Umsetzung verantwortlich war, und ich uns etwas mehr Zeit nehmen. Für die vertrauensvolle und intensive (und auf das zarte Autorenpflänzchen Rücksicht nehmende) Zusammenarbeit bedanke ich mich herzlich.

Ich danke zudem den zahllosen anderen Unterstützern meiner Arbeit und natürlich allen treuen Lesern, deren positive Rückmeldungen mich immer aufs Neue darin bestärkten, weitere Bücher zu schreiben.